FICHIER
RESSOURCES
Cycle 1
GS

Conforme aux ajustements de programme maternelle 2021

W0374935

Une année en Grande Section

Échanger Manipuler Créer

Nina Ouvray
Bernadette Martins
Marion Juanola

+ 195 ressources numériques en couleur : des supports d'activités et de jeux, des travaux d'élèves

▸ voir sommaire page 2

Nathan

Sommaire des ressources numériques

Retrouvez l'ensemble de ces documents sur le site compagnon : https://fichiers-ressources.nathan.fr/

ISBN 9782095029142 - ISSN : 1159-9790 - Code éditeur : 373896 © Nathan 2023 – 92 avenue de France, 75013 Paris.
Dépôt légal : août 2023 - Utilisation autorisée pour une classe seulement - Reproduction interdite.

TABLE DES MATIÈRES

1. Ressources à télécharger et / ou imprimer sur https://fichiers-ressources.nathan.fr/

Cet ouvrage propose un déroulement progressif et détaillé des activités dans tous les domaines d'apprentissage autour de différents projets ou thèmes.

Ce manuel clé en main s'adresse à tous les enseignants de Grande Section, débutants comme expérimentés, qui pourront l'exploiter librement de différentes manières :
– dès le 1er jour de la rentrée jusqu'au dernier jour de classe ;
– pour suivre un projet ou un thème pluridisciplinaire complet ;
– pour une progression dans un domaine d'apprentissage particulier ;
– pour des activités ponctuelles.
Chaque semaine, les temps d'activités sont détaillés avec précision du début à la fin de la journée de classe :
- **L'accueil et les rituels**
- **Univers sonores (chant, écoute, instruments)**
- **Quatre ateliers rotatifs le matin**
- **L'activité physique**
- **Les activités de langage/lecture**
- **Deux ateliers l'après-midi** et **deux ateliers libres** pour votre exploitation personnelle
- De **nouvelles activités de langage et de lecture** pour l'après-midi
- Une **demi-journée thématique** pour le mercredi ou le samedi matin

Une organisation différente est proposée pour cette demi-journée, vous laissant le choix d'organiser des séances personnelles (remédiation, projet d'école, exploitation du matériel) ou alors de suivre notre progression d'activités décrochées. Ces séances facultatives sur un thème spécifique viendront enrichir les activités déjà proposées et s'inscrivent dans les différents domaines d'apprentissage de la maternelle.

Au cours de la journée, les élèves sont amenés à travailler en grand groupe ou en ateliers ; différents pictogrammes marquent cette organisation de travail :

– En regroupement

– Avec la maitresse

– Avec l'ATSEM

– En autonomie

Des astuces sur la gestion de classe, du matériel, les prolongements possibles et les remédiations pour les élèves apparaissent dans un encadré avec ce pictogramme :

Des ressources numériques complémentaires complètent ce manuel et proposent des Galeries photos des productions réalisées par les élèves, des fiches outils à imprimer pour la classe, un matériel riche et varié : elles peuvent être prévisualisées avec l'appli live! et consultées sur le site compagnon (*cf.* ci-dessous).

Dans cet ouvrage nous avons mutualisé nos expériences et nous avons veillé à ce que les activités soient facilement réalisables pour vous. Vous y trouverez de nombreuses ressources, pistes à adapter selon vos besoins. Nous souhaitons qu'elles vous apportent les clés nécessaires pour accompagner vos élèves en Grande Section.

Comment consulter les ressources numériques ?

À l'aide de votre smartphone, **flashez ce QR code** (ou connectez-vous à https://fichiers-ressources.nathan.fr depuis votre ordinateur, smartphone ou tablette).

Il vous donnera accès aux **ressources numériques** sur le site compagnon Nathan afin de les télécharger et/ou imprimer.

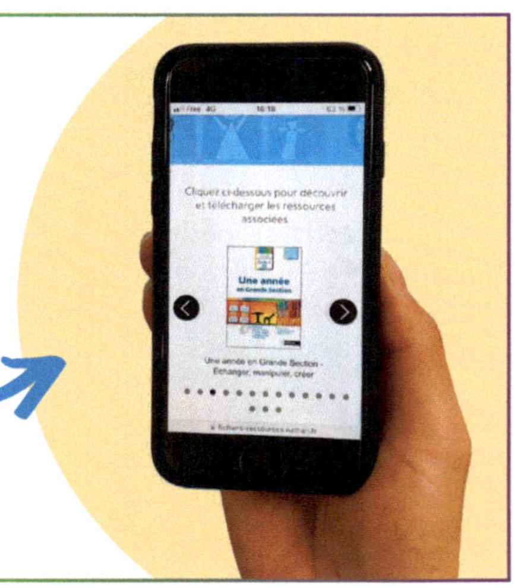

+ Vous pouvez également télécharger gratuitement l'appli pour visionner depuis votre smartphone ou votre tablette les ressources numériques. Nathan live!

L'école maternelle : un cycle unique, fondamental pour la réussite de tous

Une école qui s'adapte aux jeunes enfants

1. Une école qui accueille les enfants et leurs parents dans le respect mutuel de chacun
2. Une école qui accompagne les transitions vécues par les enfants
3. Une école qui tient compte du développement de l'enfant
4. Une école qui pratique une évaluation positive

Une école qui organise des modalités spécifiques d'apprentissage

1. Apprendre en jouant
2. Apprendre en réfléchissant et en résolvant des problèmes concrets
3. Apprendre en s'exerçant
4. Apprendre en se remémorant et en mémorisant

Une école où les enfants vont apprendre ensemble et vivre ensemble

1. Comprendre la fonction de l'école

2. Se construire comme personne singulière au sein d'un groupe

Les cinq domaines d'apprentissage

1 Mobiliser le langage dans toutes ses dimensions

- L'oral
- L'écrit

2 Agir, s'exprimer, comprendre à travers l'activité physique

3 Agir, s'exprimer, comprendre à travers les activités artistiques

- Les productions plastiques et visuelles
- Univers sonores
- Le spectacle vivant

4 Acquérir les premiers outils mathématiques

- Découvrir les nombres et leurs utilisations
- Explorer des formes, des grandeurs, des suites organisées

5 Explorer le monde

- Se repérer dans le temps et l'espace
- Explorer le monde du vivant, des objets et de la matière

1. Mobiliser le langage dans toutes ses dimensions

L'ORAL

Oser entrer en communication
- Communiquer avec les adultes et avec les autres enfants par le langage, en se faisant comprendre

Comprendre et apprendre
- S'exprimer dans un langage oral syntaxiquement correct et précis. Reformuler son propos pour se faire mieux comprendre
- Dire de mémoire et de manière expressive plusieurs comptines et poésies
- Utiliser le lexique appris en classe de façon appropriée
- Reformuler les propos d'autrui
- Pouvoir redire les mots d'une phrase écrite après sa lecture par l'adulte, les mots du titre connu d'un livre ou d'un texte

Échanger et réfléchir avec les autres
- Pratiquer divers usages de la langue orale : raconter, décrire, évoquer, expliquer, questionner, proposer des solutions, discuter un point de vue

Commencer à réfléchir sur la langue et acquérir une conscience phonologique
- Distinguer et manipuler des syllabes : scander les syllabes constitutives d'un mot, comprendre qu'on peut en supprimer, en ajouter, en inverser
- Repérer et produire des rimes, des assonances
- Discriminer des sons (syllabes, sons-voyelles ; quelques sons-consonnes hors des consonnes occlusives dans des mots ou dans des syllabes

L'ÉCRIT

Écouter de l'écrit et comprendre
- Comprendre des textes écrits sans autre aide que le langage entendu

Découvrir la fonction de l'écrit
- Manifester de la curiosité par rapport à la compréhension et à la production de l'écrit
- Pouvoir redire les mots d'une phrase écrite après sa lecture par l'adulte, les mots du titre connu d'un livre ou d'un texte

Découvrir le principe alphabétique
- Reconnaitre les lettres de l'alphabet, savoir que le nom d'une lettre peut être différent du son qu'elle transcrit
- Connaitre les trois manières de les écrire: cursive, script, capitales d'imprimerie et commencer à faire le lien avec le son qu'elles codent
- Copier à l'aide d'un clavier
- Reconnaitre son prénom écrit en lettres capitales, en script ou en cursive
- Connaitre le nom des lettres qui le composent

Commencer à écrire tout seul
- Écrire son prénom en écriture cursive, sans modèle
- Écrire seul un mot en utilisant des lettres ou groupes de lettres empruntés aux mots connus

Commencer à produire des écrits et en découvrir le fonctionnement
- Participer verbalement à la production d'un écrit
- Savoir qu'on n'écrit pas comme on parle
- Copier en cursive un mot ou une très courte phrase dont le sens est connu

2. Agir, s'exprimer, comprendre à travers l'activité physique

Agir, s'exprimer, comprendre à travers l'activité physique

Agir dans l'espace, dans la durée et sur les objets

- Courir, sauter, lancer de différentes façons, dans des espaces et avec des matériels variés, dans un but précis
- Ajuster et enchainer ses actions et ses déplacements en fonction d'obstacles à franchir ou de la trajectoire d'objets sur lesquels agir

Adapter ses équilibres et ses déplacements à des environnements ou des contraintes variés

- Se déplacer avec aisance et en sécurité dans des environnements variés, naturels ou aménagés

Communiquer avec les autres au travers d'actions à visée expressive ou artistique

- Construire et conserver une séquence d'actions et de déplacements, en relation avec d'autres partenaires, avec ou sans support musical
- Coordonner ses gestes et ses déplacements avec ceux des autres, lors de rondes et jeux chantés

Collaborer, coopérer, s'opposer

- Coopérer, exercer des rôles différents complémentaires, élaborer des stratégies pour viser un but ou un effet commun

3. Agir, s'exprimer, comprendre à travers les activités artistiques

→ Développer du gout pour les pratiques artistiques

→ Découvrir différentes formes d'expression artistique

→ Vivre et exprimer des émotions, formuler des choix

Les productions plastiques et visuelles

Dessiner
- Choisir différents outils, médiums, supports en fonction d'un projet ou d'une consigne et les utiliser en adaptant son geste
- Pratiquer le dessin pour représenter ou illustrer, en étant fidèle au réel ou à un modèle, ou en inventant

S'exercer au graphisme décoratif
- Réaliser une composition personnelle en reproduisant des graphismes. Créer des graphismes nouveaux

Réaliser des compositions plastiques, planes et en volume
- Réaliser des compositions plastiques, seul ou en petit groupe, en choisissant et combinant des matériaux, en réinvestissant des techniques et des procédés

Observer, comprendre et transformer des images
- Décrire une image et exprimer son ressenti ou sa compréhension en utilisant un vocabulaire adapté

Univers sonores

Jouer avec sa voix et acquérir un répertoire de comptines et de chansons
- Avoir mémorisé un répertoire varié de comptines et de chansons et les interpréter de manière expressive
- Jouer avec sa voix pour explorer des variantes de timbre, d'intensité, de hauteur, de nuance

Explorer des instruments, utiliser les sonorités du corps
- Repérer et reproduire, corporellement ou avec des instruments, des formules rythmiques simples
- Proposer des solutions dans des situations de projet, de création, de résolution de problèmes, avec son corps, sa voix ou des objets sonores

Affiner son écoute
- Repérer et reproduire, corporellement ou avec des instruments, des formules rythmiques simples
- Parler d'un extrait musical et exprimer son ressenti ou sa compréhension en utilisant un vocabulaire adapté

Le spectacle vivant

Pratiquer quelques activités des arts du spectacle vivant
- Proposer des solutions dans des situations de projet, de création, de résolution de problèmes, avec son corps, sa voix ou des objets sonores
- Repérer et reproduire, corporellement ou avec des instruments, des formules rythmiques simples

Découvrir les nombres et leurs utilisations

Construire le nombre pour exprimer les quantités
- Évaluer et comparer des collections d'objets avec des procédures numériques ou non numériques (perception immédiate, correspondance terme à terme, etc.).
- Réaliser une collection dont le cardinal est compris entre un et dix. Utiliser le dénombrement pour comparer deux quantités ou pour réaliser une collection de quantité égale à la collection proposée (quantités inférieures ou égales à dix).
- Mobiliser des symboles analogiques (constellations, doigts), verbaux (mots-nombres) ou écrits (en chiffres), pour communiquer des informations orales et écrites sur une quantité, jusqu'à dix au moins.

Stabiliser la connaissance des petits nombres
- Quantifier des collections jusqu'à dix au moins ; les composer et les décomposer par manipulations effectives puis mentales. Dire combien il faut ajouter ou enlever pour obtenir des quantités ne dépassant pas dix.
- Parler des nombres à l'aide de leur décomposition.

Utiliser le nombre pour résoudre des problèmes
- Commencer à résoudre des problèmes de composition de deux collections, d'ajout ou de retrait, de produit ou de partage (les nombres en jeu sont tous inférieurs ou égaux à dix).

Utiliser le nombre pour désigner un rang, une position
- Utiliser le nombre pour exprimer la position d'un objet ou d'une personne dans un jeu, dans une situation organisée, sur un rang ou pour comparer des positions.
- Avoir compris que le cardinal ne change pas si on modifie la disposition spatiale ou la nature des éléments.
- Avoir compris que tout nombre s'obtient en ajoutant un au nombre précédent et que cela correspond à l'ajout d'une unité à la quantité précédente.
- Commencer à positionner des nombres les uns par rapport aux autres et à compléter une bande numérique lacunaire (les nombres en jeu sont inférieurs ou égaux à dix).

Construire des premiers savoirs et savoir-faire avec rigueur
- Dire la suite des nombres jusqu'à trente. Dire la suite des nombres à partir d'un nombre donné (entre un et trente).
- Lire les nombres écrits en chiffres jusqu'à dix.
- Commencer à écrire les nombres en chiffres jusqu'à dix.
- Avoir compris que tout nombre s'obtient en ajoutant un au nombre précédent et que cela correspond à l'ajout d'une unité à la quantité précédente.
- Quantifier des collections jusqu'à dix au moins.
- Réaliser une collection dont le cardinal est compris entre un et dix.

Explorer des formes, des grandeurs, des suites organisées

Formes
- Classer des objets en fonction de caractéristiques liées à leur forme.
- Savoir nommer quelques formes planes (carré, triangle, cercle ou disque, rectangle) et ce dans toutes leurs orientations et configurations.
- Reconnaitre quelques solides (cube, pyramide, boule, cylindre).
- Reproduire un assemblage à partir d'un modèle (puzzle, pavage, assemblage de solides).
- Reproduire, dessiner des formes planes.

Grandeurs
- Classer ou ranger des objets selon un critère de longueur ou de masse ou de contenance.

Suites organisées
- Identifier une organisation régulière et poursuivre son application.

Le temps et l'espace

Le temps

- Situer des événements vécus les uns par rapport aux autres et en les repérant dans la journée, la semaine, le mois ou une saison
- Ordonner une suite de photographies ou d'images, pour rendre compte d'une situation vécue ou d'un récit fictif entendu, en marquant de manière exacte succession et simultanéité
- Utiliser des marqueurs temporels adaptés (puis, pendant, avant, après...) dans des récits, descriptions ou explications

L'espace

- Situer des objets par rapport à soi, entre eux, par rapport à des objets repères
- Se situer par rapport à d'autres, par rapport à des objets repères
- Dans un environnement bien connu, réaliser un trajet, un parcours à partir de sa représentation (dessin ou codage)
- Élaborer des premiers essais de représentation plane, communicables (construction d'un code commun)
- Orienter et utiliser correctement une feuille de papier, un livre ou un autre support d'écrit, en fonction de consignes, d'un but ou d'un projet précis
- Utiliser des marqueurs spatiaux adaptés (devant, derrière, droite, gauche, dessus, dessous...) dans des récits, descriptions ou explications

Explorer le monde du vivant, des objets et de la matière

Découvrir le monde vivant

- Reconnaitre et décrire les principales étapes du développement d'un animal ou d'un végétal, dans une situation d'observation du réel ou sur des images fixes ou animées.
- Connaitre les besoins essentiels de quelques animaux et végétaux
- Situer et nommer les différentes parties du corps humain, sur soi ou sur une représentation
- Connaitre et mettre en œuvre quelques règles d'hygiène corporelle et d'une vie saine

Explorer la matière

- Choisir, utiliser et savoir désigner des outils et des matériaux adaptés à une situation, à des actions techniques spécifiques (plier, couper, coller, assembler, actionner...)
- Prendre en compte les risques de l'environnement familier proche (objets et comportements dangereux, produits toxiques)

Utiliser, fabriquer, manipuler des objets

- Réaliser des constructions ; construire des maquettes simples en fonction de plans ou d'instructions de montage

Utiliser des outils numériques

- Utiliser des objets numériques : appareil photo, tablette, ordinateur

Programmation annuelle – Grande Section

1. MOBILISER LE LANGAGE DANS TOUTES SES DIMENSIONS

1. L'ORAL

Période 1	Période 2	Période 3	Période 4	Période 5
Oser entrer en communication				
- Communiquer avec les adultes et avec les autres enfants par le langage, en se faisant comprendre - Décrire, comparer ses productions - Décrire des œuvres d'art, commenter, exprimer son ressenti - Restituer les moments de la journée	- Utiliser le langage d'évocation pour dire ce qu'on a fait ou vécu, en employant le passé - Réaliser des phrases de plus en plus complexes - Décrire et comparer des images, des objets de différentes cultures	- Réaliser des phrases de plus en plus complexes - Formuler des questions - Décrire et commenter des photos, des paysages, des objets culturels	- Faire part de ses représentations initiales dans des expériences scientifiques, questionner, argumenter, conclure (de la graine à la plante) - Décrire, commenter des œuvres, des signes aborigènes	- Faire part de ses représentations initiales dans des expériences scientifiques, questionner, argumenter, conclure (expériences sur l'eau) - Décrire des images, des objets, commenter, exprimer son ressenti
Comprendre et apprendre				
- Enrichir son vocabulaire : découverte de nouvelles cultures, objets, traditions, en lien avec l'Afrique - Comprendre d'autres modes de vie et les comparer aux nôtres - Expliquer, comprendre les règles de vie de la classe, les rôles des responsables	- Enrichir son vocabulaire : découverte de nouvelles cultures, objets, traditions en lien avec la Russie - Comprendre d'autres modes de vie et les comparer aux nôtres - Faire le lien entre les différentes cultures et les lectures - Utiliser le passé, le futur, le conditionnel à bon escient	- Enrichir son vocabulaire : découverte de nouvelles cultures, objets, traditions, en lien avec la Chine - Comprendre d'autres modes de vie et les comparer aux nôtres - Faire le lien entre les différentes cultures et les lectures - Utiliser le passé dans le langage d'évocation	- Enrichir son vocabulaire : découverte de nouvelles cultures, objets, traditions en lien avec l'Australie - Améliorer la compréhension fine, gérer l'implicite : les inférences (temps, lieu, agent…) - Utiliser les marqueurs temporels (hier, aujourd'hui, demain) et les temps appropriés - Lors des expériences scientifiques, relier des hypothèses et des observations avec différents écrits	- Enrichir son vocabulaire : découverte de nouvelles cultures, objets, traditions en lien avec l'Amérique - Comprendre d'autres modes de vie et les comparer aux nôtres - Lors des expériences scientifiques, relier des hypothèses et des observations avec des narrations (albums, recherches documentaires sur l'eau)
Échanger et réfléchir avec les autres				
- Discuter, partager son point de vue lors de débats philosophiques - Réfléchir et s'interroger sur de grands thèmes : rôle de l'école, place de l'erreur, le voyage, la différence, animaux/humains - Anticiper une consigne	- Discuter, partager son point de vue lors de débats philosophiques - Réfléchir et s'interroger sur de grands thèmes : la musique, gentillesse/méchanceté, le bonheur/le rêve - Anticiper une consigne à partir d'une fiche de fabrication	- Discuter, partager son point de vue lors de débats philosophiques - Réfléchir et s'interroger sur de grands thèmes : l'accès à l'éducation dans le monde, le bonheur - Anticiper une consigne à partir d'une réalisation	- Discuter, partager son point de vue lors de débats philosophiques - Réfléchir et s'interroger sur de grands thèmes : le réel/le rêve, les réactions, les sentiments chez les animaux, le beau, la lecture, les gouts. - Élaborer un protocole de recherches	- Discuter, partager son point de vue lors de débats philosophiques - Réfléchir et s'interroger sur de grands thèmes : les disputes, la préservation de la nature - Élaborer un protocole de recherches
Commencer à réfléchir sur la langue et acquérir une conscience phonologique				
- Identifier, compter les mots dans un titre - Décomposer les syllabes d'un mot, des prénoms : frapper, dénombrer, coder - Découvrir de nouvelles langues à travers les comptines (wolof, lingala en Afrique)	- Jouer avec des mots, identifier les unités sonores de la langue - Identifier la syllabe initiale d'un mot, des prénoms : isoler, doubler, comparer - Découvrir de nouvelles langues à travers les comptines (russe, anglais)	- Comprendre ce qu'est une phrase - Identifier des sons-voyelles : a, e, i, o, u - Repérer et produire des rimes, des assonances - Découvrir de nouvelles langues à travers les comptines (apprendre à compter en chinois)	- Segmenter l'oral en mots - Discriminer, comparer, manipuler des sons, des syllabes - Fusionner des syllabes - Rechercher des mots avec des syllabes initiales identiques - Découvrir de nouvelles langues à travers les comptines (anglais)	- Discriminer, comparer, manipuler des sons, des syllabes - Fusionner des syllabes - Identifier syllabe finale : isoler, doubler, comparer - Découvrir de nouvelles langues à travers les comptines (anglais, espagnol, portugais, iroquois)

2. L'ÉCRIT				
Écouter de l'écrit et comprendre				
- Découvrir des œuvres de littérature de jeunesse sur l'école, les règles de vie, le monde, l'Afrique - Prendre des repères sur la couverture et les illustrations - Émettre des hypothèses sur la suite d'un récit - Montrer sa compréhension lors des phases de questionnement - Établir le lien entre les lectures et le vécu	- Découvrir des œuvres de littérature de jeunesse (en lien avec la Russie, puis Noël) - Lors d'un questionnement, montrer sa compréhension globale et fine du texte - Développer l'écoute d'albums sans support d'images - Savoir trier des albums selon un thème donné - Identifier les personnages d'une histoire	- Découvrir des contes traditionnels chinois et des œuvres de littérature de jeunesse sur ce pays - Construire des images mentales sans support d'illustrations - Comprendre des textes documentaires - Remettre en ordre des images séquentielles pour restituer un récit	- Découvrir l'Australie et la culture aborigène à travers des œuvres de littérature, des documentaires - Montrer sa compréhension d'un album lors de différents jeux de lecture : histoire erronée, lecture inachevée, un passage pour une illustration… - Connaitre la structure narrative d'un récit : situation initiale, élément déclencheur, péripéties, situation finale - Établir des liens entre les expériences et les lectures	- Découvrir différentes parties de l'Amérique à travers les contes, les albums et les documentaires - Repérer les incohérences d'un récit (lecture erronée) - Remettre en ordre des images séquentielles pour restituer un récit - Retrouver le résumé d'un album - Établir des liens entre les expériences sur l'eau et les lectures d'albums ou de documentaires
Découvrir la fonction de l'écrit				
- Réaliser des affiches sur les règles de vie et les responsabilités de la classe - Faire des recherches documentaires sur le monde et sur les animaux de la savane	- Découvrir différents types d'écrits et leur fonction : l'affiche, la lettre, la fiche de fabrication	- Découvrir différents types d'écrits : la recette - Faire des recherches documentaires pour établir des fiches d'identité sur les animaux (la Chine)	- Faire des recherches documentaires pour établir des fiches d'identité sur les animaux d'Australie - Tenir un cahier d'expériences sur les représentations initiales, observations, conclusions (plantations)	- Découvrir différents types d'écrits : la fiche de fabrication - Faire des recherches documentaires pour établir des fiches d'identité sur les animaux de différents milieux - Tenir un cahier d'expériences (l'eau)
Commencer à produire des écrits et en découvrir le fonctionnement				
- Dicter et comprendre les règles de vie de la classe - Réaliser des fiches d'identité sur des animaux (savane)	- Produire un écrit collectif : la lettre au Père Noël - Dicter à l'adulte des histoires à partir d'illustrations	- Réaliser des fiches d'identité sur des animaux (Chine) - Écrire des définitions pour constituer un dictionnaire de classe	- Réaliser des fiches d'identité sur des animaux (Australie) - Produire un écrit collectif à partir de signes aborigènes - Respecter la trame narrative du récit en utilisant des connecteurs	- Réaliser des fiches d'identité sur des animaux (Amérique) - Produire un message écrit personnel pour la fête des parents - Inventer et écrire son nom d'Indien
Découvrir le principe alphabétique				
- Connaitre la comptine de l'alphabet - Reconnaitre son prénom en script et connaitre le nom des lettres qui le composent - Nommer les lettres et rechercher les correspondances entre différentes écritures : majuscules d'imprimerie et script (prénom, vocabulaire)	- Nommer les lettres et rechercher les correspondances entre différentes écritures : majuscules d'imprimerie et script - Découvrir des nouvelles représentations d'écriture : alphabet cyrillique	- Se repérer dans un dictionnaire - Nommer les lettres et rechercher les correspondances entre différentes écritures : majuscules d'imprimerie, script et cursive (prénoms et mots) - Découvrir des nouvelles représentations d'écriture : idéogrammes chinois	- Identifier la silhouette des mots, repérer la hauteur des lettres - Remplir une grille de mots croisés, mots mêlés - Comprendre la relation entre lettres et sons (phrase du jour, menu) - Découvrir des nouvelles représentations d'écriture : les signes aborigènes	- Retrouver des mots parmi des graphies proches - Remplir une grille de mots croisés, mots mêlés - Comprendre la relation entre lettres et sons (phrase du jour) - Découvrir des nouvelles représentations d'écriture : les signes amérindiens
Commencer à écrire tout seul				
- Connaitre les différents sens de lecture : verticale et horizontale (vers les mots croisés) - Réaliser des exercices graphiques pour se préparer à écrire : lignes verticales, horizontales, obliques, brisées	- Remplir une grille de mots croisés - Réaliser des exercices graphiques pour se préparer à écrire : ronds, coupes, ponts	- Réaliser des exercices graphiques pour se préparer à écrire : boucles - S'entrainer à l'écriture de lettres en cursives (lettres arrondies)	- Écrire son prénom en cursive avec modèle - S'entrainer à l'écriture de lettres en cursives (m, n) - Écrire en cursive entre les lignes - Copier son prénom sur un ordinateur	- Écrire son prénom en cursive sans modèle - Écrire entre les lignes (5 mm) - Écrire seul des mots - Transcrire des mots sur un ordinateur

2. AGIR, S'EXPRIMER, COMPRENDRE À TRAVERS L'ACTIVITÉ PHYSIQUE

Période 1	Période 2	Période 3	Période 4	Période 5
Agir dans l'espace, dans la durée et sur les objets Adapter ses équilibres et ses déplacements à des environnements ou des contraintes variés				
– Courir de différentes façons : vite, en relais, en slalomant, en franchissant des obstacles – Réaliser un effort dans la durée – Affiner des habilités motrices : lancer avec précision ; lancer haut, loin et fort	– Sauter de différentes façons : loin, avec élan, haut, en contrebas – Lancer de différentes façons – Ajuster ses déplacements dans des parcours d'équilibre	– S'initier aux arts du cirque en agissant sur différents objets : assiettes, boules chinoises, foulards, balancelles… – Se déplacer avec aisance et en sécurité dans des environnements aménagés mettant en jeu l'équilibre	– Lancer de différentes façons dans des jeux de ballons – Affiner ses habilités motrices : lancer, attraper, se déplacer, réagir… – Agir dans des espaces et avec du matériel varié : rouler, de différentes façons, s'équilibrer – Se déplacer dans des environnements variés	– Sauter de différentes façons, dans des espaces et avec des matériels variés, dans un but précis – Se déplacer avec aisance et en sécurité avec du matériel mettant en jeu l'équilibre (vélos, planches, patins à roulettes…) – Ajuster et enchainer ses actions en fonction du parcours et des obstacles à franchir
Communiquer avec les autres au travers d'actions à visée expressive ou artistique				
– Se déplacer en respectant un rythme (tambourin, musique…)	– Coordonnées ses gestes et ses déplacements dans des rondes et des jeux chantés	– Coordonner ses gestes et ses déplacements dans des jeux dansés – Prolonger son mouvement avec différents objets… – Danser à deux, en miroir	– Mobiliser, enrichir le vocabulaire corporel dans des situations de création – Construire et conserver une séquence d'actions et de déplacements en relation avec d'autres partenaires – Investir un espace scénique	– Coordonner ses gestes et ses déplacements dans des danses traditionnelles
Collaborer, coopérer, s'opposer				
– Participer à des jeux collectifs en intégrant les règles et en identifiant son rôle – Coopérer, élaborer des stratégies – S'opposer dans des jeux de lutte	– Participer à des jeux collectifs avec ballons en intégrant les règles et en identifiant son rôle – Élaborer des stratégies pour viser un but	– Participer à des jeux collectifs en intégrant les règles et en identifiant son rôle – Coopérer, exercer des rôles différents complémentaires, élaborer des stratégies	– Lancer de différentes façons dans des jeux de collectifs avec ballons	– Utiliser des procédures numériques dans des jeux collectifs

3. AGIR, S'EXPRIMER, COMPRENDRE À TRAVERS LES ACTIVITÉS ARTISTIQUES				
Période 1	Pértiode 2	Période 3	Période 4	Période 5
Les productions plastiques et visuelles				
– S'exercer au graphisme décoratif en réinvestissant les tracés ou en en créant de nouveaux – Utiliser différents outils, médiums, supports en adaptant son geste : ciseaux, gabarit – Découvrir, observer, s'exprimer sur des œuvres d'artistes – Découvrir le portrait : dessiner, assembler, transformer…	– Utiliser différents outils, médiums, supports en adaptant son geste : calque, gabarit, papier mâché – Réaliser des objets en volume (poupées russes, boules de Noël) – Découvrir, observer, s'exprimer sur des œuvres d'artistes (Delaunay, Gauguin…)	– S'exercer au graphisme décoratif en réinvestissant des idéogrammes chinois ou en créant des nouveaux – Réaliser des objets en volume en combinant différentes matières et techniques (coloriage, découpage…) : poupées et lanternes chinoises – Découvrir, observer, s'exprimer sur des photographies, des images ou des supports numériques pour s'ouvrir à la diversité culturelle	– Découvrir, reproduire de nouveaux signes graphiques pour s'ouvrir à la diversité culturelle (signes aborigènes) – Réaliser des compositions plastiques individuelles ou collectives en s'inspirant des techniques des aborigènes : utilisation de pigments naturels, pointillisme… – Découvrir, observer, s'exprimer sur des œuvres d'artistes aborigènes d'Australie ou européens (Miró)	– S'exercer au graphisme décoratif en réinvestissant des signes ou en en créant de nouveaux – Dans des productions collectives, appréhender différents matériaux : cartons, tissus, laine… – Réaliser des objets en volume en combinant différentes matières et techniques (coloriage, découpage…)
Univers sonores				
– Marquer la pulsation avec le corps, des instruments – Avoir mémorisé un répertoire varié de comptines et de chansons (sur la rentrée, l'alphabet, dans différentes langues africaines)	– Découvrir un conte musical d'un compositeur russe : *Pierre et le Loup* de Prokofiev – Affiner l'écoute : associer les instruments aux personnages du conte – Mémoriser un répertoire varié de chansons en français, russe et anglais	– Marquer la pulsation avec le corps, des instruments – Découvrir de nouveaux instruments et de nouvelles sonorités (le chinois) – Avoir mémorisé un répertoire varié de comptines et de chansons	– Découvrir et manipuler des instruments d'Australie : didgeridoo, clap-sticks – Affiner son écoute dans la perception de chants et instruments aborigènes, exprimer son ressenti – Mémoriser un répertoire varié de comptines et de chansons en français et en anglais	– Jouer avec sa voix pour explorer la variante de timbre, d'intensité, de hauteur et de nuance – Mémoriser un répertoire varié de comptines et de chansons en français et en anglais, en espagnol et en portugais
Le spectacle vivant				
Faire des propositions de rythmes avec le corps, les instruments (chef d'orchestre)	Observer, commenter les différentes séquences de déplacement réalisées par les camarades	– Réaliser des activités relevant des arts du cirque – Ouvrir son regard sur des modes d'expression divers	– Mettre en scène et en jeu une expression imagée et poétique du mouvement – Mettre en œuvre des propositions personnelles et les présenter à un public – Ouvrir son regard sur les modes d'expression des autres	Imiter, inventer, assembler des propositions personnelles ou partagées dans des jeux dansés

4. ACQUÉRIR LES PREMIERS OUTILS MATHÉMATIQUES

Période 1	Période 2	Période 3	Période 4	Période 5
Découvrir les nombres et leurs utilisations				
– Acquérir la suite numérique dans différents jeux rituels – Connaitre différentes représentations des nombres de 1 à 5 (écriture chiffrée, constellations, doigts) – Dénombrer, réaliser une collection d'objets jusqu'à 5 – Découvrir les différentes décompositions du 5 – Ajouter, retirer des quantités pour obtenir 5 – Dénombrer jusqu'à 6 et rechercher des compléments pour atteindre cette quantité (jeu des bougies) – Lire et écrire les chiffres de 1 à 5	– Acquérir la suite numérique dans différents jeux rituels – Reconnaitre l'écriture chiffrée des nombres de 1 à 6 – Ranger et compléter une suite de nombres de 1 à 6 – Ajouter, retirer des quantités – Se repérer sur une piste d'un jeu mathématique (jeu de Lego) – Réaliser des collections de 1 à 7 – Comparer des collections d'objets avec des procédures numériques ou non numériques	– Acquérir la suite numérique dans différents jeux rituels – Reconnaitre l'écriture chiffrée des nombres jusqu'à 8 – Dénombrer, réaliser une collection d'objets jusqu'à 8 – Découvrir les différentes décompositions du 8 – Se repérer sur une piste de jeu mathématique (jeu de l'oie) – Dénombrer des collections et y associer l'écriture chiffrée – Résoudre des problèmes en utilisant des procédures numériques ou non numériques (déduire le nombre d'absents) – Ranger une suite de nombres et associer ses différentes représentations (écriture chiffrée, constellations)	– Dire la suite des nombres jusqu'à trente. – Utiliser différentes procédures de comptage – Dénombrer, réaliser une collection d'objets de 9 objets – Utiliser des procédures numériques pour compter, dénombrer dans un jeu de société (jeu de yam) – Réaliser des collections en utilisant différentes représentations des nombres – Comparer des chiffres et des quantités (commencer à utiliser les signes de comparaison (jeu du crocodile) – Parler des nombres à l'aide de leur décomposition. – Lire et écrire les chiffres de 1 à 9	– Dire la suite des nombres jusqu'à trente. – Comparer des quantités – Quantifier des collections jusqu'à dix au moins ; les composer et les décomposer par manipulations effectives puis mentales. – Réaliser des collections en utilisant différentes représentations des nombres (boites à compter) – Résoudre des problèmes en utilisant des procédures numériques ou non numériques – Dire combien il faut ajouter ou enlever pour obtenir des quantités ne dépassant pas dix. – Lire les nombres écrits en chiffres jusqu'à dix
Explorer des formes, des suites, des grandeurs organisées				
– Imaginer un assemblage d'objets avec des formes géométriques – Nommer les formes géométriques de base (carré, triangle, rectangle, cercle) – Dessiner des formes planes à partir d'un assemblage réalisé – Réaliser des puzzles seuls ou à plusieurs (puzzles géants)	– Trier des formes géométriques – Identifier, tracer des cercles – Identifier le triangle – Reproduire en volume une construction à partir du modèle – Reproduire un modèle à l'aide de papier calque – Réaliser différents types de puzzles (de couverture, de pièces plus nombreuses) – Comparer des grandeurs	– Découvrir, manipuler les pièces du tangram – Reproduire un assemblage à partir d'un modèle de tangram – Comparer, classer ou ranger des objets selon un critère de longueur – Réaliser une construction complexe – Reconstituer un puzzle numérique	– Imaginer un assemblage avec des géoplans – Reproduire et dessiner un agencement à partir d'un modèle – Reproduire un assemblage à une échelle différente – Acquérir le vocabulaire géométrique – Reproduire, dessiner des formes planes : carré, cercle, rectangle, triangle	– Découvrir la symétrie axiale – Reproduire des figures par symétrie avec différentes procédures : pliage, calque, géoplan – Reconnaitre, manipuler, nommer quelques solides : cube, prisme, pyramide, cylindre – Reproduire un assemblage de solides à partir d'un patron – Comparer des longueurs – Identifier et poursuivre une organisation régulière

5. EXPLORER LE MONDE

Période 1	Période 2	Période 3	Période 4	Période 5
Se repérer dans le temps et l'espace				
- Se repérer dans l'emploi du temps de la journée (à partir de support photos) - Connaitre la comptine des jours de la semaine - Restituer l'ordre chronologique d'un récit à partir d'illustrations - Repérer la position et les déplacements d'objets en utilisant le vocabulaire spatial (entre, à côté de, derrière…) - Situer des objets par rapport à soi, entre eux, par rapport à des objets repères - S'ouvrir à la diversité culturelle et linguistique du monde : découvrir les continents, l'Afrique	- Connaitre et lire les jours de la semaine - Se repérer dans la semaine - Dire et encadrer la date du jour en utilisant des marqueurs temporels (hier, aujourd'hui, demain) - Reconstituer l'ordre logique d'une série d'images - Utiliser des marqueurs spatiaux adaptés dans les descriptions (dictée topologique) - Créer une histoire à l'aide d'images en utilisant des marqueurs temporels. - Se repérer dans l'espace d'une page - S'ouvrir à la diversité culturelle et linguistique du monde : découvrir la Russie	- Se repérer sur le calendrier - Dire la date du jour en repérant le jour, le quantième et le mois - Retrouver la chronologie d'un récit à partir d'illustrations - Situer des objets par rapport à soi, entre eux, par rapport à des objets repères. - S'ouvrir à la diversité culturelle et linguistique du monde : découvrir la Chine	- Se repérer dans la journée, la semaine, le mois (calendrier) - Dire et encadrer la date du jour en utilisant des marqueurs temporels (hier, aujourd'hui, demain) - Consolider la notion de chronologie : le cycle de vie d'une plante - Utiliser des marqueurs temporels dans des productions d'écrits - Se repérer sur l'espace d'une feuille, de lignes d'écriture - S'ouvrir à la diversité culturelle et linguistique du monde : découvrir l'Australie	- Situer les événements vécus les uns par rapport aux autres et en les repérant dans la journée, la semaine, le mois - Écrire la date - Suivre dans l'ordre les différentes étapes d'une fiche de fabrication - Utiliser des jeux impliquant un déplacement sur un parcours (vélos) - Se repérer sur l'espace d'une feuille, de lignes d'écriture - S'ouvrir à la diversité culturelle et linguistique du monde : découvrir l'Amérique
Explorer le monde du vivant, des objets et de la matière				
- Découvrir les animaux d'Afrique : caractéristiques, milieux de vie, besoins… - Observer, découvrir divers objets africains : tissus, colliers - Utiliser différents outils et matériaux (ciseaux, gabarit, carton…) adaptés à un projet de fabrication	- Utiliser différents outils et matériaux : papier mâché, gabarit, sucre… - Adapter son geste aux contraintes matérielles	- Découvrir les animaux de Chine : caractéristiques, milieux de vie, besoins… - Utiliser différents outils et matériaux adaptés à un projet de fabrication (lanterne, poupées chinoises, couronnes)	- Découvrir les animaux de Chine : caractéristiques, milieux de vie, besoins… - Reconnaitre les principales étapes du développement de la graine à la plante dans une situation d'observation du réel - Connaitre les besoins essentiels des végétaux : de la graine à la plante - Découvrir, manipuler différents objets, matériaux (didgeridoo, le boomerang) - Utiliser des objets numériques : l'ordinateur - Copier à l'aide d'un clavier	- Découvrir les animaux d'Amérique : caractéristiques, milieux de vie, besoins… - Utiliser différents outils et matériaux adaptés à un projet de fabrication (tissage…) - Découvrir l'eau à travers des expériences scientifiques (mélanges, couleurs, flotte, coule, transformation…) - prendre en compte les besoins en eau et nos actions sur l'environnement - Utiliser des objets numériques : l'ordinateur - Copier à l'aide d'un clavier

AMÉNAGER L'ESPACE

L'organisation spatiale de la classe est un élément important qui permet de rendre les élèves actifs dans la structuration des apprentissages et de circuler facilement. Elle doit donc permettre à l'enfant de satisfaire son besoin d'activité et son envie d'apprendre.

Le coin regroupement

Le plus souvent, il se présente sous forme d'un U composé de bancs. Laissez passer quelques semaines afin de connaitre vos élèves, puis placez des étiquettes autocollantes sur les bancs avec les prénoms pour attribuer une place à chacun. Ainsi, vous pourrez créer un espace plus hétérogène en mélangeant les plus timorées avec les plus bavards; travailler sur la lecture des prénoms dans diverses écritures (reconnaissance des étiquettes sur les bancs d'abord en script, puis en cursive) et gagner du temps pour que chacun rejoigne sa place ! À chaque période, changez la disposition des bancs en les déplaçant ou collez de nouvelles étiquettes pour ne pas figer les élèves à une même place toute l'année.

Veillez à ce que tous puissent bien voir le tableau, notamment lorsque vous affichez un document ou que vous écrivez (les élèves qui sont sur les côtés des bancs viendront s'asseoir provisoirement par terre).

Ne le surchargez pas d'une multitude de documents, afin qu'il reste lisible et que vous puissiez y écrire sous le regard des élèves.

De nombreuses activités auront lieu tout au long de la journée dans cet espace regroupement: les rituels du matin, l'apprentissage des comptines, la lecture d'albums, de contes, des jeux musicaux, des séances de langage...

Les tables d'activités

Ces petites tables rondes, ovales ou rectangulaires, sont le plus souvent situées au centre de la classe. Associez-les pour former des groupes de 4, 6 ou 8 élèves selon la place dont vous disposez et le nombre d'élèves.

Cette disposition facilitera les travaux de groupe, leur rotation et la coopération entre les élèves.

Vous pourrez également mettre des toiles cirées de couleurs ou de motifs différents sur les tables ce qui facilitera la mise en ateliers des différents groupes de travail et donnera des repères aux enfants. (« Le groupe rouge, installez-vous à la table rouge/la table à carreaux. »)

Le coin peinture

Il est généralement installé près du lavabo avec du savon et des serviettes à disposition. Les tabliers doivent être accessibles aux élèves pour favoriser l'autonomie.

N'hésitez pas à installer des crochets adhésifs sur une porte ou un mur pour le rangement.

Grâce à cet espace, les élèves pourront agir, s'exprimer et comprendre à travers les activités artistiques.

Réalisez aussi bien des productions individuelles que collectives. Mettez en valeur une production de chaque élève dans la classe et dans les couloirs (pas seulement celles qui vous semblent les plus réussies).

Les coins jeux

Ils sont nécessaires pour le développement de l'imagination, l'expérimentation, l'imitation; ils favorisent les jeux symboliques et les situations de langage.

Chaque coin jeu permet de développer des objectifs spécifiques, par exemple:

- Le coin poupées/déguisement permet le jeu symbolique, d'imitation; le développement de l'imagination, la coopération et la communication entre pairs
- Le coin cuisine/ marchande permet le jeu symbolique, la coopération et les interactions; il permet l'acquisition du vocabulaire spécifique, l'identification de certains objets et leur fonction; le travail sur les quantités.
- Le coin jeux de construction permet d'imaginer, expérimenter, créer, diversifier ses gestes, coopérer,
- Le coin bibliothèque permet aux enfants de se familiariser avec l'écrit, de manipuler des livres, de faire des recherches. Veillez au bon état des livres et à leur renouvellement.

Limitez le nombre d'enfants dans chaque coin en définissant le nombre de places disponibles.

PRÉPARER LA RENTRÉE

Une préparation matérielle et administrative est nécessaire avant la rentrée des élèves.

Les étiquettes de présence

Avant la rentrée, vous aurez la liste de vos élèves et pourrez préparer les étiquettes de présence pour les premiers jours. En Grande Section, la photo n'apparait plus et les élèves devraient déjà reconnaitre leur prénom écrit en majuscules d'imprimerie, voire en script. Créez vos étiquettes prénoms avec Word en police Arial, imprimez sur des feuilles cartonnées et plastifiez pour une tenue sur la durée. Enfin, il existe des bandes autocollantes aimantées pour fixer et manipuler ces étiquettes aisément sur le tableau.

Renouvelez les étiquettes de présence au cours de l'année:

- Prénoms en majuscules d'imprimerie et script pour les périodes 1 et 2.
- Prénoms en cursive au recto et en script au verso (pour validation) à partir de la période 3.

Ces étiquettes seront régulièrement utilisées pour des activités sur la lecture, l'écrit, la phonologie, le découpage de syllabes orales, le dénombrement... (cf. Accueil et rituels).

Étiquettes provisoires porte-manteaux et casiers

Au-dessus des portemanteaux, fixez des étiquettes autocollantes avec le prénom de vos élèves. Ainsi, en arrivant le jour de la rentrée, chacun trouvera sa place et saura où poser ses affaires. Vous remplacerez ces étiquettes autocollantes par celles que les enfants réaliseront dès les premières semaines. Si vous disposez d'un meuble à casiers, attribuez-en un à chaque élève avec le prénom sur une étiquette autocollante comme pour le porte-manteau. Ces casiers permettront aux enfants de ranger de manière autonome les dessins et travaux. En période 1, nous vous proposons des agencements pour les portemanteaux et les casiers.

Voir Doc. 10 et 21 live!

Les tables et le matériel courant

Préparez différentes tables pour l'accueil des élèves: une table de dessin (prévoyez un stock de feuilles, de brouillons), des jeux de société et du matériel pédagogique, des puzzles... Le matériel courant doit être facilement accessible pour les élèves et toujours rangé au même endroit pour favoriser l'autonomie: feuilles de dessins, feutres, ciseaux, colle, pinceaux.

Les outils collectifs et individuels Doc. 1 à 9 live!

Imprimez les outils des Doc. 1 à 9, collez éventuellement sur un fond de couleur pour les mettre en valeur et plastifiez. Vous pouvez ainsi déjà préparer vos affichages avant la rentrée ou les présenter au fur et à mesure aux élèves: Une bande numérique de 1 à 31 – Bandes numériques individuelles – Réglettes individuelles nombres – Représentation des nombres pour affichage collectif – Cartes nombres de 1 à 10 – Cartes constellations de dé – Jours de la semaine – Alphabet 3 écritures pour affichage collectif – Alphabet individuel 3 écritures.

La correspondance avec les parents

Commencez à préparer les documents indispensables à remettre aux familles:

- mot de bienvenue pour vous présenter, nommer votre ATSEM et indiquer que vous organiserez prochainement une réunion de rentrée;
- une éventuelle liste de matériel dont vous pourrez avoir besoin (boites de mouchoirs, chaussons de gymnastique pour les parcours de motricité);
- une autorisation pour prendre les élèves en photos;
- le règlement de l'école.

Pour la correspondance, trois options s'offrent à vous:

- un petit cahier de liaison;
- un blog de classe (agréé par l'Education Nationale);
- des boites aux lettres individuelles à fabriquer avec les élèves, pour éviter de coller du papier sur du papier!

Voir Doc. 21, atelier 10, période 1 live!

Cahier d'appel

Écrivez la liste des élèves par ordre alphabétique dans votre cahier d'appel pour qu'il soit prêt dès le premier jour de classe. Pour gagner du temps les prochains mois, photocopiez cette liste, découpez et collez-la sur les pages suivantes (prévoyez des listes supplémentaires si de nouveaux élèves arrivent en cours d'année). Pensez à le remplir tous les matins et tous les après-midis pendant l'appel et à faire les pourcentages des présents et absents en fin de mois.

Les affichages

– les affichages didactiques

Ce sont les outils de référence pour les élèves, ils doivent donc être à leur hauteur (alphabet en majuscules d'imprimerie, script et cursive, frise numérique horizontale ou verticale, représentation des nombres, jours de la semaine, etc.).

– les affichages esthétiques

Les premiers jours, décorez avec des posters, des affiches (récupérés chez les éditeurs et les libraires) en attendant les premières productions des élèves.

Mettez en valeur les productions plastiques des élèves et montrez à chacun où la sienne se situe. Veillez à affichez au moins une production de chaque élève en utilisant l'espace classe et les couloirs. Si vous disposez de peu de place, assurez une rotation régulière. Aussi, vous pouvez installer des cordes à linge d'un mur à l'autre, pour y accrocher des productions de peinture (soit pour les faire sécher soit pour les mettre en valeur)

– les affichages obligatoires

- La programmation annuelle (elle peut apparaitre aussi dans un classeur)
- L'emploi du temps de la classe
- Le tableau des services des cours de récréation
- La liste des élèves par ordre alphabétique et avec les dates de naissance
- La pyramide des âges
- La liste des élèves déjeunant à la cantine et restant aux activités périscolaires, gouter
- La liste des comptines, chansons et jeux de doigts
- Le règlement intérieur de l'école
- Le plan d'évacuation des locaux

Pensez également à consigner le nom des élèves bénéficiant d'un PAI (asthme, allergie alimentaire...)

Enfin, le cahier journal doit être disponible afin que les remplaçants le consultent en cas d'absence.

Période 1

Semaines 1 à 3 : La rentrée des grands

➤ De la classe à la découverte du monde

Semaines 4 à 7 : L'Afrique

➤ Contes, couleurs, peuples et traditions

Demi-journées thématiques : Autour du portrait et du corps

Sommaire des activités en regroupement

	Accueil	Rituels	Activités de langage/lecture	Univers sonores	Activités de langage/lecture
Semaine 1	– Étiquettes de présence – Jeux libres, puzzles, dessin…	– **Appel :** répondre par je suis présent/présente. – **Découvrir les nombres :** compter les présents et les absents	– Notre année en Grande Section – L'espace classe – Règles de vie – Règles de vie en photos	– Réveil corporel et préparation au chant – Chants de MS – Poésie : « C'est la rentrée »	– Pistes d'exploitation d'un album sur l'école – Chasse aux lignes verticales – Composition de Piet Mondrian – Albums sur l'école (suite)
Semaine 2	– Classement des étiquettes par initiale – Reprise des prénoms en pinces à linge	– **Appel :** La ronde des prénoms – **Découvrir les nombres :** Qui compte le plus loin ?	– Responsabilités en classe – Pistes de lecture – Les lignes dans l'art – Atelier philo : À quoi sert l'école ?	– ABCD, je monte à l'escalier – Chanson de l'alphabet	– Les différentes graphies – La forme déplacée – L'histoire erronée – Retour sur atelier : Formes pour créer
Semaine 3	– Reconnaissance du prénom en script – Reprise des planches vocabulaire	– **Appel :** Scander les syllabes de son prénom – **Découvrir les nombres :** *Même organisation* – **Responsabilités :** Attribution des rôles	– Un passage pour une illustration – Des lignes brisées – Tissus simultanés de Sonia Delaunay – Atelier philo : Est-ce que tout le monde peut se tromper ?	Comptines des jours de la semaine : – « Les canards vont à la mare » – « Bonjour lundi »	– Pistes de langage autour des ateliers – La couverture mystère – Le tour du monde : présentation du projet, évocation des voyages, pays d'origine – Projet Flat Stanley
Semaine 4	– Classement des étiquettes par groupe – Reprise phono des prénoms	– **Appel :** Scander et dénombrer les syllabes du prénom – **Découvrir les nombres :** Jeu de la chaine numérique – **Repérage dans le temps :** Emploi du temps de la journée (photos)	– Projections sur la Terre (1) – Des livres pour découvrir le monde – Pistes d'échanges sur les livres et documentaires – Atelier philo : À quoi ça sert de voyager ?	– Percussions : marquer la pulsation avec le corps – Chef d'orchestre – « Olélé, Moliba Makasi »	– Projections sur la Terre (2) – Carte de l'Afrique – Petits trésors d'Afrique – Recherche sur l'Afrique
Semaine 5	– Classement des étiquettes par nombre de syllabes – Réinvestissement du matériel	– **Appel :** Ronde des prénoms en découpant les syllabes – **Découvrir les nombres :** *Même organisation* – **Repérage dans le temps :** Emploi du temps de la journée	– Contes et albums sur l'Afrique – Pistes d'exploitation pour la lecture – Atelier philo : Est-ce qu'on est tous pareils ? – Des albums sur la différence	– Percussions : marquer la pulsation avec un instrument – Sama Sopé	– Répertoire graphique africain – Phono des mots d'Afrique – Petits trésors d'Afrique – Animaux à prolonger
Semaine 6	*Même organisation*	– **Appel :** Avec les noms de famille – **Découvrir les nombres :** Intercaler un mot dans la suite numérique – **Repérage dans le temps :** *Même organisation*	– Contes et albums sur l'Afrique – Baobab, arbre à palabres – Fiche d'identité des animaux de la savane – Atelier philo : Quelle est la différence entre les animaux et nous ?	– « Le lion est mort ce soir » – Reprise des chansons de la période	– Images séquentielles d'un album – Fiche d'identité des animaux de la savane – Écoutez cette histoire – Raconter son album préféré
Semaine 7	**Pistes d'exploitation**				

Sommaire des ateliers

	Ateliers du matin				Ateliers de l'après-midi	
Semaine 1	**Atelier 1 :** Agir, s'exprimer, comprendre à travers les activités artistiques **Portemanteaux montgolfières** → Réaliser du graphisme décoratif sur un CD	**Atelier 2 :** Agir, s'exprimer, comprendre a travers les activités artistiques **Couverture de cahier : Bandes verticales** → Tracer des traits verticaux à la peinture	**Atelier 3 :** Mobiliser le langage dans toutes ses dimensions **Prénoms en pinces à linge** → Reconstituer son prénom en script avec du matériel mobile	**Atelier 4 :** Acquérir les premiers outils mathématiques **Formes géométriques pour imaginer** → Imaginer, créer, s'approprier le matériel	**Atelier 5 :** Acquérir les premiers outils mathématiques **Nombres de 1 à 5** → Évaluation diagnostique : lire les nombres, réaliser des collections	**Atelier 6 :** Mobiliser le langage dans toutes ses dimensions **Prénoms à la une** → Reconstituer son prénom à partir de coupures de presse
Semaine 2	**Atelier 7 :** Mobiliser le langage dans toutes ses dimensions **Vocabulaire de la classe** → Identifier différentes graphies dans des mots	**Atelier 8 :** Agir, s'exprimer, comprendre a travers les activités artistiques **Lignes et formes chez Mondrian** → Réaliser une composition plastique à la manière de	**Atelier 9 :** Explorer le monde **Puzzle de couverture** → Reconstituer la couverture et le titre d'un album	**Atelier 10 :** Agir, s'exprimer, comprendre à travers les activités artistiques **Des boites pour ranger** → Décorer du matériel pour organiser les rangements	**Atelier 11 :** Acquérir les premiers outils mathématiques **Formes géométriques pour créer** → Réaliser un assemblage avec des formes et le dessiner	**Atelier 12 :** Agir, s'exprimer, comprendre à travers les activités artistiques **Couverture de cahier : Graphisme** → Évaluation diagnostique : réaliser les tracés graphiques de base
Semaine 3	**Atelier 13 :** Acquérir les premiers outils mathématiques **En couleurs par 5** → Réaliser des groupements par 5	**Atelier 14 :** Mobiliser le langage dans toutes ses dimensions **Tracés délimités** → Tracer des lignes verticales et horizontales	**Atelier 15 :** Mobiliser le langage dans toutes ses dimensions **Vocabulaire de la classe** → Réinvestissement de l'atelier 7	**Atelier 16 :** Mobiliser le langage dans toutes ses dimensions **Semaine à la pince** → Identifier les mots en capitale/script.	**Atelier 17 :** Mobiliser le langage dans toutes ses dimensions **Phono des prénoms** → Scander et compter les syllabes	**Atelier 18 :** Acquérir les premiers outils mathématiques **Des chiffres en pâte** → Réaliser à la pâte à modeler les chiffres de 1 à 5 et les collections
Semaine 4	**Atelier 19 :** Mobiliser le langage dans toutes ses dimensions **Tracés à la manière de Delaunay** → Graphisme : lignes obliques et brisées	**Atelier 20 :** Agir, s'exprimer, comprendre à travers les activités artistiques **Carte du monde (1)** → Réaliser une production plastique	**Atelier 21 :** Mobiliser le langage dans toutes ses dimensions **Recherche sur l'Afrique** Tri en BCD	**Atelier 22 :** Explorer le monde **Puzzles géants carte du monde** → Coopérer pour réaliser des puzzles de plusieurs pièces	**Atelier 23 :** Explorer le monde **Carte du monde (2)** → Nommer les continents sur une carte	**Atelier 24 :** Explorer le monde **D'où viennent ces animaux ?** → Découvrir, manipuler et classer
Semaine 5	**Atelier 25 :** Acquérir les premiers outils mathématiques **Dans des enclos de 5** → Découvrir les décompositions du nombre 5	**Atelier 26 :** Mobiliser le langage dans toutes ses dimensions **Ani-mots de la savane** → Reconstituer des mots en lecture verticale	**Atelier 27 :** Acquérir les premiers outils mathématiques **Compléments à 5** → Fiche d'activités bilan	**Atelier 28 :** Agir, s'exprimer, comprendre à travers les activités artistiques **Animaux à prolonger** → Compléter une image partielle	**Atelier 29 :** Mobiliser le langage dans toutes ses dimensions **Paysage et visages d'Afrique** → Rechercher et choisir des photos en justifiant	**Atelier 30 :** Agir, s'exprimer, comprendre à travers les activités artistiques **Coucher de soleil en Afrique** → Composition plastique
Semaine 6	**Atelier 31 :** Acquérir les premiers outils mathématiques **Jeu des bougies** → Les quantités de 1 à 6	**Atelier 32 :** Mobiliser le langage dans toutes ses dimensions **Mots croisés d'Afrique** → Jouer avec les mots	**Atelier 33 :** Mobiliser le langage dans toutes ses dimensions **Albums sur l'Afrique** → Retrouver couvertures et titres des albums lus	**Atelier 34 :** Mobiliser le langage dans toutes ses dimensions **Phono d'Afrique** → Scander et dénombrer de syllabes	**Atelier 35 :** Agir, s'exprimer, comprendre à travers les activités artistiques **Tissus africains** → Prolonger des motifs graphiques	**Atelier 36 :** Agir, s'exprimer, comprendre à travers les activités artistiques **Colliers africains** → Production plastique
Semaine 7	Pistes d'exploitation					

Sommaire de l'activité physique

	Jour 1	Jour 2	Jour 3	Jour 4
Semaine 1	**1, 2, 3, soleil !** → Jeu traditionnel	**La rivière aux crocodiles** → Jeu de lutte	**Courir vite** → Courir individuellement et en équipe	**Ateliers de lancer (1)** → Lancer avec précision
Semaine 2	**La queue du diable** → Jeu collectif	**Les déménageurs de meubles** → Jeu de coopération	**Courir en suivant son couloir** → Améliorer sa course	**Ateliers de lancer** → Reprise
Semaine 3	**Le filet des pêcheurs** → Jeu collectif	**Hors de ma maison** → Jeu de lutte	**Courir en relais** → Course d'équipes	**Ateliers de lancer** → Reprise
Semaine 4	**Minuit dans la bergerie** → Jeu collectif	**L'oiseau protège son nid** → Jeu de lutte	**Courir avec obstacles** → Adapter ses déplacements aux contraintes matérielles	**Ateliers de lancer (2)** → Lancer haut, loin, et fort
Semaine 5	**Chat glacé** → Jeu collectif	**La tortue** → Jeu de lutte	**Courir en relais avec obstacles** → Coopérer avec ses camarades lors d'une course	**Ateliers de lancer** → Reprise
Semaine 6	**Poules, renards, vipères** → Jeu collectif	**Les pinces à linge** → Jeu de lutte	**Courir dans un parcours** → Enchainer diverses actions motrices	**Ateliers de lancer** → Reprise
Semaine 7	**Reprise des activités de la période**			

Semaine 1

	Lundi	Mardi	Jeudi	Vendredi	Demi-journée thématique
8 h 20 **Accueil**	Échanges individualisés. Reconnaissance de son étiquette de présence. Jeux libres.				
8 h 40 **Rituels**	**Appel :** répondre par je suis présent/présente **Découvrir les nombres :** compter les présents et les absents ; identifier le nombre sur la bande numérique.				
9 h **Univers sonores**	Chansons et comptines au choix				
9 h 10 **Ateliers** Rotation des groupes sur les ateliers de la semaine	**Atelier 1 : Portemanteaux montgolfières** → Réaliser du graphisme décoratif sur un CD **Atelier 2 : Couverture de cahier : Bandes verticales** → Tracer des lignes verticales à la peinture **Atelier 3 : Prénoms en pinces à linge** → Reconstituer son prénom en script avec du matériel mobile **Atelier 4 : Formes géométriques pour imaginer** → Imaginer créer, s'approprier le matériel				**24 séances autour du portrait et du corps** – Qu'est-ce qu'un portrait ? – Dessiner un portrait – Visages à compléter
9 h 45	Rangement et bilan des ateliers				
10 h **L'activité physique**	**1, 2, 3, soleil !** → Jeu traditionnel	**La rivière aux crocodiles** → Jeu de lutte	**Courir vite** → Individuellement, en équipe	**Ateliers de lancer** → Lancer avec précision	**Les statues** → Suivre un rythme, réaliser des poses
10 h 30	Récréation				
11 h **Langage/Lecture**	**Notre année en Grande Section** → S'exprimer sur ce qu'on va apprendre	**L'espace classe** → S'approprier les lieux	**Règles de vie** → Élaborer, comprendre les règles	**Règles de vie en photos** → Illustrer les règles	**Lecture plaisir**
11 h 30	Sortie/déjeuner				
13 h 30	Écoute musicale, chant, lecture plaisir…				
14 h **Ateliers** Rotation des groupes sur les ateliers de la semaine	**Atelier 5 : Nombres de 1 à 5** → Évaluation diagnostique : lire les nombres, réaliser des collections **Atelier 6 : Prénoms à la une** → Reconstituer son prénom à partir de coupures de presse **Ateliers libres**				
14 h 50	Récréation				
15 h 20 **Langage/Lecture**	**Pistes d'exploitation d'un album sur l'école** → Au choix	**Chasse aux lignes verticales** → Repérer des tracés	**Composition de Piet Mondrian** → S'exprimer sur une œuvre	**Albums sur l'école (suite)** → Pistes d'exploitation	
15 h 45	Sortie				

• Accueil •

Mobiliser le langage dans toutes ses dimensions
→ **Communiquer avec les adultes et les autres enfants par le langage, en se faisant comprendre**
→ **Découvrir, s'approprier la classe**

Avant la rentrée, référez-vous aux conseils et à la préparation du matériel collectif proposés dans la partie «*Préparer sa rentrée*» (affichage, outils, étiquettes de présence, etc.).

Les premiers jours de classe, privilégiez l'accueil en accordant un temps d'échange individualisé à vos élèves; ils ont besoin d'apprendre à vous connaitre (et vous aussi !), de découvrir leurs camarades, de s'approprier progressivement les coins de la classe et les règles de vie.

Pour l'accueil, préparez sur une table des étiquettes de présence et sur les autres, des activités autonomes: puzzles, dessin libre, jeux de construction...

• Rituels •

20'

Appel

Mobiliser le langage dans toutes ses dimensions
→ **Oser entrer en communication avec autrui**
→ **Réaliser des phrases de plus en plus complexes**

Au tableau, écrivez votre prénom et celui de votre ATSEM. Complétez votre registre pendant que vous faites l'appel et demandez à chaque élève de répondre à son prénom: «*Je suis présent(e)*» en rappelant la distinction des genres.

Découvrir les nombres

Acquérir les premiers outils mathématiques
→ **Dire la suite des nombres jusqu'à trente**
→ **Comprendre que tout nombre s'obtient en ajoutant un au nombre précédent**

Doc. 1 live!

Un élève compte les présents un à un; vous l'accompagnez pour qu'il énonce chaque mot nombre au moment où il touche la tête d'un enfant. Reprenez avec la classe la comptine numérique en déplaçant simultanément un curseur sur la bande numérique affichée (Doc. 1), jusqu'au nombre de présents énoncés.

Un autre élève compte les étiquettes des absents et désigne ce nombre sur la bande numérique.

• Univers sonores •

Agir, s'exprimer, comprendre à travers les activités artistiques
→ **Avoir mémorisé un répertoire varié de comptines et de chansons**
→ **Jouer avec sa voix**

10'

1. Réveil corporel et préparation au chant

Décomposez les mouvements suivants et invitez les élèves à vous suivre:
Étirez au maximum les bras sur le côté, les jambes, baillez lentement. En restant assis, imaginez que vous êtes une marionnette dont on tire les fils vers le haut: le buste, les épaules, les bras, les mains jusqu'à tenter de toucher le plafond; puis on vous coupe les fils un à un: une main tombe, la suivante, un bras, l'autre, les épaules, puis tout le haut du corps, y compris le buste et la tête.
Redressez-vous en levant les bras vers le haut en accompagnant votre mouvement par des AAAAA (Monter la voix) puis relâchez d'un coup avec un grand AAAA de soupir. Remontez les épaules en les roulant vers l'arrière jusqu'à être droit(e).
Passez au réveil du visage en massant les différents éléments, puis «prenez votre petit-déjeuner»: Mâcher votre tartine de pain en exagérant le mouvement, soufflez sur votre bol chaud plusieurs fois : fff, fff, fff. Enfin, finissez avec la répétition d'exercices vocaux: tsss tsss, tsss, zzz, zzz, zzzz, brrr, brrr, brrr.

2. Chant

Pour introduire cette année en chanson, demandez à vos élèves de vous chanter celles qu'ils ont apprises en Moyenne Section et reprenez-en quelques-unes avec le groupe classe tout au long de cette semaine.

3. Poésie

«C'est la rentrée»

Quand l'été s'envole
Je rentre à l'école.
Finies les vacances.
Fini le silence
De la grande cour,
Les copains, bonjour!

Pierre Coran

• Atelier 1 •

Portemanteaux montgolfières

Agir, s'exprimer, comprendre à travers les activités artistiques

→ **Réaliser une composition personnelle en reproduisant des graphismes**

→ **Choisir différents outils, médiums en adaptant son geste**

30' Doc. 10 – Galerie photo live!

Matériel

- Disques (CD ou DVD)
- Nacelles (Doc. 11 à imprimer)
- Feutres Posca ou autres marqueurs fins
- Patafix ou colle
- Ficelle

Réaliser du graphisme décoratif sur un CD

1. Langage autour des vacances

À la rentrée, les enfants auront envie de s'exprimer sur le déroulement de leurs vacances. Accordez-leur ce temps pour partager et parler en petits groupes ; ce sera également l'occasion pour vous d'avoir un aperçu des compétences langagières de chacun :

« Qu'avez-vous fait pendant cet été ? Êtes-vous partis ? Étiez-vous au centre de loisirs ? Avez-vous déjà visité d'autres pays ou villes pendant ces vacances ou auparavant ? etc. »

Demandez-leur ensuite quels sont les différents modes de transport nécessaires pour voyager. Présentez une photo d'une montgolfière, laissez-les s'exprimer, puis expliquez son fonctionnement.

Pour personnaliser les portemanteaux, les élèves vont réaliser une montgolfière : elle leur permettra de voyager autour du monde, tout au long de cette année de Grande Section !

2. Réalisation de la montgolfière

Pour réaliser la partie ballon de la montgolfière, récupérez divers CD/DVD et tracez au marqueur fin, des rayons sur la face brillante pour créer différentes zones. Dans chacune d'elle, laissez les élèves décorer avec le graphisme de leur choix.

Pour réaliser la partie nacelle, ils colorient le quadrillage (Doc. 11) avec un algorithme de deux couleurs.

Lorsque les réalisations sont achevées, fixez les CD sur un fond au-dessus des portemanteaux, ajoutez de la ficelle pour les cordages avec de la Patafix puis collez les nacelles.

> Vous pouvez remplacer les CD ou DVD par du papier cartonné blanc, en traçant le contour au crayon et en découpant.

• Atelier 2 •

Couverture du cahier : bandes verticales

Agir, s'exprimer, comprendre à travers les activités artistiques

→ **Réaliser des compositions plastiques, en choisissant et combinant des matériaux, en réinvestissant des techniques et des procédés**

→ **Poursuivre un algorithme**

30' Doc. 12 – Galerie photo live!

Matériel

- Feuilles blanches de peinture au format du cahier
- Peinture gouache dans des assiettes en plastique
- Larges pinceaux

Tracer des bandes verticales à la peinture

Installez le groupe avec l'Atsem au coin peinture pour réaliser un fond de la couverture du cahier (cahier de vie ou d'activités).

Pour cette première étape, il s'agira de tracer des lignes verticales (un des tracés de base de l'écriture) en réalisant un algorithme de deux couleurs et ainsi développer les compétences logiques.

Les productions pourront se faire soit au chevalet (tracé sur un plan vertical), soit sur une table (plan horizontal).

La deuxième étape (graphisme) se fera la semaine suivante en atelier 12, lorsque les productions seront sèches.

Prolongement : les enfants qui ont terminé la peinture, peuvent s'entrainer au tableau et à l'ardoise à tracer des lignes verticales.

> Un autre système que les cahiers en GS : vous pouvez faire des reliures des activités, soit à chaque période pour un thème précis, soit pour l'ensemble de l'année. Vous éviterez ainsi de coller du papier sur du papier ! Dans ce cas, gardez cette activité non pas pour les couvertures, mais pour un affichage décoratif dans la classe.

• Atelier 3 •

Prénoms en pinces à linge

Mobiliser le langage dans toutes ses dimensions
→ Découvrir le principe alphabétique
→ Reconnaitre et nommer les lettres écrites en script
→ Écrire son prénom à l'aide d'étiquettes mobiles

30' Doc. 13 – Galerie photo Nathan live!

Matériel
- Étiquettes prénoms en script
- Pinces à linge
- Marqueur

Reconstituer son prénom en script avec du matériel mobile.

Imprimez un jeu d'étiquettes prénoms en écriture scripte, collez éventuellement sur un fond, plastifiez et découpez (cf. Doc. 13 Galerie photo).
Récoltez un grand nombre de pinces à linge et, sur chacune d'elles, écrivez au marqueur noir les lettres de l'alphabet en capitales d'imprimerie (elles seront utilisées pour représenter les majuscules des prénoms) puis, d'une autre couleur, les lettres en script (vous pouvez utiliser les deux faces des pinces).
Tout en s'exerçant à renforcer la motricité fine par la pression du pouce et de l'index, les élèves doivent reconstituer leur prénom en script, en plaçant les pinces à linge au-dessus des bonnes lettres. Même si, en Grande Section, ils peuvent reconnaitre les lettres de leur prénom en capitales d'imprimerie (écriture utilisée depuis la Petite Section), la tâche est plus difficile pour l'écriture scripte. C'est pourquoi la mise en correspondance des écritures doit se faire régulièrement.
Rappelez tout de même que la première lettre du prénom doit être en majuscule.
Lorsque les élèves ont terminé, ils peuvent reconstituer le prénom d'autres camarades.

Prolongement : correspondance de deux écritures (capitale d'imprimerie et script) avec l'atelier 16, semaine à la pince.

Le matériel donne la consigne !
Dans un atelier, il n'est pas toujours nécessaire de donner immédiatement la consigne car le matériel pourra directement l'induire et favorisera davantage les interactions entre les élèves.
Ici, vous verrez les enfants découvrir et s'amuser avec les pinces, chercher celles qui sont identiques, peut-être les classer par lettres pour finir par les poser sur les planches.

• Atelier 4 •

Formes géométriques pour imaginer

Acquérir les premiers outils mathématiques
→ Reproduire un assemblage à partir d'un modèle

30'

Matériel
- Un maximum de formes géométriques en plastique
- Appareil photo

Imaginer, créer, s'approprier le matériel

Lorsque vous présentez un nouveau matériel de manipulation en classe, un temps sera toujours nécessaire aux enfants pour jouer, expérimenter, imaginer. C'est un temps de découverte en autonomie qui leur permettra de s'approprier le matériel et d'être plus disponibles pour les séances dirigées que vous ferez par la suite.

Disposez, au centre de la table, un certain nombre de formes géométriques et donnez la consigne :

« Seul ou à plusieurs, jouez et imaginez des assemblages avec ces formes géométriques. »

Avant la fin de l'atelier, vous pouvez passer prendre en photos les réalisations ou simplement demander aux enfants ce qu'ils ont fait.

Prolongement : la semaine suivante, il sera demandé aux élèves de garder une trace de leurs réalisations en reproduisant sur feuille, l'agencement choisi.

Si vous n'avez pas de formes en plastique, découpez-en sur des pochettes rigides (chemises à rabat) ou du papier cartonné de couleur que vous plastifiez.

• Jour 1 •

1, 2, 3, soleil !

Collaborer, coopérer, s'opposer
→ **Adapter ses déplacements à des contraintes variées**
→ **Réagir à un signal**

Matériel
Un tambourin

1. Mise en route : le jeu des statues

Au rythme des frappés que vous réalisez sur un tambourin, les élèves se déplacent dans le préau : lentement, rapidement, arrêt. Alternez les différents temps et faites rappeler la consigne lorsque certains continueront de courir alors que vous ne jouez plus !

Reprenez le jeu plusieurs fois en leur demandant de varier les poses pendant les temps d'arrêt : investir l'espace (déplacement dans l'ensemble du préau, au sol, en l'air) et les différentes parties du corps (tête, mains, bras, jambes, dos).

2. Le premier au mur

Placez-vous face à un mur et les élèves, à l'autre bout de la salle. Vous frappez contre le mur en disant *1, 2, 3, soleil !*, ils avancent puis, lorsque vous vous retournez, ils doivent faire la statue. Ceux qui continueront d'avancer ou de bouger alors que vous vous êtes retourné, devront retourner au fond de la salle. Le premier qui touche le mur remporte la partie et prend votre place. Reprenez le jeu plusieurs fois.

3. Quatre équipes en file indienne

Quatre équipes se placent en file indienne derrière un chef d'équipe désigné.

L'élève ayant gagné la partie précédente est le meneur de jeu : il frappe contre le mur en disant *1, 2, 3, soleil !* Pendant ce temps, les équipes avancent en restant en file indienne et doivent avoir la même pose que leur chef d'équipe lorsque le meneur de jeu se retourne. Si ce n'est pas le cas, ils doivent retourner sur la ligne de départ.

La première équipe à arriver au bout en ayant respecté les poses, choisit le nouveau meneur.

Le jeu reprend alors avec de nouveaux chefs d'équipes.

• Jour 2 •

La rivière aux crocodiles

Collaborer, coopérer, s'opposer
→ **Coopérer, exercer des rôles différents complémentaires, élaborer des stratégies pour viser un but ou un effet commun**

Matériel	
– Des dossards	– 2 grands tapis

Partagez le terrain en trois zones : une rivière matérialisée par deux grands tapis et deux espaces vides de part et d'autre.
Un groupe de six élèves est dans la rivière ; ils jouent le rôle de crocodiles et portent des dossards pour être facilement identifiables. Les autres élèves sont des gazelles. Les deux types d'animaux se déplacent à quatre pattes.

Déroulement

Au signal, les gazelles doivent traverser la rivière à quatre pattes pendant que les crocodiles tenteront de les bloquer au passage, sans sortir de leur espace. Si elles atteignent l'autre rive, elles gagnent la partie, autrement elles sont éliminées pour cette manche.
Reprenez le jeu plusieurs fois en assurant des rotations dans les rôles.

• Jour 3 •

Courir vite

Adapter ses équilibres et ses déplacements à des environnements ou des contraintes variés
→ **Courir dans un but précis**

Matériel
Craie pour matérialiser les lignes de départ

1. Organisation

Divisez le terrain en quatre couloirs et constituez quatre équipes rangées en file indienne derrière une ligne de départ. Déterminez la ligne d'arrivée (ex : un mur).

2. Courir individuellement

À votre signal, le premier élève de chaque file court le plus vite possible jusqu'au bout de la salle et frappe sur le mur. Le premier arrivé remporte la course. Faites ensuite passer les suivants sur la ligne de départ et ainsi de suite. Pour cette première étape, demandez aux élèves arrivés au fond de la salle d'y rester pour ne pas gêner ceux qui courent ; expliquez que dès qu'un élève part, le suivant s'avance sur la ligne de départ pour se préparer au signal.

Faites asseoir les élèves pour leur permettre de reprendre le souffle, tout en faisant un bilan de cette première étape.

3. Courir en équipe

Tous les élèves se placent à nouveau sur la ligne de départ en quatre groupes. À votre signal, le premier de chaque file court vite jusqu'au fond de la salle et le camarade de son équipe part dès qu'il a touché le mur d'arrivée.

L'équipe qui a fini la première la course remporte la partie (si le nombre d'élèves par équipe n'est pas le même, désignez des élèves qui poursuivront la course).

Pendant la course, observez les élèves et le respect des règles dont vous discuterez à la phase de verbalisation : « *Dans chaque équipe, quel signal (autre que celui du départ) nous indique qu'on peut partir ? Qui faut-il suivre du regard ? Quelle trajectoire doit prendre chaque équipe ? Où doit-on se placer à la fin de la course ?* »

Reprenez une dernière fois la course et avant de retourner en classe, prévoyez un temps calme (écoute d'une musique douce en étant allongés dans le préau).

• Jour 4 •

Ateliers de lancer : lancer avec précision

Agir dans l'espace, dans la durée et sur les objets

→ **Lancer de différentes façons, dans des espaces et avec des matériels variés, dans un but précis**

→ **Ajuster et enchainer ses actions en fonction de la trajectoire d'objets sur lesquels agir**

Doc. 14 – Schéma live!

Déroulement

Divisez la classe en 4 groupes et assurez une rotation dans les ateliers toutes les 5 à 10 minutes. Installez les quatre ateliers de lancer comme décrits ci-dessous et sur le schéma (Doc. 14) en délimitant pour chacun un espace où les enfants devront se placer.

Atelier 1 : Lancer dans une cible

Matériel
- 4 bancs
- Tapis avec des cibles tracées à la craie

Organisation

Disposez 4 bancs en carré fermé pour délimiter une zone de lancer non franchissable ; les élèves sont répartis derrière ces bancs et disposent de 4 palets chacun. Placez au centre un grand tapis carré sur lequel vous tracez à la craie une cible (cercles concentriques).

Consigne

Lancer son palet en visant la cible la plus au centre.

Atelier 2 : Jeu de quilles

Matériel
- Cordes ou lattes pour créer des couloirs
- 12 quilles (ou bouteilles en plastique)
- Balles

Organisation

Avec des cordes, délimitez deux couloirs de lancer et placez au bout 6 quilles comme au bowling.

Consigne

Lancer la balle en la faisant rouler droit, pour faire tomber le plus de quilles. Chaque élève aura le droit a trois essais pour faire tomber le maximum de quilles.

Atelier 3 : Jeu de paniers

Matériel
- 4 paniers de basket (8 cônes et 4 bâtons en plastique)
- Balles

Organisation

Confectionnez 4 « paniers de basket » en fixant sur un cône un grand bâton en plastique et rajoutez un second cône posé à l'envers pour former le panier. Alignez les paniers côte à côte en les espaçant ; les élèves se placent en face, derrière une ligne de démarcation et ont des balles.

Consigne

Lancer les balles à l'intérieur des paniers.

Atelier 4 : Lancer dans des cônes

Matériel
- 4 cônes
- Cerceaux
- 1 ou 2 bancs

Organisation

Les enfants se placent derrière un banc. En face, alignez une série de cônes en les espaçant les un des autres.

Consigne

Lancer les cerceaux à l'horizontale dans les cônes.

20' par séance

• Jour 1 •

Notre année en Grande Section

Mobiliser le langage dans toutes ses dimensions

→ Pratiquer divers usages de la langue orale : raconter, expliquer, questionner, discuter un point de vue

Vos élèves font leur entrée en GS et connaissent déjà l'école pour la plupart. Interrogez-les sur leur vécu et laissez-les s'exprimer librement :
« Qui était votre maitresse en MS ? Quels camarades étaient dans la même classe ? Qu'avez-vous appris ? Dans quelles écoles étiez-vous avant (pour les nouveaux) ? »
Ensuite, interrogez-les sur leurs représentations de l'année de GS : *« À votre avis, qu'allez-vous apprendre cette année ? »*
Vous pouvez commencer à évoquer les grands thèmes et les temps forts de l'année (apprendre à écrire « en attaché », compter loin, lire des mots, travail sur des projets, sorties prévues, etc.).
Terminez par la lecture (en plusieurs étapes sur la semaine) d'un album sur le thème de l'école, comme :
– Serge Bloch, *L'École de Léon*, Albin Michel Jeunesse.
– Laurent Sabathié, *Aller à l'école pour quoi faire ?*, Belin
– Méli Marlo, *Le Monstre du tableau*, Éditions Milan

• Jour 2 •

L'espace classe

Mobiliser le langage dans toutes ses dimensions

→ S'exprimer dans un langage oral syntaxiquement correct et précis

→ Définir les règles dans la classe

Présentez les différents espaces de la classe que les élèves commencent tout juste à découvrir et les différentes possibilités d'évolution et d'utilisation : *« Combien d'élèves peuvent y être présents ? Où se trouvent les tabliers au coin peinture, où faudra-t-il les ranger ? Quels jeux/matériel peuvent être pris au moment de l'accueil ou lorsqu'on a fini une activité ? Etc. »*

Enfin, interrogez les élèves sur les règles de vie liées à l'utilisation du matériel : *« Pourquoi faut-il en prendre soin ? Ranger au bon endroit ? Partager le matériel ? »*

• Jour 3 •

Les règles de vie

Mobiliser le langage dans toutes ses dimensions

→ S'exprimer dans un langage oral syntaxiquement correct et précis

→ Échanger et réfléchir avec les autres

Faites lister les différentes règles de vie de la classe et de l'école que les enfants connaissent depuis la première année. Il s'agira de rappeler les conditions pour un bon fonctionnement dans la classe (respect et gestion du matériel, règle de prise de parole…) et des relations aux autres (règles de politesse, de citoyenneté). Pour chaque règle énoncée, faites justifier les propos.

Réalisez une affiche pour synthétiser les réponses et garder une trace écrite dans les cahiers. Pendant cette dictée à l'adulte où vous serez « le secrétaire », le passage de l'oral vers l'écrit impose quelques règles pour les élèves :
– parler plus lentement ;
– rechercher comment améliorer l'écrit (il y a des choses qu'on peut dire, mais qu'on ne peut pas écrire) ; c'est donc à ce moment que vous rechercherez avec les enfants comment améliorer la syntaxe ;
– se relire pour se rappeler ce qui a été écrit, vérifier la cohérence et ne pas se répéter.

• Jour 4 •

Les règles de vie en photos

Mobiliser le langage dans toutes ses dimensions

→ S'exprimer dans un langage oral syntaxiquement correct et précis

→ Échanger et réfléchir avec les autres

→ Constituer un répertoire de photos illustrant les règles de vie

Pour illustrer les règles de vie et y faire référence dès que nécessaire, constituez un répertoire de photos avec vos élèves en situation.

Appuyez-vous sur la dictée à l'adulte précédemment réalisée pour rappeler les situations à mettre en scène. Tout au long de la semaine, chaque élève ou binôme choisit de mettre en scène une situation que vous prendrez en photo.

• Atelier 5 •

Nombres de 1 à 5

Acquérir les premiers outils mathématiques

→ Réaliser une collection dont le cardinal est compris entre un et dix
→ Lire les nombres écrits en chiffres
→ Dire combien il faut ajouter pour obtenir une quantité

30' Doc. 15 Nathan live!

Matériel

- Réglettes individuelles (Doc. 3)
- Cartes nombres et constellations (Doc. 5 et 6)
- Grilles mathématiques (Doc. 15)
- Jetons ou bouchons en plastique

Évaluation diagnostique : lire les nombres de 1 à 5 et réaliser des collections

1. Jeu de Memory

Imprimez en deux exemplaires les cartes nombres et constellations (Doc. 5 et 6) sur du papier cartonné puis plastifiez. Mélangez et placez-les, faces cachées, au centre de la table.

À tour de rôle, chaque élève retourne deux cartes ; s'il s'agit du même nombre quelle que soit sa représentation (écriture chiffrée et constellation), il remporte ces cartes ; autrement, il les replace faces cachées et passe son tour.

C'est un jeu de mémoire qui vous permettra, dans un premier temps, d'évaluer vos élèves sur leur capacité à lire les nombres dans différentes représentations et dans un second temps, sur leur capacité à réaliser des collections dans le jeu suivant.

2. Jeu de pioche

Rassemblez les cartes nombres et constellations en un tas, faces cachées et préparez une boite de jetons afin de travailler sur les quantités et les représentations des nombres. Distribuez à chaque élève une grille nombre (Doc. 15) et une réglette pour l'aide à la validation (Doc. 3).

À tour de rôle, chacun pioche une carte, lit le nombre représenté et remplit sa grille dans le sens de la lecture (en commençant par la première ligne, de gauche à droite) avec la même quantité de jetons indiquée. On gagne un point à chaque fois que sa grille est remplie en entier.

Au cours du jeu, faites anticiper le nombre de jetons manquants pour gagner (Ex. : *J'ai 6 jetons, il m'en manque encore 4*).

• Atelier 6 •

Prénoms à la une

Mobiliser le langage dans toutes ses dimensions

→ Reconnaitre les lettres de l'alphabet
→ Connaitre les correspondances entre les trois manières de les écrire : cursive, script, capitales d'imprimerie et commencer à faire le lien avec le son qu'elles codent

30' Doc. 16 – Galerie photo Nathan live!

Matériel

- Journaux, magazines
- Bols, ciseaux
- Pinceau, colle
- Feuilles A4 de couleur

Reconstituer son prénom à partir de coupures de presse

Disposez sur la table différents magazines, catalogues et journaux.

Les élèves doivent découper les lettres de leur prénom qu'ils découvriront dans différentes polices et tailles d'écriture. Proposez des bols individuels pour y placer les découpes.

Ensuite, ils les collent dans l'ordre sur une feuille.

Enfin, ils encadrent le prénom avec des gommettes pour mettre en valeur leur travail. S'ils n'ont pas le temps, ils pourront poursuivre sur un temps d'atelier libre ou pendant l'accueil.

Une chasse aux prénoms

Dans le préau, ou dans la classe, organisez une chasse aux prénoms en imprimant plusieurs jeux d'étiquettes et en les dissimulant pour que chacun retrouve les siennes.

20' par séance

• Jour 1 •

Pistes d'exploitation d'un album sur l'école

Mobiliser le langage dans toutes ses dimensions
→ Comprendre des textes écrits sans autre aide que le langage entendu
→ Manifester de la curiosité par rapport à l'écrit

Pour ces premières semaines consacrées à la rentrée et la mise en route dans la classe, choisissez un ou deux albums sur le thème de l'école.
Voici quelques pistes d'exploitation pour la lecture:
– **Découverte de l'album:** 1re et 4e de couverture, titre, auteur, illustration, émissions d'hypothèses sur le thème de l'album, échanges.
– **Première lecture par épisodes** en prenant appui sur les illustrations: *Quelles informations donnent les illustrations, le texte?* Anticiper la suite de l'histoire.
– **Faire le lien avec le vécu**: comment cela se passe pour vous à l'école?
– **Travail sur le vocabulaire spécifique:** l'école, le matériel, l'emploi du temps, les règles de vie.

• Jour 2 •

Chasse aux lignes verticales

Mobiliser le langage dans toutes ses dimensions
→ Identifier les tracés de base de l'écriture
→ Reconnaitre les lettres de l'alphabet

Initiez la séance en montrant les peintures réalisées le matin pour la couverture des cahiers.
Faites ensuite repérer dans le mobilier de la classe différentes lignes verticales: porte, fenêtre, tableau, armoire, pieds de chaises, de table. Ensuite, organisez une chasse aux lignes verticales où les enfants devront rechercher et rassembler au coin regroupement, divers objets où ils identifient des lignes verticales (livre, ardoise, Kapla, etc.).
Validez les objets en traçant avec le doigt la ligne verticale identifiée. Il faudra faire relever que le positionnement des objets mobiles a un caractère primordial puisqu'ils devront être posés de manière verticale!
Sur les étiquettes de présence des élèves, faites rechercher les lettres en capitales d'imprimerie qui contiennent des lignes verticales.
Définissez les autres types de lignes: horizontale, oblique, brisée, arrondie.

• Jour 3 •

Composition en rouge, bleu et jaune de Piet Mondrian

Agir, s'exprimer, comprendre à travers les activités artistiques
→ Décrire une image et exprimer son ressenti ou sa compréhension en utilisant un vocabulaire adapté

Affichez au tableau une reproduction en couleurs de l'œuvre. Laissez les enfants observer, puis invitez-les à s'exprimer librement.
Amenez-les à décrire ce qu'ils voient: les couleurs primaires, le blanc et le noir, les formes, les types de tracés, et leur épaisseur, les nombres, etc.
Faites identifier le type de document: «*C'est une reproduction d'une peinture à l'huile de Piet Mondrian, un peintre hollandais. C'est de l'art abstrait.*» Faites ensuite raconter l'œuvre: «*À quoi ces lignes vous font-elles penser? Que pourraient représenter les traits noirs, les carrés, rectangles?*» Laissez les enfants émettre des hypothèses et imaginer.
Cette œuvre vous permettra de poursuivre le travail sur les lignes verticales et de continuer sur les lignes horizontales et formes géométriques. En atelier, 8, les élèves réaliseront un agencement à la manière de Mondrian.

• Jour 4 •

Albums sur l'école: suite

Mobiliser le langage dans toutes ses dimensions
→ Comprendre des textes écrits sans autre aide que le langage entendu
→ Manifester de la curiosité par rapport à l'écrit

Poursuivez la lecture de votre album choisi sur le thème de l'école. Voici de nouvelles pistes:

– **Feuilletez l'album** depuis le début et demandez aux enfants de vous raconter l'histoire page par page. Valider par la lecture.
– **Questionnez sur la compréhension** globale et fine du texte.
– **N'hésitez pas à lire et relire** les mêmes histoires pour que les élèves s'imprègnent du récit.
– **Enfin, ne négligez pas les temps de lecture plaisir** sans vous arrêter pour décortiquer le texte!

Autour du portrait et du corps

Travailler sur le portait dès le début d'année permettra de favoriser les échanges et les interactions entre les élèves, de leur apprendre à mieux se connaitre, à se regarder, s'observer et faire émerger les différentes identités au sein du groupe. Les séances sportives autour du corps, de l'expression corporelle permettront aux élèves de prendre contact avec les autres et se mettre en scène.

Organisation
Pour chaque semaine, une séance de langage ou lecture en regroupement ; 2 séances d'ateliers dirigés pour 2 groupes avec une rotation dans la matinée et la semaine suivante ; enfin, une séance de sport.

• Séance 1 •

Qu'est-ce qu'un portrait ?

Mobiliser le langage dans toutes ses dimensions
→ **Communiquer avec les adultes et les autres enfants par le langage, en se faisant comprendre**
→ **S'exprimer dans un langage oral syntaxiquement correct et précis. Reformuler son propos pour se faire mieux comprendre**

Faites émerger les différentes représentations des élèves à cette question.
Pour enrichir les échanges, interrogez les élèves : « *À quoi sert un portrait ? En avez-vous déjà fait ? Avec quoi peut-on le réaliser ? Etc.* »
Ensuite, devant les élèves, faites une recherche de la définition dans le dictionnaire.
On peut retenir trois aspects qui seront abordés lors de ces demi-journées :
– représentation physique d'une personne (dessin, photo, etc.) ;
– description physique ou morale d'une personne ;
– genre artistique.

• Séance 2 •

Dessiner un portrait

Agir, s'exprimer, comprendre à travers les activités artistiques
→ **Pratiquer le dessin pour représenter ou illustrer**
→ **Réaliser des compositions plastiques**

Matériel
Ardoises et craies (ou feutres effaçables)

Un premier élève pose pour les camarades du groupe. Ces derniers observent son visage, suivent les différents contours avec le doigt puis dessinent son portrait sur ardoise. Lorsqu'ils ont terminé, ils comparent et commentent leurs productions entre elles et avec le modèle original : éléments représentés, proportions utilisées… Puis, c'est au tour d'un autre élève de poser. Lorsque tout le monde aura posé et dessiné, chacun réalise sur l'ardoise son autoportrait et le présente au groupe.

• Séance 3 •

Visages à compléter

Agir, s'exprimer, comprendre à travers les activités artistiques
→ **Pratiquer le dessin pour représenter ou illustrer**
→ **Décrire une image et exprimer son ressenti ou sa compréhension en utilisant un vocabulaire adapté**

Matériel
– Portraits découpés dans des magazines – Feuilles A4, colle – Crayons de papier, gomme – Feutres ou crayons de couleur

Récoltez divers magazines féminins dans lesquels vous découperez des gros plans de visages. Pliez et découpez-les en deux, au niveau de l'axe de symétrie. Les élèves choisissent une moitié de photo, et la collent sur une feuille blanche. Ils complètent le visage au crayon, puis colorient.

• Séance 4 •

Les statues

Communiquer avec les autres au travers d'actions à visée expressive ou artistique
→ **Construire et conserver une séquence d'actions et de déplacements, en relation avec d'autres partenaires**
→ **Coordonner ses gestes et ses déplacements**

Matériel
Musiques rapide et lente de votre choix

1. **Reprenez le jeu des statues.**
2. **Mettez une musique rapide,** sur laquelle les enfants danseront librement ; lorsque vous coupez le son, ils s'arrêtent et prennent une pose de statues. Après plusieurs relances, donnez des contraintes de pose : au sol, en sollicitant les bras, les jambes, un pied, en s'accrochant à 2 ou 3 camarades.
3. **Ajoutez une troisième contrainte de rythme avec une musique classique très lente :** les mouvements devront être amples (en intégrant les différentes poses trouvées jusque-là) et suivre la musique.

Semaine 2

	Lundi	Mardi	Jeudi	Vendredi	Demi-journée thématique
8 h 20 Accueil	Classement des étiquettes de présence par initiale. Réinvestissement du matériel et jeux autonomes.				
8 h 40 Rituels	**Appel :** La ronde des prénoms **Découvrir les nombres :** Jusqu'où je compte ?				
9 h Univers sonores	Chansons et comptines au choix				
9 h 10 Ateliers Rotation des groupes sur les ateliers de la semaine	**Atelier 7 : Vocabulaire de la classe** → Identifier différentes graphies dans des mots **Atelier 8 : Lignes et formes chez Mondrian** → Réaliser une composition plastique à la manière **Atelier 9 : Puzzle de couverture** → Reconstituer la couverture et le titre d'un album **Atelier 10 : Des boites pour ranger** → Personnaliser du matériel pour organiser les rangements				**24 séances autour du portrait et du corps** – L'élève mystère – Dessiner un portrait (2) – Visages à compléter (2)
9 h 45	Rangement et bilan des ateliers				
10 h L'activité physique	**La queue du diable** → Jeu collectif	**Les déménageurs de meubles** → Jeu de coopération	**Courir** → suivre un couloir	**Ateliers de lancer** → Lancer avec précision	**Sculpteurs et statues** → Accepter les contacts pour créer
10 h 30	Récréation				
11 h Langage/Lecture	**Responsabilités en classe** → Comprendre les rôles	**Pistes de lecture** → Au choix	**Les lignes dans l'art** → Découvrir, comparer	**Atelier philo** → À quoi sert l'école ?	**Lecture plaisir**
11 h 30	Sortie/déjeuner				
13 h 30	Écoute musicale, chant, lecture plaisir…				
14 h Ateliers Rotation des groupes sur les ateliers de la semaine	**Atelier 11 : Formes géométriques pour créer** → Réaliser un assemblage avec des formes et le dessiner **Atelier 12 : Couverture de cahier : graphisme** → Évaluation diagnostique : réaliser les tracés graphiques de base **Ateliers libres**				
14 h 50	Récréation				
15 h 20 Langage/Lecture	**Les différentes graphies** → Correspondance entre les écritures	**La forme déplacée** → Vocabulaire topologique	**L'histoire erronée** → Repérer les incohérences du récit	**Formes pour créer** → Retour sur atelier	
15 h 45	Sortie				

• Accueil •

Mobiliser le langage dans toutes ses dimensions
→Découvrir le principe alphabétique
→Reconnaitre les lettres de l'alphabet

Placez au tableau des lettres aimantées (ou lettres imprimées avec de la pâte à fixer à l'arrière) représentant les différentes initiales des prénoms des enfants.

En arrivant, les élèves doivent placer leur étiquette de présence sous la bonne initiale.

Sur les tables en autonomie : prénoms en pince à linge, formes géométriques (réinvestissement des ateliers de la semaine précédente).

• Rituels •

20'

Appel

Mobiliser le langage dans toutes ses dimensions
→Communiquer avec les adultes et avec les autres enfants par le langage, en se faisant comprendre

Régulièrement, nous vous proposerons une évolution dans la forme des rituels.

Pour cette semaine, faites l'appel avec la participation de tous les élèves, ce qui leur permettra de mieux connaitre les prénoms des camarades de la classe. Faites donc une ronde des prénoms : nommez l'élève le plus proche de vous, qui dira à son tour le prénom de son voisin. Ce dernier fera de même avec le camarade à ses côtés et ainsi de suite, jusqu'à faire le tour de la classe.

Découvrir les nombres

Acquérir les premiers outils mathématiques
→Dire la suite des nombres jusqu'à trente

Pour évaluer la compétence de chacun dans l'acquisition de la suite numérique, interrogez individuellement les élèves au cours des prochaines semaines pour le comptage individuel des présents et marquez sur la frise numérique jusqu'où chacun peut aller sans se tromper.

Chaque jour, un élève comptera donc physiquement les présents en récitant la suite numérique. Vous l'arrêtez lorsqu'il se trompe (en expliquant pourquoi avec la participation de la classe) et faites rechercher sur la bande numérique le dernier nombre juste cité pour placer au-dessus, la photo de l'enfant avec de la Patafix. Enfin, reprenez avec cet élève et l'ensemble de la classe le comptage total des élèves. Pour évaluer rapidement toute la classe à ce défi comptage, faites participer deux élèves par jour.

• Univers sonores •

Agir, s'exprimer, comprendre à travers les activités artistiques
→Avoir mémorisé un répertoire varié de comptines et de chansons
→Jouer avec sa voix
→Connaitre les lettres de l'alphabet

10' Doc. 8 Nathan live!

Présentez ces chansons en vous appuyant sur l'affichage collectif de l'alphabet (Doc. 8) afin de travailler, entre autres, sur la reconnaissance des lettres de l'alphabet.

« ABCD, je monte l'escalier »

A B C D je monte à l'escalier
E F G H je rencontre une vache
I J K L je lui dit qu'elle est belle
M N O P je descends l'escalier
Q R S T j'aurai dû y rester
U V W je reprends l'escalier
X Y Z je lui dis qu'elle est laide !
Drôle d'alphabet,
je vais le recommencer !

« L'Alphabet »

Sur l'air de « Ah vous dirais-je maman »

A B C D E F G
H I J K
L M N O P
Q R S T U V W (x2)
X Y Z
Quel bonheur,
Je sais l'alphabet par cœur !

• Atelier 7 •

Vocabulaire de la classe

Mobiliser le langage dans toutes ses dimensions
→ Découvrir le principe alphabétique
→ Reconnaitre les lettres de l'alphabet et connaitre les correspondances entre l'écriture en script et capitales d'imprimerie

30' Doc. 17, 18, 19 – Galerie photo live!

Matériel
- Lettres en script (Doc. 17) et boites à compartiments
- Planches mot Vocabulaire de la classe (Doc. 18)
- Alphabet individuel (Doc. 9)
- Feutres effaçables, mouchoirs

Identifier différentes graphies dans des mots

1. Préparation des boites à lettres et des planches mots

Imprimez les lettres du Doc. 17 en plusieurs exemplaires, découpez et rangez-les dans des boites à compartiments (ou boites à compter Nathan, boites à vis, boites à œufs).

Imprimez les planches mots du Doc.18, découpez et collez chacune d'elles sur une feuille cartonnée que vous plastifierez.

Les élèves doivent reconstituer les mots du matériel de classe avec les étiquettes des boites à lettres puis les écrire en majuscules d'imprimerie. Ils pourront s'aider de leur planche alphabet individuelle (Doc. 9) et ainsi travailler sur la correspondance entre les deux écritures.

2. Reconstitution des mots en script et écriture en majuscules

Présentez les planches une à une en les lisant; l'illustration permettra d'identifier le mot à reconstituer et marquera le point de départ de la lecture et de l'écriture: de gauche à droite.

Pendant que l'ensemble du groupe reconstitue les mots avec les étiquettes lettres, prenez un élève à la fois pour travailler l'écriture et la correspondance entre les deux graphies. Faites nommer les lettres du mot en script, repérer les différences et les particularités à l'aide de la planche alphabet (Ex.: le « l » en script est identique au « i » en majuscule, le « a » a deux graphies possibles, certaines lettres sont identiques en script et en majuscules, comme le « s », le « o »; d'autres très différentes, comme le « e », le « r », etc.).

Proposez une rotation des planches mots à reconstituer.

> Reprenez cette activité à l'accueil pour que les élèves continuent de s'exercer sur toutes les planches.

• Atelier 8 •

Lignes et formes chez Mondrian

Agir, s'exprimer, comprendre à travers les activités artistiques
→ Choisir différents outils, médiums, supports en fonction d'un projet ou d'une consigne et les utiliser en adaptant son geste

30' Doc. 20 – Galerie photo live!

Matériel
- Grandes feuilles blanches
- Feuilles noires, rouges, jaunes et bleues
- Carrés et rectangles en plastique
- Ciseaux

Réaliser une composition plastique à la manière de Mondrian

Faites rappeler l'œuvre *Composition en rouge, bleu et jaune*, de Piet Mondrian découverte en séance de langage la semaine précédente et les différents éléments la constituant. Dans cet atelier, les élèves vont créer une version personnelle de l'œuvre de Mondrian par découpage, assemblage et collage.

Distribuez des feuilles de couleur et des carrés et rectangles en plastique (matériel de blocs logiques manipulés en atelier 4 ou formes découpées dans des pochettes en plastique).

À l'aide de ces gabarits, les élèves tracent des carrés et rectangles sur les papiers de différentes couleurs puis les découpent. Ils les agencent librement sur une grande feuille blanche et les collent.

Enfin, ils découpent des bandes de papier noir et les collent verticalement et horizontalement pour « enfermer » leurs carrés et rectangles.

Si nécessaire, il faudra réajuster la taille des bandes en redécoupant ou en ajoutant des bandes supplémentaires.

***Prolongement*:** sur un temps d'atelier libre, reproduire sa production personnelle aux feutres, tout en respectant l'agencement créé.

> De nombreux objets détournés représentent cette œuvre de Mondrian : table, gel, robe... Faites une recherche sur Internet et montrez-les aux élèves !

• Atelier 9 •

Puzzle de couverture

Explorer le monde

→ **Orienter et utiliser correctement une feuille de papier, un livre ou un autre support d'écrit, en fonction de consignes, d'un but ou d'un projet précis**

30'

Matériel
- Puzzle de couverture d'un album au choix
- Étiquettes mots du titre
- Feuille A4 avec cadre
- Ciseaux, colle

Reconstituer la couverture et le titre de l'album

Réalisez un puzzle de couverture d'un album lu en classe est une activité courante en maternelle, cependant pour ne pas mettre vos élèves en difficulté, veillez à ce qu'ils puissent auparavant s'exercer régulièrement avec de vrais puzzles en bois en variant la complexité (pendant l'accueil, en ateliers libres, à la fin des ateliers). Ici, tout en cherchant à prendre des repères sur la couverture, les élèves garderont une trace écrite d'un album étudié en classe.

1. Puzzle de couverture de l'album

Au préalable, photocopiez la couverture d'un album que vous avez choisi pour la rentrée (cf. propositions langage/lecture, semaine 1) puis tracez au gros feutre noir six zones. Photocopiez à nouveau en plusieurs exemplaires pour la classe. Préparez sur une feuille A4 un cadre pour délimiter l'espace du puzzle à poser. Photocopiez pour chaque élève.

Les élèves doivent alors découper les morceaux puis reconstituer la couverture en posant les six morceaux sur le cadre de la feuille blanche.
En cas de difficulté, proposez de poser les pièces sur un modèle de couverture non découpé que vous mettez de côté.

2. Reconstitution du titre

Avec Word, préparez plusieurs exemplaires d'étiquettes du titre écrit en script, en isolant chaque mot. Les élèves découpent ces étiquettes, les remettent dans l'ordre pour le coller sous le puzzle (le titre écrit sur le puzzle leur servira de modèle).

Prévoyez des barquettes ou assiettes en plastique individuelles pour que les élèves placent leurs étiquettes découpées et évitent ainsi de les mélanger avec celles des camarades.

• Atelier 10 •

Des boites pour ranger

Agir, s'exprimer, comprendre à travers les activités artistiques

→ **Choisir différents outils, médiums, supports en fonction d'un projet ou d'une consigne et les utiliser en adaptant son geste**

30' Doc. 21 – Galerie photo Nathan live!

Matériel
- Boites en carton de la taille des casiers
- Carrés de papier crépon de différentes couleurs
- Rouleaux de papier toilette
- Pinceaux, peinture
- Étiquettes autocollantes avec les prénoms

Personnaliser du matériel pour organiser les rangements

1. Des boites pour ranger dans les casiers

Récoltez des boites en carton à insérer dans les casiers des élèves (couvercles de ramettes de papier A4 dans votre réserve ou casiers en carton chez Nathan ou un autre fournisseur). Découpez au massicot des carrés de papier crépon de différentes couleurs (ou faites-le faire par les élèves sur un temps d'ateliers libres ou pendant l'accueil).

Ici, ils personnalisent leur casier et plus précisément leur boite, en y collant des carrés de papier crépon.

2. Des rouleaux pour ranger les dessins libres

Si vos élèves ont terminé l'activité précédente, vous pouvez leur demander de peindre un rouleau de papier toilette afin de réaliser un assemblage collectif pour ranger les dessins libres. Présentez la photo du Doc. 21 pour montrer le résultat final.

Cette activité ne nécessitera que quelques minutes pour les élèves, c'est pourquoi, vous pouvez la réaliser à la fin d'un atelier ou sur un temps libre.

Après séchage de la peinture, ajoutez les étiquettes autocollantes avec les prénoms et fixez les rouleaux avec une agrafeuse. Enfin, rajoutez un cordon sur le premier rouleau pour suspendre l'ensemble à un crochet.

L'assemblage des rouleaux de dessins libres peut aussi servir de boites à courrier à la place du cahier de liaison. Vous éviterez ainsi de coller du papier (information aux familles) sur du papier (feuilles d'un cahier). À l'accueil, les parents voient le courrier et vous savez rapidement s'ils ont pris leurs documents.

• Jour 1 •

La queue du diable

Collaborer, coopérer, s'opposer
→ **Coopérer, exercer des rôles différents complémentaires, élaborer des stratégies pour viser un but ou un effet commun**

Matériel
- Foulards
- Dossards

1. Organisation

– Deux enfants avec un dossard de couleur jouent le rôle de loups.

– Les autres jouent des cochons avec dans leur pantalon un foulard : c'est leur queue.

2. But du jeu

Les cochons doivent s'enfuir pour ne pas se faire prendre leur queue. Les loups doivent attraper le maximum de queues.

3. Déroulement

Au 1er signal que vous donnez avec un tambourin (frappé lent), les cochons se promènent dans la forêt (tout l'espace du préau).

Au 2e signal du tambourin (frappé rapide), les deux loups doivent attraper les queues des cochons.

Au 3e signal du tambourin, les loups quittent la forêt. Comptez avec les enfants le nombre de cochons qui se sont fait attraper la queue. Faites rappeler la règle du jeu, car certains auront du mal à accepter qu'on prenne leur foulard.

Reprenez le jeu plusieurs fois en redistribuant les foulards retirés, et confiez les rôles de loups à de nouveaux enfants.

• Jour 2 •

Les déménageurs de meubles

Collaborer, coopérer, s'opposer
→ **Coopérer, exercer des rôles différents complémentaires, élaborer des stratégies pour viser un but ou un effet commun**
→ **Ajuster et enchainer ses actions et ses déplacements en fonction d'obstacles à franchir ou de la trajectoire d'objets sur lesquels agir**

Matériel
4 couloirs de 3 tapis chacun

Ce jeu est habituellement proposé dans la série *Jeux de lutte* et permettra la coopération entre les élèves, tout en favorisant les contacts de proximité.

À chaque séance, il faudra énoncer les règles d'or de sécurité : ne pas faire pas mal aux autres (tirer les cheveux, viser la tête, tordre une partie du corps), ne pas se laisser faire mal (dire stop aux camarades si nécessaire), ne pas se faire mal (en se mettant dans une situation inconfortable).

1. Organisation

Disposez au sol quatre chemins avec chacun une série de trois tapis au moins.

Divisez la classe en quatre groupes qui se placeront devant un des chemins. Dans chaque groupe, il y aura des équipes de deux déménageurs et un enfant meuble.

2. Déroulement

Dans chaque équipe, deux déménageurs doivent transporter un enfant meuble jusqu'au bout du chemin. L'enfant meuble ne devra pas résister et se laisser porter en bougeant le moins possible. Les deux déménageurs suivants feront de même. L'objectif n'est pas forcément d'aller vite dans cet exercice, mais de trouver les prises les plus appropriées au déplacement, de coopérer dans une équipe, de faire confiance aux autres en acceptant la portée.

Inverser ensuite les rôles : les déménageurs deviennent meubles.

Au cours du jeu, faites asseoir les équipes pour une phase de verbalisation : *« Comment les déménageurs peuvent transporter leurs meubles ? »* (en portant par les jambes et bras, en formant une chaise, en poussant, etc.).

• Jour 3 •

Courir en suivant son couloir

Adapter ses équilibres et ses déplacements à des environnements ou des contraintes variés
→ Courir dans un but précis
→ Ajuster et enchainer ses déplacements en fonction d'obstacles à franchir ou de la trajectoire d'objets sur lesquels agir

Matériel
- Craie pour matérialiser les lignes de départ
- Matériel de sport selon les propositions

1. Organisation

Quatre groupes placés derrière une ligne de départ courent en parallèle.

2. Courir en équipe et rejoindre sa file

Reprenez d'abord la deuxième étape de la semaine 1: dans chaque équipe, partir en courant dès que le camarade précédent touche le mur d'arrivée.

Ensuite, délimitez un espace pour que chaque élève arrivé en bout de course rejoigne la file sans gêner ses camarades qui courent (par exemple, passer par une ligne imaginaire sur la gauche). Montrez un exemple avec une équipe pour que chacun comprenne la trajectoire à prendre. Faites une nouvelle course d'équipes.

3. Phase de verbalisation

Faites asseoir les élèves pour discuter du respect des règles données: trajectoire pour le départ et le retour, respect du signal pour chaque équipe, arrêt de la course au bon moment. Demandez-leur de trouver une solution pour que certains problèmes soient résolus: «*Comment pourrait-on faire pour être sûr de ne pas se tromper de trajectoire au retour et gêner les camarades qui courent?* (Exemple: délimiter l'espace avec des plots ou craies.) *Comment faire pour être sûr que le camarade a bien touché le mur d'arrivée?* (Exemple: mettre un signal sonore, comme une cloche ou taper sur une caisse.)»

4. Mettre en œuvre les propositions d'amélioration des élèves et reprendre la course en équipes

Prévoyez une dernière phase de bilan et un retour au calme comme en semaine 1.

• Jour 4 •

Ateliers de lancer: lancer avec précision

Agir dans l'espace, dans la durée et sur les objets
→ Lancer de différentes façons, dans des espaces et avec des matériels variés, dans un but précis
→ Ajuster et enchainer ses déplacements en fonction d'obstacles à franchir ou de la trajectoire d'objets sur lesquels agir

Doc. 14 – Schéma Nathan live!

Reprenez la même organisation avec les ateliers détaillés en semaine 1 et dans le schéma (Doc. 14).

Les ateliers de lancer peuvent être installés par toute l'équipe et être utilisés dans la journée par plusieurs classes. Selon les niveaux, jouez sur les variables: choix du matériel, zone de lancer réduite, etc.

20' par séance

• Jour 1 •

Les responsabilités en classe

Mobiliser le langage dans toutes ses dimensions
→ **S'exprimer dans un langage oral syntaxiquement correct et précis**
→ **Échanger et réfléchir avec les autres sur les règles de vie**

Doc. 22 live!

Interrogez les élèves sur les différentes responsabilités à mettre en place pour l'aide au fonctionnement de la classe et justifiez l'intérêt de celles-ci en faisant le lien avec les règles de vie.
Imprimez, lisez les responsabilités du Doc. 22 et définissez clairement chaque rôle en interrogeant vos élèves: *À quoi peuvent servir les chefs de rang, les responsables de la date, du matériel de sport, etc.?* Pour construire avec la classe votre tableau des responsabilités, prenez en photos les élèves en situation. Imprimez-les et collez-les à côté des étiquettes «responsabilités», puis fixez sur un fond rigide que vous plastifierez. Un système de pinces à linge avec les prénoms des élèves vous permettra d'assurer de manière originale la rotation des rôles.

• Jour 2 •

Pistes de lecture

Mobiliser le langage dans toutes ses dimensions
→ **Comprendre des textes écrits sans autre aide que le langage entendu**
→ **Manifester de la curiosité par rapport à l'écrit**
→ **Mettre des albums en réseau**

Poursuivez la lecture d'un album que vous aurez choisi sur le thème de l'école et une des pistes d'exploitation (cf. séances de lecture semaine 1).

• Jour 3 •

Les lignes dans l'art

Agir, s'exprimer, comprendre à travers les activités artistiques
→ **Découvrir une image et exprimer son ressenti ou sa compréhension en utilisant un vocabulaire adapté**
→ **Identifier les tracés de base de l'écriture**

Après la découverte de Mondrian, diverses œuvres vous permettront de faire le lien entre les activités graphiques et l'art.
Présentez quelques reproductions pour amener les élèves à les découvrir, à les comparer et s'exprimer librement dessus tout en recherchant une interprétation personnelle.
Voici quelques artistes mettant en scène des lignes verticales, horizontales ou obliques dans leur œuvre:
– Sol LeWitt (divers Wall drawing)
– Gene Davis (artiste américain réputé pour ses lignes verticales colorées)
– Sonia Delaunay
– Daniel Buren (les célèbres colonnes)
– Jean Dubuffet (portraits)

• Jour 4 •

Atelier philo: À quoi sert l'école?

Mobiliser le langage dans toutes ses dimensions
→ **Pratiquer divers usages de la langue orale: raconter, expliquer, questionner**
→ **Discuter un point de vue**

L'atelier de philosophie est un temps de débat en groupe où les enfants apprennent à penser, «à réfléchir comme les grandes personnes» sur une question posée (celle-ci sera rattachée à un événement vécu dans la classe, un album, une situation qui donnera du sens au questionnement). Il n'y a pas de bonnes ou mauvaises réponses, on peut être d'accord ou non, mais on ne juge pas. L'enseignant anime le débat en faisant respecter les règles, en sollicitant les prises de paroles, en reformulant la question, mais il n'intervient pas en donnant son point de vue, en cherchant une réponse précise ou en voulant améliorer la syntaxe.
Mené de manière régulière, cet atelier aura pour objectifs d'aider les enfants à:
– construire leur personnalité et leur pensée à travers le questionnement et l'échange au sein d'un groupe;
– développer le langage (oser s'exprimer devant un groupe, participer à un débat collectif, s'exprimer de façon claire…);
– respecter les règles de prise de parole (attendre son tour, ne pas interrompre, prendre en compte ce qui a été dit, etc.);
– développer les règles de citoyenneté et de respect de l'autre.
Ces premières semaines de classe, les lectures, les activités réalisées, seront l'occasion de demander aux élèves de réfléchir à cette question: *À quoi sert à l'école?*

Si vous avez un dictaphone ou un smartphone, enregistrez vos élèves pour leur faire écouter ultérieurement leurs interventions. Retranscrivez-les également par écrit.

• Atelier 11 •

Formes géométriques pour créer

Acquérir les premiers outils mathématiques
→ **Réaliser un assemblage avec des formes géométriques**
→ **Reproduire, dessiner des formes planes**

30' Doc. 23 – Galerie photo live!

Matériel
- Sac opaque
- Formes géométriques
- Cahier de dessins ou feuilles
- Feutres

Réaliser un assemblage avec des formes et le dessiner

1. Jeu de kim

Dans un sac opaque, placez des formes géométriques en plastique. En plongeant la main dans ce sac, chaque élève pioche les formes qui lui seront demandées: *«Prends un carré. Comment l'as-tu retrouvé? Une forme avec seulement 3 côtés; comment ça s'appelle? Prends-en une avec 4 bouts pointus; quelle autre forme aurais-tu aussi pu prendre? Prends une forme qui n'a aucun côté droit, etc.»*

Avec ce jeu, vous définissez ainsi les différentes propriétés des formes géométriques de base en rappelant le vocabulaire.

2. Agencer pour créer et dessiner

Avec les formes de leur choix, les élèves créent une production personnelle et la reproduisent sur le cahier de dessins ou une feuille.

3. Prolongement

Présentation des productions en séance de langage de l'après-midi.

Cahier de dessins

En GS, il permettra de voir l'évolution des dessins au cours de l'année, amènera les élèves à chercher à les compléter, à les enrichir en ajoutant des éléments, à les comparer. Enfin, il évitera l'accumulation de feuilles volantes dans les casiers.

• Atelier 12 •

Couverture de cahier: graphisme

Agir, s'exprimer, comprendre à travers les activités artistiques
→ **Réaliser une composition personnelle en reproduisant des graphismes**

30' Doc. 12 – Galerie photo live!

Matériel
- Productions de l'atelier 2
- Feutres marqueurs dorés et argentés (ou Posca)

Réaliser les tracés graphiques de base sur la couverture du cahier

En regroupement, faites rappeler les différents motifs graphiques appris à l'école: traits verticaux, horizontaux, cercles, spirales, ponts, boucles, croix, vagues...

Vous pouvez les répertorier sur une grande affiche où les élèves viendront réaliser ces tracés de base.

Pour cet atelier, reprenez les productions réalisées en atelier 2 la semaine précédente (bandes verticales de deux couleurs) pour compléter la décoration de la couverture du cahier par du graphisme.

Sur chaque bande de couleur, les enfants tracent un motif graphique de leur choix avec un feutre doré puis argenté.

Cette activité vous permettra de faire une évaluation diagnostique en graphisme. Les différents tracés de base seront repris au cours de l'année avec différents outils et sur différents supports.

20' par séance

• Jour 1 •

Les différentes graphies

Mobiliser le langage dans toutes ses dimensions

→ **Reconnaitre et nommer les lettres de l'alphabet**

→ **Connaitre les correspondances entre les manières de les écrire : script, capitales d'imprimerie**

En début de Grande Section les essais d'écriture se font encore en capitales d'imprimerie (même si le tracé des lettres ne fera pas l'objet d'un apprentissage spécifique), pour s'acheminer vers l'écriture cursive.
Faites observer l'affichage collectif de l'alphabet avec les trois écritures et demandez aux élèves de le commenter afin de prendre conscience des particularités des différentes graphies, des ressemblances : *« Comment se nomment les écritures représentées ? Quelle lettre a deux graphies possibles en script ? Etc. »* Assurez-vous d'avoir un vocabulaire commun pour nommer les trois écritures.

> **Certains élèves auront encore du mal à nommer certaines lettres de l'alphabet en capitales d'imprimerie, veillez donc à bien les faire identifier pendant les ateliers sur les correspondances d'écriture.**

• Jour 2 •

La forme déplacée

Explorer le monde

→ **Situer des objets par rapport à soi, entre eux, par rapport à des objets repères**

→ **Savoir nommer quelques formes planes : carré, triangle, cercle, rectangle…**

Prenez six formes géométriques en plastique utilisées aux ateliers 4 et 11. Placez-les au tableau avec de la Patafix. Faites nommer et remarquer la position de chacune d'elles en utilisant le vocabulaire topologique et géométrique : *le cercle est entre les deux carrés, le triangle est au-dessus du rectangle…* Au signal, les enfants cachent leurs yeux et, pendant ce temps, vous déplacez une forme.
Ils indiquent la position actuelle et précédente de la forme déplacée en utilisant le vocabulaire spatial approprié : à côté de, au milieu, sur, derrière, etc. Renouvelez l'expérience en variant les positions des formes. Enfin, vous pouvez en déplacer plusieurs à la fois.

• Jour 3 •

L'histoire erronée

Mobiliser le langage dans toutes ses dimensions

→ **Comprendre des textes écrits sans autre aide que le langage entendu**

→ **Manifestez de la curiosité par rapport à l'écrit**

Choisissez un album et lisez-le en changeant des passages, en vous trompant intentionnellement sur les caractéristiques des personnages, des lieux, des faits, des mots, etc. Les élèves vous corrigeront spontanément et vous ferez mine d'avoir effectivement mal lu en demandant la version correcte ! Puis, validez au fur et à mesure par la lecture sans fautes. Poursuivez ainsi, ils guetteront vos prochaines erreurs. Demandez-leur de justifier leur version.
Exemple d'histoire erronée à partir du texte *Le Monstre du tableau* de Méli Marlo :
« Le réveil a sonné.
– Bonjour maitresse, disent les enfants.
– *Bonsoir* les enfants, répond *le maitre*. Vous êtes prêts pour la première *chanson* de l'année ?
La maitresse s'approche du *placard* noir. Elle *ferme* l'un des côtés.
– HIIIIII ! crie *la directrice* au *dernier* rang.
Elle disparait *au-dessus de* son *tableau*. »

• Jour 4 •

Retour sur atelier 11 : « Formes pour créer »

Mobiliser le langage dans toutes ses dimensions

→ **Pratiquer divers usages de la langue orale : raconter, expliquer**

Doc. 23 – Galerie photo Nathan live!

À la fin de l'atelier 11, demandez aux élèves qui le souhaitent de venir présenter le schéma réalisé à partir de l'agencement de formes. Chacun utilisera le vocabulaire géométrique et spatial pour expliquer sa réalisation (ex. : *J'ai mis des triangles de chaque côté du rectangle pour représenter des mains*), pourra comparer ses choix avec ses camarades, etc.

Autour du portrait et du corps

Au cours de la journée, réalisez des photos en gros plan de chaque élève (portrait de la tête au cou) pour les séances des semaines suivantes et imprimez-les en plusieurs exemplaires en noir et blanc en format A4.

• Séance 5 •

L'élève mystère

Mobiliser le langage dans toutes ses dimensions

→ **Communiquer avec les adultes et avec les autres enfants par le langage, en se faisant comprendre**
→ **S'exprimer dans un langage oral syntaxiquement correct et précis**
→ **Enrichir son vocabulaire**

Faites une description orale d'un élève mystère de la classe en demandant aux élèves de procéder par élimination. Ex.: *Il est grand, brun aux cheveux courts, les yeux marron et n'a pas de lunettes. Il porte une chemise bleue, et un pantalon noir. Qui est-ce ?*

Poursuivez avec un autre élève et apportez le vocabulaire et les caractéristiques nécessaires pour que les élèves fassent à leur tour un portrait d'un élève mystère: taille, couleur des cheveux (brun, blond, châtain), longueur (courts, mi-épaules, longs), types (bouclés, raides, ondulés), etc. Pour l'acquisition du vocabulaire, faites un classement: *Qui est brun ? Qui a un petit nez ? Les yeux verts ?*, etc.

• Séance 6 •

Dessiner un portrait (2)

Agir, s'exprimer, comprendre à travers les activités artistiques

→ **Pratiquer le dessin pour représenter ou illustrer**
→ **Réaliser des compositions plastiques**

Matériel

Ardoises et craies (ou feutres effaçables)

Reprenez l'organisation de la séance 2 en assurant une rotation des groupes.

• Séance 7 •

Visages à compléter (2)

Agir, s'exprimer, comprendre à travers les activités artistiques

→ **Pratiquer le dessin pour représenter ou illustrer**
→ **Réaliser des productions plastiques en choisissant et combinant des matériaux, en réinvestissant des techniques et des procédés**

Matériel

- Portraits dans des magazines
- Crayons de papier, gomme
- Feutres ou crayons de couleur

Reprenez l'organisation de la séance 3 en assurant une rotation des groupes.

• Séance 8 •

Sculpteurs et statues

Communiquer avec les autres au travers d'actions à visée expressive ou artistique

→ **Construire et conserver une séquence d'actions et de déplacements, en relation avec d'autres partenaires**
→ **Coordonner ses gestes et ses déplacements**

Matériel

Musiques rapide et lente de votre choix

Les élèves sont en binôme: l'un est un sculpteur, l'autre est un bloc de pierre en phase de devenir une statue. La moitié de la classe se pose en tant que spectatrice des productions, puis prendra à sa place les différents rôles.

1. Les sculpteurs façonnent leur statue en leur donnant la pose, le mouvement qu'ils souhaitent; ils ne doivent pas donner d'indications orales. Les statues doivent se laisser manipuler sans montrer de résistance. À la fin du temps imparti (quelques secondes), les spectateurs commentent les productions et remarquent les poses les plus complexes pour inciter les autres à en faire autant.

Reprenez plusieurs fois en changeant les rôles et les groupes en action.

2. Donnez diverses contraintes de pose dans les étapes suivantes:
– statues au sol avec une partie du corps en extension;
– représenter un monument (la Tour Eiffel, un pont), un animal...
– 2, 3, 4 sculpteurs assemblent leurs statues.

Semaine 3

	Lundi	Mardi	Jeudi	Vendredi	Demi-journée thématique
8 h 20 **Accueil**	**Reconnaissance du prénom en script (Post-it).** **Réinvestissement du matériel et jeux autonomes.**				
8 h 40 **Rituels**	**Appel :** Scander les syllabes du prénom **Découvrir les nombres :** jusqu'où je compte ? **Responsabilités :** Assurer un rôle dans la classe				
9 h **Univers sonores**	**Chansons et comptines au choix**				
9 h 10 **Ateliers** Rotation des groupes sur les ateliers de la semaine	**Atelier 13 : En couleurs par 5** → Réaliser des groupements par 5 **Atelier 14 : Tracés délimités** → Tracer des lignes verticales et horizontales **Atelier 15 : Vocabulaire de la classe** → Réinvestissement de l'atelier 7 **Atelier 16 : Semaine à la pince** → Réaliser une correspondance capitale/script				**24 séances autour du portrait et du corps** – Autoportraits d'artistes – Autoportrait sur calque – Puzzles de portraits
9 h 45	**Rangement et bilan des ateliers**				
10 h **L'activité physique**	**Le filet des pêcheurs** → Jeu collectif	**Hors de ma maison** → Jeu de lutte	**Courir en relais** → Course d'équipe	**Ateliers de lancer** → Lancer avec précision	**Jeux de mimes** → Expression corporelle
10 h 30	**Récréation**				
11 h **Langage/Lecture**	**Un passage pour une illustration** → Identifier un extrait	**Des lignes brisées** → Découverte et manipulation	**Tissus simultanés de Sonia Delaunay** → S'exprimer sur une œuvre	**Atelier philo** → Est-ce que tout le monde peut se tromper ?	**Lecture plaisir**
11 h 30	**Sortie/déjeuner**				
13 h 30	**Écoute musicale, chant, lecture plaisir…**				
14 h **Ateliers** Rotation des groupes sur les ateliers de la semaine	**Atelier17 : Phono des prénoms** → Scander et compter les syllabes **Atelier 18 : Des chiffres en pâte** → Réaliser à la pâte à modeler les chiffres de 1 à 5 et les collections **Ateliers libres**				
14 h 50	**Récréation**				
15 h 20 **Langage/Lecture**	**Pistes de langage autour des ateliers** → Dire ce qu'on fait	**La couverture mystère** → Décrire, identifier	**Le tour du monde** → Présentation du projet	**Projet Flat Stanley** → Piste de projet	
15 h 45	**Sortie**				

• Accueil •

Mobiliser le langage dans toutes ses dimensions
→ **Reconnaitre les lettres de l'alphabet et connaitre les correspondances entre l'écriture en script et capitales d'imprimerie**

Pour amener les élèves à s'appuyer sur la reconnaissance du prénom en script sur leur étiquette de présence, placez un Post-It pour masquer l'écriture en capitales d'imprimerie. La validation se fera en soulevant le cache.

Sur les tables, entre autres : reprise des planches vocabulaire de la classe et des prénoms en pinces à linge.

• Rituels •

20'

Appel

Mobiliser le langage dans toutes ses dimensions
→ **Distinguer et manipuler des syllabes**
→ **Discriminer des sons dans des mots ou dans des syllabes**

Variez les formes de l'appel en travaillant la conscience phonologique : vous énoncez oralement chaque prénom en mettant en évidence les syllabes, vous les scandez une à une en accompagnant de frappés de mains. On frappe autant de fois qu'il y a de syllabes orales : QUEN/TIN (2 frappés), CLE/MEN/TINE (3 frappés).

Veillez à bien distinguer les syllabes orales et écrites. Ex. : Le prénom Clémentine compte quatre syllabes écrites et trois syllabes orales.

Répétez cet exercice régulièrement pour que les enfants prennent conscience des unités syllabiques. N'hésitez pas à accompagner le geste des enfants en difficulté, à faire répéter la syllabe en même temps que vous les aidez à frapper dans les mains.

Découvrir les nombres

Acquérir les premiers outils mathématiques
→ **Dire la suite des nombres jusqu'à trente**

Même organisation que la semaine précédente.

Responsabilités

Doc. 22 live!

En semaine 2, à la séance de langage du jour 1, vous avez présenté le tableau de responsabilité et réalisé les prises de vue des élèves (cf. Doc. 22). À partir de cette semaine, vous pouvez désormais commencer à attribuer des rôles à chacun et placer les pinces à linge prénom sur le panneau.

• Univers sonores •

Agir, s'exprimer, comprendre à travers les activités artistiques
→ **Avoir mémorisé un répertoire varié de comptines et de chansons**
→ **Connaitre la succession des jours de la semaine**

10'

Voici diverses comptines pour aider à la mémorisation de l'ordre des jours de la semaine. Elles sont à dire puis à scander par des frappés de mains.

« Les canards vont à la mare »

Lundi, les canards vont à la mare, mar, mar...
Mardi, ils s'en vont jusqu'à la mer, mer, mer...
Mercredi, ils organisent un grand jeu, jeu, jeu...
Jeudi, ils se promènent dans le vent, ven, ven...
Vendredi, ils se dandinent comme ça, sa, sa...
Samedi, ils se lavent à ce qu'on dit, di, di...
Dimanche, ils se reposent
Et voient la vie en rose

« Bonjour Lundi »

Bonjour Lundi,
Comment va Mardi ?
Très bien Mercredi.
Je viens de la part de Jeudi
Dire à Vendredi
qu'il se prépare Samedi
Pour le voyage de Dimanche

• Atelier 13 •

En couleurs par 5

Acquérir les premiers outils mathématiques
→ Réaliser une collection dont le cardinal est compris entre un et dix
→ Utiliser le dénombrement pour comparer deux quantités
→ Lire les nombres écrits en chiffres

30' Doc. 6 Nathan live!

Matériel
- Cubes de couleur
- Un dé constellation de 1 à 5 et un autre avec les chiffres de 1 à 5
- Planches constellations (Doc. 6)

Réaliser des groupements par 5

1. En couleurs par 5

Placez au centre de la table une caisse de cubes, Lego ou Duplo (objets qui s'empilent). Consigne: *« Construisez une tour avec des groupes de 5 cubes de la même couleur: par exemple, 5 cubes rouges, puis 5 bleus, etc. »* Dans cet atelier, les élèves réalisent individuellement leur groupement avec la procédure de leur choix : dénombrement, reconnaissance globale, surcomptage. Intervenez auprès des élèves en difficulté en leur proposant de valider avec les différents outils: en posant les cubes sur la planche constellation du 5 (Doc. 6) ou en dénouant les doigts de la main sur chaque cube.

2. Jeu de la tour la plus haute

Replacez les cubes au centre de la table et présentez un dé avec l'écriture chiffrée des nombres de 1 à 5 (masquez la dernière face) et un autre dé avec les constellations.

À tour de rôle, les élèves lancent alternativement le dé chiffres ou constellations et prennent le nombre de cubes indiqués par celui-ci. Une fois qu'ils ont rassemblé 5 cubes de la même couleur, ils peuvent les empiler pour constituer au fur et à mesure leur tour. À la fin du jeu, ils comparent les tours: la plus haute tour remporte la partie !

3. Prolongement

Représenter cette tour sur feuille avec des gommettes ou au feutre.

Pendant le jeu, faites anticiper les quantités: *« Tu as 2 cubes rouges, combien t'en manque-t-il pour faire un paquet de 5 ? »*

• Atelier 14 •

Tracés délimités

Mobiliser le langage dans toutes ses dimensions
→ Reproduire des graphismes pour se préparer à l'écriture
→ Se repérer dans l'espace d'une feuille

30' Doc. 24 Nathan live!

Matériel
- Doc. 24 à imprimer
- Pochettes en plastique de classeur
- Mouchoirs
- Feutres

Tracer des lignes verticales et horizontales dans un espace délimité

Pour poursuivre le travail sur les lignes verticales et horizontales, cet atelier permettra d'affiner son geste dans un espace délimité et réduit.

Imprimez pour chaque élève le Doc. 24 et placez-le dans une pochette en plastique.

Dans un premier temps, les enfants réalisent en alternant dans chaque case, des lignes verticales et horizontales à l'aide d'un feutre effaçable.
Vous les accompagnez dans la tenue de l'outil et dans le sens du tracé: de haut en bas pour les lignes verticales et de gauche à droite pour les lignes horizontales (sens de la lecture et de l'écriture).
Vous veillez également à ce qu'ils contrôlent leurs tracés: les lignes ne doivent pas dépasser du cadre.
Après plusieurs essais (ils pourront effacer avec un mouchoir et recommencer jusqu'à la maitrise du tracé), retirez la pochette plastique.

Dans un second temps, ils réalisent les tracés au feutre directement sur la fiche (attribuez une couleur par type de tracé).

Les enfants avancent à des rythmes différents. S'ils n'ont pas terminé leur activité, ils la rangeront dans leur casier pour la poursuivre sur le temps d'un atelier libre ou à l'accueil

• Atelier 15 •

Vocabulaire de la classe

Mobiliser le langage dans toutes ses dimensions

→ **Découvrir le principe alphabétique**

→ **Connaitre les correspondances entre l'écriture en script et capitales d'imprimerie**

30' Doc. 17, 18 et 19 – Galerie photo Nathan live!

Matériel

Matériel de l'atelier 7

Lire et écrire des mots dans deux graphies

Reprenez les planches mots, découvertes en atelier 7 de la semaine précédente, pour permettre aux élèves de continuer à s'exercer en autonomie et consolider leur apprentissage.

Lorsqu'ils ont terminé la phase d'écriture en majuscules, ils viennent vous montrer rapidement pour validation avant d'effacer et de travailler sur une autre planche.

> Vous pouvez créer ce type de planches mots en lien avec les albums de la période que vous étudiez : noms des personnages, objets, mots-clés, etc.

• Atelier 16 •

Semaine à la pince

Mobiliser le langage dans toutes ses dimensions

→ **Connaitre les correspondances entre l'écriture en script et capitales d'imprimerie**

30' Doc. 7 et 25 Nathan live!

Matériel

- Planches jours de la semaine (Doc. 7)
- pinces à linge en script
- 7 crayons de couleurs différentes
- Doc. 25 à imprimer
- Alphabets individuels (Doc. 9)

Réaliser une correspondance entre deux écritures : capitales et script

Imprimez sur du papier cartonné un jeu ou deux d'étiquettes avec les jours de la semaine que vous utilisez en affichage collectif (Doc. 7).

Reprenez les pinces à linge en script utilisées en atelier 3 pour les prénoms, pour amener les élèves à continuer de s'exercer sur la correspondance des écritures.

1. Avec des pinces à linge

Consigne : *« Reconstituez les mots des jours de la semaine avec les pinces à linge en script. »*

L'alphabet individuel (Doc. 9) servira d'aide pour la recherche de correspondance entre les deux écritures et permettra une validation autonome.

2. Fiche d'activité

Imprimez le Doc. 25 présentant les jours de la semaine dans les deux écritures : capitales d'imprimerie, script. Il servira d'évaluation pour les différentes activités réalisées jusque-là sur la reconnaissance des lettres en script et la correspondance entre deux écritures.

Consigne : *« Choisissez un code couleur et coloriez chaque jour de la semaine de la même couleur. »*

• Jour 1 •

Le filet des pêcheurs

Collaborer, coopérer, s'opposer

→ **Coopérer, exercer des rôles différents complémentaires, élaborer des stratégies pour viser un but ou un effet commun**

→ **Dire la suite des nombres**

1. Organisation

– La moitié de la classe forme une ronde, c'est le filet des pêcheurs.

– L'autre moitié joue le rôle de poissons.

2. Déroulement

Les poissons sont dispersés dans la salle et ils traversent le filet en nageant (en se déplaçant) à l'intérieur et à l'extérieur de celui-ci. Les pêcheurs choisissent un nombre compris entre 1 et 20 sans le communiquer aux poissons. À votre signal, ils énoncent la suite numérique et les poissons commencent leur déplacement.

Arrivés au nombre choisi, les pêcheurs baissent les bras et emprisonnent ainsi les poissons qui sont à l'intérieur du filet.

Ces derniers deviennent des pêcheurs et intègrent la ronde.

Comptez avec les élèves le nombre de poissons à l'intérieur du filet et à l'extérieur.

Reprenez le jeu.

• Jour 2 •

Hors de ma maison

Collaborer, coopérer, s'opposer

→ **Coopérer, exercer des rôles différents complémentaires, élaborer des stratégies pour viser un but ou un effet commun**

Matériel
1 tapis par équipe de 3 élèves

Après avoir réalisé en semaine 2 le déménagement de meubles en coopération par équipe, il s'agira ici, d'être dans une relation d'opposition duelle.

1. Organisation

Formez des équipes de trois élèves : un attaquant, un défenseur et un arbitre. Chaque équipe dispose d'un tapis représentant une maison. Les enfants retirent leurs chaussures pour évoluer sur le tapis.

2. But du jeu

Faire sortir son camarade de sa maison/résister/arbitrer.

3. Déroulement

1. L'attaquant et le défenseur démarrent debout face à face sur le tapis, l'arbitre est à l'extérieur. Au signal, l'attaquant doit faire sortir son camarade de la maison, pendant que ce dernier tente de résister. L'arbitre veille au respect des règles de sécurité : ne pas tirer par la tête ou sur les vêtements, ne pas faire mal, se faire mal ou se laisser faire mal. Il compte les points entre les opposants (le défenseur perd quand il a les deux pieds en dehors du tapis), les remet en position pour la manche suivante et marque le départ.

Le jeu dure une minute, puis les élèves changent de rôle au sein de l'équipe pour être respectivement attaquant, défenseur et arbitre.

2. Marquez un temps de pause pour une phase de verbalisation : procédures efficaces, respect des règles, rappel du rôle de l'arbitre.

3. Constituez de nouvelles équipes. Cette fois-ci, les attaquants et défenseurs devront s'opposer en étant sur les genoux.

• Jour 3 •

Courir en relais

Adapter ses équilibres et ses déplacements à des environnements ou des contraintes variés

→ **Courir dans un but précis**

→ **Ajuster et enchainer ses déplacements en fonction d'obstacles à franchir ou de la trajectoire d'objets sur lesquels agir**

Matériel

- Craie pour matérialiser les lignes de départ
- 4 anneaux de relais

1. Organisation

4 couloirs, 4 équipes placées derrière une ligne de départ courent en parallèle.

2. Courir en équipe

Reprenez la course réalisée la semaine précédente: courir vite en respectant sa trajectoire et revenir derrière son équipe sans gêner.

3. Courir en relais

Chaque équipe dispose d'un anneau. Au signal, le premier élève de chaque file court jusqu'au fond de la salle et reprend la même trajectoire pour passer le relais (l'anneau) au camarade de son équipe.

L'équipe qui finit la course la première remporte cette course.

4. Phase de verbalisation

Faites une pause pour discuter avec les élèves des stratégies à adopter pour réussir la course de relais: avancer sur la ligne de départ pour se préparer à l'arrivée du relais, tendre le bras pour attraper l'anneau, surveiller l'arrivée du camarade, courir droit, etc.

Enfin, reprenez la course une ou deux fois en modifiant les équipes.

• Jour 4 •

Ateliers de lancer: lancer avec précision

Agir dans l'espace, dans la durée et sur les objets

→ **Lancer de différentes façons, dans des espaces et avec des matériels variés, dans un but précis**

→ **Ajuster et enchainer ses déplacements en fonction d'obstacles à franchir ou de la trajectoire d'objets sur lesquels agir**

Doc. 14 – Schéma Nathan live!

Reprenez la même organisation avec les ateliers détaillés en semaine 1 et dans le schéma (Doc. 14).

20' par séance

• Jour 1 •

Un passage pour une illustration

Mobiliser le langage dans toutes ses dimensions
→ Comprendre des textes écrits sans autre aide que le langage entendu

Photocopiez au moins six illustrations d'un album que vous avez déjà lu et placez-les au tableau dans le désordre du récit.
Recopiez les passages correspondant à ces illustrations (ou découpez le texte photocopié), lisez-les un à un et demandez aux enfants à quelle illustration correspond le passage. Faites justifier les réponses apportées et validez par la lecture de l'album original.

Variante : mettre des illustrations intruses ou lire un passage ne correspondant pas à l'album choisi.

• Jour 2 •

Des lignes brisées

Mobiliser le langage dans toutes ses dimensions
→ Pratiquer divers usages de la langue orale : raconter, expliquer, questionner, proposer des solutions, discuter un point de vue

1. Présentez une baguette en bois et expliquez que vous souhaiteriez former la lettre L *« Comment former cette lettre avec cette unique baguette ? »*
Il faut casser, briser la ligne droite, et assembler les deux morceaux.

2. Distribuez des petits morceaux de bois (allumettes ou kaplas) et montrez sur l'alphabet collectif les lettres T, V, X. *Comment peut-on les reconstituer ? (Il faut 2 morceaux).*
Continuez avec le A, F, H, K, N, Y ou le Z (trois morceaux), puis le E, M, W (quatre morceaux).
Pour chaque groupe de lettres, faites compter le nombre de morceaux de bois nécessaire.

3. Enfin, faites reconstituer des lettres comme le C, le P et demandez quels problèmes se posent avec les baguettes. Concluez avec les enfants : *« Pour réaliser des lettres avec les morceaux de bois, nous avons assemblé plusieurs petits morceaux, ce sont des lignes brisées. Certaines lettres ne peuvent pas être formées, car elles sont arrondies. »*

• Jour 3 •

Tissus simultanés de Sonia Delaunay

Agir, s'exprimer, comprendre à travers les activités artistiques
→ Décrire une image et exprimer son ressenti ou sa compréhension en utilisant un vocabulaire adapté
→ Identifier des tracés

Affichez au tableau une reproduction en couleurs de l'œuvre de Sonia Delaunay, *Tissus simultanés* (1924). Il s'agit d'un dessin divisé en trois parties avec des mouvements de tracés différents : lignes obliques et lignes brisées dans deux orientations différentes. Laissez les enfants observer, puis invitez-les à s'exprimer librement. Amenez-les à décrire ce qu'ils voient : les couleurs utilisées, le sens des tracés, etc.
Faites identifier le type de document : *« C'est une reproduction d'une peinture à la gouache de Sonia Delaunay, une artiste peintre d'origine ukrainienne. Tout comme la reproduction de Mondrian, c'est de l'art abstrait. »* Faites ensuite raconter l'œuvre. Laissez les enfants émettre des hypothèses et imaginer.
Cette séquence vous permettra d'introduire le tracé des lignes obliques et brisées à la manière de Delaunay (atelier 19, semaine 4).

> Si vous avez un ordinateur en classe, présentez vos œuvres d'artistes directement sur écran. Une connexion Internet (ou un document enregistré sur clé USB) vous permettra d'afficher en couleurs différentes œuvres de l'artiste et sa photo.

• Jour 4 •

Atelier philo : Est-ce que tout le monde peut se tromper ?

Mobiliser le langage dans toutes ses dimensions
→ Pratiquer divers usages de la langue orale : raconter, expliquer, questionner
→ Discuter un point de vue

Référez-vous à la séquence de langage de l'après-midi, semaine 2 pour la présentation de l'atelier philo.
Cette semaine, voici une question philosophique qui fait aussi bien référence à la vie de la classe qu'à des situations extérieures et qui permettra de relativiser l'échec : *« Est-ce que tout le monde peut se tromper ? »*

• Atelier 17 •

Phono des prénoms

Mobiliser le langage dans toutes ses dimensions
→ **Distinguer et manipuler des syllabes : dénombrer**
→ **Nommer ses camarades**

30' Doc. 26 et 27 – Galerie photo live!

Matériel
- Doc. 26 : planches phono vierges
- Photos d'identité des élèves
- Jetons (ou bouchons de bouteilles)

Scander et compter les syllabes des prénoms

Au cours des rituels, à l'appel, vous avez commencé à scander les syllabes des prénoms; il s'agira ici de poursuivre l'exercice en petits groupes et de travailler également sur le dénombrement des syllabes.

Imprimez des planches phono vierges du Doc. 26 et collez dans la première case de chaque ligne les photos d'identité des élèves.

Consigne : *« Compte le nombre de syllabes des prénoms de ta planche et place la même quantité de jetons. »*

Mise en commun : à tour de rôle, les élèves nomment les prénoms de leur planche, puis scandent les syllabes et déroulent en même temps les doigts pour compter.

En cas d'erreur, faites frapper les syllabes avec les mains en les décomposant une à une pour aider vos élèves.

Échangez ensuite les planches.

Plutôt que de demander des photos d'identité aux parents, prenez vos élèves en photos afin d'avoir un trombinoscope à disposition. Vous gagnerez du temps à ne pas attendre que chacun apporte la sienne !

• Atelier 18 •

Des chiffres en pâte

Acquérir les premiers outils mathématiques
→ **Lire les nombres écrits en chiffres**
→ **Agir sur la matière**

30'

Matériel
- Pâte à modeler
- Planches nombres (Doc. 5)
- Pochettes en plastique

Réaliser à la pâte à modeler les chiffres de 1 à 5 et les collections

Reprenez les cartes nombres de 1 à 5 (Doc. 5) qui serviront de modèle pour la reproduction des chiffres.

Les élèves réalisent des colombins avec la pâte pour façonner les chiffres de 1 à 5 puis font des boules à côté pour représenter chaque quantité.

Cette activité permettra, grâce à la manipulation de la pâte, de mémoriser la forme des chiffres pour la lecture et l'écriture et de travailler sur la réalisation de quantités.

Prolongement : en regroupement, définissez les caractéristiques de chaque chiffre :
– ceux qui contiennent des colombins posés verticalement, horizontalement, de façon oblique : 1, 2 et 4 ;
– ceux qui ont une partie arrondie nécessitant de recourber le colombin : 2, 3 et 5.

Pour garder une trace de cette activité de manipulation, posez chaque production sur une ardoise et glissez-la dans une pochette transparente en aplatissant la pâte à modeler et enfin, photocopiez !

Vous pouvez aussi prendre en photo les productions avec le prénom des élèves à côté et faire un montage sur Word.

20' par séance

• Jour 1 •

Pistes de langage autour des ateliers

Mobiliser le langage dans toutes ses dimensions
→ Pratiquer divers usages de la langue orale : raconter, expliquer, questionner, proposer des solutions, discuter un point de vue
→ Anticiper la consigne

Avant un atelier

– Émettre des hypothèses sur la consigne attendue en observant le matériel ou une production achevée.

– les élèves qui ont réalisé l'activité donnent la consigne aux camarades, le matériel à utiliser, les objectifs.

Après les ateliers

– Expliquer, commenter une création libre, donner une légende.

– Comparer les différents effets obtenus entre les productions.

– Faire le lien entre sa réalisation et celle d'un artiste.

• Jour 2 •

La couverture mystère

Mobiliser le langage dans toutes ses dimensions
→ Pratiquer divers usages de la langue orale : raconter, expliquer
→ Reformuler son propos pour mieux se faire comprendre

Disposez devant les élèves quelques livres de la bibliothèque de classe (albums, documentaires, magazines). Un élève en choisit un sans l'indiquer à ses camarades et décrit la couverture le plus précisément possible. Une fois le livre identifié, faites trouver les indications supplémentaires qui auraient pu compléter la description : *« C'est un magazine, la couverture est souple, il n'y a pas beaucoup de mots dans le titre, etc. »*

L'élève qui a identifié le livre en choisit un à son tour et décrit la couverture.

• Jour 3 •

Le tour du monde

Explorer le monde
→ Découvrir différents milieux
→ Situer par rapport à d'autres, par rapport à des objets repères

Les semaines suivantes seront consacrées à la découverte du monde, d'un point de vue géographique, culturel, linguistique.
Affichez au tableau un grand planisphère et demandez aux enfants de décrire et d'échanger autour de ce document grâce à un questionnement guidé : *« Qu'est-ce que c'est ? Connaissez-vous des endroits dans le monde ? Où se trouve notre pays ? Connaissez-vous d'autres pays ? Quelle couleur voit-on le plus ? Qu'est-ce que c'est ? Connaissez-vous des noms de mers ou d'océans ? Etc. »*
Présentez également une autre représentation du monde avec un globe terrestre, faites comparer et situez la France.
Expliquez aux enfants qu'au cours de cette année, ils vont découvrir différents pays du monde, d'autres cultures, traditions, à travers diverses activités, lectures, chants, etc.

• Jour 4 •

Projet *Flat Stanley*

Explorer le monde
→ Découvrir différents milieux
→ Situer par rapport à d'autres, par rapport à des objets repères

Flat Stanley (*« Clément aplati »* en français) est un livre de Jeff Brown qui raconte l'histoire d'un garçon se faisant aplatir par un tableau d'affichage pendant son sommeil. Il va y découvrir un avantage majeur : voyager à travers le monde en se glissant dans une enveloppe.

Avec la participation des familles, vous pouvez mettre en place un projet *Flat Stanley* : chaque enfant colorie son petit Stanley et devra l'envoyer à une personne qui habite le plus loin possible. Cette personne prendra Stanley en photo dans un lieu typique du pays, pourra y joindre quelques informations, documents et vous le renverra à l'école. Lorsqu'un Stanley arrive par courrier, vous situez avec les enfants le pays sur la carte du monde et profitez de l'occasion pour faire des recherches documentaires avec différents outils : recherche Internet avec l'ordinateur de classe, BCD, bibliothèque municipale, demande de compléments d'informations sur un pays aux familles, lecture d'albums…

Autour du portrait et du corps

• Séance 9 •

Autoportraits d'artistes

Agir, s'exprimer, comprendre à travers les activités artistiques
→ **Décrire une image et exprimer son ressenti ou sa compréhension en utilisant un vocabulaire adapté**
→ **Rapprocher des œuvres entre elles en donnant des critères**

Matériel
Reproduction d'autoportraits d'artistes

À partir d'une recherche sur Internet ou d'une banque d'images, imprimez les autoportraits d'artistes suivants :
– Vincent Van Gogh (nombreux autoportraits au choix) ;
– Jean Dubuffet (*Autoportrait II*, 1966) ;
– Rembrandt (gravure *Rembrandt aux yeux hagards*, 1630).
Affichez-les au tableau et laissez les élèves s'exprimer librement dans un premier temps. Puis, faites rechercher le point commun entre les trois reproductions.
Ensuite, faites décrire les productions une à une, en utilisant le vocabulaire relatif aux formes, couleurs et aux types de tracé *(Quels outils ont pu être utilisés ?)*
Enfin, donnez les titres, présentez les artistes et définissez le genre : l'autoportrait.

• Séance 10 •

Autoportrait sur calque

Agir, s'exprimer, comprendre à travers les activités artistiques
→ **Pratiquer le dessin pour représenter ou illustrer**
→ **Choisir différents outils, médiums, supports en fonction d'un projet ou d'une consigne et les utiliser en adaptant son geste**

Matériel	
– Photo de chaque élève sur feuille A4 – Crayons de papier, crayons de couleur	– Calque

Imprimez en noir et blanc les photos des élèves prises la semaine précédente. Distribuez une feuille de calque que chacun fixera avec de la Patafix sur son portrait.
D'abord avec le doigt, puis au crayon de papier, les élèves repassent sur le calque les contours de leur portrait. Pour s'assurer que tous les tracés sont effectués, soulevez légèrement le calque (sans le retirer) pour faire comparer les deux éléments (portrait sur feuille et tracé sur calque). Si des éléments sont manquants, amenez les élèves à les identifier et les compléter.
Enfin, ils repassent les tracés au feutre noir puis colorient aux crayons de couleur.

• Séance 11 •

Puzzles de portraits

Explorer le monde
→ **Orienter et utiliser correctement une feuille de papier, un livre ou un autre support d'écrit, en fonction de consignes, d'un but ou d'un projet précis**
→ **Situer des objets par rapport à soi, entre eux, par rapport à des objets repères**

Matériel
Portraits des enfants au format A4 et découpés en 3 morceaux

Préparez le matériel : imprimez à nouveau les photos des élèves prises la semaine précédente. Découpez au massicot chaque portrait en trois morceaux :
– Les cheveux et le front.
– Les yeux et le nez.
– La bouche, le menton et le cou.
Distribuez les morceaux aux élèves et laissez-les d'abord utiliser ce matériel librement. Certains reconstitueront leur portrait, d'autres s'amuseront à identifier les éléments du visage, échangeront les pièces, commenceront à nommer les parties du visage, les camarades. Quoiqu'il en soit, ce matériel mettant en jeu directement les portraits des enfants, suscitera un intérêt, et des échanges entre pairs.

• Séance 12 •

Jeux de mime

Communiquer avec les autres au travers d'actions à visée expressive ou artistique
→ **Coordonner ses gestes et ses déplacements avec ceux des autres**
→ **Construire et conserver une séquence d'actions et de déplacements**

Divisez la classe en 4 groupes qui passeront à tour de rôle et seront alternativement spectateurs et acteurs.

1. Les élèves se déplacent en mimant l'animal de leur choix; sans émettre de bruit. Invitez-les à solliciter différentes parties du corps et à investir tout l'espace du préau. Puis ils miment des animaux imposés, les spectateurs commentent et cherchent comment enrichir les actions.

2. Toujours face à des spectateurs, chaque groupe devra respectivement mimer cinq actions imposées : verbes d'action, sensations, sentiments, métiers. Les groupes spectateurs ne commentent les prestations et ne donnent le nom de l'élément mimé qu'à la fin du temps imparti.

Semaine 4

	Lundi	Mardi	Jeudi	Vendredi	Demi-journée thématique
8h20 **Accueil**	**Classer son étiquette de présence par groupe.** **Réinvestissement du matériel et jeux autonomes.**				
8h40 **Rituels**	**Appel :** Scander et compter les syllabes des prénoms **Découvrir les nombres :** Chaine numérique **Repérage dans le temps :** Emploi du temps de la journée				
9h **Univers sonores**	**Chansons et comptines au choix**				
9h10 **Ateliers** Rotation des groupes sur les ateliers de la semaine	**Atelier 19 : Tracés à la manière de Delaunay** → Lignes obliques et brisées à la craie grasse **Atelier 20 : Carte du monde (1)** → Réaliser une production plastique pour représenter le monde **Atelier 21 : Recherche et tri sur l'Afrique** → Rechercher de livres **Atelier 22 : Puzzles géants cartes du monde** → Coopérer pour réaliser des puzzles avec de nombreuses pièces				**24 séances autour du portrait et du corps** – Qui est-ce ? – Autoportrait sur calque (2) – Puzzles de portraits (2)
9h45	**Rangement et bilan des ateliers**				
10h **L'activité physique**	**Minuit dans la bergerie** → Jeu collectif	**L'oiseau protège son nid** → Jeu de lutte	**Courir avec obstacles** → Adapter ses déplacements	**Ateliers de lancer (2)** → Lancer haut, loin, et fort	**Le miroir** → Expression corporelle
10h30	**Récréation**				
11h **Langage/Lecture**	**Projections sur la Terre (1)** → S'exprimer sur un support multimédia	**Des livres pour découvrir le monde** → Propositions	**Pistes d'échanges** → Sur les livres et documentaires	**Atelier philo** → À quoi ça sert de voyager ?	**Lecture plaisir**
11h30	**Sortie/déjeuner**				
13h30	**Écoute musicale, chant, lecture plaisir…**				
14h **Ateliers** Rotation des groupes sur les ateliers de la semaine	**Atelier 23 : Carte du monde (2)** → Positionner et nommer les continents **Atelier 24 : D'où viennent ces animaux ?** → Découvrir, manipuler, jouer, classer **Ateliers libres**				
14h 50	**Récréation**				
15h20 **Langage/Lecture**	**Projections sur la Terre (2)** → Retours et échanges	**Carte de l'Afrique** → Découverte du continent	**Petits trésors d'Afrique** → Présenter des objets rapportés	**Recherche sur l'Afrique** → Retour sur atelier	
15h45	Sortie				

• Accueil •

Mobiliser le langage dans toutes ses dimensions
→ **Découvrir le principe alphabétique**
→ **Reconnaitre son prénom écrit en script**
→ **Classer ou ranger des objets selon un critère**

Affichez au tableau quatre cartes de couleur (ou d'animaux ou autre code choisi) représentant les groupes des ateliers. Pendant l'accueil, indiquez aux enfants de classer leur étiquette de présence sous leur groupe de travail. Cela permettra de rappeler à quel groupe chacun appartient et ici précisément d'effectuer une activité de classement.
Sur les tables: activités libres et réinvestissement du matériel exploité les semaines précédentes.

• Rituels •

20'

Appel

Mobiliser le langage dans toutes ses dimensions
→ **Distinguer et manipuler des syllabes**
→ **Discriminer des sons dans des mots ou dans des syllabes**

Comme la semaine précédente, à l'appel, chaque élève scande son prénom en frappant les syllabes. Puis il en indique le nombre en comptant avec les doigts.

Découvrir les nombres

Acquérir les premiers outils mathématiques
→ **Dire la suite des nombres jusqu'à trente**
→ **Avoir compris que tout nombre s'obtient en ajoutant un au nombre précédent et que cela correspond à l'ajout d'une unité à la quantité précédente**

Pour compter les présents, proposez le jeu de la chaine numérique: le premier élève sur le banc se lève et annonce 1, le deuxième 2, le troisième 3... jusqu'à faire le tour de toute la classe.

Repérage dans le temps

Muni de votre appareil photo, photographiez au cours de cette semaine les temps forts de la journée afin de construire un emploi du temps pour la classe:
- **L'accueil** (pose de l'étiquette de présence).
- **Les rituels** (photo où l'on compte les présents par exemple).
- **Les ateliers**.
- **La récréation** (photo de la cour).
- **Les activités sportives** (photo dans la salle de sport).
- **L'écoute de l'histoire** (une ou deux photos d'un album).
- **La cantine.**
- **La sortie** (photo des portemanteaux).

Développez ces photos et plastifiez-les. Préparez une première bande de papier d'une couleur pour coller les photos des activités du matin, puis une bande de papier d'une autre couleur pour les activités de l'après-midi. Préparez un curseur à fixer avec un aimant (image d'un enfant ou une flèche).
Vous réaliserez le collage la semaine suivante avec vos élèves lorsque vous présenterez les photos.

• Univers sonores •

Agir, s'exprimer, comprendre à travers les activités artistiques
→ **Repérer et reproduire, corporellement des formules rythmiques simples**
→ **Jouer avec sa voix et acquérir un répertoire de comptines et de chansons**

10'

1. Marquer la pulsation avec le corps
Mettez un CD de percussions et frappez le rythme avec les mains sur différentes parties du corps: les cuisses, la tête, les pieds, les mains... Les enfants suivront instinctivement; invitez ceux qui ne le font pas à entrer en action.

Le chef d'orchestre
Désignez un enfant qui sera chef d'orchestre à votre place et montrera aux autres sur quelles parties du corps frapper le rythme des percussions: le ventre, la tête, les hanches...

2. Chant d'Afrique
Voici une berceuse du Congo en Lingala, devenue un classique à l'école maternelle: « Olélé moliba makasi ». Vous la trouverez dans l'album *Comptines et berceuses du Baobab* (livre CD), Didier Jeunesse, dans lequel de nombreuses autres chansons vous permettront de faire découvrir différents rythmes, instruments et langues d'Afrique.

« Olélé, moliba makasi »

Refrain	***Traduction :***
Olélé olélé moliba makasi (*bis*) Luka luka mboka na yé (bis) Mboka mboka Kasai. Eeo ee eeo Benguela aya (*bis*) Oya oya Yakara a Oya oya Konguidja a Oya oya. *Refrain*	Olélé ! Olélé ! Le courant est très fort (*bis*) Ramez ! Ramez ! Son pays, son pays, Son pays, c'est le Kasaï Éé0 éé éé0 que vienne Benguela (*bis*) Que vienne Benguela Viens ! Viens ! Le courageux Viens ! Viens ! Le généreux Viens ! Viens !

• Atelier 19 •

Tracés à la manière de Delaunay

Mobiliser le langage dans toutes ses dimensions
→ S'initier aux tracés de l'écriture en ne levant qu'à bon escient l'instrument d'écriture

30'
Matériel
- Reproduction de S. Delaunay
- Feuille de peinture à plier en 3
- Bandes de papier
- Craies grasses

Graphisme : lignes obliques et brisées à la craie grasse

Au préalable, préparez des feuilles de peinture en les pliant en trois (pour marquer les trois parties du tableau de Delaunay) et collez des bandes de papier qui serviront d'éléments inducteurs pour le tracé.
Rappelez les différentes séances sur les lignes brisées et notamment la découverte de l'œuvre de Sonia Delaunay, (cf. « Langage », semaine 3), en faisant décrire et suivre les différents tracés du bout des doigts.
Sur la première zone de leur feuille, les élèves tracent des lignes obliques à la craie grasse ; sur la deuxième et la troisième zones, des lignes brisées avec deux orientations différentes.
Vous les aidez dans les tracés en vous assurant que les lignes brisées ne deviennent pas arrondies en cours de route.
En cas de difficulté, apportez une aide individuelle aux élèves, notamment en accompagnant les tracés au tableau ou sur une ardoise.

Prolongement : recouvrir les lignes à la craie grasse par des tracés à l'encre.

D'autres activités sur les lignes brisées

- Les agencer avec des colombins de pâte à modeler, les poser sur une ardoise et tracer au-dessus.
- Avec des Kaplas.
- Avec une farandole d'enfants : bras tendus, jambes pliées, on s'allonge face à un mur dans le préau, en formant une ligne brisée.
- Dans le préau, on forme des lignes brisées avec des cordes.
- Compléter des dessins avec des lignes brisées : dents de crocodiles, montagnes de différentes tailles...

• Atelier 20 •

Carte du monde (1)

Agir, s'exprimer, comprendre à travers les activités artistiques
→ Réaliser des compositions plastiques, en choisissant et combinant des matériaux, en réinvestissant des techniques et des procédés

30' Doc. 28 – Galerie photo Nathan live!
Matériel
- Planisphère
- Grandes feuilles blanches cartonnées
- Différentes nuances d'encre bleue
- Gros pinceaux

Réaliser une production plastique pour représenter le monde

Montrez la carte du monde découverte en séance de langage la semaine précédente et expliquez aux enfants qu'ils vont en réaliser une en deux étapes : d'abord le fond, puis le placement des continents en atelier 23. (Montrez la réalisation finale du Doc. 28.)

Faites rechercher et justifier la couleur dominante nécessaire pour le fond de la carte du monde. Faites *« Que représente ce bleu ? Quelles mers ou océans connaissez-vous ? »* Nommez les océans sur la carte en les situant.

Consigne : *« Recouvrez votre feuille avec différentes teintes d'encre bleue et ajoutez du gros sel avant que l'encre ne sèche ».*

Le lendemain, retirez le gros sel et observez avec les enfants les effets produits : des petites tâches et des nuances de couleur apparaitront.

La suite se fera en atelier 23 dans l'après-midi.

Vous pouvez obtenir différentes teintes d'encre bleue en la diluant plus ou moins avec de l'eau.

• Atelier 21 •

Recherche et tri sur l'Afrique

Mobiliser le langage dans toutes ses dimensions
→ **Manifester de la curiosité par rapport à l'écrit**
→ **Découvrir différents types d'écrit**
→ **Pratiquer divers usages de la langue orale : raconter, expliquer, questionner, proposer des solutions, discuter un point de vue**

30'

Matériel
- Livres de la bibliothèque
- Caisse ou carton

Rechercher de livres sur l'Afrique

Complétez votre bibliothèque de classe en y dissimulant différents albums, documentaires sur l'Afrique, thème que vous aborderez jusque la fin de la période. N'hésitez pas à en emprunter auprès de vos collègues, à la BCD et à la bibliothèque municipale.

Consigne : *« Recherchez des livres qui pourraient parler de l'Afrique. Feuilletez et lisez tranquillement. »*

Les élèves font une recherche sur un thème, une activité de tri. Les éléments de la couverture et les illustrations devraient les orienter dans leur sélection : présence d'animaux de la savane, couleurs de peau des personnages, paysages, etc.

N'apportez aucune indication ou piste de recherche : vous ferez un retour sur atelier en séance de langage (cf. séance de l'après-midi).

Certaines bibliothèques municipales vous permettent d'emprunter une trentaine de livres pour la classe. Pour constituer votre carte, présentez-vous avec votre fiche de salaire et votre justificatif de domicile.

N'hésitez pas à emmener aussi vos élèves à la bibliothèque municipale pour les y inscrire. Pour cela, récoltez des fiches d'inscription individuelles pour les familles et déposez-les à votre prochaine visite. Les élèves auront ainsi chacun une carte.

• Atelier 22 •

Puzzles géants cartes du monde

Explorer le monde
→ **Situer des objets par rapport à soi, entre eux, par rapport à des objets repères**

30'

Matériel

Puzzles complexes (voir liste)

Coopérer pour réaliser des puzzles avec de nombreuses pièces

Constituez ici deux groupes de trois ou quatre *élèves* pour les amener à coopérer et échanger dans la réalisation de puzzles avec de nombreuses pièces.

Ils doivent réaliser de grands puzzles complexes en mutualisant leurs différentes stratégies, en acceptant de partager le matériel, de coopérer pour réaliser une tâche commune.

Voici des propositions de puzzles géants avec une représentation de cartes du monde :

– Puzzle de sol carte du monde – Melissa & Doug (33 pièces)

– Puzzle cadre animaux du monde – Ravensburger (30 pièces)

– Animaux du monde – Ravensburger (60 pièces)

– Les Enfants dans le monde – Matériel éducatif Nathan (120 pièces)

Si vous ne pouvez pas investir dans de nouveaux puzzles, utilisez ceux de la classe qui ont de nombreuses pièces pour amener les élèves à coopérer et mutualiser les différentes stratégies de repérage dans l'espace.

Pour éviter que les pièces des jeux d'encastrement et de puzzles ne se mélangent, collez une gommette de couleur pour chaque jeu afin de les identifier plus rapidement.

• Jour 1 •

Minuit dans la bergerie

Collaborer, coopérer, s'opposer
→ **Coopérer, exercer des rôles différents complémentaires, élaborer des stratégies pour viser un but ou un effet commun**

Matériel
- 1 Dossard de couleur
- Banc /craie

1. Organisation

– 1 loup avec un dossard de couleur, le reste de la classe joue le rôle de moutons.
– Une bergerie est matérialisée par un cercle tracé au sol ou par des bancs disposés en carré avec des ouvertures.

2. But du jeu

Pour le loup: courir pour attraper.
Pour les moutons: courir pour se sauver.

3. Déroulement

Les moutons se promènent dans le préau et demandent régulièrement au loup: *«Loup, quelle heure est-il?»* Celui-ci donne l'heure de son choix, mais s'il répond: *«Il est minuit.»*, tous les moutons doivent rejoindre la bergerie sans se faire attraper. Ils sont autrement prisonniers.
Le dernier mouton non attrapé est le gagnant. Il devient alors le loup dans la reprise du jeu.

4. Variante

Augmenter le nombre de loups à différentes phases du jeu.

• Jour 2 •

L'oiseau protège son nid

Collaborer, coopérer, s'opposer
→ **Coopérer, exercer des rôles différents complémentaires, élaborer des stratégies pour viser un but ou un effet commun**

Matériel
Par équipe de 3 élèves : un tapis et un ballon

1. Organisation

Formez des équipes de trois élèves: un attaquant, un défenseur et un arbitre.

Les enfants retirent leurs chaussures pour évoluer sur un tapis.

2. But du jeu

Attraper le ballon (pour l'attaquant)/ le protéger (le défenseur)/ arbitrer.

3. Déroulement

Le défenseur est à quatre pattes et maintient sous son ventre un ballon qu'il doit conserver le plus longtemps possible. L'attaquant démarre à genoux à côté de lui et doit lui prendre son ballon.
L'arbitre veille au respect des règles de sécurité, compte les points obtenus par l'attaquant (nombre de fois où il a pris le ballon) et replace les adversaires en position de départ pour recommencer une nouvelle manche.
Le jeu dure une minute, puis les élèves changent de rôle au sein de l'équipe pour être respectivement attaquant, défenseur et arbitre.

• Jour 3 •

Courir avec obstacles

Adapter ses équilibres et ses déplacements à des environnements ou des contraintes variés
→ **Courir dans un but précis**
→ **Ajuster et enchainer ses déplacements en fonction d'obstacles à franchir ou de la trajectoire d'objets sur lesquels agir**

Matériel
- Craie pour matérialiser les lignes de départ
- Lattes en plastique dans chaque couloir
- haies : lattes + plots

1. Organisation

4 couloirs, 4 équipes placées derrière une ligne de départ courent en parallèle.

2. Courir le relais

Reprenez la course réalisée la semaine précédente en rappelant les différents conseils.

3. Courir en franchissant des obstacles

Dans chaque couloir, placez des obstacles bas à enjamber: lattes en plastique placées sur des plots. Cette fois-ci, les élèves courent un par un dans chaque équipe et doivent enchainer deux actions: courir vite et sauter au-dessus des obstacles sans les faire tomber. Si toutefois ils tombent, ne pas s'arrêter en route. La course s'achève quand les premiers élèves de chaque file sont arrivés. Replacez les lattes en plastique si nécessaire et donnez le signal de départ pour les élèves suivants.
Reprenez le jeu plusieurs fois et prévoyez un temps de retour au calme.

• Jour 4 •

Ateliers de lancer : lancer haut, loin, et fort

Agir dans l'espace, dans la durée et sur les objets

→ Lancer de différentes façons, dans des espaces et avec des matériels variés, dans un but précis

→ Ajuster et enchainer ses déplacements en fonction d'obstacles à franchir ou de la trajectoire d'objets sur lesquels agir

Doc. 29 – Schéma live!

Déroulement

Divisez la classe en 4 groupes et assurez une rotation dans les ateliers toutes les 5 à 10 minutes. Installez les quatre ateliers de lancer, comme décrits ci-dessous et sur le schéma Doc. 29, en délimitant pour chacun un espace où les enfants devront se placer (cerceau, croix tracées à la craie ou bancs selon les ateliers).

Atelier 1 : Lancer haut à des distances différentes

Matériel
- 1 corde tenue avec 2 perches
- Lattes ou tapis pour définir les zones de lancer
- Sacs de graines

Organisation

Installez entre deux perches une corde à environ 1m de hauteur. Délimitez 3 zones de lancer à des distances différentes. Les élèves évolueront sur chacune d'elle pendant l'atelier.

Consigne

Lancer les sacs au-dessus de la corde.

Atelier 2 : Lancer haut avec précision

Matériel
- Sacs de graines
- Cerceaux accrochés en hauteur, cordes
- Craie

Organisation

Suspendez avec des cordes des cerceaux au plafond (ou à l'aide de perches) et installez des sacs de graines dans une caisse derrière une ligne de démarcation.

Consigne

Lancer haut, à l'intérieur des cerceaux

Atelier 3 : Lancer loin

Matériel
- 3 tapis numérotés
- 5 sacs de graines

Organisation

Alignez 3 tapis à la suite et numérotez-les à la craie. Chaque élève dispose de 5 sacs de graines pour réaliser sa meilleure performance.

Consigne

Lancer les sacs le plus fort possible pour atteindre le tapis le plus éloigné.

Atelier 4 : Lancer loin et fort au-dessus d'un obstacle

Matériel
- 4 tapis
- 2 bancs
- Sacs de graines

Organisation

Bloquer un tapis à la verticale entre deux bancs pour constituer un mur. Alignez derrière 3 tapis au sol et numérotez-les à la craie.

Consigne

Lancer les sacs fort par-dessus l'obstacle pour atteindre le tapis le plus éloigné. Chaque élève dispose de 5 sacs de graines pour réaliser sa meilleure performance.

20' par séance

• Jour 1 •

Projections sur la Terre (1)

Mobiliser le langage dans toutes ses dimensions

→ **Pratiquer divers usages de la langue orale : raconter, expliquer, questionner, proposer des solutions, discuter un point de vue**

→ **S'ouvrir à la diversité culturelle**

→ **S'exprimer sur un support multimédia**

Les outils multimédias sont aussi un bon support pour faire découvrir le monde aux élèves et échanger par la suite. On peut recommander:

– Le film documentaire *Sur le chemin de l'école* par Jackson Saikong (2013). L'histoire d'enfants vivant aux 4 coins du monde (Kenya, Argentine, Inde, Maroc) qui parcourent plusieurs kilomètres et périples pour se rendre à l'école.

– Une sélection des photos de *La Terre vue du ciel* de Yann Arthus Bertrand (livre ou DVD).

Prolongement: cf. langage après-midi.

• Jour 2 •

Des livres pour découvrir le monde

Mobiliser le langage dans toutes ses dimensions

→ **Comprendre les textes écrits sans autre aide que le langage entendu**

→ **Manifester de la curiosité par rapport à l'écrit**

Voici une proposition d'albums ou documentaires sur le monde à faire découvrir:

– Orianne Lallemand, *Le loup qui voulait faire le tour du monde*, Éditions Auzou.

– Lotta Nieminen, *Parcourir ce monde,* Quatre fleuves graphic.

– Gwendoline Raisson, *Le Grand Voyage d'un petit escargot*, Circonflexe.

– Stéphanie Ledu, *Les Maisons du monde,* Éditions Milan.

• Jour 3 •

Pistes d'échanges sur les livres et documentaires

Mobiliser le langage dans toutes ses dimensions

→ **Comprendre des textes écrits sans autre aide que le langage entendu**

→ **Manifester de la curiosité par rapport à l'écrit**

➤ Comparer notre environnement avec ceux des livres présentés (ex.: les maisons en France et les cases en Afrique, les habits, la couleur de peau...).

➤ Situer les lieux sur une carte.

➤ Évoquer des monuments, lieux visités en France, à l'étranger.

• Jour 4 •

Atelier philo: À quoi ça sert de voyager?

Mobiliser le langage dans toutes ses dimensions

→ **Pratiquer divers usages de la langue orale : raconter, expliquer, questionner**

→ **Discuter un point de vue**

Référez-vous à la séquence de langage de l'après-midi, semaine 2, pour la présentation de l'atelier philo.

Demandez aux élèves de vous rappeler les règles du débat, puis proposez cette question qui fera écho aux activités proposées cette semaine: *À quoi ça sert de voyager?*

> Vous pouvez aussi partir de la description d'une affiche, d'une photo, d'une carte postale pour introduire cet atelier philo.

• Atelier 23 •

Carte du monde (2)

Explorer le monde
→ Situer des objets par rapport à soi, entre eux, par rapport à des objets repères
→ Situer les continents

30' Doc. 28 et 30 Nathan live!

Matériel
- Les fonds de l'atelier 20
- Doc. 30 à imprimer
- Pinceaux, colle, crayons de couleur

Réaliser une carte du monde en positionnant et en nommant les continents

Imprimez le Doc. 30 représentant une carte du monde vierge et agrandissez-le à la photocopieuse en plusieurs exemplaires au format A3. Découpez grossièrement le contour de chaque continent et fixez chacun d'eux à l'aide d'un trombone pour les distribuer au fur et à mesure lors du collage. Imprimez aussi les étiquettes mots des continents.

1. Placer les continents en se repérant dans l'espace

En se repérant sur la mappemonde de la classe et sur un modèle que vous aurez déjà réalisé (imprimez le Doc. 28 de la Galerie photo), les élèves placent avec votre aide les différentes silhouettes des continents sur leur fond bleu réalisé en atelier 20.

Distribuez les continents au fur et à mesure en les nommant pour que les enfants les collent sur leur fond. Donnez quelques indications pour que les élèves apprennent à identifier les silhouettes des continents et leur emplacement. Ex.: *« L'Europe est accrochée à l'Asie et c'est là que se trouve notre pays, la France. L'Afrique ressemble un peu à l'Amérique du Sud, etc. »*

2. Nommer les continents

Distribuez ensuite les étiquettes mots des continents que les enfants découperont et replaceront à l'aide de votre modèle; faites à nouveau nommer les mots placés.

3. Colorier sa carte

Enfin, les enfants peuvent colorier leur carte pendant cet atelier et poursuivre sur un autre temps (accueil, fin d'une autre activité ou temps consacrés aux ateliers libres).

• Atelier 24 •

D'où viennent ces animaux ?

Explorer le monde
→ Situer des objets par rapport à soi, entre eux, par rapport à des objets repères

30'

Matériel
Animaux en plastique

Découvrir, manipuler, jouer, classer

Récoltez des animaux en plastique de différents milieux: la ferme, la savane, la jungle, la banquise etc. N'hésitez pas à solliciter vos collègues ou les enfants de la classe pour vous prêter du matériel !

1. Jeu libre

Lorsque vous présentez un nouveau matériel de manipulation en classe, un temps sera toujours nécessaire aux enfants pour jouer, expérimenter, imaginer. C'est un temps de découverte qui leur permettra de s'approprier le matériel et d'être plus disponibles pour la suite.

2. Recherche de classement

Faites nommer les animaux et demandez au groupe de ranger ceux qui pourraient aller ensemble en justifiant le classement.

Différents critères peuvent être choisis par les enfants: même taille, couleur, nombre de pattes, animaux avec cornes, avec poils, plumes...

Amenez-les à orienter les classements par milieux de vie: *« Quels animaux rencontre-t-on au même endroit ? »* Définissez trois lieux de vie pour le classement: la ferme, la savane en Afrique et les autres.

Prolongement : Faites un retour sur ce classement en séance de langage.

Privilégiez le matériel de manipulation mais, si vous n'arrivez vraiment pas à en récolter, réalisez le classement à partir de photos des animaux.

20' par séance

• Jour 1 •

Projections sur la Terre (2)

Mobiliser le langage dans toutes ses dimensions

→ Pratiquer divers usages de la langue orale : raconter, expliquer, questionner, proposer des solutions, discuter un point de vue

→ S'ouvrir à la diversité culturelle

Après une projection avec un support multimédia d'images ou de films documentaires sur la Terre (cf. séance du matin), prévoyez un retour et un échange autour de ce qui a été vu. Faites le lien avec le vécu et la situation, le milieu de vie des élèves.

• Jour 2 •

Carte de l'Afrique

Mobiliser le langage dans toutes ses dimensions

→ Échanger, s'exprimer en grand groupe

→ Faire partager son vécu

Situez d'abord l'Afrique sur le planisphère et faites remarquer sa forme : « *Quelle forme a ce continent ? (Triangle, poire retournée…) À quoi vous fait-il penser ? Montrez un autre continent qui lui ressemble un peu (l'Amérique du Sud). Qu'est-ce qui est différent ? Qu'y a-t-il autour ?* » (Du bleu : mer et océans) ».

Expliquez la différence entre continent et pays ; comparez avec la France. Recueillez ensuite les représentations initiales des élèves en les questionnant : « *Quels pays connaissez-vous en Afrique ? Y êtes-vous déjà allés ? Quels animaux y vivent ? Quels paysages, monuments y trouve-t-on ? À quoi ressemblent les Africains ? Etc.* »

Expliquez aux enfants que dans leurs réponses, certaines choses sont bonnes et d'autres fausses (dites lesquelles) ; vous y reviendrez plus précisément tout au long des semaines suivantes en travaillant sur ce continent.

Enfin, terminez la séquence en lisant sur la carte les noms des pays d'Afrique ; il y a de fortes chances que certains noms soient parlants pour les enfants et leur donnent envie de réagir !

Un atlas géant sera très utile dans votre classe pour situer pays, monuments que vous aborderez tout au long de cette année à travers les activités et les lectures proposées. Si vous ne pouvez vous en procurer (ou en emprunter à la bibliothèque), imprimez des cartes de continents que vous agrandirez à la photocopieuse.

• Jour 3 •

Petits trésors d'Afrique

Mobiliser le langage dans toutes ses dimensions

→ Décrire un objet, une image

→ Pratiquer divers usages de la langue orale : expliquer, questionner, discuter un point de vue

→ S'ouvrir à la diversité culturelle

Affichez un mot pour demander aux familles de vous apporter des objets d'Afrique (tissus, photos, bijoux, statues, instruments ou autres souvenirs de voyage). Prenez soin de l'objet et demandez à l'enfant qui l'a apporté de le décrire, d'imaginer ce que ça pourrait être et d'indiquer le pays d'où il vient (situez-le sur la carte). Laissez les autres élèves réagir et s'exprimer sur l'objet.

En attendant de recevoir les petits trésors, vous pouvez, pour cette première séquence, présenter la photo d'un paysage du Sahara et discuter avec les élèves sur ce désert (types d'habitants, absence d'eau et d'habitation, les animaux qui y sont associés, etc.).

• Jour 4 •

Retour sur l'atelier 21 : recherche et tri sur l'Afrique

Mobiliser le langage dans toutes ses dimensions

→ Pratiquer divers usages de la langue orale : raconter, expliquer

Demandez aux élèves de reprendre quelques livres qu'ils ont choisis à l'atelier 21 et qui, selon eux, pourraient parler de l'Afrique. Présentez-en quelques uns et demandez de justifier le choix.

Validez par la lecture du titre, de quelques extraits ou en feuilletant le livre et relancez la discussion. Ex. : « *Y a-t-il des éléphants uniquement en Afrique ? Où peut-on aussi souvent en trouver ? Les gens ont-ils tous la même couleur de peau ? Etc.* »

Autour du portrait et du corps

• Séance 13 •

Qui est-ce ?

Mobiliser le langage dans toutes ses dimensions
→ **S'exprimer, décrire une photo dans un langage oral syntaxiquement correct et précis. Reformuler son propos pour se faire mieux comprendre**
→ **Situer et nommer les différentes parties du corps humain, sur soi ou sur une représentation**

Matériel
Puzzles de portraits de la séance 11

Reprenez les puzzles de portraits de la séance 11 que vous mettrez dans un sac opaque.

À tour de rôle, les enfants piochent un morceau et nomment la partie du visage représentée.

Il s'agit ici de donner la position de l'élément du visage, (*haut, milieu, bas du visage*) et de nommer précisément cet élément *(nez, le menton...)*.

Ils recherchent ensuite le camarade à qui appartient la partie du visage en essayant d'argumenter: *« C'est la bouche de Quentin car elle est fine... Ce sont les cheveux de Louise parce qu'ils sont bruns et courts... »*

Comparez avec le modèle original (rapprochement de la photo et de l'enfant).

• Séance 14 •

Autoportrait sur calque (2)

Agir, s'exprimer, comprendre à travers les activités artistiques
→ **Pratiquer le dessin pour représenter ou illustrer**
→ **Choisir différents outils, médiums, supports en fonction d'un projet ou d'une consigne et les utiliser en adaptant son geste**

Matériel
- Photo de chaque élève sur feuille A4
- Calque
- Crayons de papier, crayons de couleur

Reprenez l'organisation de la séance 10 en assurant une rotation des groupes.

• Séance 15 •

Puzzles de portraits (2)

Explorer le monde
→ **Orienter et utiliser correctement une feuille de papier, un livre ou un autre support d'écrit, en fonction de consignes, d'un but ou d'un projet précis**
→ **Situer des objets par rapport à soi, entre eux, par rapport à des objets repères**

Matériel
Portraits des enfants au format A4 et découpés en 3 morceaux

Reprenez l'organisation de la séance 11 en assurant une rotation des groupes.

• Séance 16 •

Le miroir

Communiquer avec les autres au travers d'actions à visée expressive ou artistique
→ **Coordonner ses gestes et ses déplacements avec ceux des autres**
→ **Construire et conserver une séquence d'actions et de déplacements, en relation avec d'autres partenaires, avec ou sans support musical**

Matériel
Une musique douce et une musique rapide

1. Les élèves se placent en binôme face à face. Mettez une musique lente ; un élève sera le meneur et fera des gestes lents sans quitter des yeux son camarade. Ce dernier est son miroir et doit reproduire les mêmes gestes.
2. Faites une phase de verbalisation pour amener les élèves à enrichir leur répertoire en rappelant les séances précédentes : utiliser différentes parties du corps, investir l'espace, développer les expressions du visage, etc.
   Pour développer chaque élément, donnez des contraintes de mouvement : ne bouger que le visage pendant un temps (et utiliser les expressions découvertes lors du mime), faire des gestes amples, etc.
3. Variez le mouvement avec une musique beaucoup plus rapide.

Semaine 5

	Lundi	Mardi	Jeudi	Vendredi	Demi-journée thématique
8 h 20 **Accueil**	**Classer son étiquette de présence par nombre de syllabes** **Réinvestissement du matériel et jeux autonomes**				
8 h 40 **Rituels**	**Appel :** Scander et compter les syllabes des prénoms dans la ronde des prénoms **Découvrir les nombres :** Même organisation **Repérage dans le temps :** Emploi du temps de la journée				
9 h **Univers sonores**	**Chansons et comptines au choix**				
9 h 10 **Ateliers** Rotation des groupes sur les ateliers de la semaine	**Atelier 25 : Dans des enclos pour 5** → Découvrir les décompositions du nombre 5 **Atelier 26 : Ani-mots de la savane** → Reconstituer des mots en lecture verticale **Atelier 27 : Compléments à 5** → Rechercher les différents compléments du nombre 5 **Atelier 28 : Animaux à prolonger** → Prolonger par le dessin une photo				**24 séances autour du portrait et du corps** – Andy Warhol, Marilyn Monroe – À la manière d'Andy Warhol – Drôle de portraits
9 h 45	**Rangement et bilan des ateliers**				
10 h **L'activité physique**	**Chat glacé** → Jeu collectif	**La tortue** → Jeu de lutte	**Courir en relais avec obstacles** → Adapter ses déplacements	**Ateliers de lancer (2)** → Lancer haut, loin, et fort	**Le guide** → Expression corporelle
10 h 30	**Récréation**				
11 h **Langage/Lecture**	**Contes et albums sur l'Afrique** → Propositions	**Pistes d'exploitation pour la lecture** → Avant/Après la lecture	**Atelier philo** → Est-ce qu'on est tous pareils ?	**Des albums sur la différence** → Prolonger le débat philo par la lecture	**Lecture plaisir**
11 h 30	**Sortie/déjeuner**				
13 h 30	**Écoute musicale, chant, lecture plaisir…**				
14 h **Ateliers** Rotation des groupes sur les ateliers de la semaine	**Atelier 29 : Paysages et visages d'Afrique** → Rechercher et choisir des photos pour illustrer la carte de l'Afrique **Atelier 30 : Coucher de soleil en Afrique** → Réaliser une composition avec différents outils **Ateliers libres**				
14 h 50	**Récréation**				
15 h 20 **Langage/Lecture**	**Répertoire graphique africain** → Décrire des motifs graphiques décoratifs	**Phono des mots d'Afrique** → Développer la conscience phonologique	**Petits trésors d'Afrique** → Décrire, présenter des objets	**Animaux à prolonger** → Retour sur atelier	
15 h 45	**Sortie**				

• Accueil •

Mobiliser le langage dans toutes ses dimensions
→ **Découvrir le principe alphabétique**
→ **Distinguer et manipuler des syllabes**
→ **Classer ou ranger selon un critère**

Après avoir scandé et dénombré dans diverses activités les syllabes de leur prénom, les élèves peuvent désormais réaliser un nouveau rangement de leur étiquette de présence.

Dans un coin du tableau, tracez 4 ou 5 colonnes (ou faites des bandes avec du scotch) et placez des étiquettes nombres ; les élèves classent leur étiquette de présence selon le nombre de syllabes orales dans leur prénom.

Sur les tables : activités libres et réinvestissement du matériel exploité les semaines précédentes.

• Rituels •

20'

Appel

Mobiliser le langage dans toutes ses dimensions
→ **Distinguer et manipuler des syllabes**
→ **Discriminer des sons dans des mots ou dans des syllabes**

Reprenez le jeu de la ronde des prénoms (réalisé en semaine 2) avec une variante : chaque élève nomme son voisin en découpant oralement les syllabes de son prénom. Vous faites ainsi le tour de la classe.

Découvrir les nombres

Acquérir les premiers outils mathématiques
→ **Dire la suite des nombres jusqu'à trente**
→ **Avoir compris que tout nombre s'obtient en ajoutant un au nombre précédent et que cela correspond à l'ajout d'une unité à la quantité précédente**

Reprenez la même organisation qu'en semaine 4 : jeu de la chaine numérique.

Repérage dans le temps

Explorer le monde
→ **Situer des événements vécus les uns par rapport aux autres et en les repérant dans la journée**

Présentez une à une les photos que vous aurez réalisées pour l'emploi du temps ; faites les décrire et trouvez un titre. Tout au long des temps forts de la journée (accueil / rituels en regroupement / ateliers / récréation, etc.), un élève cherche la photo correspondant à l'activité écoulée et déplace le curseur : *Quel moment vient de se terminer ? À quelle photo cela correspond ? Pourquoi ? Que va-t-on faire ensuite ?*

• Univers sonores •

Agir, s'exprimer, comprendre à travers les activités artistiques
→ **Repérer et reproduire, corporellement ou avec des instruments, des formules rythmiques simples**
→ **Jouer avec sa voix et acquérir un répertoire de comptines et de chansons**

10'

L'apprentissage des chansons se fait par écoute, répétition régulière et imprégnation. Chaque semaine, nous vous proposons de nouvelles chansons au choix, mais continuez de chanter les précédentes !

1. Marquer la pulsation avec un instrument

Distribuez un instrument à chaque enfant : grelots, tambourins (si vous n'en avez pas, des crayons de couleur et des objets du coin cuisine serviront à accompagner le rythme).
Remettez le CD de percussions de la semaine précédente et marquez le rythme avec l'instrument.

2. Chant

En Wolof, langue parlée au Sénégal, en Gambie et en Mauritanie, « Sama Sopé » est généralement chantée comme berceuse par les mamans africaines portant leur bébé sur le dos.
Cette chanson est extraite du livre CD *Mes comptines d'Afrique* de Gaëlle Duhazé et *Souleymane Mbodj*, Éditions Milan. Cet album illustré avec des chansons dans différentes langues et traduites en français, constituera un très bon outil pour vos séances de chant, d'écoute musicale et des découvertes des sonorités des langues.

« Sama sopé »

Ayoo sama sopé *(mon cœur)*
Ayooo sama sopé
Ayoo
Ayoo sama dom *(mon enfant)*
Ayoo
Ayoo néné *(mon bébé)*

Nawo naw nawo naw nawo naw dém séti mam
Nawo naw nawo naw nawo naw dém séti mam

(Volons comme des oiseaux pour rendre visite à tes grands-parents)

• Atelier 25 •

Dans des enclos pour 5

Acquérir les premiers outils mathématiques
→ **Parler des nombres à l'aide de leur décomposition**
→ **Dire combien il faut ajouter pour obtenir des quantités**

30'
Matériel
- Animaux en plastique
- Kaplas
- Jetons

Découvrir les décompositions du nombre 5

Chaque élève prépare un enclos à l'aide de Kaplas en formant un carré. Il y installe ensuite 5 animaux et vous validez la quantité avec l'ensemble du groupe en comptant chaque élément (rappelez que le dernier nombre cité représente la quantité globale).

Apportez une aide individuelle pour ceux qui ont des difficultés dans le dénombrement: utilisation des doigts, collection témoin, réglette individuelle...

1. Décomposition du nombre 5

Ensuite, distribuez à chacun un deuxième enclos pour répartir les 5 animaux (on peut imaginer qu'ils sont beaucoup trop serrés dans un seul enclos!)

Consigne: *« Recherchez les différentes manières de répartir vos animaux dans vos 2 enclos. »*

Faites une mise en commun des différentes répartitions possibles des 5 éléments: 1 et 4, 2 et 3, 5 et 0 et inversement. Vous obtenez ainsi les décompositions additives du nombre 5.

2. Jeu du complément à 5

Les élèves ont chacun un seul enclos avec 5 animaux posés sur des jetons. Au signal, ils ferment les yeux; vous retirez 2 animaux dans chaque enclos. Ils ouvrent les yeux, comptent le nombre d'animaux présents dans leur enclos et déduisent la quantité que vous avez retirée. La collection de jetons sans animaux permet de valider rapidement la quantité retirée. Faites verbaliser: *« Si j'ai 3 animaux, il m'en faut encore 2 pour arriver à 5. »*

Renouveler l'exercice plusieurs fois en variant les quantités pour l'ensemble du groupe ou individuellement.

À la seconde étape, retirez la collection de jetons témoins.

• Atelier 26 •

Ani-mots de la savane

Mobiliser le langage dans toutes ses dimensions
→ **Reconnaitre les lettres de l'alphabet**
→ **Connaitre les correspondances entre l'écriture script et capitales d'imprimerie et commencer à faire le lien avec le son que les lettres codent**

30' Doc. 31 Nathan live!
Matériel
- Doc. 31 à imprimer
- Boites à lettres (Doc. 17)
- Alphabet individuel (Doc. 9)
- Feutres effaçables, mouchoir

Reconstituer des mots en lecture verticale

Les élèves sont habitués à « lire » les mots horizontalement dans le sens de la lecture. Dans certains écrits (titres, mots croisés), la lecture est verticale: de haut en bas.

Pour se familiariser avec ce sens de la lecture et permettre la réalisation de mots croisés dès l'atelier 32, préparez les planches des mots du Doc. 31 (imprimez, découpez chaque bande de mot et collez-le sur un fond cartonné), plastifiez et présentez-les.

À l'aide des étiquettes des boites à lettres utilisées lors de l'atelier 7 « Vocabulaire de la classe), les élèves reconstituent les noms des animaux et s'échangent les planches. L'illustration placée en haut des cases constitue le point de départ de l'écriture.

Lorsqu'ils ont terminés, ils copient le mot avec la même orientation, en capitales d'imprimerie. Ici, comme dans l'atelier 7, il faudra rechercher la correspondance entre les écritures en script et capitales d'imprimerie; l'alphabet individuel (Doc. 9) servira de repère pour l'activité.

Vous accompagnez les élèves dans l'atelier en leur demandant de nommer les lettres et de « lire » les noms d'animaux en suivant avec le doigt.

On ne copie jamais en script! C'est une écriture que l'on trouve dans les livres, elle est réservée à la lecture.

• Atelier 27 •

Compléments à 5

Acquérir les premiers outils mathématiques
→ **Parler des nombres à l'aide de leur décomposition**
→ **Dire combien il faut ajouter pour obtenir des quantités**

30' Doc. 32 live!

Matériel
- Doc 32 à imprimer
- Ciseaux, colle

Rechercher les différents compléments du nombre 5

Imprimez la fiche d'activité du Doc. 32.

Faites d'abord anticiper la consigne en montrant le document; puis formulez-la clairement: « *Dans chaque enclos, complétez les collections pour avoir 5 animaux à chaque fois.* »

Les élèves devront donc dénombrer les quantités d'animaux déjà présents dans chaque case, puis découper les images pour obtenir à chaque fois 5 images de la même collection.

Cette activité sur fiche pourra constituer une évaluation après les différentes activités de manipulation.

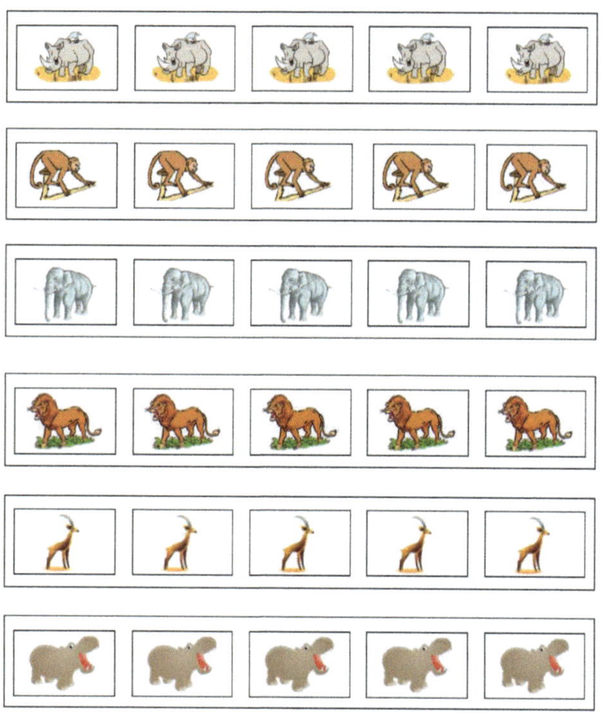

• Atelier 28 •

Animaux à prolonger

Agir, s'exprimer, comprendre à travers les activités artistiques
→ **Pratiquer le dessin pour représenter ou illustrer**
→ **Choisir différents outils, médiums, supports en fonction d'un projet ou d'une consigne et les utiliser en adaptant son geste**

30' Doc. 33 – Galerie photo live!

Matériel
- Photos en couleurs d'animaux d'Afrique
- Crayons de papier, gomme
- Crayons de couleur

Prolonger une photo par le dessin

Imprimez en couleurs des photos représentant des animaux d'Afrique ou découpez-les dans des catalogues de voyage Monde. Aux ciseaux, séparez les têtes des corps et laissez les enfants choisir un morceau d'une photo.

Après avoir observé les animaux de la savane dans différents supports au cours des dernières semaines (albums, documentaires, projections...), les élèves peuvent s'exercer à les dessiner.

Consigne : « *Collez un morceau d'animal sur votre feuille et prolongez avec le dessin. Imaginez aussi un décor autour.* »

Les enfants peuvent réaliser le tracé d'abord sur ardoise, puis au crayon sur leur feuille. Ils mettent en couleurs lorsqu'ils ont terminé.

Regroupement : retour sur atelier en séance de langage (jour 4, après-midi).

Vous pouvez aussi imprimer et découper les photos proposées dans l'imagier de la savane pour cette activité (Doc. 41)

• Jour 1 •

Chat glacé

Collaborer, coopérer, s'opposer
→ Coopérer, exercer des rôles différents complémentaires, élaborer des stratégies pour viser un but ou un effet commun

Matériel
Dossards pour identifier les chats

1. Règle du jeu

Deux à trois joueurs avec un dossard sont désignés comme chats et courent pour toucher leurs camarades qui tentent d'esquiver en courant aussi.
Lorsque ces derniers sont touchés, ils sont « glacés » et se transforment en Tour Eiffel. Ils écartent les jambes pour constituer un tunnel et joignent les mains vers le haut. Ils peuvent être libérés de leur « glace » par n'importe quel camarade qui passe sous leurs jambes et reprennent ensuite le jeu.

2. Phase de verbalisation

Après quelques minutes, faites asseoir les élèves pour leur permettre, entre autres, de reprendre leur souffle. Faites rappeler les règles et interrogez-les sur le déroulement du jeu :
« *Qu'est-ce que vous avez fait pendant le jeu ? Êtes-vous restés longtemps chat glacé ? Pourquoi ? Tout le monde a-t-il respecté les règles ?* »

Reprenez le jeu plusieurs fois en assurant une rotation des rôles à chaque fois.

• Jour 2 •

La tortue

Collaborer, coopérer, s'opposer
→ Coopérer, exercer des rôles différents complémentaires, élaborer des stratégies pour viser un but ou un effet commun

Matériel
1 tapis par équipe de 3 élèves

1. Organisation
Formez des équipes de trois élèves jouant le rôle d'attaquant, tortue et arbitre.

2. But du jeu
Retourner la tortue sur le dos pendant 3 secondes.

3. Déroulement
Dans chaque équipe, l'élève jouant le rôle de tortue se positionne à quatre pattes. L'attaquant démarre à genoux à côté de lui et doit le retourner sur le dos en maintenant ses deux épaules au sol pendant 3 secondes. L'arbitre veille au respect des règles de sécurité.
Dès que la tortue est placée sur le dos, les deux épaules plaquées au sol, il compte jusqu'à 3 pour donner victoire à l'attaquant. Si la tortue se dégage avant, le jeu reprend.
Le jeu dure une minute, puis les élèves changent de rôle.

• Jour 3 •

Courir en relais avec obstacles

Adapter ses équilibres et ses déplacements à des environnements ou des contraintes variés
→ Courir dans un but précis
→ Ajuster et enchainer ses déplacements en fonction d'obstacles à franchir ou de la trajectoire d'objets sur lesquels agir

Matériel
- Craie pour matérialiser les lignes de départ - 4 anneaux pour le relais - Obstacles hauts : lattes en plastique sur des plots

Organisation

4 couloirs de course avec des obstacles hauts.
Les courses se font en parallèle et en relais comme en semaine 3. Il y a ici une nouvelle contrainte : des obstacles à franchir. Comme la course est continue, si un élève fait tomber un obstacle, il devra rapidement le replacer sur le chemin du retour avant de passer le relais.
L'équipe qui termine la course la première remporte cette manche.

• Jour 4 •

Ateliers de lancer : lancer haut, loin et fort

Adapter ses équilibres et ses déplacements à des environnements ou des contraintes variés
→ Lancer de différentes façons, dans des espaces et avec des matériels variés, dans un but précis
→ Ajuster et enchainer ses actions en fonction d'objets sur lesquels agir

Doc. 29 – Schéma Nathan live!

Reprenez la **même organisation** avec les ateliers détaillés en semaine 4 et dans le schéma (Doc. 29).

20' par séance

• Jour 1 •

Contes et albums sur l'Afrique

Mobiliser le langage dans toutes ses dimensions
→ Comprendre des textes écrits sans autre aide que le langage entendu
→ Manifester de la curiosité par rapport à l'écrit

Voici une proposition d'albums incontournables à lire et/ou exploiter pour ces semaines :

- Orianne Lallemand, *Le loup qui voulait faire le tour du monde*, Éditions Auzou.
- Anne Catherine De Boel, *Rafara, un conte populaire africain*, L'École des Loisirs.
- Philippe Corentin, *L'Afrique de Zigomar*, L'École des Loisirs.
- Satomi Ichikawa, *Baobonbon*, L'École des loisirs.
- Satomi Ichikawa, *Y a-t-il des ours en Afrique ?*, L'École des Loisirs.

• Jour 2 •

Pistes d'exploitation pour la lecture

Mobiliser le langage dans toutes ses dimensions
→ Manifester de la curiosité par rapport à l'écrit
→ Découvrir différents types d'écrit
→ Pratiquer divers usages de la langue orale : raconter, expliquer, questionner, proposer des solutions, discuter un point de vue

Avant la lecture :

- Faire des hypothèses sur le contenu du livre en lisant le titre, en décrivant la couverture.
- Présenter les personnages, l'auteur.
- Observer une carte de l'Afrique, nommer des pays.
- Faire raconter l'histoire avec les illustrations.

Pendant et après la lecture :

- S'appuyer sur le vécu des enfants pour assimiler le récit, s'assurer de la compréhension future des situations proposées.
- Établir une carte d'identité des personnages.
- Faire une recherche documentaire sur les animaux évoqués.
- Établir des liens entre les albums (thèmes communs, types de récit...).
- Observer dans les albums les graphismes, les couleurs, les paysages d'Afrique.

• Jour 3 •

Atelier philo : Est-ce qu'on est tous pareils ?

Mobiliser le langage dans toutes ses dimensions
→ Pratiquer divers usages de la langue orale : raconter, expliquer, questionner
→ Discuter un point de vue

Référez-vous à la séquence de la semaine 2 pour connaitre les objectifs et l'organisation de l'atelier philo.

Les représentations initiales, les comparaisons avec notre mode de vie, la découverte de la différence et la nécessité d'éduquer à la citoyenneté, nous amèneront à faire réfléchir les enfants sur cette question : *Est-ce qu'on est tous pareils ?*

• Jour 4 •

Des albums sur la différence

Mobiliser le langage dans toutes ses dimensions
→ Comprendre des textes écrits sans autre aide que le langage entendu
→ Établir des liens entre les différentes lectures et le vécu

Des albums de littérature de jeunesse abordant le thème de la différence et du respect de l'autre pourront prolonger le débat philo du jour 3. Voici une proposition pour de lecture :

- David Mc Kee, *Elmer*, Kaléidoscope.
- Georges Solotareff, *Un chat est un chat*, L'École des Loisirs.
- Ghislaine Biondi, *Tamina couleur soleil*, Éditions Gautier-Languereau.
- Lionel Le Néouanic, *Petite tâche*, Édtions du Panama.

• Atelier 29 •

Paysages et visages d'Afrique

Mobiliser le langage dans toutes ses dimensions
→ **Pratiquer divers usages de la langue orale : raconter, expliquer, questionner, proposer des solutions, discuter un point de vue**
→ **S'ouvrir à la diversité culturelle**

30' Doc. 34 et 35 – Galerie photo live!

Matériel
- Catalogues de voyage
- Gabarit du continent africain (Doc. 34)
- Ciseaux, colle
- Feuilles cartonnées

Rechercher et choisir des photos pour illustrer la carte de l'Afrique

Récoltez diverses brochures de voyage auprès des familles ou d'organismes de tourisme.

Imprimez la carte de l'Afrique du Doc. 34 et agrandissez-la au format A3 à la photocopieuse. Utilisez le document comme gabarit pour reproduire la carte en quatre exemplaires (un par groupe) sur une feuille cartonnée.

Consigne : *« Recherchez dans les brochures des photos qui pourraient selon vous, représenter des éléments d'Afrique. »*

Les différentes activités réalisées au cours de cette période (lecture d'albums, recherche documentaires, séances de langage) serviront de support aux recherches de photos.

Avec les enfants, vous feuilletez les brochures, les amenez à argumenter et à justifier leur choix lors de cet atelier de langage en petit groupe : *« Pourquoi penses-tu que cette photo représenterait l'Afrique ? Quel paysage vois-tu ? Quels visages représenteraient quelques peuples d'Afrique ? etc. »*

Une fois, les photos choisies et découpées, les enfants les agencent sur la carte du continent.

• Atelier 30 •

Coucher de soleil en Afrique

Agir, s'exprimer, comprendre à travers les activités artistiques
→ **Pratiquer le dessin pour représenter ou illustrer**
→ **Choisir différents outils, médiums, supports en fonction d'un projet ou d'une consigne et les utiliser en adaptant son geste**

30' Doc. 36 et 37 – Galerie photo live!

Matériel
- Gabarit des animaux (Doc. 36)
- Feuilles blanches, Patafix
- Crayons de papier
- Pastels secs rouges, orange, jaunes et mouchoirs
- Pinceaux larges et fins
- Peinture gouache noire

Réaliser une composition avec différents outils

Faites appel au vécu des élèves pour rappeler les différentes couleurs et dégradé du ciel lors d'un coucher de soleil : rouge, orange, jaune.

Réalisez une production sur une feuille fixée au tableau afin d'expliquer les différentes étapes de cet atelier :

1. Faire le fond en frottant le pastel à plat sur la feuille : rouge en haut, orange au milieu et jaune en bas. Passez un mouchoir pour uniformiser et retirer l'excédent de pastel.

2. Prenez un gabarit d'animal (Doc. 36), fixez au dos de la Patafix et réalisez le contour au crayon de papier. Répétez la procédure avec un baobab à côté, tout en rappelant aux élèves que le gabarit ne doit pas bouger pour réussir le tracé.

3. Enfin, peignez en partie votre animal à la gouache noire, tout en veillant à utiliser un pinceau plus fin pour délimiter les contours.

Bien sûr, les élèves devront peindre l'animal et le baobab en entier.

Après ces explications, les élèves choisissent le gabarit d'un animal et réalisent la production.

Pour fixer le pastel sec sur la feuille, passez de la laque à cheveux dessus.

20' par séance

• Jour 1 •

Répertoire graphique africain

Agir, s'exprimer, comprendre à travers les activités artistiques
→ **Décrire une image, des motifs graphiques décoratifs**
→ **Constituer un répertoire de formes, de tracés**

Sur un moteur de recherche, dans l'onglet « Images », vous pourrez trouver divers modèles de tissus africains. Présentez un diaporama à vos élèves si vous avez un ordinateur en classe ou faites quelques impressions en couleurs. Récoltez également des tissus avec motifs africains auprès des familles (dans le cadre des « petits trésors d'Afrique ») et achetez quelques découpes en mercerie (certains sites en ligne proposent des lots de carrés de tissus). Vous en aurez notamment besoin pour l'atelier 35 en semaine 6.

Les illustrations dans les contes d'Afrique, comme *Rafara* de Catherine De Boel, sont aussi riches en répertoire graphique.

Faites observer les particularités des motifs africains : l'orientation et la disposition des graphismes, les types de lignes, la régularité des motifs, les frises, les formes géométriques, les scènes de vie représentées, etc.

• Jour 2 •

Phono des mots d'Afrique

Mobiliser le langage dans toutes ses dimensions
→ **Développer la conscience phonologique**
→ **Distinguer et manipuler des syllabes**

Poursuivez le travail sur la phonologie que vous avez commencé avec le jeu du phono des prénoms et demandez aux enfants de vous citer en vrac tous les mots qui ont un lien avec ce qu'ils ont appris sur l'Afrique (personnages de conte, noms de pays, d'animaux de la savane, etc.). À tour de rôle, les élèves énoncent à voix haute un mot, scandent les syllabes en frappant avec les mains et viennent au tableau placer autant d'aimants que de syllabes.

En semaine 6, les élèves poursuivront en autonomie le jeu phono d'Afrique avec les planches et les jetons.

• Jour 3 •

Petits trésors d'Afrique

Mobiliser le langage dans toutes ses dimensions
→ **Décrire un objet, une image**
→ **Pratiquer divers usages de la langue orale : expliquer, questionner, discuter un point de vue**
→ **S'ouvrir à la diversité culturelle**

Poursuivez la présentation faite par les élèves des petits objets, photos, souvenirs d'Afrique rapportés de la maison (cf. semaine 4).

Prenez en photos l'ensemble des petits trésors apportés pour en garder une trace dans le cahier des élèves.

• Jour 4 •

Retour sur atelier : animaux à prolonger

Mobiliser le langage dans toutes ses dimensions
→ **Pratiquer divers usages de la langue orale : raconter, expliquer**

Reprenez les productions de l'atelier 28 pour que les élèves viennent les présenter au groupe et expliquer ce qu'ils ont fait : choix de l'animal, éléments ajoutés pour le prolonger (dessin et couleur du pelage, éléments du corps manquants), choix du décor utilisé.

Autour du portrait et du corps

• Séance 17 •

Andy Warhol, *Marilyn Monroe*

Agir, s'exprimer, comprendre à travers les activités artistiques

→ **Décrire une image et exprimer son ressenti ou sa compréhension en utilisant un vocabulaire adapté**

Matériel
Reproduction en couleurs de l'œuvre

À partir d'une recherche sur Internet ou d'une banque d'images, présentez en couleurs la série de portraits de Marilyn Monroe d'Andy Warhol (1967).

Laissez les enfants s'exprimer sur l'œuvre en leur demandant de la décrire et donner leur ressenti : type de document (dessin, photo ?), nombre d'éléments représentés, couleurs, technique utilisée, etc.

Présentez brièvement l'actrice Marilyn Monroe puis Andy Warhol : *artiste américain qui a connu plusieurs professions dans sa vie (publicitaire, réalisateur, producteur, artiste peintre…). Il réalisé ses premiers tableaux en s'inspirant de comics, des bandes dessinées américaines et a été une figure emblématique d'un mouvement artistique : le pop art.*

Enfin, à partir de la photo de son portrait imprimé, chaque élève va réaliser en atelier une production à la manière d'Andy Warhol.

• Séance 18 •

À la manière d'Andy Warhol

Agir, s'exprimer, comprendre à travers les activités artistiques

→ **Réaliser des compositions plastiques, en choisissant et en combinant des matériaux, en réinvestissant des techniques et des procédés**

Matériel
– Photocopies agrandies en format A4 des photos d'identité des enfants – Différentes couleurs d'encre – Pinceaux

Disposez des pots d'encre de différentes couleurs sur la table, laissez les enfants retrouver leur portrait et peindre comme ils le souhaitent.

Lorsque les portraits seront tous secs, disposez-les sur une affiche, comme dans l'œuvre de Warhol.

• Séance 19 •

Drôle de portraits

Agir, s'exprimer, comprendre à travers les activités artistiques

→ **Réaliser des compositions plastiques, en choisissant et en combinant des matériaux, en réinvestissant des techniques et des procédés**

→ **Réaliser une composition personnelle en reproduisant des graphismes**

Matériel
– Portraits des enfants en format A4 et découpés en 3 morceaux – Feuille A4 de couleur – Pinceaux, colle, feutres

Reprenez les puzzles de portraits des séances 11 et 15.

Consigne : *« Réalisez un drôle de portrait en collant trois éléments du visage de différents camarades. Puis imaginez un cadre autour du portrait. »*

Les enfants collent les morceaux de leur choix sur une feuille A4 de couleur puis réalisent aux feutres un cadre avec les graphismes de leur choix.

Laissez-les créer selon leur imagination, en vous assurant qu'ils respectent toutefois l'architecture du visage. À la fin de l'atelier, faites verbaliser les résultats, nommer les parties du visage, les enfants représentés.

• Séance 20 •

Le guide

Adapter ses équilibres et ses déplacements à des environnements ou des contraintes variés

→ **Ajuster et enchainer ses déplacements en fonction d'obstacles à franchir ou de la trajectoire d'objets sur lesquels agir**

Matériel
– Foulards – Bancs, plots, cerceaux au sol, caisses

Installez quelques obstacles à contourner, traverser, enjamber avec le matériel dont vous disposez.

Les élèves sont en binôme : l'un a les yeux bandés, l'autre est son guide et devra le faire évoluer dans le préau sans qu'il ne se cogne aux autres camarades ou au matériel.

Les déplacements se feront en deux temps :

1. Guider avec la main sans parler.

2. Guider par la voix sans le toucher.

Puis, changez les rôles et la disposition du matériel.

Semaine 6

	Lundi	Mardi	Jeudi	Vendredi	Demi-journée thématique
8 h 20 **Accueil**	**Classer son étiquette de présence par nombre de syllabes** **Réinvestissement du matériel et jeux autonomes**				
8 h 40 **Rituels**	**Appel :** avec le nom de famille **Découvrir les nombres :** Intercaler un mot nombre dans la suite numérique				
9 h **Univers sonores**	**Chansons et comptines au choix**				
9 h 10 **Ateliers** Rotation des groupes sur les ateliers de la semaine	**Atelier 31 : Jeu des bougies** → Jeu mathématique de 1 à 6 **Atelier 32 : Mots croisés d'Afrique** → Jouer avec les mots **Atelier 33 : Les albums sur l'Afrique** → Identifier les couvertures des albums lus et les titres **Atelier 34 : Phono d'Afrique** → Scander et dénombrer des syllabes				**24 séances autour du portrait et du corps** – Portrait chinois – À la manière d'Andy Warhol (2) – Drôle de portraits (2)
9 h 45	**Rangement et bilan des ateliers**				
10 h **L'activité physique**	**Poules, renards, vipères** → Jeu collectif	**Les pinces à linge** → Jeu de lutte	**Courir dans un parcours** → Enchainer des actions	**Ateliers de lancer (2)** → Lancer haut, loin et fort	**Les branches imaginaires** → Expression corporelle
10 h 30	**Récréation**				
11 h **Langage/Lecture**	**Contes et albums sur l'Afrique** → Suite des pistes	**Baobab, arbre à palabres** → Découvrir le monde du vivant	**Fiche d'identité des animaux de la savane** → Découvrir le monde du vivant	**Atelier philo** → Quelle est la différence entre les animaux et nous ?	**Lecture plaisir**
11 h 30	**Sortie/déjeuner**				
13 h 30	**Écoute musicale, chant, lecture plaisir...**				
14 h **Ateliers** Rotation des groupes sur les ateliers de la semaine	**Atelier 35 : Tissus africains** → Réaliser des motifs graphiques décoratifs **Atelier 36 : Colliers africains** → Réaliser une production plastique **Ateliers libres**				
14 h 50	**Récréation**				
15 h 20 **Langage/Lecture**	**Images séquentielles** → Restituer l'ordre chronologique du récit	**Fiche d'identité des animaux** → Découvrir le vivant	**Écoutez cette histoire** → Comprendre un récit	**Son album préféré** → Reformuler la trame d'un récit	
15 h 45	**Sortie**				

• Accueil •

Mobiliser le langage dans toutes ses dimensions
→ **Découvrir le principe alphabétique**
→ **Distinguer et manipuler des syllabes**
→ **Classer ou ranger des objets selon un critère**

Même organisation que la semaine précédente : classer son étiquette en fonction du nombre de syllabes.

Sur les tables : activités libres et réinvestissement du matériel exploité les semaines précédentes.

• Rituels •

20'

Appel

Mobiliser le langage dans toutes ses dimensions
→ **Communiquer avec les adultes et avec les autres enfants par le langage, en se faisant comprendre**
→ **Répondre à l'appel de son nom de famille**

Cette semaine, faites l'appel en énonçant le nom de famille de chaque élève. Rappelez ce qu'est un nom : « *À quoi sert-il ? Qui porte le même nom que nous ? Pourquoi porte-on parfois des noms différents dans une même famille ?* »

Découvrir les nombres

Acquérir les premiers outils mathématiques
→ **Dire la suite des nombres jusqu'à trente**
→ **Avoir compris que tout nombre s'obtient en ajoutant un au nombre précédent et que cela correspond à l'ajout d'une unité à la quantité précédente**

Pour apporter une variante cette semaine à la stabilisation de la suite numérique, un élève compte le nombre de présents avec comme contrainte d'intercaler le mot de liaison *et* : « 1 *et* 2 *et* 3 *et* 4 *et*... »

Vous pouvez ensuite reprendre avec toute la classe en changeant le mot à intercaler : « 1 *puis* 2 *puis* 3... »

Repérage dans le temps

Explorer le monde
→ **Situer des événements vécus les uns par rapport aux autres et en les repérant dans la journée**

Même organisation qu'en semaine 5.

• Univers sonores •

Agir, s'exprimer, comprendre à travers les activités artistiques
→ **Avoir mémorisé un répertoire varié de comptines et de chansons**

10'

L'apprentissage des chansons se fait par écoute, répétition régulière et imprégnation. Chaque semaine, nous vous proposons de nouvelles chansons au choix, mais continuez de chanter les précédentes !

« Le lion est mort ce soir »

Dans la jungle, terrible jungle
Le lion est mort ce soir
Et les hommes tranquilles s'endorment
Le lion est mort ce soir

Tout est sage dans le village
Le lion est mort ce soir
Plus de rage, plus de carnage
Le lion est mort ce soir

L'indomptable, le redoutable
Le lion est mort ce soir
Viens ma belle, viens ma gazelle
Le lion est mort ce soir

Dans la jungle, terrible jungle
Le lion est mort ce soir
Et les hommes tranquilles s'endorment
Le lion est mort ce soir

Henri Salvador

• Atelier 31 •

Jeu des bougies

Acquérir les premiers outils mathématiques

→ **Réaliser une collection dont le cardinal est compris entre un et dix**

→ **Utiliser le dénombrement pour constituer une collection**

→ **Lire les nombres écrits en chiffres**

30'

Matériel
- Boules de pâte à modeler
- Bougies d'anniversaire
- Dé avec les chiffres de 1 à 6

Réaliser des quantités de 1 à 6 dans un jeu mathématique

Préparez avec les élèves des boules de pâtes à modeler individuelles que vous aplatirez pour leur donner la forme d'un gâteau. Chacun y réalisera à tour de rôle 15 trous avec une bougie (assurez-vous que l'énonciation de la suite numérique et la réalisation des trous soient simultanés).

Préparer un dé avec l'écriture chiffrée de 1 à 6.

Règle du jeu

À tour de rôle, chaque élève lance le dé, lit à haute voix le chiffre indiqué et prend le nombre de bougies correspondant. Le premier qui remplit son gâteau de bougies a gagné (il pourra réaliser un deuxième gâteau en pâte).

Vous accompagnez dans le dénombrement des quantités de 1 à 6.

Les planches nombres individuelles et les affichages collectifs pourront aider pour les procédures de comptage et validation.

• Atelier 32 •

Mots croisés d'Afrique

Mobiliser le langage dans toutes ses dimensions

→ **Reconnaitre les lettres de l'alphabet**

→ **Connaitre les correspondances entre l'écriture script et les capitales d'imprimerie et commencer à faire le lien avec le son que les lettres codent**

30' Doc. 38 Nathan live!

Matériel
- Mots croisés à imprimer et plastifier
- Feutres effaçables et mouchoirs
- Alphabet individuel (doc..)

Réaliser des mots croisés en recherchant les correspondances entre l'écriture en script et capitales d'imprimerie

Les élèves ont déjà travaillé sur la correspondance entre l'écriture scripte et capitales d'imprimerie lors des différents ateliers des semaines précédentes (ateliers 7, 16, 26).

Ici, il s'agira toujours de poursuivre cet entrainement tout en manipulant l'écriture dans deux orientations différentes : horizontale et verticale (la lecture verticale a été introduite avec l'atelier 26).

Imprimez en 1 ou 2 exemplaires les mots croisés du Doc. 38 et plastifiez pour pouvoir écrire au feutre effaçable dessus. Présentez le document aux élèves en faisant anticiper la consigne :

« À quoi vous font penser ces grilles ? En avez-vous déjà vues ? Comment faut-il les remplir ? Qu'est-ce qui pourrait vous aider ? »

L'illustration servira de point de départ pour l'écriture : de gauche vers la droite ou de haut en bas. Les mots référence sont écrits en script, il faudra les retranscrire en capitales d'imprimerie. Pour cela, l'alphabet individuel (Doc. 9) ou l'imagier des animaux présenté en langage (Doc. 41) serviront d'aide à la correspondance des deux écritures.

• Atelier 33 •

Les albums sur l'Afrique

Mobiliser le langage dans toutes ses dimensions
→ **Découvrir le principe alphabétique**
→ **Manifester de la curiosité par rapport à l'écrit**

30' Doc. 39 Nathan live!

Matériel
- Doc. 39 à adapter ou à imprimer
- Ciseaux
- Pinceaux, colle

Identifier les couvertures des albums lus et les titres

Inspirez-vous du Doc. 39 ou imprimez-le si ces albums correspondent à ceux que vous avez lus en classe (ce sont ceux qui ont été proposés dans notre liste de lecture), en semaine 5.

Montrez le document aux élèves et faites anticiper la consigne.

Formulez-la clairement : *« Découpez les photos des couvertures d'albums que nous avons lus et retrouvez leur titre. Collez-les sous le modèle. »*

Pour les étiquettes titres, demandez aux élèves de prendre des repères sur les couvertures des albums.

Cette activité vous permettra de garder une trace sur le cahier des livres lus.

> **Vos albums sur l'Afrique**
> Si vous avez lu d'autres albums, vous pouvez modifier le document 39. Créez sur Word un tableau avec 3 lignes et 5 colonnes et copiez les couvertures d'albums choisis en faisant une recherche sur le Net dans la partie image.

• Atelier 34 •

Phono d'Afrique

Mobiliser le langage dans toutes ses dimensions
→ **Distinguer et manipuler des syllabes**
→ **Discriminer des sons dans des mots ou dans des syllabes**

30' Doc. 40 Nathan live!

Matériel
- Planches phono vierges (Doc. 26)
- Photo des animaux de la savane (Doc. 40)
- Patafix
- Jetons (ou bouchons de bouteille)

Scander et compter les syllabes des mots

Les élèves ont travaillé sur le jeu de phono des prénoms en atelier dirigé 17. Ici, il s'agira de poursuivre l'apprentissage avec de nouvelles planches images représentant les animaux de la savane.

Préparation du matériel de phono : imprimez en plusieurs exemplaires des planches phono vierges que vous plastifiez (Doc. 26), ou reprenez celles que vous avez utilisées pour les prénoms (cf. Galerie photo Doc. 27).

Découpez ensuite les photos des animaux de la savane (Doc. 40) et placez-les avec de la Patafix sur la première case de chaque ligne des planches.

Présentez les planches en faisant nommer les animaux représentés et faites anticiper la consigne.

Consigne : *« Compte le nombre de syllabes des mots de ta planche et place la même quantité de jetons. »*

La validation se fera en binôme : chaque élève nomme les éléments de sa planche et compte le nombre de syllabes.

> Vos planches phono plastifiées sont adaptables pour tout type d'activité : phono des personnages ou mots-clés d'un album, phono des objets d'Afrique, du matériel de la classe, etc.
> Il vous suffit simplement d'imprimer et de découper des images que vous positionnez avec de la Patafix dans les premières cases sur les planches. Dans les prochaines périodes, nous vous proposons d'utiliser ces planches phono dans de nouvelles activités.

• Jour 1 •

Poules, renards, vipères

Collaborer, coopérer, s'opposer
→ **Coopérer, exercer des rôles différents complémentaires, élaborer des stratégies pour viser un but ou un effet commun**

Matériel
Des dossards pour chaque élève (3 équipes : 3 couleurs)

1. Organisation

Divisez la classe en 3 équipes : les poules, les renards et les vipères avec pour chacune, un dossard de couleur.

Délimitez dans les différents coins de la salle, une maison pour chaque équipe avec des plots de sa couleur.

2. But du jeu

Attraper le plus de prisonniers sans se faire attraper par l'équipe adverse.

3. Déroulement

Les poules attrapent les vipères, les vipères attrapent les renards et les renards attrapent les poules. Au signal, les animaux sortent de leur maison pour chasser (ils peuvent y retourner à l'abri). Lorsqu'ils touchent un adversaire, ils le ramènent dans leur maison et ne peuvent être touchés pendant ce temps.

Le jeu dure 5 minutes, l'équipe qui a le plus de prisonniers dans son camp, remporte la partie.

Faites asseoir les élèves pour une phase de verbalisation et mise en commun : *« Comment s'est passé le jeu ? Tout le monde a-t-il respecté les règles ? Qu'est-ce qui était difficile ? Comment pourriez-vous faire pour ne pas vous faire attraper la prochaine fois ? Avez-vous pensé aux deux rôles : attaquer et se protéger ? »*
Enfin, reprenez le jeu plusieurs fois.

• Jour 2 •

Les pinces à linge

Collaborer, coopérer, s'opposer
→ **Coopérer, exercer des rôles différents complémentaires, élaborer des stratégies**
→ **Adapter ses déplacements**

Matériel
- Une trentaine de pinces à linge
- Tapis ou plots

1. Organisation

Les élèves jouent par équipes de trois : un arbitre, un attaquant et un défenseur avec trois pinces à linge réparties sur ses vêtements à différents niveaux : poitrine, ventre, jambes.

2. But du jeu

L'attaquant doit prendre toutes les pinces à linge de son adversaire tandis que le défenseur doit les préserver.

3. Déroulement

Les binômes se placent face à face sur un tapis (ou un espace délimité par des plots ou à la craie).

Au signal, l'attaquant doit saisir les pinces à linge de son adversaire sans les casser. L'arbitre veille au respect des règles : ne pas sortir de l'espace délimité, ne pas faire mal, etc.

Le jeu dure une minute, puis les élèves changent de rôle au sein de l'équipe pour être respectivement attaquant, défenseur et arbitre.

N'hésitez pas à utiliser les pinces à linge de vos ateliers de lecture/écriture en capitales et script !

• Jour 3 •

Courir en enchainant des actions dans un parcours

Adapter ses équilibres et ses déplacements à des environnements ou des contraintes variés

→ Courir dans un but précis

→ Ajuster et enchainer ses déplacements en fonction d'obstacles à franchir ou de la trajectoire d'objets sur lesquels agir

Matériel

Bancs, lattes en plastiques, plots, cerceaux

1. Organisation

4 couloirs, 4 équipes courent en parallèle.

2. Courir dans un parcours aménagé

Selon le matériel dont vous disposez, installez dans chaque couloir un parcours avec différentes actions à enchainer pendant la course:

– Enjamber des lattes en plastique (haies) hautes.

– Ramper (sous un banc ou des lattes en plastique).

– Sauter (à l'intérieur de cerceaux).

Les élèves s'affrontent dans cette course individuellement: les premiers de chaque file réalisent le parcours en courant, puis un gagnant est désigné lorsqu'ils arrivent au bout.

On replace le matériel et un nouveau signal est donné pour les élèves suivants.

3. Parcours et course de relais

Les élèves s'affrontent par équipe; la course s'arrête seulement lorsque tous les élèves sont passés.

Comme la course est continue, si un élève fait tomber un obstacle, il devra rapidement le replacer sur le chemin du retour avant de passer le relais.

• Jour 4 •

Ateliers de lancer: lancer haut, loin et fort

→ Adapter ses gestes aux contraintes matérielles

→ Anticiper, percevoir son action

→ Améliorer sa performance

Doc. 29 – Schéma Nathan live!

Reprenez la **même organisation** avec les ateliers détaillés en semaine 4 et en Doc. 29.

20' par séance

• Jour 1 •

Contes et albums sur l'Afrique

Mobiliser le langage dans toutes ses dimensions
→ **Comprendre des textes écrits sans autre aide que le langage entendu**
→ **Manifester de la curiosité par rapport à l'écrit**

Poursuivez la lecture de votre album choisi en vous assurant de la compréhension globale et fine du récit (cf. liste et pistes d'exploitation semaine 5).

• Jour 2 •

Baobab, arbre à palabres

Mobiliser le langage dans toutes ses dimensions
→ **S'exprimer dans un langage syntaxiquement correct et précis**
→ **Pratiquer divers usages du langage écrit : décrire, raconter, expliquer, questionner**
→ **S'ouvrir à la diversité culturelle**

Le baobab, arbre sacré, chargé d'histoire et porteur de nombreux symboles est un incontournable des paysages d'Afrique. On le nomme aussi « l'arbre à l'envers » pour ses branches ressemblant à des racines, « l'arbre bouteille » pour son tronc large ou encore « l'arbre à palabres » car les anciens y content des légendes, les villageois s'y réunissent pour discuter.

Son nom viendrait de l'arabe *bu hibab*, ce qui signifie fruit à nombreuses graines.

Présentez des photos du baobab en saison sèche et humide, faites-les décrire et poursuivez la présentation de cet arbre à travers la lecture d'un conte. Voici une proposition :

– Satomi Ichikawa, *Baobonbon*, L'École des Loisirs.
– *Les contes du baobab*, Christelle Huet-Gomez, Mic Mac.
– *Les Deux Saisons du baobab*, Nadine Van der Straeten, Ibis Rouge Jeunesse.

• Jour 3 •

Fiche d'identité des animaux de la savane

Mobiliser le langage dans toutes ses dimensions
→ **Comprendre des textes écrits sans autre aide que le langage entendu**
→ **Participer verbalement à la production d'un écrit**
→ **Découvrir le monde du vivant**

Doc. 41 Nathan live!

À partir d'un questionnement et de recherches dans les livres documentaires, affiches ou sur Internet si vous disposez d'un ordinateur, réalisez avec les élèves (en dictée à l'adulte) une carte d'identité de quelques animaux d'Afrique, en y insérant les éléments suivants :

- Photo et nom de l'animal (que vous pouvez présenter à partir du Doc. 41).
- Nom de la femelle et du petit.
- Milieu de vie : savane, désert.
- Régime alimentaire : carnivore, herbivore, omnivore.
- Mode de vie : vie en troupeau, prédateurs, chasse.

• Jour 4 •

Atelier philo : Quelle est la différence entre les animaux et nous ?

Mobiliser le langage dans toutes ses dimensions
→ **Pratiquer divers usages de la langue orale : raconter, expliquer, questionner**
→ **Discuter un point de vue**

Référez-vous à la séquence de langage de l'après-midi, semaine 2 pour la présentation de l'atelier philo.
Demandez aux élèves de vous rappeler ce qu'ils ont appris sur cet atelier : « *Qu'est qu'on y fait ? Comment cela se passe ? Est-ce qu'il y a des bonnes ou mauvaises réponses ? Etc.* »
Cette semaine, voici une question philosophique qui fait aussi bien référence à la vie de la classe qu'à des situations extérieures : « *Quelle est la différence entre les animaux et nous ?* »

Gardez une trace écrite des interventions des élèves pour le cahier de vie ou pour un affichage.

• Atelier 35 •

Tissus africains

Agir, s'exprimer, comprendre à travers les activités artistiques
→ Pratiquer le dessin pour représenter ou illustrer
→ Réaliser une composition personnelle en reproduisant des graphismes

30' Doc. 42 – Galerie photo live!

Matériel
- Carrés de tissus africains
- Feuilles
- Feutres noirs
- Craies grasses

Réaliser des motifs graphiques décoratifs

Rappelez la séance de langage sur le répertoire graphique africain réalisée en semaine 5 : formes et types de motifs utilisés, répétitions, couleurs, etc.

Si ce n'est pas déjà fait, récoltez auprès des familles ou en mercerie des chutes de tissus africains et découpez des carrés de 5 cm de côté.

Consigne : *« Collez un morceau de tissu africain sur votre feuille et continuez à décorer au feutre noir comme vous le souhaitez. Enfin, coloriez ! »*

Lors de cet atelier, vous laisserez la possibilité aux élèves d'imiter les graphismes en les prolongeant ou de s'en inspirer pour en créer de nouveaux.

Pour compléter votre collection de tissus africains, vous pourrez trouver d'autres modèles sur un moteur de recherche Internet à la partie Images. Copiez sur Word différents modèles et imprimez-les en couleur pour réaliser l'activité.

• Atelier 36 •

Colliers africains

Agir, s'exprimer, comprendre à travers les activités artistiques
→ Pratiquer le dessin pour représenter ou illustrer
→ Choisir différents outils, médiums, supports en fonction d'un projet ou d'une consigne et les utiliser en adaptant son geste

30' Doc. 43 – Galerie photo live!

Matériel
- Assiettes en carton
- Plusieurs couleurs de peinture acrylique
- Pinceaux fins
- Cotons tiges

Réaliser une production plastique

En faisant preuve d'imagination, de créativité et en s'inspirant des diverses activités et découvertes sur l'Afrique au cours de ces dernières semaines (graphisme, couleurs, contes et illustrations), les élèves vont réaliser des colliers africains.

Découpez le disque central d'assiettes en carton afin de ne garder que la partie extérieure avec les rainures.

Au pinceau et à la peinture acrylique pour obtenir un effet brillant, les élèves réalisent un fond avec les couleurs de leur choix (une ou plusieurs). Ils poursuivent ensuite avec la décoration de motifs avec des cotons-tiges.

Une fois, les productions sèches, inutiles d'agrafer vos colliers ou d'y ajouter un ruban : ils tiendront tous seuls aux cous des enfants !

La peinture acrylique rend un joli effet brillant, mais, une fois sèche, il est très difficile de la faire partir. Protégez vos nappes avec des journaux, ne négligez pas les tabliers et rincez immédiatement en cas de tache !

20' par séance

• Jour 1 •

Images séquentielles

Explorer le monde
→ Ordonner une suite d'images, pour rendre compte d'un récit fictif entendu
→ Utiliser des marqueurs temporels adaptés (*puis, pendant, avant, après*, ...) dans des récits, descriptions ou explications

Choisissez un album sur l'Afrique que vous avez déjà exploité avec les élèves ; photocopiez en couleurs cinq ou six illustrations marquant différents temps de l'histoire. Faites décrire les illustrations et identifier l'album : *« D'où viennent ces illustrations ? Pourquoi ? Que remarquez-vous sur l'ordre des images ? »*

Ensuite, faites ranger les images dans l'ordre chronologique du récit : *« Quelle image correspond au début de l'histoire et pourquoi ? Que se passe-t-il ensuite ? Etc. »*

Enfin, demandez aux enfants de raconter l'histoire du début à la fin en s'appuyant sur les illustrations affichées.

• Jour 2 •

Fiche d'identité des animaux

Mobiliser le langage dans toutes ses dimensions
→ Comprendre des textes écrits sans autre aide que le langage entendu
→ Participer verbalement à la production d'un écrit
→ Découvrir le vivant

Doc. 41 Nathan live!

Poursuivez les fiches d'identité des animaux d'Afrique (cf. séquence du matin).

• Jour 3 •

Écoutez cette histoire

Mobiliser le langage dans toutes ses dimensions
→ Comprendre des textes écrits sans autre aide que le langage entendu
→ Manifester de la curiosité par rapport à l'écrit

Empruntez à la bibliothèque ou la médiathèque municipale un CD d'un conte africain.

D'abord, faites écouter l'histoire en entier sans intervenir. Si un album accompagne ce CD, ne montrez pas les illustrations tout de suite, pour renforcer l'attention sur l'écoute et non sur la prise d'indices dans les images. (Vous ferez une autre écoute avec les illustrations à un autre moment de la journée.)

Interrogez les enfants sur la compréhension globale en leur demandant de résumer l'histoire.

Ensuite, proposez une deuxième écoute et arrêtez l'écoute à certains moments-clés pour poser des questions aux enfants et vous assurer de la compréhension du récit.

• Jour 4 •

Raconter son album préféré

Mobiliser le langage dans toutes ses dimensions
→ Pratiquer divers usages de la langue orale : raconter, expliquer
→ S'exprimer dans un langage oral syntaxiquement correct et précis

Demandez aux enfants de raconter leur histoire préférée, parmi celles qui ont été lues sur la période ou à partir d'un album sur l'Afrique qu'ils apporteront en classe.

Apportez quelques repères pour le récit : présentation des personnages (*c'est l'histoire de...*), repères spatio-temporels (*cela se passe dans la savane...*) avec enchainements des actions à l'aide de connecteurs (*d'abord, ensuite...*), etc.

Enfin, ils devront justifier et discuter leur choix : *« Pourquoi est-ce ton histoire préférée ? Qui a aimé cette histoire pour d'autres raisons ? »*

Autour du portrait et du corps

• Séance 21 •

Portrait chinois

Mobiliser le langage dans toutes ses dimensions
→ S'exprimer dans un langage oral syntaxiquement correct et précis
→ Pouvoir redire les mots d'une phrase écrite après sa lecture par l'adulte

Une autre dimension du portrait est la description morale ou physique d'une personne. Le portrait chinois est ici intéressant car il permet de jouer avec la langue ; il respecte une forme syntaxique définie, aide à apprendre à catégoriser et possède enfin une intention poétique.
Lisez quelques portraits chinois ou inventez-en : *« Si j'étais un animal, je serais un oiseau pour voler au-dessus de la mer. Si j'étais un pays, je serais l'Afrique pour voir les animaux à l'ombre des baobabs. »* Faites repérer la structure qui se répète *(Si j'étais... je serais... pour...)* et choisissez une catégorie pour faire lister les éléments la composant. Ex. : *« Si j'étais un animal, lequel je pourrais être ? Un lapin, un cheval... Pourquoi ? Qu'est-ce que je pourrais faire ? »*
Accompagnez les élèves dans la production de quelques portraits chinois en variant les catégories (fruits, pays, objet) ; un élève peut commencer le début du portrait et les autres finir.
Pendant ce temps, notez les propositions par écrit pour les relire par la suite.

• Séance 22 •

À la manière d'Andy Warhol (2)

Agir, s'exprimer, comprendre à travers les activités artistiques
→ Réaliser des compositions plastiques, en choisissant et combinant des matériaux, en réinvestissant des techniques et des procédés

Reprenez l'organisation de la séance 18 en assurant une rotation des groupes.

• Séance 23 •

Drôles de portraits (2)

Agir, s'exprimer, comprendre à travers les activités artistiques
→ Réaliser des productions plastiques en choisissant et combinant des matériaux, en réinvestissant des techniques et des procédés
→ Réaliser une composition personnelle en reproduisant des graphismes

Activités artistiques : univers plastiques et visuels

Matériel
- Portraits des enfants en format A4 et découpés en 3 morceaux
- Feuille A4 de couleur
- Pinceaux, colle, feutres

Reprenez l'organisation de la séance 19 en assurant une rotation des groupes.

• Séance 24 •

Les branches imaginaires

Communiquer avec les autres au travers d'actions à visée expressive ou artistique
→ Danser en prenant en compte son partenaire
→ Se déplacer de différentes façons avec du matériel
→ Enrichir son vocabulaire corporel

Activités d'expression à visée artistique

Matériel
- Musique classique douce et rapide
- Petites branches d'arbre (ou équivalent : bâtons de gym, brindilles

Danser seul

Récoltez des petites branches d'arbres ou brindilles auprès des élèves ou lors d'une sortie en forêt pour réaliser cette activité de danse. Vous pouvez les remplacer par des bâtons qui vous servent à dresser le parcours de motricité.

1. Choisissez une musique classique douce. Chaque élève tient une branche en équilibre entre les deux paumes de main et doit la faire danser au rythme de la musique. Après un temps d'observation, faites une mise en commun pour enrichir les gestes et occuper tout l'espace.

2. Les élèves posent leur branche et continuent à évoluer dans la salle en imaginant qu'ils l'ont toujours en équilibre entre les mains.

Danser à deux

1. Invitez-les ensuite à se mettre par deux, face à face. Ils joignent alors leurs mains tout en maintenant la branche entre leurs paumes. Choisissez une musique entrainante afin qu'ils fassent danser/bouger leur branches. Ils doivent chercher à solliciter l'ensemble du corps, varier les actions et s'approprier l'espace.

2. Même organisation, avec une branche imaginaire cette fois-ci.

Semaine 7 • Pistes d'exploitation

Pour la dernière semaine de la période, nous vous proposons une organisation plus souple afin de vous permettre de finaliser vos projets, productions individuelles, rangement de la classe, etc.

Voici quelques pistes d'activités si vous souhaitez poursuivre notre progression :

Graphisme, écriture	**Les lignes brisées** Au tableau, placer des bandes de papier en lignes brisées (comme une montagne ou des dents de crocodile), puis réaliser les tracés au dessus **Lecture/Écriture** – Reprise de l'atelier mots- croisés – Planches mots avec des pinces à linge
Découvrir les nombres	**Reprise des jeux mathématiques de la période en autonomie** – Jeu de la tour la plus haute – Jeu des bougies – Des enclos pour 6
Activités artistiques	– **Faire une exposition** des productions sur l'Afrique – **Faire des coloriages** de masques africains pour découvrir les différents aspects – **Découvrir des instruments africains** (écoute, photos)
L'activité physique	Reprise d'un jeu collectif ou d'un jeu de lutte de la période
Langage/Lecture	– **Continuer à récolter des trésors d'Afrique** auprès des familles et échanger autour – **Découvrir des masques africains** (à travers les trésors d'Afrique récoltés, illustrations, livres d'art) et leur signification et usage selon les peuples – **Faire un bilan** de la période : ce qu'on a appris, aimé

Période 2

Semaines 1 à 4 : La Russie

➤ Contes et symboles

Semaines 5 à 7 : Noël

➤ Noël à l'école

Demi-journées thématiques : Autour des artistes, petits et grands

Sommaire des activités en regroupement

	Accueil	Rituels	Activités de langage/lecture	Univers sonores	Activités de langage/lecture
Semaine 1	– Échanges individualisés – Étiquettes de présence : compter le nombre de lettres dans les prénoms	– **Appel :** Donner son nom de famille – Découvrir les nombres : Compter les présents et déduire le nombre d'absents – Responsabilités : Attribution de rôles chaque semaine de la période	– Le Kremlin de Moscou : décrire une image – Delaunay, *Joie de vivre* : comparer avec des productions d'élèves – Les mots de la Russie : notion de pays et de capitale – Jeu de Kim de Russie	– Reprise des comptines connues – Écoute du conte musical *Pierre et le Loup*	– Mes vacances d'automne – *Pierre et le Loup* : trame narrative – Images de la France : symboles ; la Russie : symboles – *Pierre et le Loup* : les instruments
Semaine 2	Retrouvez son prénom dont seule la syllabe initiale apparait (le reste est masqué par un Post-it)	– **Appel :** Isoler la syllabe initiale du prénom – Découvrir les nombres : *Même organisation* – **Repérage dans le temps :** jours de la semaine	– Recherche documentaire sur la Russie : Réaliser un tri – Des mots dans une langue étrangère – Les poupées russes : découvrir, décrire – Débat philo : Que nous apporte la musique ?	– Comptines russes : Petrouchka – Écoute du conte musical *Pierre et le Loup*	– Lecture d'albums sur la Russie – Retour sur le jeu des tours – Quelques mots en russe – *Pierre et le Loup* : associer les instruments aux personnages
Semaine 3	*Même organisation*	– **Appel :** Doubler la syllabe initiale du prénom – Découvrir les nombres : *Même organisation* – **Repérage dans le temps :** jours de la semaine	– La lecture erronée – Des ponts célèbres – L'alphabet cyrillique – Débat philo : Que signifie « être gentil ou méchant » ?	– *Frère Jacques* en russe, en anglais et en allemand – Conte musical *Pierre et le Loup*	– Le drapeau russe/le drapeau français – Phono de la Russie : jeu sur les syllabes – Es-tu russe ? – Reformuler une histoire connue
Semaine 4	Étiquettes de présence : isoler seul la syllabe initiale de son prénom en masquant les autres	– **Appel :** Allonger la syllabe initiale du prénom – Découvrir les nombres : Jeu de la chaine numérique – Repérage dans le temps : Prendre des repères dans la semaine	– Un paysage : quatre saisons – Un dessin, une peinture, une photo : c'est pareil ? – Sac à surprises – Débat philo : Que veut dire « être joyeux » ?	– *Zainka* – Écoute d'instruments	– Phonologie : coder la syllabe initiale d'un mot – Noël autour du monde – Fiche de fabrication : boules de Noël – Les albums lus de la période
Semaine 5	Découper son étiquette prénom en syllabes orales	– **Appel :** Rendre la syllabe de son prénom muette – Découvrir les nombres : Dénombrer filles et garçons et comparer les deux collections – Repérage dans le temps : Donner la date du jour et de la veille	– Œuvre hivernale : s'exprimer sur une œuvre d'art – Comment écrire des mots – Pistes d'exploitation d'albums sur Noël – Débat philo : C'est quoi rêver ?	– La chanson de Babayaga – Noël russe	– Phonologie : reconnaitre la syllabe finale d'un mot – Quand je serai grand… : utilisation du futur – Différencier les types d'écrits : lettre, album la lettre du père noël – Vocabulaire topologique en situation
Semaine 6	Reconstituer son étiquette de présence découpée en syllabes orales	– **Appel :** Reprise des jeux phono ou répondre en russe à l'appel de son prénom. – Découvrir les nombres : *Même organisation* – **Repérage dans le temps :** Encadrer la date du jour : hier, aujourd'hui, demain – **Repérage dans le temps :** Écrire la date	– La lettre au Père Noël – Objets mystères – Écoutez cette histoire ! – Débat philo : Que signifie être sage ?	– Noël du monde – *We wish you a merry Christmas*	– Où habite le Père Noël ? – Phonologie : allonger la syllabe initiale ou finale d'un mot – Lecture suivie album de Noël – Jeux étiquettes mots : jouer avec des titres des albums
Semaine 7	**Pistes d'exploitation**				

Sommaire des ateliers

	Ateliers du matin				Ateliers de l'après-midi	
Semaine 1	**Atelier 1 :** Acquérir les premiers outils mathématiques **Les cercles** → Tracer des cercles à l'aide de gabarits et à main levée pour créer une œuvre	**Atelier 2 :** Acquérir les premiers outils mathématiques Le loto des nombres → Jeu de loto avec les nombres de 1 à 6	**Atelier 3 :** Agir, s'exprimer, comprendre à travers les activités artistiques **Peindre ses vacances** → Dessiner un moment de ses vacances et dire ce qu'il représente.	**Atelier 4 :** Acquérir les premiers outils mathématiques **Constructions en double** → Imaginer, créer et décrire une construction pour qu'elle soit reproduite	**Atelier 5 :** Agir, s'exprimer, comprendre à travers les activités artistiques **La Cathédrale Saint-Basile de Moscou (1/2)** → Utiliser le papier calque pour dessiner	**Atelier 6 :** Mobiliser le langage dans toutes ses dimensions **Prénoms** → Nommer et reconnaitre les lettres de son prénom et de son nom de famille
Semaine 2	**Atelier 7 :** Acquérir les premiers outils mathématiques **Suite de nombres de 1 à 6** → Classer, ranger, compléter une suite de nombres	**Atelier 8 :** Agir, s'exprimer, comprendre à travers les activités artistiques **La Cathédrale Saint-Basile de Moscou (2/2)** → Peindre à l'encre	**Atelier 9 :** Agir, s'exprimer, comprendre à travers les activités artistiques **La Russie et la France en images** → Classer des images	**Atelier 10 :** Acquérir les premiers outils mathématiques **La tour la plus haute** → Construire des collections avec deux dés	**Atelier 11 :** Mobiliser le langage dans toutes ses dimensions **Phono de la Russie** → Jeu sur la syllabe initiale d'un mot	**Atelier 12 :** Explorer le monde **Puzzle de couverture** → Découper des formes arrondies pour reconstituer une couverture
Semaine 3	**Atelier 13 :** Acquérir les premiers outils mathématiques **La course des Lego** → Jeu mathématique	**Atelier 14 :** Explorer le monde **Création de poupées russes** → Composition plastique	**Atelier 15 :** Explorer le monde **Memory *Pierre et le Loup*** → Associer les instruments aux personnages du conte	**Atelier 16 :** Acquérir les premiers outils mathématiques **Des cubes de 1 à 6** → Lire les nombres de 1 à 6 et représenter les quantités	**Atelier 17 :** Acquérir les premiers outils mathématiques **Jeu de l'oie Pierre et le Loup** → Progresser sur une piste de jeu mathématique	**Atelier 18 :** Acquérir les premiers outils mathématiques **Loto des nombres** → Jeu mathématique (reprise)
Semaine 4	**Atelier 19 :** Mobiliser le langage dans toutes ses dimensions **Les mots du titre** → Ordonner des étiquettes mots	**Atelier 20 :** Explorer le monde **Jeu de Memory poupées russes** → Jeu de discrimination visuelle	**Atelier 21 :** Mobiliser le langage dans toutes ses dimensions **Mots croisés de Russie** → Réaliser des mots croisés	**Atelier 22 :** Acquérir les premiers outils mathématiques **Puzzles de la classe** → Réaliser à plusieurs des puzzles de 15 à 25 pièces	**Atelier 23 :** Agir, s'exprimer, comprendre à travers les activités artistiques **Des ponts et des coupes dans le sable** → Graphisme	**Atelier 24 :** Agir, s'exprimer, comprendre à travers les activités artistiques **Peindre un paysage hivernal** → Peinture libre
Semaine 5	**Atelier 25 :** Acquérir les premiers outils mathématiques **Jeu du sapin de 1 à 7** → Remplir son sapin de triangles	**Atelier 26 :** Agir, s'exprimer, comprendre à travers les activités artistiques **Boules de Noël (1/2)** → Suivre une fiche de fabrication	**Atelier 27 :** Explorer le monde **Images séquentielles Noël** → Repérer la chronologie des événements	**Atelier 28 :** Acquérir les premiers outils mathématiques **Coloriage codé de Noël** → Nombres de 1 à 7	**Atelier 29 :** Mobiliser le langage dans toutes ses dimensions **Créer une histoire** → Créer une histoire à l'aide d'images	**Atelier 30 :** Mobiliser le langage dans toutes ses dimensions **Les ponts et les coupes** → Tracer des ponts et des coupes sur une fiche
Semaine 6	**Atelier 31 :** Explorer le monde **Dictée topologique** → Se repérer dans l'espace	**Atelier 32 :** Agir, s'exprimer, comprendre à travers les activités artistiques **Cadeau de Noël** → Réaliser un cadre photo	**Atelier 33 :** Mobiliser le langage dans toutes ses dimensions **Albums de Noël** → Écrire le titre de son album préféré	**Atelier 34 :** Mobiliser le langage dans toutes ses dimensions **Les mots des titres** → Reconstituer les mots des titres d'albums	**Atelier 35 :** Acquérir les premiers outils mathématiques **Jeu des boules de Noël** → Dénombrer jusqu'à 6	**Atelier 36 :** Agir, s'exprimer, comprendre à travers les activités artistiques **Boules de Noël (2/2)** → Décorer les boules de Noël
Semaine 7	Pistes d'exploitation					

Sommaire de l'activité physique

	Jour 1	Jour 2	Jour 3	Jour 4
Semaine 1	Passe à deux → Jeux collectifs	**La fille du coupeur de paille** → Rondes et jeux dansés	**Parcours d'équilibre** → Se déplacer sur différents milieux instables	**4 ateliers de saut** → Sauter avec un objectif : sauter le plus loin possible
Semaine 2	**Balles brulantes** → Jeux collectifs avec ballons	**La fille du coupeur de paille** *(reprise)* → Rondes et jeux dansés	**Parcours d'équilibre** → Reprise	**4 ateliers de saut** → Reprise
Semaine 3	**Ballon vole** → Jeux collectifs	**Jeu du miroir** → Rondes et jeux dansés	**Parcours d'équilibre** → Reprise	**4 ateliers de saut** → Reprise
Semaine 4	**Pigeon vole** → Jeux collectifs	**Jeu du miroir** *(reprise)* → Rondes et jeux dansés	**Nouveau parcours** → Se déplacer de différentes façons, toujours en équilibre	**Nouveaux ateliers de saut** → Sauter par-dessus, sauter dans, sauter haut
Semaine 5	Casse-château → Jeux collectifs	**Il était une fermière** → Rondes et jeux dansés	**Nouveau parcours** → Reprise	**Nouveaux ateliers de saut** → Reprise
Semaine 6	La passe à 5 → **Jeux collectifs**	**Il était une fermière** *(reprise)* → Rondes et jeux dansés	**Nouveau parcours** → Reprise	**Nouveaux ateliers de saut** → Reprise
Semaine 7	**Reprise de jeux, rondes et ateliers de la période au choix**			

Semaine 1

	Lundi	Mardi	Jeudi	Vendredi	Demi-journée thématique
8h20 **Accueil**	Échanges individualisés Étiquettes de présence : compter le nombre de lettres dans les prénoms				
8h40 **Rituels**	**Appel :** Donner son nom de famille **Découvrir les nombres :** Compter les présents et déduire le nombre d'absents **Responsabilités :** Attribution de rôles chaque semaine de la période				
9h **Univers sonores**	Conte musical : *Pierre et loup*				
9h10 **Ateliers** Rotation des groupes sur les ateliers de la semaine	**Atelier 1 : Les cercles** • Identifier et tracer des cercles **Atelier 2 : Loto des nombres** • Jeu de loto des nombres de 1 à 6 **Atelier 3 : Peindre ses vacances** • Raconter en dessinant un moment de ses vacances **Atelier 4 : Construction en double** • Imaginer, créer et décrire une construction pour qu'elle soit reproduite				**24 séances autour des artistes, petits et grands** – Keith Haring et le corps – Puzzles d'œuvres d'art – Un fond bleu, quelque chose de rouge et de noir
9h45	Rangement et bilan des ateliers				
10h **L'activité physique**	**Passes à deux** • Jeux de ballon	**La fille du coupeur de paille** • Rondes et jeux dansés	**Parcours d'équilibre** • Se déplacer sur des milieux instables	**4 ateliers de saut** • Sauter loin, haut, en contrebas, avec objectif	**Danser à la manière de Delaunay** • Exprimer des émotions en dansant
10h30	Récréation				
11h **Langage/Lecture**	**Le kremlin de Moscou** • Décrire une image	***Joie de vivre* de Delaunay** • Comparer une œuvre et les productions individuelles	**Les mots de la Russie** • Notion de pays et de capitale	**Jeu de Kim de Russie** • Mémoriser et reconnaitre des mots	**Lecture plaisir**
11h30	Sortie/déjeuner				
13h30	Écoute musicale, chant, lecture plaisir…				
14h **Ateliers** Rotation des groupes sur les ateliers de la semaine	**Atelier 5 : La cathédrale Saint-Basile (1/2)** • Utiliser le papier calque pour dessiner **Atelier 6 : Prénoms** • Reconstituer son prénom et son nom de famille à la pâte à modeler **Ateliers libres**				
14h50	Récréation				
15h20 **Langage/Lecture**	**Mes vacances d'automne** • Raconter un évènement vécu	***Pierre et le Loup* : trame narrative** • Reconnaitre les personnages d'un conte	**Images de la France et de la Russie** • Symboles de deux pays	***Pierre et le Loup* : les instruments** • Reconnaitre des instruments de musique	
15h45	Sortie				

• Accueil •

Mobiliser le langage dans toutes ses dimensions
→ **Identifier les lettres de son prénom**
→ **Dénombrer des quantités**

Pour cette période, nous continuerons à vous proposer de nouvelles formes d'activités avec les étiquettes de présence. En effet, ces étiquettes, chargées émotionnellement, constituent un bon support d'apprentissage qu'il serait dommage de ne pas exploiter, notamment en laissant les élèves poser machinalement la même étiquette, chaque matin, de la même manière.
Cette semaine, placez les étiquettes nombres sur votre tableau de présence (ou écrivez-les) correspondant au nombre de lettres des différents prénoms de la classe. À l'accueil, les élèves comptent le nombre de lettres dans leur prénom puis placent leur nom sous la bonne étiquette. Vous les accompagnez dans le dénombrement. Sur les tables: activités autonomes, puzzles, dessin libre, jeux de construction.

• Rituels •

20'

Appel

Mobiliser le langage dans toutes ses dimensions
→ **Communiquer avec les adultes et avec les autres enfants par le langage**

Complétez votre registre d'appel pendant que vous faites l'appel et demandez à chaque élève de répondre à son prénom en donnant son nom de famille (déjà abordé en semaine 6 de la période 1).

Découvrir les nombres

Acquérir les premiers outils mathématiques
→ **Acquérir la suite orale des mots-nombres**
→ **Dénombrer des quantités**

Sur la bande numérique, placez un aimant pour marquer le nombre total d'enfants inscrits dans la classe.
Désignez un enfant pour compter un à un le nombre de présents et pour rechercher cette quantité sur la bande numérique (il déplace un curseur jusqu'au nombre de présents, en même temps qu'il énonce la suite numérique). Enfin, il devra déduire le nombre d'absents en comptant le nombre de cases entre le curseur « présents du jour » et le repère « nombre total d'enfants inscrits dans la classe ». La validation se fera en comptant le nombre des étiquettes des absents.

Responsabilités

Mobiliser le langage dans toutes ses dimensions
→ **Prendre des repères dans l'écrit**
→ **Assumer des rôles dans la classe**

Doc. 7 – Galerie photo Nathan live!

Tout au long de la période 2, poursuivez comme en période 1, la rotation des rôles attribués aux élèves (cf. Doc. 22).

• Univers sonores •

Agir, s'exprimer, comprendre à travers les activités artistiques
→ **Parler d'un extrait musical et exprimer son ressenti ou sa compréhension en utilisant un vocabulaire adapté**
→ **Affiner son écoute**

10'

Chant

Demandez à vos élèves leurs chansons préférées apprises en période 1 et reprenez-en quelques-unes.

Découverte de *Pierre et le Loup*

La période 2 sera principalement consacrée à la découverte de la Russie, vaste et riche pays qui compte, entre autres, un compositeur classique célèbre: Serge Prokofiev. Son œuvre principale est *Pierre et le Loup*, conte musical qui parle d'un jeune garçon, vivant dans la campagne russe avec son grand-père. Un jour, il rencontre, un canard, un chat et un oiseau mais son grand-père ne veut pas qu'il reste dehors avec eux à cause du loup. Pierre rentre donc dans leur maison. Il observe toujours dehors et voit les animaux s'affoler car le loup est arrivé. Il décide de le capturer grâce à une ruse.

Cet album vous permettra de faire découvrir différents instruments de musique, puisque les différents personnages sont orchestrés par un quatuor à cordes (Pierre), une flute traversière (l'oiseau), un hautbois (le canard), une clarinette (le chat), des cors (le Loup), un basson (le grand-père), une grosse caisse (les chasseurs).

Écoutez le conte en plusieurs étapes pour que les élèves s'en imprègnent bien. Arrêtez-vous à des moments-clés en demandant aux enfants d'imaginer la suite. Questionnez sur les étapes passées, assurez-vous de la compréhension globale et fine du récit.
Le conte en lui-même et l'association des personnages à un instrument de musique seront développés lors des ateliers de langage et autres séquences de musique.

• Atelier 1 •

Les cercles

Acquérir les premiers outils mathématiques

→ Classer des objets en fonction des caractéristiques liées à leur forme

→ Reproduir, dessiner des formes planes

30' Doc. 44 – Galerie photo live!

Matériel

- Objets ronds de la classe
- Feuilles blanches pour la peinture
- Crayons à papier, craie grasse noire, encre de différentes couleurs

Identifier et tracer des cercles à l'aide de gabarits

1. Chasse aux ronds

Organisez une chasse aux ronds dans la classe (assiettes, verres, bouchons, disques...). Validez les objets identifiés en traçant avec le doigt le cercle identifié.

Tracez ensuite un cercle au tableau ou sur une petite ardoise en insistant sur le sens d'écriture de celui-ci (de la gauche vers la droite).

Une fois tous les objets validés, demandez aux enfants de trouver parmi eux ceux qui vont pouvoir leur servir de gabarit pour tracer des cercles. On doit pouvoir les poser à plat.

2. Réalisation des cercles et peinture

Utilisez les gabarits choisis dans la phase précédente.

Consigne : *« Tracez 5 grands cercles à l'aide des gabarits, puis des ronds plus petits à l'intérieur de ceux-ci. »*

Vérifiez le respect du sens du tracé et accompagnez, si nécessaire, les élèves dans le geste.
Ensuite, ils les repassent à la craie grasse noire, puis les peignent de différentes couleurs en veillant à ne pas mettre deux couleurs identiques côte à côte.
En séance de langage, les élèves décriront, compareront leurs productions et découvriront une œuvre avec des ronds de Delaunay.

Pour faire un cadre à une œuvre afin de la mettre en valeur, recouvrez d'adhésif pour plinthes les quatre côtés ; cela formera un bord blanc. Une fois la peinture terminée, retirez l'adhésif et vous obtiendrez un cadre. Les élèves pourront ainsi le décorer avec des graphismes divers ou le laisser tel quel.

• Atelier 2 •

Loto des nombres

Acquérir les premiers outils mathématiques

→ Reconnaitre l'écriture chiffrée de 1 à 6

→ Respecter une règle de jeu

30' Doc. 45 live!

Matériel

Doc. 45

Lire les chiffres de 1 à 6

Imprimez les planches de loto en deux exemplaires (Doc. 45), plastifiez et découpez la deuxième impression pour obtenir des cartes nombres.

Ce jeu permettra aux enfants de travailler sur la reconnaissance des nombres de 1 à 6.

Consigne : *« Je vais piocher un nombre dans mon tas de cartes et vous le montrer, vous lèverez le doigt si vous l'avez sur votre planche. »*

Le premier élève à énoncer le nombre qu'il pense avoir reconnu qui figure sur sa planche, remporte la carte. Il la dépose sur sa planche de loto sur le nombre correspondant.

Le but du jeu est de remplir sa planche le premier après une lecture réussie des nombres.

Vous accompagnez les élèves dans la lecture des nombres piochés. En cas de difficulté, n'hésitez pas à verbaliser et leur faire trouver un moyen mémotechnique pour la reconnaissance. Ex. : *« À quoi ressemble le 3 ? On pourrait dire qu'il a 2 gros ventres. Et le 5 ? Il se tient bien droit avec une casquette sur la tête et un gros ventre, etc. »*

Variante : un enfant peut jouer le rôle du maitre du jeu et piocher les cartes nombres et les montrer.

Plastifier votre matériel permettra de le conserver pendant plusieurs années et offrira aux enfants l'occasion de le réutiliser sur plusieurs séances (ateliers libres, accueil, remédiation).

• Atelier 3 •

Peindre ses vacances

Agir, s'exprimer, comprendre à travers les activités artistiques

→ **Pratiquer le dessin pour représenter ou illustrer, en étant fidèle au réel ou à un modèle, ou en inventant**

→ **Réaliser des compositions plastiques, en choisissant et combinant des matériaux, en réinvestissant des techniques et des procédés**

30'

Matériel

- Feuilles de peinture
- Pinceaux de différentes tailles
- Plusieurs couleurs de gouache

Raconter en dessinant un moment de ses vacances

Pour permettre aux enfants de raconter un événement vécu, ils peuvent le réaliser à la peinture afin de développer leur capacité de représentation et leur imagination.

En regroupement, questionnez-les sur ce qu'ils ont fait pendant les vacances et déterminez ce que chacun pourrait peindre. Bien sûr, prenez bien en compte que certains d'entre eux ne seront pas partis et qu'il faudra cibler par le questionnement, un élément précis à peindre: un lieu (maison, centre de loisirs, jardin, square...), une activité (jouer, se promener...), des personnes (famille, camarades du centre...), etc.

Après avoir fait émerger différentes pistes de création, laissez les enfants peindre librement sur une table ou au chevalet sur un plan vertical.

Prolongement : à l'accueil ou lors d'ateliers libres, les enfants peuvent venir dicter une phrase résumant leur production. Écrivez cette phrase sous leur dessin ou tapez-la à l'ordinateur et collez-la au bas de leur peinture.

> Si le volume sonore est trop élevé dans votre classe pendant les ateliers, ne criez pas, vous ne ferez qu'augmenter le bruit. Instaurez plutôt un petit signal, comme une clochette ou éteindre la lumière pour capter l'attention et demander la diminution du bruit. N'hésitez pas à passer auprès des enfants en leur demandant doucement de parler plus bas.

• Atelier 4 •

Constructions en double

Acquérir les premiers outils mathématiques

→ **Reproduire un assemblage à partir d'un modèle**

→ **Utiliser le vocabulaire topologique**

30'

Matériel

- Matériel de construction de type Lego, Dupplo
- Un appareil photo

Imaginer, créer et décrire une construction pour qu'elle soit reproduite

Disposez au centre de la table du matériel de construction et laissez aux élèves un temps d'appropriation où ils joueront, manipuleront, créeront, seuls ou à plusieurs.

Au bout d'une dizaine de minutes, passez dans cet atelier pour placer les élèves en binômes (face à face) et installez un classeur entre eux pour qu'ils ne voient pas leurs productions à venir.

Dans chaque binôme, un élève va réaliser une construction simple de son choix (bonhomme, voiture, maison, fusée), puis il devra expliquer son agencement à son binôme pour que celui-ci la reproduise.

Ici, le vocabulaire employé et les indications topologiques devront être pertinentes pour que le binôme réussisse une construction en double.

La validation se fera en retirant les classeurs et en comparant les deux productions.

Enfin, chaque élève change de rôle: celui qui a réalisé la construction en double, fait une production personnelle et dicte les étapes de construction à son binôme.

> Rangez vos jeux dans des boites en plastique transparentes et prenez-les en photos. Plastifiez et fixez, avec une agrafeuse murale ou du scotch, les photos à l'emplacement où chaque jeu doit être placé (étagère, casier, meuble). Vous favoriserez ainsi le rangement autonome du matériel.

• Jour 1 •

Passes à deux

Agir dans l'espace, dans la durée et sur les objets
→ Lancer de différentes façons, dans des espaces et avec des matériels variés, dans un but précis
→ Ajuster et enchainer ses actions et ses déplacements en fonction de la trajectoire d'objets sur lesquels agir

Matériel
- Un ballon en mousse pour deux enfants
- Un tambourin

1. Mise en route

Divisez la classe en deux groupes qui se déplaceront en marchant dans un espace délimité avec un ballon. Dans chaque groupe, l'élève qui possède le ballon nomme le camarade de son choix et lui fait une passe. La marche et les passes au sein des groupes se poursuivent de la même manière.

2. Jeu à deux

Les élèves se placent par groupe de deux. Donner un ballon à chaque binôme afin qu'ils recherchent différentes façons de se faire des passes. Pour cela, ils doivent investir l'espace et solliciter différentes parties du corps.

3. Verbalisation et relance

Arrêtez les enfants avec un signal, faites-les asseoir et demandez à différents groupes de vous montrer une façon de se faire des passes.

Reprenez les différentes propositions et faites les refaire à tous les groupes. Donnez ensuite des contraintes à chaque phase: faire des passes avec rebond/sans lancer le ballon en l'air (le faire rouler, passer entre les jambes...).

• Jour 2 •

La fille du coupeur de paille

Communiquer avec les autres au travers d'actions à visée expressive ou artistique
→ Construire et conserver une séquence d'actions et de déplacements, en relation avec d'autres partenaires, avec ou sans support musical
→ Coordonner ses gestesetses déplacements avec ceux des autres, lors de rondes et jeux chantés

Matériel
CD de la chanson ou texte à chanter

Sur mon chemin j'ai rencontré
La fille du coupeur de paille
Sur mon chemin j'ai rencontré
La fille du coupeur de blé
Oui ! Oui ! J'ai rencontré
La fille du coupeur de paille
Oui ! Oui ! J'ai rencontré
La fille du coupeur de blé.

1. Écoute

Faites écouter la chanson aux enfants : « *Comment représenter cette danse ?* » Écoutez les différentes propositions.

2. Expression libre

Consigne: « Dansez librement sur cette chanson en recherchant différents pas et déplacements possibles. »

3. Expression guidée

Mettez en place une chorégraphie identique pour tous en vous inspirant des propositions observées chez les enfants ou de celles ci-dessous : à chaque phrase musicale va correspondre un mouvement. Les élèves sont placés par deux face à face sur deux lignes.

A. Les enfants se déplacent, une ligne avance pendant que l'autre recule.

B. Ils s'arrêtent et balancent les bras sur place.

C. et D. Répétition des deux premières figures.

E. Les enfants se serrent la main face à face.

F. Les enfants tournent bras dessus, bras dessous.

G. et H. Répétition des deux précédentes figures.

• Jour 3 •

Parcours d'équilibre

Adapter ses équilibres et ses déplacements à des environnements ou des contraintes variés
→ Ajuster et enchainer ses actions et ses déplacements en fonction de la trajectoire d'objets sur lesquels agir
→ Se déplacer avec aisance et en sécurité dans des environnements variés, naturels ou aménagés

Doc. 46 – Schéma live!

Organisation

Divisez la classe en deux groupes pour évoluer au sein de deux parcours d'équilibre. Présentez le matériel et faites émettre des hypothèses sur les actions à réaliser.

Parcours 1

Matériel
- 6 chaises – 1 poutre
- 1 banc à bascule
- 6 pas japonais ou gros blocs – échasses

Les enfants suivent le parcours suivant:

1. Marcher en arrière, jambes écartées sur des petites chaises.
2. Marcher en arrière sur une poutre.
3. Marcher sur des gros blocs espacés de quelques centimètres sans poser le pied au sol.
4. Marcher avec des échasses.
5. Trouver son équilibre sur un banc à bascule.

Parcours 2

Matériel
- Gros blocs en forme de pont – 2 souricières
- 1 bac – 2 poutres- Des sacs de graines – 1 toboggan

1. Marcher sur des gros blocs en forme de « zigzag ». Au bout, il y a un bac avec des sacs de graines.
2. Prendre un sac de graine, le poser sur sa tête et marcher en équilibre sur les deux poutres.
3. Grimper à l'échelle, marcher sur la planche en hauteur et descendre le toboggan en marchant.

• Jour 4 •

Ateliers de saut

Agir dans l'espace, dans la durée et sur les objets

→ **Sauter de différentes façons, dans des espaces et avec des martériels variés, dans un but précis**

→ **Ajuster et enchainer ses actions et ses déplacements en fonction d'obstacles à franchir**

Doc. 47 – Schéma live!

Organisation

Divisez la classe en quatre groupes et assurez une rotation: 7 à 10 minutes d'activité dans chaque atelier.

Atelier 1: Sauter loin avec élan

Matériel
2 tapis

Organisation
Installez deux tapis à la suite.

Actions motrices
Courir et sauter le plus loin possible une fois arrivé au niveau du tapis.

Atelier 2: Sauter haut

Matériel
- 1 tapis – 2 plots – corde – 2 bâtons

Organisation
L'enseignant ou l'atsem doit se mettre à cet atelier. Installez un tapis puis deux plots de part et d'autre avec des bâtons plantés à l'intérieur. Accrochez-y une corde qui fera office de haie mobile. Vous pourrez la monter où la descendre selon le niveau des enfants. Le but est d'essayer de sauter plus haut à chaque passage.

Actions motrices
Sauter à différentes hauteurs avec élan.

Atelier 3: Sauter loin en contrebas

Matériel
- 3 tapis – 1 table

Organisation
Installez une table et trois tapis en face.

Actions motrices
Monter sur la table et sauter le plus loin possible sur les tapis.

Atelier 4: Sauter loin avec un objectif

Matériel
- Tapis – craie

Organisation
Même organisation que l'atelier 1, mais dessinez à la craie sur le tapis, trois cercles de différentes couleurs.

Actions motrices
Les enfants doivent sauter à chaque passage dans un cercle différent.

20' par séance

• Jour 1 •

Le Kremlin de Moscou

Mobiliser le langage dans toutes ses dimensions
→ Pratiquer divers usages de la langue orale : raconter, décrire, évoquer, expliquer, questionner, proposer des solutions, discuter un point de vue

Le thème de la période étant la Russie, nous allons découvrir ce très vaste pays, ses traditions, sa langue et ses contes traditionnels.
Affichez au tableau une image agrandie en format A3 du Kremlin de Moscou.
Mettez par-dessus une affiche sur laquelle vous aurez prédécoupée au préalable quatre petites fenêtres.
Faites venir un enfant pour ouvrir une fenêtre et commenter ce qu'il voit. Les autres émettent également des hypothèses. Faites de même pour chaque fenêtre. Notez les propositions les plus pertinentes au tableau.
Dévoilez ensuite l'image en entier et laissez les enfants s'exprimer librement, comparez avec ce qui a été dit dans la phase précédente.
Dites-leur ensuite ce que c'est et dans quel pays cela se situe. Montrez-leur sur une mappemonde la France et tracez avec votre doigt ses limites géographiques, faites de même avec la Russie et situez Moscou.

• Jour 2 •

Joie de vivre de R. Delaunay

Agir, s'exprimer, comprendre à travers les activités artistiques
→ Décrire une image et exprimer son ressenti ou sa compréhension en utilisant un vocabulaire adapté

Doc. 44 – Galerie photo Nathan live!

Affichez une reproduction du tableau de R. Delaunay, *Joie de vivre*, avec quelques réalisations des élèves de l'atelier 1.
Laissez-les s'exprimer librement dans un premier temps. Puis, guidez leurs commentaires vers des éléments précis que vous souhaitez leur faire remarquer en comparant les différentes productions et le tableau : la taille des ronds, l'emplacement de ceux-ci, les couleurs utilisées…
Donnez-leur ensuite le titre du tableau et demandez d'émettre des hypothèses pour le justifier. Enfin, présentez l'artiste. Puis proposez-leur de donner un titre à leur production personnelle.

• Jour 3 •

Les mots de la Russie

Mobiliser le langage dans toutes ses dimensions
→ Commencer à réfléchir sur la langue
→ S'ouvrir à la diversité culturelle

Doc. 48 Nathan live!

Préparez les étiquettes mots du Doc. 48 que vous plastifierez ensuite ; elles serviront de capital mot aux enfants et s'enrichiront tout au long de l'année.
Pour cette séance vous n'utiliserez que les mots : France, Paris, Russie, Moscou.
Questionnez les enfants et sortez les étiquettes mots au fur et à mesure que les mots sont cités.
« Dans quelle ville vivons-nous ? Dans quel pays se situe cette ville ? Quelle est la capitale de ce pays ? Dans quelle ville se situe le Kremlin ? Dans quel pays ? ».
Mélangez ensuite les étiquettes et demandez aux élèves de retrouver les mots en s'appuyant sur l'écrit : *« Où est écrit le mot Paris ? Quel son reconnait-on pour l'identifier ? Etc. »*

• Jour 4 •

Jeu de Kim de Russie

Mobiliser le langage dans toutes ses dimensions
→ Reconnaitre les lettres de l'alphabet
→ Manifester de la curiosité par rapport à l'écrit

Doc. 48 Nathan live!

Le jeu de Kim exerce l'observation et la mémoire.
Reprenez les étiquettes de la séance du jour 3 et prenez trois mots pour commencer. Nommez-les et montrez-les aux enfants en même temps.
Ensuite, mélangez les mots, affichez-les au tableau puis demandez aux enfants d'en repérer un précisément en s'aidant des lettres, de syllabes identiques aux prénoms (par exemple Moscou comporte la même syllabe que le prénom Lou, Paris commence comme papa, etc.).
Gardez ces mêmes trois mots et enlevez-en un, demandez lequel est manquant.
Augmentez le nombre de mots à identifier, validez en lisant, puis continuez à retirer des étiquettes qu'il faudra identifier.

• Atelier 5 •

La cathédrale Saint-Basile de Moscou (1/2)

Agir, s'exprimer, comprendre à travers les activités artistiques

→ **Réaliser des compositions plastiques, en choisissant et combinant des matériaux, en réinvestissant des techniques et des procédés**

→ **Pratiquer le dessin pour représenter ou illustrer, en étant fidèle à un modèle**

30' Doc. 49 – Galerie photo Nathan live!

Matériel
- Photocopies A4 de la cathédrale Saint-Basile de Moscou
- Papier calque et Patafix
- Crayons à papier
- Feutres noirs

Utiliser le calque pour reproduire un dessin complexe

1. Description de la cathédrale

Présentez une photo format A4 en couleurs de la cathédrale Saint-Basile à Moscou. Faites identifier le type de document, dénombrer les tours, remarquer les couleurs, les différentes formes, comparer les tailles. Expliquez que cette cathédrale se trouve sur la place du Kremlin à Moscou où il y a plusieurs bâtiments à l'architecture russe.

2. Dessiner par transparence

Présentez une feuille de papier-calque et demandez aux élèves s'ils en ont déjà utilisé et comment. Laissez-les remarquer la transparence et la rigidité du papier (en plaçant la main derrière, en touchant) et posez-le sur votre photo originale de la cathédrale Saint-Basile. Sous les yeux des enfants, commencez à décalquer une partie de la photo et montrez ce qui se produit: le calque affichant les tracés permet de reproduire le document original; les deux dessins se superposent.
Distribuez ensuite à chaque élève une feuille de papier-calque que vous fixerez avec de la Patafix sur une photocopie de la cathédrale.
Laissez-les découvrir cette technique de reproduction, en réalisant ici les contours de la cathédrale au crayon à papier. Enfin, après validation, ils repassent leurs tracés avec des feutres noirs.
Cette séquence se poursuivra en atelier 8, semaine 2, par la décoration de la cathédrale avec des motifs graphiques libres et un fond à l'encre.

Si certains élèves finissent plus tôt, ils peuvent commencer l'activité de graphisme décoratif prévu en atelier 8.

• Atelier 6 •

Prénoms

Mobiliser le langage dans toutes ses dimensions

→ **Reconnaitre les lettres de l'alphabet dans son prénom**

→ **Adapter son geste à différents outils**

30'

Matériel
- Pâte à modeler
- Étiquette des prénoms
- Étiquettes des noms de famille

Reconstituer son prénom et son nom de famille à la pâte à modeler

Prenez les étiquettes de présence des élèves du groupe et préparez un modèle avec les noms de famille. Ici, il s'agira de reconstituer à la pâte à modeler les lettres composant le prénom ainsi que le nom, afin de les identifier, de les placer dans l'ordre et se les approprier. L'activité se fera sur l'écriture en capitales d'imprimerie, car nous aborderons l'écriture en cursive qu'à partir de la période 3. Mais si certains élèves sont prêts, vous pouvez commencer avant.

Les élèves réalisent des colombins (rappelez la technique en faisant rouler entre les mains un morceau de pâte) et reconstituent à l'aide d'un modèle les lettres dans l'ordre de la lecture: de gauche à droite. Faites nommer les lettres, leurs formes: arrondie, droite...

Pour chaque élève, écrivez son prénom et son nom de famille sur une ardoise si vous n'avez pas le temps de réaliser de nouvelles étiquettes.

20' par séance

• Jour 1 •

Mes vacances d'automne

Mobiliser le langage dans toutes ses dimensions
→ Pratiquer divers usages de la langue orale : raconter, décrire, évoquer, expliquer
→ S'exprimer dans un langage oral syntaxiquement correct et précis

Comme à chaque retour de vacances, les enfants ont beaucoup de choses à raconter sur leur vécu en dehors de l'école. Accordez-leur ce temps pour s'exprimer et partager avec l'ensemble de la classe : *« Qu'avez-vous fait pendant ces vacances ? Êtes-vous partis avec la famille ? Étiez-vous au centre de loisirs ? Etc. »*
Invitez-les à utiliser les formes du passé pour commencer : *« Je suis parti(e) à la mer... J'ai joué avec des copains... J'ai fêté mon anniversaire... Etc. »*, mais sans les interrompre systématiquement pour corriger la syntaxe.

> Pour bien faire respecter un tour de parole, vous pouvez utiliser un bâton de parole : celui qui le tient a le droit de parler et les autres doivent l'écouter. Il vous le passe ensuite ou le transmet à un autre enfant directement.

• Jour 2 •

Pierre et le Loup : les personnages et la trame narrative

Mobiliser le langage dans toutes ses dimensions
→ Écoute d'un conte musical
→ Raconter la suite chronologique de l'histoire
→ Nommer les personnages de l'histoire

Doc. 50 Nathan live!

Proposez une nouvelle écoute partielle du conte puis posez des questions précises pour faire ressortir la trame narrative de l'histoire. *« Que se passe-t-il au début du conte ? Quels sont les personnages ? Quand le loup gris apparait-il ? Quel est le plan de Pierre pour l'attraper ? Qui veut le capturer ? Comment se termine ce conte ? etc. »*
À chaque nouvel élément, montrez l'image représentant les personnages et instruments du conte (Doc. 50).

• Jour 3 •

Images représentant la France et la Russie

Mobiliser le langage dans toutes ses dimensions
→ Comprendre des textes écrits sans autre aide que le langage entendu
→ Pouvoir redire les mots d'une phrase écrite

Doc. 51 Nathan live!

Demandez à nouveau aux enfants de vous situer sur la mappemonde la France et la Russie.
Affichez toutes les images du Doc. 51 au tableau et faites les décrire aux enfants.
Ensuite, tracez deux colonnes au tableau avec en haut les mots France et Russie ; profitez-en pour essayer de leur faire lire les mots en prenant des repères dans l'écrit, en s'aidant des étiquettes prénoms...
Les enfants viennent placer ces images dans les bonnes colonnes en justifiant leur classement.

> Ajoutez des photos de votre région/ville, qui seront plus connues des enfants que Paris, afin de confronter les élèves à leur environnement proche.

• Jour 4 •

Pierre et le Loup : les instruments

Mobiliser le langage dans toutes ses dimensions
→ Pratiquer divers usages de la langue orale : raconter, expliquer, questionner, proposer des solutions, discuter un point de vue

Doc. 50 Nathan live!

Poursuivez l'écoute du conte musical *Pierre et le Loup*.
Affichez les photos des instruments (Doc. 50) au tableau et faites-les nommer par les élèves, du moins ceux qu'ils connaissent. Décrivez ensuite chaque instrument par catégories (à cordes, à percussion, à vent...).
Réécoutez enfin le CD du conte en vous arrêtant après chaque instrument et demandez aux enfants de l'identifier. Réécoutez à nouveau et validez.

Autour des artistes, petits et grands

Observer, décrire une œuvre d'art, la détourner, comparer, exprimer son ressenti, donner son interprétation, s'en inspirer pour une réalisation personnelle ou « à la manière de », font partie des activités artistiques phares pour éveiller à la sensibilité, l'imagination et la création.

Organisation

Pour chaque semaine, une séance de langage ou lecture en regroupement ; 2 séances d'ateliers dirigés pour 2 groupes avec une rotation dans la matinée et la semaine suivante ; enfin, une séance de sport.

• Séance 1 •

Keith Haring et le corps

Agir, s'exprimer, comprendre à travers les activités artistiques

→ Décrire une image et exprimer son ressenti ou sa compréhension en utilisant un vocabulaire adapté

Affichez au tableau une reproduction en couleurs de Keith Haring *(Retrospect 1989, Danse multicolore)* avec 24 personnages en couleurs dans différentes positions.

Laissez les enfants s'exprimer librement sur l'œuvre : description globale, impressions, évocation des situations.

Ensuite, demandez à un élève de vous décrire, avec précision, un personnage de son choix (couleur, position des bras, jambes, tête, placement par rapport aux autres personnages), afin que toute la classe puisse l'identifier. L'enfant ne doit surtout pas le montrer : la description orale devra être suffisamment pertinente pour qu'il n'y ait pas de confusion.

Poursuivez l'exercice avec d'autres élèves et personnages de l'œuvre.

• Séance 2 •

Puzzles d'œuvres d'art

Acquérir les premiers outils mathématiques

→ Reproduire un assemblage à partir d'un modèle (puzzle, pavage, assemblage de solides)

→ Se familiariser avec des reproductions d'œuvres d'art

Préparation du matériel

Imprimez en deux exemplaires sur du papier Bristol A4, différentes reproductions d'œuvres d'art en couleurs. Voici quelques propositions incluant les œuvres qui seront abordées sur les demi-journées thématiques :

– *Retrospect* de Keith Haring
– *La Joconde* de Léonard de Vinci
– *Joie de vivre* de Delaunay
– *La Tour Eiffel* de G. Seurat
– *L'Arbre de vie* de Klimt

Plastifiez les documents : un exemplaire de chaque reproduction servira de planche support pour le puzzle et le second sera découpé en douze morceaux au moins. Placez chaque puzzle dans une pochette en plastique.

Distribuez les pochettes et laissez les enfants utiliser ce matériel librement. Certains reconstitueront le tableau, d'autres échangeront les pièces…

Ce matériel suscitera certainement un intérêt et des échanges entre pairs que vous exploiterez en langage par la suite, notamment sur le temps de l'accueil où vous mettrez ces puzzles en libre accès.

Pour ne pas s'y perdre !

Pour chaque puzzle, choisissez une couleur de gommettes que vous collerez au dos des différents morceaux pour une identification rapide des pièces. Pour le rangement, prévoyez une pochette plastique pour chaque puzzle.

• Séance 3 •

Un fond bleu, quelque chose de rouge et de noir

Agir, s'exprimer, comprendre à travers les activités artistiques

→ **Choisir différents outils, médiums, supports en fonction d'une consigne et les utiliser en adaptant son geste**

→ **Pratiquer le dessin en inventant**

Matériel

- Feuilles A3 cartonnées – Gouaches de différentes couleurs
- Pinceaux fins, épais
- Rouleaux, éponges

Installez sur la table différents matériaux pour la peinture et diverses couleurs de gouache. Donnez une consigne simple et ouverte : *« Réalisez un fond bleu avec quelque chose de rouge, et quelque chose de noir. »*

L'objectif de la séquence est d'imaginer une création libre en respectant la consigne : se limiter aux couleurs imposées (alors que plusieurs seront disponibles sur la table) et choisir les outils les plus appropriés pour le fond et les tracés.

La semaine suivante vous ferez un retour sur atelier pour que les élèves présentent et racontent leurs productions.

Sur un autre temps, vous ferez découvrir une œuvre avec un fond bleu, quelque chose de rouge et de noir : Miró, *Bleu II*.

• Séance 4 •

Danser comme Delaunay

Communiquer avec les autres au travers d'actions à visée expressive ou artistique

→ **Construire et conserver une séquence d'actions et de déplacements, en relation avec d'autres partenaires, avec support musical**

→ **Exprimer des émotions**

Matériel

CD de musique de votre choix

Pour commencer, faites évoluer les élèves dans tout le préau au rythme des frappés sur le tambourin : rapidement, lentement, en sautillant…

1. Pour faire suite à la séance de langage du jour 2 sur *Joie de vivre* de Delaunay, demandez aux enfants comment ils pourraient exprimer leur joie de vivre en dansant. Écoutez leurs propositions. Mettez une musique gaie, entrainante et laissez-les s'exprimer librement par la danse par exemple : *Les Quatre Saisons* d'Antonio Vivaldi.
2. Proposez-leur ensuite de danser en montrant l'inverse de la joie de vivre : tristesse, chagrin… Mettez cette fois une musique lente, peu entrainante, comme *La Marche funèbre* de Frédéric Chopin.
3. Passez-leur ensuite une musique proposant des phases lentes, tristes et des phases rapides gaies enjouées, comme *La Danse de la Fée Dragée* de Piotr Ilitch Tchaïkovski. Ils devront alterner leurs émotions en s'appuyant sur les différentes phases musicales.

Semaine 2

	Lundi	Mardi	Jeudi	Vendredi	Demi-journée thématique
8 h 20 **Accueil**	Retrouver son prénom dont seule la syllabe initiale apparait (le reste est masqué par un Post-it)				
8 h 40 **Rituels**	**Appel :** Isoler la syllabe initiale du prénom **Découvrir les nombres :** *Même organisation* **Repérage dans le temps :** Jours de la semaine				
9 h **Univers sonores**	Chansons et comptines au choix				
9 h 10 **Ateliers** Rotation des groupes sur les ateliers de la semaine	**Atelier 7 : Suite de nombres de 1 à 6** • Ordonner et encadrer les nombres **Atelier 8 : La Cathédrale Saint-Basile (2/2)** • Réaliser un graphisme décoratif **Atelier 9 : La Russie et la France en image** • Classer des images **Atelier 10 : La tour la plus haute** • Construire des collections avec deux dés				**24 séances autour des artistes, petits ou grands** – Puzzles d'œuvres d'art – Un fond bleu, quelque chose de rouge et de noir – Retour à l'atelier : un fond bleu
9 h 45	Rangement et bilan des ateliers				
10 h **L'activité physique**	**Balles brulantes** • Jeux de ballon	**La fille du coupeur de paille** • Rondes et jeux dansés	**Parcours d'équilibre** • Se déplacer sur des milieux instables	**4 ateliers de saut** • Sauter loin	**Les statues de Keith Haring** • Imiter des poses
10 h 30	Récréation				
11 h **Langage/Lecture**	**Recherche documentaire sur la Russie** • Réaliser et justifier un tri	**Des mots dans une langue étrangère** • Découvrir de nouveaux mots	**Les poupées russes** • Découvrir, décrire	**Débat philo** • Que nous apporte la musique ?	**Lecture plaisir**
11 h 30	Sortie/déjeuner				
13 h 30	Écoute musicale, chant, lecture plaisir…				
14 h **Ateliers** Rotation des groupes sur les ateliers de la semaine	**Atelier 11 : Phono de la Russie** • Trouver la syllabe initiale d'un mot **Atelier 12 : Puzzle de couverture** • Découper des formes arrondies et reconstituer une image **Ateliers libres**				
14 h 50	Récréation				
15 h 20 **Langage/Lecture**	**Lecture d'album** • Sur le thème de la Russie	**Retour sur le jeu des tours** • Compter, comparer	**Quelques mots en russe** • Apprendre des mots dans une langue étrangère	***Pierre et le Loup*** • Associer les instruments aux personnages	
15 h 45	Sortie				

• Accueil •

Mobiliser le langage dans toutes ses dimensions
→ Distinguer et manipuler des syllabes
→ Réaliser une tâche en autonomie

Cette semaine, pour poursuivre le travail sur la lecture des prénoms et les activités de phonologie associées, modifiez les étiquettes de présence en ciblant la reconnaissance de la syllabe initiale. Pour cela, laissez cette première syllabe visible sur chaque étiquette et masquez le reste avec un morceau de Post-it. Accompagnez les élèves à l'accueil dans la découverte des étiquettes masquées et faites lire la syllabe initiale. La validation se fera en soulevant le Post-it pour voir le prénom en entier.

Cette activité permettra de remarquer que certains élèves ont la même syllabe initiale dans leur prénom.

Sur les tables : jeux autonomes ou réinvestissement du matériel de la semaine précédente (loto des nombres, jeux de construction).

• Rituels •

20'

Appel

Mobiliser le langage dans toutes ses dimensions
→ Discriminer des sons : isoler la syllabe initiale
→ Développer la conscience phonologique

Complétez votre registre pendant que vous faites l'appel en demandant à chaque élève d'isoler la syllabe initiale de son prénom. Donnez-leur un exemple avec votre prénom, puis avec un des enfants de la classe : Marion : MA ; Eliott : É ; Joséphine : JO ; Quentin : QUEN.

En cas de difficulté, faites à nouveau scander les syllabes orales du prénom par des frappés de mains (cf. période 1), par exemple : Jo/sé/phine et faites répéter à l'élève la première syllabe énoncée.

Les formes de l'appel évolueront au cours de cette période avec un travail spécifique sur la syllabe initiale.

Découvrir les nombres

Acquérir les premiers outils mathématiques
→ Connaitre la suite orale des mots-nombres
→ Dénombrer des quantités

Même organisation qu'en semaine 1 : compter les présents, déduire le nombre d'absents par rapport au nombre d'élèves total de la classe.

Repérage dans le temps

Explorer le monde
→ Situer des événements vécus les uns par rapport aux autres et en les repérant dans la journée, la semaine

Imprimez sur du papier cartonné blanc les étiquettes des jours de la semaine (Doc. 7), plastifiez, découpez et fixez au tableau avec un autocollant aimanté ou de la Patafix. Affichez au tableau et faites repérer les similitudes dans les différents jours (syllabe DI en finale dans les 6 premiers jours et en initiale pour le dernier, mot commençant). Indiquez la succession des jours avec un curseur. Chaque jour, un élève déplacera ce curseur sur la frise des jours de la semaine.

• Univers sonores •

Agir, s'exprimer, comprendre à travers les activités artistiques
→ Avoir mémorisé un répertoire varié de comptines et de chansons et les interpréter de manière expressive

10'

Proposez une première écoute de cette chanson puis un questionnement pour vous assurer de la compréhension globale.
Réécoutez la chanson puis faites-la apprendre paragraphe par paragraphe tout au long de la semaine.

« Petrouchka »

Pétrouchka ne pleure pas
Entre vite dans la ronde
Fais danser tes nattes blondes
Ton petit chat reviendra
Il s'est fait polichinelle
Dans les chemises en dentelle
De ton grand papa

Refrain (2 fois)
Tant que chante la colombe
Par dessus le toit
Danse avant que la nuit tombe
Jolie Pétrouchka

Pétrouchka ne pleure pas
Mets ton grand fichu de laine
Viens avec nous dans la plaine
Ton petit chat reviendra
Il fait quatre galipettes
Se déguise en marionnette
Dès que tu t'en vas

Refrain

Pétrouchka ne pleure pas
Puisqu'il aime la musique
Chante lui cet air magique
Ton petit chat reviendra
Il nous dansera peut-être
Sur le bord de la fenêtre
Une mazurka

Marie-Annick Rétif,
Mannick chante pour les enfants, Vol. 1

• Atelier 7 •

Suite de nombres de 1 à 6

Acquérir les premiers outils mathématiques
→ **Lire les nombres écrits en chiffres jusqu'à six**
→ **Dire la suite des nombres**
→ **Encadrer un nombre : dire celui qui précède, celui qui suit**

30'
Matériel
- Corde à linge et pinces
- Cartes nombres de 1à 6 ou plus (Doc. 5)

Lire

1. Ordonner et encadrer les nombres

Installez au tableau une corde et fixez avec des pinces à linge des cartes de 1 à 5 dans le désordre. Pour aider les élèves à mémoriser l'écriture chiffrée des nombres, recherchez avec eux des repères en les personnalisant ; par exemple :

- le 1 se tient bien droit et porte une casquette qui penche ;
- le 2 ressemble à un canard (ou une cane de parapluie) ;
- le 3 a deux gros ventres ;
- le 4 a trois types de traits : un oblique, un horizontal et un vertical ;
- le 5 a un gros ventre et un chapeau bien horizontal sur la tête.

Demandez à un élève de ranger les nombres dans l'ordre croissant, à un autre dans l'ordre décroissant.

Si certains éprouvent des difficultés, recourez aux comptines numériques : *« 1, 2, 3 nous irons au bois »* pour l'ordre croissant ; et *« Ils étaient 5 dans le nid »* pour l'ordre décroissant.

Travaillez ensuite sur l'encadrement des nombres en enlevant certaines cartes (demandez aux enfants de fermer les yeux pendant ce temps) : il faudra trouver le nombre qui précède ou celui qui suit.

2. Découverte du 6

Sortez la carte du 6 et demandez aux élèves de le décrire (par exemple : il a un petit ventre rond et un grande queue qui remonte ou il a la tête à l'envers). Écrivez-le au tableau en verbalisant le geste, les enfants vous accompagnent en réalisant le tracé le doigt en l'air.

Faites-le situer dans la suite des nombres sur la corde à linge et reprenez l'exercice de remise en ordre en faisant passer les élèves à tour de rôle au tableau. Reprenez à nouveau l'encadrement.

Bien sûr, selon le niveau des élèves, n'hésitez pas à aller bien au-delà de 6 !

Vous pouvez terminer l'atelier en accompagnant les élèves dans l'écriture des chiffres au tableau.

• Atelier 8 •

La cathédrale Saint-Basile de Moscou (2/2)

Agir, s'exprimer, comprendre à travers les activités artistiques
→ **Réaliser une composition personnelle en reproduisant des graphismes**
→ **Créer des graphismes**

30' **Doc. 49 – Galerie photo** live!
Matériel
- Productions de l'atelier 5
- Feutres
- Encre rouge ou bleue
- Pinceaux

Réaliser un graphisme décoratif

Reprenez les reproductions sur calque de la cathédrale de Moscou, réalisées en semaine 1, atelier 5.

Dans les différentes zones du monument, laissez les élèves réaliser les graphismes décoratifs de leur choix. Il ne sera pas nécessaire de colorier par la suite pour garder davantage l'effet de transparence du papier.

Lorsqu'ils ont terminé, ils recouvrent le fond autour de la cathédrale avec de l'encre (voir Doc. 49 Galerie photo).

Mettez en place une boite à bouchons pour y installer ceux des feutres usagés. Ainsi, lorsque des bouchons des feutres fonctionnels seront perdus, vous reprendrez ceux de la boite à bouchons.

• Atelier 9 •

La Russie et la France en images

Agir, s'exprimer, comprendre à travers les activités artistiques

→ Décrire une image et exprimer son ressenti ou sa compréhension en utilisant un vocabulaire adapté

→ S'ouvrir à la diversité culturelle

30' Doc. 51, 52 et 53 – Galerie photo Nathan live!

Matériel

- Images de la Russie, de la France et autres (Doc. 51)
- Carte vierge de la Russie et de la France (Doc. 52)
- Ciseaux
- Colle et pinceaux

Classer des photos représentatives de la France et de la Russie

Imprimez les images du Doc. 51, les cartes de la Russie et la France (Doc. 52) et agrandissez-les au format A3.

Distribuez un exemplaire à chaque élève : nommez les illustrations et faites situer la France et la Russie sur une mappemonde. Faites remarquer la forme de chaque pays : la France a une forme hexagonale (montrez les 6 côtés), la Russie est un très grand pays qui s'étend sur la largeur, à la fois sur les continents européen et asiatique.

Consigne : *« Recherchez les images qui pourraient représenter la France, puis celles de la Russie ; collez-les sur la bonne carte. »*

Ici, il s'agira d'un classement avec, d'une part, une émission d'hypothèses et, d'autre part, les connaissances des enfants, notamment grâce aux récentes activités.

Les différentes activités réalisées au cours de cette période (lecture d'albums, recherche documentaires, séances de langage) permettront par la suite de revenir sur ce classement et de le valider.

Vous pouvez aussi choisir de donner deux grandes cartes par groupe à la place de cartes individuelles.

Ainsi, vous favoriserez les échanges entre pairs.

• Atelier 10 •

La tour la plus haute

Acquérir les premiers outils mathématiques

→ Utiliser le dénombrement pour constituer une collection d'une taille donnée

→ Avoir compris que tout nombre s'obtient en ajoutant un au nombre précédent et que cela correspond à l'ajout d'une unité à la quantité précédente

30'

Matériel

- Cubes ou Lego
- 2 dés avec des constellations de 1 à 3.

Jeu mathématique pour construire des collections avec 2 dés

Disposez au centre de la table un certain nombre de cubes à empiler ou Lego.

Préparez deux dés classiques sur lesquels vous masquez avec des gommettes les constellations 4, 5 et 6 pour les remplacer par les constellations 1, 2 et 3. Ainsi, en lançant les deux dés, les élèves comptent le nombre total de constellations qui vont jusqu'à 6 en tout.

« À tour de rôle, lancez les dés et prenez le nombre total de cubes indiqué. Assemblez-les pour former une tour. »

À la fin du jeu, les élèves comparent les tours obtenues en les posant côte à côte. Celui qui a la plus grande tour remporte le jeu.

Gardez les tours construites intactes pour une activité de langage l'après-midi.

Prolongement : faites une mise en commun des procédures utilisées pour connaitre le nombre total de cubes à prendre. Certains élèves ont compté toutes les constellations des dés une à une, d'autres ont eu recours au surcomptage, enfin quelque-uns ont commencé à aborder les procédures de mémorisation additives : 1 et 2 font 3, 2 et 3, font 5 et 3 et 3 font 6.

Vous pouvez fabriquer un dé en découpant le patron d'un cube sur du papier rigide.

Tracez ensuite les constellations ou chiffres au feutre noir.

• Jour 1 •

Balles brulantes

Collaborer, coopérer, s'opposer

→ **Coopérer, exercer des rôles différents complémentaires, élaborer des stratégies pour viser un but ou un effet commun**

→ **Lancer de différentes façons, dans des espaces et avec des matériels variés, dans un but précis**

Matériel
- Un ballon par enfant
- Cordes ou bancs pour délimiter les camps

Divisez le terrain en deux zones (avec des bancs pour qu'elles soient non franchissables par les équipes) et répartissez-y au sol des ballons.

Divisez la classe en deux équipes, une dans chaque zone.

1. But du jeu

Lancer le plus rapidement possible les balles dans le camp adverse.

2. Déroulement

Consigne : *« Les balles qui sont dans votre camp sont brulantes ; lancez-les dans le camp adverse pour vous en débarrasser. »*

Encouragez les enfants à entrer en action et assurez-vous qu'ils restent dans leur camp. Expliquez qu'il faut éviter de lancer les balles sur les camarades pour ne pas faire mal.

Donnez un signal pour annoncer la fin de la partie en comptant jusqu'à 10, et ainsi permettre aux élèves d'ajuster leurs actions pendant les dernières secondes. Les équipes arrêtent le jeu et comptent la quantité de balles dans chaque camp. L'équipe qui en a le moins remporte la partie.

3. Verbalisation et relance du jeu

Faites asseoir les élèves et déterminez avec eux les stratégies à adopter pour remporter la prochaine partie. *« À quel moment est-il le plus opportun de lancer le plus rapidement les balles ? Comment économiser ses efforts et investir davantage l'espace ? Comment coopérer avec son équipe ? Etc. »* Reprenez le jeu.

Si vous n'avez pas assez de balles pour ce jeu, prenez des sacs de graines ou tout autre matériel que vous avez à l'école et qui pourrait être lancé sans blesser.

• Jour 2 •

La fille du coupeur de paille

Communiquer avec les autres au travers d'actions à visée expressive ou artistique

→ **Construire et conserver une séquence d'actions et de déplacements, en relation avec d'autres partenaires, avec ou sans support musical**

→ **Coordonner ses gestes et ses déplacements avec ceux des autres, lors de rondes et jeux chantés**

Matériel
CD de la chanson ou texte à chanter

Reprenez la séance de la semaine précédente afin de permettre aux élèves de s'approprier la danse.

Variante : *changer la disposition en plaçant les enfants en ligne ou en ronde ; ils devront ainsi adapter leurs déplacements tout en respectant la chorégraphie initiale.*

• Jour 3 •

Parcours d'équilibre

Adapter ses équilibres et ses déplacements à des environnements ou des contraintes variés

→ **Ajuster et enchainer ses actions et ses déplacements en fonction d'obstacles à franchir ou de la trajectoire d'objets sur lesquels agir**

→ **Se déplacer avec aisance et en sécurité dans des environnements variés, naturels ou aménagés**

Doc. 46 – Schéma live!

Même organisation qu'en semaine 1 et dans le schéma (Doc. 46).

• Jour 4 •

Ateliers de saut

Agir dans l'espace, dans la durée et sur les objets

→ **Sauter de différentes façons, dans des espaces et avec des matériels variés, dans un but précis**

→ **Ajuster et enchainer ses actions et ses déplacements en fonction d'obstacles à franchir**

Doc. 47 – Schéma live!

Reprenez la même organisation avec les ateliers de saut détaillés en semaine 1 et dans le schéma (Doc. 47).

20'

• Jour 1 •

Recherche documentaire sur la Russie

Mobiliser le langage dans toutes ses dimensions
→ Manifester de la curiosité par rapport à l'écrit
→ Pratiquer divers usages de la langue orale : raconter, expliquer, questionner, proposer des solutions

Complétez votre bibliothèque de classe en y dissimulant différents albums, documentaires sur la Russie. N'hésitez pas à en emprunter auprès de vos collègues, à la BCD et à la bibliothèque municipale.

Consigne : *« Recherchez des livres qui pourraient parler de la Russie. Rapportez-les au coin regroupement. »*

Envoyez les enfants par petits groupes au coin bibliothèque. Une fois tous les albums ou documentaires récoltés, faites justifier les choix : couleurs de la couverture, mots reconnus, symboles de la Russie, illustrations... Validez en lisant les titres et le résumé de la quatrième de couverture. Terminez par la découverte de contes russes (à poursuivre tout au long des prochaines semaines).

Voici une proposition d'albums incontournables sur la Russie :
– Taï Marc Lethanh, *Babayaga*, Gauthier-Languereau.
– Sandra Nelson, *Matriochka*, Flammarion.
– Léo Tolstoï, *Philipok*, Gauthier-Languereau.
– Sophie Pavlosky, *Olga, la petite Matriochka*, Nathan.
– Robert Guiraud, *Macha et l'Ours*, Flammarion.

• Jour 2 •

Des mots dans une langue étrangère

Mobiliser le langage dans toutes ses dimensions
→ S'éveiller à la diversité linguistique

Au cours des séances de musique et chant, vous ferez découvrir à vos élèves les sonorités de la langue russe par l'écoute répétée de phrases parlées, chansons et comptines. Vous pouvez d'ailleurs vous procurer l'album *Comptines et Berceuses de Babouchka* aux éditions Didier jeunesse.
Par ailleurs, certains de vos élèves ont des origines étrangères ou sont capables de citer quelques mots dans une autre langue que le français. Laissez-les partager leurs connaissances linguistiques avec les camarades ! Ils peuvent apprendre à l'ensemble de la classe à dire quelques petits mots, tels que *bonjour, merci, au revoir...* .

• Jour 3 •

Les poupées russes

Explorer le monde
→ Savoir désigner des outils et des matériaux adaptés à une situation, à des actions techniques spécifiques
→ Observer, décrire,comprendre le fonctionnement d'objets

Apportez plusieurs séries de poupées russes appelées aussi matriochkas ou faites un appel aux familles pour vous en prêter.
Présentez-les de manière progressive en demandant à un enfant de les ouvrir. Alignez-les et faites-les ranger dans l'ordre croissant. Demandez ensuite aux enfants de les décrire : matière, couleurs, type de personnage représenté, graphisme ou dessin apparaissant.
Notez aussi qu'elles sont identiques physiquement (même visage, même dessins sur le tablier...)
Expliquez enfin aux élèves que les matriochkas représentent traditionnellement la famille. La plus grande étant la mère (on remarque d'ailleurs qu'elle est maquillée, contrairement aux autres poupées), la plus petite le bébé, et les autres probablement les autres membres de la famille.
Laissez ces lots de poupées en libre accès à l'accueil. Les élèves pourront ainsi les manipuler et comprendre le principe d'emboitement du plus petit au plus grand.

> **Vous pouvez compléter vos poupées russes par des photos d'autres modèles (recherche dans la partie images sur Internet) afin que les élèves retrouvent la régularité de ce type d'objets.**

• Jour 4 •

Débat philo : « Que nous apporte la musique ? »

Mobiliser le langage dans toutes ses dimensions
→ Pratiquer divers usages de la langue orale : raconter, expliquer, questionner
→ Discuter un point de vue

Demandez aux élèves de vous rappeler les règles du débat philo, puis proposez cette question qui fera écho à l'étude du conte musical *Pierre et le Loup* et l'écoute de divers instruments : *Que nous apporte la musique ?*

• Atelier 11 •

Jeu phono sur la Russie

Mobiliser le langage dans toutes ses dimensions
→ Distinguer et manipuler des syllabes (dénombrer, coder)
→ Discriminer les sons
→ Acquérir et développer la conscience phonologique

30' Doc. 26 et 54 Nathan live!

Matériel
- Planches phono (Doc. 26)
- Images de Russie (Doc. 54)
- Des jetons ou des bouchons

Reconnaitre la syllabe initiale d'un mot

Imprimez en plusieurs exemplaires et plastifiez des planches phono vierges (Doc. 26) ou reprenez celles que vous avez utilisées en période 1 (phono des prénoms et phono d'Afrique).

Découpez ensuite les photos de la Russie (Doc. 54) et placez-les avec de la Patafix sur la première case de chaque ligne des planches.

1. Scander les syllabes

Présentez les planches en faisant nommer chaque image et en faisant scander le nombre de syllabes de chacun des mots. En cas d'erreur, faites frapper les syllabes avec les mains en les décomposant une à une pour aider vos élèves.

Donnez une planche phono à chaque élève.

Consigne : *« Compte le nombre de syllabes des mots de ta planche et place la même quantité de jetons. »*

Échangez ensuite les planches.

2. Retrouver la syllabe initiale

Pour chaque mot, demandez aux enfants de trouver la syllabe initiale. À tour de rôle, ils l'énoncent et vous essayez ensemble de trouver si on entend cette syllabe dans d'autres mots des planches phonos ou dans des prénoms de la classe. Par exemple « chapka » : CHA comme « chat » mais aussi « Charles » ou encore « Russie » : « RU » comme dans « ruban », « rue »...

Donnez enfin une syllabe modèle à retrouver sur la planche phono et demandez aux enfants de mettre un jeton sur celle-ci. Par exemple : « KA », on la retrouve dans « chapka » et « matriochka ». Ils doivent aussi vous dire si c'est la syllabe initiale de leur mot ou pas.

Échangez ensuite les planches.

• Atelier 12 •

Puzzle de couverture

Explorer le monde
→ Orienter et utiliser correctement une feuille de papier, un livre ou un autre support d'écrit, en fonction de consignes, d'un but ou d'un projet précis

30'

Matériel
- Fiches de la couverture de l'album avec des lignes courbes
- Assiettes ou barquettes
- Ciseaux, colle
- Album au choix ou reproduction de la couverture de celui-ci

Réaliser un puzzle de couverture d'album.

Choisissez une couverture d'un album lu en classe sur le thème de la Russie ou prenez la pochette du CD de *Pierre et le Loup* que vous aurez choisi et faites les fiches de puzzle de couverture.
Pour varier des formes de puzzles aux lignes droites, vous pouvez en réaliser un avec des lignes courbes sous Word. Pour cela, créez un tableau avec une ligne, une colonne, insérez-y une image de la couverture de l'album souhaité (en la copiant-collant à partir d'un moteur de recherche sur Internet), et ajustez-la au cadre. Puis allez dans « insertion », « formes », « arc » et apposez les courbes souhaitées sur l'image et dans le cadre.

Laissez à disposition l'album original et faites décrire la couverture : emplacement du titre, nom de l'auteur....
Les élèves découpent le puzzle, le mélangent et reconstituent la couverture.

Ceux qui ont des difficultés pourront avoir une photocopie de la couverture intégrale, sur laquelle ils poseront les pièces.

Vous leur proposerez par ailleurs de s'entrainer davantage sur de vrais puzzles.

Lors de séances de découpage, prévoyez pour chaque enfant une assiette ou une petite barquette pour déposer les formes, étiquettes découpées et ainsi ne pas les perdre.

20'

• Jour 1 •

Lecture d'album sur la Russie

Mobiliser le langage dans toutes ses dimensions

→ **Comprendre des textes écrits sans autre aide que le langage entendu**

→ **Manifester de la curiosité par rapport à l'écrit**

Choisissez un ou deux albums sur le thème de la Russie (cf. propositions dans les séances du matin) que vous étudierez plus précisément.

Voici quelques pistes d'exploitation pour la lecture en différentes étapes :

- **Découverte de l'album :** 1re et 4e de couverture, titre auteur, illustration, émission d'hypothèses sur le thème de l'album, échanges.
- **Première lecture par épisodes** en prenant appui sur les illustrations : quelles informations donnent les illustrations, le texte ? Anticiper la suite de l'histoire.
- **Travail sur le vocabulaire spécifique :** les costumes traditionnels, les poupées russes, les ours, le froid...
- **Mise en réseau** : lire d'autres albums et faire le lien entre les différentes lectures sur le même thème.

• Jour 2 •

Retour sur le jeu des tours

Acquérir les premiers outils mathématiques

→ **Évaluer et comparer des collections d'objets avec des procédures numériques ou non numériques (perception immédiate, correspondance terme à terme, etc.)**

Reprenez les tours réalisées lors de l'atelier 10.

Installez-les côte à côte, faites-les comparer, puis ranger de la plus grande à la plus petite. Faites compter le nombre d'éléments dans chaque tour. Écrivez la quantité de chacune d'elle sur des morceaux de papier que vous poserez en face.

Comparez ensuite la taille des tours et mettez-la en lien avec la quantité de cubes : plus la tour est haute, plus le nombre de cubes est important.

Faites ranger les tours dans l'ordre croissant cette fois, en faisant remarquer la suite des nombres. En comparant avec la bande numérique de la classe, montrez que plus, on va vers la droite, plus le nombre augmente et plus la tour est haute.

• Jour 3 •

Quelques mots en russe

Mobiliser le langage dans toutes ses dimensions

→ **S'éveiller à la diversité linguistique**

→ **Prendre conscience que la communication peut passer par d'autres langues que le français**

Le russe étant une langue que les enfants entendent peu souvent, l'apprentissage de petits mots les sensibilisera aux différentes sonorités de la langue.

Voici quelques mots ou expressions en russe que vous pourrez faire répéter et apprendre en mimant les gestes (en cas de doute, vous retrouverez la prononciation et l'intonation sur Internet).

– *Driviet* : bonjour

– *Dasvidania* : au-revoir

– *Kak delà ?* : comment ça va ?

– *Eto budet khorosho* : ça va bien

– *Eto ne ochen' khorosho* : ça ne va pas bien

Faites ensuite un petit jeu théâtral : par groupe de deux les enfants se diront bonjour...

• Jour 4 •

Pierre et le Loup : personnages et instruments

Agir, s'exprimer, comprendre à travers les activités artistiques

→ **Parler d'un extrait musical et exprimer son ressenti ou sacompréhension en utilisant un vocabulaire adapté**

→ **Explorer des instruments**

Doc. 50 live!

Après plusieurs écoutes, reprenez les images des personnages de *Pierre et le Loup* et celle des instruments (Doc. 50), affichez-les au tableau et faites-les nommer.

Consigne : *« Vous allez écouter le conte de* Pierre et le Loup *et vous allez ensuite essayer d'associer chaque personnage à son instrument. »*

Une fois le conte terminé, laissez-les vous donner leurs réponses et affichez en associant les deux images correspondantes (personnages/instruments). Réécoutez le conte musical pour valider.

Autour des artistes petits et grands

Organisation : séances 5 et 6 en ateliers avec une rotation de deux groupes sur la matinée.
Séances 7 et 8 en grand groupe.

• Séance 5 •

Puzzles d'œuvres d'art (2)

Acquérir les premiers outils mathématiques
→ **Reproduire un assemblage à partir d'un modèle (puzzle, pavage, assemblage de solides)**
→ **Se familiariser avec des reproductions d'œuvres d'art**

Matériel
Reproduction d'œuvres d'art en puzzle

Reprenez l'organisation de la séance 2 en assurant une rotation des groupes.

Prenez en photo les différents puzzles de la classe. Faites un montage de telle sorte que toutes les photos tiennent sur une seule feuille. Photocopiez-la pour chaque élève. À chaque fois qu'un enfant parviendra à réaliser un nouveau puzzle ou encastrement, il collera une gommette à côté de la photo du puzzle en question. Cette fiche vous servant ainsi d'évaluation.

• Séance 6 •

Un fond bleu, quelque chose de rouge et de noir (2)

Agir, s'exprimer, comprendre à travers les activités artistiques
→ **Choisir différents outils, médiums, supports en fonction d'une consigne et les utiliser en adaptant son geste**
→ **Pratiquer le dessin en inventant**

Matériel
- Feuilles A3 cartonnées
- Gouaches bleu, noire et rouge
- Pinceaux

Reprenez l'organisation de la séance 3 en assurant une rotation des groupes.

• Séance 7 •

Retour sur atelier : un fond bleu...

Mobiliser le langage dans toutes ses dimensions
→ **Pratiquer divers usages de la langue orale : raconter, expliquer, questionner, proposer des solutions**
→ **Comparer différentes productions**

Affichez quelques productions de fond bleu réalisées en séance 3 et amenez les enfants à s'exprimer autour de celles-ci en décrivant ce qu'ils ont imaginé. Comparez les productions entre elles : que représente pour chacun le fond bleu ? Quelle couleur est dominante ? Etc. Enfin, demandez à chacun de choisir un titre pour sa réalisation.
En semaine 3, vous présenterez une reproduction de l'œuvre de Joan Miró, *Bleu II* pour faire le lien avec ces productions.

• Séance 8 •

Les statues de Keith Haring

Communiquer avec les autres au travers d'actions à visée expressive ou artistique
→ **Proposer des solutions dans des situations de projet, de création, de résolution de problèmes, avec son corps**

Matériel
- Des reproductions A5 de différents personnages des œuvres de Keith Haring
- Un tambourin ou musique au choix

1. Reprenez d'abord le jeu des statues détaillé en période 1, semaine 1. Proposez aux enfants d'imiter les poses des personnages de Keith Haring découvertes la semaine précédente. Laissez-les agir librement et se remémorer les positions de chacun d'eux.
2. Imprimez les silhouettes de Keith Haring des œuvres vues en séance 1, découpez-les de manière à avoir une seule silhouette par page. Présentez-en une, faites la décrire et remettez la musique (ou jouez du tambourin). Lorsque celle-ci s'arrête, chaque élève doit réaliser la pose de la silhouette présentée. Poursuivez avec d'autres silhouettes de plus en plus complexes.
3. Enfin, divisez la classe en 4 groupes et attribuez à chacun une image silhouette par tirage au sort. Chaque groupe se produit à tour de rôle devant les autres qui sont spectateurs et juges. Il se verra attribuer une note de réussite (1 point) si la pose de tous les élèves correspond bien à la silhouette présentée.

Semaine 3

	Lundi	Mardi	Jeudi	Vendredi	Demi-journée thématique
8 h 20 Accueil	**Même organisation pour les étiquettes**				
8 h 40 Rituels	**Appel :** Doubler la syllabe initiale du prénom **Découvrir les nombres :** *Même organisation* **Repérage dans le temps :** Jours de la semaine				
9 h Univers sonores	**Chansons et comptines au choix**				
9 h 10 Ateliers Rotation des groupes sur les ateliers de la semaine	**Atelier 13 : La course des Lego** – Jeu de piste sur les quantités de 1 à 6 **Atelier 14 : Création de poupées russes (1/2)** – Créer en volume **Atelier 15 : Memory de Pierre et le Loup** – Associer les instruments aux personnages **Atelier 16 : Des cubes de 1 à 6** – Lire les nombres de 1 à 6 et représenter les quantités correspondantes				**24 séances autour des artistes, petits et grands** – *Bleu* de Miró – Tour Eiffel avec des points – Tour Eiffel en volume
9 h 45	**Rangement et bilan des ateliers**				
10 h L'activité physique	**Ballon vole** Jeux de ballon	**Jeu du miroir** Rondes et jeux dansés	**Parcours d'équilibre** Se déplacer sur des milieux instables	**4 ateliers de saut** Reprise	**Accrosport** Réaliser des figures d'équilibre
10 h 30	Récréation				
11 h Langage/Lecture	**La lecture erronée** Restituer et justifier une trame narrative	**Des ponts célèbres** Reconnaitre des ponts et des coupes	**L'alphabet cyrillique** Différent du nôtre : quelques exemples	**Débat philo** Que signifie être gentil ou méchant ?	**Lecture plaisir**
11 h 30	**Sortie/déjeuner**				
13 h 30	**Écoute musicale, chant, lecture plaisir…**				
14 h Ateliers Rotation des groupes sur les ateliers de la semaine	**Atelier 17 : Jeu de l'oie *Pierre et le Loup*** – Progresser sur une piste de jeu mathématique **Atelier 18 : Loto des nombres** – Jeu mathématique **Ateliers libres**				
14 h 50	**Récréation**				
15 h 20 Langage/Lecture	**Le drapeau russe / le drapeau français** Définition, couleurs, formes…	**Phono de la Russie** Jeu sur les syllabes	**Es-tu russe ?** Formuler des phrases négatives	**Reformuler une histoire** Trame narrative, personnages	
15 h 45	Sortie				

• Accueil •

Mobiliser le langage dans toutes ses dimensions
→ Distinguer et manipuler des syllabes
→ Réaliser une tâche autonomie

Même organisation pour les étiquettes de présence que la semaine précédente : retrouver la syllabe initiale de son prénom (le reste du prénom est masqué par un Post-it).
Sur les tables : dessin libre, jeux autonomes ou réinvestissement du matériel de la semaine précédente (La tour la plus haute, phono de la Russie).

• Rituels •

20'

Appel

Mobiliser le langage dans toutes ses dimensions
→ Distinguer et manipuler des syllabes : scander, découper des syllabes orales
→ Discriminer des sons (syllabe initiale)

Poursuivez le travail sur la syllabe initiale du prénom au moment où vous ferez l'appel.
Pour identifier et isoler cette syllabe, demandez à chaque élève de dire son prénom une première fois en le scandant oralement (MA/RINE), puis une seconde fois en doublant la syllabe initiale. Exemple : QUEN/QUEN/TIN (Quentin) ! MA/MA/RINE (Marine).
Vous pouvez accompagner le doublage de la syllabe initiale par un frappé de mains ou des instruments et ainsi chanter les prénoms.
Les jours suivants, faites participer l'ensemble de la classe pour doubler les syllabes de chaque prénom.

Découvrir les nombres

Acquérir les premiers outils mathématiques
→ Connaitre la suite numérique
→ Dénombrer des quantités

Même organisation que les semaines précédentes.

Repérage dans le temps

Explorer le monde
→ Repérer les événements dans la journée, la semaine et le mois
→ Se repérer sur un calendrier

Chaque jour, un élève déplace le curseur du jour de la semaine et écrit la date en majuscules d'imprimerie (les étiquettes du Doc. 7 servent de modèle).
Complétez la date en ajoutant le quantième, le mois et l'année.

• Univers sonores •

Agir, s'exprimer, comprendre à travers les activités artistiques
→ Avoir mémorisé un répertoire varié de comptines et de chansons et les interpréter de manière expressive
→ S'éveiller à la diversité linguistique

10' Doc. 50 Nathan live!

Chant

Faites remarquer aux enfants que certaines chansons et mélodies ont un caractère universel et sont présentes dans le monde dans diverses langues. Peut-être que certains peuvent chanter devant la classe *Joyeux anniversaire* dans d'autres langues.

« Frère Jacques » est une comptine traditionnelle courte et simple que vous pouvez faire apprendre en russe à vos élèves. La mélodie reste la même (vous pourrez retrouver les chants sur Internet pour être sûr de la prononciation) ; voici les textes :

« Bratez Jakow » *(« Frère Jacques » en russe)*

Bratez Jakow
Bratez Jakow
Spish li ti, spish li ti ?
Slishish zwon na bashne, slishish zwon na bashne
Dind dang dong, ding, dang, dong

« Are you sleeping ? » *(« Frère Jacques » en anglais)*

Are you sleeping, are you sleeping ?
brother John, brother John ?
Morning bells are ringing, morning bells are ringing
ding ding dong, ding ding dong

« Bruder Jacob » *(« Frère Jacques » en allemand)*

Bruder Jakob, Bruder Jakob
Schläfst du noch ? Schläfst du noch ?
Hörst du nicht die Glocke, Hörst du nicht die Glocke
Bim bam bum, bim bam bum.

Reprise de *Pierre et le Loup*

Reprenez l'écoute fractionnée de *Pierre et le Loup* en faisant associer les personnages et les instruments à l'aide des illustrations du Doc. 50.

• Atelier 13 •

La course des Lego

Acquérir les premiers outils mathématiques

→ **Réaliser une collection dont le cardinal est compris entre un et dix**

→ **Lire les nombres écrits en chiffres jusqu'à six**

→ **Évaluer et comparer des collections d'objets avec des procédures numériques ou non numériques (perception immédiate, correspondance terme à terme, etc.)**

30' Doc. 55 live!

Matériel
- Planches de jeu du doc 55
- Dé avec des constellations de 1 à 6
- Lego ou cubes à empiler

Réaliser des collections de 1 à 6 dans un jeu mathématique

1. Présentation des tours témoins et du jeu

Posez sur une table un grand bac avec des Lego et présentez le jeu de piste du Doc. 55 que vous aurez assemblé et plastifié. Faites remarquer les cases avec les codages : flèche verte vers le haut, on gagne des lego et flèche rouge vers le bas, on en perd.

Préparez ensuite aussi des tours témoins de 1 à 6 Lego et demandez aux élèves d'écrire sur un morceau de papier l'écriture chiffrée de chaque quantité. Ces tours serviront pour la validation de la lecture des nombres et de la collection réalisée. En effet, lorsqu'ils gagneront, par exemple 4 Lego, ils pourront vérifier la quantité prise en apposant leur collection à côté de la tour témoin du 4. Si elles sont de la même taille, la collection est réussie.

2. Le jeu : la course des lego

Pour démarrer le jeu, les élèves reçoivent chacun 6 Lego de la couleur de leur choix et les assemblent en tour qui fera office de pion.

À tour de rôle, chacun se place sur la case départ, lance le dé et avance sa tour de Lego de la quantité indiquée. Lorsqu'il tombe sur une case verte, il gagne le nombre de Lego annoncé, sur une case rouge, il en perd.

Le jeu s'arrête lorsque tous les élèves sont sur la case « arrivée ». Ils comparent leurs tours : celui qui a la plus haute remporte la partie.

Vous accompagnez les élèves dans la reconnaissance des constellations du dé et la progression sur la piste de jeu.

> Personnalisez ce jeu en faisant décorer un fond cartonné avec des empreintes de Lego. Collez ensuite, le jeu de piste que vous pourrez réutiliser tout au long de l'année avec des variantes : jouer avec deux dés pour construire des collections plus importantes, additionner des quantités, utiliser un dé avec l'écriture chiffrée ? Etc.

• Atelier 14 •

Création de poupées russes

Explorer le monde

→ **Réaliser des constructions simples en fonction d'instructions de montage**

→ **Choisir, utiliser et savoir désigner des outils et des matériaux adaptés à une situation, à des actions techniques spécifiques (plier, couper, assembler)**

30' Doc. 56 et 57 – Galerie photo live!

Matériel
- Gabarits des poupées russes (Doc. 56 à imprimer)
- Ciseaux
- Crayons à papier, gomme
- Feutres noirs, crayons de couleur

Réaliser une production en volume

Rappelez la séquence d'observation des matriochkas de la semaine précédente (éléments du visage, tablier, nombres, couleurs, similitudes) et présentez les gabarits du Doc. 56 aux élèves et un modèle de réalisation achevée, que vous aurez préparé à l'avance.

Faites décrire et anticiper les différentes étapes de fabrication à partir d'un questionnement : « *Comment pourriez-vous réaliser des poupées russes avec les trois formes du document ? Quelles sont les différentes étapes à réaliser ? À quoi faudra-t-il veiller pour considérer que ces poupées sont de la même famille ? Etc.* »

Après cette phase de recherche et d'émission d'hypothèses, validez les étapes de fabrication :
- découpez les trois formes qui représenteront les trois poupées de différente taille ;
- situez l'emplacement des tracés à réaliser (le visage et tablier à fleurs) en prenant en compte que le papier sera enroulé à la fin ;
- dessinez au crayon de papier puis repassez les contours au feutre fin noir ;
- coloriez aux crayons de couleur.

Les trois poupées doivent être identiques.

Une fois les poupées terminées, assemblez-les en les agrafant au dos. Elles doivent pouvoir ensuite s'emboiter de la plus grande à la plus petite.

Vous pouvez commander des matriochkas en bois vierge sur des sites de loisirs créatifs. Peignez le fond à l'acrylique et réalisez les tracés avec des feutres Posca ou autres marqueurs fins.

• Atelier 15 •

Memory *Pierre et le Loup*

Explorer le monde

→ **Situer des objets par rapport à soi, entre eux, par rapport à des objets repères**

30' Doc. 50 live!

Matériel

- Memory de *Pierre et le Loup* (Doc. 50) à imprimer en 2 ex.
- Fiche référence fabriquée (Doc. 58)

Retrouver des paires : personnages/instruments

Placez les élèves en binômes (ou par 3 si le nombre est impair) et imprimez le Doc. 50 pour chaque groupe.

La règle du Memory classique

Faites formuler la règle par les élèves qui la connaissent : des cartes en double sont placées sur la table faces cachées; on en retourne deux; lorsqu'elles sont identiques, on les gagne. Lorsqu'elles sont différentes, on les replace au même endroit en tentant de mémoriser la position. Celui qui remporte le plus de cartes gagne la partie.

C'est un jeu qui permet de développer l'attention car il implique de visualiser la position des cartes pour retrouver les paires, mais c'est aussi un outil pour consolider, de manière ludique, les apprentissages.

La règle du Memory *Pierre et le Loup*

Dans le jeu proposé, les paires ne seront pas constituées par deux cartes identiques, mais de deux associations à partir des éléments du conte : chaque personnage est associé à un instrument.

La fiche référence du Doc. 58, que vous distribuerez à chaque binôme, permettra une validation autonome au cours du jeu.

• Atelier 16 •

Des cubes de 1 à 6

Acquérir les premiers outils mathématiques

→ **Lire les nombres écrits en chiffres**

→ **Quantifier des collections jusqu'à six ; les composer et les décomposer par manipulations effectives**

30' Doc. 59 live!

Matériel

- Doc. 59 pour chaque élève
- Crayons de papier
- Crayons de couleur

Lire les nombres de 1 à 6 et représenter les quantités correspondantes

En atelier 10, les élèves ont joué au jeu de la tour la plus haute. Il s'agissait de construire des collections de cubes après avoir lancé deux dés et recherché la quantité globale indiquée par ceux-ci.

Pour évaluer cette activité qui était réalisée en autonomie, présentez la fiche du Doc. 59 avec les deux colonnes tracées : sur la première sont dessinés deux dés avec des constellations 1 à 3, sur la seconde, il n'y a rien.

Assurez-vous que les élèves repèrent bien le sens de la lecture du tableau : ligne par ligne.

Faites émettre des hypothèses sur la consigne et lisez-la : *« Dans chaque ligne, dessine la quantité totale de cubes indiquée par les deux dés. »*

Lorsqu'ils ont terminé, ils peuvent colorier leur assemblage.

• Jour 1 •

Ballon vole

Agir dans l'espace, dans la durée et sur les objets
→ Lancer de différentes façons, dans des espaces et avec des matériels variés, dans un but précis
→ Ajuster et enchainer ses actions et ses déplacements en fonction de la trajectoire d'objets sur lesquels agir

Matériel
- 1 ballon de baudruche par élève
- 1 musique au choix (ou tambourin)

Préparez à l'aide d'un gonfleur des ballons de baudruche pour toute la classe. Si vous n'avez pas assez de matériel, faites évoluer les élèves deux par deux.

1. Appropriation du matériel

Les élèves jouent librement avec un ballon sans aucune consigne.

Observez les actions, encouragez et incitez les plus réservés à entrer dans l'action.

2. Investir tout le corps

Au signal, les élèves s'assoient. Interrogez-les pour pouvoir diversifier les actions : «*Avec quoi faites-vous voler votre ballon ? Quelles autres parties du corps pourriez-vous utiliser ?*» Laissez les élèves s'exprimer puis formulez la consigne : «*Faites voler votre ballon en utilisant différentes parties du corps. Il y a une contrainte : votre ballon ne devra pas tomber au sol !*»

3. Investir tout l'espace

Invitez les élèves à se déplacer d'un point à un autre de la salle pour investir l'espace. Ils devront continuer à mobiliser les différentes parties du corps pendant les déplacements.

4. Jeu en équipes

Divisez la classe en quatre groupes, un ballon par équipe qui devra faire voler son ballon sans qu'il ne touche le sol au son d'une musique.

• Jour 2 •

Jeu du miroir

Agir, s'exprimer, comprendre à travers les activités artistiques

Matériel
Une musique au choix

Reprenez le jeu de miroir proposé en période 1.

1. Les élèves se placent en binôme face à face. Mettez une musique lente, un élève sera le meneur et fera des gestes lents sans quitter des yeux son camarade. Ce dernier est son miroir et doit reproduire les mêmes gestes.
2. Faites une phase de verbalisation pour amener les élèves à enrichir leur répertoire : utiliser différentes parties du corps, investir l'espace, développer les expressions du visage, etc.
   Pour développer chaque élément, donnez des contraintes de mouvement : ne bouger que le visage pendant un temps, faire des gestes amples, etc.
3. Variez le mouvement avec une musique plus rapide.

• Jour 3 •

Parcours d'équilibre

Adapter ses équilibres et ses déplacements à des environnements ou des contraintes variés
→ Ajuster et enchainer ses actions et ses déplacements en fonction d'obstacles à franchir ou de la trajectoire d'objets sur lesquels agir
→ Se déplacer avec aisance et en sécurité dans des environnements variés, naturels ou aménagés

Doc. 46 – Schéma Nathan live!

Même organisation qu'en semaine 1.

• Jour 4 •

Ateliers de saut

Agir dans l'espace, dans la durée et sur les objets
→ Sauter de différentes façons, dans des espaces et avec des matériels variés, dans un but précis
→ Ajuster et enchainer ses actions et ses déplacements en fonction d'obstacles à franchir

Doc. 47 – Schéma Nathan live!

Reprenez la même organisation avec les ateliers de saut détaillés en semaine 1 et dans le schéma Doc. 47.

20'

• Jour 1 •

La lecture erronée

Mobiliser le langage dans toutes ses dimensions
→ **Comprendre des textes écrits sans autre aide que le langage entendu**
→ **Pratiquer divers usages de la langue orale : raconter, expliquer, questionner, proposer des solutions**

Choisissez un album que les élèves connaissent bien et relisez-le lentement en y ajoutant des erreurs importantes sur le contenu, sans prévenir les élèves.
Ex. : « Babayaga est une *princesse* qui n'avait que *trois* dents... Tout le monde se moquait d'elle et elle était devenu très *gentille*... »
Vous verrez que vos élèves se prêteront au jeu en vous interrompant pour vous corriger et vous donner la réelle version de l'histoire. N'hésitez pas à théâtraliser vos lectures et vos erreurs « incontrôlées » !

• Jour 2 •

Des ponts célèbres

Mobiliser le langage dans toutes ses dimensions
→ **Identifier des tracés graphiques conduisant à l'écriture**

Affichez au tableau des photos de ponts célèbres avec arcades tels que le Pont-du-Gard, le Pont-Neuf...
Les enfants viennent au tableau suivre le tracé des arcades avec le doigt.
Invitez-les à dessiner dans l'air des ponts avec des gestes amples, tout en verbalisant l'action.
Tracez un pont au tableau ou sur une petite ardoise en insistant sur le sens d'écriture de celui-ci (de la gauche vers la droite).
Montrez aux enfants les lettres en cursives qui contiennent des ponts : m, n, p. Pensez à différencier pont et coupe (coupe inverse de pont par symétrie) : u, v, w, y. Suivre avec le doigt le tracé d'un pont et celui d'une coupe.
À tour de rôle, un élève vient tracer des ponts puis des coupes au tableau par-dessus ou par-dessous les aimants posés sur une feuille blanche. Observez les deux tracés et laissez les élèves commenter et comparer avec les lettres en cursive et les affiches des ponts célèbres.

Cette séance introduira le travail sur ce tracé, détaillé en atelier 23.

• Jour 3 •

L'alphabet cyrillique

Mobiliser le langage dans toutes ses dimensions
→ **Manifester de la curiosité par rapport à l'écrit**
→ **Pratiquer divers usages de la langue orale : raconter, expliquer, questionner, proposer des solutions**
→ **S'ouvrir à la diversité culturelle**

Doc. 60 Nathan live!

Affichez au tableau l'alphabet russe (Doc. 60). Aussi appelé alphabet cyrillique, il contient 33 lettres ou signes.

Demandez aux enfants s'ils reconnaissent des éléments dans le document affiché, comme les lettres en majuscules identiques ou quasi identiques (R à l'envers). Laissez-les s'exprimer, comparer avec notre alphabet...

Imprimez au format A3 et découpez la liste de mots en russe et en français du Doc. 61. Affichez les étiquettes au tableau : « *Reconnaissez-vous les mots en français et ceux en Russe ? Comment ?* » Demandez aux enfants de les classer en deux colonnes au tableau (fixez les étiquettes avec de la Patafix), puis lisez les mots en français.

« *Ce sont les mêmes mots mais dans les deux langues, peut-on deviner de quel mot il s'agit ?* » Faites venir les enfants au tableau pour faire des propositions et essayer d'associer les mots français aux mots russes.

Validez les émissions d'hypothèses en faisant correspondre les mots en français avec les mots en russe et montrez que certaines lettres se ressemblent (le a, le o), d'autres pas du tout (le f : Ф ; le p : П ; le s : С).

• Jour 4 •

Débat philo : *Que signifie être gentil ou méchant ?*

Mobiliser le langage dans toutes ses dimensions
→ **Pratiquer divers usages de la langue orale : raconter, expliquer, questionner**
→ **Discuter un point de vue**

Demandez aux élèves de vous rappeler les règles du débat philo, puis proposez cette question : « *Que signifie être gentil ou méchant ?* »

• Atelier 17 •

Jeu de l'oie
Pierre et le Loup

Acquérir les premiers outils mathématiques

→ **Utiliser le nombre pour exprimer la position d'un objet dans un jeu**

→ **Se déplacer sur une piste de jeu en suivant la suite numérique**

30' Doc. 62 live!

Matériel

- **Jeu de l'oie à imprimer et agrandir (Doc. 62)**
- **Dé**
- **Pions (de la classe ou bouchons et gommettes)**

Progresser sur une piste de jeu de l'oie

1. Préparation du matériel

Imprimez le jeu de l'oie du Doc. 62, agrandissez à la photocopieuse en format A3 et collez-le sur un support rigide (carton ou plaque de contreplaqué).

À chaque élève du groupe, attribuez un jeton de couleur, que vous pouvez constituer en collant, par exemple, des gommettes de couleur sur des bouchons de bouteilles.

2. Appropriation du matériel et règle du jeu

Laissez les élèves découvrir, manipuler librement le matériel et donner leurs impressions.

Puis faites décrire la planche et émettre des hypothèses sur la règle : « *Connaissez-vous ce type de jeu ? Que voit-on dessus ? À quoi cela peut-il correspondre ? À quoi vont servir vos jetons ? A votre avis, comment pourrait-on y jouer ?* »

Validez enfin la règle en lisant les informations données sur la planche de jeu.

3. Règle du jeu

Tous les joueurs se placent sur la case départ et lancent le dé à tour de rôle. Ils avancent du nombre de cases indiqué par le dé. Lorsqu'ils tombent sur certaines cases (loup, canard...), des actions écrites sur la planche du jeu sont à effectuer (retour à la case départ, avancer à une case définie, reculer, etc.).

Le premier qui arrive à la case 31 gagne le jeu.

Assurez-vous qu'ils avancent leur pion en même temps qu'ils énoncent la suite numérique. Rappelez aussi qu'ils doivent commencer à compter dans la case qui suit celle où le pion est initialement posé. Au cours du jeu, lisez le chiffre indiqué sur la case où leur pion arrive (de 1 à 31) et donnez les informations écrites pour les actions à réaliser.

Variantes

Changer le dé en apposant des gommettes sur chaque face et en y inscrivant l'écriture chiffrée des nombres de 1 à 6.

Jouer avec deux dés comportant chacun des constellations de 1 à 3. Les élèves travaillent ainsi les structures additives de 1 à 6.

• Atelier 18 •

Loto des nombres

Acquérir les premiers outils mathématiques

→ **Lire les nombres écrits en chiffres de 1 à 6**

30' Doc. 45 live!

Matériel

- **Planches de loto (Doc. 45)**
- **Cartes nombres**
- **Sac opaque**

Lire les chiffres de 1 à 6

Reprenez le jeu de loto, découvert en atelier 2 de la semaine 1 pour permettre aux élèves de continuer à s'exercer en autonomie et consolider leur apprentissage.

Dans cet atelier, placez les cartes nombres dans un sac opaque pour que chaque élève pioche à tour de rôle. Il la pose ensuite face visible sur la table et l'élève le plus rapide à citer le nombre remporte cette carte (s'il figure sur sa planche).

La validation de la lecture des nombres se fera par l'ensemble du groupe. Si un élève se trompe en lisant un nombre, il le replace dans le sac et le jeu se poursuit.

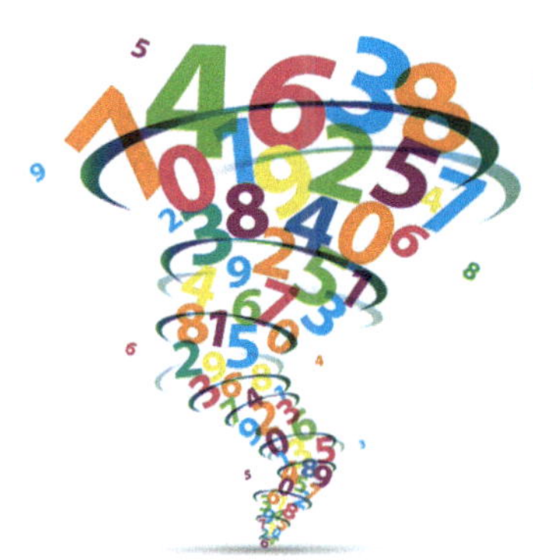

20'

• Jour 1 •

Le drapeau russe / Le drapeau français

Mobiliser le langage dans toutes ses dimensions
→ **Pratiquer divers usages de la langue orale : raconter, expliquer, questionner, proposer des solutions, discuter un point de vue**
→ **Découvrir les symboles de différents milieux culturels**

Imprimez en couleur un drapeau français et un drapeau russe et demandez aux enfants de les comparer : couleurs, tracés, disposition, différence.

Faites remarquer que, dans le drapeau français, les couleurs sont présentées à la verticale alors que sur le drapeau russe c'est à l'horizontale, montrez avec votre doigt l'alignement sur le drapeau en même temps.

Expliquez aussi que le drapeau est un symbole parmi d'autres d'un pays. Demandez-leur s'ils en ont déjà vu et où. En France, il est dressé au dessus des institutions (écoles, mairie, bureau de police...).

Vous pouvez présenter d'autres drapeaux à comparer.

• Jour 2 •

Phono de la Russie

Mobiliser le langage dans toutes ses dimensions
→ **Discriminer des sons (syllabes)**
→ **Distinguer et manipuler des syllabes (isoler, allonger la syllabe initiale)**

Reprenez les mots du jeu de phono de Russie avec le déroulement réalisé en atelier 11 la semaine précédente.

- Scander et dénombrer des syllabes orales (vous pouvez coder les syllabes de chaque mot en plaçant des aimants au tableau en même temps que vous les énoncez).
- Identifier et isoler la syllabe initiale d'un mot en la doublant : Ru/ ru... ssie (la syllabe initiale est RU) / ma, ma... triochka (syllabe intiale MA)/ Mo, mo, scou, etc.

• Jour 3 •

Es-tu russe ?

Mobiliser le langage dans toutes ses dimensions
→ **S'exprimer dans un langage oral syntaxiquement correct et précis**

Posez la question aux enfants : « *Es-tu français ?* »

Insistez pour qu'ils répondent : « *Oui, je suis français* »

Demandez ensuite : « *Es-tu russe ?* »

Insistez pour qu'ils répondent : « *Non, je **ne** suis **pas** russe.* »

Posez ensuite d'autres questions qui induisent une réponse par oui ou non afin d'utiliser à bon escient la négation « ne... pas », par exemple : « *Aimes-tu le chocolat ? Aimes-tu les brocolis ? Es-tu une fille ? Es-tu un garçon ?....* »

Une fois qu'ils ont bien saisi le questionnement, vous pouvez demander à un enfant de poser des questions à d'autres.

• Jour 4 •

Reformuler une histoire connue

Mobiliser le langage dans toutes ses dimensions
→ **Pratiquer divers usages de la langue orale : raconter, expliquer, questionner, proposer des solutions, discuter un point de vue**
→ **Reformuler son propos pour se faire mieux comprendre**

Prenez un des albums que vous avez lus, choisissez quelques illustrations imprimez-les en A4, voire en A3, et affichez-les au tableau. Demandez aux enfants à quel album elles appartiennent. Une fois qu'ils ont donné le titre, demandez-leur de les remettre dans l'ordre en justifiant puis en racontant l'histoire.

> **Vous pouvez mettre une image d'un autre album en intrus.**

Autour des artistes, petits et grands

Organisation :

– Séances 9 et 10 en ateliers dirigés.
– Séances 11 et 12 en grand groupe.

• Séance 9 •

La Tour Eiffel avec des points

Agir, s'exprimer, comprendre à travers les activités artistiques

→ **Réaliser des compositions plastiques, en choisissant et combinant des matériaux, en réinvestissant des techniques et des procédés**

Matériel
- Doc. 63 à imprimer pour chaque élève
- Gouaches jaune, bleu, marron, blanc
- Coton tiges

Doc. 63 et 64 – Galerie photo Nathan live

Présentez une photo de la Tour Eiffel et expliquez aux enfants que c'est l'un des symboles de la France et de Paris à travers le monde. Elle tient son nom de son concepteur : Gustave Eiffel.
Distribuez une silhouette du monument imprimée sur une feuille A4 (Doc. 63), de la gouache et des cotons tiges. Ils doivent la remplir de points et créer sur cette photo le ciel et le sol sous la Tour Eiffel, le tout uniquement avec des points. Vous pourrez par la suite rapprochez les productions avec celle de Georges Seurat.

• Séance 10 •

La Tour Eiffel en volume

Explorer le monde

→ **Choisir, utiliser et savoir désigner des outils et des matériaux adaptés à des actions techniques spécifiques**
→ **Réaliser des constructions**

Matériel
- Modèles de silhouettes de Tour Eiffel plastifiées
- Pâte à modeler de différentes couleurs
- Kaplas

1. Les enfants réalisent d'abord leur Tour Eiffel sur un modèle à plat avec de la pâte à modeler.
2. Ils recherchent comment lui faire prendre de la hauteur et comment la mettre en volume tout en la faisant tenir debout.
3. Enfin, seuls ou par deux, proposez aux élèves de construire une Tour Eiffel avec des Kaplas : petites planchettes de bois que l'on superpose les unes aux autres pour faire apparaitre une construction.

• Séance 11 •

Bleu de Miró

Agir, s'exprimer, comprendre à travers les activités artistiques

→ **Décrire une image et exprimer son ressenti ou sa compréhension en utilisant un vocabulaire adapté**

Les élèves ont déjà réalisé une composition libre avec des contraintes annoncées : faire un fond bleu avec quelque chose de rouge et quelque chose de noir.
Vous pouvez dès à présent leur présenter une reproduction d'un tableau de Joan Miró : *Bleu II*.
Laissez-les s'exprimer librement, faites décrire et raconter l'œuvre selon leur imagination. Donnez-leur ensuite le titre du tableau et le nom du peintre. Demandez-leur ce qu'ils en pensent. Faites enfin comparer leurs productions des semaines précédentes et celle de Miró.

• Séance 12 •

Accrosport : Tour Eiffel

Communiquer avec les autres au travers d'actions à visée expressive ou artistique

→ **Proposer des solutions dans des situations de projet, de création, de résolution de problèmes, avec son corps**

Matériel
Un tapis par groupe de 3 enfants

Les enfants se mettent par groupe de trois sur deux tapis et essaient librement de représenter différents monuments ou éléments de la ville avec leurs corps : un pont, des tours, une Tour Eiffel, etc.
Après cette phase de recherche, chaque groupe montre aux camarades ses propositions, qu'ils pourront réaliser à leur tour et chercher à enrichir.
Enfin, invitez les enfants à se mettre par groupe de trois afin de réaliser une Tour Eiffel.
Un enfant grimpe sur les deux autres à quatre pattes et se tient debout jambes écartées, un pied sur le dos de chacun de ses camarades. Faites passer les groupes tour à tour avec l'atsem et vous (deux groupes peuvent ainsi passer simultanément) pendant que les autres observent. Assurez une rotation des groupes.

Semaine 4

	Lundi	Mardi	Jeudi	Vendredi	Demi-journée thématique
8 h 20 **Accueil**	Étiquettes de présence : isoler la syllabe initiale de son prénom en masquant les autres				
8 h 40 **Rituels**	**Appel :** Allonger la syllabe initiale du prénom **Découvrir les nombres :** Jeu de la chaine numérique **Repérage dans le temps :** prendre des repères dans la semaine				
9 h **Univers sonores**	Chansons et comptines au choix				
9 h 10 **Ateliers** Rotation des groupes sur les ateliers de la semaine	**Atelier 19 : Les mots du titre** – Ordonner des étiquettes mots **Atelier 20 : Memory des poupées russes** – Discrimination visuelle **Atelier 21 : Mots croisés de Russie** – Reconstituer des mots en lecture verticale ou horizontale **Atelier 22 : Puzzles de la classe** – Réaliser des puzzles de 15 à 25 pièces				**24 séances autour des artistes, petits et grands** – Tour Eiffel en pointillisme – Tour Eiffel en volume – Construire la Tour Eiffel
9 h 45	Rangement et bilan des ateliers				
10 h **L'activité physique**	**Pigeon vole** Jeux de ballon	**Jeu du miroir** Rondes et jeux dansés	**Parcours d'équilibre** Se déplacer en équilibre de différentes façons	**4 ateliers de saut** Sauter pardessus, sauter dans, sauter haut	**Lettres et Tour Eiffel (1)** Former des lettres et des mots avec son corps
10 h 30	Récréation				
11 h **Langage/Lecture**	**Un paysage : quatre saisons** Reconnaitre les caractéristiques des différentes saisons	**Un dessin, une peinture, une photo : c'est pareil ?** Différencier des supports iconographiques	**Sac à surprises** Jeu de Kim sur les objets de la classe	**Débat philo** Que signifie être joyeux ?	**Lecture plaisir**
11 h 30	Sortie/déjeuner				
13 h 30	Écoute musicale, chant, lecture plaisir…				
14 h **Ateliers** Rotation des groupes sur les ateliers de la semaine	**Atelier 23 : Des ponts et des coupes** – Des ponts et des coupes sur différents supports **Atelier 24 : Peindre un paysage hivernal** – Peinture libre **Ateliers libres**				
14 h 50	Récréation				
15 h 20 **Langage/Lecture**	**Phonologie** Coder la syllabe initiale d'un mot	**Noël autour du monde** Pistes de lecture	**Fiche fabrication** Boules de Noël en papier mâché	**Les albums de la période** Retrouver les titres	
15 h 45	Sortie				

• Accueil •

Mobiliser le langage dans toutes ses dimensions
→ Distinguer et manipuler des syllabes
→ Réaliser une tâche autonomie

Cette semaine, invitez les élèves à prendre des morceaux de Post-it pour ne laisser visible que la première syllabe orale et masquer le reste de leur prénom.

Sur les tables : poupées russes à manipuler et observer, jeux d'emboitement, puzzles, dessin libre...

• Rituels •

20'

Appel

Mobiliser le langage dans toutes ses dimensions
→ Distinguer et manipuler des syllabes : isoler, allonger la syllabe initiale
→ Discriminer des sons

Cette semaine encore, variez les formes de l'appel en allongeant la voyelle de la syllabe initiale de chaque prénom, par exemple:
(Yanis) Yaaaaaaaaaa/NIS, (Kianoush), Kiaaaaaaaaaa/ NOUSH.

Assurez-vous que les élèves n'allongent pas les syllabes suivantes (ex. : Yaaaaaaniiiiis).

Découvrir les nombres

Acquérir les premiers outils mathématiques
→ Dire la suite des nombres jusqu'à trente
→ Avoir compris que tout nombre s'obtient en ajoutant un au nombre précédent

Reprenez le jeu de la chaine numérique, découvert en période 1. Le premier élève sur le banc se lève et annonce « 1 » ; l'élève suivant, « 2 » ; le troisième « 3 »... jusqu'à faire le tour de toute la classe et obtenir le nombre total de présents.

Enfin, rappelez que le dernier nombre prononcé représentera la quantité globale de présents.

Repérage dans le temps

Explorer le monde
→ Situer des événements vécus les uns par rapport aux autres et en les repérant dans la semaine
→ Utiliser des marqueurs temporels adaptés

Un élève continue de déplacer le curseur de la semaine et écrit la date au tableau.

Ajoutez l'encadrement du jour précédent en donnant oralement la structure temporelle appropriée : « *Hier, nous étions dimanche. Aujourd'hui, nous sommes lundi.* »

• Univers sonores •

Agir, s'exprimer, comprendre à travers les activités artistiques
→ Avoir mémorisé un répertoire varié de comptines et de chansons
→ S'éveiller à la diversité linguistique
→ Repérer et reproduire, corporellement ou avec des instruments, des formules rythmiques simples

10'

Faites écouter à vos élèves des comptines russes pour découvrir les sonorités et les particularités de la langue. Voici une proposition d'album avec CD:
– *Comptines et Berceuses de Babouchka*, Didier jeunesse (titres 1 et 10 avec apprentissage de quelques vers après une écoute fractionnée).

1. Apprentissage d'un extrait d'une chanson russe : « Zainka »

Voici un extrait d'une chanson tirée de l'album *Comptines et Berceuses de Babouchka* chez Didier Jeunesse (piste 10), qui invite les enfants à entrer dans la danse.
En France, on peut l'assimiler aux rondes traditionnelles enfantines, telles que « Entrez dans la danse ».
Faites écouter la chanson plusieurs fois et apprenez progressivement les vers.

« Zainka »

Zainka sierénkii *(Petit lapin gris)*

Zainka bienliénkii *(Petit lapin blanc)*

Niékouda siéramou vyprygnout, *(Nulle part où s'enfuir)*

Niékouda biélamou vyskatchit. *(Nulle part où s'évader)* ...

2. Rythme

Faites répéter aux enfants un rythme que vous frappez dans vos mains, variez les rythmes. Utilisez ensuite les instruments que vous avez dans la classe.

• Atelier 19 •

Les mots du titre

Mobiliser le langage dans toutes ses dimensions
→ **Pouvoir redire les mots d'une phrase écrite après sa lecture par l'adulte, les mots du titre connu d'un livre**
→ **Reconnaitre les lettres de l'alphabet et connaitre les correspondances entre les manières de les écrire : script, capitales d'imprimerie**

30' Doc. 66 et 67 Nathan live!

Matériel
- Étiquettes mots (Doc. 66)
- Fiche individuelle (Doc. 67)
- Ciseaux
- Colle
- Barquettes pour les étiquettes
- Gomme
- Crayon à papier

Reconnaitre des mots et les ordonner pour former un titre d'album

1. Reconnaitre des étiquettes mots et les ordonner

Plastifiez les étiquettes du titre de l'album d'Oriane Lallemand, *Le loup qui voulait faire le tour du monde* (Doc. 66) et imprimez les fiches individuelles (Doc. 67). Posez sur la table l'album choisi (ou une photocopie de la couverture) et les étiquettes du titre découpées. Demandez aux enfants : « *Qu'y a-t-il sur ces étiquettes ?* »
Faites rechercher comment lire les différents mots avec des prises de repères dans l'écrit (syllabes déjà rencontrées, graphème/phonème connus, rapprochement avec des sons ou des syllabes dans les prénoms, les jours de la semaine, les mots référents, etc.).

Consigne : « *À l'aide de ces étiquettes, réécrivez le titre de l'album.* »

Aidez les enfants dans la prise d'indices en se repérant sur le premier mot puis la première lettre et ainsi de suite.

Une fois le titre reconstitué collectivement, invitez les enfants à reproduire cet exercice de manière individuelle sur fiche (Doc. 67).

2. Écrire le titre

À l'aide de leur alphabet individuel, les enfants écrivent ensuite au crayon à papier les mots du titre en majuscules entre deux lignes (Doc. 67). Veillez au respect du sens du tracé des lettres, à la reconnaissance et la correspondance script/majuscule. Si besoin, les enfants pourront s'entrainer sur ardoise à l'écriture de ces mots.

Cette activité peut se faire avec un autre album lu en classe : adaptez alors les documents 66 et 67 au titre de votre choix.

• Atelier 20 •

Memory des poupées russes

Explorer le monde
→ **Situer des objets par rapport à soi, entre eux, par rapport à des objets repères**

30' Doc. 68 et 69 – Galerie photo Nathan live!

Matériel
- Des bouchons
- Les ronds imprimés avec les poupées russes (Doc. 68)

Associer deux images identiques

1. Préparation matérielle

Préparez votre jeu de memory en imprimant le Doc. 68 en 2 exemplaires. Insérez ensuite chaque poupée dans un bouchon de lait (agrandissez ou réduisez les modèles selon la taille de vos bouchons). Si vous n'en avez pas, imprimez les images sur du papier épais (afin qu'ils ne puissent pas voir par transparence) puis plastifiez.

2. Règles du jeu/déroulement

Posez sur la table les bouchons face dessin cachée.

But du jeu : retrouver les paires de poupées russes.

À tour de rôle, les enfants retournent deux bouchons. Si les images sont identiques, ils les gagnent et les mettent devant eux; si elles ne le sont pas, ils reposent les bouchons à l'endroit où ils étaient. Les autres élèves peuvent alors mémoriser où sont les différentes poupées et élaborer des stratégies pour retrouver deux poupées identiques.

Lorsqu'ils trouvent une paire, ils rejouent, si ce n'est pas le cas, ils passent leur tour.

Ils jouent jusqu'à épuisement des bouchons. Celui qui a les plus de paires gagne la partie.

Renouvelez plusieurs fois le jeu.

• Atelier 21 •

Mots croisés de la Russie

Mobiliser le langage dans toutes ses dimensions
→ Reconnaitre les lettres de l'alphabet et connaitre les correspondances entre les manières de les écrire : script, capitales d'imprimerie

30' Doc. 70 Nathan live!

Matériel
- Mots croisés à imprimer (Doc. 70)
- Fiche de validation
- Feutres d'ardoise et mouchoirs ou petits chiffons
- Alphabet individuel

Réaliser des mots croisés en recherchant les correspondances entre l'écriture scripte et capitales

En période 1, les élèves ont travaillé la correspondance entre l'écriture scripte et capitale (ateliers 7, 16, 26). Ils ont également découvert les fiches de mots croisés avec l'écriture dans deux orientations différentes : horizontale et verticale (atelier 32).

Nous vous proposons de nouveau cette activité avec des mots référents de la Russie.

Imprimez les mots croisés du Doc. 70 puis plastifiez. Les enfants pourront ainsi écrire au feutre ardoise puis effacer.

L'illustration servira de point de départ pour l'écriture : de gauche vers la droite ou de haut en bas. Les mots référents sont écrits en script, il faudra les retranscrire en capitale d'imprimerie. Pour cela, ils pourront s'aider de l'alphabet individuel (Doc. 9).

Pour la validation de leur travail, prévoyez des fiches modèles pré-écrites (la même fiche que le Doc. 70 où vous aurez écrit les réponses en capitales) : les enfants pourront ainsi s'auto-corriger. Assurez un roulement des différentes fiches.

• Atelier 22 •

Puzzles de la classe

Acquérir les premiers outils mathématiques
→ Reproduire un assemblage à partir d'un modèle : puzzle

30'

Matériel
- Puzzles
- Tableau à double entrée
- Gommettes

Réaliser un puzzle avec plus de 15 pièces

Cet atelier permet aux enfants d'exercer leur mémoire visuelle et leur capacité à reconstituer une image morcelée.

Au préalable, préparez un tableau à double entrée avec, à l'horizontale, la photo des différents puzzles et, à la verticale, le prénom de chaque élève. Plastifiez-le.

Disposez sur la table des puzzles de 15 à 25 pièces.

Les enfants les réalisent les uns après les autres et collent sur le tableau à double entrée une gommette après chaque puzzle reconstitué.

• Jour 1 •

Pigeon vole

Collaborer, coopérer, s'opposer
→ Coopérer, exercer des rôles différents complémentaires, élaborer des stratégies pour viser un but commun
→ Ajuster et enchainer ses actions et ses déplacements en fonction de la trajectoire d'objets sur lesquels agir

Matériel
- 1 ballon par équipe
- 1 sifflet ou tambourin

1. Organisation

Divisez la classe en quatre équipes.

2. But du jeu

Faire le plus de passes possibles sans que le ballon ne touche le sol.

3. Déroulement

Deux équipes forment une ronde chacune, pendant que les deux autres observent, comptent le nombre de passes effectuées puis s'assurent du bon respect des règles.

Dès qu'un ballon touche le sol, sifflez pour annoncer l'arrêt de la partie de cette équipe.

L'équipe gagnante sera celle qui fera le plus de passes sans que le ballon ne touche le sol.

Assurez un roulement des équipes.

• Jour 2 •

Jeu du mime ou du miroir

Agir, s'exprimer, comprendre à travers les activités artistiques
→ Coordonner ses gestes et ses déplacements avec ceux des autres
→ Proposer des solutions dans des situations de projet, de création, de résolution de problèmes, avec son corps

Matériel
Un CD au choix

Même organisation que la semaine précédente.

• Jour 3 •

Parcours

Adapter ses équilibres et ses déplacements à des environnements ou des contraintes variés
→ Ajuster et enchainer ses actions et ses déplacements en fonction d'obstacles à franchir ou de la trajectoire d'objets sur lesquels agir
→ Se déplacer avec aisance et en sécurité dans des environnements variés, naturels ou aménagés

Doc. 71 – Schéma Nathan live!

1. Organisation générale

Divisez la classe en deux groupes.
Présentez et nommez le matériel des deux petits parcours. Assurez une rotation des groupes afin qu'ils passent plusieurs fois dans chaque parcours.

2. Parcours 1

Matériel
- Une poutre
- 2 cerceaux
- 2 bancs,
- 4 briques
- 6 plots
- 3 barres

Organisation
Au sol, alignez un cerceau (point de départ), une poutre, quatre briques, deux bancs, trois haies (ensemble de deux plots reliés avec une barre) et un cerceau (point d'arrivée).

Actions motrices
Les enfants devront respectivement marcher en équilibre, sauter par-dessus les briques, ramper sous les bancs puis enjamber les haies.

3. Parcours 2

Matériel
- 5 cerceaux
- 4 briques
- 9 plots
- 3 barres
- Un banc

Organisation
Au sol, alignez un cerceau (point de départ), trois briques avec des cerceaux fixés à la verticale, trois plots, un banc avec une brique posée au milieu, trois haies (voir parcours 1) et un cerceau (point d'arrivée).

Actions motrices
Passer dans les cerceaux, zigzaguer à cloche pied autour des plots, marcher en équilibre sur le banc et sauter par-dessus la brique, ramper sous les haies.

• Jour 4 •

Ateliers de saut

Agir dans l'espace, dans la durée et sur les objets
→ Sauter de différentes façons, dans des espaces et avec des matériels variés, dans un but précis
→ Ajuster et enchainer ses actions et ses déplacements en fonction d'obstacles à franchir

Doc. 72 – Schéma live!

1. Atelier 1 : Sauter par-dessus des haies

Matériel
- 12 plots
- 6 barres

Organisation
Installez six haies (ensembles de deux plots reliés avec une barre).

Action motrice
Sauter par-dessus les haies une jambe après l'autre comme un cheval au trot.

2. Atelier 2 : Sauter dans les flaques

Matériel
- 8 briques
- 4 cerceaux

Organisation
Installez deux briques espacées sur lesquelles vous fixez un cerceau à l'horizontale et cela quatre fois.

Action motrice
Sauter pieds joints dans les cerceaux comme lorsque l'on saute dans des flaques d'eau.

3. Atelier 3 : Sauter haut et atteindre une cible

Matériel
- Un tapis
- Une table
- Une clochette ou autre objet accroché en hauteur (foulard, mouchoir, cordelette…)

Organisation
Installez une table, un gros tapis de réception à la suite au-dessus duquel vous accrocherez une clochette.

Action motrice
Grimper sur la table, sauter haut pour faire sonner la clochette ou toucher le foulard.

4. Atelier 4 : Sauter pieds joints de part et d'autre des bancs

Matériel
4 bancs avec dossier

Organisation
Installez quatre bancs alignés parallèlement.

Action motrice
Monter sur le premier banc, prendre appui sur le dossier puis sauter par-dessus, les pieds joints et ainsi de suite pour chaque banc.

20'

• Jour 1 •

Un paysage : quatre saisons

Agir, s'exprimer, comprendre à travers les activités artistiques

→ **Décrire une image et exprimer son ressenti ou sa compréhension en utilisant un vocabulaire adapté**

→ **Réaliser un classement**

Apportez plusieurs images de paysages photographiés lors des différentes saisons : en été, en hiver, au printemps et en automne.

Demandez aux enfants de décrire ce qu'ils voient afin de faire ressortir les caractéristiques de chaque saison puis nommez-les.

Ils devront ensuite classer les différentes photos en justifiant leurs choix.

Enfin, insistez sur les caractéristiques d'un paysage hivernal : montagne enneigées, lacs gelés, fumée sortant des cheminées, arbres sans feuilles...

Prolongement : lors de l'atelier 24, les enfants peindront un paysage hivernal.

• Jour 2 •

Un dessin, une peinture, une photo : est-ce la même chose ?

Agir, s'exprimer, comprendre à travers les activités artistiques

→ **Décrire une image et exprimer son ressenti ou sa compréhension en utilisant un vocabulaire adapté**

Affichez au tableau une photo, un dessin et une peinture d'un même objet.

Dans un premier temps, laissez les enfants s'exprimer librement, étayez le langage puis amenez-les à exprimer ce qui est identique et ce qui diffère entre ces trois représentations : couleurs, formes, matières utilisées...

Complétez les propos des enfants en expliquant qu'une photo est la représentation la plus proche de la réalité car c'est l'objet, le lieu en lui-même alors qu'une peinture ou un dessin sont des représentations de la réalité vue par quelqu'un.

Lorsqu'il dessine un animal, une poupée de son coin jeux, chaque enfant aura un dessin, une représentation différente de celui-ci alors que, si l'on fait une photo, on aura toujours le même animal ou la même poupée (même si c'est sous des angles différents).

Prolongement : afin d'illustrer concrètement cette séance, proposez aux enfants de prendre en photo un objet de la classe, de le dessiner, de le peindre puis comparez.

• Jour 3 •

Le sac à surprises

Mobiliser le langage dans toutes ses dimensions

→ **Pratiquer divers usages de la langue orale : raconter, expliquer, questionner, proposer des solutions, discuter un point de vue**

→ **S'exprimer dans un langage oral syntaxiquement correct et précis**

Rangez dans un sac opaque un objet surprise pris dans les coins jeux. Quelques élèves doivent l'identifier par le toucher et décrire ce qu'ils ressentent. Étayez le langage en questionnant et en faisant préciser les explications. Ex. : *« C'est une peluche, car c'est mou, on sent les jambes ; c'est une fourchette car ça pique, il y a des dents, c'est pointu, etc. »*

Modifiez l'objet surprise à chaque fois et assurez une rotation des élèves.

• Jour 4 •

Débat philo : *Que signifie être joyeux ?*

Mobiliser le langage dans toutes ses dimensions

→ **Pratiquer divers usages de la langue orale : raconter, expliquer, questionner**

→ **Discuter un point de vue**

Le débat philo a déjà été présenté lors de la première période (semaine 2, séance de langage de l'après-midi). Référez-vous à cette séquence pour mener ce nouveau débat.

Demandez aux élèves de vous rappeler les règles, puis proposez cette question qui leur permettra de parler de leurs sentiments et de leurs émotions en évoquant des situations vécues : « *Que signifie être joyeux ?* »

• Atelier 23 •

Des ponts et des coupes dans le sable

Agir, s'exprimer, comprendre à travers les activités artistiques

→ Réaliser une composition personnelle en reproduisant des graphismes

→ Choisir différents outils, médiums et les utiliser en adaptant son geste

30'

Matériel

- Reproductions de ponts célèbres
- Bacs avec du sable, un par enfant
- Ardoises et feutres effaçables pour chaque enfant
- Mouchoirs

Tracer des ponts et des coupes sur différents supports

Rappelez la séance de découverte réalisée en langage lors de la semaine 3 sur les ponts célèbres puis invitez les enfants à dessiner dans l'air des ponts et des coupes avec des gestes amples, tout en verbalisant : *« On monte, on tourne, on descend, on remonte au même endroit, on tourne, etc. »*

1. Tracé dans le sable

Distribuez un plateau contenant du sable et alignez-y des petits cubes de manière à pouvoir tracer des ponts au-dessus.

Consigne : *« Tracez des ponts dans le sable avec votre doigt. »*

Accompagnez le geste si nécessaire en verbalisant le sens du tracé des ponts.

Une fois cette étape réalisée, faites de même pour les coupes.

2. Tracé sur l'ardoise

Distribuez des ardoises aux enfants pour qu'ils reproduisent le tracé réalisé sur le sable. Vous les accompagnez dans les tracés et veillez à ce que les ponts ne se transforment pas en vagues.

Prenez en photos les différents tracés des élèves (notamment ceux réalisés dans le sable), ils garderont ainsi une trace de cette activité dans leur cahier.

• Atelier 24 •

Peindre un paysage hivernal

Agir, s'exprimer, comprendre à travers les activités artistiques

→ Décrire une image en utilisant un vocabulaire adapté

→ Choisir différents outils, médiums et les utiliser en adaptant son geste

→ Réaliser des compositions plastiques, planes

30' Doc. 73 – Galerie photo Nathan live!

Matériel

- Feuille de peinture grise
- Peintures
- Pinceaux

1. Œuvres enneigées

Paul Gauguin, célèbre peintre du XIXe siècle, a peint de nombreux paysages d'hiver.

Affichez différentes reproductions de ses tableaux dont voici quelques exemples :

– *La Seine au Pont d'Iéna. Temps de neige*, 1875.

– *Neige à Vaugirard*, 1879.

– *Jardin sous la neige*, 1879.

– *Village sous la neige*, 1894.

Demandez aux enfants de les décrire afin de faire ressortir les caractéristiques des paysages hivernaux : arbres dégarnis, toits recouverts de neige, différentes teintes de blanc pour représenter la neige et les flocons...

2. Peinture hivernale

Invitez les enfants à peindre à leur tour un paysage hivernal.

Proposez différentes techniques et matières pour la réalisation de leur tableau :

– silhouettes d'arbres et/ou de maisons en noir et marron peintes directement sur leur feuille ou découpées dans du papier canson ;

– recouvrir les arbres et les maisons de neige. Pour cela, travailler les différentes teintes de blanc en ajoutant quelques gouttes de n'importe quelle couleur dans le pot. Créer ainsi différents blancs ;

– pour les flocons : coller des confettis blancs, faire des points avec des cotons tiges ou bien encore coller des petites boules de coton ;

Une fois la peinture sèche, proposez aux enfants de recouvrir leurs productions de colle (de préférence en stick) puis de les saupoudrer de sucre : effet cristaux garanti !

20'

• Jour 1 •

Coder la syllabe initiale d'un mot

Mobiliser le langage dans toutes ses dimensions
→ **Discriminer des sons dans des mots ou dans des syllabes**
→ **Distinguer et manipuler des syllabes : dénombrer, coder**

Les enfants ont déjà travaillé sur la reconnaissance des syllabes initiales d'un mot (atelier 11 et séance de langage de l'après-midi de la semaine 3).

Reprenez rapidement avec eux quelques jeux de ces séances en introduction.

Affichez ensuite au tableau une image de votre choix et demandez aux élèves de vous donner la syllabe initiale, par exemple DRA-PEAU : DRA.

Sous l'image, tracez autant de traits que le mot comporte de syllabes orales (drapeau = 2 syllabes orales = 2 traits), puis dessinez un rond rouge sur le premier trait pour indiquer qu'il s'agit de la syllabe initiale.

Renouvelez avec d'autres images/mots.

Prolongement : poursuivez ce travail avec les planches phonos.

• Jour 2 •

Noël autour du monde : pistes de lecture

Mobiliser le langage dans toutes ses dimensions
→ **Manifester de la curiosité par rapport à l'écrit**
→ **Comprendre les fonctions de l'écrit**

Noël approchant à grands pas, nous vous proposons une sélection d'albums qui vous permettront d'illustrer ce thème tout en faisant découvrir aux enfants d'autres traditions pratiquées à travers le monde :

– *Noël russe* d'Ivan Chmeliov.

– *Noël autour du monde*, Éva éditions.

– S. Lounguine, *L'Album des fêtes de Noël et du Nouvel an autour du monde*.

Ces lectures vous permettront de comparer les différentes traditions et façons de fêter Noël avec les nôtres.

• Jour 3 •

Fiche de fabrication des boules de Noël

Mobiliser le langage dans toutes ses dimensions
→ **Lire une fiche de fabrication**
→ **Comprendre l'utilité de l'écrit**

Doc. 74 Nathan live!

Imprimez puis agrandissez en A3 la fiche de fabrication des boules de Noël (Doc. 74), et affichez-la au tableau.

Invitez les enfants à décrire l'affiche : « *Que représente cette affiche ? D'après vous, qu'allons-nous réaliser ? Avec quels matériaux ?...* »

Annoncez alors la conception des boules de Noël qui se déroulera en semaines 5 et 6.

Pour cela, ils devront suivre minutieusement chaque étape de la fiche de fabrication : faites verbaliser les différentes actions, matériel nécessaire...

• Jour 4 •

Les albums de la période

Mobiliser le langage dans toutes ses dimensions
→ **Manifester de la curiosité par rapport à l'écrit**
→ **Pouvoir redire les mots d'une phrase écrite après sa lecture par l'adulte, les mots du titre connu d'un livre ou d'un texte**

Affichez au tableau des reproductions en A3 des couvertures d'albums lus sur la Russie.

Demandez aux enfants de résumer brièvement chaque histoire.

Choisissez ensuite un titre d'album et écrivez-le au tableau en capitales.
« *De quel titre s'agit-il ? Comment faire pour le lire ?* »
Faites rechercher comment lire les différents mots avec des prises de repères dans l'écrit (syllabes déjà rencontrées, graphèmes/phonèmes connus, rapprochement avec des sons ou des syllabes dans les prénoms, les jours de la semaine, les mots référents, etc.).

Enfin, selon les albums que vous aurez choisis, il y aura certainement des mots identiques dans les différents titres : demandez aux enfants de les rechercher.

Autour des artistes, petits et grands

Organisation

– Séances 13 et 14 en ateliers dirigés.
– Séances 15 et 16 en grand groupe.

• Séance 13 •

La Tour Eiffel avec des points (2)

Agir, s'exprimer, comprendre à travers les activités artistiques

→ **Réaliser des compositions plastiques, seul ou en petits groupes, en choisissant et combinant des matériaux, en réinvestissant des techniques et des procédés**

Matériel
- Doc. 63 pour chaque élève
- Coton tiges
- Gouaches jaune, bleu, marron

Reprenez l'organisation de la séance 9 en assurant une rotation des groupes.

• Séance 14 •

La Tour Eiffel en volume (2)

Explorer le monde

→ **Choisir, utiliser et savoir désigner des outils et des matériaux adaptés à une situation, à des actions techniques spécifiques**
→ **Réaliser des constructions**

Matériel
- Plastifiez des modèles de silhouettes de Tour Eiffel
- Pâte à modeler de différentes couleurs
- Kaplas

Reprenez l'organisation de la séance 10 en assurant une rotation des groupes.

• Séance 15 •

Construire la Tour Eiffel

Explorer le monde

→ **Ordonner une suite de photographies ou d'images, pour rendre compte d'une situation, en marquant de manière exacte la succession des événements**

Imprimez les images séquentielles de la construction de la Tour Eiffel et plastifiez-les (Doc. 75).

Affichez au tableau l'image correspondant à la première étape de sa construction puis interrogez les enfants : « Que représente cette image ? »
Montrez ensuite la dernière image. Laissez-les commenter librement, puis questionnez-les de nouveau : *« Combien d'étages compte la Tour Eiffel sur cette image ? Quelles différences y a-t-il entre ces deux images ? »*
Présentez ensuite les autres illustrations que les enfants ordonneront pour « reconstruire la Tour Eiffel ». Les enfants justifient leurs choix en s'aidant de la hauteur de la tour, des étages construits... Terminez en présentant le concepteur de ce monument mondialement connu : Gustave Eiffel qui a donné son nom à la tour.

Prolongement : laisser ces images en libre accès afin que chaque enfant s'essaie à la reconstitution de la Tour Eiffel.

• Séance 16 •

Lettres en volume (1)

Communiquer avec les autres au travers d'actions à visée expressive ou artistique

→ **Proposer des solutions dans des situations de projet, de création, de résolution de problèmes, avec son corps**

Matériel
- Tapis
- Appareil photo numérique
- Chaises
- Les 26 lettres de l'alphabet en capitales : une lettre par page A4 en double

Organisation

Les enfants sont assis dans le préau. Présentez et faites nommer quelques lettres de l'alphabet de votre choix que vous aurez écrites au préalable en capitales et en grand format (une grande lettre par feuille).

Déroulement

Proposez aux enfants de relever un défi : écrire, en position allongée, avec leur corps des lettres de l'alphabet ! Dans un premier temps, laissez les élèves rechercher et tester différentes propositions pour des lettres simples telles que le O, le I, le L... puis faites une mise en commun de leurs trouvailles. Proposez ensuite une lettre comme le W, le M... qui nécessite la collaboration de plusieurs élèves. Installez les enfants par quatre sur un tapis, donnez à chaque groupe deux ou trois lettres « à écrire ». Ils doivent ensemble représenter la lettre au sol : ceux qui ne font pas partie du tracé, aident leurs camarades à bien se placer. Photographiez les différentes postures proposées par les enfants pour former les lettres (placez la fiche en capitale à côté).

Prolongement : Imprimez les photos puis en séance de langage comparez les différentes représentations.

Semaine 5

	Lundi	Mardi	Jeudi	Vendredi	Demi-journée thématique
8 h 20 **Accueil**	**Découper son étiquette prénom en syllabes orales**				
8 h 40 **Rituels**	**Appel :** Rendre la syllabe de son prénom muette **Découvrir les nombres :** Dénombrer filles et garçons et comparer les deux collections **Repérage dans le temps :** Donner la date du jour et de la veille				
9 h **Univers sonores**	**Chansons et comptines au choix**				
9 h 10 **Ateliers** Rotation des groupes sur les ateliers de la semaine	**Atelier 25 : Jeu du sapin** • Représenter des quantités de 1 à 7 **Atelier 26 : Boules de Noël (1/2)** • Créer des boules de Noël en papier mâché **Atelier 27 : Images séquentielles de Noël** • Remettre dans l'ordre l'ouverture des cadeaux **Atelier 28 : Coloriage codé de Noël** • Nombres de 1 à 7				**24 séances autour des artistes, petits et grands** – Un arbre à spirales – Des spirales en aluminium – La *Tour Eiffel* de G. Seurat
9 h 45	**Rangement et bilan des ateliers**				
10 h **L'activité physique**	**Casse-châteaux** • Jeux de ballon	**Il était une fermière** • Rondes et jeux dansés	**Parcours d'équilibre** • Se déplacer en équilibre de différentes façons	**4 ateliers de saut** • Sauter par dessus, sauter dans, sauter haut	**Lettres en volume (2)** • Former des lettres et des mots avec son corps
10 h 30	**Récréation**				
11 h **Langage/Lecture**	**Œuvre hivernale** • S'exprimer sur une œuvre d'art	**Comment écrire des mots ?** • Identifier des mots de graphie proche	**Albums de Noël** • Pistes d'exploitation d'albums	**Débat philo** • C'est quoi rêver ?	**Lecture plaisir**
11 h 30	**Sortie/déjeuner**				
13 h 30	**Écoute musicale, chant, lecture plaisir...**				
14 h **Ateliers** Rotation des groupes sur les ateliers de la semaine	**Atelier 29 : Créer une histoire** • Créer une histoire à l'aide d'images **Atelier 30 : Les ponts et les coupes** • Tracer des ponts et des coupes **Ateliers libres**				
14 h 50	**Récréation**				
15 h 20 **Langage/Lecture**	**Phonologie** • Phonologie : coder la syllabe finale d'un mot	**Quand je serai grand...** • Utilisation du futur	**Différencier les types d'écrits** • Lettre, album *La Lettre du Père Noël*	**Vocabulaire topologique en situation** • Reconnaitre les différentes positions	
15 h 45	**Sortie**				

• Accueil •

Mobiliser le langage dans toutes ses dimensions
→ Scander les syllabes de son prénom
→ Manifester de la curiosité par rapport à l'écrit

Prenez un nouveau jeu d'étiquettes-prénoms pour les découper en syllabes orales. Pour cela, préparez une boite pour chaque groupe (identifiez-les par des couleurs si vous avez des groupes de couleur ou par un autre code) et, chaque jour de la semaine, prenez les enfants individuellement pour scander leur prénom et déterminer où découper l'étiquette. Placez ces étiquettes découpées dans les barquettes de groupe.

Au cours des semaines suivantes, les élèves rechercheront leurs syllabes dans la barquette correspondante et les assembleront pour les fixer sur le tableau (placez de la Patafix ou des aimants autocollants si vous ne disposez pas d'un tableau de présence avec des compartiments).

Sur les tables: jeux autonomes, puzzles, réinvestissement du matériel de la semaine précédente (Memory, mots croisés)

• Rituels •

20'

Appel

Mobiliser le langage dans toutes ses dimensions
→ Distinguer et manipuler des syllabes

Pendant l'appel, poursuivez avec un nouveau jeu vocal en rendant cette semaine la syllabe initiale muette (remplacez-la par « hum » en fermant la bouche). Faites l'appel en donnant le prénom en entier, puis en taisant la syllabe initiale.

Amélie: *hum/ME/LIE*; Nolwen: *hum/WEN*; Quentin: *hum/TIN*

Les jours suivants, les élèves donneront leur prénom à tour de rôle en masquant oralement leur syllabe initiale.

Découvrir les nombres

Acquérir les premiers outils mathématiques
→ Dénombrer des quantités
→ Comparer des collections

Placez une table au centre du coin regroupement et procurez-vous des cubes de deux couleurs; distribuez une couleur aux filles et une autre aux garçons.

Reprenez le jeu de la chaine numérique de la semaine précédente, en ajoutant l'utilisation des cubes pour comparer le nombre de filles et de garçons: le premier élève sur le banc annonce « 1 » et vient poser son cube sur la table, le deuxième annonce « 2 » et vient empiler son cube; les filles forment une tour d'une couleur, les garçons une d'une autre couleur.

Enfin, rapprochez les deux tours; faites comparer: *Y a-t-il plus de filles que de garçons présents?* Comparez la hauteur des tours et comptez le nombre de cubes de chacune. Concluez, par exemple: *« Il y a 15 filles, 13 garçons, il y a donc plus de filles présentes que de garçons. 15 est plus grand que 13. »*

Repérage dans le temps

Explorer le monde
→ Situer des événements vécus les uns par rapport aux autres et en les repérant dans la semaine

Même organisation que la semaine précédente. Ajoutez l'encadrement du jour précédent et du jour suivant en donnant la structure temporelle appropriée:

« Hier, nous étions dimanche 15. Aujourd'hui, nous sommes lundi 16. Demain, nous serons mardi 17. » Faites repérer les quantièmes sur la frise numérique.

• Univers sonores •

Agir, s'exprimer, comprendre à travers les activités artistiques
→ Avoir mémorisé un répertoire varié de comptines et de chansons et les interpréter de manière expressive

10'

Chant

Cette semaine clôt le thème de la Russie pour laisser place à celui de Noël. Les chants que nous vous proposons unissent ces deux thèmes: *Babayaga la sorcière* (conte traditionnel russe pour lequel vous pourrez trouver différentes versions) et *Noël russe*.

– *La Chanson de Babayaga*, Pakita, La Lune a besoin de toi.

– *Noël russe* (chant traditionnel).

• Atelier 25 •

Jeu du sapin de 1 à 7

Acquérir les premiers outils mathématiques

→ Réaliser une collection dont le cardinal est compris entre un et dix

→ Lire les nombres écrits en chiffres jusqu'à 7

30' Doc. 5, 15, 76 et 76bis live!

Matériel

- Grilles mathématiques (Doc. 15)
- Réglette de validation
- Cartes nombres de 1 à 7 (Doc. 5)
- Jeu du sapin à imprimer (Doc. 76)

Représenter des quantités jusqu'à 7

1. Préparation du matériel

Imprimez puis plastifiez une planche sapin par enfant (Doc. 76).

Imprimez ensuite en plusieurs exemplaires le Doc. 76b sur de la cartoline verte et découpez-y tous les petits triangles.

2. Découverte du 7 : Jeu de pioche

Présentez aux enfants les cartes nombres de 1 à 6, mélangez-les puis posez-les, faces cachées sur la table. Préparez une boite de jetons.

Distribuez à chaque élève une grille nombre vierge utilisée en période 1, atelier 5 (Doc. 15) et une réglette pour la validation (Doc. 3).

À tour de rôle, les élèves piochent une carte, lisent le nombre et posent la quantité de jetons correspondante sur leur grille. Ils pourront s'aider de leur réglette pour valider la quantité de jetons.

Après quelques tours de table, montrez la carte nombre 6 : ils placent alors 6 jetons sur leur grille puis interrogez-les : *« Quel nombre vient juste après 6 ? Complétez votre grille afin qu'il y ait 7 jetons en tout. »*

Validez de manière individuelle. Terminez en montrant la carte nombre 7.

3. Jeu du sapin

Distribuez à chaque enfant une planche sapin (Doc. 76) et disposez au milieu de la table une barquette contenant les petits triangles verts (Doc. 76 bis).

À tour de rôle, les enfants piochent une carte nombre de 1 à 7 et posent le nombre de triangles correspondants sur leur sapin. Le premier qui a recouvert entièrement son sapin a gagné.

• Atelier 26 •

Boules de Noël (1/2)

Agir, s'exprimer, comprendre à travers les activités artistiques

→ Réaliser des compositions plastiques combinant des matériaux, en réinvestissant des techniques et des procédés

30' Doc. 74 et 77 – Galerie photo live!

Matériel

- Fiche de fabrication (Doc. 74)
- Ballons de baudruche
- Colle à papier peint
- Bandes de papier journal

Créer des boules de Noël en papier mâché

Pour décorer la classe en cette période de fêtes, proposez aux enfants de fabriquer des boules de Noël géantes en papier mâché qu'ils emporteront ensuite chez eux.

1. Préparation matérielle

Au préalable, découpez une grande quantité de bandes dans du papier journal.

Préparez la colle à papier-peint dans une bassine lors de l'accueil.

2. Déroulement

Reprenez la fiche de fabrication (Doc. 74), découverte en langage la semaine précédente.

Faites énumérer les différentes étapes et nommer les différents matériaux nécessaires à la réalisation.

Donnez à chaque enfant un ballon de baudruche gonflé que vous placerez sur un socle (petit seau, bol…) afin qu'il ne roule pas.

Les enfants recouvrent entièrement leur ballon avec des bandes de papier journal bien imbibées de colle.

Laissez sécher près du radiateur pendant plusieurs jours.

3. Prolongement

Lors d'un atelier libre, peindre les boules géantes à la peinture acrylique. La semaine suivante, les élèves les décoreront en atelier dirigé. Accrochez un morceau de bolduc sur l'embout du ballon de baudruche afin de le fixer plus facilement.

Agrafez le prénom des enfants sur l'embout du ballon afin que chaque enfant puisse retrouver sa boule de Noël !

• Atelier 27 •

Images séquentielles de Noël

Explorer le monde
→ **Ordonner une suite de photographies ou d'images, pour rendre compte d'une situation vécue**
→ **Se repérer dans le temps**

30' Doc. 78 Nathan live!

Matériel
- Fiche individuelle et images à imprimer (Doc. 78)
- Barquettes individuelles ou petites assiettes
- Crayons de couleur
- Ciseaux
- Colle

Raconter une histoire avec des images séquentielles

La remise en ordre d'images séquentielles est une activité phare de l'école maternelle. Elle permet aux enfants de raconter une histoire, des événements en suivant une suite logique (avant, après) et d'en retrouver les différentes étapes.

Invitez les élèves à colorier les images du Doc. 78, à les découper et à les coller dans l'ordre chronologique afin de reconstituer l'histoire du petit garçon qui déballe ses cadeaux !

• Atelier 28 •

Coloriage codé de Noël

Acquérir les premiers outils mathématiques
→ **Lire les nombres écrits en chiffres jusqu'à 7**
→ **Associer différentes représentations des nombres**

30' Doc. 79 Nathan live!

Matériel
- Coloriage codé (Doc. 79)
- Feutres

Associer écriture chiffrée et constellations des nombres de 1 à 7

Cette activité a pour objectif de travailler la correspondance entre l'écriture chiffrée des nombres de 1 à 7 et leurs constellations : ils pourront pour cela s'aider de leur réglette.

Imprimez un coloriage par enfant (Doc. 79).

Ils devront le colorier en respectant le code couleur imposé.

La validation se fera en comparant les différents coloriages du groupe.

• Jour 1 •

Casse château

Collaborer, coopérer, s'opposer

→ **Coopérer, exercer des rôles différents complémentaires, élaborer des stratégies pour viser un but commun**

→ **Agir dans des espaces et avec des matériels variés, dans un but précis**

Matériel
- 4 grandes caisses
- 4 tapis
- Une grande quantité de balles ou sacs de graines dans chaque caisse

1. Organisation et préparation

Divisez la classe en quatre équipes. Matérialisez au sol, avec des cordes, un grand carré pouvant accueillir une équipe : ce sera l'intérieur du château. Symbolisez les quatre tours en plaçant une grande caisse pleine de balles ou de sacs de graines à chaque angle.
Enfin, déposez un tapis devant chaque caisse.
Une équipe se place au centre du château (= le seigneur et sa cour) et les trois autres se dispersent tout autour du château : ce sont les attaquants.

2. Déroulement

Au signal, l'équipe au centre du château vide les caisses, les autres rattrapent les balles et les lancent dans les caisses sans marcher sur les tapis (qui servent ainsi de barrière). Choisissez un temps de jeu suffisamment long pour qu'ils puissent vider plusieurs fois les caisses. À votre signal, les enfants stoppent le jeu. S'il reste des balles dans les caisses, ce sont les attaquants qui gagnent la partie. S'il n'en reste plus, ce sont les habitants du château. Faites une rotation des équipes

> Faites appel à l'imaginaire des enfants en racontant une petite histoire ! Les habitants du château se font attaquer. Pour se défendre, ils doivent envoyer des pierres sur les assaillants !

• Jour 2 •

Il était une fermière

Agir, s'exprimer, comprendre à travers les activités artistiques

→ **Coordonner ses gestes et ses déplacements avec ceux des autres, lors de rondes et jeux chantés**

→ **Construire et conserver une séquence d'actions et de déplacements, en relation avec d'autres partenaires, avec ou sans support musical**

Matériel
CD de la chanson ou texte à chanter

A. Il était une fermière, qui allait au marché.
B. Elle portait sur sa tête, trois pommes dans un panier.
C. Les pommes faisaient : rouli-roula.
D. Les pommes faisaient : rouli-roula.
E. Stop !
F. Trois pas en avant.
G. Trois pas en arrière.
H. Trois pas sur le coté.
I. Trois pas de l'autre côté !

1. Écoute

Faites écouter la chanson aux enfants alors qu'ils sont assis dans la salle de motricité.

2. Expression libre et mise en commun

Consigne : *« Maintenant vous allez danser librement sur cette chanson. »*
Les enfants montrent alors tour à tour ce qu'ils ont trouvé comme mouvements, danse.

3. Expression guidée

Mettez en place une chorégraphie identique pour tous en vous inspirant des idées proposées par les enfants ou de celles qui suivent.
A et B : Marcher en ayant les mains sur la tête comme s'ils portaient un panier.
C et D : S'arrêter de marcher et faire un moulinet avec les mains.
E : Faire le signe stop de la main ; bras tendu main droite.
F à H : Suivre les indications du texte : trois pas en avant, trois pas sur le côté, etc.

• Jour 3 •

Parcours

Adapter ses équilibres et ses déplacements à des environnements ou des contraintes variés

→ **Ajuster et enchainer ses actions et ses déplacements en fonction d'obstacles à franchir ou de la trajectoire d'objets sur lesquels agir**

→ **Se déplacer avec aisance et en sécurité dans des environnements variés, naturels ou aménagés**

Doc. 71 Nathan live!

Même organisation que la semaine précédente.

• Jour 4 •

Ateliers de saut

Agir dans l'espace, dans la durée et sur les objets

→ **Sauter de différentes façons, dans des espaces et avec des matériels variés, dans un but précis**

→ **Ajuster et enchainer ses actions et ses déplacements en fonction d'obstacles à franchir**

Doc. 72 Nathan live!

Même organisation que la semaine précédente.

20'

• Jour 1 •

Œuvre d'art hivernale

Agir, s'exprimer, comprendre à travers les activités artistiques

→ **Décrire une image et exprimer son ressenti ou sa compréhension en utilisant un vocabulaire adapté**

Matériel
- Reproduction de *La Pie* de Claude Monet
- L'album : *Un Noël noir et blanc*, Hélène Kérillis, Magnard Jeunesse

Pour introduire cette saison, affichez une reproduction de la peinture sur toile de Monet : *La Pie*. Laissez les enfants observer, puis invitez-les à s'exprimer. Amenez-les à décrire le paysage et la scène qu'ils voient en utilisant le vocabulaire relatif aux couleurs, aux objets. Identifiez ensuite le type de document : « *C'est une reproduction de tableau, une peinture de Claude Monet qui s'appelle* La Pie. *Quelle saison est représentée sur cette reproduction ? Pourquoi ?* »
Laissez les enfants imaginer et vous raconter l'histoire de ce tableau. Vous pouvez les guider par des questionnements : « *Que fait la pie toute seule sur le portail ? Comment est-elle arrivée là ? Pourquoi ne voit-on pas d'habitants ? Etc.* »
Rapprochez cette œuvre avec l'album suivant : *Un Noël noir et blanc* où l'auteur, Hélène Kérillis, prend comme support le tableau de Monet pour raconter une histoire.

• Jour 2 •

Comment écrire des mots ?

Mobiliser le langage dans toutes ses dimensions

→ **Repérer des régularités dans la langue à l'oral en français**
→ **Manifester de la curiosité par rapport à l'écrit**
→ **Connaitre les lettres de l'alphabet**

Demandez aux élèves comment pourrait s'écrire le mot « hiver ».
Quels sons entend-on ? On peut s'appuyer sur les prénoms : i comme Inès, V comme Victor, etc.
Écrivez-le tableau en nommant les lettres une à une (indiquez que le H est une lettre muette) et entourez-le.
Renouvelez cet exercice avec d'autres mots. Ces mots peuvent contenir les sons composés si certains prénoms de la classe en comportent, par exemple : boule (« OU » comme Louise), sapin (« In » comme Quentin)...

• Jour 3 •

Pistes d'exploitation d'albums

Mobiliser le langage dans toutes ses dimensions

→ **Découvrir des œuvres intégrales de la littérature de jeunesse**
→ **Comprendre des textes écrits sans autre aide que le langage entendu**
→ **Faire le lien entre différentes lectures**

Pour illustrer le thème de Noël, nous vous proposons la lecture de différents albums que vous pourrez exploiter de diverses manières :
- Lecture, dans un premier temps, par émission d'hypothèses grâce au titre, à la couverture ou aux illustrations de l'album.
- Lecture avec émission d'hypothèses sur la suite du récit, sur la fin.
- Questionnements sur le thème général ou sur des points précis du récit.
- Identification des personnages de l'histoire.

Albums sur Noël :
- Grégoire Solotareff, *Quand je serai grand je serai Père Noël*, École des Loisirs.
- Yukiko Tanno, Mako Taruishi, *La Lettre du Père Noël*, École des Loisirs.
- Satomi Ichikawa, *La Robe de Noël*, École des Loisirs.
- Anu Pikönen-Sthoner, Henrike Wilson, *Le Petit Père Noël*, Seuil.

• Jour 4 •

Débat philo : C'est quoi rêver ?

Mobiliser le langage dans toutes ses dimensions

→ **Pratiquer divers usages de la langue orale : raconter, expliquer, questionner**
→ **Discuter un point de vue**

Les enfants sont déjà familiarisés avec cette activité. Rappelez qu'il n'y a pas de bonnes ou mauvaises réponses, on peut être d'accord ou non, mais on ne juge pas.
Invitez les enfants à réfléchir à la question suivante : « *C'est quoi rêver ?* »

• Atelier 29 •

Créer une histoire

Mobiliser le langage dans toutes ses dimensions

→ **Pratiquer divers usages de la langue orale : raconter, expliquer, proposer des solutions**

→ **S'exprimer dans un langage oral syntaxiquement correct et précis. Reformuler son propos pour se faire mieux comprendre**

30' Doc.80 Nathan live!

Matériel

Images (Doc. 80)

Raconter une histoire cohérente

1. Présentation des images

Présentez aux enfants les différentes images du Doc. 80. Demandez-leur de les décrire (personnages, lieux...), puis de les classer.

Nous vous proposons de retenir le classement suivant : les personnages, les lieux et les événements.

2. Jeu

À tour de rôle, les enfants choisissent une carte personnage, une carte lieu, une carte événement et inventent une histoire à partir de ces trois éléments.

Leur récit doit être cohérent ; incitez-les à utiliser des connecteurs logiques et temporels tels que : *parce que, ensuite, donc, mais...*

Aidez les enfants qui n'y parviennent pas en les questionnant : *« Comment se nomme ton personnage ? Que porte-t-il ? Où va-t-il ? Pourquoi ?... »*

3. Prolongement

Notez les différentes histoires en dictée à l'adulte puis rassemblez-les dans un petit livre (une page par élève) que les enfants illustreront à l'accueil ou lors d'un atelier autonome.

Cartes personnages	Cartes lieux	Cartes événements

• Atelier 30 •

Tracer des ponts et des coupes

Mobiliser le langage dans toutes ses dimensions

→ **Découvrir le principe alphabétique**

→ **Réaliser des activités graphiques pour se préparer à écrire**

30' Doc. 81 Nathan live!

Matériel

- Fiche (Doc. 81)
- Ardoise
- Feutres effaçables (d'ardoise)
- Feutres

Tracer des ponts et des coupes entre deux lignes

Suite à l'atelier 23 de la semaine précédente, les enfants vont maintenant s'entrainer au tracé des coupes et des ponts sur fiche, entre deux lignes.

1. Préparation matérielle

Imprimez pour chaque enfant le Doc. 81 et glissez-le dans une pochette plastique.

Ils pourront ainsi s'entrainer aux différents tracés avec des feutres ardoise, effacer puis recommencer.

2. Entrainement au geste graphique

Dessinez dans l'air, avec des gestes amples, des ponts et des coupes tout en verbalisant : *on monte, on tourne, on descend, on remonte au même endroit, on tourne, etc.*

Reproduisez ensuite ces tracés en grand au tableau tout en verbalisant ce que vous faites.

Les enfants s'entrainent ensuite sur fiche, entre deux lignes (Doc. 81) avec un feutre ardoise qui leur permettra d'effacer puis de recommencer aussi souvent que nécessaire.

3. Des coupes et des ponts en couleur

Une fois les tracés maitrisés, retirez les fiches (Doc. 81) des pochettes plastiques.

Les enfants tracent alors au feutre fin les différents ponts et coupes en variant les couleurs pour un rendu plus esthétique.

20'

• Jour 1 •

Reconnaitre la syllabe finale d'un mot

Mobiliser le langage dans toutes ses dimensions
→ **Discriminer des sons, des syllabes**
→ **Développer la conscience phonologique**

Reprenez rapidement avec les enfants quelques petits jeux de phonologie vus les semaines précédentes.

Jouez de nouveau avec les prénoms en demandant cette fois-ci aux enfants de retrouver les syllabes finales : Quen-tin : TIN, Ni-na : NA...
Renouveler cet exercice avec différentes images.
À tour de rôle, les élèves nomment l'objet représenté, scandent les syllabes et répètent la syllabe finale.

Enfin, pour chaque image, demandez aux élèves de citer un autre mot se terminant par la même syllabe, par exemple : cha-TEAU/cha-pi-TEAU.

• Jour 2 •

Quand je serai grand...

Mobiliser le langage dans toutes ses dimensions
→ **Pratiquer divers usages de la langue orale : raconter, expliquer, questionner, proposer des solutions, discuter un point de vue**

Lisez ou relisez l'histoire *Quand je serai grand, je serai Père Noël*, de Grégoire Solotareff. Cet album vous permettra de demander aux enfants ce qu'ils voudraient être/faire quand ils seront grands en utilisant la structure de l'album « *Quand je serai grand, je serai...* ».

Proposer ensuite aux élèves de se mettre par binôme pour un petit jeu théâtral où ils devront se présenter :
« *Bonjour comment t'appelles-tu ?*
– *Je m'appelle... et toi comment t'appelles-tu ?* »

Puis de se poser la question suivante :
« *Qui voudras-tu être quand tu seras grand ?*
– *Quand je serai grand, je serai...* »

• Jour 3 •

Différencier les types d'écrits

Mobiliser le langage dans toutes ses dimensions
→ **Manifester de la curiosité par rapport à l'écrit**
→ **Connaitre les différents types d'écrits**

Apportez aux enfants différents types d'écrits : une lettre, un album de jeunesse, une recette de cuisine, une fiche de fabrication (par exemple celle vue en semaine 4), un journal, une affiche de cirque ou d'un spectacle... Affichez-les au tableau puis laissez les enfants s'exprimer librement.
Interrogez-les ensuite : « *Savez-vous comment se nomme chacun de ces affichages ? À quoi servent-ils ?* »
Nommez ainsi avec les élèves chaque type d'écrit et faites ressortir sa fonction.
Questionnez les enfants : « *L'écrit est-il important ? À quoi nous sert-il ? Connaissez-vous d'autres écrits ?...* »
Il y a de l'écrit partout : sur les panneaux publicitaires, les arrêts de bus, les emballages alimentaires...

• Jour 4 •

Vocabulaire topologique en situation

Explorer le monde
→ **Situer des objets par rapport à soi, entre eux, par rapport à des objets repères**
→ **Utiliser des marqueurs spatiaux adaptés dans des descriptions ou explications**

1. Jacques a dit...
Pour introduire cette séance sur le vocabulaire topologique, nous vous proposons de jouer à « *Jacques a dit : posez les mains sur la tête, levez la main droite...* »

2. Utilisation du vocabulaire topologique pour décrire.
Prévoyez cinq à six objets en double : 2 pots, 2 gommes, 2 assiettes...
Au centre du coin regroupement, placez deux petites tables côte à côte : une recouverte d'un drap sous lequel se cachera l'agencement des objets à reproduire et une autre qui servira de pupitre.
Un élève se place face à la table et sous votre dictée, dispose les différents objets.
Utilisez le vocabulaire topologique : à droite, à gauche, au milieu, au-dessus de... pour décrire la position des objets les uns par rapport aux autres.
La validation se fera en soulevant le drap : la disposition des objets doit être identique sur les deux tables.
Renouvelez ce jeu en changeant la position des objets.

Autour des artistes petits et grands

Organisation

– Séances 17 et 18 en ateliers dirigés + 2 ateliers libres de votre choix, avec rotation sur la matinée de 2 groupes.

– Séances 19 et 20 en grand groupe.

• Séance 17 •

Un arbre à spirales

Agir, s'exprimer, comprendre à travers les activités artistiques

→ Pratiquer le dessin pour représenter ou illustrer, en étant fidèle au réel ou à un modèle, ou en inventant

→ Réaliser une composition personnelle en reproduisant des graphismes

Doc. 82 – Galerie photo Nathan live!

Matériel

- Feuille blanche A3
- Feutres dorés, marrons, argentés
- Gouache marron
- Crayon gris

Pour cet atelier, proposez aux enfants de peindre la silhouette d'un arbre dont les branches se terminent par des spirales. Ils pourront également dessiner quelques spirales supplémentaires au feutre doré et marron un peu partout sur leur feuille.

Ne dites rien d'autre et laissez les élèves réaliser librement leur peinture.

La semaine suivante, vous présenterez une reproduction de *L'Arbre de vie* de Klimt que les enfants compareront avec leur production.

Prolongement : coller les bouts de papier cadeau sur le tronc lors d'un atelier libre ou à l'accueil puis les spirales en aluminium faites lors de la séance 18 (voir Doc. 82 Galerie photo).

• Séance 18 •

Spirales en aluminium

Agir, s'exprimer, comprendre à travers les activités artistiques

→ Réaliser une composition personnelle en reproduisant des graphismes

Matériel

- Papier aluminium découpé ou déchiré en carrés de 15 à 25 cm
- Assiettes ou barquette pour chaque enfant

Placez sur la table des carrés de 15 à 25 cm de papier aluminium et une barquette pour chaque enfant avec son étiquette prénom à l'intérieur : afin qu'il retrouve facilement les spirales qu'il aura modelées.

Montrez aux enfants comment réaliser des spirales : faire un colombin (comme avec la pâte à modeler), le tordre, et le modeler pour lui donner la forme d'une spirale.

Les enfants doivent en réaliser 8 au minimum. Ils les colleront ensuite sur leur arbre réalisé à l'atelier 17.

• Séance 19 •

La Tour Eiffel de Georges Seurat

Agir, s'exprimer, comprendre à travers les activités artistiques

→ Décrire une image et exprimer son ressenti ou sa compréhension en utilisant un vocabulaire adapté

Affichez au tableau une reproduction de *La Tour Eiffel* de Georges Seurat.

Demandez aux enfants de décrire ce qu'ils voient. Laissez-les s'exprimer librement à tour de rôle.

Puis interrogez-les sur la technique de l'artiste : *« Est-ce une peinture comme vous avez l'habitude d'en voir ? »*

Enfin, terminez en expliquant aux enfants que cette technique très particulière s'appelle le pointillisme.

C'est Georges Seurat qui est à l'origine de cette technique qui consiste à superposer des petits points de peinture en utilisant des couleurs pures ou complémentaires.

Beaucoup de peintres ont adopté cette technique : affichez alors au tableau d'autres reproductions réalisées avec ce procédé (Paul Signac, Camille Pissarro, Maximilien Luce, Théo Van Rysselberghe).

• Séance 20 •

Lettres en volume (2)

Communiquer avec les autres au travers d'actions à visée expressive ou artistique

→ **Proposer des solutions dans des situations de projet, de création, de résolution de problèmes, avec son corps**

→ **Construire et conserver une séquence d'actions et de déplacements, en relation avec d'autres partenaires**

Matériel
- Tapis
- Les 26 lettres de l'alphabet en capitales : une lettre par page A4
- Fiche pour comptabiliser les points

1. Organisation

Faites un rappel de la séance de la semaine précédente.

Les enfants forment des équipes de trois ou quatre.

2. Déroulement

Chaque équipe tire au sort trois lettres qu'ils devront reproduire debout et non plus au sol.

Pour cela, ils devront utiliser les bras, les jambes, les pieds, un élève peut se cacher derrière un autre pour qu'on ne voit qu'une de ses jambes (pour faire le H par exemple).

Laissez les équipes rechercher des propositions.

Une fois la phase de recherche terminée (laisser 15 min environ), les groupes passent à tour de rôle pour présenter leurs lettres.

Les autres équipes essaient de reconnaitre les lettres représentées et donnent une note de 1 à 5 (5 étant la meilleure note) pour valider la ressemblance avec la lettre demandée.

Relevez les différentes notes dans un tableau et comptabilisez les points des différentes équipes.

Celle qui aura le plus de points gagnera.

Semaine 6

	Lundi	Mardi	Jeudi	Vendredi	Demi-journée thématique
8 h 20 **Accueil**	**Reconstituer son étiquette de présence découpée en syllabe orale**				
8 h 40 **Rituels**	**Appel :** Reprise des jeux phono ou répondre en russe à l'appel de son prénom. **Découvrir les nombres :** Même organisation **Repérage dans le temps :** Encadrer la date du jour : hier, aujourd'hui, demain				
9 h **Univers sonores**	**Chansons et comptines au choix**				
9 h 10 **Ateliers** Rotation des groupes sur les ateliers de la semaine	**Atelier 31 : Dictée topologique** • Reproduire une représentation d'objets dans un espace donné **Atelier 32 : Cadeau de Noël** • Réaliser un cadre photo **Atelier 33 : Albums de Noël** • Écrire le titre de son album préféré en capitales d'imprimerie **Atelier 34 : Les mots des titres** • Reconstituer les mots des titres d'albums de Noël				**24 séances autour des artistes, petits et grands** – Un arbre à spirales – Des spirales en aluminium – *L'Arbre de vie* de Klimt
9 h 45	**Rangement et bilan des ateliers**				
10 h **L'activité physique**	**La passe à 5** • Jeux de ballon	**Il était une fermière** • Rondes et jeux dansés	**Parcours d'équilibre** • Se déplacer en équilibre de différentes façons	**4 ateliers de saut** • Sauter pardessus, sauter dans, sauter haut	**Lettres en volume (3)** • Former des lettres avec son corps
10 h 30	**Récréation**				
11 h **Langage/Lecture**	**La lettre au Père Noël :** • Utilisation du conditionnel	**Objets mystères** • Utiliser la structure interrogative	**Écoutez cette histoire !** • Savoir répondre à quelques questions sur une écoute	**Débat philo** • Que signifie être sage ?	**Lecture plaisir**
11 h 30	**Sortie/déjeuner**				
13 h 30	**Écoute musicale, chant, lecture plaisir...**				
14 h **Ateliers** Rotation des groupes sur les ateliers de la semaine	**Atelier 35 : Jeu des boules de Noël** • Dénombrer jusqu'à 6 **Atelier 36 : Boules de Noël (2/2)** • Décorer les boules de Noël **Ateliers libres**				
14 h 50	**Récréation**				
15 h 20 **Langage/Lecture**	**Où habite le Père Noël ?** • Situer le Pôle Nord, connaitre ses habitants	**Phonologie** • Allonger la syllabe initiale ou finale d'un mot	**Lecture suivie** • Album de Noël	**Jeux étiquettes mots** • Mélange des mots des titres pour en inventer d'autres	
15 h 45	**Sortie**				

Semaine 7

Pistes d'exploitation dans les ressources numériques Nathan live!

• Accueil •

Mobiliser le langage dans toutes ses dimensions
→ **Lire les syllabes de son prénom**
→ **Reconstituer son étiquette prénom**

La semaine précédente, vous avez accompagné les élèves dans le découpage des étiquettes prénoms selon le nombre de syllabes orales. À présent, chacun recherche dans la barquette de son groupe les syllabes de son prénom pour le reconstituer sur le tableau de présence.
Vous pouvez déjà faire remarquer que certains ont des syllabes similaires.
Sur les tables: réinvestissement du matériel des semaines précédentes en autonomie.

• Rituels •

20'

Appel

Mobiliser le langage dans toutes ses dimensions
→ **Discriminer des sons, distinguer et manipuler des syllabes**
→ **S'ouvrir à la diversité linguistique**

Poursuivez avec une des formes de l'appel proposées les semaines précédentes.
Vous pouvez aussi varier cette semaine, en demandant à chaque élève de répondre à son prénom avec des mots appris en russe: «*Da, driviet*» pour dire «oui, bonjour» et «*niet*» pour dire «non» lorsqu'un élève est absent.

Découvrir les nombres

Acquérir les premiers outils mathématiques
→ **Avoir compris que tout nombre s'obtient en ajoutant un au nombre précédent**
→ **Évaluer et comparer des collections d'objets avec des procédures numériques ou non numériques (perception immédiate, correspondance terme à terme, etc.)**

Même organisation qu'en semaine 5.

Repérage dans le temps

Explorer le monde
→ **Situer des événements vécus les uns par rapport aux autres et en les repérant dans la semaine**
→ **Utiliser des marqueurs temporels adaptés**

Même organisation que les semaines précédentes.

• Univers sonores •

10'

Agir, s'exprimer, comprendre à travers les activités artistiques
→ **Avoir mémorisé un répertoire varié de comptines et de chansons**
→ **Jouer avec sa voix pour explorer des variantes de hauteur**

Chant

Continuez Noël russe débuté en semaine 5 et apprenez ces deux nouvelles chansons sur le thème de Noël.

Noël du monde

Noël des hommes
Nuit de clarté
Nuit où l'on donne
Nuit pour s'aimer
Je te pardonne
De m'oublier
Nuit la plus longue
Noël Noël du monde

Je crie ton nom Noël
De justice et de bien
Pourquoi faut-il encore
Que je sois loin des miens ?

Nuit des montagnes
Illuminées
Grâce à l'étoile
D'un nouveau-né
Des belles dames
Et des bergers
Qui se répondent
Noël Noël du monde

Je crie ton nom Noël
De justice et de bien
Pourquoi faut-il encore
Que je sois loin des miens ?

Noël du monde
Je viens vers toi
La route est longue
Noël Noël du monde

We wish you a merry Christmas

Pour cette chanson en anglais, apprenez seulement le refrain aux enfants. Répétez-le trois fois. Une fois la chanson connue faites varier la hauteur de voix: premier refrain chanté en chuchotant, le deuxième avec une voix normale, et le troisième en chantant fort mais sans crier. Cela leur permettra de prendre conscience des changements qu'ils peuvent effectuer avec leur voix.

We wish you a Merry Christmas ;
We wish you a Merry Christmas ;
We wish you a Merry Christmas
and a Happy New Year.

• Atelier 31 •

Dictée topologique

Explorer le monde
→ Situer des objets par rapport à soi, entre eux, par rapport à des objets repères
→ Orienter et utiliser correctement une feuille de papier, en fonction de consignes, d'un but précis
→ Utiliser des marqueurs spatiaux adaptés dans des descriptions ou explications

30' Doc. 83 et 84 live!

Matériel
- Des crayons à papier
- Des feuilles blanches
- Texte (Doc. 83)
- Fiche (Doc. 84)
- Au choix : matériel des ateliers de topologie ou formes géométriques

Reproduire une représentation/disposition d'objets dans un espace donné

1. Jeu de Kim en introduction

Introduisez le matériel de cet atelier en faisant un jeu de Kim.

2. Dictée topologique : manipulation

Il existe des jeux de topologie avec des fiches de dispositions d'objets à reproduire (comme ceux de chez Nathan). Utilisez ce matériel si vous l'avez ou jouez tout simplement avec le matériel de vos coins jeux, formes géométriques... Prévoyez une quantité suffisante pour que tous les enfants puissent reproduire la disposition demandée.
Présentez le matériel. Les enfants ont chacun une feuille blanche A4 qui servira de support.
Posez les différents objets sur votre feuille en même temps que vous énumérez leurs positions.
Exemple : *« Placez en haut de la feuille à droite la petite voiture, en bas à gauche le crayon, placez entre le crayon et la voiture le bonhomme et enfin, sous le bonhomme, une gomme. »*
Assurez-vous de la bonne compréhension de cet exercice puis c'est au tour des enfants d'être acteurs. Dictez de nouvelles dispositions et laissez les enfants positionner les objets sur leur feuille. Renouvelez plusieurs fois ce petit jeu.

3. Dictée topologique : dessin

Imprimez les différentes propositions topologiques (Doc. 83). Au prélable, réalisez les dessins (modèles) validant les différents petits textes.
Chaque enfant a un tableau (Doc. 84) : dans chaque case, sous votre dictée, il dessine les différents objets en respectant les indications topologiques.
Il valide le travail en comparant avec vos dessins modèles.

> En autonomie, les enfants peuvent poursuivre ce travail de topologie avec : *Atelier topologie 1, 2* paru chez Nathan.

• Atelier 32 •

Cadeau de Noël

Agir, s'exprimer, comprendre à travers les activités artistiques
→ Réaliser des compositions plastiques, seul ou en petits groupes, en choisissant et combinant des matériaux, en réinvestissant des techniques et des procédés

30' Doc. 85 – Galerie photo live!

Matériel
- Cadres en bois brut
- Peinture acrylique
- Papier métallisé doré, argenté, coloré/feutrine
- Perforatrices avec formes diverses
- Paillettes
- Colle
- Un bonnet de Père Noël
- Appareil photo

Créer un cadeau à offrir

À l'occasion des fêtes de Noël, nous vous proposons de confectionner avec les enfants un petit cadeau qu'ils pourront offrir à leurs parents.

Pour cela, achetez un cadre en bois brut à peindre (format de photo 10 x 15) pour chaque enfant.

1. Les enfants peignent leur cadre de la couleur de leur choix à la peinture acrylique puis saupoudrent de paillettes avant que la peinture ne sèche.
2. Mettez à disposition des élèves de la feutrine ou papier métallisé de couleurs différentes ainsi que diverses perforatrices de formes : papillons, sapins, étoiles... Ils pourront ainsi perforer les motifs de leur choix puis les coller sur leur cadre. N'hésitez pas à rajouter d'autres types de matériaux qui pourraient rendre un effet festif (brillants, autocollants...)
3. Prenez individuellement les enfants en photo avec un bonnet de Père Noël et imprimez au cours de la semaine.

Emballez avec un joli papier et voilà un beau cadeau.

> **Vous trouverez des lots de cadres en bois à petit prix dans les grandes enseignes d'ameublement ou de bricolage.**

• Atelier 33 •

Albums de Noël

Mobiliser le langage dans toutes ses dimensions
→ Manifester de la curiosité par rapport à l'écrit
→ Reconnaitre les lettres de l'alphabet et connaitre les correspondances entre les manières de les écrire

30' Doc. 86 live!

Matériel
- Reproductions de couvertures d'albums sur la Russie, Noël...
- Fiche individuelle (Doc. 86)
- Alphabets individuels

Écrire le titre de son album préféré en capitales d'imprimerie

1. Lecture des titres des albums

Présentez les couvertures d'albums lus tout au long de cette période : 8 livres environ.

Faites repérer les titres. Demandez aux enfants de compter le nombre de mots de chaque titre puis lisez-les.

2. Fiche individuelle

Imprimez le Doc. 86 ou inspirez-vous en pour l'adapter aux albums de votre choix.

Les enfants indiqueront par un code couleur s'ils ont apprécié ou pas ces différentes lectures : un rond vert sous les albums qu'ils ont aimés et un rond rouge sous ceux qu'ils n'ont pas aimés.

Enfin, au bas de la feuille, ils recopieront le titre de leur album préféré en capitales d'imprimerie en s'aidant de leur alphabet individuel.

Il s'agit d'un travail mettant en œuvre la correspondance entre les différentes écritures. Mettez à disposition les différents albums afin qu'ils puissent s'y référer car les titres sur les miniatures de leur fiche seront pour certains illisibles.

Enfin, insistez sur le fait que les différents mots ne doivent pas être collés les uns aux autres, il doit y avoir un espace entre chaque.

• Atelier 34 •

Les mots des titres

Mobiliser le langage dans toutes ses dimensions
→ Manifester de la curiosité par rapport à l'écrit
→ Pouvoir redire les mots d'une phrase écrite après sa lecture par l'adulte, les mots du titre connu d'un livre ou d'un texte
→ Remettre dans l'ordre des mots pour former un titre

30' Doc. 87 live!

Matériel
- Fiche individuelle (Doc. 87)
- Ciseaux
- Colle
- Barquette ou assiettes pour mettre les étiquettes une fois découpées

Retrouver et ordonner des mots pour reconstituer un titre d'album de jeunesse

1. Présentation des albums

Les enfants se sont déjà familiarisés avec ce type d'exercice notamment lors de l'atelier 19 (semaine 4). Il s'agira cette fois-ci de renouveler cette activité mais avec plusieurs titres d'albums sur le thème de Noël.

Cette activité implique l'utilisation de différentes techniques de repérage : correspondance lettre par lettre, reconnaissance d'un mot dans sa globalité, mise en ordre des différentes étiquettes mots pour reconstituer le titre...

Présentez aux enfants les albums lus en grand groupe, comptez le nombre de mots composant chaque titre puis lisez-les.

2. Travail individuel

Imprimez une fiche (Doc. 87) par enfant.

Ils reconstituent les titres de ces albums en découpant les étiquettes mots puis en les collant dans l'ordre sous le modèle.

Ils pourront également se référer aux couvertures des albums mis à leur disposition sur les tables.

• Jour 1 •

La passe à 5

Collaborer, coopérer, s'opposer
→ Coopérer, exercer des rôles différents complémentaires, élaborer des stratégies pour viser un but commun
→ Coordonner des actions : lancer et réceptionner

Matériel
- 1 balle en mousse par groupe
- Des cordes pour délimiter les terrains

1. Organisation et préparation

Divisez la classe en quatre groupes de 6 ou 7 élèves : 5 (ou 6) passeurs et un voleur.

Délimitez avec des cordes au sol quatre espaces de jeux : un par équipe. Si votre préau ne vous le permet pas, faites des rotations : deux groupes observent, s'assurent du respect des règles pendant que les deux autres jouent.

2. But du jeu

Faire 5 passes sans perdre la balle et sans que le voleur ne l'attrape.
Les passeurs gagnent le jeu lorsqu'ils parviennent à faire 5 passes sans que la balle ne soit attrapée par le voleur, ne tombe par terre et reste dans les limites du terrain.
Le voleur gagne le jeu lorsqu'il intercepte la balle ou lorsque les passeurs la font tomber.
Si la balle sort des limites du terrain, la partie en cours est annulée et on recommence les passes depuis le début.

Assurez une rotation afin que chaque enfant joue le rôle de passeur et de voleur.

• Jour 2 •

Il était une fermière

Agir, s'exprimer, comprendre à travers les activités artistiques
→ Coordonner ses gestes et ses déplacements avec ceux des autres, lors de rondes et jeux chantés
→ Construire et conserver une séquence d'actions et de déplacements, en relation avec d'autres partenaires, avec ou sans support musical

Même organisation que la semaine précédente.

Variante : mettre les enfants en ligne et les faire avancer, aller à droite, à gauche, ensemble et dans le même sens.

• Jour 3 •

Parcours d'équilibre

Adapter ses équilibres et ses déplacements à des environnements ou des contraintes variés
→ Ajuster et enchainer ses actions et ses déplacements d'obstacles à franchir ou de la trajectoire d'objets sur lesquels agir
→ Se déplacer avec aisance et en sécurité dans des environnements variés, naturels ou aménagés

Doc. 71 Nathan live!

Même organisation que la semaine précédente.

• Jour 4 •

Ateliers de saut

Agir sans l'espace, dans la durée et sur les objets
→ Sauter de différentes façons, dans des espaces et avec des matériels variés, dans un but précis
→ Ajuster et enchainer ses actions et ses déplacements en fonction d'obstacles à franchir

Doc. 72 Nathan live!

Même organisation que la semaine précédente.

20'

• Jour 1 •

La lettre au Père Noël

Mobiliser le langage dans toutes ses dimensions
→ **S'exprimer dans un langage oral syntaxiquement correct et précis**
→ **Participer verbalement à la production d'un écrit**

Écrire une lettre sous forme de dictée à l'adulte est une phase importante dans l'apprentissage de la langue orale et écrite : les phrases doivent êtres compréhensibles, correctes et le message transmis doit correspondre à celui que l'on s'était fixé.
Débutez cette séance par la lecture de l'album *La Lettre du Père Noël* de Yukiko Tanno, paru chez L'École des Loisirs.
Le facteur souris perd l'équilibre lors de sa tournée et renverse toutes les lettres destinées au Père Noël.

Cette histoire vous permettra d'introduire un nouveau type d'écrit qu'est la lettre et le travail sur la correspondance.

De fait, Noël approchant à grands pas, proposez aux élèves d'écrire une lettre au Père Noël en dictée à l'adulte que vous irez ensuite poster tous ensemble. Afin que la correspondance soit réelle, la poste de Gironde propose de répondre aux lettres expédiées avant le 20 décembre. www.laposte.fr/pere-noel/. Les enfants seront heureux de recevoir une réponse !

> Si vous postez la lettre à l'adresse suivante : Père Noël, Rue des Nuages, Pôle Nord ou encore : Père Noël, 33500 Libourne, France. Vous recevrez une réponse du Père Noël en personne ! Les enfants seront ravis !

• Jour 2 •

Objets mystères

Mobiliser le langage dans toutes ses dimensions
→ **Utiliser la structure interrogative**
→ **Pratiquer divers usages de la langue orale : raconter, expliquer, questionner, proposer des solutions, discuter un point de vue**

Apportez un grand nombre de décorations de Noël aussi variées que possible : boules, guirlandes, étoiles… Placez dans un sac opaque un des objets.

Les élèves doivent poser des questions pour deviner quel objet se cache dans « la boite mystère ». Questions sur la couleur, la taille, la forme en utilisant la formule suivante : « *Est-ce que l'objet mystère est rouge, bleu, rond, lourd… ?* »

Renouvelez avec un autre objet.

Demandez ensuite aux enfants ce qu'évoquent ces objets : Noël !

Sortez alors d'un autre grand sac toutes les décorations et entreprenez la décoration de la classe.

• Jour 3 •

Écoutez cette histoire !

Mobiliser le langage dans toutes ses dimensions
→ **Comprendre des textes écrits sans autre aide que le langage entendu**
→ **Manifester de la curiosité par rapport à l'écrit**

Empruntez à la bibliothèque ou la médiathèque municipale un CD (ou une cassette) d'une histoire (sur le thème de Noël ou autre).

Faites d'abord écouter l'histoire en entier sans intervenir. Si un album accompagne ce CD, montrez les illustrations au fur et à mesure de l'écoute pour renforcer la compréhension.

Interrogez les enfants sur la compréhension globale.

Ensuite, proposez une deuxième écoute et arrêtez à certains moments-clés pour poser des questions aux enfants : « *Quels sont les personnages de cette histoire, que font-ils ?…* »

• Jour 4 •

Débat philo : Qu'est-ce qu'être sage ?

Mobiliser le langage dans toutes ses dimensions
→ **Pratiquer divers usages de la langue orale : raconter, expliquer, questionner**
→ **Discuter un point de vue**

Demandez aux élèves de vous rappeler les règles du débat.

Les enfants ont pour habitude d'entendre que le Père Noël n'apporte des cadeaux qu'aux enfants sages, mais d'après eux, « *Que signifie être sage ?* ».

• Atelier 35 •

Jeu des boules de Noël

Acquérir les premiers outils mathématiques
→ Utiliser le dénombrement pour constituer une collection d'une taille donnée
→ Classer ou ranger des objets selon un critère de longueur

30' Doc. 88 Nathan live!

Matériel
- Formes géométriques rondes de trois tailles différentes
- Fiche individuelle (Doc. 88)
- Un dé
- Des feutres de couleur rouge et vert

Dénombrer deux quantités pour n'en former qu'une

1. Introduction sur les grandeurs

Posez sur la table des cercles de trois tailles différentes, mais de même couleur, en plusieurs exemplaires. Demandez aux enfants de les comparer et de les classer dans l'ordre croissant puis décroissant.

2. Jeu

Préparation

Collez sur un dé trois gommettes rouges et trois vertes de tailles différentes: une grande, une moyenne et une petite pour chaque couleur.

Préparez deux autres dés avec les constellations de 1 à 3, puis imprimez une fiche par élève (Doc. 88) au format en A3.

Déroulement

Consigne: *« Lancez les 3 dés. Coloriez la quantité de ronds indiquée par les deux dés constellations de la couleur et de la taille désignées par le troisième dé. »*

Le premier qui a colorié tous les cercles de sa boule de Noël a gagné.

Il existe des dés avec des faces ardoises: vous pourrez ainsi modifier les faces du dé à votre guise.

• Atelier 36 •

Boules de Noël (2/2)

Agir, s'exprimer, comprendre à travers les activités artistiques
→ Réaliser une composition personnelle en reproduisant des graphismes

30' Doc. 77 – Galerie photo Nathan live!

Matériel
- Boules de noël peintes à l'acrylique
- Pinceaux
- Peinture noire/doré
- Feutres Posca

Décorer les boules de Noël

Donnez à chaque enfant sa boule de Noël en papier mâché réalisée lors de l'atelier 26 et recouverte de peinture acrylique en atelier autonome ou à l'accueil.

1. Répertoire graphique

Délimitez au feutre 6 cercles sur chaque ballon.

Au tableau, faites un inventaire avec les enfants des différents graphismes décoratifs qu'ils pourront réaliser sur leur boule de Noël: triangles, croix, étoiles, ronds, soleils...

2. Décoration

Au pinceau fin, avec de la peinture dorée ou argentée (ou bien encore au feutre Posca), les élèves reproduisent les graphismes de leur choix: un par zone délimitée.

Une fois les graphismes décoratifs terminés, recouvrez les boules géantes avec du vernis colle mélangé à des paillettes pour un rendu plus brillant et festif!

Attachez un morceau de bolduc doré ou argenté sur l'embout de chaque ballon afin de pouvoir les accrocher.

20'

• Jour 1 •

Où habite le Père Noël ?

Mobiliser le langage dans toutes ses dimensions
→ **Pratiquer divers usages de la langue orale : raconter, expliquer, questionner, proposer des solutions, discuter un point de vue**

Interrogez les élèves : « *Savez-vous où habite le Père Noël ?* »
Laissez-les s'exprimer librement sur le sujet puis montrez-leur sur une mappemonde où se trouve le Pôle Nord.
Ce sera l'occasion de parler des Inuits, de leur mode de vie, des animaux de la banquise.
Prévoyez des photographies ou documentaires afin d'illustrer votre séance.
Terminez en lisant un album sur ce thème :
– Guid Van Guenechten, *Le Secret de petit ours blanc*, Milan jeunesse.
– Bernard Chèze, *Itak et la Baleine*, Le Seuil jeunesse.

• Jour 2 •

Allonger la syllabe initiale ou finale d'un mot

Mobiliser le langage dans toutes ses dimensions
→ **Distinguer et manipuler des syllabes**
→ **Discriminer des sons dans des mots ou dans des syllabes**

Jouons avec les prénoms

À tour de rôle, demandez aux enfants de citer la syllabe initiale de leur prénom puis la syllabe finale.
Faites de même avec les jours de la semaine, les mois…

Au pays des répétitions

Invitez les enfants à partir en voyage au pays de la répétition !
Selon le moment de la journée, il faut soit répéter la syllabe initiale des mots : le matin, soit la syllabe finale : l'après-midi.
Montrez une image d'un objet, puis initiez le jeu en disant : « *C'est le matin au pays des répétitions !* » Les enfants devront alors doubler la syllabe initiale du mot présenté, par exemple : POU-POU-PEE.
Alternez avec : « *C'est l'après-midi au pays des répétitions* », ils devront alors doubler la syllabe finale : NO-ËL-ËL.

• Jour 3 •

Lecture suivie d'un album de Noël

Mobiliser le langage dans toutes ses dimensions
→ **Découvrir des œuvres intégrales de la littérature de jeunesse**
→ **Manifester de la curiosité par rapport à l'écrit**

Afin de poursuivre votre travail sur le thème de Noël, nous vous proposons de choisir un album dans la liste proposée la semaine précédente puis de l'exploiter de la manière suivante :

– Lecture par épisodes en prenant appui sur les illustrations : quelles informations donnent les illustrations, le texte ? Anticiper la suite de l'histoire.
– Travail sur le vocabulaire spécifique : le personnage du Père Noël, l'hiver, les décorations de Noël…
– Mise en réseau : lire d'autres albums et faire le lien entre les différentes lectures sur le même thème.

• Jour 4 •

Jouer avec les mots des titres des albums

Mobiliser le langage dans toutes ses dimensions
→ **Manifester de la curiosité par rapport à l'écrit**
→ **Pouvoir redire les mots d'une phrase écrite, les mots du titre connu d'un livre**

Reconstituer des titres avec des étiquettes mots

Affichez au tableau les étiquettes mots des titres des albums vus à l'atelier 34 (ou autres albums lus).

Interrogez les enfants : « *Reconnaissez-vous certains mots ?…* »

Aider les enfants à trouver des repères dans l'écrit en se référant aux différents affichages de la classe.

Présentez ensuite les albums correspondants puis demandez aux enfants de venir reconstituer au tableau les différents titres à l'aide des étiquettes (en s'aidant de la première de couverture).

Jouer avec les étiquettes mots

Proposez enfin un petit jeu d'écriture créative en mélangeant les étiquettes des différents titres.

Ils pourront ainsi écrire et inventer de nouveaux titres, exemple : *Le loup qui voulait un drapeau.*

Autour des artistes, petits et grands

Organisation

- Séances 21 et 22 en ateliers dirigés + 2 ateliers libres de votre choix, avec rotation sur la matinée de 2 groupes.
- Séances 23 et 24 en grand groupe.

• Séance 21 •

Un arbre à spirales (2)

Agir, s'exprimer, comprendre à travers les activités artistiques

→ Utiliser le dessin pour représenter ou illustrer, en étant fidèle au réel ou à un modèle, ou en inventant
→ Réaliser une composition personnelle en reproduisant des graphismes

Matériel
- Feuille blanche A3
- Feutres dorés, marrons, argentés
- Gouache marron
- Crayon gris

Doc. 82 – Galerie photo live

Reprenez l'organisation de la séance 17 en assurant une rotation des groupes.

• Séance 22 •

Spirales en aluminium (2)

Agir, s'exprimer, comprendre à travers les activités artistiques

→ Réaliser une composition personnelle en reproduisant des graphismes

Matériel
- Papier aluminium découpé ou déchiré en carrés de 15 à 25 cm
- Assiettes ou barquette pour chaque enfant

Reprenez l'organisation de la séance 18 en assurant une rotation des groupes.

• Séance 23 •

L'Arbre de vie de Klimt

Agir, s'exprimer, comprendre à travers les activités artistiques

→ Décrire une image et exprimer son ressenti ou sa compréhension en utilisant un vocabulaire adapté

Faites découvrir le tableau de Klimt, *L'Arbre de Vie*, à travers un système de fenêtres à cache comme réalisé en semaine 1 lors des activités de langage (jour 1). Veillez à bien choisir l'emplacement de vos caches (tronc de l'arbre, branches, spirales, visage...)

À tour de rôle, les élèves ouvrent une fenêtre et décrivent ce qu'ils voient.

Faites ensuite émettre des d'hypothèses sur ce qui se cache derrière l'affiche, puis dévoilez la reproduction.

Les enfants feront certainement le rapprochement avec leurs productions réalisées la semaine précédente. Affichez-les au tableau et laissez les enfants les comparer avec l'œuvre de Klimt.

Enfin, terminez en donnant le titre du tableau et en présentant l'artiste :

Gustav Klimt est un peintre autrichien de la fin du XIXe siècle. Il ne se contente pas de peindre ce qu'il voit, il ajoute des symboles mystérieux au monde réel qu'il transforme en monde imaginaire et masqué. Il fait partie d'un mouvement appelé « Art Nouveau ».

• Séance 24 •

Lettres en volume (3)

Communiquer avec les autres au travers d'actions à visée expressive ou artistique

→ Proposer des solutions dans des situations de projet, de création, de résolution de problèmes, avec sn corps
→ Construire et conserver une séquence d'actions et de déplacements, en relation avec d'autres partenaires

Matériel
- Tapis
- Les 26 lettres de l'alphabet en capitales : une lettre par page A4
- Fiche pour comptabiliser les points

Reprenez le jeu de la semaine précédente avec de nouvelles lettres.

Période 3

Semaines 1 à 7 : La Chine

➤ Arts et traditions

Demi-journées thématiques : Jeux mathématiques

Sommaire des activités en regroupement

	Accueil	Rituels	Activités de langage/Lecture	Univers sonores	Activités de langage/Lecture
Semaine 1	– Étiquettes avec écriture cursive – Jeux autonomes	**Appel :** Intercaler un claquement de langue entre chaque syllabe **Découvrir les nombres :** Intercaler un mot dans l'énonciation de la suite numérique **Responsabilités :** Poursuite du roulement entre les élèves	– Petit Chinois – Les idéogrammes – Lecture d'albums sur le thème de la Chine – L'objet mystère chinois : découverte d'un objet typique	– « Jour de l'an pétillant » – « Ching, le petit Chinois »	– Dictionnaire de la Chine – Saveurs chinoises – Découverte d'une rizière – Les arts du cirque en Chine
Semaine 2	– Écriture guidée du prénom en cursive – Réinvestissement du matériel : jeu de l'oie, tracé de lettres arrondies, puzzles	**Appel :** Identifier son prénom scandé. Découvrir les prénoms en cursive des camarades **Découvrir les nombres :** *Même organisation* **Repérage dans le temps :** calendrier	– Les mandalas – Qu'est-ce qu'une phrase ? – Lecture d'un album autour de la Chine – Recherche documentaire	– Marquer la pulsation avec son corps – Marquer la pulsation avec un instrument – Reprise des chansons	– Dictionnaire de la Chine : deux nouveaux mots – Les instruments chinois – Atelier philo – Les vases chinois
Semaine 3	– Écriture guidée du prénom en cursive – Réinvestissement du matériel	**Appel :** Découvrir les prénoms en cursive des camarades **Découvrir les nombres :** *Même organisation* et comptines numériques **Repérage dans le temps :** *Même organisation*	– Dans mon panier du [A] – Où se trouve le son [A] ? – Lecture d'un album sur le thème de la Chine – Portrait chinois	– Marquer la pulsation avec un instrument chinois – « Papi Panda » – « Ping Pong »	– Dictionnaire de la Chine : deux nouveaux mots – J'apprends à compter en chinois – Le mot répété – L'objet tactile
Semaine 4	– Écriture guidée du prénom en cursive – Réinvestissement du matériel	**Appel :**Isoler la syllabe finale des prénoms. **Découvrir les nombres :** Devinettes numériques **Repérage dans le temps :** Écriture de la date face aux élèves	– Fiche d'identité du panda – L'armée de terre cuite – Images séquentielles – Les syllabes en désordre	– Le dragon à cinq pattes	– Dictionnaire de la Chine : deux nouveaux mots – Contes traditionnels chinois – Atelier philo – *Trente* de Kandinsky
Semaine 5	– Écriture guidée du prénom en cursive – Réinvestissement du matériel	**Appel :** Énoncer la dernière syllabe des prénoms en variant l'intensité **Découvrir les nombres :** Déduire le nombre d'absents ; compter en chinois **Repérage dans le temps :** *Même organisation*	– Répertoire graphique (pour pagode) – Dans mon panier du [O] – D'autres albums autour de la Chine – Lecture erronée	– « L'empereur, sa femme et le petit prince » – Chang	– Dictionnaire de la Chine : deux nouveaux mots – Le Nouvel an chinois – Les signes chinois – Raconter son album préféré
Semaine 6	– Écriture guidée du prénom en cursive – Réinvestissement du matériel	**Appel :** La syllabe finale **Découvrir les nombres :** Combien j'ai de doigts (jeu numérique) **Repérage dans le temps :** *Même organisation*	– Règle du sudoku – Dans mon panier du [U]. – Où se trouve le son [U] – Écoutez cette histoire !	– Petit Chinois	– Dictionnaire de la Chine : deux nouveaux mots – Ça rime c'est sublime ! – Chasse à la rime – Un morceau du mot
Semaine 7	**Pistes d'exploitation**				

Sommaire des ateliers

	Ateliers du matin				Ateliers de l'après-midi	
Semaine 1	**Atelier 1 :** Acquérir les premiers outils mathématiques **À la découverte de la Chine** → Découvrir la destination de la période à travers un jeu mathématique : le jeu de l'oie	**Atelier 2 :** Mobiliser le langage dans toutes ses dimensions **Mon prénom en cursive** → Associer deux écritures pour reconstituer son prénom avec des pinces à linge	**Atelier 3 :** Acquérir les premiers outils mathématiques **Zoom sur la Chine** → Reconstituer des puzzles d'œuvres d'art ou de photographies	**Atelier 4 :** Agir, s'exprimer, comprendre à travers les activités artistiques **Mandalas** → Colorier un mandala dans le but de fabriquer une lanterne chinoise	**Atelier 5 :** Mobiliser le langage dans toutes ses dimensions **Les lettres cursives arrondies** → S'initier à l'écriture de ces lettres sur différents supports	**Atelier 6 :** Agir, s'exprimer, comprendre à travers les activités artistiques **Lanterne chinoise** → Confection d'un objet traditionnel chinois
Semaine 2	**Atelier 7 :** Acquérir les premiers outils mathématiques **Baguettes chinoises** → Dénombrer et compléter des collections jusqu'à 7	**Atelier 8 :** Agir, s'exprimer, comprendre à travers les activités artistiques **Mon prénom en chinois** → Calligraphier son prénom en chinois à l'encre de Chine	**Atelier 9 :** Mobiliser le langage dans toutes ses dimensions **Loto des idéogrammes** → Prendre des repères et associer des graphismes identiques	**Atelier 10 :** Explorer le monde **Images séquentielles** → Retrouver la chronologie d'un récit connu	**Atelier 11 :** Agir, s'exprimer, comprendre à travers les activités artistiques **Des boucles au vase chinois** → Tracer des boucles pour décorer un vase chinois	**Atelier 12 :** Agir, s'exprimer, comprendre à travers les activités artistiques **Couronnes chinoises** → Réaliser des couronnes chinoises
Semaine 3	**Atelier 13 :** Mobiliser le langage dans toutes ses dimensions **Jouons avec les phrases** → Définir des notions de phrases et mots	**Atelier 14 :** Acquérir les premiers outils mathématiques **Huit dans mon pot** → Dénombrer des collections de 8 objets	**Atelier 15 :** Explorer le monde **Paysages et visages de Chine** → Identifier des éléments de chine	**Atelier 16 :** Acquérir les premiers outils mathématiques **Tangram** → Découverte et manipulation libre	**Atelier 17 :** Mobiliser le langage dans toutes ses dimensions **Le son [A]** → Scander les syllabes puis localiser un son précis.	**Atelier 18 :** Agir, s'exprimer, comprendre à travers les activités artistiques **Poupées chinoises** → Réaliser un objet en volume
Semaine 4	**Atelier 19 :** Acquérir les premiers outils mathématiques **Combien de pandas ?** → Construire des collections de 1 à 8	**Atelier 20 :** Mobiliser le langage dans toutes ses dimensions **Le son [I]** → Scander les syllabes puis localiser un son précis	**Atelier 21 :** Mobiliser le langage dans toutes ses dimensions **Les albums sur la Chine** → Identifier les couvertures des albums lus en classe et reconstituer les titres	**Atelier 22 :** Acquérir les premiers outils mathématiques **Fiches Tangram** → Reconstituer des figures à l'aide des pièces du tangram	**Atelier 23 :** Mobiliser le langage dans toutes ses dimensions **La chasse aux mots** → Retrouver un mot parmi des graphies proches	**Atelier 24 :** Agir, s'exprimer, comprendre à travers les activités artistiques **Triptyque** → Production plastique de cerisiers en fleurs
Semaine 5	**Atelier 25 :** Acquérir les premiers outils mathématiques **Les compléments à huit** → Dénombrer des collections jusqu'à 8	**Atelier 26 :** Mobiliser le langage dans toutes ses dimensions **Loto des lettres** → Identifier et nommer les lettres en écriture cursive	**Atelier 27 :** Agir, s'exprimer, comprendre à travers les activités artistiques **Trente idéogrammes** → Réaliser une production plastique à la manière de Kandinsky	**Atelier 28 :** Explorer le monde **La grande muraille de Chine** → Réaliser une construction complexe	**Atelier 29 :** Agir, s'exprimer, comprendre à travers les activités artistiques **Pagodes graphiques (1/2)** → Réinvestir des motifs graphiques dans une production plastique	**Atelier 30 :** Agir, s'exprimer, comprendre à travers les activités artistiques **Panda dans sa forêt de bambous** → Réaliser une composition plastique à la peinture
Semaine 6	**Atelier 31 :** Acquérir les premiers outils mathématiques **Nien en pinces** → Dénombrer des collections et associer son écriture chiffrée : avec pinces à linge	**Atelier 32 :** Mobiliser le langage dans toutes ses dimensions **Les jours de la semaine** → Réaliser une correspondance entre trois écritures	**Atelier 33 :** Acquérir les premiers outils mathématiques **Petits à grands pandas** → Comparer et ordonner des objets selon leur taille	**Atelier 34 :** Acquérir les premiers outils mathématiques **Sudoku en couleurs** → Découvrir, manipuler et réaliser un nouveau jeu	**Atelier 35 :** Acquérir les premiers outils mathématiques **Puzzles numériques** → Reconstituer un puzzle en associant constellations et écriture chiffrée	**Atelier 36 :** Agir, s'exprimer, comprendre à travers les activités artistiques **Pagodes graphiques (2/2)** → Décoration de la pagode : encre, papier métallisé…
Semaine 7	Pistes d'exploitation					

Sommaire de l'activité physique

	Jour 1	Jour 2	Jour 3	Jour 4
Semaine 1	**Danser librement** → Danser en respectant les différents rythmes de la musique	**La balle aux prénoms** → Jeu collectif avec ballon	**Les échasses** → Se déplacer en ligne droite	**Ateliers cirque** → S'initier aux activités du cirque
Semaine 2	**Vers les boucles** → Passer par le corps pour le tracé des boucles	**Sept par maison** → Utiliser des procédures numériques dans un jeu collectif	**Les échasses** → Se déplacer en ligne droite tout en contournant des obstacles	**Ateliers cirque** → *Reprise*
Semaine 3	**Danser avec des objets** → Adapter ses actions au matériel	**Dragon contre Wuxia** → Jeu collectif	**Les échasses** → Se déplacer sur un chemin avec obstacles	**Ateliers cirque** → *Reprise*
Semaine 4	**Danser avec des contraintes** → Suivre différents enchainements et postures	**Dragon contre Wuxia** → Jeu collectif	**Les acrobaties** Rotation de quatre actions pour explorer équilibre et déséquilibre	**Vers un parcours** → Enjamber, s'équilibrer, glisser, lancer
Semaine 5	**Danser en duo** → Rechercher des actions esthétiques à deux	**La grande muraille** → Jeu collectif	**Les acrobaties** → *Reprise*	**Vers un parcours** → *Reprise*
Semaine 6	**Danser par mimétisme** → Danser en imitant l'autre	**La grande muraille** → Jeu collectif	**Les acrobaties** → *Reprise*	**Vers un parcours** → *Reprise*
Semaine 7	Reprise des activités de la période			

Semaine 1

<table>
<tr><th></th><th>Lundi</th><th>Mardi</th><th>Jeudi</th><th>Vendredi</th><th>Demi-journée thématique</th></tr>
<tr><td>8h20
Accueil</td><td colspan="5">Échanges individualisés
Jeux autonomes
Étiquettes de présence en cursive</td></tr>
<tr><td>8h40
Rituels</td><td colspan="5">Appel : Intercaler un claquement de langue entre chaque syllabe
Découvrir les nombres : Intercaler un mot dans l'énonciation de la suite numérique
Responsabilités : Poursuite du roulement entre les élèves</td></tr>
<tr><td>9h
Univers sonores</td><td colspan="5">Chansons et comptines au choix</td></tr>
<tr><td>9h10
Ateliers
Rotation des groupes sur les ateliers de la semaine</td><td colspan="4">Atelier 1 : À la découverte de la Chine → Participer à un jeu mathématique de type jeu de l'oie
Atelier 2 : Mon prénom en cursive → Reconstituer son prénom à l'aide d'un modèle
Atelier 3 : Zoom sur la Chine → Reconstituer des puzzles de photographies
Atelier 4 : Mandalas → Colorier un mandala dans le but de confectionner une lanterne chinoise</td><td>24 séances sur les jeux mathématiques
– Le jeu des bougies
– La bataille
– La règle du jeu des bougies</td></tr>
<tr><td>9h45</td><td colspan="5">Rangement et bilan des ateliers</td></tr>
<tr><td>10h
L'activité physique</td><td>Danser librement
→ Danser en respectant les différents rythmes</td><td>La balle aux prénoms
→ Participer à un jeu collectif</td><td>Les échasses
→ Se déplacer en ligne droite</td><td>Ateliers cirque
→ Funambules, équilibristes, assiettes chinoises, jongleurs</td><td>« Il était une fermière »
→ Danser et dénombrer des quantités</td></tr>
<tr><td>10h30</td><td colspan="5">Récréation</td></tr>
<tr><td>11h
Langage/Lecture</td><td>Petit Chinois
→ Découverte de la Chine à travers une affiche</td><td>Les idéogrammes
→ Découvrir une autre forme d'écriture</td><td>Lectures d'albums sur la Chine
→ Liste et pistes d'exploitation</td><td>L'objet mystère chinois
→ Découverte d'un objet typique</td><td>Lecture plaisir</td></tr>
<tr><td>11h30</td><td colspan="5">Sortie/déjeuner</td></tr>
<tr><td>13h30</td><td colspan="4">Écoute musicale, chant, lecture plaisir…</td><td></td></tr>
<tr><td>14h
Ateliers
Rotation des groupes sur les ateliers de la semaine</td><td colspan="4">Atelier 5 : Les lettres cursives arrondies → S'initier au tracé des lettres cursives arrondies sur différents supports
Atelier 6 : Lanterne chinoise → Confectionner un objet traditionnel chinois
Ateliers libres</td><td></td></tr>
<tr><td>14h50</td><td colspan="4">Récréation</td><td></td></tr>
<tr><td>15h20
Langage/Lecture</td><td>Dictionnaire de la Chine
→ Développer le vocabulaire</td><td>Saveurs chinoises
→ Décrire des sensations gustatives</td><td>Découverte d'une rizière
→ Découvrir les autres et leur mode de vie</td><td>Les arts du cirque en Chine
→ Retour sur ateliers circassiens</td><td></td></tr>
<tr><td>15h45</td><td colspan="4">Sortie</td><td></td></tr>
</table>

• Accueil •

Mobiliser le langage dans toutes ses dimensions
→ Découvrir le principe alphabétique
→ Reconnaitre les lettres de l'alphabet en script, cursive et capitales

Si vous aviez découpé les étiquettes de présence en syllabes orales lors de la période précédente, préparez-en de nouvelles, incluant l'écriture en cursive.
Accompagnez individuellement les élèves dans le reconnaissance de leur prénom, notamment en faisant nommer les lettres et repérer leurs particularités (ex. : les lettres ont une petite attache pour s'accrocher, le M s'écrit avec trois ponts, le L est une grande boucle qui monte, etc.).
Sur les tables, préparez des activités en autonomie : puzzles, dessins ou coloriages libres, matériel pédagogique de la classe.

• Rituels •

20'

Appel

Mobiliser le langage dans toutes ses dimensions
→ Distinguer et manipuler des syllabes
→ Discriminer des sons dans des mots ou dans des syllabes

Poursuivez le travail sur la conscience phonologique en marquant les unités syllabiques des différents prénoms. Lors de l'appel, les élèves devront redonner leur prénom en intercalant un claquement de langue entre chaque syllabe. Exemple : Léa = LÉ *-clac-* A.
Pour les aider dans l'exercice les premiers jours, faites-leur décomposer le prénom en marquant une pause entre chaque syllabe et en faisant réaliser le claquement de langue par l'ensemble de la classe.

Découvrir les nombres

Acquérir les premiers outils mathématiques
→ Dire la suite des nombres jusqu'à trente

Chaque jour, un élève compte le nombre de présents en intercalant un mot de liaison entre chaque nombre : « *1 et 2 et 3 et 4 et...* » Vous pouvez ensuite reprendre avec toute la classe en changeant le mot à intercaler : « *1 présent, 2 présents, etc.* » Cet exercice permet la stabilisation de la suite numérique.

Responsabilités

Mobiliser le langage dans toutes ses dimensions
→ Prendre des repères dans l'écrit
→ Assumer des rôles divers

Doc. 22 – Galerie photo live!

Tout au long de la période 3, poursuivez comme précédemment, la rotation des rôles attribués aux élèves.

• Univers sonores •

Agir, s'exprimer, comprendre à travers les activités artistiques
→ Avoir mémorisé un répertoire varié de comptines et de chansons

10'

Cette période étant consacrée à la découverte de la Chine, voici des chansons sur ce thème. La première ouvrira la nouvelle année et la seconde conduira vos élèves dans les premières découvertes du pays.
Réalisez plusieurs écoutes au cours de la semaine et apprenez les différents couplets en plusieurs étapes.

« Jour de l'an pétillant »

Au jour de l'An,
tout pétillant,
On s'embrasse sous
le gui,
Quatre fois comme
à Paris !

Bonne année-poussière
Madame la sorcière !

Bonne année-tisons,
Monsieur le dragon !

A chacun sa bonne année,
A chacun ce qui lui plait.

Des soupières
Ou des bisons
Des soupirs
Ou des maisons
Des sourires
Ou des raisons
De s'enfuir devant
les dragons !

« Ching, le petit Chinois »

Du haut de la grande pagode, Ching le tout petit Chinois
A mis sa tunique à la mode, toute brodée de fils de soie
Ching, ching, ching, Yutipa,
À Pékin ou à Shanghai
Ching, ching, ching, Yutipa
À Shanghai ou à Pékin

Il promène dans une cage, Ching le tout petit Chinois
Un oiseau chanteur au ramage qui scintille et qui flamboie
Ching, ching, ching, Yutipa
À Pékin ou à Shanghai
Ching, ching, ching, Yutipa
À Shanghai ou à Pékin

Dans une jonque aux grandes voiles, Ching le tout petit Chinois
Contemple des millions d'étoiles et la lune qui rougeoit
Ching, ching, ching...

• Atelier 1 •

À la découverte de la Chine

Acquérir les premiers outils mathématiques
→ Associer l'écriture chiffrée d'un nombre à sa constellation et à sa quantité
→ Utiliser le nombre pour exprimer la position d'un objet dans un jeu

30' Doc. 89 live!

Matériel
- Doc. 89 à imprimer, agrandir et plastifier
- Pions de différentes couleurs
- Un dé classique

Participer à un jeu mathématique du type jeu de l'oie

Préparation du matériel

Imprimez le jeu de l'oie (Doc. 89), agrandissez à la photocopieuse au format A3 et collez-le sur un support rigide (carton ou plaque de contreplaqué).

À chaque élève du groupe, attribuez un pion de couleur différente, que vous pouvez constituer en collant par exemple, des gommettes ou une image d'un élément représentatif de la Chine (lanterne, panda, Grande Muraille, dragon, poupée chinoise, pagode...) sur des bouchons de bouteilles.

Découverte du thème

Commencez cet atelier par une petite séance de langage. À travers ce jeu de l'oie, les enfants vont découvrir la destination de cette nouvelle période: la Chine.

Laissez-les commenter la planche jeu et donner leurs impressions. Faites décrire les différentes illustrations et émettre des hypothèses: *« Connaissez-vous ce jeu? Que voit-on dessus? Ces objets/monuments/animaux vous sont-ils familiers? À quel pays vous font-ils penser?.... »*

Règle du jeu

Faites rappeler la règle du jeu de l'oie déjà rencontrée lors de la période 2 (atelier 17).

Tous les joueurs se placent sur la case départ et lancent le dé à tour de rôle. Ils avancent du nombre de cases indiqué par le dé. Lorsqu'ils tombent sur les cases suivantes, des actions sont à effectuer:
- Case « Grande Muraille »: retour à la case départ.
- Case pagode: aller à la case lanterne suivante.
- Case dragon: passer son tour.

Le premier qui arrive à la case 31 gagne le jeu.

• Atelier 2 •

Mon prénom en cursive

Mobiliser le langage dans toutes ses dimensions
→ Découvrir le principe alphabétique
→ Connaitre les correspondances entres l'écriture en script et cursive et commencer à faire le lien avec le son que les lettres codent
→ Écrire son prénom à l'aide de matériel mobile

30' Doc. 90 – Galerie photo live!

Matériel
- Planches prénoms en cursive
- Pinces à linge en script et en cursive

Reconstituer son prénom en cursive

1. Préparation du matériel

Rappelez les activités réalisées avec les pinces à linge en majuscules d'imprimerie et script (période 1, ateliers 3 et 16).
Récoltez à nouveau un grand nombre de pinces pour y inscrire les lettres en écriture cursive.
Enfin, préparez pour chaque élève une planche avec son prénom en lettres cursives.

2. Correspondance cursive/cursive

Reconstituer son prénom écrit en cursive avec les pinces à linge correspondantes.

Cette activité peut se faire en autonomie car il s'agit de discrimination visuelle: il faut poser la pince avec la lettre en cursive, au-dessus de la lettre correspondante du prénom.

Pendant ce temps, prenez individuellement les élèves pour l'exercice suivant.

3. Correspondance cursive/script

Reconstituer son prénom écrit en cursive sur sa planche avec les pinces à linge en script.

Chaque élève nomme les lettres de son prénom en cursive et recherche ses correspondantes en script. Aidez-les à trouver les particularités de ces lettres et à prendre des repères pour les identifier.

Si vous ne pouvez pas investir dans de nouvelles pinces à linge, utilisez le verso des pinces en script de la période 1 pour créer les pinces en cursive avec un nouveau code couleur pour les distinguer. Vous pouvez aussi coller des gommettes comme sur la photo du Doc. 90.

• Atelier 3 •

Zoom sur la Chine

Acquérir les premiers outils mathématiques
→ Reproduire un assemblage à partir d'un modèle
→ S'ouvrir à la diversité culturelle

30'
Matériel
– Images/photos d'éléments représentatifs de la Chine

Reconstituer des puzzles de photographies

1. Préparation du matériel

Imprimez en deux exemplaires sur du papier Bristol A4 différentes photographies en couleurs d'éléments représentatifs de la Chine qui permettront par la suite l'acquisition d'un vocabulaire thématique et l'introduction des éléments symbolisant le pays.

Voici quelques propositions que vous trouverez facilement sur internet dans la partie image d'un moteur de recherche :
- la Grande Muraille ;
- une pagode ;
- un paysage avec des rizières ;
- une photo de la fête du Nouvel An chinois avec le défilé du dragon ;
- des idéogrammes ;
- des photos de villes telles que Shanghai ou Pékin.

Plastifiez les documents : un exemplaire de chaque reproduction servira de planche support pour le puzzle et le second sera découpé en douze morceaux au moins.

2. Appropriation du matériel

Présentez le matériel : faites nommer les différents éléments et ressortir le thème commun. Laissez ensuite les enfants utiliser ce matériel librement. Certains les reconstitueront, d'autres échangeront les pièces…

Ce matériel suscitera certainement un intérêt et des échanges entre pairs que vous exploiterez en langage par la suite, notamment sur le temps de l'accueil où vous pourrez mettre ces puzzles en libre accès.

Pour ne pas s'y perdre !
Pour chaque puzzle, choisissez une couleur de gommettes que vous collerez au dos des différents morceaux pour une identification rapide des pièces. Pour le rangement, prévoyez une pochette plastique pour chaque puzzle.

• Atelier 4 •

Mandalas

Agir, s'exprimer, comprendre à travers des activités artistiques
→ Réaliser une composition plastique plane
→ Choisir différents outils, médiums en adaptant son geste

30' **Doc. 91 et 92 – Galerie photo**
Matériel
– Mandalas (Doc. 91)
– Feutres

Colorier un mandala dans le but de réaliser une lanterne chinoise

Présentez aux enfants une lanterne chinoise que vous aurez fabriquée au préalable (Doc. 92 Galerie photo). Faites remarquer le dessin présent au centre, nommez-le : il s'agit d'un mandala (cercle composé de différents graphismes figuratifs ou abstraits).
Chaque élève choisit son mandala (Doc. 91 à imprimer ou autres modèles de votre choix) et le colorie minutieusement aux feutres. Il sera par la suite, collé sur une lanterne que vous réaliserez en atelier 6 (après-midi).
En atelier de langage, une fois que tous les élèves auront réalisé le leur, vous expliquerez la signification de ces dessins très particuliers.
De fait, en Chine, le mandala est utilisé comme objet sacré, afin de démontrer le côté éphémère de la vie. Plusieurs adeptes dessinent un mandala devant la porte d'entrée, parfois avec du sable ou du riz afin d'attirer les bonnes grâces.

Pour un rendu plus authentique, proposez aux enfants de peindre les mandalas à l'aquarelle.

• Jour 1 •

Danser librement

Communiquer avec les autres au travers d'actions à visée expressive ou artistique

→ **Construire et conserver une séquence d'actions et de déplacements avec un support musical**

→ **Se positionner en tant qu'acteur et spectateur**

Matériel

- Musique de votre choix présentant différents rythmes (lents, rapides, saccadés...)
- Plots

Les élèves de Grande Section sont capables de réaliser des actions coordonnées de plus en plus fines et complexes. Afin de développer ces compétences, nous vous proposons une progression en danse qui permettra aux enfants de découvrir de nouvelles sensations et émotions. Pour cela, ils devront danser pieds nus, manipuler du matériel de taille et de poids divers, identifier des postures, s'ouvrir aux autres en dansant en duo...

Organisation

Classe entière dans un premier temps, puis divisée en deux groupes : danseurs/spectateurs.

Première étape

Au préalable, choisissez une musique où se détachent différents rythmes (lents, rapides, saccadés...) qui permettront aux enfants de proposer différentes actions. Invitez-les à s'asseoir dans la salle de motricité puis faites écoutez la musique. Laissez-les exprimer leurs impressions, ressenti...

Deuxième étape

Proposez aux enfants de prendre place sur « scène ». Seule consigne : différencier les actions corporelles pour chaque changement de rythme. À la fin de la danse, regroupez de nouveau les élèves. *« Avez-vous vu ce que faisaient les autres ? »* Pas évident lorsque l'on est en mouvement ! *« Comment faire pour voir ce que font les copains et recueillir ainsi d'autres idées pour diversifier sa danse ? »* Mettre alors en avant la nécessité de diviser la classe en deux groupes : les danseurs et les spectateurs.

Troisième étape

Balisez la salle à l'aide de plots afin de différencier l'espace scénique de l'espace spectateur. À tour de rôle, les enfants dansent en respectant les différents rythmes imposés par la musique puis observent leurs camarades afin d'enrichir leurs actions motrices.

Enfin, faites un bilan des différentes actions proposées par l'ensemble des élèves.

• Jour 2 •

La balle aux prénoms

Communiquer avec les autres au travers d'actions à visée expressive ou artistique

→ **Coordonner ses gestes et ses déplacements avec ceux des autres**

Matériel

Autant de ballons que de rondes

Divisez la classe en deux rondes avec, au centre de chacune d'elle, un élève qui tient un ballon.

« À la ronde »

A. À la ronde,
Joli ronde,
Pour contempler tout l'monde,
Les grands et les petits,

B. Ce font tout petit,
Tout petit, (5 fois)

C. Grandissez vite.

A. Chaque ronde tourne en chantant en même temps « À la ronde ».

B. Les rondes s'arrêtent et les élèves se font progressivement tout petits en s'accroupissant.

C. Ils se redressent et à ce moment l'élève au centre lance en l'air le ballon en donnant le prénom d'un camarade de la ronde. Ce dernier doit courir attraper la balle en un minimum de rebonds.
Changez les rôles et reprenez les rondes. Vous pouvez également ne faire qu'une seule ronde ou au contraire diviser la classe en trois ou quatre rondes.

• Jour 3 •

Les échasses

Adapter ses équilibres et ses déplacements à des environnements ou des contraintes variés

→ **Ajuster et enchainer ses déplacements en fonction de la trajectoire**

→ **Se déplacer avec aisance et en sécurité dans des environnements aménagés**

Matériel

Une paire d'échasses par élève

1. Phase de découverte
Tous les élèves sont assis pendant que vous leur présentez une paire d'échasses : matériel souvent utilisé dans les activités circassiennes que nous vous proposerons en jour 4. Interrogez-les : *« Quel est cet objet ? Que peut-on faire avec ? Comment s'en servir... ? »*

2. Mise en activité
Donnez à chaque élève un lot d'échasses et laissez-les expérimenter librement ce nouveau matériel. Ce n'est pas évident de tenir en équilibre et encore moins d'avancer. Aidez-les à bien positionner leurs pieds, à se déplacer et à vaincre leur crainte. Précisez enfin que les enfants en Chine pratiquent l'équilibre dès leur plus jeune âge et sont très habiles !

• Jour 4 •

Ateliers cirque

Adapter ses équilibres et ses déplacements à des environnements ou des contraintes variés
→ Ajuster et enchainer ses actions et ses déplacements en fonction d'obstacles

Doc. 93 – Schéma live!

Voici quatre propositions qui permettront aux enfants de s'initier au cirque, art dans lequel les enfants chinois excellent !

Organisation
Divisez la classe en quatre groupes.
Installez les quatre ateliers comme décrits ci-dessous et schématisés en Doc. 93. Pour les consignes, faites passer un enfant dans chaque atelier en expliquant (ou en faisant expliquer) les actions à réaliser.

Déroulement
Assurez des rotations toutes les 5 à 10 minutes au cours de la séquence.

Atelier 1 : les funambules

Matériel
- Cordes, élastiques
- Échelle, briquettes
- Poutre ou banc suédois
- Ombrelles

Organisation
Disposez à la suite des cordes au sol, une échelle inclinée à l'aide de briquettes, une poutre (ou banc suédois), une succession d'une dizaine de briquettes espacées de 30 cm.

Actions motrices
Rechercher son équilibre en marchant sur les différents objets. Distribuez une ombrelle à chaque enfant (ou demandez aux parents d'apporter un petit parapluie) afin qu'il comprenne le rôle équilibreur des bras.

Atelier 2 : les équilibristes

Matériel
- Tables
- Balancelles
- boules chinoises

Organisation
Face à des tables, placez des balancelles (planches sous lesquelles deux baguettes de bois limitent l'amplitude du mouvement que l'on pose sur des tubes métalliques) et des boules chinoises (très gros ballons utilisés au cirque) posées sur des tapis.

Actions motrices
Monter puis tenir en équilibre en se tenant aux tables pour les balancelles ; avancer à quatre pattes ou debout en faisant des petits pas sur les boules chinoises avec l'aide d'un adulte ou bien de deux camarades.

Atelier 3 : les assiettes chinoises

Matériel
- Assiettes chinoises
- Baguettes

Organisation
Une assiette et une baguette par élève.

Actions motrices
Tenir verticalement la baguette et faire tourner l'assiette centrée sur la baguette. Essayer de se déplacer en même temps.
Petite astuce : coller une gommette sur et sous l'assiette pour amplifier l'effet de rotation.

Atelier 4 : les jongleurs

Matériel
- Foulards
- Balles

Organisation
Un foulard et une balle de jonglage par enfant. Vous pouvez vous placer à cet atelier pour donner les différentes étapes.

Actions motrices
1. Inviter les élèves à jongler avec les foulards : d'une main, pincer le foulard par le milieu, puis le faire « s'envoler » pour le rattraper avec l'autre main.
2. Lancer la balle d'une main, la rattraper avec les deux mains.
3. Faire passer la balle d'une main à l'autre.
4. Lancer la balle à la verticale d'une main et la rattraper avec l'autre.

Prenez en photos les ateliers et imprimez-les en format A4 pour réaliser une séance de langage.

20' par séance

• Jour 1 •

Petit Chinois

Agir, s'exprimer, comprendre à travers les activités artistiques

→ **Décrire une image et exprimer son ressenti en utilisant un vocabulaire adapté**
→ **S'ouvrir à la diversité culturelle**

1. Présentez une photographie ou une affiche d'un enfant chinois en tenue traditionnelle : le *hanfu*

Laissez les enfants observer l'affiche, puis invitez-les à s'exprimer. Amenez-les à décrire ce qu'ils voient en utilisant le vocabulaire relatif aux couleurs, aux formes représentées sur la tenue...

Puis interrogez-les : *« D'après vous, où vit cet enfant ? Est-il habillé comme vous ? Savez-vous comment se nomme cette tenue ?.... »*

Les enfants vous diront très certainement qu'il s'agit d'un petit asiatique. Situez alors l'Asie sur une mappemonde puis centrez sur la Chine : destination de cette période 3 !

2. Présentez la Chine

Sur la mappemonde, faites comparer la taille de la Chine avec celle de la France : elle est 17 fois plus grande, ce qui fait d'elle le troisième plus grand pays du monde. Précisez que c'est également le pays le plus peuplé avec plus d'1, 3 milliards d'habitants !

On y trouve les plus grandes villes du monde comme Shanghai.

Le mandarin est la langue la plus parlée au monde : elle est comme chantée (faites écouter une petite comptine en chinois).

Enfin, interrogez les enfants sur leurs connaissances : *« Êtes-vous déjà allés en Chine ? Qu'y trouve-t-on ? Connaissez-vous des objets que l'on utilise essentiellement en Chine ?... »* Présentez alors la planche du jeu de l'oie découverte par certains élèves lors de l'atelier 1 : faites nommer les différentes illustrations, étayez le langage...

• Jour 2 •

Les idéogrammes

Mobiliser le langage dans toutes ses dimensions

→ **Communiquer avec les autres en se faisant comprendre**
→ **S'exprimer dans un langage oral syntaxiquement correct et précis**
→ **Manifester de la curiosité par rapport à l'écrit**

Doc. 94 Nathan live!

Au tableau, reproduisez l'idéogramme « soleil » (voir Doc. 94) sans émettre un quelconque commentaire.

Laissez les enfants s'exprimer librement : certains parleront probablement de « dessins ». Reproduisez ensuite celui de la Lune. Laissez les enfants comparer ces deux idéogrammes puis donnez leur signification.

Expliquez alors que ces « dessins » se nomment des « idéogrammes ». Présentez également les idéogrammes du loto (Doc. 99).

Comparez notre système alphabétique avec l'écriture chinoise : chaque idéogramme ne donne pas forcément un son, il peut représenter quelque chose, ou une association d'idées. Par exemple, pour exprimer la notion de brillance, les Chinois associent l'idéogramme « soleil » avec celui de la « Lune » : soleil + Lune = brillant.

En Chine, les enfants apprennent environ 2 000 caractères à l'école. Ces écritures sont très belles. Ils apprennent à dessiner au pinceau et à l'encre de Chine. C'est ce que l'on appelle la « calligraphie ».

Annoncez alors que tout comme les élèves chinois, ils s'essaieront à la calligraphie pour écrire leur prénom en idéogrammes lors des ateliers de la semaine suivante.

• Jour 3 •

Lecture d'albums sur le thème de la Chine

Mobiliser le langage dans toutes ses dimensions
→ **Comprendre des textes écrits sans autre aide que le langage entendu**
→ **Manifester de la curiosité par rapport à l'écrit**

Voici une proposition de liste d'albums que vous pourrez exploiter de diverses manières:
– lecture plaisir;
– lecture sans montrer les illustrations, afin de laisser les enfants construire des images mentales. Échanges entres pairs puis relecture en montrant les illustrations de l'album;
– lecture dans un premier temps par émission d'hypothèses grâce au titre, à la couverture ou les illustrations de l'album;
– lecture avec émission d'hypothèses sur la suite du récit, sur la fin;
– questionnements sur le thème général, sur des points précis du récit;
– identification des personnages de l'histoire;
– découverte d'illustration avec des fenêtres à caches;
– remise en ordre de l'histoire avec au minimum quatre images séquentielles.

Les albums

– Agnès Bertron-Martin et Virginie Sanchez, *Les 3 grains de riz*, Père Castor
– Peter Spier, *Le Génie du pousse-pousse,* L'École des Loisirs
– Jiang Hong Chen, *Lian*, L'école des loisirs
– Didier Dufresne, *Le Pinceau magique*, Père Castor
– Clotilde Bernos et Nathalie Novi, *Moi, Ming*, Rue du monde
– Chrystel Proupuech, *Mei Hua : la Petite Chinoise,* Mila Éditions

• Jour 4 •

L'objet mystère chinois

Mobiliser le langage dans toutes ses dimensions
→ **Pratiquer divers usages de la langue orale : raconter, expliquer, questionner, proposer des solutions**
→ **S'exprimer dans un langage oral syntaxiquement correct et précis**

Placez dans un sac opaque un objet faisant référence à la Chine: des baguettes, un chapeau chinois, un éventail...

Dans un premier temps, les élèves doivent poser des questions sur sa couleur, sa taille, sa forme... sans donner le nom d'un objet mais en utilisant la formule suivante: *« Est-ce que l'objet mystère est rouge, bleu, rond, lourd... »* Guidez les enfants dans leur questionnement et rappelez les indices trouvés, par exemple: *« L'objet mystère est rouge, rond... »*

Afin de les mettre sur la piste, dites aux enfants que cet objet est essentiellement utilisé en Chine.

Une fois un certain nombre d'indices énumérés, ils pourront enfin faire des propositions*: « Est-ce que l'objet mystère est... »*

• Atelier 5 •

Lettres cursives arrondies

Mobiliser le langage dans toutes ses dimensions
→ **Découvrir le principe alphabétique**
→ **S'initier aux tracés de l'écriture en ne levant qu'à bon escient l'instrument d'écriture**

30' Doc. 95 Nathan live!

Matériel
- Alphabet collectif (Doc. 8)
- Les différentes lettres arrondies + sens du tracé indiqué par des flèches : Doc. 95
- un plateau avec du sable
- Des perles
- Ardoise, feutres effaçables

Tracer des lettres cursives arrondies

1. Chasse aux lettres arrondies

Sur l'alphabet collectif (Doc. 8), présentez les lettres en cursive une à une en les faisant nommer, puis demandez aux enfants de rechercher celles qui contiennent, en tout ou en partie, une forme arrondie : « a, c, d, g, o, q ». Imprimez en deux exemplaires le Doc. 95 pour le groupe, plastifiez et découpez les étiquettes pour constituer des cartes cursives. Invitez les enfants à repasser avec leur index sur les différentes lettres tout en respectant le sens du tracé indiqué par des flèches.

2. Ecrire sur différents supports

Dans le sable : distribuez un plateau contenant du sable et alignez-y des perles afin d'induire le tracé arrondi des lettres ; tournez autour des perles pour écrire les lettres.

Accompagnez le geste si nécessaire en verbalisant le sens du tracé.

Sur l'ardoise : distribuez des ardoises aux enfants pour qu'ils reproduisent le tracé réalisé sur le sable.

Perforez vos cartes cursives et reliez-les entre elles avec un anneau ou placez des lettres aimantées au dos pour les laisser à libre disposition au tableau. Vous pourrez également trouver chez Nathan le matériel *Digilettres cursives*, contenant toutes les lettres.

• Atelier 6 •

Lanterne chinoise

Agir, s'exprimer, comprendre à travers les activités artistiques
→ **Réaliser une composition plastique en volume**
→ **Choisir différents outils, médiums en adaptant son geste**

30' Doc. 92 – Galerie photo Nathan live!

Matériel
- Mandalas réalisés lors de l'atelier 4
- Feuilles cartonnées de différentes couleurs
- Ciseaux, colle, agrafeuse et ruban adhésif

Réaliser une lanterne chinoise

1. Un peu d'histoire

Présentez une lanterne chinoise que vous aurez préparée au préalable (Doc. 92). Demandez aux enfants de décrire les différents éléments qui la composent : ils remarqueront très certainement le mandala au centre de la lanterne.
Si cela vous est possible, procurez-vous une véritable lanterne chinoise pour comparer.
Ces lanternes ressemblent à de gros lampions capables de s'envoler comme une montgolfière. À l'origine, elles étaient fabriquées avec du papier de riz fixé sur un cercle de bambou, et disposaient d'un bruleur qui leur permettait de s'élever dans les airs. Une fois le bruleur consommé, elles redescendaient lentement vers le sol. De nos jours, on utilise de plus en plus des lanternes plastiques fonctionnant à piles.
Les chinois lâchent une lanterne céleste dans les airs (ou défilent avec une lanterne) notamment lors de la fête des lanternes pendant le Nouvel an chinois. Ce geste est symbole de chance, la tradition voulant que les problèmes de chacun s'envolent au vent avec les lanternes.

2. Confection de la lanterne

– Coller le mandala sur une feuille cartonnée (couleur au choix) plus haute que le dessin de manière à obtenir une bande de 3 ou 4 cm au-dessus et au-dessous du mandala.
– Plier la feuille en deux dans le sens de la longueur.
– Découper des bandes de la pliure vers l'extérieur : tracer des traits afin que les enfants découpent de manière régulière. Vous pouvez également marquer la limite du découpage en collant une bande de ruban adhésif.
– Ouvrir, rouler puis agrafer la lanterne.
– Écraser le pli de chaque lamelle afin que la lanterne reste bien ouverte.
– Agrafer une anse découpée dans du papier cartonné.

20' par séance

• Jour 1 •

Dictionnaire de la Chine

Mobiliser le langage dans toutes ses dimensions
→ **Découvrir le principe alphabétique**
→ **S'exprimer dans un langage oral syntaxiquement correct et précis**
→ **Prendre des repères dans l'écrit**

Doc. 96 Nathan live!

Au préalable, fabriquez un grand répertoire alphabétique avec des demi-feuilles de peinture en couleur que vous relierez. Idéalement, une couleur par lettre, soit 26 pages avec la lettre dépassant sur le côté.

Chaque semaine, choisissez deux mots faisant référence à la Chine rencontrés lors des ateliers, à travers vos lectures, objets rapportés par les enfants...

Demandez aux élèves de définir chaque mot en apportant le maximum de précisions. Vous pourrez ainsi construire un dictionnaire de classe, avec des définitions notées à partir des propos des enfants; par exemple: « *Lanterne: gros lampion décoré avec de beaux dessins que l'on allume les jours de fête en Chine.* »

Pour chaque mot, associez son caractère chinois (Doc. 96 à imprimer).

Dites ces mots en mandarin (vous trouverez la traduction phonétique sur le Doc. 96) et invitez les élèves à les répéter: ce petit jeu les amusera certainement beaucoup!

Propositions de la semaine: **lanterne** et **Chine**.

Enfin, demandez aux enfants: « *Comment pourrait-on écrire ces mots? Quel son entendez-vous au début?* »

Ces mots seront ensuite classés par ordre alphabétique dans le grand dictionnaire confectionné par vos soins. Pour cela, les enfants se référeront à l'alphabet collectif. Enfin, ils illustreront les différents mots lors de l'accueil.

Le dictionnaire restera en libre accès, servira de référent par la suite et pourra être poursuivi lors des prochaines périodes.

• Jour 2 •

Saveurs chinoises

Mobiliser le langage dans toutes ses dimensions
→ **Communiquer avec les autres enfants par le langage, en se faisant comprendre**
→ **Découvrir et décrire de nouvelles sensations gustatives**

1. Demandez aux enfants s'ils connaissent des spécialités culinaires chinoises. Laissez-les s'exprimer librement: certains vous feront peut-être part d'une sortie au restaurant, d'un diner chez des amis...

2. Placez ensuite sur une petite table différents aliments tels que du gingembre, de la sauce soja, du tofu, des nouilles, du riz, de la patate douce, des racines de lotus... Ne les nommez pas, laissez les élèves les découvrir puis les gouter (assurez-vous avant qu'il n'y ait pas d'allergiques dans la classe).

Demandez aux enfants de verbaliser les sensations éprouvées, de décrire la texture des aliments, les perceptions et le gout laissé en bouche: « *Est-ce que vous aimez? Pourquoi? Quel gout ça a?...* »

Expliquez alors qu'en Chine il y a cinq saveurs de base qui sont: salé, sucré, amer/aigre, acide et piquant. Invitez enfin les enfants à associer chaque aliment gouté à sa saveur.

Un plat est réussi lorsque toutes ses saveurs sont réunies avec harmonie. On mange essentiellement avec des baguettes et aucun couteau n'est présent à table car tous les aliments sont découpés en cuisine.

Terminez en citant le nom de quelques plats typiques: canard laqué, bouchées à la vapeur, pâtes au sésame, raviolis vapeurs, rouleaux de printemps, feuilles de bambou farcies, boules de coco...

• Jour 3 •

Découverte d'une rizière

Mobiliser le langage dans toutes ses dimensions

→ **Décrire une image et exprimer son ressenti en utilisant un vocabulaire adapté.**

→ **S'ouvrir à la diversité culturelle**

1. Découverte d'une rizière

Apportez une photographie ou une affiche représentant la récolte dans une rizière.

Laissez les enfants s'exprimer librement puis interrogez-les : *« Que voit-on sur cette affiche ? Qu'y a-t-il dans ce champ ? Pourquoi voit-on de l'eau ?... »*

Donnez des indices : *« Cette céréale est la base de l'alimentation en Chine et en Asie. On le mange très souvent avec des baguettes... »*

2. Le riz : base de la cuisine chinoise

Expliquez aux enfants qu'en Chine il y a beaucoup de rizières et que pour la moitié de la population chinoise, le riz est la base de la nourriture.

Pour que le riz pousse, il faut qu'il y ait à la fois beaucoup d'eau et de chaleur. C'est aussi une culture qui demande énormément de travail : les branches sont cueillies à la main. C'est un travail pénible et physique car il n'est pas facile de marcher dans la terre humide des rizières et de rester courbé toute la journée.

Une fois les branches ramassées, chaque graine de riz est détachée de sa branche puis mise à sécher au soleil.

Il faut ensuite décortiquer les grains de riz : retirer la petite coquille qui les entoure et ce n'est qu'après toutes ces étapes, que l'on obtient le riz que nous connaissons et mangeons.

Illustrez chaque étape de la production du riz à l'aide de photographies que vous trouverez facilement sur Internet ou dans un livre documentaire.

• Jour 4 •

Les arts du cirque en Chine

Mobiliser le langage dans toutes ses dimensions

→ **Utiliser le langage d'évocation lors d'un récit d'expérience passée**

→ **Communiquer avec les autres par le langage, en se faisant comprendre**

Affichez au tableau les photos prises lors des ateliers circassiens réalisés en motricité.

Laissez les enfants décrire les différentes actions : équilibre, jonglage...

Interrogez-les sur leurs ressentis : *« Avez-vous rencontré des difficultés ? Avez-vous eu peur ? Pourquoi ?... »*

Terminez ce retour sur atelier en précisant que les enfants chinois sont souvent très doués dans les arts du cirque : jongleurs, équilibristes, contorsionnistes... Dès leur plus jeune âge, ils s'entrainent dans le but de rentrer dans un cirque et de parcourir le monde.

Expliquez aussi que bien souvent ces enfants ne vont pas à l'école comme eux : leur salle de classe se trouve dans une caravane ou dans une roulotte. D'autres changent d'école tous les mois, car leur chapiteau s'implante dans une ville différente régulièrement, donc il n'est pas évident de se faire des amis... (notions de respect des autres, de tolérance et d'intégration).

Jeux mathématiques

Lors de ces demi-journées thématiques, nous vous proposons différents jeux mathématiques qui permettront de revoir des notions et de consolider les acquis. Ainsi, à travers ces différentes activités, les enfants travailleront le dénombrement, la reconnaissance de l'écriture chiffrée des nombres ainsi que de leurs constellations, etc.

Organisation

Pour les séances 1 et 2, divisez la classe en 4 groupes: 2 ateliers dirigés et 2 ateliers libres (aux coins jeux ou matériel personnel) et assurez une première rotation dans la matinée. Les groupes qui n'ont pas fait les ateliers dirigés passeront en semaine 2.

Les séances 3 et 4 sont en grand groupe.

• Séance 1 •

Le jeu des bougies

Acquérir les premiers outils mathématiques

→ **Réaliser une collection dont le cardinal est compris entre un et dix**

→ **Utiliser le dénombrement pour constituer une collection**

Matériel
- Boules de pâte à modeler
- Bougies d'anniversaire
- Dé avec constellations

Reprenez le jeu des bougies développé en atelier 31 de la période 1 (semaine 6).

Rappel de la règle: à tour de rôle, chaque élève lance le dé, lit à haute voix la constellation indiquée et prend le nombre de bougies correspondant. À chaque fois qu'on remplit son gâteau de bougies, on gagne un point. On vide alors son gâteau pour reprendre le jeu.

• Séance 2 •

La bataille

Acquérir les premiers outils mathématiques

→ **Comparer des collections dont le cardinal est compris entre un et dix**

→ **Lire les nombres écrits en chiffres**

Matériel

Jeux de cartes traditionnels avec les nombres de 1 à 7

Invitez les élèves à se mettre par binôme (si groupe impair, vous jouez avec eux). Prévoyez différents paquets de cartes traditionnelles avec les nombres de 1 à 7.

Donnez un paquet à chaque binôme: laissez-les se les approprier en leur accordant un petit moment de découverte/jeu libre.

Puis demandez de distribuer équitablement.

Règle du jeu: chaque joueur fait un paquet de ses cartes sans les ordonner et sans les regarder. Le premier joueur met sur la table la première carte de son paquet, le second fait la même chose. Celui qui pose la carte avec le plus grand chiffre remporte le tas.

On dit « bataille » quand 2 cartes sont identiques. Dans ce cas, on rejoue chacun une autre carte. La plus forte emporte alors toute la levée.

But du jeu: ramasser le plus possible de cartes à son adversaire. La partie s'arrête par épuisement des cartes d'un joueur.

• Séance 3 •

La règle du jeu des bougies

Mobiliser le langage dans toutes ses dimensions

→ **Utiliser le langage d'évocation lors d'un récit d'expérience passée**

→ **Communiquer avec les autres par le langage, en se faisant comprendre**

Matériel

Même matériel que la séance 1

Installez une petite table au coin regroupement et reprenez le matériel du *jeu des bougies*. Jouez avec quelques élèves en vous faisant rappeler la règle du jeu par le reste de la classe.

Mettez le jeu en œuvre en reprenant les consignes données et en suivant les indications à la lettre. Appuyez-vous sur les imprécisions pour vous tromper: faites jouer un élève deux fois de suite sans qu'il passe son tour, demandez de poser les bougies avant que le dé ne soit lancé, annoncez la quantité du dé et placez-en une autre, etc.

L'objectif est de montrer que des explications incomplètes peuvent fausser le jeu et donc d'amener les élèves à développer les phrases et les descriptions des règles de manière précise.

• Séance 4 •

« Il était une fermière »

Communiquer avec les autres au travers d'actions à visée expressive ou artistique
→ Coordonner ses gestes et ses déplacements avec ceux des autres

Matériel
- **Caissettes contenant un grand nombre des petits sacs de graines**
- **1 panier ou sac par élève**

1. Les enfants se déplacent dans la salle en mimant les actions de la chanson : « Il était une fermière » découverte en période 2.

2. Vous menez la danse en rappelant les déplacements ; les élèves vous suivent.

A. Marcher dans la salle les bras au-dessus de la tête comme si on portait un panier.

B. S'arrêter et montrer « 3 » avec les doigts.

C. Mouliner des bras.

D. S'arrêter

E. Mimer les déplacements.

« Il était une fermière »

A. Il était une fermière qui allait au marché.

B. Elle portait sur la tête trois pommes dans son panier.

C. Les pommes faisaient rouli, roula, les pommes faisaient rouli roula.

D. STOP !

E. Trois pas en avant, Trois pas en arrière
Trois pas sur le côté
Et trois pas de l'autre côté !

3. Distribuez à chaque enfant un petit panier. Placez des caisses contenant des petits sacs de graines aux extrémités de la salle de motricité.

Reprenez la petite comptine et à la phase B ; les enfants devront aller « cueillir » 3 pommes qu'ils placeront dans leur panier. À la fin de la comptine, ils s'assoient et vous comptez ensemble le nombre de pommes de chaque panier afin de valider ou non la quantité.

Relancez la comptine en changeant les paroles avec 4 pommes, puis 5, etc.

Semaine 2

	Lundi	Mardi	Jeudi	Vendredi	Demi-journée thématique
8h20 **Accueil**	**Écriture guidée du prénom en cursive** **Réinvestissement du matériel : jeu de l'oie, tracé de lettres arrondies, puzzles**				
8h40 **Rituels**	**Appel :** identifier son prénom scandé. Découvrir les prénoms en cursive des camarades **Découvrir les nombres :** même organisation **Repérage dans le temps :** calendrier				
9h **Univers sonores**	**Chansons et comptines au choix**				
9h10 **Ateliers** Rotation des groupes sur les ateliers de la semaine	**Atelier 7 : Baguettes chinoises** → Dénombrer et compéter des collections jusqu'à 7 **Atelier 8 : Mon prénom en chinois (1/2)** → Calligraphier son prénom en chinois **Atelier 9 : Loto des caractères chinois** → Prendre des repères pour retrouver des idéogrammes identiques **Atelier 10 : Images séquentielles** → Retrouver la chronologie d'un récit				**24 séances sur les jeux mathématiques** – Le jeu des bougies (2) – La bataille (2) – Albums à calculer
9h45	**Rangement et bilan des ateliers**				
10h **L'activité physique**	**Vers les boucles** → Passer par le corps pour réaliser des tracés	**Sept par maison** → Utiliser des procédures numériques dans un jeu collectif	**Les échasses** → Se déplacer sur un chemin avec obstacles	**Ateliers cirque** → Funambules, équilibristes, assiettes chinoises, jongleurs	**Le coffre au trésor** → Associer l'écriture chiffrée d'un nombre à sa constellation et à sa quantité
10h30	**Récréation**				
11h **Langage/Lecture**	**Les mandalas** → S'exprimer sur un dessin	**Qu'est-ce qu'une phrase ?** → Différencier texte/phrases puis phrases/mots	**Lectures d'albums sur la Chine** → Liste et pistes d'exploitation	**Recherche documentaire** → Mettre en réseau différents types d'écrit	**Lecture plaisir**
11h30	**Sortie/déjeuner**				
13h30	**Écoute musicale, chant, lecture plaisir…**				
14h **Ateliers** Rotation des groupes sur les ateliers de la semaine	**Atelier 11 : Des boucles au vase chinois** → Tracer des boucles pour décorer un vase chinois **Atelier 12 : Couronnes chinoises** → Réaliser des couronnes chinoises pour un défilé **Ateliers libres**				
14h 50	**Récréation**				
15h20 **Langage/Lecture**	**Dictionnaire de la Chine** → Développer le vocabulaire	**Les instruments chinois** → Découvrir de nouveaux instruments	**Atelier philo** → Est-ce que tous les enfants dans le monde vont à l'école ?	**Les vases chinois** → Observer, décrire et s'exprimer sur un objet artistique	
15h45	**Sortie**				

• Accueil •

Mobiliser le langage dans toutes ses dimensions
→ **Découvrir le principe alphabétique**
→ **Écrire son prénom en écriture cursive**

Préparez pour chaque élève une fiche A5, sur laquelle vous écrirez (ou taperez à l'ordinateur) le prénom en cursive. Plastifiez ou mettez sous pochette plastique, pour permettre aux élèves de s'entrainer à l'écriture avec un feutre effaçable. Si vos étiquettes de présence sont assez grandes, vous pouvez les reprendre pour l'entrainement à l'écriture.
Chaque matin pendant l'accueil, accompagnez individuellement 1 ou 2 élèves par jour dans l'écriture de son prénom en cursive. Montrez le tracé en repassant sur le modèle plastifié et surtout en verbalisant le geste. Ex.: *« Je fais la majuscule en capitales, puis une petite boucle dans ce sens pour le e, deux ponts pour le N en arrondissant, en descendant et en remontant ici. »*
Sur les tables réinvestissement en autonomie du matériel de la semaine précédente: jeu de l'oie « À la découverte de la Chine », entrainement au tracé des lettres arrondies en cursive, puzzles de la Chine...

• Rituels •

20'

Appel

Mobiliser le langage dans toutes ses dimensions
→ **Distinguer et manipuler des syllabes**
→ **Discriminer des sons dans des mots ou dans des syllabes**
→ **Découvrir le principe alphabétique**

Faites l'appel des élèves en intercalant un claquement de langues entre chaque syllabe (cf. semaine 1); les élèves doivent identifier leur prénom ainsi scandé.
Chaque jour, présentez les prénoms en écriture cursive de 2 élèves, lisez-les et écrivez-les au tableau en verbalisant votre tracé pour chaque lettre.
Faites repérer par l'ensemble de la classe les particularités des lettres (boucles, arrondies, lettres doubles...), les similitudes, etc.

Découvrir les nombres

Acquérir les premiers outils mathématiques
→ **Dire la suite des nombres jusqu'à trente**
→ **Comprendre que tout nombre s'obtient en ajoutant un au nombre précédent**

Même organisation que la semaine précédente: compter les présents en intercalant un mot de liaison entre chaque nombre.

Repérage dans le temps

Explorer le monde
→ **Situer des évènements vécus les uns par rapport aux autres**
→ **Repérer les évènements dans la journée, la semaine et le mois**
→ **Se repérer sur un calendrier**

Doc. 97 Nathan live!

Après le travail sur le repérage dans la journée de classe (période 1) et la semaine (période 2), nous abordons le repérage dans le mois. Imprimez pour cela le calendrier mensuel et agrandissez-le en format A3 (Doc. 97). Il permettra de visualiser la succession des jours dans le mois, tout en travaillant la reconnaissance de l'écriture chiffrée des nombres. Entourez les cases des premiers jours écoulés, puis un élève déplace le curseur de la semaine (cf. période 2) et entoure le quantième sur le calendrier du mois.

• Univers sonores •

Agir, s'exprimer, comprendre à travers les activités artistiques
→ **Repérer et reproduire, corporellement ou avec des instruments, des formules rythmiques simples**
→ **Avoir mémorisé un répertoire varié de comptines et de chansons**

10'

1. Marquer la pulsation avec le corps

Mettez un CD de percussions et frappez le rythme avec les mains sur différentes parties du corps: les cuisses, la tête, les pieds, les mains...
Les enfants suivront instinctivement; invitez ceux qui ne le font pas à entrer en action. Aidez-les à suivre le rythme imposé par les percussions. Prenez leurs mains si nécessaire et frappez avec eux en même temps que le rythme de la musique.

2. Marquer la pulsation avec un instrument

Distribuez un instrument à chaque enfant: grelots, tambourins (si vous n'en avez pas, des crayons de couleur et des objets du coin cuisine serviront à accompagner le rythme).
Remettez le CD de percussions et marquez le rythme avec l'instrument.
La semaine suivante, les enfants découvriront les instruments avec lesquels les Chinois jouent à l'école.

3. Chanter les chansons de la semaine précédente

• Atelier 7 •

Baguettes chinoises

Acquérir les premiers outils mathématiques
→ Réaliser une collection dont le cardinal est compris entre un et dix
→ Composer et décomposer des collections par manipulations

30'
Matériel
- Deux fiches carrées cartonnées et sept gommettes
- Pâte à modeler
- Une trentaine de baguettes chinoises (ou pailles, crayons)

Dénombrer et compléter des collections jusqu'à 7

1. Représentation du 7 : rappel

Présentez deux fiches cartonnées aux enfants et construisez avec eux la représentation de la constellation 7 à l'aide de grosses gommettes. Dénombrez celles-ci une à une en les collant au fur et à mesure : 1 gommette, encore 1 (ça fait 2), encore 1 (ça fait 3) ; encore 1 (ça fait 4), etc. Montrez 7 en dénouant vos doigts. Écrivez le chiffre sur une feuille en verbalisant le tracé.

2. Compléter des collections jusqu'à 7

Distribuez à chaque enfant 1 pot dans lequel vous aurez placé au préalable de 1 à 6 baguettes chinoises (ou crayons). Les enfants devront compléter, afin d'obtenir 7 éléments dans chaque pot. Pour cela, ils pourront utiliser le surcomptage (exemple : s'il y a 2 pailles, les enfants surcomptent « 3, 4, 5, 6, 7 », il manque donc 5 baguettes), ou utiliser d'autres procédures de recherche de complément.

3. Prolongement

Nommer les différents compléments à sept et réalisez un affichage référent pour la classe.

Vous pourrez récupérer des baguettes auprès des restaurants chinois et des familles.

• Atelier 8 •

Mon prénom en chinois

Agir, s'exprimer, comprendre à travers les activités artistiques
→ S'ouvrir à la diversité culturelle
→ Réaliser une composition personnelle en reproduisant des graphismes

30' Doc. 98 – Galerie photo Nathan live!
Matériel
- Encre de Chine noire
- Pinceau fin
- Papier calque
- Quatre trombones par élève
- Prénoms des élèves en chinois

Calligraphier son prénom en chinois

1. Au préalable, préparez pour chaque élève son prénom en chinois. Pour cela, vous pouvez aller sur des sites comme www.chine-nouvelle.com ou www.chine-culture.com pour obtenir les différentes traductions qui se feront phonétiquement.

2. Présentez à chaque enfant son prénom en chinois, laissez-lui un petit temps pour l'admirer, le comparer avec celui des camarades… et découvrir le sens de l'écriture : de haut en bas !

Placez un papier calque sur chaque feuille que vous fixerez à l'aide de trombones (deux en haut, deux en bas), puis invitez les enfants à repasser par-dessus les caractères, d'abord au crayon à papier puis avec de l'encre de Chine.
Insistez sur le fait qu'il s'agit d'un travail très minutieux, qu'il faut « caresser » la feuille avec la pointe de son pinceau (maintenir le pinceau le plus possible à la verticale) et ne pas faire des tâches d'encre !

À la fin, lorsque les productions sont sèches, fixez-les sur un fond de couleur (cf. photo Doc. 98).

Les prénoms en chinois n'existent pas vraiment et on ne trouve pas de liste exhaustive comme en Occident. En effet, il s'agit davantage de noms, d'adjectifs, de phrases poétiques librement choisies, qui définissent davantage un caractère, mais qui ont toujours un sens. Et souvent, en Asie, le prénom change au cours d'une vie !

• Atelier 9 •

Loto des idéogrammes

Mobiliser le langage dans toutes ses dimensions
→ **Découvrir de nouveaux graphismes et écrits**
→ **S'ouvrir à la diversité culturelle**

30' Doc. 99 Nathan live!
Matériel
Une planche de loto par enfant avec ses cartes (Doc. 99)

Prendre des repères pour retrouver des idéogrammes identiques

Imprimez le loto (Doc. 99) en deux exemplaires : un qui servira de planche modèle et un autre que vous découperez en cartes/étiquettes.
Déjà introduit en période 2 avec le loto des nombres, ce jeu permettra ici la découverte de signes chinois tout en développant la discrimination visuelle.
Présentez le matériel en nommant les différents idéogrammes tout en montrant l'illustration au verso des étiquettes : les enfants sauront ainsi ce qu'ils sont en train de « lire » en chinois
Ils disposent chacun d'une planche et d'une barquette dans laquelle se trouvent les six étiquettes idéogrammes à placer.
Ils piochent une étiquette et la placent sur l'image identique de leur planche de loto. Pour cela ils devront prendre des indices, comparer...

Une fois qu'ils ont complété leur planche, ils demandent à un camarade du groupe de vérifier leur travail puis s'échangent le matériel.

Collez des gommettes de couleur sur chaque planche modèle et leurs images associées. Ainsi, lorsqu'elles se mélangeront sur la table, il sera facile de retrouver à quelle planche chacune correspond.

• Atelier 10 •

Images séquentielles

Explorer le monde
→ **Ordonner une suite d'images, pour rendre compte d'un récit fictif entendu**

30'
Matériel
- Cinq ou six images tirées d'un album connu des enfants
- Ciseaux/colle
- Feuilles A3

Retrouver la chronologie d'un récit connu

Choisissez cinq (ou six) illustrations marquant les temps forts d'un album sur la Chine, découvert la semaine précédente lors des ateliers de langage et réduisez-les à la photocopieuse.

Faites décrire les illustrations et identifier l'album : *« D'où viennent ces illustrations ? Que voyez-vous ? »*

Invitez ensuite les enfants à ranger les images dans l'ordre chronologique du récit : *« Quelle image correspond au début de l'histoire, que se passe-t-il ensuite ? »*

Laissez les élèves réaliser cette activité en autonomie.

Ils pourront valider en regardant l'album puis colorier les illustrations.

• Jour 1 •

Vers les boucles

Agir dans l'espace, dans la durée et sur les objets
→ **Ajuster et enchainer ses actions et ses déplacements en fonction de la trajectoire d'objets sur lesquels agir**

Matériel
- 1 ruban par élève
- Des plots
- Musique sur CD

1. Distribuez les rubans et laissez les élèves les manipuler librement, d'abord sans musique, puis avec un support musical de votre choix.

2. Faites ensuite asseoir les élèves pour une mise en commun et une phase de verbalisation des différentes actions réalisées avec les rubans, le corps et la gestion de l'espace. À tour de rôle, les élèves qui le souhaitent montrent quelques-unes de leurs prestations et les nomment : « Je fais des vagues, des ronds, je fais danser mon ruban en l'air, etc. ». Repérez les enfants qui feront des boucles avec le ruban (ou demandez-leur d'enrichir leur répertoire s'ils ne l'ont pas fait) et invitez l'ensemble de la classe à reproduire ces gestes en l'air, en se déplaçant dans l'espace.

3. Relancez l'activité en alignant une série de plots. Les enfants passent à tour de rôle en avançant : ils devront former des boucles avec leurs rubans au sol en entourant/contournant les plots. Accompagnez les élèves dans le mouvement, notamment en tenant la main et en verbalisant le geste : monte, tourne, etc.

Le tracé des boucles sera ensuite repris lors des ateliers de l'après-midi.

• Jour 2 •

Sept par maison

Collaborer, coopérer, s'opposer
→ **Coopérer, exercer des rôles différents complémentaires**
→ **Élaborer des stratégies pour viser un but ou un effet commun**
→ **Découvrir les décompositions du nombre 7**

Matériel
- Un grand nombre de foulards et ou sacs de graines
- 1 tapis pour 2 élèves
- Une craie
- Un tambourin

1. Organisation

Divisez la classe en deux groupes : un groupe spectateur qui validera les quantités déposées sur les tapis par le second groupe.
Répartissez au sol des tapis (1 pour 2 élèves) et tracez à la craie, sept croix sur chacun d'eux. Placez les élèves en binôme, attribuez-leur un tapis et donnez-leur quatre petits objets chacun (foulards et/ou sacs de graines).

2. Déroulement

1. Chaque élève a quatre foulards (ou petits sacs) et se déplace avec son binôme dans la salle au rythme du tambourin. *« Faites danser vos foulards/lancez vos petits sacs. Lorsque j'arrête de jouer du tambourin, posez-les sur votre tapis. Attention, il y a seulement sept places par tapis. »* Faites remarquer que vous les avez matérialisées par des croix. Il s'agira ici de réaliser des collections de sept éléments (quantité étudiée cette semaine lors de l'atelier 7) en se partageant les tapis. Il faudra donc décomposer la quantité 7 : 4 et 3 foulards (il restera un objet par binôme non déposé sur le tapis.).

2. À la fin de la première phase du jeu, demandez aux enfants spectateurs de valider la quantité dans chaque maison. Inversez ensuite les rôles.

3. Effacez les marquages sur les tapis (les places disponibles pour les objets ne sont désormais plus matérialisées) et déposez un foulard sur chacun d'eux. Variez ensuite la quantité de foulards : deux, puis trois... jusqu'à 6.
Relancez le jeu : *« Jouez avec vos objets ; lorsque j'arrêterai de jouer du tambourin, vous remplirez les tapis pour qu'il y en ait 7 en tout. »* Validez avec les enfants à la fin du jeu en comptant le nombre d'objets sur chaque tapis et faites rechercher les différentes décompositions du 7 : *« Il y avait un objet, combien fallait-il en rajouter pour en avoir 7 ? »*
À la fin de la séance, rappelez les différentes décompositions du 7 trouvées.

• Jour 3 •

Les échasses

Adapter ses équilibres et ses déplacements à des environnements ou des contraintes variés

→ Ajuster et enchainer ses actions et ses déplacements en fonction d'obstacles à franchir

→ Se déplacer avec aisance et en sécurité dans des environnements aménagés

Matériel

- Une paire d'échasses par élève
- Des plots, des caissettes pour les obstacles

1. Rappelez la séance de découverte du matériel réalisée la semaine précédente.

2. Matérialisez au sol quatre couloirs en ligne droite avec des plots :
– deux couloirs avec des obstacles ;
– deux autres sans obstacles.

Proposez aux élèves d'évoluer dans le couloir adapté à leur niveau.

• Jour 4 •

Ateliers cirque

Adapter ses équilibres et ses déplacements à des environnements ou des contraintes variés

→ Ajuster et enchainer ses actions et ses déplacements en fonction d'obstacles

Doc. 93 – Schéma live!

Reprenez la même organisation avec les ateliers détaillés en semaine 1 et dans le schéma (Doc. 93)

➤ Atelier 1 : les funambules.

➤ Atelier 2 : les équilibristes.

➤ Atelier 3 : les assiettes chinoises.

➤ Atelier 4 : les jongleurs.

20' par séance

• Jour 1 •

Les mandalas

Agir, s'exprimer, comprendre à travers les activités artistiques
→ Décrire une image et exprimer son ressenti en utilisant un vocabulaire adapté.
→ S'ouvrir à la diversité culturelle

1. Faites observer et comparer les différentes lanternes réalisées la semaine précédente en atelier 6.
Présentez ensuite d'autres mandalas pour amener les élèves à les observer, les commenter, les comparer.
Faites ressortir qu'il s'agit d'un dessin inscrit dans un cercle et axé autour d'un centre. Demandez ensuite aux enfants s'ils ont apprécié ce travail de coloriage : laissez-les exprimer leurs ressentis... Le plus souvent, les enfants aiment spontanément le coloriage ou la peinture du mandala : d'après des experts, le cercle absorberait leur attention et les centrerait sur eux-mêmes.

• Jour 2 •

Qu'est-ce qu'une phrase ?

Mobiliser le langage dans toutes ses dimensions
→ Découvrir le principe alphabétique
→ Différencier texte/phrase puis phrase/mots

1. Un texte est un ensemble de phrases
Lisez le petit texte suivant : « *Tching est un enfant qui vit en Chine. Il porte sa tunique à la mode et adore le riz et le thé.* »
Assurez-vous de la compréhension puis relisez ce texte très doucement en marquant une pause entre chaque phrase.
« *Pourquoi ces temps d'arrêt ? Puis-je marquer un temps après "Il porte ?", Pourquoi ?* »
Expliquer qu'un texte est un ensemble de phrases et que ces phrases doivent avoir un sens : on doit comprendre son contenu. À l'écrit, la pause qui permet de reprendre son souffle et de bien séparer les différentes phrases est symbolisée par un point. Écrivez alors au fur et à mesure de votre relecture ces deux phrases (avec la majuscule et le point en rouge).

2. Une phrase est un ensemble de mots qui ont un sens
Reprenez chaque phrase en changeant l'ordre des mots, exemple : « *Est enfant un Tching* » ou en en retirant certains : « *Il en Chine.* »
Laissez les enfants s'exprimer : ils vous diront certainement que « ça ne veut rien dire ! ». Vous pourrez ainsi conclure qu'une phrase est un ensemble de mots qui mis côte à côte, ont du sens. Réécrivez alors la petite histoire de Tching sur une bande de papier. Découpez ensuite chaque bande phrase en unités mots. Vous pourrez jouer avec ces étiquettes en essayant de lire les différents mots dans le but de reconstituer chaque phrase.

3. Jouez avec des phrases
Énoncez à l'oral des phrases, ou juste une succession de mots sans sens. Les enfants devront dire s'il s'agit ou non d'une phrase. Vous pouvez également les écrire au tableau : ils devront alors chercher les repères visuels qui indiqueraient qu'il s'agit d'une phrase puis vous validerez par la lecture.

• Jour 3 •

Lecture d'albums autour de la Chine

Mobiliser le langage dans toutes ses dimensions : l'écrit
→ Comprendre des textes écrits sans autre aide que le langage entendu
→ Manifester de la curiosité par rapport à l'écrit

Choisissez parmi la liste proposée la semaine précédente un album ainsi qu'une des pistes d'exploitation.

• Jour 4 •

Recherche documentaire

Mobiliser le langage dans toutes ses dimensions
→ Manifester de la curiosité par rapport à l'écrit
→ Pratiquer divers usages de la langue orale : raconter, expliquer, questionner, proposer des solutions

Demandez aux enfants de chercher des livres ayant un lien avec la Chine. Pour cette activité, n'hésitez pas à les emmener à la bibliothèque de l'école, voire celle de la ville. Choisissez une sélection de livres variés : livres documentaires, imagiers... Vous les présenterez et les lirez au cours de ces semaines. Laissez-les au fur et à mesure en consultation libre au coin bibliothèque. Complétez éventuellement avec une vidéo documentaire (par exemple sur les pandas) ou des diapositives. À travers les lectures, complétez avec les enfants votre liste d'objets, animaux, monuments... déjà rencontrés en lien avec la Chine et travaillez ainsi l'acquisition du vocabulaire.

• Atelier 11 •

Des boucles au vase chinois

Agir, s'exprimer, comprendre à travers les activités artistiques

→ Réaliser une composition personnelle en reproduisant des graphismes

→ Choisir différents outils, médiums et les utiliser en adaptant son geste

30' Doc 100 – Galerie photo et Doc 101 live!

Matériel

- Vase chinois (Doc. 101)
- Des craies grasses, encre
- Des aimants, feutres effaçables
- Ficelles

Tracer des boucles pour décorer un vase chinois

1. Des boucles à agencer dans l'espace

Rappelez la séance de motricité où les enfants ont donné différents mouvements aux rubans et ont ainsi tracé « des boucles » dans l'espace.

Alignez ensuite des pots de crayons sur la table. Donnez une grande ficelle à chaque enfant puis invitez-les à la faire passer entre les pots pour dessiner des boucles.

Proposez ensuite aux enfants de dessiner avec leurs doigts des boucles sur la table puis en dans l'air avec des gestes amples, tout en verbalisant le sens du tracé : *« On monte haut, on tourne, on descend jusqu'en bas... »*

2. Des boucles à tracer

Au tableau, alignez plusieurs aimants en les espaçant ; ils serviront d'éléments inducteurs dans le tracé des boucles.

Consigne : *« Tracez des boucles autour des aimants. »*
Dans un premier temps faites leur simuler le tracé avec leur doigt puis donnez-leur un feutre effaçable.

3. Des boucles pour décorer un vase

Poursuivez ce travail sur un plan horizontal. Agrandissez le Doc. 101 en format A3 : gabarit d'un vase chinois.
À la craie grasse, les enfants devront tracer des boucles, puis recouvrir le tout d'encre bleue.

> Pour l'accueil, préparez des fiches de boucles que vous glisserez dans des pochettes en plastique. Les élèves pourront ainsi s'entrainer à repasser sur le tracé avec un feutre ardoise, effacer puis recommencer ! Bien sûr, veillez toujours à les accompagner dans les activités graphiques.

• Atelier 12 •

Couronnes chinoises

Agir, s'exprimer, comprendre à travers les activités artistiques

→ Réaliser une composition personnelle en reproduisant des graphismes

→ Réaliser une composition plastique en choisissant et combinant des matériaux, en réinvestissant des techniques et des procédés

30' Doc. 102 – Galerie photo live!

Matériel

- Bandes de papier rouge
- Gabarits de pagode
- Feuilles blanches
- Loto des idéogrammes agrandi (Doc. 99)
- Peinture noire et pinceaux à poils rigides

Réaliser des couronnes chinoises pour un défilé

Le mois de janvier voit souvent apparaitre une multitude de couronnes dans les écoles maternelle pour fêter les rois. Si vous organisez un défilé, voici une réalisation de couronnes originales, où les élèves vont s'approprier et écrire divers signes chinois. En complément, vous trouverez dans le Doc. 103, une recette pour réaliser la galette des rois avec les élèves (à faire sur un temps d'atelier libre). Autrement, ces couronnes pourront être utilisées pour la fête du nouvel an chinois, qui selon les années, a lieu au mois de janvier ou de février.

Préparation du matériel

- Découpez des bandes de papier rouge cartonné, que vous ajusterez à la fin au tour de tête des enfants.
- Préparez 6 ou 7 gabarits de pagodes que les élèves utiliseront pour reproduire les leurs.
- Agrandissez les idéogrammes (Doc. 99) ou imprimez-en de nouveaux.

Étapes de réalisation des couronnes (cf. Galerie photo Doc. 102)

- À l'aide d'un gabarit, dessiner trois pagodes sur du papier blanc et découpez-les.
- Sur chaque pagode, choisir un idéogramme en s'appuyant sur le répertoire donné, le tracer d'abord au crayon pour s'entrainer, puis à la peinture noire.
- Notez la légende de l'idéogramme avec l'accompagnement de l'adulte.
- Coller les pagodes sur la bande de papier rouge.

> Vous pouvez réaliser la galette des rois en choisissant un moment où les parents pourront venir participer à cet atelier cuisine. Ainsi, tous les groupes d'élèves pourront mettre la main à la pâte en même temps ! Recette en Doc. 103.

• Jour 1 •

Dictionnaire de la Chine

Mobiliser le langage dans toutes ses dimensions
→ **Découvrir le principe alphabétique**
→ **S'exprimer dans un langage oral syntaxiquement correct et précis.**
→ **Prendre des repères dans l'écrit**

Doc. 96 live!

Reprenez le grand dictionnaire présenté lors de la semaine précédente. Relisez les deux premiers mots que vous avez définis avec les élèves.
Choisissez deux nouveaux mots.
Proposition de la semaine : **baguette** et **vase**.
Voir déroulement détaillé en semaine 1.

• Jour 2 •

Les instruments chinois

Agir, s'exprimer, comprendre à travers les activités artistiques
→ **Explorer des instruments**
→ **S'ouvrir à la diversité culturelle**

Doc. 104 live!

1. Demandez aux enfants de fermer les yeux puis faites-leur écouter une petite comptine où interviennent différents instruments chinois :
– « La petite fille aux champignons » ;
– « Mimi le panda ».

Vous trouverez facilement ces petites comptines (et bien d'autres) sur www.chine-informations.com ou www.animusiquesdumonde.com.
Vous pouvez également faire le choix de leur passer un ensemble instrumental d'une musique traditionnelle chinoise. Interrogez-les : *« Avez-vous reconnu certains instruments ? Connaissiez-vous tous ces sons ?.... »*
Passez de nouveau la musique puis arrêtez le CD dès que l'on entend un nouvel instrument. Présentez alors son image, décrivez-le et nommez-le. Vous trouverez sur le Doc. 104 les différents instruments chinois ; sélectionnez ceux qui correspondent à votre écoute. En prolongement, proposez aux enfants de classer les instruments (sélectionner les instruments de votre choix) :
– les instruments à cordes : le zheng, le pipa, le sanxian, le qin, l'erhu, le jinghu, le banhu, le yang qin ;
– les instruments à percussion : le bangu, les cloches chinoises, le gong, les penglings, les bans ;
– les instruments à vent : le xun, le dizi, le xiao, le suona, le sheng.

Si cela vous est possible, rapprochez-vous du conservatoire de votre ville afin d'organiser une séance de découverte de ces instruments.

• Jour 3 •

Atelier philo

Mobiliser le langage dans toutes ses dimensions
→ **Pratiquer divers usages de la langue orale : raconter, expliquer, questionner**
→ **Discuter un point de vue**

Les enfants sont déjà familiarisés avec cette activité dont les détails sont précisés en période 1, semaine 2.
Animez le débat en faisant les respecter règles, en reformulant la question, mais n'intervenez pas en donnant votre point de vue, en cherchant une réponse précise ou en voulant améliorer la syntaxe.
Cette semaine demandez aux élèves de réfléchir à cette question : *« Est-ce que tous les enfants dans le monde vont à l'école ? »*

• Jour 4 •

Les vases chinois

Agir, s'exprimer, comprendre à travers les activités artistiques
→ **Décrire une image/un objet**
→ **Exprimer son ressenti en utilisant un vocabulaire adapté.**

Apportez un vase chinois ou bien recherchez sur Internet une photo que vous imprimerez et agrandirez à la photocopieuse pour l'afficher au tableau. Laissez les enfants observer, puis invitez-les à s'exprimer sur cet objet. Amenez-les à décrire en utilisant le vocabulaire relatif aux couleurs, aux tracés, aux motifs.
Présentez ensuite un second vase chinois (objet ou photographie). Demandez aux enfants de les comparer : couleurs, motifs... Enfin, expliquez que la céramique chinoise est extrêmement connue pour sa porcelaine. En Chine, l'art de la poterie est très ancien. Les vases les plus connus sont les vases « bleu et blanc » qui datent pour certain du XIIIe siècle· Très vite, ces objets magnifiques ont séduit les pays du monde entier.

Jeux mathématiques

Organisation :

– Séances 5 et 6 en ateliers dirigés + 2 ateliers libres de votre choix, avec rotation sur la matinée de 2 groupes.

– Séances 7 et 8 en grand groupe.

• Séance 5 •

Le jeu des bougies (2)

Acquérir les premiers outils mathématiques

→ **Réaliser une collection dont le cardinal est compris entre un et dix**

→ **Utiliser le dénombrement pour constituer une collection**

Matériel
- Boules de pâte à modeler
- Bougies d'anniversaire
- Dé avec constellations

Reprenez l'activité réalisée en séance 1 en assurant une rotation des groupes d'élèves.

• Séance 6 •

La bataille (2)

Acquérir les premiers outils mathématiques

→ **Comparer des collections dont le cardinal est compris entre un et dix**

→ **Lire les nombres écrits en chiffres**

Matériel

Jeux de cartes avec nombres et d'autres avec les constellations

Reprenez l'activité réalisée en séance 2 en assurant une rotation des groupes d'élèves.

• Séance 7 •

Albums à calculer

Acquérir les premiers outils mathématiques

→ **Décomposer des collections par manipulations mentales**

→ **Dire combien il faut ajouter ou enlever pour obtenir des quantités ne dépassant pas dix**

→ **Commencer à résoudre des problèmes de composition de deux collections, d'ajout ou de retrait ne dépassant pas dix**

Les albums à calculer ont une spécificité bien particulière : ils permettent de travailler sur des collections illustrées qui mettent en évidence la décomposition des nombres et non pas simplement la suite numérique.

Voici une proposition de liste d'albums à calculer que vous pourrez faire découvrir :

– Emily Jenkins, *Cinq créatures*, Gallimard jeunesse.
– Brissiaud Rémi, *L'Album à calculer*, Retz.
– Mitsumasa Anno, *Dix petits amis déménagent*, L'École des Loisirs.
– Alf Proysen, *La Chevrette qui savait compter jusqu'à 10*, L'École des Loisirs.

• Séance 8 •

Le coffre au trésor

Collaborer, coopérer, s'opposer

→ **Élaborer des stratégies**

→ **Associer l'écriture chiffrée d'un nombre à sa constellation et à sa quantité**

Matériel
- Des grands cerceaux
- Petit matériel : sacs de graines, anneaux, foulards, petites balles...
- Un grand dé en mousse (ou à fabriquer avec un carton) avec les constellations de 1 à 6

Dans la salle de motricité, placez des cerceaux avec différents petits objets au centre : ce sont les coffres au trésor !

Invitez les élèves à se placer par équipe de 4.

Puis lancez un dé avec les constellations de 1 à 6.

Les élèves montrent avec le doigt cette quantité, puis partent chercher dans les coffres le nombre d'objets indiqué par le dé.

Avec l'ensemble du groupe, validez dans chaque équipe les quantités apportées.

Renouvelez le jeu en relançant le dé.

Semaine 3

	Lundi	Mardi	Jeudi	Vendredi	Demi-journée thématique
8 h 20 **Accueil**	**Écriture guidée du prénom en cursive** **Réinvestissement du matériel**				
8 h 40 **Rituels**	**Appel :** découvrir les prénoms en cursive des camarades **Découvrir les nombres :** même organisation et comptines numériques **Repérage dans le temps :** même organisation				
9 h **Univers sonores**	**Chansons et comptines au choix**				
9 h 10 **Ateliers** Rotation des groupes sur les ateliers de la semaine	**Atelier 13 : Jouons avec les phrases** → Définir la notion de phrase et de mots **Atelier 14 : Huit dans mon pot** → Dénombrer des collections de 8 objets **Atelier 15 : Paysages et visages de Chine** → Choisir des images en lien avec la Chine **Atelier 16 : Tangram** → Découvrir, manipuler et nommer les pièces du tangram				**24 séances sur les jeux mathématiques** – Les abaques – Dans l'ordre de 1 à 8 – La règle du jeu « Dans l'ordre de 1 à 8 »
9 h 45	**Rangement et bilan des ateliers**				
10 h **L'activité physique**	**Danser avec des objets** → Adapter ses actions au matériel	**Dragon contre Wuxia** → Jeu collectif	**Les échasses** → Se déplacer sur un chemin avec obstacles	**Ateliers cirque** → Funambules, équilibristes, assiettes chinoises, jongleurs	**La course au dé** → Faire autant de bonds que l'indique le dé
10 h 30	**Récréation**				
11 h **Langage/Lecture**	**Dans mon panier du [A]** → Phonologie	**Où se trouve le son « A » ?** → Phonologie	**Lectures d'albums sur la Chine** → Liste et pistes d'exploitation	**Portrait chinois** → Production des textes	**Lecture plaisir**
11 h 30	**Sortie/déjeuner**				
13 h 30	**Écoute musicale, chant, lecture plaisir...**				
14 h **Ateliers** Rotation des groupes sur les ateliers de la semaine	**Atelier 17 : Le son [A]** → Scander, compter les syllabes d'un mot et localiser un son précis **Atelier 18 : Poupées chinoises** → Réaliser une poupée chinoise en volume **Ateliers libres**				
14 h 50	**Récréation**				
15 h 20 **Langage/Lecture**	**Dictionnaire de la Chine** → Développer le vocabulaire	**J'apprends à compter en chinois** → Découvrir les sonorités d'une langue étrangère	**Le mot répété** → Jeu de phonologie	**L'objet tactile** → Décrire un objet	
15 h 45	**Sortie**				

• Accueil •

Mobiliser le langage dans toutes ses dimensions
→ **Découvrir le principe alphabétique**
→ **Écrire son prénom en écriture cursive**

Même organisation que la semaine précédente: accompagnez individuellement 1 ou 2 nouveaux élèves par jour pour l'écriture du prénom en cursive.

Sur les tables: jeux autonomes et réinvestissement en autonomie du matériel de la semaine précédente (loto des idéogrammes, tracés de boucles sous pochette en plastique...).

• Rituels •

20'

Appel

Mobiliser le langage dans toutes ses dimensions
→ **Distinguer et manipuler des syllabes**
→ **Discriminer des sons dans des mots ou dans des syllabes**
→ **Découvrir le principe alphabétique**

Faites l'appel en lisant les étiquettes de présence des élèves. Puis, comme la semaine précédente, choisissez-en 2 par jour à écrire au tableau pour faire repérer les particularités et verbaliser le sens des tracés en écriture cursive.

Découvrir les nombres

Acquérir les premiers outils mathématiques
→ **Dire la suite des nombres jusqu'à trente**
→ **Comprendre que tout nombre s'obtient en ajoutant un au nombre précédent**

Même organisation que la semaine précédente: compter les présents en intercalant un mot de liaison entre chaque nombre.

Présentez des comptines numériques pour favoriser l'acquisition de la suite numérique avec un mot intercalé ou une phrase:

« Les oies »

1 oie, 2 oies, 3 oies
4 oies, 5 oies, 6 oies
C'est toi!

« 1, 2,3, nous irons au bois »

1, 2, 3, nous irons au bois
4, 5, 6, cueillir des cerises
7, 8, 9 dans mon panier neuf
10, 11, 12 elles seront toutes rouges!

Repérage dans le temps

Explorer le monde
→ **Situer des événements vécus les uns par rapport aux autres**
→ **Repérer les événements dans la journée, la semaine et le mois**
→ **Se repérer sur un calendrier**

Même organisation qu'en semaine 2: curseur du jour de la semaine et repérage sur le calendrier mensuel.

Annotez également sur le calendrier les événements-clés à venir: sorties, jour de bibliothèque, fête d'anniversaires...

• Univers sonores •

Agir, s'exprimer, comprendre à travers les activités artistiques
→ **Repérer et reproduire, corporellement ou avec des instruments, des formules rythmiques simples**
→ **Jouer avec sa voix et acquérir un répertoire de comptines et de chansons**

10'

1. Marquer la pulsation avec un instrument chinois

Même organisation que la semaine précédente avec, cette fois ci, des instruments chinois découverts en séance de langage la semaine dernière. N'hésitez pas à solliciter les parents, vos collègues, le conservatoire de votre ville... afin de vous procurer des instruments.

2. Chant

Voici deux nouvelles propositions:

– « Papi Panda » de P. Jaymes, P. Glaeser dans l'album *Les Z'animaux d'ici et d'ailleurs*

– « Ping Pong » de Maurice Anoix

• Atelier 13 •

Jouons avec les phrases

Mobiliser le langage dans toutes ses dimensions
→ **Découvrir le principe alphabétique**
→ **Différencier texte/phrase puis phrase/mots**

30' Doc. 105 Nathan live!

Matériel
- Doc. 105
- Crayon à papier
- Ciseaux/colle
- Fiches papier

Définir la notion de phrase et de mots

1. Qu'est-ce qu'une phrase ? Petits jeux oraux

Commencez cet atelier en demandant aux enfants de donner la définition d'une phrase, notion découverte lors des ateliers de langage de la semaine précédente.

Laissez-les s'exprimer, puis rappelez que c'est comme une « mini histoire » qui a une signification.

Afin de vérifier la compréhension, faites différentes propositions à l'oral. Ils devront dire s'il s'agit ou non d'une phrase, par exemple : *« Je vais en vacances./ Aujourd'hui, il pleut./Quentin a./Hier, me à l'école papi chercher viendra./Louise au ballon. »*

Recherchez comment transformer les énoncés qui n'ont pas de sens en vraies phrases.

2. Phrase collective

Choisissez une phrase courte (par ex. en lien avec vos albums) et écrivez-la en script sur des fiches cartonnées : un mot par fiche avec, en rouge, la majuscule et le point.

Exemple : *Marine a un petit panda.* = 5 mots = 5 fiches

Demandez d'abord aux enfants de rechercher des indices afin de lire certains mots ou certaines parties grâce aux prénoms, aux affichages de la classe. Exemple : *« ça commence comme maman, c'est MA ; le R fait le son rrr, comme Rémi, etc. »*

Puis validez en lisant la phrase. À chaque fois que vous prononcez un mot, montrez la carte correspondante et posez-la sur la table. Faites ensuite compter le nombre de cartes : il y a 5 cartes donc 5 mots. C'est l'occasion de rappeler qu'une phrase commence toujours par une majuscule (faites remarquer que les noms propres, comme « Marine », ont toujours une majuscule, qu'ils soient en début, au milieu ou à la fin de phrase) et se termine par un point. De plus, à l'écrit, les mots d'une phrase doivent être séparés par un petit espace.

3. Phrases individuelles

Distribuez enfin le Doc. 105 et faites rechercher comment lire ces deux phrases avec prise de repères dans l'écrit (syllabes déjà rencontrées, graphème/phonème connus, rapprochement avec des sons ou syllabes dans les prénoms, jours de la semaine, mots référents, etc.).
Les enfants devront ensuite entourer avec leur doigt chaque mot puis au crayon à papier.

4. Validation

La validation se fera quand ils découperont les étiquettes mots pour les remettre dans l'ordre, comme dans le modèle.

• Atelier 14 •

Huit dans mon pot

Acquérir les premiers outils mathématiques
→ **Réaliser une collection dont le cardinal est compris entre un et dix**
→ **Utiliser le dénombrement pour comparer deux quantités**

30' Doc. 3 et 15 Nathan live!

Matériel
- Un panier plein de cubes ou Lego
Par élève :
- Doc. 3 : réglettes individuelles
- Doc. 15 : planches nombres
- Une fiche cartonnée
- Gommettes rondes (ou feutres)

Dénombrer des collections de 8 objets

1. Les différentes représentations du nombre 8

Reprenez les réglettes individuelles (Doc. 3), ainsi que les planches nombres (Doc. 15). Avec les enfants, reconstituez les quantités de 1 à 8 avec des jetons puis montrez l'écriture du 8 au tableau en faisant guider avec les doigts le tracé et en le verbalisant.
Distribuez ensuite deux fiches cartonnées carrées pour que chaque élève construise avec vous la représentation de la constellation 8 à l'aide de gommettes (ou feutres). Dénombrez les gommettes une à une en les faisant poser par chaque enfant : 1 gommette, encore 1 (ça fait 2), encore 1 (ça fait 3) ; … et encore 1 (ça fait 8). Montrez 8 en dénouant vos doigts.

2. Réaliser des collections de 8 objets

Placez au coin regroupement un bac contenant un grand nombre de cubes ou Lego.

Les élèves devront récolter 8 cubes au coin regroupement, en un seul et unique voyage.
La validation de la quantité se fera avec l'ensemble du groupe, par dénombrement et superposition des cubes sur les cartes constellations du 8.

Relancez l'activité en variant le matériel à récolter.

• Atelier 15 •

Paysages et visages de Chine

Explorer le monde
→ S'ouvrir à la diversité du monde
→ Situer la Chine sur une mappemonde
→ Justifier ses choix

30' Doc. 106 et 107 – Galerie photo live!

Matériel
- Catalogues de voyage
- Gabarit de la Chine (Doc. 106)
- Ciseaux, colle
- Feuilles cartonnées

Choisir des images en lien avec la Chine

1. Reprenez les brochures de voyage utilisées lors des périodes précédentes ou procurez-vous en de nouvelles auprès des familles ou des agences de voyage.
Imprimez la carte de la Chine du Doc. 106 et agrandissez-la au format A3 à la photocopieuse. Utilisez le document comme gabarit pour reproduire la carte en quatre exemplaires (un par groupe) sur une feuille cartonnée.

Consigne : *« Recherchez dans les brochures des photos qui pourraient, selon vous, représenter des éléments de la Chine. »*

Les différentes activités réalisées au cours de cette période (lecture d'albums, recherche documentaires, séances de langage) serviront de support aux recherches de photos. Les enfants découpent donc les images de leur choix puis les placent dans une petite barquette.

2. À la fin de l'atelier, demandez aux enfants de présenter leur sélection et d'argumenter leurs choix.
Ils agencent alors sur la carte de la Chine les images/photos retenues par l'ensemble du groupe puis les collent (voir exemple de production : Doc. 107).

> Cette activité fera écho à l'atelier Paysages et visages d'Afrique de la période 1 et à celui de la Russie en période 2.

• Atelier 16 •

Tangram

Acquérir les premiers outils mathématiques
→ Reproduire un assemblage à partir d'un modèle
→ Reproduire, dessiner des formes planes

30' Doc. 108 live!

Matériel
Par élève
- 1 tangram de couleur différente (Doc. 108)
- 1 feuille ou cahier de dessin
- Des crayons de couleur

Découvrir, manipuler et nommer les pièces du tangram

Le tangram, est une sorte de puzzle chinois composé de sept pièces qui peuvent se juxtaposer pour former un carré.

En Chine, on nomme communément les pièces du tangram « les sept planches de la ruse ».

Ce jeu peut être utilisé de deux façons différentes : comme un casse-tête ou bien encore comme un matériel propice à la création.

C'est dans cet objectif que nous vous proposerons donc, tout au long de cette période, d'utiliser ce petit jeu chinois.

1. Découverte du tangram

Imprimez, pour chaque élève du groupe, un tangram sur différents papiers de couleur cartonné (plastifiez si vous le souhaitez) et découpez (Doc. 108).

Comme pour toute découverte d'un nouveau matériel, la phase de manipulation, d'exploration, de jeu libre est indispensable pour que les enfants se l'approprient.

Nommez avec eux les différentes formes géométriques qui constituent le tangram puis laissez-les « fabriquer, créer, assembler » librement les formes géométriques.

2. Agencer pour créer et dessiner

Venez relancer ensuite l'activité en leur demandant d'agencer obligatoirement toutes les pièces du tangram pour créer une forme/un objet qu'ils devront reproduire sur leur cahier de dessins ou sur une feuille.

> Vous pouvez aussi réaliser et découper vos tangrams sur des pochettes rigides (chemises à rabat) afin de les conserver longtemps.

• Jour 1 •

Danser avec des objets

Communiquer avec les autres au travers d'actions à visée expressive ou artistique
→ **Construire une séquence d'actions et de déplacements avec support musical**

Matériel
- Support musical
- Un ballon de baudruche et un ballon de foot ou de basket par enfant (ou 1 pour 2)

1. Danser avec un objet léger : un ballon de baudruche

A. Distribuez un ballon de baudruche à chaque enfant pour qu'il puisse jouer librement. Il s'agit ici d'une première phase de découverte, d'imagination et d'exploitation des différentes actions possibles avec le matériel.

B. Mise en commun et verbalisation. Faites asseoir les enfants et reprenez les actions réalisées : *« Montre-nous ce que tu sais faire avec ton ballon. Regardez, il le lance puis pivote sur lui-même, il le fait glisser le long de son bras... Qui pourrait nous montrer autre chose ? »*

C. Mise en œuvre des actions proposées par les élèves et recherche d'enrichissement : *« Maintenant, essayez de réaliser la même action que... Cherchons à l'enrichir, comment pourrait-on la faire évoluer ou la présenter autrement ? Comment pourrait-on se déplacer ? »*

D. Enfin, proposez aux enfants de réinvestir les différents mouvements sur un rythme musical : *« Écoutez la musique puis dansez avec votre ballon sur le rythme de la musique. »* Variez les rythmes lents, rapides...

2. Danser avec un objet lourd : un ballon de foot ou de basket

Reprenez les différentes étapes réalisées avec le ballon de baudruche.

Demandez aux enfants de comparer les deux danses : *« Avec quel objet préférez-vous danser ? Pourquoi ? Lequel est le plus maniable ? »*

Les enfants doivent adapter leurs déplacements.

• Jour 2 •

Dragon contre Wuxia

Collaborer, coopérer, s'opposer
→ **Coopérer, exercer des rôles différents complémentaires**
→ **Élaborer des stratégies pour viser un but ou un effet commun**
→ **Dénombrer des quantités**

Matériel
- Dossards, cerceaux
- Tapis, cordes, plots
- Dé géant (matériel éducatif ou à fabriquer)

Dans les contes traditionnels chinois pour enfant, très souvent les héros sont des chevaliers errants que l'on appelle « Wuxia ». Le temps d'une séance de motricité, les enfants vont se transformer en chevaliers « wuxia » qui devront échapper à de terribles dragons !

1. Organisation

Délimitez un grand « pré » matérialisé par des plots ou des cordes posées au sol. À l'extrémité gauche du pré, il y a la grotte des dragons (un grand tapis) ; à l'extrémité droite, les pagodes des « wuxia » matérialisées par des cerceaux.

Donnez un dossard à deux élèves qui joueront le rôle de dragon.

Pour la deuxième partie du jeu, préparez un dé géant (écritures chiffrées ou constellations que vous tracez au feutre sur un grand carton recouvert de papier).

2. Déroulement

1re phase
Pendant que les dragons se reposent dans leur grotte, les « wuxia » se promènent dans le pré en marchant, en sautillant. Encouragez les enfants à occuper tout l'espace.
À votre signal *« Je vais vous croquer ! »*, les dragons se réveillent, sortent de leur grotte pour attraper les chevaliers qui tentent de rejoindre les pagodes. Ceux qui sont touchés vont dans la grotte des dragons. Ils pourront en ressortir si un valeureux « wuxia » vient leur taper dans la main.

2e phase
De nouveau, les chevaliers se promènent en attendant le signal des dragons.
Pendant ce temps, lancez le dé : le résultat annoncera le nombre maximum de « wuxia » qui pourront se mettre ensemble dans une même pagode. Retirez alors des cerceaux, de façon à ce qu'il ne reste que la quantité nécessaire pour tous les chevaliers. Attention à ne pas dépasser la quantité imposée par le dé !

Exemple : s'il y a 26 « wuxia » et que le dé annonce « 3 », il n'y aura sur le terrain que 9 cerceaux (8 cerceaux avec 3 chevaliers chacun et un cerceau avec 2).
Dénombrez avec les élèves le nombre de chevaliers présents dans chaque cerceau : ceux qui en contiendront plus que le résultat imposé par le dé seront éliminés.

• Jour 3 •

Les échasses

Adapter ses équilibres et ses déplacements à des environnements ou des contraintes variés

→ Ajuster et enchainer ses actions et ses déplacements en fonction d'obstacles à franchir
→ Se déplacer avec aisance et en sécurité dans des environnements aménagés

Matériel
- **Une paire d'échasses par élève**
- **Des plots, des caissettes pour les obstacles**

– Même organisation que la semaine précédente et variantes : slalomer, passer par-dessus les obstacles.

• Jour 4 •

Ateliers cirque

Adapter ses équilibres et ses déplacements à des environnements ou des contraintes variés

→ Ajuster et enchainer ses actions et ses déplacements en fonction d'obstacles

Doc. 93 Nathan live!

Reprenez la même organisation avec les ateliers détaillés en semaine 1 et dans le schéma (Doc. 93).

- Atelier 1 : les funambules.
- Atelier 2 : les équilibristes.
- Atelier 3 : les assiettes chinoises.
- Atelier 4 : les jongleurs.

20' par séance

• Jour 1 •

Dans mon panier du [A]

Mobiliser le langage dans toutes ses dimensions
→ **Découvrir le principe alphabétique**
→ **Discriminer des sons dans des mots ou dans des syllabes**

De nombreuses recherches ont démontré que la conscience phonologique joue un rôle essentiel dans l'apprentissage de la lecture et de l'écriture. C'est pourquoi nous vous proposons de poursuivre les jeux sur les sonorités de la langue, initiés dans les périodes précédentes, aussi bien lors de séances de langage que pendant les rituels autour des prénoms.

«*Dans mon panier, je mets des choses où l'on entend le son* [A] (montrez le mouvement des lèvres en ouvrant grandement la bouche et en allongeant le son): *pandaaaaaa, paaaaaaagode, chaaaaaapeau, draaaaaaagon. Je vais dire d'autres mots, vous levez le doigt quand je peux les mettre dans mon panier des A: maman, récréation, moto, histoire, papa, télévision, escargot, etc.*»

• Jour 2 •

Où se trouve le son «A»?

Mobiliser le langage dans toutes ses dimensions
→ **Découvrir le principe alphabétique**
→ **Discriminer des sons dans des mots ou dans des syllabes**
→ **Distinguer et manipuler des syllabes**

Munissez-vous d'aimants et donnez un mot contenant le son [A]; faites dénombrer le nombre de syllabes en les scandant par des frappés de mains: PAN/DA (2 syllabes).

Placez au tableau deux aimants pour représenter ces syllabes (au fur et à mesure que vous les énoncez); les élèves devront identifier dans laquelle se trouve le son [A] et entourer le bon aimant à la craie.

Poursuivez l'exercice avec d'autres mots en variant la place du son [A] et le nombre de syllabes. Voici quelques exemples: cho/co/lat, sal/si/fis, ha/ri/cot, pan/ta/lon, ra/dis…

• Jour 3 •

Lecture d'un album sur la Chine

Mobiliser le langage dans toutes ses dimensions
→ **Comprendre des textes écrits sans autre aide que le langage entendu**
→ **Manifester de la curiosité par rapport à l'écrit**

Choisissez parmi la liste proposée lors de la première semaine un album ainsi qu'une des pistes d'exploitation.

• Jour 4 •

Portrait chinois

Mobiliser le langage dans toutes ses dimensions
→ **S'exprimer dans un langage oral syntaxiquement correct et précis**
→ **Pouvoir redire les mots d'une phrase écrite après sa lecture par l'adulte**

Lors de cette séance, nous vous proposons de reprendre cette activité réalisée en période 1.

Le portrait chinois est intéressant car il permet de jouer avec la langue; il respecte une forme syntaxique définie, aide à apprendre à catégoriser et possède enfin une intention poétique.

Lisez quelques portraits chinois ou inventez-en: «*Si j'étais un animal, je serais un oiseau pour voler au-dessus de la mer. Si j'étais un pays, je serai la Chine pour voir les pandas dans les forêts de bambous.*» Faites repérer la structure qui se répète (*Si j'étais… je serais… pour…*) et choisissez une catégorie pour faire lister les éléments la composant. Ex.: *Si j'étais un animal, lequel je pourrais être ?– un lapin, un cheval… Pourquoi, qu'est-ce que je pourrais faire ?*

Accompagnez les élèves dans la production de quelques portraits chinois en variant les catégories (fruits, pays, objet); un élève peut commencer le début du portrait et les autres finir.

Pendant ce temps, notez les propositions par écrit pour les relire par la suite.

• Atelier 17 •

Le son [A]

Mobiliser le langage dans toutes ses dimensions
→ Découvrir le principe alphabétique
→ Discriminer des sons dans des mots ou dans des syllabes
→ Distinguer et manipuler des syllabes

30' Doc. 26 et 109 live!

Matériel
- Planche phono vierge (Doc. 26)
- Images découpées (Doc. 109)
- Jetons
- Patafix

Scander, compter les syllabes d'un mot et localiser un son précis

1. Scander les syllabes

Reprenez les planches phono vierges utilisées lors des périodes précédentes (Doc. 26) et placez avec de la Patafix, dans la première case de chaque ligne, les images du Doc. 109.
Chaque enfant aura une planche individuelle avec des images différentes.
À tour de rôle, les élèves nomment les images, scandent les syllabes puis placent la quantité de jetons correspondante.

2. Localiser le son [A]

Reprenez le petit jeu « Dans mon panier du [A] » *« est-ce que je peux mettre le mot... »*. Pour les élèves qui n'entendent pas le son, allonger le phonème et exagérez le mouvement des lèvres (on ouvre grand la bouche), par exemple : chocolaaaaat, pandaaaaaaa.
Demandez ensuite aux enfants de localiser le son « A » en indiquant à l'aide d'un jeton la syllabe où on l'entend. Une fois que tous les jetons sont placés, chaque élève énonce devant le groupe, les mots de sa planche (en le scandant) et lève la main quand le son apparait (là où il a placé son jeton). En cas d'erreur, faites à nouveau répéter le mot en allongeant le son pour aider à l'identification.
Échangez ensuite les planches.

• Atelier 18 •

Poupées chinoises

Agir, s'exprimer, comprendre à travers les activités artistiques
→ Réaliser des compositions plastiques
→ Choisir et combiner des matériaux, des techniques et des procédés
→ Choisir différents outils, médiums et les utiliser en adaptant son geste

30' Doc. 110 – Galerie photo live!

Matériel
Pour chaque élève :
- un rouleau en carton (papier essuie-tout)
- une boule en polystyrène
- peinture acrylique
- feutres noir et rose
- une bande de tissu noire (ou papier crépon)
- une craie blanche (ou un feutre argenté)
- laine noire (ou papier crépon)
- un cercle en papier : 3 ou 4 cm de rayon
- un bâtonnet en bois pour glace

Réaliser une poupée chinoise en volume

Montrez de nouveau la photo d'un enfant ou d'un adulte chinois en tenue traditionnelle : le « hanfu ». Relevez avec les enfants les caractéristiques de cette tenue : col croisé, tissu uni sans motifs, rabat du tissu vers la droite, une ceinture à la taille.
Lors de cet atelier, les élèves vont réaliser des poupées chinoises dans cette tenue traditionnelle. L'occasion de créer un objet en volume en manipulant la matière et en mobilisant divers procédés techniques.

Voici les étapes :

1. Peindre le corps de la poupée (un rouleau de papier essuie-tout) ; représenter le col croisé et le rabat de la tunique vers la droite.

2. Dessiner des idéogrammes à la craie blanche (ou feutre argenté) sur une bande de tissu ou papier crépon noir pour la ceinture.

3. Peindre la moitié de la boule en polystyrène en beige pour le visage et l'autre moitié en noir pour les cheveux. Représenter au feutre fin les yeux, le nez et la bouche à l'aide de petits traits ainsi que des petites joues.

4. Recouvrir un cercle à la peinture rouge. L'Atsem y fera ensuite une entaille (découper un rayon en partant de l'extérieur du cercle jusqu'au centre) puis le roulera pour former un chapeau chinois. Faire une petite tresse en laine (ou rouler du papier crépon). Coller la tresse sur la tête (= boule en polystyrène) ainsi que le chapeau.

5. Votre Atsem assemble alors les deux parties de la poupée avec de la colle forte puis colle une petite bande de papier noir en guise de col afin de cacher la jonction des deux éléments.

6. Coller la poupée sur des bâtonnets en bois pour glace sur lesquels les enfants dessineront des tongs.

Vous pouvez également confectionner cette poupée en recouvrant le rouleau avec du tissu. Le rouleau, quant à lui, peut également être remplacé par une bouteille de yaourt à boire.

20' par séance

• Jour 1 •

Dictionnaire de la Chine

Mobiliser le langage dans toutes ses dimensions
→ **Découvrir le principe alphabétique**
→ **S'exprimer dans un langage oral syntaxiquement correct et précis**
→ **Prendre des repères dans l'écrit**

Doc. 96 live!

Même organisation que les semaines précédentes. Propositions de la semaine : pagode et dragon.

• Jour 2 •

J'apprends à compter en chinois !

Acquérir les premiers outils mathématiques
→ **Apprendre à compter en mandarin jusqu'à 5 (ou plus)**

Doc. 111 live!

Affichez au tableau le Doc. 111 agrandi en A3 : laissez les enfants s'exprimer librement, émettre des commentaires et tenter de définir le type d'écrit.

Expliquez alors que c'est ainsi que les Chinois apprennent à compter à l'école.
Jusqu'à 5, les quantités sont exprimées de la même façon que nous sur les doigts, mais après, cela diffère : ils n'utilisent pas la deuxième main, donc ils ne quantifient pas avec les doigts à partir de 5.
Amusez-vous à imiter ces gestes.

Comparez ensuite l'écriture des chiffres avec les nôtres :
– pour le chiffre 1 : un trait horizontal ;
– chiffre 2 : deux traits horizontaux [...] ;
– chiffre 7 : ressemble au nôtre, mais à l'envers [...].

Vous trouverez très facilement un enregistrement audio sur internet pour vous assurer de la bonne prononciation. Vous pourrez ainsi chaque matin compter les absents en chinois !

• Jour 3 •

Le mot répété

Mobiliser le langage dans toutes ses dimensions : l'oral
→ **Acquérir et développer la conscience phonologique**

Cet exercice permet de travailler l'écoute et la mémorisation des mots entendus. Il s'agit de repérer dans une liste de mots, celui qui est répété plusieurs fois. Dans ce genre d'exercice, il est nécessaire de multiplier les exemples et les séances pour que les élèves intègrent le principe. Énoncez la consigne : *« Je vais lire des mots une première fois. Écoutez bien car dans la liste, un mot est répété plusieurs fois. À la seconde lecture, levez la main chaque fois que vous entendez ce mot. »*

Voici une proposition de liste de mots (ils peuvent être ou non en lien avec le projet de la période) :
1. Éventail – cerf-volant – éventail – vent – air – éventail.
2. Dragon – rouge – bleu – dragon – gris – vert – dragon.
3. Assiette – baguette – cuillère – baguette – fourchette – couteau.
4. Ananas – panda – villa – air – panda – yoga – coca.

Définissez les mots non connus.

• Jour 4 •

L'objet tactile

Mobiliser le langage dans toutes ses dimensions
→ **S'exprimer dans un langage oral syntaxiquement correct et précis**

Apportez un sac rempli d'objets surprises et présentez le contenu aux enfants en les sortant et en les faisant nommer un à un : une baguette chinoise, un petit sac de riz, un panda en peluche, un foulard, un petit instrument...

Laissez les élèves s'exprimer librement sur chacun des objets : *« En avez-vous à la maison ? À quoi ça sert ? Pourquoi ? »*

Désignez un enfant qui a peu l'habitude de s'exprimer, faites-lui bander les yeux avec un foulard et rangez un des objets dans le sac. Il devra y plonger la main pour tâtonner, toucher l'objet et enfin le décrire et le nommer en prononçant correctement. Faites passer ensuite d'autres enfants en changeant l'objet à identifier.

Jeux mathématiques

• Séance 9 •

Les abaques

Acquérir les premiers outils mathématiques
→ **Utiliser le dénombrement pour constituer une collection**
→ **Comparer des collections d'objets avec des procédures numériques ou non numériques**

Matériel
- Tiges en bois (ou abaques Nathan)
- Perles
- Dé avec chiffres de 1 à 6
- Réglettes (Doc. 3)

Ce jeu a pour but de travailler la lecture des chiffres de 1 à 6 et d'y associer une quantité.
Pour valider la quantité prise, les enfants pourront se servir des réglettes (Doc. 3).

Règle du jeu : à tour de rôle, les élèves lancent le dé et prennent la quantité indiquée de perles par celui-ci : de 1 à 6, puis la pose sur leur tige en bois. Le premier qui la remplit gagne le jeu. Il peut poursuivre avec une deuxième tige.

Pendant le jeu, vous apporterez une aide individuelle pour la lecture du chiffre indiqué et pour le dénombrement des collections.
Faites comparer : *« Comment savoir qui a le plus de perles pour le moment ? Qui en a le moins ? »* (Dénombrement ou comparaison de la taille des abaques).

• Séance 10 •

Dans l'ordre de 1 à 8

Acquérir les premiers outils mathématiques
→ **Avoir compris que tout nombre s'obtient en ajoutant un au nombre précédent**
→ **Lire les nombres écrits en chiffres**

Doc. 5 Nathan live!

Matériel
Par binôme : deux séries de cartes de 1 à 8 de 2 couleurs différentes (Doc. 5).

1. Organisation
Imprimez le Doc. 5 en plusieurs exemplaires sur 2 papiers de couleur (ex. : bleu et vert).

Mélangez et distribuer 5 cartes par enfant. Le reste servira de pioche.

Les élèves jouent en binômes.

2. But du jeu
Compléter la ou les séries commencées en respectant l'ordre des nombres et la couleur des cartes. Il s'agit de rechercher le chiffre qui est avant et celui qui est après, donc d'encadrer les nombres.

Exemple : un enfant pose une carte avec le chiffre 5, son camarade doit alors compléter avec un 4 ou 6 de la même couleur. Si l'enfant n'a pas un nombre qui correspond, il pioche une carte (qu'il pose si cela est possible, sinon il passe son tour).

Le premier qui pose toutes ses cartes gagne la partie.

3. Variante
Augmenter au fur et à mesure le nombre de cartes : de 1 à 10, de 1 à 12, de 1 à 15, etc.

• Séance 11 •

Règle du jeu : « Dans l'ordre de 1 à 8 »

Mobiliser le langage dans toutes ses dimensions
→ **Pratiquer divers usages de la langue orale : raconter, expliquer**

Doc. 5 Nathan live!

Matériel
Deux séries de cartes identiques numérotées de 1 à 8 de 2 couleurs différentes (Doc. 5).

Reprenez deux jeux de cartes de couleurs différentes du jeu *« Dans l'ordre de 1 à 8 »*.

Au centre du coin regroupement, au sol, jouez avec quelques élèves en vous faisant rappeler la règle par le reste de la classe.

Mettez le jeu en œuvre en reprenant les consignes données et en suivant les indications à la lettre. Appuyez-vous sur les imprécisions pour vous tromper : placez un « 6 » après un « 4 », faites jouer un élève deux fois de suite sans qu'il ne passe son tour, piochez deux cartes, placez une carte « rouge » dans le série « bleue », etc.

L'objectif est de montrer une fois de plus que des explications incomplètes peuvent fausser le jeu et donc d'amener les élèves à développer les phrases et les descriptions des règles de manière précise.

• Séance 12 •

La course au dé

Collaborer, coopérer, s'opposer
→ **Élaborer des stratégies**
→ **Associer l'écriture chiffrée d'un nombre à sa constellation et à sa quantité**

Matériel
– 2 lignes dessinées au sol espacées d'environ 20 pas – Un grand dé en mousse avec les constellations de 1 à 6

1. Organisation

Au sol, dessinez une ligne de départ et une ligne d'arrivée espacées d'environ 20 pas.

Divisez la classe en quatre groupes, qui se placent en file indienne sur une ligne de départ.

2. Déroulement

Le premier élève de chaque équipe lance le dé et fait autant de bonds que l'indique le résultat du dé (libre à eux de sauter plus ou moins loin !).

Ils relancent le dé (à chaque fois le reste de l'équipe valide) jusqu'à ce qu'il atteigne la ligne d'arrivée. Il marque alors un point pour son équipe. Le second de la file peut alors lancer le dé à son tour et ainsi de suite. La première équipe dont tous les membres franchissent la ligne d'arrivée gagne le jeu.

Semaine 4

<table>
<tr><th></th><th>Lundi</th><th>Mardi</th><th>Jeudi</th><th>Vendredi</th><th>Demi-journée thématique</th></tr>
<tr><td>8h20
Accueil</td><td colspan="5">Écriture du prénom en cursive (accompagnement individuel)
Jeux autonomes, puzzles, réinvestissement du matériel
(loto des idéogrammes, planches phono, jeu de l'oie de la chine)</td></tr>
<tr><td>8h40
Rituels</td><td colspan="5">Appel : jeu phono sur la syllabe finale
Découvrir les nombres : « Qui suis-je ? »
Repérage dans le temps : semaine et calendrier mensuel</td></tr>
<tr><td>9h
Univers sonores</td><td colspan="5">Chansons et comptines au choix</td></tr>
<tr><td>9h10
Ateliers
Rotation des groupes sur les ateliers de la semaine</td><td colspan="4">Atelier 19 : Combien de pandas ? → Construire des collections à partir des écritures chiffrées de 1 à 8
Atelier 20 : Le son [l] → Scander, compter les syllabes d'un mot et localiser un son précis
Atelier 21 : Les albums sur la Chine → Identifier et reconstituer les titres des albums lus
Atelier 22 : Fiches tangram → Reproduire des figures avec les pièces du tangram</td><td>24 séances sur les jeux mathématiques
– Les abaques
– Dans l'ordre de 1 à 8
– Albums à calculer</td></tr>
<tr><td>9h45</td><td colspan="5">Rangement et bilan des ateliers</td></tr>
<tr><td>10h
L'activité physique</td><td>Danser avec des contraintes
→ Suivre différents enchainements et postures</td><td>Dragon contre Wuxia
→ Jeu collectif</td><td>Les acrobaties
→ Ateliers de motricité</td><td>Vers un parcours
→ Enjamber, s'équilibrer, glisser, lancer</td><td>Jeu de l'oie grandeur nature !
→ Avancer d'autant de cases que l'indique le dé</td></tr>
<tr><td>10h30</td><td colspan="5">Récréation</td></tr>
<tr><td>11h
Langage/Lecture</td><td>Fiche d'identité du panda
→ Réaliser un type d'écrit</td><td>L'armée de terre cuite
→ Découvrir un monument</td><td>Images séquentielles
→ Chronologie d'un récit</td><td>Les syllabes en désordre
→ Phonologie</td><td>Lecture plaisir</td></tr>
<tr><td>11h30</td><td colspan="5">Sortie/déjeuner</td></tr>
<tr><td>13h30</td><td colspan="4">Écoute musicale, chant, lecture plaisir…</td><td></td></tr>
<tr><td>14h
Ateliers
Rotation des groupes sur les ateliers de la semaine</td><td colspan="4">Atelier 23 : La chasse aux mots → Retrouver un mot parmi des graphies proches
Atelier 24 : triptyque → Représenter un cerisier en fleurs
Ateliers libres</td><td></td></tr>
<tr><td>14h50</td><td colspan="4">Récréation</td><td></td></tr>
<tr><td>15h20
Langage/Lecture</td><td>Dictionnaire de la Chine
→ Développer le vocabulaire</td><td>Contes traditionnels chinois
→ Lecture</td><td>Atelier philo
→ La vie est-elle comme une fleur de cerisier : belle et courte ?</td><td>Trente de Kandinsky
→ S'exprimer sur une œuvre</td><td></td></tr>
<tr><td>15h45</td><td colspan="4">Sortie</td><td></td></tr>
</table>

• Accueil •

Mobiliser le langage dans toutes ses dimensions
→ Découvrir le principe alphabétique
→ Écrire son prénom en écriture cursive

Même organisation qu'en semaine 2 : accompagnez individuellement 1 ou 2 nouveaux élèves par jour pour l'écriture du prénom en cursive.
Sur les tables : jeux autonomes et réinvestissement du matériel des semaines précédentes.

• Rituels •

20'

Appel

Mobiliser le langage dans toutes ses dimensions
→ Distinguer et manipuler des syllabes
→ Discriminer des sons dans des mots ou dans des syllabes
→ Découvrir le principe alphabétique

Cette semaine, variez encore les formes de l'appel quotidien en ciblant le travail sur l'identification et l'isolation de la syllabe finale.

Pendant que vous remplissez votre registre d'appel, énoncez les premières syllabes de chaque prénom, les élèves doivent trouver la dernière : Ca... (ssandre !), Timo... (thée !), Clémen... (tine !), Vic... (tor !), etc.

Puis, comme les semaines précédentes, choisissez deux nouvelles étiquettes de présence par jour pour faire repérer les particularités de l'écriture cursive.

Découvrir les nombres

Acquérir les premiers outils mathématiques
→ Lire les nombres écrits en chiffres
→ Mobiliser des symboles analogiques (constellations, doigts), verbaux (mots-nombres) ou écrits (en chiffres) pour communiquer des informations orales ou écrites sur une quantité jusqu'à dix au moins

Chaque jour, un nouvel élève continue de compter les présents ; vous l'accompagnez dans l'énonciation de la suite numérique. Rappelez que le dernier nombre cité représente la quantité globale.

Ensuite, introduisez un petit jeu de devinettes numériques chaque matin : « Qui suis-je ? »

Placez au tableau les cartes nombres de 1 à 7, faites-les nommer, demandez aux enfants de montrer la quantité correspondante avec les doigts puis commencez le jeu.

Exemples :
- « Tous les doigts de ma main forment cette quantité, qui suis-je ? » ➤ 5
- « J'ai deux gros ventres, qui suis-je ? » ➤ 3
- « Je suis après le 6 », qui suis-je ? ➤ 7

Repérage dans le temps

Explorer le monde
→ Situer des évènements vécus les uns par rapport aux autres
→ Repérer les évènements dans la journée, la semaine et le mois
→ Découvrir le principe alphabétique

Comme les semaines précédentes, un élève poursuit le repérage avec le curseur du jour de la semaine et le calendrier mensuel.

Ensuite, écrivez au tableau la date en cursive, en expliquant vos tracés aux élèves et en donnant des repères visuels.

• Univers sonores •

Agir, s'exprimer, comprendre à travers les activités artistiques
→ Avoir mémorisé un répertoire varé de comptines et de chansons

10'

« Le dragon à cinq pattes »

Un dragon, fort et fier,
Se promenait sur ses terres.
Quand soudain, plock ! Il tombe par terre.
– « Qui m'a fait un croche-patte ? »
demande le dragon à cinq pattes.
– « C'est moi, le mille-pattes des Carpates,
et maintenant, tu as le nez comme une
pa. ta. te ! »

Pascale Estellon,
Les Comptines de Grigrigrocha

• Atelier 19 •

Combien de pandas ?

Acquérir les premiers outils mathématiques
→ Réaliser une collection dont le cardinal est compris entre un et dix
→ Lire les nombres écrits en chiffres

30' Doc. 112 live!

Matériel

Par élève :
- fiche tableau (Doc. 112)
- un pot avec des jetons
- un pot avec étiquettes pandas (Doc. 112)
- colle, pinceau
- une réglette nombres (Doc. 3)

Construire des collections à partir des écritures chiffrées de 1 à 8

1. Manipulation

Lors de cet atelier, on poursuit le travail sur les quantités jusqu'à 8 pour permettre aux élèves de s'entraîner dans une nouvelle situation et de consolider leurs apprentissages. Ici, on continuera d'apporter un accompagnement et une aide individuelle à chacun.

Distribuez à chaque enfant le Doc.112 en format A3 et un petit pot contenant des jetons ou des animaux en plastique.

« Dans chaque case, placez la quantité de jetons indiquée par le chiffre. »

Les enfants devront donc construire des collections de jetons à partir de ces écritures.

Pour les élèves rencontrant des difficultés, distribuez une réglette (Doc. 3) indiquant pour chaque nombre son écriture chiffrée et sa constellation.

2. Trace écrite

Après vérification, récupérez les jetons puis donnez à chaque élève un nouveau petit pot contenant cette fois-ci des images de pandas (Doc. 112).

Même travail qu'avec les jetons. Cette fiche constituera une évaluation des quantités de 1 à 8. Vérifiez puis invitez les enfants à coller.

• Atelier 20 •

Le son [l]

Mobiliser le langage dans toutes ses dimensions
→ Découvrir le principe alphabétique
→ Discriminer des sons dans des mots ou dans des syllabes
→ Distinguer et manipuler des syllabes

30' Doc. 26 et 113 live!

Matériel

- Planche phono vierge (Doc. 26)
- Images à découper (Doc. 113)
- Jetons
- Patafix

Scander, compter les syllabes d'un mot et localiser un son précis

Même organisation que lors de l'atelier 17.

1. Scander les syllabes

Reprenez les planches phono vierges (Doc. 26) et placez avec de la Patafix les images du Doc. 113.

À tour de rôle, les élèves nomment les images, scandent les syllabes puis placent la quantité de jetons correspondante.

En cas d'erreur, faites frapper les syllabes avec les mains en les décomposant une à une.

2. Localiser le son « l »

Demandez aux enfants de localiser le son [l] en indiquant à l'aide d'un jeton la syllabe où l'on entend ce son.

Échangez ensuite les planches.

• Atelier 21 •

Les albums sur la Chine

Mobiliser le langage dans toutes ses dimensions
→ Découvrir le principe alphabétique
→ Connaitre les correspondances entre l'écriture script et capitales d'imprimerie et commencer à faire le lien avec le son que les lettres codent

30' Doc. 114 live!

Matériel
- Doc. 114 à adapter et à imprimer
- Ciseaux
- Pinceaux, colle

Identifier et reconstituer les titres des albums lus en classe

Inspirez-vous du Doc. 114 pour réaliser un document avec les titres des albums lus en classe sur le thème de la Chine.

Cet atelier permettra de garder dans le cahier une trace de ces albums, et de travailler la correspondance entre deux écritures : script et cursive.

Faites d'abord retrouver à l'oral les titres des albums en présentant les originaux, lisez-les en pointant chaque mot.

***Consigne**: « Reconstituez chaque titre à l'aide des étiquettes mots. »*

Les planches des alphabets individuels (Doc. 9) pourront servir de support pour la mise en correspondance des deux écritures.

En regroupement, vous pourrez faire résumer en quelques mots chaque album.

• Atelier 22 •

Fiches tangram

Acquérir les premiers outils mathématiques
→ Reproduire un assemblage à partir d'un modèle
→ Savoir nommer quelques formes planes : carré, triangle…

30' Doc. 115 live!

Matériel
Par élève :
- 1 tangram (Doc. 108)
- 1 fiche modèle (Doc. 115)

Reproduire des figures avec les pièces du tangram

Reprenez les tangrams de l'atelier 16 de la semaine précédente (Doc. 108)

Nommez de nouveau avec les enfants les différentes formes géométriques qui le constituent.

Distribuez les fiches représentant divers animaux, objets… (Doc. 115) qu'ils devront reproduire en respectant l'agencement donné. La difficulté résidera dans la reconnaissance des formes (qui ont différentes orientations) et à l'échelle : ils ne pourront pas superposer les pièces du tangram sur le modèle (trop petit).

Les enfants échangent ensuite leurs fiches.

Réalisez, comme pour les puzzles, un tableau à double entrée avec les prénoms des élèves à la verticale et la photo des différentes fiches tangram à l'horizontal. Les enfants cocheront ainsi au fur et à mesure de leurs réussites. N'hésitez pas à rajouter d'autres figures.

• Jour 1 •

Danser avec des contraintes

Communiquer avec les autres au travers d'actions à visée expressive ou artistique
→ Construire une séquence d'actions et de déplacements avec support musical
→ Se positionner en tant qu'acteur ou spectateur

Matériel
– Plots ou cordes – Musique de votre choix

Organisation

Délimiter clairement, à l'aide de plots ou de cordes posées au sol, l'espace de danse (la scène) de celui des spectateurs.

Déroulement

1. Dans un premier temps, tous les élèves dansent ensemble sur la musique de votre choix. Lorsque vous l'arrêtez, ils se figent dans la position où ils se trouvent, puis repartent au son de la musique.
Renouvelez plusieurs fois les temps d'arrêt.

2. La moitié de la classe observe un groupe qui danse avec des contraintes d'enchainements et de postures:
- bouger toutes les parties du corps tout en restant dans un espace proche;
- danser en faisant des passages au sol: s'assoir puis se relever, toucher le sol avec sa main, son épaule…

Proposez des petits cycles de danse de 3 ou 4 minutes afin d'assurer un roulement entre les danseurs et les spectateurs.
À la suite de chaque cycle, les spectateurs diront si les danseurs ont respecté les différentes consignes. Ces échanges permettront de faire évoluer les danseurs et d'enrichir leurs actions.

• Jour 2 •

Dragon contre Wuxia

Collaborer, coopérer, s'opposer
→ Coopérer, exercer des rôles différents complémentaires
→ Élaborer des stratégies pour viser un but ou un effet commun
→ Dénombrer des quantités

Matériel
Voir semaine 3

Reprenez la même organisation que la semaine précédente.

Variables: augmenter le nombre de dragons, la taille du terrain puis réduire le nombre de cerceaux.

• Jour 3 •

Les acrobaties

Adapter ses équilibres et ses déplacements à des environnements ou des contraintes variés
→ Ajuster et enchainer ses actions et ses déplacements en fonction d'obstacles à franchir
→ Se déplacer avec aisance et en sécurité dans des environnements aménagés

Divisez la classe en quatre groupes et installez les quatre ateliers comme décrits ci-dessous. Assurez des rotations toutes les 5 à 10 minutes.

Atelier 1: les roulades

Matériel
Gros tapis

Organisation: alignez des gros tapis au sol. Présence d'un adulte nécessaire.

Actions motrices:

Roulade avant: se mettre accroupi, poser ses mains devant soi, rentrer la tête entre les bras, rouler vers l'avant en poussant avec les pieds puis atterrir sur les pieds.

Roulade arrière: s'accroupir, se laisser tomber sur le dos, mettre tout de suite les mains de part et d'autre de la nuque tout en lançant les jambes vers la tête, puis se relever.

Atelier 2: la brouette

Matériel
Tapis

Organisation: alignez cinq ou six tapis au sol.

Actions motrices: se déplacer sur les mains.

Les élèves se placent deux par deux et réalisent une brouette: l'un a les mains au sol, le second, le tient fermement par les pieds. Ils progressent jusqu'au bout des tapis sans tomber. Ils échangent ensuite les rôles.

Atelier 3: le trampoline

Matériel
– Trampoline – Tapis

Organisation : un trampoline avec des tapis tout autour.

Action motrice : sauter en comptant jusqu'à 10 (pour la gestion du temps de passage) et effectuer une action pendant le temps « d'envol » : taper dans les mains, toucher ses genoux…

Atelier 4 : l'araignée

Matériel
10 plots

Organisation : alignez une dizaine de plots.

Action motrice : assis sur les fesses, poser les mains en arrière, lever les fesses et se déplacer en imitant l'araignée en ligne droite, puis en slalomant entre les plots.

• Jour 4 •

Vers un parcours

Adapter ses équilibres et ses déplacements à des environnements ou des contraintes variés
→ Ajuster et enchainer ses actions et ses déplacements en fonction d'obstacles

Doc. 116 – Schéma Nathan live!

Divisez la classe en quatre groupes et installez les quatre ateliers comme décrits ci-dessous. Ceux-ci seront organisés en parcours les semaines suivantes. Assurez des rotations toutes les 5 à 10 minutes dans les ateliers.

Atelier 1 : enjamber

Matériel
Structure en mousse, une petite chaise, une caisse, un banc, quatre plots et deux bâtons

Organisation : alignez cinq ou six objets plus ou moins volumineux avec une grosse structure en mousse, une caisse en plastique, une petite chaise, un banc placé horizontalement, deux haies (hauteur différente) constituées par des plots sur lesquels vous placerez des bâtons en plastique.

Actions motrices : enjamber/passer par-dessus des obstacles plus ou moins volumineux.

Atelier 2 : s'équilibrer

Matériel
- Six ou sept plots
- Assiettes chinoises (baguettes)

Organisation : alignez six ou sept plots espacés d'environ 50 cm les uns des autres. Placez une caisse avec des assiettes chinoises au début du parcours et une autre vide en fin de parcours (pour y déposer l'assiette).

Actions motrices : slalomer entre les plots en portant une assiette chinoise sur la tête, ou en la tenant avec une baguette.

Atelier 3 : glisser

Matériel
- Une souricière
- Une échelle à cordes
- Un toboggan

Organisation : installez une souricière à laquelle vous accrocherez d'un côté une échelle à cordes et de l'autre un toboggan.

Actions motrices : grimper puis glisser.

Atelier 4 : lancer

Matériel
- Un banc ou une corde
- Une caisse
- Des sacs de graines

Organisation : placez un banc avec des sacs de graines et une caisse deux ou trois mètres plus loin.

Actions motrices : lancer les sacs de graines dans la caisse.

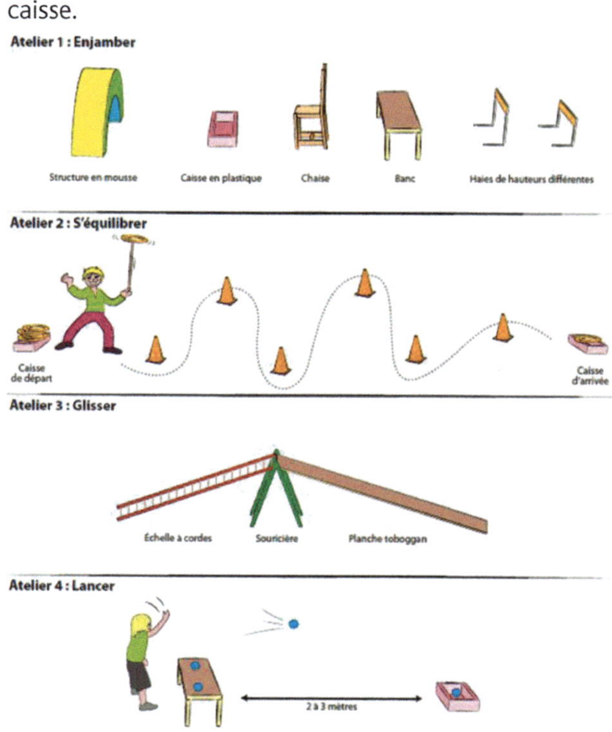

20' par séance

• Jour 1 •

Fiche d'identité du panda

Mobiliser le langage dans toutes ses dimensions
→ Écouter de l'écrit et comprendre
→ Participer verbalement à la production d'un écrit

1. Documentaires
Procurez-vous en bibliothèque divers documentaires sur les pandas, puis laissez-les en libre accès afin que les enfants puissent les feuilleter à leur guise.

Voici une proposition d'ouvrages :
– Ute Fuhr, *Le Panda*, Gallimard
– Pascale Hédelin, *Le Panda*, Milan Jeunesse
– Jinny Johnson, *Le Grand Panda*, Gamma Jeunesse

2. Carte d'identité
À partir d'un questionnement et de recherches dans les livres documentaires, réalisez avec les élèves (en dictée à l'adulte) une carte d'identité du panda, en y insérant les éléments suivants :
– photo et nom de l'animal ;
– description physique : recouvert de poils noirs et blancs, il a six doigts sur ses pattes, gros, il ressemble à un ours et aboie comme un chien ;
– milieux de vie : en Chine, dans des montagnes froides, grimpe aux arbres ;
– régime alimentaire : mange des végétaux, essentiellement des bambous, des petits insectes et du poisson.

• Jour 2 •

L'armée de terre cuite

Agir, s'exprimer, comprendre à travers les activités artistiques
→ Décrire une image/un objet
→ Exprimer son ressenti en utilisant un vocabulaire adapté

Imprimez et agrandissez une photo de *L'Armée de terre cuite* (que vous trouverez sur Internet). Posez du papier affiche dessus et préparez des fenêtres à caches (au cutter tracez et découpez trois côtés de carrés ou rectangles) à des endroits stratégiques : plusieurs éléments partiels de la photo. Fixez le papier affiche avec du scotch et affichez au tableau.
Les élèves ouvrent au fur et à mesure les fenêtres, décrivent et émettent des hypothèses sur le document global. Lorsque toutes les fenêtres sont découvertes, retirez le papier affiche pour valider les hypothèses et présentez l'image. Laissez les enfants s'exprimer librement lorsqu'ils découvriront tous ces soldats alignés. Expliquez ensuite ce qu'ils représentent : il s'agit d'un mausolée dédié à l'empereur Qin (IIIe siècle avant J.-C.). Il n'y a qu'une quarantaine d'années que l'on a découvert cette armée enterrée formée par des milliers de chevaux et de soldats de terre cuite : ces statues ont quasiment toutes un visage différent. Cette armée a été réalisée afin de garder l'empereur défunt. Elle est à présent classée au Patrimoine mondial de l'humanité.

• Jour 3 •

Images séquentielles

Explorer le monde
→ Ordonner une suite d'images, pour rendre compte d'un récit fictif entendu

Choisissez un album que vous avez déjà lu à plusieurs reprises. Photocopiez en couleurs cinq ou six illustrations marquant les différents temps forts de l'histoire.
Faites décrire les illustrations et identifier l'album : *« D'où viennent ces illustrations ? Pourquoi ? »* Ensuite, faites-les ranger dans l'ordre chronologique du récit. Enfin, demandez aux enfants de raconter l'histoire du début à la fin en s'appuyant sur les illustrations affichées.

• Jour 4 •

Les syllabes en désordre

Mobiliser le langage dans toutes ses dimensions
→ Découvrir le principe alphabétique
→ Distinguer et manipuler des syllabes

Au préalable, choisissez des mots en lien avec la Chine : *muraille, dragon, mandala*…

Écrivez chaque mot en grand sur une fiche cartonnée, découpez-les en syllabes puis mélangez-les.
Les enfants tentent de lire ces syllabes en établissant un rapprochement avec des sons ou des syllabes de certains prénoms, des jours de la semaine, des mots référents…
Enfin, ils recherchent comment assembler les différentes syllabes pour reformer un mot connu.
Exemples : da + pan = panda ; gon + dra = dragon ; la + man + da = mandala…

• Atelier 23 •

La chasse aux mots

Mobiliser le langage dans toutes ses dimensions
→ Découvrir le principe alphabétique
→ Reconnaitre les lettres de l'alphabet
→ Prendre des repères dans l'écrit

30' Doc. 117 live!

Matériel
Par élève :
- fiche (Doc. 117)
- crayon à papier
- gomme

Lire un mot et le retrouver parmi des graphies proches

Les élèves sont déjà familiarisés avec ces mots car ils les ont vus à maintes reprises tout au long de cette période : pagode, Chine, lune, vase.

Cet atelier sera l'occasion de travailler sur la discrimination visuelle.

1. Dans un premier temps, écrivez chaque mot modèle au tableau et invitez les enfants à chercher des indices pour essayer de les lire. Pour cela ils devront trouver des repères dans l'écrit en faisant référence à leurs connaissances (prénoms de la classe, syllabes connues, correspondance graphème/phonème...).

Faites de même avec chaque mot des différentes listes : les enfants feront alors des comparaisons avec les mots de référence et utiliseront toutes les techniques énumérées ci-dessus pour les lire.

2. Imprimez et distribuez le Doc. 117.

Les élèves devront comparer le mot à retrouver avec ceux de la liste : longueur, correspondance lettre par lettre... puis entourer ceux identiques au modèle.

Validez avec chaque enfant.

• Atelier 24 •

Triptyque

Agir, s'exprimer, comprendre à travers les activités artistiques
→ Réaliser des compositions plastiques
→ Choisir et combiner des matériaux, des techniques et des procédés

30' Doc. 118 – Galerie photo live!

Matériel
Pour chaque élève :
- une feuille A3 cartonnée
- encre de chine noire
- peinture rose clair ou papier de soie rose
- une demi-feuille de dessin de papier noir

Représenter un cerisier en fleurs

1. En Chine, les fleurs de cerisier sont un symbole de beauté éphémère. Les Chinois comparent souvent la vie à une fleur de cerisier : belle et courte.

Apportez des photos où l'on retrouve ces fleurs sur différents objets : tableaux, vases, tenues traditionnelles, arbres...

2. Les enfants vont représenter ces fleurs de cerisier (Doc. 118 Galerie photo). Pour cela, ils pourront utiliser diverses matières :
– de l'encre de Chine pour le tronc et les branches ;
– peinture au doigt ou collage de petites boules de papier de soie pour les fleurs.

Vous pouvez également faire le choix de montrer un triptyque que vous aurez réalisé au préalable, mettre à leur disposition le matériel puis les laisser réaliser librement leur peinture sans aucune indication.

3. Découpez chaque arbre en trois parties égales dans le sens de la hauteur (ou tracez des traits pour que les enfants découpent eux-mêmes leur peinture).

Ils colleront ensuite ces trois morceaux sur un fond uni (noir ou autre couleur) en laissant un espace (2 cm environ) entre chaque partie pour un rendu différent des peintures qu'ils ont pour habitude de réaliser.

Ils obtiennent ainsi un triptyque, technique artistique qui consiste à décomposer une peinture en trois parties.

20' par séance

• Jour 1 •

Dictionnaire de la Chine

Mobiliser le langage dans toutes ses dimensions
→ Découvrir le principe alphabétique
→ S'exprimer dans un langage oral syntaxiquement correct et précis.
→ Prendre des repères dans l'écrit

Doc. 96 Nathan live!

Même organisation que les semaines précédentes.
Propositions de la semaine : **panda** et **bambou**.

• Jour 2 •

Contes traditionnels chinois

Mobiliser le langage dans toutes ses dimensions
→ Comprendre des textes écrits sans autre aide que le langage entendu
→ Manifester de la curiosité par rapport à l'écrit
→ S'ouvrir à la diversité culturelle

En Chine, comme dans de nombreux pays, les enfants sont bercés par des contes traditionnels que l'on raconte de génération en génération. Ces contes sont notamment réunis dans l'ouvrage : *La Grande Montagne des contes chinois : fables, légendes et contes de la Chine traditionnelle*, Fabienne Thiéry, Catherine Gendrin, Vanessa Hié, Rue du Monde.
Lors de cette séance, nous vous proposons d'en choisir un et de le raconter à vos élèves.
À la fin de votre lecture, assurez-vous de la compréhension en les questionnant et en leur demandant de relater les grandes lignes de l'histoire.

Enfin, expliquez aux enfants, que ces contes ont pour but de passer un message de moralité, d'amour…
Terminez donc cette séance en mettant en avant le message du conte choisi.

Quelques idées de contes traditionnels :
– *L'Histoire de la nouvelle année*
– *La Déesse Chang*
– *La Princesse des glycines*
– *La Victoire de Huangdi*
– *Le Coq et le Canard*
– *Le Cruel Empereur ou la Femme fidèle*
– *Le Miroir des fées célestes*
– *Le Rêve de* Tao

• Jour 3 •

Débat philo

Mobiliser le langage dans toutes ses dimensions
→ Pratiquer divers usages de la langue orale : raconter, expliquer, questionner
→ Discuter un point de vue

Lors de l'atelier 24, les enfants ont peint un cerisier en fleur. Rappelez, qu'en Chine, les fleurs de cerisier sont un symbole de beauté éphémère.
Demandez alors aux enfants : « *Pensez-vous comme les Chinois que la vie est comme une fleur de cerisier : belle et courte ?* »

• Jour 4 •

Trente de Kandinsky

Agir, s'exprimer, comprendre à travers les activités artistiques
→ Décrire une image
→ Exprimer son ressenti en utilisant un vocabulaire adapté

Présenter une reproduction de l'œuvre
Imprimez et agrandissez une reproduction de l'œuvre *Trente* de Wassily Kandinsky, représentant un damier de trente cases avec divers motifs graphiques.
Laissez les enfants observer, puis invitez-les à s'exprimer. Amenez-les à décrire ce qu'ils voient en utilisant le vocabulaire relatif aux formes… Faites identifier le type de document : « *C'est une reproduction de tableau, c'est une peinture…* »
Faites ensuite raconter l'œuvre : « *À quoi cela vous fait-il penser ? Y a-t-il des symboles qui vous sont familiers ?* » Laissez les enfants émettre des hypothèses et imaginer. Faites remarquer que certains graphismes ressemblent à des caractères.

Présenter l'artiste
Wassily Kandinsky est un peintre russe considéré comme l'un des artistes les plus importants du XXe siècle. Il est l'un des fondateurs de l'art abstrait.
Enfin annoncez aux enfants qu'ils vont peindre la semaine suivante des idéogrammes chinois qu'ils agenceront à la manière de Kandinsky.

Jeux mathématiques

Organisation

– Séances 13 et14 en ateliers dirigés (voir détail en semaine 3) + 2 ateliers libres.
– Séances 15 et 16 en grand groupe.

• Séance 13 •

Les abaques (2)

Acquérir les premiers outils mathématiques
→ Réaliser une collection dont le cardinal est compris entre un et dix
→ Utiliser le dénombrement pour constituer une collection
→ Comparer des collections d'objets avec des procédures numériques ou non numériques

Matériel
Voir séance 9

Même organisation que la semaine précédente en assurant une rotation des groupes (cf. séance 9).

• Séance 14 •

Dans l'ordre de 1 à 8 (2)

Acquérir les premiers outils mathématiques
→ Avoir compris que tout nombre s'obtient en ajoutant un au nombre précédent
→ Lire les nombres écrits en chiffres

Matériel
Voir séance 10

Même organisation que la semaine précédente (cf. séance 10) en assurant une rotation des groupes.

• Séance 15 •

Albums à calculer

Acquérir les premiers outils mathématiques
→ Décomposer des collections par manipulations mentales
→ Dire combien il faut ajouter ou enlever pour obtenir des quantités ne dépassant pas dix

Poursuivez la lecture d'un album à calculer (cf. séance 7) ou choisissez-en un nouveau dans la liste que vous pourrez exploiter de différentes façons:

➤ Montrer sa compréhension du texte en répondant à des questions.
➤ Dénombrer les collections représentées.
➤ Comparer les collections d'une page à une autre: y en a-t-il plus ou moins?
➤ Poursuivre la suite numérique en anticipant les quantités suivantes.
➤ Reconnaitre l'écriture chiffrée des nombres.
➤ Constituer une collection identique aux collections rencontrées dans l'album.

• Séance 16 •

Jeu de l'oie grandeur nature!

Collaborer, coopérer, s'opposer
→ Élaborer des stratégies
→ Associer l'écriture chiffrée d'un nombre à sa constellation et à sa quantité
→ Utiliser le nombre pour exprimer la position d'un objet dans un jeu

Matériel
– 4 marelles dessinées au sol: 20 cases chacune avec une case verte, une orange et une rouge
– Quatre grands dés en mousse avec les constellations de 1 à 6

Organisation

Divisez la classe en quatre équipes. Nommez un maitre du jeu par équipe. Au sol, dessinez 4 marelles de 20 cases: faites participer les enfants pour le tracé. Sur chaque marelle, hachurez une case en vert, une en orange et une autre en rouge.
Expliquez le code couleur:
– case verte: je relance le dé;
– case orange: je passe mon tour sans avancer;
– case rouge: je retourne à la case départ.

Déroulement

Proposez aux enfants de jouer au jeu de l'oie (avec règles simplifiées). Pour cela, ils vont se transformer en pions et évolueront sur la piste!
Le premier joueur de chaque marelle commence le jeu. Il lance le dé et avance du nombre de cases indiquées. En fonction du résultat, il devra relancer le dé (case verte), passer son tour sans avancer (case orange) ou bien encore revenir à la case de départ (case rouge). La maitre du jeu s'assure du bon respect des règles et passe le dé aux autres camarades. La première équipe qui arrive au bout de la piste a gagné.

Semaine 5

	Lundi	Mardi	Jeudi	Vendredi	Demi-journée thématique
8h20 **Accueil**	**Écriture du prénom en cursive** (accompagnement individuel) **Jeux autonomes, puzzles, réinvestissement du matériel** (tangrams, planches phono…)				
8h40 **Rituels**	**Appel :** jeu phono sur la syllabe finale **Découvrir les nombres :** devinettes numériques. Compter les absents en chinois **Repérage dans le temps :** semaine et calendrier mensuel				
9h **Univers sonores**	**Chansons et comptines au choix**				
9h10 **Ateliers** Rotation des groupes sur les ateliers de la semaine	**Atelier 25 : Les compléments à huit** → Dénombrer, compléter et décomposer une collection de 8 objets **Atelier 26 : Loto des lettres** → Identifier et nommer les lettres en écritures cursive **Atelier 27 : Trente idéogrammes** → Réaliser une production plastique à la manière de Kandinsky **Atelier 28 : La grande muraille de Chine** → Réaliser une construction complexe				**24 séances sur les jeux mathématiques** – Dominos – Memory – Devinettes numériques
9h45	**Rangement et bilan des ateliers**				
10h **L'activité physique**	**Danser en duo** → Rechercher des actions esthétiques à deux	**La Grande Muraille** → Jeu collectif	**Les acrobaties** → Ateliers de motricité	**Vers un parcours** → Enjamber, s'équilibrer, glisser, lancer	**Au marché** → Associer l'écriture chiffrée d'un nombre à sa quantité
10h30	**Récréation**				
11h **Langage/Lecture**	**Répertoire graphique** → Expliquer les différents graphismes découverts	**Dans mon panier du [O]** → Scander les syllabes et localiser un son	**Album sur la Chine** → Reprise d'une piste d'exploitation	**Lecture erronée** → Repérer les incohérences d'un récit connu	**Lecture plaisir**
11h30	**Sortie/déjeuner**				
13h30	**Écoute musicale, chant, lecture plaisir…**				
14h **Ateliers** Rotation des groupes sur les ateliers de la semaine	**Atelier 29 : Pagodes graphiques (1/2)** → Réinvestir des motifs graphiques dans une production plastique **Atelier 30 : Panda dans sa forêt de bambous** → Réaliser une composition plastique à la peinture **Ateliers libres**				
14h50	**Récréation**				
15h20 **Langage/Lecture**	**Dictionnaire de la Chine** → Développer le vocabulaire	**Le Nouvel an chinois** → Découvrir une fête traditionnelle chinoise	**Les signes chinois** → Découvrir un autre type d'écrit	**Son album préféré** → Reformuler la trame narrative d'un récit avec ses propres mots	
15h45	**Sortie**				

• Accueil •

Mobiliser le langage dans toutes ses dimensions
→ **Découvrir le principe alphabétique**
→ **Écrire son prénom en écriture cursive**

Même organisation qu'en semaine 2 : accompagnez individuellement 1 ou 2 nouveaux élèves par jour pour l'écriture du prénom en cursive.
Sur les tables : jeux autonomes et réinvestissement du matériel des semaines précédentes (tangrams, planches phono...)

• Rituels •

20'

Appel

Mobiliser le langage dans toutes ses dimensions
→ **Distinguer et manipuler des syllabes**
→ **Discriminer des sons**
→ **Découvrir le principe alphabétique**

Reprenez l'exercice de la semaine précédente en variant les façons d'énoncer la dernière syllabe. À l'appel, vous donnez le début des prénoms, la classe donne à l'unisson la dernière syllabe en chuchotant, puis en l'énonçant fort les jours suivants. Avec les mains, indiquez l'intensité de l'énonciation : mains baissées, on donne la syllabe en chuchotant, mains en l'air, en criant.
Comme les semaines précédentes, choisissez deux nouvelles étiquettes de présence par jour pour faire repérer les particularités de l'écriture cursive.

Découvrir les nombres

Acquérir les premiers outils mathématiques
→ **Utiliser le nombre pour exprimer la position d'un objet ou d'une personne**
→ **Quantifier des collections**
→ **Compter les absents en chinois**

Un élève compte les présents et se réfère à la frise puis déduire le nombre d'absents ; valider en dénombrant en chinois (cf. langage semaine 3 et Doc. 111).
Reprenez le jeu devinettes numériques de la semaine 4.

Repérage dans le temps

Explorer le monde
→ **Situer des événements vécus les uns par rapport aux autres**
→ **Repérer les événements dans la journée, la semaine et le mois**

→ **Se repérer sur un calendrier**

Même organisation qu'en semaine 4.

• Univers sonores •

Agir, s'exprimer, comprendre à travers les activités artistiques
→ **Avoir mémorisé un répertoire varié de comptines et de chansons**

10'

L'apprentissage des chansons se fait par écoute, répétition régulière et imprégnation. Chaque semaine, nous vous proposons de nouvelles chansons au choix, mais continuez de chanter les précédentes !

« L'Empereur, sa femme et le p'tit prince »

Lundi matin
L'Empereur sa femme et le p'tit prince
Sont venus chez moi pour me serrer la pince
Comme j'étais parti, le petit prince a dit
Puisque c'est ainsi nous reviendrons mardi

Mardi matin... Mercredi matin... Jeudi matin...
Vendredi matin... Samedi matin...

Dimanche matin...
Puisque c'est ainsi nous ne reviendrons plus !

« Chang »

Chang est assis
Il mange du riz
Ses yeux sont petits
Rikiki

Chang me sourit
quand il me dit :
« Veux-tu gouter à mes litchis ? »

T'es dans ton bateau qui tangue
T'es mal dans tes tongues
Tu vois des orang-outangs
Ta tête fait ping-pong
Ping !

T'es dans ton bateau qui tangue
T'es mal dans tes tongues
Tu vois des orang-outangs
Ta tête fait ping-pong
Ping !

• Atelier 25 •

Les compléments à huit

Acquérir les premiers outils mathématiques
→ **Quantifier une collection**
→ **Composer et décomposer des collections**
→ **Parler des nombres à l'aide de leur décomposition**

30' Doc. 119 live!

Matériel
- **Huit objets par binôme : cubes, bouchons...**
- **Fiche complément à huit (Doc. 119)**
- **Crayon à papier, gomme**
- **Jetons de deux couleurs**
- **Grille nombres (Doc. 5)**

Dénombrer, compléter et décomposer une collection de 8 objets

1. Situation problème

Demandez aux enfants de se mettre par deux. Donnez à chaque binôme huit objets : cubes, bouchons ou autres : ils les dénombrent et retrouvent cette quantité sur leur réglette nombres.
Proposez aux élèves un petit défi : « *Cherchez toutes les façons de partager à deux ces huit objets.* »
Il s'agit d'une situation problème sur la décomposition de cette quantité, qu'ils devront résoudre en manipulant les objets, passage indispensable pour l'acquisition et la compréhension des différents compléments à huit.
Au fur et à mesure, les enfants dessinent les différentes propositions sur le Doc. 119 pour en garder une trace et pour ensuite comparer leurs solutions avec celles de leurs camarades.
Enfin, faites une mise en commun, validez puis réalisez une fiche bilan qui servira de référence.

2. Jeu du complément.

Reprenez les grilles nombres (Doc. 5) : avec un feutre ardoise, barrez les 2 dernières cases, pour obtenir une planche de 8 carrés.

Placez sur la table deux pots contenant des jetons de deux couleurs différentes (rouge et bleu par exemple) ainsi qu'un tas de cartes nombres de 1 à 8. À tour de rôle, les élèves piochent, nomment le chiffre et mettent la quantité de jetons indiquée par la carte. Ils complètent ensuite avec des jetons d'une autre couleur pour faire un complément à 8.

Renouvelez plusieurs fois de manière à ce que chaque enfant pioche au moins trois cartes nombres.

Enfin, relancez l'activité : les enfants piochent une carte, nomment le nombre, prennent la quantité de jetons indiquée et avant de les poser, recherchent le complément.
La validation se fera en posant tous les jetons sur la planche de 8 cases.

Si vous n'avez pas de jetons de couleurs différentes, récoltez auprès des parents des bouchons de bouteilles en plastique sur lesquels vous collerez des gommettes.

• Atelier 26 •

Loto des lettres

Mobiliser le langage dans toutes ses dimensions
→ **Découvrir le principe alphabétique**
→ **Connaitre les correspondances entre les différentes écritures : script et cursive**

30' Doc. 120 live!

Matériel
Par élève :
- **une planche jeu avec ses cartes (Doc 120)**

Faire correspondre l'écriture cursive des lettres avec leur écriture en script

1. Préparation du matériel

Ce jeu de loto permettra de travailler la correspondance entre deux écritures, de développer l'attention et la mémoire visuelle, la lecture des lettres, de mettre en relation des sons et des lettres,...

Imprimez et plastifiez les planches du loto en script (Doc. 120) et posez une couleur de gommettes sur chacune d'elle. Imprimez également les étiquettes avec les lettres en écriture cursive et placez au dos de chacune la gommette de couleur correspondant à sa planche. Ainsi l'identification cartes lettres et planches associées sera rapide, même si tout se mélange sur la table.
Présentez-les d'abord : « *Qu'y a-t-il sur ces planches ?* ». Montrez ensuite les cartes : « *Que remarquez-vous ? Est-ce la même écriture ? D'après vous que faut-il faire ?* » Faites remarquer le code gommette couleur pour l'identification planches/cartes.

2. Déroulement du jeu

Donnez une planche de loto à chaque élève.
Placez au centre de la table, dans un panier, toutes les étiquettes lettres en cursive.
À tour de rôle, chaque élève pioche une étiquette lettre qu'il nomme (les camarades peuvent l'aider si besoin).

Si la lettre apparait sur sa planche de loto, il la pose sur le modèle en capitale; sinon, il la remet dans le panier au centre de la table.
Le premier qui remplit sa planche gagne le jeu.

Créez d'autres jeux de loto pour développer la discrimination visuelle et l'enrichissement du vocabulaire:
– Loto des titres des albums lus en classe.
– Loto des prénoms avec différentes écritures.
– Loto des idéogrammes.
– Loto des formes géométriques.

• Atelier 27 •

Trente idéogrammes

Agir, s'exprimer, comprendre à travers les activités artistiques
→ **Réaliser des compositions plastiques en groupe**
→ **Reproduire des graphismes**

30' Doc. 121 – Galerie photo Nathan live!

Matériel
- Carrés de papier blanc et noir de 8 cm
- Peinture blanche et encre de Chine
- Coton-tige et/ou pinceaux
- Idéogrammes préalablement découverts (prénoms calligraphiés, loto...)

Réaliser une production plastique à la manière de Kandinsky

Affichez la reproduction de l'œuvre de Kandinsky, «*Trente*», découverte en séance de langage la semaine précédente, et faites rappeler l'organisation du tableau.

Afin d'assembler une production collective à la manière de cet artiste (motifs graphiques noirs sur carrés blancs et motifs blancs sur carrés noirs), les élèves vont reproduire des idéogrammes en s'appuyant sur les documents découverts (loto des idéogrammes).
- Sur les carrés blancs: avec la peinture blanche et coton tige ou pinceau fin.
- Sur les carrés noirs: à l'encre de Chine et pinceau fin.

Prolongement: lorsque les productions seront sèches, sur un temps d'atelier libre, les élèves assembleront leurs carrés d'idéogrammes en une œuvre collective à la manière de *Trente* de Kandinsky.

Si vous n'avez pas d'encre de Chine, remplacez-la par de l'encre noire et utilisez des feutres usagés pour les tracés.

• Atelier 28 •

La Grande Muraille de Chine

Explorer le monde
→ **Réaliser une construction commune**
→ **S'ouvrir à la diversité du monde**

30'

Matériel
- Un très grand nombre de Lego
- Une photo de la Grande Muraille de Chine

Réaliser une construction complexe

Les enfants ont pour habitude de manipuler et de créer des productions libres avec du matériel de construction.

Il s'agit cette fois-ci de leur imposer une figure: la Grande Muraille de Chine!

Chaque groupe en réalisera une.

Délimitez un grand espace dans la classe pour cet atelier et demandez à vos collègues de vous prêter leurs Lego (car il va vous falloir un très grand nombre de petites briquettes!).

Affichez une photo de la Grande Muraille de Chine. Les enfants connaissent ce monument car ils l'ont déjà rencontré lors de divers ateliers et en séance de langage.

Lancez alors le défi: «*Chaque groupe devra construire dans la classe une Grande Muraille.*» Ils discuteront ainsi entre eux des pièces à choisir, des agencements, de la répartition des tâches pour réaliser cette production commune.

Prenez les constructions en photo afin d'en garder une trace dans le cahier d'activités.

• Jour 1 •

Danser en duo

Communiquer avec les autres au travers d'actions à visée expressive ou artistique
→ **Construire une séquence d'actions et de déplacements avec support musical**
→ **Coordonner ses gestes et ses déplacements avec ceux des autres**

Matériel
Musique de votre choix

1. Comptine : « À la tresse »

Afin d'initier la danse à deux, nous vous proposons cette petite comptine.

Invitez les enfants à choisir un partenaire de danse. Les duos se dispersent un peu partout dans la salle de motricité.

A. Les enfants partent deux par deux, mains croisées et font le tour de la salle.

B. ½ tour en tirant sur les bras.

C. Ils repartent mains croisées dans l'autre sens.

D. ½ tour en tirant sur les bras.

2. Danser à deux sans contraintes

Les enfants dansent librement, en duo, sur une musique de votre choix.

3. Montrer sa danse et reproduire la danse de l'autre

Toujours par 2, les élèves s'apprennent mutuellement un type de déplacement puis les enchainent.

Consigne : *« Choisissez un type de déplacement et montrez-le à votre camarade. Apprenez ensuite celui choisi par votre camarade. Enfin, enchainez les deux au son de la musique. »*

A. À la tresse, jolie tresse
Mon papa est cordonnier
Ma maman fait des souliers
Ma petite sœur est demoiselle

B. Tire la ficelle

C. Mon p'tit frère est polisson

D. Tire le cordon

• Jour 2 •

La Grande Muraille

Collaborer, coopérer, s'opposer
→ **Coopérer, exercer des rôles différents complémentaires**
→ **Élaborer des stratégies pour viser un but ou un effet commun**

Matériel
- Tapis
- 3 grandes caisses
- 20 à 30 ballons

1. Organisation

Délimitez la salle de motricité en trois zones : celle du milieu, la Grande Muraille, sera recouverte de tapis afin de bien visualiser les zones. Placez une grande caisse sur le côté de chaque zone, dont une, en zone 1, pleine de ballons. Divisez la classe en trois équipes.

2. But du jeu

Envoyer les ballons de la zone 1 à la zone 3 sans qu'ils ne soient interceptés par les soldats de la Grande Muraille = zone 2.

3. Déroulement

L'équipe de la zone 1 : envoie les ballons bien haut à leurs camarades en zones 3 en les faisant passer par-dessus la Grande Muraille.

L'équipe de la zone 3 : récupère les ballons lancés par leurs partenaires de la zone 1 et les range dans la caisse de leur camp.

L'équipe de la zone 2 : tente d'intercepter des ballons et les place dans sa caisse.

Lorsque l'équipe de la zone 1 n'a plus de ballons, le jeu s'arrête et on compte le nombre de ballons des camps 2 et 3. Assurez une rotation des équipes.

• Jour 3 •

Les acrobaties

Reprise des ateliers semaine 4.

• Jour 4 •

Vers un parcours

Reprise des ateliers semaine 4.

20' par séance

• Jour 1 •

Répertoire graphique pour la pagode

Agir, s'exprimer, comprendre à travers les activités artistiques
→ **Créer un répertoire graphique commun à la classe**
→ **Proposer de nouveaux graphismes**

Préparez une grande feuille canson que vous diviserez en plusieurs cases : une par graphisme.

Demandez aux enfants quels sont les différents tracés qu'ils ont appris : motifs graphiques de base, graphismes décoratifs...

Pour chaque proposition, ils devront expliquer le tracé de celui-ci que vous reproduirez dans une des cases de la grande affiche.

Ce répertoire pourra être complété au fur et à mesure de l'année. Il vous servira dès cette semaine, lors de l'atelier 29, pour la décoration de la pagode.

• Jour 2 •

Dans mon panier du [O]

Mobiliser le langage dans toutes ses dimensions
→ **Découvrir le principe alphabétique**
→ **Discriminer des sons dans des mots ou dans des syllabes**

« Dans mon panier du [O], j'ai mis un ha/ri/cOt, mes sa/bOts, des co/queli/cOts et quoi encore ? » Reprenez le même jeu que le panier du [I] présenté la semaine précédente (atelier 20) en exagérant le son [O] quand vous le prononcez et en le mimant (montrez le mouvement des lèvres et formez un rond avec la main).

Les élèves doivent chercher d'autres mots qu'ils pourraient mettre dans le panier du [O].

Où se trouve le son [O] ?

Même déroulement que la séquence sur le son [A] et [I]. Pour chaque mot, les élèves représentent le nombre de syllabes avec des aimants et entourent celui (ou ceux) où se trouve le son [O].

• Jour 3 •

D'autres albums autour de la Chine

Mobiliser le langage dans toutes ses dimensions
→ **Comprendre des textes écrits sans autre aide que le langage entendu**
→ **Manifester de la curiosité par rapport à l'écrit**

Choisissez une piste d'exploitation dans la liste proposée les semaines précédentes.

Voici une nouvelle liste d'albums :
– Jian Hong Chen, *Dragon de feu*, École des Loisirs
– Sébastien Mourrain, *Le Diadème de rosée*, Nathan
– Anne Buguet, *Le grand-père qui faisait fleurir les arbres*, Père Castor, Flammarion
– Jian Hong Chen, *La Légende du cerf-volant*, École des Loisirs
– Sandra Nelson, *Li, la petite calligraphe*, Belin
– Jian Hong Chen, *Le Prince tigre*, École des Loisirs

• Jour 4 •

Lecture erronée

Mobiliser le langage dans toutes ses dimensions
→ **Comprendre des textes écrits sans autre aide que le langage entendu**
→ **Pouvoir redire les mots d'un texte**
→ **Discuter un point de vue**

Choisissez un album que les élèves connaissent bien et relisez-le en y ajoutant des erreurs importantes sur le contenu, sans prévenir les élèves. Exemple : *« Les trois petits cochons décident de construire cinq maisons : en paille, en caoutchouc et en papier mâché. Mais le lion qui avait très faim décida d'aspirer leur maison... »*

Vous verrez que vos élèves se prêteront au jeu en vous interrompant pour vous corriger et vous donner la réelle version de l'histoire. N'hésitez pas à théâtraliser vos lectures et vos erreurs « incontrôlées » !

• Atelier 29 •

Pagodes graphiques (1/2)

Agir, s'exprimer, comprendre à travers les activités artistiques

→ Réaliser une composition personnelle en reproduisant des graphismes
Créer des graphismes nouveaux

→ Choisir et combiner des matériaux, des techniques et des procédés

30' Doc. 122 et 123 – Galerie photo Nathan live!

Matériel

Par élève :
- une pagode (Doc. 122)
- craies de cire bien taillées

Réinvestir des motifs graphiques dans une production plastique

Distribuer à chaque enfant une pagode (Doc. 122) agrandie au format A3 et faites anticiper la consigne.

Rappelez qu'une pagode est un lieu de culte pour les croyants de la religion bouddhiste. Elle se compose de plusieurs étages et se caractérise par un toit évasé.

Pour chaque zone délimitée, les élèves devront réaliser un motif graphique différent en s'inspirant du répertoire réalisé lors des ateliers de langage du matin.

Vous pouvez également imposer les graphismes à reproduire, à votre guise !

Pour cet atelier, les enfants utiliseront des craies de cire bien taillées (et non des craies grasses) afin d'obtenir de beaux graphismes fins.

Veillez à corriger la posture corporelle, à accompagner les gestes notamment en guidant la main et en verbalisant les tracés.

S'il y a trop de bruit dans la classe, instaurez un petit rituel pour un retour au calme : éteignez les lumières ou faites sonner une petite cloche pour obtenir l'attention des enfants et leur signaler en chuchotant qu'ils doivent parler plus doucement.

• Atelier 30 •

Panda dans sa forêt de bambous

Agir, s'exprimer, comprendre à travers les activités artistiques

→ Pratiquer le dessin pour représenter ou illustrer

→ Choisir et combiner des matériaux, des techniques et des procédés

30' Doc. 124 – Galerie photo Nathan live!

Matériel

- Une demi-feuille de peinture par élève
- Peinture noire, marron, diverses nuances de vert

Réaliser une composition plastique à la peinture

La semaine précédente, les enfants ont réalisé la carte d'identité du panda.

Reprenez cette affiche afin de revoir les différentes caractéristiques de cet animal, notamment la couleur de son pelage et son lieu d'habitation.

Invitez alors les enfants à représenter un panda dans une forêt de bambous.

Voici les différentes étapes que nous vous proposons pour cette production plastique :
– dessiner un grand panda au crayon de papier ;
– le peindre ;
– représenter la forêt de bambous en utilisant diverses nuances de peinture (voir Doc. 124).

Pour mettre en valeur des productions à la gouache, étalez du vernis au pinceau et laissez sécher. Les peintures auront un aspect brillant et la couleur sera accentuée. Si vous rajoutez des paillettes dans le vernis, le résultat sera d'autant plus beau !

20' par séance

• Jour 1 •

Dictionnaire illustré de la Chine

Mobiliser le langage dans toutes ses dimensions
→ **Découvrir le principe alphabétique**
→ **S'exprimer dans un langage oral syntaxiquement correct et précis**

Doc. 96 live!

Même organisation que les semaines précédentes.
Propositions de la semaine : **éventail** et **jonque.**

• Jour 2 •

Le Nouvel an chinois

Mobiliser le langage dans toutes ses dimensions
→ **Pratiquer divers usages de la langue orale : raconter, expliquer, questionner**

1. Petite vidéo

Débutez cette séance en montrant aux enfants une petite vidéo (que vous trouverez facilement sur internet) de la danse du Dragon, danse qui clôt la fête du nouvel an chinois et qui symbolise la Noblesse, la Bravoure et la Chance.
Laissez les enfants s'exprimer librement : *« Qu'avez-vous vu ? Que se passe-t-il ? Comment se nomme cet animal ? Pouvez-vous le décrire ? Que fait-il ? D'après vous pourquoi ces gens dansent-ils avec un dragon ?... »*
Enfin, expliquez qu'il s'agit d'une vidéo réalisée lors du nouvel an chinois.

2. Petite histoire

Expliquer ensuite la signification de cette grande fête populaire également appelée Fête du printemps. Elle célèbre le premier jour du calendrier chinois et a lieu en janvier ou février.
Selon la légende, Nien, un dragon cruel, venait dévorer les hommes la veille du Nouvel An. Pour l'éloigner des villages, les habitants affichaient, de chaque côté de la porte d'entrée, une large bande de papier rouge sur laquelle ils calligraphiaient un poème traditionnel chinois. Ils allumaient des torches et claquaient des pétards durant la nuit pour faire peur au monstre, car Nien craignait la couleur rouge, la lumière et le bruit ! Dès le lendemain, tous les Chinois se sentaient heureux et fiers d'avoir éloigné le monstre. Ils étaient tranquilles pour une année et la fête pouvait commencer !

De nos jours, les Chinois savent bien que le monstre ne viendra pas mais ils continuent avec cette tradition : ils écrivent leurs souhaits sur du papier rouge, lancent des pétards et allument des lanternes.

• Jour 3 •

Les signes chinois

Mobiliser le langage dans toutes ses dimensions
→ **Pratiquer divers usages de la langue orale : raconter, expliquer, questionner**
→ **S'ouvrir à la diversité du monde**

Doc. 125 live!

1. Découverte du calendrier chinois

Affichez au tableau un calendrier avec les douze animaux des signes chinois (vous pourrez en récupérer auprès de restaurants ou sur Internet).
Dites aux enfants sous le signe de quel animal ils sont nés. Étant tous la même année civile (sauf exception), ils auront le même signe chinois ! Vous pouvez aussi décrire le caractère de l'animal.

2. De quel signe du zodiaque êtes-vous ?

Expliquez aux enfants que dans notre culture, nous avons des signes du zodiaque en lien avec notre calendrier. Contrairement aux signes chinois, les nôtres se succèdent au sein d'une seule et même année (et non pas un signe par an).
En vous référant à votre liste des naissances, dites à chaque enfant à quel signe du zodiaque il appartient. Vous pouvez également proposer de lire l'horoscope du jour dans le journal !
Enfin, terminez cette séance en racontant l'histoire de *La Légende des douze animaux du zodiaque chinois* (Doc. 125).

• Jour 4 •

Son album préféré

Mobiliser le langage dans toutes ses dimensions
→ **S'exprimer dans un langage oral syntaxiquement correct et précis**
→ **Reformuler son propos pour se faire mieux comprendre**

Demandez aux enfants de raconter l'histoire qu'ils ont préférée sur le thème de la Chine.
Apportez quelques repères pour le récit : présentation des personnages (« C'est l'histoire de... »), repères spatio-temporels (« Cela se passe... ») avec enchainement des actions à l'aide de connecteurs (« d'abord », « ensuite »...), etc.

Jeux mathématiques

• Séance 16 •

Les dominos

Acquérir les premiers outils mathématiques
→ **Dénombrer des collections**
→ **Utiliser le dénombrement pour comparer deux quantités**

Matériel
Par groupe de 2 élèves : un jeu de dominos avec constellations

Il s'agit d'un jeu connu que vous pouvez facilement vous procurer dans le commerce ou bien encore fabriquer (téléchargeable sur Internet).

Le jeu de domino se compose de 28 pièces (le plus souvent rectangulaires) avec des constellations de 0-0 à 6-6. Prévoyez un jeu pour 2 enfants.

Distribuez 6 dominos à chaque enfant, le reste servira de pioche.

Règle du jeu: pour commencer la partie, le premier joueur pose le plus fort domino de son jeu. Le joueur suivant doit, pour jouer à son tour, poser un domino ayant le même nombre de points sur au moins un côté que le domino précédemment posé.

S'il ne peut pas jouer, il pioche alors un domino: si l'une des constellations correspond au jeu en court il le place; si ce n'est pas le cas, il passe son tour.

Les dominos forment ainsi une chaine. Le gagnant est celui qui a posé en premier tous ses dominos.

Il se peut que le jeu soit bloqué: le joueur ayant le moins de points est alors déclaré vainqueur.

• Séance 17 •

Memory

Acquérir les premiers outils mathématiques
→ **Comparer deux quantités**
→ **Associer écriture chiffrée et constellations**

Matériel
- Cartes écriture chiffrée de 1 à 8 (Doc. 5)
- Cartes constellations de 1 à 8 (Doc. 6)

Doc. 5 et 6 Nathan live!

1. Organisation

Imprimez en deux exemplaires les cartes nombres et constellations de 1 à 8 (Doc. 5 et 6) sur du papier cartonné. Mélangez et placez les faces cachées au centre de la table.

2. Déroulement

À tour de rôle, chaque élève retourne deux cartes; s'il s'agit du même nombre, quelle que soit sa représentation (écriture chiffrée et constellation), il remporte ces cartes; sinon, il les replace face cachée et passe son tour.

Lorsque les cartes sont épuisées, celui qui en a le plus remporte un point (vous pouvez lui attribuer un jeton), puis replacez les cartes au centre pour une nouvelle partie.

C'est un jeu de mémoire qui vous permettra de travailler la lecture et reconnaissance des nombres de 1 à 8 sous différentes représentations.

3. Variante

Ajouter des cartes doigts.

• Séance 18 •

Devinettes numériques

Acquérir les premiers outils mathématiques
→ **Parler des nombres à l'aide de leurs décompositions**
→ **Dire combien il faut ajouter ou enlever pour obtenir des quantités ne dépassant pas dix**

Matériel
- 8 objets de votre choix
- Un sac opaque
- Une petite table

Ce petit jeu sera l'occasion de travailler la décomposition des nombres jusqu'à 8.

Sur une petite table au coin regroupement, alignez huit objets de votre choix. Faites-les nommer puis compter. Les enfants doivent alors monter 8 avec leurs doigts.

Retirez deux objets de la table que vous glissez dans un sac opaque: « *Combien d'objets reste-t-il sur la table ?* » Les enfants doivent alors montrer cette quantité avec leurs doigts. « *Étant donné qu'il y avait 8 objets en tout sur la table, combien y en a-t-il dans le sac ?* »

N'hésitez pas à montrer des petites astuces aux enfants qui rencontreraient des difficultés: ils montrent 8 avec leurs doigts, étant donné qu'il reste 6 objets sur la table, ils baissent 6 doigts, il n'en reste plus que deux levés; il y a donc deux objets dans le sac.

Renouvelez le jeu en variant le nombre d'objets retirés ainsi que la quantité présente sur la table avant le retrait.

• Séance 19 •

Au marché

Collaborer, coopérer, s'opposer

→ **Coopérer, exercer des rôles différents complémentaires, s'opposer**

→ **Réaliser une collection dont le cardinal est compris entre un et dix**

Matériel

- 4 cerceaux
- 4 paniers
- 4 dés en mousse avec l'écriture chiffrée des nombres de 1 à 6
- 1 grande caisse pleine d'objets divers

Divisez la classe en quatre groupes qui se placent aux quatre coins de la salle de motricité en file indienne. Prévoyez un panier, un grand cerceau ainsi qu'un dé en mousse avec l'écriture chiffrée des nombres de 1 à 6 par groupe.

Au centre de la salle, placez une grande caisse pleine d'objets divers et variés (balles, sacs de graines, foulards...).

Le premier joueur de chaque file lance le dé: il doit alors annoncer le nombre indiqué par le dé et aller chercher dans la caisse la quantité d'objets correspondante. Il la place ensuite dans le cerceau de son équipe.

Le second de chaque équipe lance le dé à son tour et ainsi de suite.

L'équipe qui a le plus d'objets dans son cerceau remporte la partie: dénombrez avec chaque équipe la quantité d'objets rapportés.

Semaine 6

	Lundi	Mardi	Jeudi	Vendredi	Demi-journée thématique
8 h 20 **Accueil**	**Écriture du prénom en cursive** (accompagnement individuel) **Jeux autonomes, puzzles, réinvestissement du matériel** (loto de lettres, tangrams)				
8 h 40 **Rituels**	**Appel :** La syllabe finale **Découvrir les nombres :** Combien j'ai de doigts ? (jeu numérique)				
9 h **Univers sonores**	**Chansons et comptines au choix**				
9 h 10 **Ateliers** Rotation des groupes sur les ateliers de la semaine	**Atelier 31 : « Nien » en pinces !** → Dénombrer des collections et associer leur écriture chiffrée **Atelier 32 : Les jours de la semaine** → Comparer et ordonner des objets **Atelier 33 : Petits à grands pandas** → Reconstituer des puzzles en ordonnant les nombres de 1 à 8 **Atelier 34 : Sudoku en couleurs** → Découvrir, manipuler et réaliser un sudoku				**24 séances sur les jeux mathématiques** – Dominos (2) – Memory (2) – Comptine à décompter
9 h 45	**Rangement et bilan des ateliers**				
10 h **L'activité physique**	**Danser par mimétisme** → Danser en imitant l'autre	**La Grande Muraille** → Jeu collectif	**Les acrobaties** → Explorer équilibre et déséquilibre	**Parcours** → Enjamber, s'équilibrer, glisser, lancer	**Mon jeu préféré** → Reprise d'un jeu au choix
10 h 30	**Récréation**				
11 h **Langage/Lecture**	**Règle du sudoku** → S'exprimer sur un jeu mathématique	**Dans mon panier du [U]** → Identifier un phonème dans un mot	**Où se trouve le son [U] ?** → Identifier la localisation d'un son	**Écoutez cette histoire !** → Répondre à des questions sur un texte écouté	**Lecture plaisir**
11 h 30	**Sortie/déjeuner**				
13 h 30	**Écoute musicale, chant, lecture plaisir…**				
14 h **Ateliers** Rotation des groupes sur les ateliers de la semaine	**Atelier 35 : Puzzles numériques** → Reconstituer des puzzles sans modèle, en ordonnant les nombres de 1 à 8 **Atelier 36 : Pagodes graphiques (2/2)** → Utiliser différents matériaux pour décorer une pagode **Ateliers libres**				
14 h 50	**Récréation**				
15 h 20 **Langage/Lecture**	**Dictionnaire de la Chine** → Développer le vocabulaire	**Ça rime, c'est sublime !** → Identifier la syllabe finale, la rime commune	**Chasse à la rime** → Jouer avec les rimes	**Un morceau du mot** → Scander et jouer avec les syllabes	
15 h 45	**Sortie**				

• Accueil •

Mobiliser le langage dans toutes ses dimensions
→ **Découvrir le principe alphabétique**
→ **Écrire son prénom en écriture cursive**

Même organisation que les semaines précédentes: accompagnez individuellement 1 ou 2 nouveaux élèves par jour pour l'écriture du prénom en cursive.
Sur les tables: puzzles, jeux autonomes et réinvestissement du matériel des semaines précédentes.

• Rituels •

20'

Appel

Mobiliser le langage dans toutes ses dimensions
→ **Distinguer et manipuler des syllabes**
→ **Discriminer des sons dans des mots ou dans des syllabes**
→ **Découvrir le principe alphabétique**

Pour le travail phonologique sur la syllabe finale pendant que vous faites l'appel, remplacez cette dernière par une onomatopée.
À tour de rôle, chaque élève vient énoncer son prénom et remplace la dernière syllabe par un claquement de langue (Adèle: *A... clac!* Timothée: *Timo... clac!*).
Les autres jours de la semaine par *Chhh* (Marina: *Mari... chh!*), puis par *Tsss* (Julien: *Ju... tsss*)...

Découvrir les nombres

Acquérir les premiers outils mathématiques
→ **Utiliser le nombre pour exprimer la position d'un objet ou d'une personne**
→ **Quantifier des collections**

Même organisation que la semaine précédente: compter les présents en se référant à la frise numérique puis en déduire le nombre d'absents. Donner ce nombre en chinois.
Ensuite, présentez le jeu suivant: *«Combien j'ai de doigts?»* Cachez vos mains derrière le dos et montrez rapidement une quantité: 3 doigts levés, puis cachez aussitôt vos mains derrière le dos.
Demandez aux enfants de vous dire le nombre de doigts que vous avez montré.
Reprenez plusieurs fois en variant les quantités et en utilisant respectivement une ou deux mains.

Un enfant prendra ensuite votre place pour ce jeu.

Repérage dans le temps

Explorer le monde
→ **Se repérer sur un calendrier**

Même organisation que les semaines précédentes.

• Univers sonores •

Agir, s'exprimer, comprendre à travers les activités artistiques
→ **Avoir mémorisé un répertoire varié de comptines et de chansons**

10'

L'apprentissage des chansons se fait par écoute, répétition régulière et imprégnation. Chaque semaine, nous vous proposons de nouvelles chansons au choix, mais continuez de chanter les précédentes!

«Petit Chinois»

Petit Chinois raconte-moi comment vivent tes amis
Petit Chinois dessine-moi ton lointain pays

On dit que vous marchez la tête en bas
Pourtant ici tu ne fais jamais ça
À l'école tu devrais nous montrer
Je voudrais bien essayer

Petit Chinois raconte-moi comment vivent tes amis
Petit Chinois dessine-moi ton lointain pays

Pour manger vous n'avez pas de fourchette
Bien sûr vous utilisez des baguettes
Comment fais-tu pour manger comme ça?
Moi, je n'y arrive pas.

Petit Chinois raconte-moi comment vivent tes amis
Petit Chinois dessine-moi ton lointain pays

Ta peau est jaune et tes yeux sont tirés
Tes cheveux ne sont pas vraiment frisés
Toi et moi, on rigole pour un rien
Tu es mon meilleur copain.

Petit Chinois raconte-moi comment vivent tes amis
Petit Chinois dessine-moi ton lointain pays

Denis Couvreur

• Atelier 31 •

« Nien » en pinces !

Acquérir les premiers outils mathématiques
→ Quantifier une collection
→ Associer une quantité à son écriture chiffrée

30' Doc. 126 live!

Matériel
- Doc. 126 à imprimer sur du papier Bristol
- Pinces à linge avec écriture chiffrée des nombres
- Réglettes (Doc. 3)

Dénombrer des collections et associer leur écriture chiffrée

Pour consolider le travail sur les quantités de 1 à 8, investissez vos élèves dans la préparation d'un jeu mathématique qu'ils pourront utiliser par la suite de manière autonome.

1. Préparation du jeu

Au préalable, imprimez pour chaque élève le Doc. 126 et découpez au massicot des étiquettes dragons. Reprenez des pinces à linge (celles que vous avez utilisées pour les lettres) et collez-y des gommettes sur lesquelles vous écrirez les chiffres de 1 à 8.

D'abord, les élèves découpent leur disque, puis collent dans différentes zones des étiquettes de dragon en variant les quantités de 1 à 8. Accompagnez-les dans le dénombrement des quantités.

Rappelez la légende de Nien, dragon qui terrifiait la population la veille du Nouvel an chinois.

2. Mise en place du jeu

Consigne : *« Pour chaque zone, comptez le nombre de dragons puis accrochez la pince correspondant à cette quantité. »*

Aidez les enfants qui rencontrent des difficultés et invitez-les à utiliser leur réglette individuelle (Doc. 3).

Vérifiez de manière individuelle chaque planche jeu.

Pour que la validation du jeu se fasse de manière autonome par la suite, écrivez au dos de chaque disque l'écriture chiffrée correspondant à la quantité de dragons collés.

• Atelier 32 •

Les jours de la semaine

Mobiliser le langage dans toutes ses dimensions
→ Reconnaitre les lettres de l'alphabet
→ Connaitre les correspondances entre les différentes écritures : script, cursive et capitales d'imprimerie et commencer à faire le lien avec le son que les lettres codent

30' Doc. 127 live!

Matériel
Par élève :
- Doc. 127
- 7 crayons de couleur différents

Réaliser une correspondance entre trois écritures

En période 1, les enfants ont déjà réalisé ce type d'exercice mais avec seulement deux écritures : capitales d'imprimerie et script. Cette fois-ci, nous vous proposons de rajouter l'écriture cursive.

Imprimez le Doc. 127 présentant les jours de la semaine dans les trois écritures : majuscules d'imprimerie, scripte et cursive.

Consigne : *« Choisissez un code couleur et coloriez chaque jour de la semaine de la même couleur. »*

Aidez les élèves à prendre des repères dans l'écrit : longueur du mot, utilisation de l'alphabet individuel, etc. La validation se fera grâce à la légende en haut du document.

• Atelier 33 •

Petits à grands pandas

Acquérir les premiers outils mathématiques
→ Classer ou ranger des objets selon un critère de longueur

30' Doc. 128 Nathan live!

Matériel
- Doc. 128
- colle
- Crayons de couleur
- Pâte à modeler ou règles

Comparer et ordonner des objets selon leur taille

1. Manipulation

Les enfants prennent chacun 6 crayons de couleur de la classe (à cette période de l'année, ils auront très certainement des tailles différentes).

Ils les ordonnent du plus petit au plus grand, sur une boule aplatie de pâte à modeler ou en les alignant à plat au-dessus d'une règle. Pour valider leur rangement, ils pourront se mettre par binôme et vérifier si la disposition des crayons monte comme une flèche ou un escalier.

Ils peuvent faire plusieurs alignements de crayons.

2. Travail sur fiche

Distribuez le Doc. 128 que vous agrandirez au format A3.

Les élèves découpent, rangent puis collent dans l'ordre croissant *« du plus petit au plus grand »* les pandas.

3. Prolongement

Proposez aux enfants de jouer à la courte paille, d'ordonner des crayons sur de la pâte à modeler en augmentant au fur et à mesure le nombre, de comparer leur taille avec un camarade (2 par 2, puis 3 et plus), de former une farandole par taille, etc.

• Atelier 34 •

Sudoku en couleurs

Acquérir les premiers outils mathématiques
→ Explorer des suites organisées
→ Agencer des pièces en respectant des règles

30' Doc. 129 Nathan live!

Matériel
Un sudoku par enfant et ses cartes mobiles (Doc. 129)

Découvrir, manipuler et réaliser un sudoku

1. Découverte en regroupement

Affichez au tableau une grille en couleur de sudoku (Doc. 129).

Laissez les enfants décrire cette planche jeu. Présentez ensuite les cartes mobiles : *« D'après vous, que faut-il faire avec ces cartes ? Peut-on les placer n'importe où ?... »* Il s'agit d'un jeu de logique, qui de manière générale captive les enfants.

But du jeu : *« Complétez la grille à l'aide des petites cartes mobiles. Mais attention, dans chaque ligne et dans chaque colonne, toutes les cartes doivent être de couleurs différentes. »*

Jouez une ou plusieurs parties (changez de planche) afin de vous assurer de la bonne compréhension de la règle. Faites en sorte que chaque enfant place au moins une carte.

2. Phase de jeu individuelle

Imprimez en couleurs pour chaque élève du groupe un sudoku (Doc. 129) sur papier cartonné et plastifiez si vous le souhaitez.
Les enfants s'exercent ainsi à ce nouveau jeu ; ils pourront bien entendu s'entraider.
Assurez une rotation des différents sudokus au sein du groupe.

3. Prolongement

Augmenter le nombre de cases : 5 x 5 ou plus.

Remplacer les couleurs par des chiffres.

Collez des gommettes de couleur sur chaque planche de sudoku et leurs cartes associées (un sudoku et ses cartes avec des gommettes bleues ; un autre avec des gommettes rouges...). Ainsi, lorsque le matériel se mélangera sur la table, il sera facile de retrouver à quelle planche correspondent les petites cartes.

• Jour 1 •

Danser par mimétisme

Communiquer avec les autres au travers d'actions à visée expressive ou artistique
→ Coordonner ses gestes et ses déplacements avec ceux des autres

1. Organisation
Les enfants se mettent deux par deux, si possible fille/garçon. Tracez un grand cercle au sol. Les binômes se placent face à face : un sur la ligne du cercle, l'autre face à lui, à l'extérieur du cercle.

2. Déroulement
Chantez la petite chanson : « Mademoiselle voulez-vous... » en suivant les indications suivantes pour chaque phase :

A. Les enfants placés à l'extérieur du cercle (les garçons) dansent en choisissant une figure de leur choix ; les filles placées à l'intérieur du cercle les imitent.

B. Changement des rôles : ceux de l'intérieur du cercle choisissent une action et ceux de l'extérieur miment.

C. Les enfants se donnent la main et avancent en sautillant dans le sens des aiguilles d'une montre (font le tour du cercle).

A. et **B.** Les enfants exécutent de nouveau une figure à tour de rôle (différente de la première).

D. Ils se prennent par le bras et avancent en sautillant.

A. et B. Reprise avec une nouvelle proposition de mouvement.

E. Ils se prennent par le cou et avancent en sautillant.

F. Ils se prennent par la taille et avancent en sautillant.

« Mademoiselle voulez-vous... »

A. Mad'moiselle voulez-vous, que je danse que je danse,
Mad'moiselle, voulez-vous que je danse avec vous ?

B. Oui, Monsieur je veux bien que l'on danse, que l'on danse
Oui, Monsieur, je veux bien, donnez-moi votre main.

C. On se prend par la main et l'on danse et l'on danse (bis)
... et l'on danse très bien.

A. Mad'moiselles voulez-vous, que je danse que je danse,
Mad'moiselle voulez-vous, que je danse avec vous ?

B. Oui, Monsieur je veux bien que l'on danse, que l'on danse
Oui, Monsieur, je veux bien, donnez-moi votre main

D. On se prend par le bras, et l'on danse et l'on danse (bis).
...et l'on danse comme ça.

A et B

E. On se prend par le cou, et l'on danse et l'on danse (bis).
... et l'on danse comme ça.

A et B

F On se prend par la taille, et l'on danse et l'on danse (bis)... et l'on danse comme ça.

• Jour 2 •

La Grande Muraille

Même organisation qu'en semaine 5.

• Jour 3 •

Les acrobaties

Reprise semaine 4.

• Jour 4 •

Vers un parcours

Reprise semaine 4.

20' par séance

• Jour 1 •

Règle du sudoku

Mobiliser le langage dans toutes ses dimensions
→ Pratiquer divers usages de la langue orale : raconter, expliquer

Matériel
- Planche(s) de sudoku en couleurs (Doc. 129), et ses cartes mobiles
- Patafix

Affichez au coin regroupement une planche jeu de sudoku. Jouez avec quelques élèves (notamment ceux qui ont réalisé l'atelier 34 : Sudoku en couleurs) en vous faisant rappeler la règle du jeu.

Mettez le jeu en œuvre en reprenant les consignes données et en suivant les indications à la lettre. Appuyez-vous sur les imprécisions pour vous tromper : placez sur une même ligne deux cartes de même couleur...

L'objectif est de montrer que des explications incomplètes peuvent fausser le jeu et donc d'amener les élèves à développer les phrases et les descriptions des règles de manière précise.

• Jour 2 •

Dans mon panier du [U]

Mobiliser le langage dans toutes ses dimensions
→ Découvrir le principe alphabétique
→ Discriminer des sons dans des mots ou dans des syllabes

Poursuivez le travail sur la discrimination phonétique comme pour le son A (voir semaine 3).

« *Dans mon panier, je mets des choses où l'on entend le son [U]* (montrez le mouvement des lèvres en allongeant le son quand vous le prononcez) : Huuugo, voituuure, luuune. *Je vais dire d'autres mots, vous levez le doigt quand je peux les mettre dans mon panier des U : haricot, fusée, lune, histoire, puce, papa, etc.* »

Pour chaque mot identifié, faites mimer et allonger le son [U].

• Jour 3 •

Où se trouve le son [U] ?

Mobiliser le langage dans toutes ses dimensions
→ Découvrir le principe alphabétique
→ Discriminer des sons dans des mots ou dans des syllabes
→ Distinguer et manipuler des syllabes

Munissez-vous d'aimants et donnez un mot contenant le son [U] ; faites dénombrer le nombre de syllabes en les scandant par des frappés de mains : FU/SEE (2 syllabes). Placez au tableau deux aimants pour représenter ces syllabes (au fur et à mesure que vous les énoncez) ; les élèves devront identifier dans laquelle se trouve le son [U] et entourer le bon aimant à la craie.

Poursuivez l'exercice avec d'autres mots en variant la place du son [U] et le nombre de syllabes. Voici quelques exemples : tor/tue, tu/lipe, voi/ture, pein/ture, con/fi/ture, mu/sique

• Jour 4 •

Écoutez cette histoire !

Mobiliser le langage dans toutes ses dimensions
→ Comprendre des textes écrits sans autre aide que le langage entendu
→ Pouvoir redire les mots d'un texte

Empruntez à la bibliothèque ou la médiathèque municipale un CD d'une histoire (sur le thème de la Chine ou autre).

D'abord, faites écouter l'histoire en entier sans intervenir. Si un album accompagne ce CD, montrez les illustrations au fur et à mesure de l'écoute pour renforcer la compréhension.

Interrogez les enfants sur la compréhension globale.

Ensuite, proposez une deuxième écoute et arrêtez à certains moments-clés pour poser des questions aux enfants : « *Quels sont les personnages de cette histoire ? Que font-ils ?...* »

• Atelier 35 •

Puzzles numériques

Acquérir les premiers outils mathématiques
→ Reproduire un assemblage
→ Ordonner les nombres de 1 à 8

30' Doc. 130 live!

Matériel
Par élève :
- Un puzzle numérique (Doc. 130)
- Cartes nombres (Doc. 5)

Reconstituer des puzzles sans modèle, en ordonnant les nombres de 1 à 8

1. Préparation matérielle

Imprimez les puzzles du Doc. 130, plastifiez puis découpez-les en huit bandes verticales (le long des traits).

Pour chaque puzzle, choisissez une couleur de gommette que vous collerez au dos des différents morceaux pour une identification rapide des pièces.

2. Jeu de Kim

Introduisez cet atelier par un petit jeu de Kim : jeu d'observation et de mémoire.

Affichez au tableau les cartes de 1 à 8 dans l'ordre (Doc. 5).

Laissez les enfants les observer et les nommer en comptant. Ils ferment ensuite les yeux et vous en retirez une : ils doivent dire quelle carte a disparu. Pour cela, ils pourront énoncer la comptine numérique et, si besoin, s'aider de leur réglette nombre ou de l'affichage collectif.

Renouvelez plusieurs fois ce petit jeu.

3. Puzzles numériques

Distribuez ensuite à chaque enfant les huit pièces d'un puzzle numérique. Ne faites aucun commentaire et laissez-les manipuler les différents morceaux.

Une fois leur puzzle « reconstitué » demandez : *« Êtes-vous sûrs de bien avoir agencé vos pièces ? Vous n'avez pas de planche modèle en dessous, comment vérifier ? Y a-t-il quelque chose sur les pièces qui vous permettrait de valider votre assemblage ? »*

Les chiffres au bas des pièces doivent être rangés par ordre croissant : de 1 à 8.

Ils échangent ensuite leur puzzle avec un camarade.

• Atelier 36 •

Pagodes graphiques (2/2)

Agir, s'exprimer, comprendre à travers les activités artistiques
→ Réaliser des compositions plastiques
→ Choisir et combiner des matériaux, des techniques et des procédés
→ Réinvestir des motifs graphiques

30' Doc. 123 – Galerie photo live!

Matériel
- Pagodes réalisées en atelier 29 la semaine précédente
- Papier métallisé de différentes couleurs
- Papier aluminium
- Colle, ciseaux
- Encre : couleurs au choix

Utiliser différents matériaux pour décorer une pagode

Les enfants reprennent leur pagode recouverte de graphismes réalisée la semaine précédente.

Lors de cette séance, ils termineront de la décorer en utilisant divers matériaux au choix que vous laisserez à libre disposition sur la table.

Voici un exemple de réalisation (cf. Doc. 123 Galerie photo) :
- coller du papier métallisé dans chaque petit toit ;
- décorer le contour de la porte avec du papier métallisé ;
- rouler du papier aluminium en colombin, donner une forme de spirale aux extrémités et le coller le long de la partie extérieure du toit ;
- recouvrir les graphismes d'encre.

20' par séance

• Jour 1 •

Dictionnaire illustré de la Chine

Mobiliser le langage dans toutes ses dimensions
→ Découvrir le principe alphabétique
→ S'exprimer dans un langage oral syntaxiquement correct et précis
→ Prendre des repères dans l'écrit

Doc. 96 Nathan live!

Même organisation que les semaines précédentes.

Propositions de la semaine : « **gong** » et « **idéogramme** ».

• Jour 2 •

Ça rime, c'est sublime !

Mobiliser le langage dans toutes ses dimensions
→ Découvrir le principe alphabétique
→ Discriminer des sons dans des mots ou dans des syllabes
→ Repérer et produire des rimes, des assonances

Nous vous proposons de poursuivre le travail sur les sonorités de la langue en jouant avec les rimes.

Préparez une série de 5 cartes/images d'éléments se terminant par le même son, par exemple : *fleur, cœur, facteur, docteur, aspirateur.*

Faites nommer les différents objets représentés sur les cartes puis demandez aux enfants s'ils entendent un son commun.

« Ces cinq mots se terminent par le son -eur, on dit qu'ils riment. »

Renouvelez avec différents jeux d'images : *« Quelle est la rime /le son commun de ces images ? »*, par exemple :
– *moto, bateau, couteau, eau, râteau ;*
– *bougie, lit, souris, tapis, toupie ;*
– *panda, chocolat, ananas, chat, papa ;*
– *poisson, bonbon, cochon.*

Vous pouvez également faire ce petit jeu en énonçant oralement les objets, sans support visuel.

• Jour 3 •

Chasse à la rime

Mobiliser le langage dans toutes ses dimensions
→ Découvrir le principe alphabétique
→ Discriminer des sons dans des mots ou dans des syllabes
→ Distinguer et manipuler des syllabes
→ Repérer et produire des rimes, des assonances

Reprenez les différents jeux d'images que vous avez utilisés lors de la séance précédente : « Ça rime, c'est sublime. »

Sur une table ou au sol, placez, face visible, deux séries complètes de cinq images qui riment. Un élève en choisit une, la nomme. Les camarades doivent trouver les quatre autres images qui riment avec l'image choisie.

Renouvelez avec d'autres séries d'images.

• Jour 4 •

Un morceau du mot

Mobiliser le langage dans toutes ses dimensions
→ Découvrir le principe alphabétique
→ Distinguer et manipuler des syllabes

Ce petit jeu a pour objectif de travailler une fois de plus la conscience phonologique et de bien insister sur le fait que les mots se composent de syllabes.

Pour cela, dites une phrase dans laquelle vous remplacerez une syllabe d'un mot par un tintement de clochette, par exemple : « Je vais en vacances en VOI[TURE]. », « Au parc, j'aime faire de la BA[LAN]COIRE. »

Les enfants devront énoncer la syllabe manquante.

Jeux mathématiques

• Séance 20 •

Les dominos (2)

Acquérir les premiers outils mathématiques
→ **Dénombrer des collections**
→ **Utiliser le dénombrement pour comparer deux quantités**

Matériel
Un jeu de dominos avec constellations pour 2 élèves

Reprenez l'activité réalisée en séance 16 en assurant une rotation des groupes d'élèves.

• Séance 21 •

Memory (2)

Acquérir les premiers outils mathématiques
→ **Comparer deux quantités**
→ **Associer écriture chiffrée et constellations**

Matériel
- Cartes écriture chiffrée de 1 à 8
- Cartes constellations de 1 à 8

Reprenez l'activité réalisée en séance 17 en assurant une rotation des groupes d'élèves.

• Séance 22 •

Comptines à décompter

Acquérir les premiers outils mathématiques
→ **Dire la suite des nombres à partir d'un nombre donné**
→ **Décompter**

Matériel
Cartes avec les écritures chiffrées des nombres de 1 à 10

L'apprentissage de la petite comptine *« Dix petits oiseaux, sur un fil de fer »* permettra d'aborder la notion de décomptage avec les enfants de manière ludique.

Chantez la comptine dans un premier temps afin que les enfants en découvrent le contenu et le rythme. Interrogez-les ensuite: *« Qu'y a-t-il sur le fil de fer? Combien sont-ils au début de la comptine ? Combien en reste-t-il à chaque fois ?... »*

Invitez ensuite les enfants à montrer 10 avec leurs doigts (comptez de 1 jusqu'à 10 avec eux, montrez son écriture chiffrée).

Chantez alors de nouveau la comptine en baissant un doigt à chaque fois après: *« Un petit oiseau s'est envolé. »*

NB: pour chaque couplet, montrez l'écriture chiffrée de la quantité d'oiseaux encore présents dans le nid.

« Dix petits oiseaux, sur un fil de fer »

Dix petits oiseaux, sur un fil de fer
Qui se balançaient, la tête à l'envers
Une feuille morte vient à tomber
Un petit oiseau s'est envolé.

Neuf petits oiseaux, sur un fil de fer
Qui se balançaient, la tête à l'envers
Une feuille morte vient à tomber
Un petit oiseau s'est envolé.

Huit petits oiseaux...

• Séance 23 •

Mon jeu préféré !

Collaborer, coopérer, s'opposer
→ **Élaborer des stratégies**
→ **Développer les compétences mathématiques**

Matériel
Voir liste du matériel de la séance choisie lors des semaines précédentes

Proposez aux enfants de rejouer au jeu qu'ils ont préféré lors des semaines précédentes.

Semaine 7 • Pistes d'exploitation

Pour la dernière semaine de la période, nous vous proposons une organisation plus souple afin de vous permettre de finaliser vos projets, productions individuelles, rangement de la classe, etc.

Voici quelques pistes d'activités si vous souhaitez poursuivre notre progression.

Graphisme, écriture	– **Reprise du tracé** des boucles sur un support réduit – **Reprise de l'écriture** des lettres cursives arrondies – **Utilisations du répertoire graphique** pour illustrer un chapeau chinois, une jonque…
Découvrir les nombres	– **Reprise des jeux mathématiques** de la période en autonomie : – Les « Nien » en pince – Sudoku en couleurs – Du plus grand au plus petit – Les différents jeux proposés lors des demi-journées thématiques
Activités artistiques	– **Faire une exposition** des productions sur la Chine – **Confection** d'un grand dragon en production collective – **Représenter** son animal du zodiaque chinois – **Réaliser** un éventail chinois : branches en fleurs (encre de Chine + acrylique)
L'activité physique	Reprise d'un jeu collectif ou d'une séance de danse de la période
Langage/Lecture	– **Reprise du loto des lettres** simples (consonnes) – **Rajouter de nouveaux mots** dans le « dictionnaire illustré » – **Faire un bilan** de la période : ce qu'on a appris, aimé – **Lecture** d'un album sur la Chine

Période 4

Semaines 1 à 7 : L'Australie

➤ Au cœur de l'art aborigène

Demi-journées thématiques : De la graine à la plante

Sommaire des activités en regroupement

	Accueil	Rituels	Activités de langage/Lecture	Univers sonores	Activités de langage/Lecture
Semaine 1	– Échanges individualisés – Activités autonomes avec le matériel de la classe	**Appel :** Mots avec la même syllabe initiale que celle du prénom **Découvrir les nombres :** Qui compte le plus loin ? **Responsabilités :** Poursuite du roulement entre les élèves	– Découverte de l'Australie – Pistes d'exploitation en lecture – « Le temps du rêve » chez les Aborigènes – Retour sur atelier : Geoplans	– Reprise des chants précédents – Poésie : « Continents »	– Menu de la cantine – La chaine de mots – Peintures aborigènes – Atelier philo : Comment sait-on qu'on rêve ?
Semaine 2	– Étiquettes de présence : compter et classer par nombre de lettres – Dessin libre, puzzles, géoplans, jeux de construction…	**Appel :** *Même organisation* **Découvrir les nombres :** Qui compte le plus loin ? (suite) **Repérage dans le temps :** Calendrier et curseur semaine	– Animaux d'Australie – Animaux d'Australie : fiche d'identité – La couverture mystère – Miró : retour sur atelier et découverte de ses autres œuvres	– Récitation de la poésie « Continents » – Chant : « Saute, saute, gentil kangourou »	– Menu de la cantine – Pistes de lecture – Phono : syllabes initiales communes – Atelier philo : Y a-t-il des animaux méchants ?
Semaine 3	– Étiquettes de présence : *Même organisation* – Géoplans à reproduire, bataille des syllabes	**Appel :** *Même organisation* **Découvrir les nombres :** Compter les prénoms qui ont le même nombre de lettres **Repérage dans le temps :** hier, aujourd'hui, demain	– Lecture suivie d'un album – Animaux d'Australie : fiche d'identité – Inférences de lieu et d'agent – La lecture erronée	– Écoute de chants et instruments aborigènes – Le didgeridoo – Reprise des chants précédents	– Images séquentielles d'un album – Silhouette des mots – Phono : syllabes communes – Atelier philo : C'est beau ou pas ?
Semaine 4	– Étiquettes de présence : *Même organisation* – Dessin libre, mini-géoplans, jeu de yam, fusionner les mots…	**Appel :** Lire les prénoms du groupe (en script) et faire l'appel **Découvrir les nombres :** Compter de 2 en 2 **Repérage dans le temps :** encadrer la date	– Pistes d'exploitation pour la lecture – La lecture inachevée – Inférences de temps et d'action – Piste pour la lecture	– Écoute de chants et instruments aborigènes – Les clap sticks – Jouer comme avec des clap sticks	– La phrase du jour – L'animal déplacé – La hauteur des lettres – Atelier philo : À quoi ça sert de lire ?
Semaine 5	– Pyramide chiffrée des prénoms – Réinvestissement du matériel	**Appel :** *Même organisation* **Découvrir les nombres :** Pyramide des prénoms **Repérage dans le temps :** Écriture de la date	– La phrase du jour – Séances autour d'un album – Le boomerang – Écoutez cette histoire !	Chanter en anglais : – « *Head, shoulders, knees and toes* » – « *Wind the bobbin up* »	– Écrire le résumé un album – Menu de jour – Charades (1) : fusionner des syllabes – Charades (2) : définir les mots
Semaine 6	– Pyramide des prénoms – Activités autonomes et réinvestissement du matériel	**Appel :** *Même organisation* **Découvrir les nombres :** *Même organisation* **Repérage dans le temps :** *Même organisation*	– La phrase du jour – Un passage pour une illustration – Les inférences de problème-solution – Charades (3): fusionner les syllabes	– Jeu d'écoute : Jeu du tambourin – Jeu d'attention : chants en playback	– Le bon résumé – Raconter son album préféré – Les activités de la période : bilan – Atelier philo : Est-ce qu'on peut ne pas aimer tout ce que tout le monde (ou presque) aime ?
Semaine 7	**Pistes d'exploitation**				

Sommaire des ateliers

	Ateliers du matin				Ateliers de l'après-midi	
Semaine 1	**Atelier 1 :** agir, s'exprimer, comprendre à travers les activités artistiques **Miró : constellations** → Réaliser une production d'après Joan Miró	**Atelier 2 :** Mobiliser le langage dans toutes ses dimensions **Prénoms en brins de chenille** → Écrire son prénom en cursive	**Atelier 3 :** Agir, s'exprimer, comprendre à travers les activités artistiques **Dessins aux ciseaux** → Composer, créer avec des ciseaux	**Atelier 4 :** Explorer le monde **Géoplan libre** → Appropriation du matériel	**Atelier 5 :** Mobiliser le langage dans toutes ses dimensions **Jouer avec les mots** → Segmenter l'oral en mots	**Atelier 6 :** Acquérir les premiers outils mathématiques **Chiffres sur le sable** → Lire et écrire les chiffres de 1 à 9
Semaine 2	**Atelier 7 :** Mobiliser le langage dans toutes ses dimensions **Écrire un rêve aborigène** → Produire un écrit collectif avec les signes aborigènes	**Atelier 8 :** Agir, s'exprimer, comprendre à travers les activités artistiques **Prénom aborigène** → Mettre en relief son prénom à la manière des peintures aborigènes	**Atelier 9 :** Mobiliser le langage dans toutes ses dimensions **Titre en trois graphies** → Reconstituer le titre d'un album dans trois graphies différentes	**Atelier 10 :** Acquérir les premiers outils mathématiques **Géoplans à reproduire** → Reproduire un agencement de formes sur différents plans	**Atelier 11 :** Mobiliser le langage dans toutes ses dimensions **Animaux d'Australie : bataille des syllabes** → Scander et comparer le nombre de syllabes des mots	**Atelier 12 :** Agir, s'exprimer, comprendre à travers les activités artistiques **Répertoire graphique aborigène** → Reproduire des tracés
Semaine 3	**Atelier 13 :** Acquérir les premiers outils mathématiques **Jeu de Yam** → Utiliser des procédures numériques dans un jeu de société	**Atelier 14 :** Agir, s'exprimer, comprendre à travers les activités artistiques **Peindre son rêve aborigène** → Illustrer la production d'écrit collectif	**Atelier 15 :** Explorer le monde **Mini-géoplans à reproduire** → Reproduire des figures à une échelle différente	**Atelier 16 :** Mobiliser le langage dans toutes ses dimensions **Bataille des syllabes** → Scander et comparer le nombre de syllabes des mots	**Atelier 17 :** Mobiliser le langage dans toutes ses dimensions **Chat + pot = chapeau !** → Fusionner deux mots pour en former un autre	**Atelier 18 :** Mobiliser le langage dans toutes ses dimensions **Mots croisés d'Australie** → Écrire dans une grille de mots croisés
Semaine 4	**Atelier 19 :** Acquérir les premiers outils mathématiques **Dans mon panier neuf** → Réaliser et compléter des collections de 9 objets	**Atelier 20 :** Agir, s'exprimer, comprendre à travers les activités artistiques **Mains aborigènes aux épices** → Réaliser des traces avec des éléments naturels	**Atelier 21 :** Mobiliser le langage dans toutes ses dimensions **Chapeau = chat + pot** → Scander un mot en syllabes	**Atelier 22 :** Agir, s'exprimer, comprendre à travers les activités artistiques **Des ponts pour m et n** → Réaliser les lettres M et N en cursive en volume	**Atelier 23 :** Acquérir les premiers outils mathématiques **Géométrie avec les géoplans** → Acquérir le vocabulaire géométrique	**Atelier 24 :** Mobiliser le langage dans toutes ses dimensions **Silhouette des mots** → Repérer visuellement la silhouette des mots
Semaine 5	**Atelier 25 :** Mobiliser le langage dans toutes ses dimensions **Écriture guidée sur lignes** → Écrire en cursive en se repérant sur des lignes	**Atelier 26 :** Acquérir les premiers outils mathématiques **Boites à compter** → Dénombrer et réaliser des collections	**Atelier 27 :** Mobiliser le langage dans toutes ses dimensions **Mots croisés des jours** → Agencer des mots dans une grille de mots croisés	**Atelier 28 :** Acquérir les premiers outils mathématiques **9 boomerangs** → Compléter ou retirer des collections pour faire 9	**Atelier 29 :** Acquérir les premiers outils mathématiques **Jeu du crocodile** → Comparer des chiffres et des quantités	**Atelier 30 :** Acquérir les premiers outils mathématiques **Petites formes dans des grandes** → Tracer des formes géométriques
Semaine 6	**Atelier 31 :** Mobiliser le langage dans toutes ses dimensions **Écriture guidée** → Écrire en cursive la date, des mots	**Atelier 32 :** Agir, s'exprimer, comprendre à travers les activités artistiques **Fabriquer un boomerang** → Réaliser un objet technique	**Atelier 33 :** Acquérir les premiers outils mathématiques **Crocodile à grande bouche** → Comparer des chiffres et des quantités	**Atelier 34 :** Acquérir les premiers outils mathématiques **Boites à compter** → Dénombrer et réaliser des collections, lire les informations des dés	**Atelier 35 :** Explorer le monde **Sur l'ordinateur** → Découvrir l'ordinateur et utiliser des fonctions du traitement de texte	**Atelier 36 :** Mobiliser le langage dans toutes ses dimensions **Mots mêlés d'Australie** → Repérer des mots dans une grille
Semaine 7	Pistes d'exploitation					

Sommaire de l'activité physique

	Jour 1	Jour 2	Jour 3	Jour 4
Semaine 1	**L'horloge** → Jeu collectif avec ballon	**Statues animées** → Expression corporelle, danse	**Ateliers de motricité (1)** → Rouler en avant, sur un plan incliné, latéralement, s'équilibrer, enjamber	**Parcours** → Pistes d'agencement du matériel : bancs, cerceaux, tapis
Semaine 2	**Relais horloge** → Jeu collectif avec ballon	**Les rencontres : par 2 et 4** → Expression corporelle, danse	**Ateliers de motricité (1)** (Reprise)	**Parcours** (Reprise)
Semaine 3	**Balle assise** → Jeu collectif avec ballon	**Le dessin imaginaire** → Expression corporelle, danse	**Ateliers de motricité (1)** (Reprise)	**Parcours** (Reprise)
Semaine 4	**Balle assise en équipes** → Jeu collectif avec ballon	**La danse du crayon** → Expression corporelle, danse	**Ateliers de motricité (2)**	**Parcours 2** → Nouvelles pistes d'agencement
Semaine 5	**Passe à 5** → Jeu collectif avec ballon	**Le crayon invisible** → Expression corporelle, danse	**Ateliers de motricité (2)** (Reprise)	**Parcours 2** (Reprise)
Semaine 6	**La balle au capitaine** → Jeu collectif avec ballon	**L'envol du foulard** → Expression corporelle, danse	**Ateliers de motricité (2)** (Reprise)	**Parcours 2** (Reprise)
Semaine 7	Pistes d'exploitation			

Semaine 1

	Lundi	Mardi	Jeudi	Vendredi	Demi-journée thématique
8h20 **Accueil**	Échanges individualisés après le retour des vacances. Activités autonomes.				
8h40 **Rituels**	**Appel :** Rechercher des mots avec la même initiale que les prénoms **Découvrir les nombres :** Qui compte le plus loin ? **Responsabilités :** Attribution des rôles				
9h **Univers sonores**	Chansons et comptines au choix				
9h10 **Ateliers** Rotation des groupes sur les ateliers de la semaine	**Atelier 1 :** Miró : *Constellations* → Réaliser une production d'après Joan Miró **Atelier 2 :** Prénoms en brins de chenille → Écrire son prénom en cursive avec des brins de chenilles **Atelier 3 :** Dessin aux ciseaux → Composer, créer avec des ciseaux **Atelier 4 :** Géoplan (1) → Découvrir et s'approprier le matériel				**Séances de la graine à la plante** – La diversité des graines – La graine : observation et conditions de germination – Classement des graines à la pince
9h45	Rangement et bilan des ateliers				
10h **L'activité physique**	**L'horloge** → Jeu collectif avec ballon	**Statues animées** → Expression corporelle, danse	**Ateliers de motricité (1)** → Rouler de différentes façons, s'équilibrer	**Parcours** → Pistes d'agencement du matériel	**Manipulation libre des cerceaux** → Découverte libre
10h30	Récréation				
11h **Langage/Lecture**	**Découverte de l'Australie** → Échanger, s'exprimer sur un nouveau pays	**Pistes d'exploitation en lecture** → Propositions	**« Le temps du rêve »** → Découverte de la culture aborigène	**Retour sur atelier Géoplans** → Dire ce qu'on a fait	**Lecture plaisir**
11h30	Sortie/déjeuner				
13h30	Écoute musicale, chant, lecture plaisir…				
14h **Ateliers** Rotation des groupes sur les ateliers de la semaine	**Atelier 5 :** Jouer avec les mots → Segmenter l'oral en mots **Atelier 6 :** Chiffres sur le sable → Lire et écrire les chiffres de 1 à 9 **Ateliers libres**				
14h50	Récréation				
15h20 **Langage/Lecture**	**Menu de la cantine** → Transcrire des mots	**La chaine des mots** → Phonologie	**Peintures aborigènes** → Découvrir et s'exprimer sur des œuvres	**Atelier philo :** → Comment sait-on qu'on rêve ?	
15h45	Sortie				

• Accueil •

Mobiliser le langage dans toutes ses dimensions : l'oral

→ **Communiquer avec les adultes et avec les autres enfants par le langage, en se faisant comprendre**
→ **S'exprimer dans un langage oral syntaxiquement correct et précis**

Après le retour des vacances, privilégiez les échanges individualisés avec les élèves en leur demandant ce qu'ils ont fait, en les invitant à prendre place pour une activité autonome et en les laissant reprendre peu à peu leur marque. Sur les tables : étiquettes de présence en cursive (à placer sur le tableau de présence), dessin libre, puzzles plus complexes, jeux de construction, matériel éducatif de votre choix.

• Rituels •

20'

Appel

Mobiliser le langage dans toutes ses dimensions

→ **Manipuler les syllabes**
→ **Acquérir et développer la conscience phonologique**

En période 2, nous vous proposions une progression des formes de l'appel avec un travail sur l'isolation de la syllabe initiale. Cette semaine, proposez de rechercher d'autres mots commençant par la même syllabe initiale que les prénoms de la classe.
Ex. : **Ma**this → **Ma**man, **Ma**rionnette, **Ma**mie. N'hésitez pas à écrire certaines syllabes au tableau.
Pour les élèves qui rencontrent encore des difficultés à isoler la première syllabe d'un mot, n'hésitez pas à reprendre les conseils et exercices donnés : frapper et compter les syllabes du prénom, allonger la syllabe initiale (ex. : Cassandre : Caaaaaaa/ssandre), la doubler (Marceau : Mar/Mar/ceau), la rendre muette (Lola : .../la).

Découvrir les nombres

Acquérir les premiers outils mathématiques

→ **Dire la suite des nombres jusqu'à trente**

Évaluez la progression de l'acquisition de la suite numérique, en interrogeant individuellement les élèves au cours des prochaines semaines.
Chaque jour, deux ou trois élèves réaliseront un défi à tour de rôle, en comptant les présents, c'est-à-dire en récitant la suite numérique en même temps qu'ils pointent un camarade. Vous les arrêtez lorsqu'ils se trompent et faites rechercher sur la bande numérique le dernier nombre juste. Rappelez que le dernier nombre cité représente la quantité globale.
L'élève qui compte le plus loin sans se tromper, remporte le défi comptage du jour.

Responsabilités

Mobiliser le langage dans toutes ses dimensions

→ **Prendre des repères dans l'écrit**
→ **Assumer des rôles divers**

Doc. 22 live!

Tout au long de cette période (et comme pour les précédentes), poursuivez chaque semaine, la rotation des rôles attribués aux élèves (cf. Doc. 22). Remplacez les étiquettes autocollantes posées sur les pinces à linge par des nouvelles : avec le prénom en cursive. Lors de l'attribution des rôles pour la semaine, les élèves rechercheront leur pince pour la placer au bon endroit.

• Univers sonores •

Agir, s'exprimer, comprendre à travers les activités artistiques

→ **Avoir mémorisé un répertoire varié de comptines et de chansons et les interpréter de manière expressive**

10'

Commencez par vous remémorer, tout au long la semaine, les chansons apprises auparavant !
Voici un poème qui fait le tour des continents pour s'achever sur la prochaine destination de cette période : l'Australie. Lisez-le plusieurs fois, puis faites apprendre progressivement les strophes tout au long de la semaine.

« Continents »

Sur le dos d'une antilope
Je fais le tour de l'Afrique

Sur le dos d'une bourrique
Je fais le tour de l'Europe

À dos de yack qui galope
Le tour de l'immense Asie

Sur le dos d'un
poisson-scie
Le tour de l'Océanie.

Sur la vigogne au poil doux
Le tour des deux Amérique

Dans ta poche kangourou,
Je traverse l'Australie.

Bernard Lorraine,
Un poème, un pays, un enfant,
Le Cherche-Midi

• Atelier 1 •

Miró : *Constellations*

Agir, s'exprimer, comprendre à travers les activités artistiques
→ **Observer, comprendre et transformer des images**
→ **Réaliser une composition personnelle en reproduisant des graphismes**

30' Doc. 131 – Galerie photo live!

Matériel
- Reproductions de l'œuvre *Constellations* de Miró
- Ardoises et feutres effaçables
- Feutres
- Pastels secs

Réaliser une production d'après Joan Miró

1. Langage en petit groupe
Présentez une reproduction en couleurs de l'œuvre de Miró : *Constellations pour l'amour d'une femme* (1941) et distribuez à chaque élève une photocopie en noir et blanc pour qu'il puisse aisément en voir les détails.
En petit groupe, vous solliciterez davantage la parole, notamment celle des enfants qui n'osent généralement pas s'exprimer devant toute la classe.
Laissez les enfants observer, invitez-les à décrire la reproduction, dans sa globalité, puis en s'attachant à des détails. Faites nommer les couleurs (noir, rouge, jaune, bleu).
Demandez enfin de raconter l'œuvre : « *À quoi cela vous fait-il penser ?* » Laissez les enfants émettre des hypothèses et imaginer.
Présentez enfin l'artiste puis donnez le nom de l'œuvre.

2. Isoler et reproduire les motifs graphiques
Distribuez des ardoises pour que les élèves s'entrainent à la reproduction de motifs graphiques isolés. Laissez-les choisir ceux qu'ils préfèrent dans l'œuvre de Miró.
Cette activité leur permettra de s'attacher aux détails du tableau, de s'approprier l'œuvre, tout en s'exerçant au tracé graphique. Vous veillez à la posture du corps, la tenue du feutre, accompagnez les tracés en verbalisant les formes.

3. Agencer ses motifs dans une production personnelle
Sur une feuille de Canson, au feutre noir, les enfants reproduisent et agencent librement les motifs qu'ils se sont entrainés à tracer. Ils colorient en utilisant uniquement les couleurs de l'œuvre originale, recouvrent le fond avec du pastel sec et l'étalent avec un mouchoir. Enfin, fixez avec de la laque à cheveux.

Prolongement : retour sur atelier et présentation d'autres œuvres de Miró (cf. semaine 2).

> Si vous ne pouvez pas investir dans des affiches d'œuvres d'art, allez à la partie « Images » d'un moteur de recherches Internet et tapez le nom de l'œuvre et l'artiste. Copiez ensuite la reproduction sur une page Word pour ajuster la taille, avant d'imprimer en couleurs.

• Atelier 2 •

Prénoms en brins de chenille

Mobiliser le langage dans toutes ses dimensions : l'écrit
→ **Reconnaitre les lettres de l'alphabet en cursive**
→ **Écrire son prénom en cursive**

30' Doc. 132 – Galerie photo live!

Matériel
- Étiquettes prénoms en cursive, lettres creuses
- Brins de chenille (cure-pipe)
- Ciseaux

Écrire son prénom en cursive avec des brins de chenille

Lors de la période précédente, vous avez accompagné individuellement les élèves dans l'écriture en cursive du prénom et fait repérer et nommer les particularités de chaque lettre. Poursuivez ce travail de reconnaissance et d'écriture avec du matériel flexible et malléable qui permettra de renforcer la motricité fine et de rappeler les différents tracés. Vous pouvez pour cela utiliser des brins de chenille (cure-pipe) ou tout simplement de la pâte à modeler.
Si vous le souhaitez, préparez des étiquettes prénoms en cursive lettres creuses afin que les élèves puissent poser leur réalisation sur le modèle et mieux percevoir les lettres en volume à réaliser.
Pour cela, ouvrez un document Word et inscrivez les prénoms des enfants de la classe en écriture cursive grand format. Sélectionnez le texte, puis *Police* et cochez la case *Contour* ; vous obtiendrez ainsi vos prénoms en lettres creuses.
Faites nommer les lettres de leur prénom et les caractéristiques qui devront se retrouver lors de la réalisation avec les brins de chenilles ou la pâte à modeler.
Ex. : Pour le a, il faut faire d'abord un rond, puis une petite canne ; pour le L, une grande boucle, etc.

Mettez à disposition des ciseaux afin que les élèves ajustent la taille des éléments dont ils ont besoin.

Des sites Internet proposent de télécharger différentes polices cursives d'écriture et même de créer directement vos étiquettes prénoms avant impression.

• Atelier 3 •

Dessins aux ciseaux

Agir, s'exprimer, comprendre à travers les activités artistiques
→ **Utiliser différents outils en adaptant son geste**
→ **Réaliser des compositions plastiques, planes et en volume**

30' Doc. 133 – Galerie photo live!

Matériel
- Grandes feuilles blanches
- Feuilles de couleur
- Ciseaux, colle

Réaliser un dessin libre uniquement avec des ciseaux

Le feutre, le crayon et le pinceau ne sont pas les seuls outils permettant de dessiner. Dans cet atelier, les élèves devront utiliser les ciseaux comme seul outil pour réaliser une production libre. Il s'agira ici de percevoir les formes non tracées au préalable, d'imaginer leur cheminent, d'affiner son geste dans le maniement des ciseaux, de développer la motricité fine.
Demandez d'abord aux élèves d'imaginer un dessin et de donner quelques exemples de productions possibles, afin d'aiguiller ceux qui pourraient être freinés par la réalisation d'une production libre. Puis donnez le matériel: chutes de papier de différentes couleurs à découper librement, grandes feuilles blanches pour le collage, de la colle et un seul outil pour le tracé: les ciseaux!

Consigne: *Réalisez un dessin en découpant les formes sur les papiers de couleurs. Collez-les sur la feuille blanche pour composer votre dessin. Vous ne pourrez pas prendre de crayons pour tracer!*

En regroupement, faites un retour sur cet atelier autonome en présentant quelques productions et en demandant aux élèves de raconter ce qu'ils ont fait.

• Atelier 4 •

Géoplan: créations libres

Explorer le monde
→ **Réaliser des constructions**
→ **Utiliser des outils et des matériaux adaptés à des actions techniques spécifiques**

30' Doc. 134 – Galerie photo live!

Matériel
- Un géoplan par élève
- Des élastiques

Découvrir et s'approprier le matériel

Le Géoplan est une planche en plastique carrée avec des picots qui permet de réaliser des figures sans être gêné par le tracé, puisque celui-ci se fera par le positionnement d'élastiques (cf. Galerie photo Doc. 134). C'est un matériel de manipulation que nous utiliserons dans plusieurs séquences pour travailler divers domaines: imagination et création, reproduction à partir de tracés, repérage dans l'espace, connaissance des formes géométriques et vocabulaire, symétrie, etc.
Comme pour toute découverte de matériel, un temps sera toujours nécessaire aux enfants pour jouer, expérimenter, imaginer. C'est un temps qui leur permettra de s'approprier le matériel et d'être plus disponibles pour les séances dirigées que vous ferez par la suite. Certains s'essayeront à réaliser des dessins, à tenter de reproduire ce que font leurs camarades, à rapprocher deux planches de Géoplans en les liant avec les élastiques, etc.
À la fin de l'atelier, demandez au dernier groupe d'élèves de ne pas défaire les dernières réalisations afin de les présenter en regroupement (voir retour sur l'activité en séance de langage, jour 4).

Prolongement: reproduire un assemblage réalisé avec un binôme, se repérer sur une fiche Géoplan.

Fabriquez à moindre cout vos propres Géoplans. Découpez des planches de contreplaqué de 25 x 25 cm par exemple (ou faites-les découper directement dans un magasin de bricolage). Tracez ensuite sur chaque planche un quadrillage avec des carrés de 5 cm et placez les clous au centre de chacun d'eux. Enfin, procurez-vous des élastiques de couleur.

• Jour 1 •

L'horloge

Collaborer, coopérer, s'opposer
→ **Coopérer, exercer des rôles différents complémentaires, élaborer des stratégies pour viser un but ou un effet commun**

Matériel
4 ballons en mousse

Pendant les 6 semaines du jour 1, en activités physiques, nous vous proposons une progression de jeux collectifs avec ballon, où les élèves travailleront la coordination des gestes (faire des passes, se déplacer, viser), l'élaboration de stratégies en équipe, le respect et la compréhension des règles.

1. Mise en route : des passes au prénom

Divisez la classe en quatre groupes (afin d'augmenter le temps où chacun aura le ballon) et placez-les en rondes. Un élève de chaque groupe a un ballon : il nomme le camarade de son choix et lui envoie le ballon. Celui qui le reçoit nomme un autre enfant et lui envoie le ballon. Les passes se poursuivent librement au sein de chaque groupe pendant 5 minutes.

2. Jeu de l'horloge

Chaque ronde représente une horloge, le ballon qui se déplace suit les aiguilles.

Au signal, les élèves se passent le ballon le plus rapidement possible au sein de la ronde (chacun le passe à son voisin dans le sens des aiguilles d'une montre). Lorsque le ballon aura fait un tour complet (à chaque fois que le premier passeur l'a en mains), on compte une heure.

À la fin du signal, chaque équipe comptabilise son temps : 1 tour complet = 1 h, les passes ne représentant pas un tour complet sont des minutes. (Ex. : 6 tours complets et 3 passes = 6 h 3 min.). L'équipe qui réalise le plus grand score remporte la manche.

Reprenez 2 ou 3 autres manches supplémentaires.

3. Le gêneur de l'horloge

Dans chaque groupe, un élève se place en dehors de la ronde et tente d'intercepter la balle, de gêner ses camarades pendant les passes. À la fin du jeu, on compte à nouveau les points.

Pour la formulation de la règle, faites jouer au début une seule équipe pendant que les autres observent.

• Jour 2 •

Statues animées

Communiquer avec les autres au travers d'actions à visée expressive ou artistique
→ **Construire et conserver une séquence d'actions et de déplacements, en relation avec d'autres partenaires, avec support musical**
→ **Proposer des solutions dans des situations de projet, de création, avec son corps**

Matériel
Tambourin ou musique au choix

Le jour 2 des activités physiques sera constitué d'une progression en danse où les élèves apprendront à enrichir l'expression corporelle, investir le corps, l'espace dans diverses situations, à danser avec les autres et se mettre en scène face à des spectateurs.

1. Mise en danse : le jeu des statues

Le jeu des statues, souvent utilisé lors des mises en route pour les activités d'expression corporelle, permet aux élèves de développer l'écoute et d'agir avec son corps en suivant un rythme donné.

Frappez sur le tambourin en alternant plusieurs fois trois temps dans le désordre : lent, rapide et arrêt. Pendant ce temps, les élèves se déplacent dans le préau en suivant l'alternance de rythmes ; lorsque la musique s'arrête, ils doivent prendre une pose de statue.

2. Enrichir les poses avec le corps

Demandez aux élèves de montrer les poses différentes qu'ils ont trouvées avec le jeu des statues. Pour chercher à solliciter l'ensemble du corps, ajoutez une contrainte de pose avant de mettre une musique : poser en utilisant les bras/les jambes et la tête/un pied/en s'accrochant à un camarade... Pendant la musique, les élèves se déplacent, dansent et, à chaque fois qu'elle s'arrête (penser à baisser complètement le son), ils doivent faire une pose avec la contrainte donnée.

3. Diversifier les modes de déplacements

Demandez aux élèves de lister les différentes manières de se déplacer en musique : en balançant les bras, en se rapprochant du sol, en croisant les camarades, en s'éloignant les uns des autres, à pas chassés, etc. Mettez à nouveau la musique, chacun devra intégrer trois types de déplacements différents.

4. Mise en scène devant des spectateurs

Divisez la classe en deux groupes : danseurs et spectateurs pour que chacun puisse observer les réalisations. Sur un fond musical, les danseurs devront évoluer dans la salle en intégrant trois déplacements et des poses à l'arrêt de la musique. Pour les spectateurs, il ne s'agit pas ici d'évaluer, mais d'observer, d'apprécier et de pouvoir par la suite enrichir leur vocabulaire corporel. Assurez une rotation des groupes.

• Jour 3 •

Ateliers de motricité (1)

Adapter ses équilibres et ses déplacements à des environnements ou des contraintes variés

→ Ajuster et enchainer ses actions et ses déplacements en fonction d'obstacles à franchir ou de la trajectoire d'objets sur lesquels agir

→ Se déplacer avec aisance et en sécurité dans des environnements variés, naturels ou aménagés

Doc. 135 – Schéma Nathan live!

Organisation : divisez la classe en cinq groupes afin de réduire le temps d'attente pour les passages et permettre aux élèves de s'exercer plusieurs fois sur un temps relativement court. Attribuez une couleur à chaque groupe et placez un cerceau de cette couleur devant l'atelier à effectuer. Assurez une rotation des groupes toutes les 5 à 7 minutes environ : il vous suffira de déplacer les cerceaux de couleur à l'atelier suivant.

Les deux premiers ateliers de roulade (ils évolueront en semaine 4) nécessitent la présence d'un adulte.

Atelier 1 : rouler en avant

Matériel
Banc, tapis

Organisation : un banc et un tapis de réception.

1er passage : départ allongé sur le banc, poser les mains sur le tapis de réception, faire une roulade avant et arriver dans une position stabilisée (assis).

2e passage : départ à genoux sur le banc.

Atelier 2 : rouler sur un plan incliné

Matériel
Plan incliné, tapis

Organisation : un plan incliné et un tapis de réception.

1er passage : départ à genoux sur le plan incliné, rouler en avant.

2e passage : arriver dans une position stabilisée : accroupi.

Atelier 3 : rouler latéralement

Matériel
2 séries de 4 tapis

Organisation : 2 séries en parallèle de 4 tapis (deux entrées)

1er passage : allongé, les bras le long du corps, rouler sur le côté (comme un tonneau) jusqu'au dernier tapis, sans dévier sa trajectoire.

2e passage : défi entre deux élèves, chacun sur une série de tapis : rouler comme un tonneau pour arriver le premier au bout.

Atelier 4 : s'équilibrer et franchir un obstacle

Matériel
Poutre, haie avec des plots et bâtons, tapis

Organisation : une poutre et au centre, une haie constituée avec des plots et des bâtons ou cordes

1er passage : marcher sur la poutre en mettant un pied devant l'autre et franchir la haie.

2e passage : marcher à pas chassés sur la poutre et enjamber la haie.

Atelier 5 : enjamber en s'équilibrant

Matériel
– 1 dizaine de chaises au moins
– Sacs de graines

Organisation : une série de chaises alignées.

1er passage : monter sur les chaises et enjamber les dossiers sans s'aider des mains.

2e passage : enjamber les chaises avec un sac de graines en équilibre sur la tête.

• Jour 4 •

Pistes d'agencement pour le parcours

Adapter ses équilibres et ses déplacements à des environnements ou des contraintes variés

→ Ajuster et enchainer ses actions et ses déplacements en fonction d'obstacles à franchir ou de la trajectoire d'objets sur lesquels agir

→ Se déplacer avec aisance et en sécurité dans des environnements variés, naturels ou aménagés

Souvent en maternelle, l'ensemble de l'équipe installe le parcours dans la matinée et chaque niveau de classe y fait des ajustements. À partir du matériel dont vous disposez, vous recherchez des agencements qui solliciteront diverses actions motrices chez les élèves.

Voici quelques propositions avec un matériel assez courant en maternelle :

1. Avec des bancs

- 4 bancs disposés en carré et plusieurs cordes nouées en haut des pieds pour constituer une sorte de toile d'araignée : **enjamber** les cordes/**ramper** en dessous/ **évoluer** les yeux bandés.
- 2 bancs face à face, un tapis posé à la verticale sur les assises (on obtient un tunnel) : **ramper/marcher en arrière** sur les coudes pour passer sous le tunnel.
- Sur des bancs à 6 pieds, placer des cubes sur les deux pieds du milieu pour créer un effet de bascule : **marcher** de différentes manières sur les bancs **en s'équilibrant**.
- Une série de bancs parallèles : prendre appui avec ses mains sur le banc et **sauter à pieds joints** de l'autre côté/**enchainer les sauts** plus rapidement/**avancer** sur banc en **sautant** pieds joints d'un côté et de l'autre.
- Un banc fixé sur un espalier ou une souricière : **grimper** debout/ou en **rampant**, **glisser**/ou **descendre** debout/en marche arrière.

2. Avec des cerceaux

- Placés à la verticale sur des plots : **traverser** les cerceaux sans les faire tomber.
- Placés à l'horizontale sur des plots ou maintenus avec des barres en plastique : **sauter** à l'intérieur de différentes façons (à cloche pieds, pieds joints)/ les **enjamber**.
- Simplement posés au sol : **sauter** de différentes façons.
- Fixés à différentes hauteur au plafond avec des cordes : **lancer** des sacs de graines/**sauter** d'une table pour lancer un sac de graines à travers les cerceaux.

3. Avec des tapis alignés au sol

- **Rouler** sur le côté, en avant, en arrière.
- **Se déplacer** de différentes manières : pieds et mains liés/à reculons/en rampant.
- Avec des zones marquées à la craie : **sauter** de plus en plus loin/sauter avec élan.

> **De nouvelles pistes d'agencement du matériel sont proposées en semaine 4.**

20' par séance

• Jour 1 •

Découverte de l'Australie

Mobiliser le langage dans toutes ses dimensions
→ **Communiquer par le langage, en se faisant comprendre**
→ **Pratiquer divers usages de la langue orale : raconter, expliquer, questionner, proposer des solutions, discuter un point de vue**

En évoquant l'Australie, les enfants vous parleront surement du kangourou et du koala, mais ils vont désormais pouvoir enrichir leurs connaissances sur cette ile et plus précisément découvrir la culture des Aborigènes.

Présentez l'Australie en la situant sur une mappemonde, faites remarquer sa forme et sa position sur la Terre (c'est une grande ile entourée de plusieurs océans), son éloignement par rapport à la France (il faut un jour et une nuit complète pour y arriver en avion), sa langue officielle, le nom de la capitale. Si vous avez un ordinateur avec une connexion Internet ou un rétroprojecteur, présentez des photos de paysages, villes et habitants (ou imprimez-les), afin de donner un premier aperçu aux élèves. Expliquez que la plupart des habitants d'Australie ont à peu près le même mode de vie que chez nous (habits, travail, éducation, habitation, etc.). Mais les premiers habitants de ce pays étaient les Aborigènes avant la colonisation des Britanniques en 1788 (plus de 650 tribus différentes). C'est un peuple qu'on estime aujourd'hui à moins d'un demi-million sur une population de 23 millions d'habitants.

Enfin, présentez et faites comparer le drapeau australien et celui des Aborigènes qui a été reconnu officiellement en 1995 : la bande noire représente la couleur de peau des Aborigènes, la bande rouge symbolise la terre et le cercle jaune au centre représente le soleil, l'énergie.

> **Un album-clé aborde la culture aborigène à travers un conte : Chrystel Proupuech, *Yapa, le petit aborigène d'Australie*, Mila Éditions.**

• Jour 2 •

Pistes d'exploitation en lecture

Mobiliser le langage dans toutes ses dimensions
→ **Comprendre des textes écrits sans autre aide que le langage entendu**
→ **Manifester de la curiosité par rapport à l'écrit**

Les pistes pour la découverte et l'entrée dans l'écrit à partir d'albums sont variées. Veillez à ne pas systématiquement décortiquer tous les textes, notamment en donnant des fiches regroupant divers domaines et dénaturant l'album.

En complément des pistes d'exploitation en lecture des périodes précédentes, voici de nouvelles propositions pour faire découvrir un album en plusieurs étapes :

– Raconter l'histoire avant de la lire (pour éviter les obstacles à la compréhension).
– Émettre des hypothèses à partir des éléments de la couverture, des illustrations.
– Compter le nombre de mots dans le titre en faisant repérer les espaces.
– Feuilleter l'album et laisser les enfants imaginer l'histoire avant de la lire.
– Fabriquer des marottes à partir des illustrations des personnages pour faire jouer l'histoire.
– Dessiner des passages de l'histoire.

Et voici une sélection d'albums pour cette période :
– Chrystel Proupuech, *Yapa, le petit aborigène d'Australie*, Mila.
– Carl Norac *Le Petit Sorcier de la pluie,* L'École des Loisirs.
– Annie Langlois, *La petite fille qui voulait voir le désert*, Père Castor-Flammarion.
– L'imagerie animale, *Les Animaux d'Australie*, Éditions Fleurus.

• Jour 3 •

« Le temps du rêve »

Agir, s'exprimer, comprendre à travers les activités artistiques

→ Décrire une image et exprimer son ressenti ou sa compréhension en utilisant un vocabulaire adapté

→ S'ouvrir à la diversité culturelle

Doc. 136 live!

Présentez 2 ou 3 reproductions de peintures aborigènes et laissez les élèves s'exprimer librement. Ensuite, amenez-les à comparer et décrire les éléments récurrents : technique des pointillés, rythmes répétitifs, zones de couleurs, présence d'animaux, etc.

Exception faite des peintures rupestres, les Aborigènes réalisaient beaucoup de tracés éphémères, par exemple sur le sable ou sur le corps, puis ils peignaient sur des écorces d'arbre, sur des rochers ou sur de la toile. C'est à partir des années 1970, qu'ils ont réalisé sur toile, des productions avec de la peinture acrylique pour préserver leur héritage. Le thème central des œuvres est marqué par le « Temps du rêve », aussi appelé *Tjukurpa*. Ce n'est pas le rêve tel que nous le définirions (en tant que songe), mais il s'agit d'une représentation des histoires, des chants, des rites qui racontent la vie des ancêtres avant la création du monde.

La connaissance de certains signes aborigènes permet d'interpréter quelques œuvres et ainsi lire les rêves représentés.

Affichez le répertoire de signes aborigènes (Doc. 136 agrandi au format A3) et faites-le décrire en demandant aux enfants quelle pourrait être la signification de certains symboles. Enfin présentez-les : d'abord les animaux, qui sont souvent représentés par les traces de pas qu'ils laissaient sur le sable, puis les éléments de la nature, et enfin les personnages.

• Jour 4 •

Retour sur atelier : les Géoplans

Mobiliser le langage dans toutes ses dimensions

→ S'exprimer dans un langage oral syntaxiquement correct et précis

→ Utiliser le langage d'évocation, dire ce qu'on a fait

Faites un retour sur l'atelier 4 en demandant aux enfants de décrire le matériel : planche Géoplan (matière, forme, nombre de clous) et les élastiques (couleurs et utilisation possible).

Les groupes pourront parler de leurs réalisations faites cette semaine et le dernier groupe, les montrer. Demandez de décrire, comparer avec le vocabulaire géométrique et spatial.

> **Une progression d'ateliers (autonomes et dirigé) sur les Géoplans est proposée dans les semaines qui suivent.**

• Atelier 5 •

Jouer avec les mots

Mobiliser le langage dans toutes ses dimensions
→ **Manifester de la curiosité par rapport à l'écrit**
→ **Pouvoir redire les mots d'une phrase écrite après sa lecture par l'adulte**

30' Doc.137 live!

Matériel
- Étiquettes titres d'albums (Doc. 137)
- Barquettes individuelles, jetons
- Par élève : 5 petites et 5 grandes bandes de papier couleur

Segmenter l'oral en mots

1. Repérer le nombre de mots

Imprimez, agrandissez et découpez les titres des trois albums proposés sur le thème de l'Australie (Doc. 137).

Sans divulguer les titres, demandez aux élèves de compter le nombre de mots sur chaque bande. Un élève vient les entourer du doigt et montrer le petit espace présent entre chacun d'eux. Veillez à rappeler la différence entre mot et signe.

Ensuite, choisissez une bande-titre (sans indiquer laquelle), lisez-la lentement en détachant distinctement chaque mot; les élèves doivent identifier, parmi les trois présentes, celle qui correspond au titre lu, en se référant au nombre de mots (ou en prenant des repères dans l'écrit).

Un élève désigne la bande qu'il pense avoir identifiée et répète le titre en pointant simultanément du doigt chaque mot énoncé. Faites valider par l'ensemble du groupe le nombre de mots dits à l'oral et présents à l'écrit. Vous pouvez ensuite faire rechercher des repères dans l'écrit pour la validation: identification de syllabes connues, de petits mots, sons repérés, etc. Poursuivez l'exercice avec un autre titre.

2. Coder le nombre de mots

Disposez une barquette de jetons face à chaque élève et énoncez de nouveaux titres d'albums ou des phrases courtes choisies dans les premiers albums cités. Cette fois-ci, vous les lirez en détachant moins les mots à l'oral. Avec leurs jetons, les élèves codent le nombre de mots énoncés.

3. Coder les mots selon leur taille

Disposez, dans des barquettes individuelles, une dizaine de bandes de papier couleur de deux tailles: petites et grandes (5 carrés et 5 rectangles). Elles seront à faire correspondre avec la taille des mots: courts ou longs.

Rangez de la vue des élèves les étiquettes du premier exercice, puis relisez lentement un titre. Chacun devra placer devant lui la bonne longueur de bandes de papier selon les mots énoncés.

Si vous n'avez pas le temps d'imprimer les étiquettes titres, vous pouvez directement écrire le titre au tableau, en vous installant au coin regroupement pour la première partie de cet atelier.

• Atelier 6 •

Chiffres sur le sable

Acquérir les premiers outils mathématiques
→ **Lire les nombres écrits en chiffres**
→ **Apprendre le tracé des chiffres**

30'

Matériel
- Plateaux ou barquettes de cantine
- Sable fin

Lire et écrire les chiffres de 1 à 9

Dans les périodes précédentes, les élèves ont travaillé la reconnaissance de l'écriture des chiffres, tout en s'exerçant au tracé. Poursuivez cette activité avec de nouveaux supports et outils scripteurs: le sable et les doigts (comme les tracés réalisés par les aborigènes d'ailleurs !).

Préparez une fiche avec l'écriture des chiffres de 1 à 9 et le sens du tracé. Photocopiez plusieurs exemplaires et protégez-les dans des pochettes en plastique.

Placez vos élèves, debout (pour permettre un geste ample et souple), chacun face à un plateau de sable fin.

Après lecture et verbalisation du tracé à réaliser pour chaque chiffre, les élèves les réalisent sur le sable. Ils peuvent effacer et s'exercer plusieurs fois avant de passer au chiffre suivant.

Vous les accompagnez dans la reconnaissance et l'écriture, dans le positionnement du corps et enfin la gestion de l'espace (si les tracés sont précis, on pourra demander à réduire la taille des chiffres, à les écrire sur une ligne tracée).

À la cantine, empruntez les plateaux ou récupérez des grandes barquettes en plastique. Vous pouvez aussi remplacer le sable par de la farine.

20' par séance

• Jour 1 •

Menu de la cantine

Mobiliser le langage dans toutes ses dimensions
→ **Commencer à réfléchir sur la langue**
→ **Acquérir et développer la conscience phonologique**

Procurez-vous le menu de la cantine de la semaine, agrandissez-le au format A3 et affichez au tableau. Demandez aux élèves quel est ce type d'écrit et sa fonction. Demandez-leur ensuite de dire ce qu'ils ont mangé ce jour à la cantine et de rappeler les différents composants d'un menu équilibré:
– l'entrée avec des légumes crus: les crudités;
– le plat principal avec des légumes cuits (ou féculents) et un produit animal (viande/poisson/œuf);
– le produit laitier: fromage ou yaourt;
– le dessert: gâteau ou fruit.
Sans lire, écrivez au tableau les mots-clés du menu du jour dans le désordre (en script); simplifiez pour pouvoir travailler la lecture. Par exemple, pour « tomates persillées à la vinaigrette », écrivez simplement → *tomates*. Vous n'écrirez donc que 5 à 6 mots au tableau.
Les élèves devront chercher à quels mots correspondent les écrits du tableau. Pour cela, ils s'appuieront sur le rappel oral qu'ils ont fait de leur repas et chercheront des repères dans l'écrit. Exemple: *« Vous avez mangé du poisson ; comment pourrait-on retrouver ce mot écrit au tableau ? Est-ce qu'il y a des sons ou syllabes que vous connaissez dans ce mot ? On entend « on » comme dans Simon. »*

• Jour 2 •

La chaine des mots

Mobiliser le langage dans toutes ses dimensions
→ **Pouvoir redire les mots d'une phrase écrite après sa lecture par l'adulte**
→ **Commencer à réfléchir sur la langue**

Énoncez lentement une phrase simple à l'oral et demandez aux élèves d'identifier le nombre de mots. Exemple: *« Nous sommes mardi 8 mars. »* Pour valider, faites une chaine de mots avec les élèves: un élève se lève pour dire le premier mot, un deuxième énonce le mot suivant, etc. On vérifie que chacun des mots prononcé a du sens (on ne doit pas confondre mot et syllabe ici) et on compte le nombre d'élèves debout.
Enfin, pour une validation finale, écrivez la phrase au tableau et faites entourer les mots en faisant remarquer l'espace entre chacun d'eux, ainsi que la présence de la majuscule et du point.

• Jour 3 •

Peintures aborigènes

Agir, s'exprimer, comprendre à travers les activités artistiques
→ **Décrire une image et exprimer son ressenti ou sa compréhension en utilisant un vocabulaire adapté**
→ **S'ouvrir à la diversité culturelle**

Doc. 136 Nathan live!

Reprenez les reproductions des peintures aborigènes présentées initialement dans la séquence de langage du matin ou choisissez-en de nouvelles présentant davantage de signes aborigènes que les élèves pourraient essayer d'interpréter grâce au répertoire présenté (Doc. 136).
Laissez-les imaginer, raconter une histoire au travers des signes qu'ils pourraient identifier ou interpréter.

• Jour 4 •

Atelier philo : « Comment sait-on qu'on rêve ? »

Mobiliser le langage dans toutes ses dimensions
→ **Pratiquer divers usages de la langue orale : raconter, expliquer, questionner**
→ **Discuter un point de vue**

L'atelier de philosophie est un temps de débat en groupe où les enfants apprennent à penser, « à réfléchir comme les grandes personnes » sur une question posée.
Mené de manière régulière, cet atelier aura pour objectifs d'aider les enfants à:
– construire leurs personnalités et leurs pensées;
– développer le langage;
– respecter les règles de prise de parole;
– développer les règles de citoyenneté et de respect de l'autre.
Cette semaine, nous abordons « le temps du rêve » chez les Aborigènes, qui est une représentation du chemin suivi par les Aborigènes lors de la création du monde.
C'est l'occasion, d'évoquer le lien entre le réel et le songe en proposant ce débat: *Comment sait-on qu'on rêve ?*

De la graine à la plante

Organisation : chaque semaine, la première séance est en regroupement ; pour les deux suivantes, divisez la classe en 4 groupes : 2 ateliers vous sont proposés et 2 ateliers libres (aux coins jeux ou pour votre exploitation personnelle) ; assurez une première rotation dans la matinée. Les groupes qui n'ont pas fait les ateliers dirigés passeront la semaine suivante.

La dernière séance est une progression d'activités physiques avec manipulation de petits matériels : les cerceaux.

• Séance 1 •

La diversité des graines

Explorer le monde
→ **Découvrir le monde du vivant**
→ **Identifier des caractéristiques susceptibles d'être catégorisées**

Matériel
- Graines pépins, noyaux
- Végétaux associés

Placez sur un plateau différentes variétés de graines (haricot, pois), pépins (pomme, raisin, mandarine) et noyaux (abricot, avocat). Déplacez-vous avec, afin que les élèves puissent les voir de plus près. Interrogez-les : *« Qu'est-ce que c'est ? Est-ce que tout se ressemble ? D'où ça vient ? Comment pourrait-on vérifier ? »*

Placez les végétaux (fruits et légumes) sur la table et demandez aux élèves de les associer aux graines présentes sur le plateau. Validez les propositions en ouvrant les végétaux pour retrouver les graines, pépins et noyaux.

Concluez : *Il y a une grande diversité de graines, que l'on nomme parfois pépins, noyaux. Elles sont dures et sèches ; elles proviennent des végétaux : fruits, légumes mais aussi des plantes et fleurs.*

• Séance 2 •

La graine : observation et conditions de germination

Explorer le monde
→ **Connaitre les besoins essentiels de quelques végétaux**
→ **Reconnaitre les principales étapes du développement d'un végétal, dans une situation d'observation du réel**

Matériel
- Graines de haricots - Couteaux, loupes
- Pots en verre, eau, terre - Cahier d'expériences, crayons, gommes

Distribuez à chaque élève une graine de haricot sec et une autre que vous aurez humidifiée trois jours auparavant (afin qu'elle commence à germer et qu'on puisse l'observer). Demandez de dessiner ces graines sur un cahier d'expériences et de dire ce qu'elles contiennent sans les ouvrir. (Notez en dictée à l'adulte ce que chacun pense.)

Après l'émission d'hypothèses, donnez des couteaux en plastique et des loupes pour permettre aux élèves de vérifier ce que les graines de haricots contiennent en les coupant en deux. Chacun dessine sur son cahier ce qu'il voit. On peut y découvrir une plantule (plante miniature) avec des feuilles, une tige et une racine. C'est ce qui donnera la future plante.

Comparez les graines sèches et celles qui sont humidifiées. *Que faut-il pour que la graine de haricot germe, commence à donner une plante miniature ?* Recueillez par écrit les propositions des élèves et faites-les réaliser dans différents pots en verre :
- De l'eau : placer les graines dans deux pots. Un avec de l'eau et du coton pour la conserver (n° 1)/ un sans eau (n° 2).
- De la lumière : placer les graines dans deux pots. Un près de la fenêtre (n° 3)/un autre dans le noir, dans un placard (n° 4).
- De la chaleur : placer les graines dans deux pots. Un près du radiateur (n° 5)/un autre dans le réfrigérateur de la salle des maitres (n° 6). Il faudra une deuxième série de pots incluant le facteur eau/sans eau.
- Pour la terre : placer les graines dans deux pots. Un dans de la terre (n° 7)/Un sans terre (n° 8).

Numérotez chaque pot avec une étiquette autocollante et écrivez la légende sur une affiche ou dessinez-la directement sur les pots. Exemple : pour l'eau, un tracé bleu/la lumière, un soleil/la chaleur, un thermomètre/la terre, un tracé marron.

Pour finir, chaque élève peut dessiner sur son cahier les conditions qui, selon lui, pourront permettre la germination de la graine.

• Séance 3 •

Classement des graines à la pince

Explorer le monde
→ Découvrir le monde du vivant
→ Identifier des caractéristiques susceptibles d'être catégorisées

Matériel
- Diverses graines
- Pinces à cornichons, cuillères, bouteilles, bols…
- Appareil photo

Distribuez une grande variété de graines au groupe et demandez-leur de classer celles qui sont identiques dans des bols différents.

Pour renforcer la dextérité et la motricité fine, cette activité peut se faire avec différents types de matériel : pinces à cornichons, à pâtes ou cuillères en plastique… Vous pouvez aussi varier le contenant : bouteilles en plastique, compartiments des boites à œufs.

À la fin de l'activité, les élèves fixent, avec du scotch, une graine de chaque type sur leur cahier d'expériences, puis les dessinent.

• Séance 4 •

Manipulation libre des cerceaux

Agir dans l'espace, dans la durée et sur les objets
→ Agir dans des espaces et avec des matériels variés

1. Distribuez un cerceau par enfant et laissez jouer librement. Il s'agit ici d'imaginer et d'explorer les différentes actions sans intervention de l'adulte. C'est un temps libre pour jouer, fort apprécié par les enfants.

2. Donnez un signal pour faire asseoir les enfants et mobiliser leur attention. Faites une mise en commun et verbalisation : *« Que peut-on faire avec un cerceau ? Tu sais le faire rouler ? Montre-nous ! D'autres propositions ? »*

3. Mise en œuvre des propositions des enfants pour enrichir le répertoire d'actions.

Semaine 2

	Lundi	Mardi	Jeudi	Vendredi	Demi-journée thématique
8h20 **Accueil**	**Compter le nombre de lettres de son prénom et le classer sous le bon chiffre** **Activités autonomes et réinvestissement de matériel**				
8h40 **Rituels**	**Appel :** Syllabes initiales identiques **Découvrir les nombres :** Qui compte le plus loin ? **Repérage dans le temps :** Le mois, la semaine				
9h **Univers sonores**	**Chansons et comptines au choix**				
9h10 **Ateliers** Rotation des groupes sur les ateliers de la semaine	**Atelier 7 : Écrire un rêve aborigène** → Produire un écrit collectif à partir d'un répertoire de signes aborigènes **Atelier 8 : Prénom aborigène** → Mettre en relief son prénom à la manière des peintures aborigènes **Atelier 9 : Titre en trois graphies** → Reconstituer le titre d'un album dans trois graphies différentes **Atelier 10 : Géoplans à reproduire** → Reproduire un agencement de formes sur différents plans				**Séances de la graine à la plante** – Les albums sur les graines et les plantations – La graine : observation et conditions de germination (2) – Classement des graines à la pince (2)
9h45	**Rangement et bilan des ateliers**				
10h **L'activité physique**	**Le relais horloge** → Jeu collectif avec ballon	**Les rencontres : par 2 et 4** → Expression corporelle, danse	**Ateliers de motricité (1)** → Rouler de différentes façons, s'équilibrer	**Le parcours** → Pistes d'agencement du matériel	**Enrichir les actions avec les cerceaux** → Diversifier les actions
10h30	**Récréation**				
11h **Langage/Lecture**	**Animaux d'Australie** → Découvrir le vivant	**Fiche d'identité des animaux** → Produire des écrits sur les animaux d'Australie	**La couverture mystère** → Identifier un album	**Retour sur atelier Miró** → Dire ce qu'on a fait	**Lecture plaisir**
11h30	**Sortie/déjeuner**				
13h30	**Écoute musicale, chant, lecture plaisir...**				
14h **Ateliers** Rotation des groupes sur les ateliers de la semaine	**Atelier 11 : Animaux d'Australie : bataille des syllabes** → Scander et comparer le nombre de syllabes des mots **Atelier 12 : Répertoire graphique aborigène** → Reproduire des tracés **Ateliers libres**				
14h 50	**Récréation**				
15h20 **Langage/Lecture**	**Menu de la cantine** → Transcrire des mots	**Pistes de lecture** → Propositions d'exploitation	**Syllabes initiales communes** → Phonologie	**Atelier philo** → Y a-t-il des animaux méchants ?	
15h45	**Sortie**				

• Accueil •

Acquérir les premiers outils mathématiques
→ Dénombrer des collections jusqu'à dix au moins
→ Lire les nombres écrits en chiffres jusqu'à dix

Avec des aimants ou de la pâte à fixer, alignez au tableau des étiquettes avec les chiffres de 1 à 10 (ou plus selon le nombre de lettres comprises dans les prénoms).

En arrivant, les élèves comptent le nombre de lettres de leur prénom et classent leur étiquette de présence sous le bon chiffre (la bonne colonne).

Vous validez avec eux pendant et à la fin de l'accueil.

Sur les tables en autonomie : dessin libre, puzzles, Géoplans, jeux de construction.

• Rituels •

20'

Appel

Mobiliser le langage dans toutes ses dimensions
→ Manipuler les syllabes
→ Acquérir et développer la conscience phonologique

Lors de l'appel, poursuivez la recherche de mots ayant la même syllabe initiale que les prénoms de la classe.

Ex. : **So**phie → **So**leil, **So**mmeil, **Sau**ter…

Pour étoffer votre liste, pourquoi ne pas utiliser le dictionnaire ? Vous pourrez lire ainsi aux élèves d'autres mots avec les mêmes syllabes initiales que leur prénom.

Découvrir les nombres

Acquérir les premiers outils mathématiques
→ Dire la suite des nombres jusqu'à trente

Continuez avec de nouveaux élèves, l'évaluation de la suite numérique avec le défi comptage présenté en semaine 1.

Repérage dans le temps

Explorer le monde
→ Situer des événements vécus les uns par rapport aux autres
→ Repérer les événements dans la journée, la semaine et le mois

Pendant toute la période, poursuivez le repérage sur le calendrier du mois, introduit en période 3, semaine 2. Chaque jour, un élève responsable entoure la date. Ecrivez-la en cursive au tableau en verbalisant vos tracés.

• Univers sonores •

Agir, s'exprimer, comprendre à travers les activités artistiques
→ Avoir mémorisé un répertoire varié de comptines et de chansons et les interpréter de manière expressive

10'

1. Récitation de la poésie « Continents »

Chaque jour, faites réciter la poésie « les continents ».

Six élèves se placent debout, face au groupe classe, et récitent à tour de rôle une strophe pour restituer la poésie en entier.

2. Chansons

Poursuivons notre voyage à travers les différents continents avec l'apprentissage d'une chanson présentant un animal emblématique d'Australie : le kangourou. Elle permettra d'introduire les séquences de langage de cette semaine sur les animaux.

« Saute, saute, gentil kangourou »

Refrain 2 fois :
Saute, saute gentil kangourou
Saute, saute je te suis partout.
Tu m'épates, gentil kangourou
sur tes pattes, tu restes debout.
(Refrain 2 fois)
Tu grignotes, gentil kangourou
des carottes et aussi des choux.
(Refrain 2 fois)
Dans ta poche, y a un kangourou
il se cache, bébé kangourou.
(Refrain 2 fois)

Anny et Jean-Marc Versini,
Les Chansons de la marmotte

• Atelier 7 •

Écrire un rêve aborigène

Mobiliser le langage dans toutes ses dimensions
→ **Participer verbalement à la production d'un écrit**
→ **Observer, comprendre les signes aborigènes**

30' Doc. 136 live!
Matériel
- Doc. 136 découpé en cartes
- Une feuille et un stylo pour l'enseignant

Produire un écrit collectif à partir d'un répertoire de signes aborigènes

1. Se remémorer les signes aborigènes
Agrandissez le répertoire des signes aborigènes (Doc. 136) découvert la semaine précédente et découpez-le en cartes que vous placez au centre de la table. Faites nommer les différentes catégories (les animaux, les personnages, la nature) et demandez aux élèves s'ils se souviennent de la signification des signes, à l'aide de repères graphiques. Validez en lisant.

2. Déterminer la structure de l'écrit
À partir de quelques signes librement choisis, chaque groupe va imaginer et écrire un rêve aborigène. Il s'agira de produire un texte en dictée à l'adulte, en respectant les règles qui s'imposent: assurer le passage de l'oral à l'écrit en respectant la syntaxe, ralentir le débit de parole, relire ce qui a été écrit, éviter les répétitions, utiliser des connecteurs et respecter la trame narrative.

Pour cela, déterminez avec les élèves la structure générale d'un récit.

Il faudra une situation initiale qui répond au moins à ces questions:
Qui sont les personnages?
Que font-ils? Que se passe-t-il (Quoi?)
Où se déroule l'histoire? Quand?

Si vous le souhaitez, ajoutez un élément perturbateur et enfin une situation finale.

3. Imaginer et dicter un rêve

Avant de commencer à écrire, laisser un temps aux élèves pour échanger entre eux, regarder à nouveaux les signes aborigènes, choisir les cartes signes qui les intéressent (rangez celles qui ne seront pas utilisées). Puis, à tour de rôle, chacun prend la parole pour l'élaboration progressive et collective d'une histoire.

Vous les accompagnez en reformulant la trame du récit, en assurant la cohésion de l'énoncé (n'hésitez pas à relire ce qu'ils vous ont dicté), en relançant par le questionnement. Rappelez également qu'il est nécessaire d'ajouter des « petits mots » pour lier les phrases (Ex: *ensuite, c'est pourquoi, tout à coup, enfin, etc.*).

4. Prolongement

En atelier 14, dessinez le rêve aborigène écrit.

• Atelier 8 •

Prénom aborigène

Agir, s'exprimer, comprendre à travers les activités artistiques
→ **Réaliser des compositions plastiques en choisissant et combinant des matériaux, en réinvestissant des techniques et des procédés**
→ **Découvrir différentes formes d'expression artistique**

30' Doc. 138 – Galerie photo live!
Matériel
- Feuille de papier kraft (ou marron) avec le prénom en cursive
- Différentes couleurs de peinture
- Coton-tiges

Mettre en relief son prénom à la manière des peintures aborigènes

L'utilisation des pointillés est une des caractéristiques de la peinture aborigène, comme ont pu le remarquer les élèves lors de l'observation de différentes œuvres en semaine 1.
Dans cet atelier, ils vont réaliser une production qui s'inspire de cette technique afin de mettre en relief leur prénom écrit en cursive. Ils pourront par ailleurs, se familiariser davantage avec l'écriture cursive.
Au préalable, préparez pour chaque élève une feuille de papier kraft symbolisant la couleur du sable sur laquelle les Aborigènes réalisaient leurs tracés. Écrivez au centre le prénom en cursive et marquez le contour d'un tracé fin au crayon de papier (silhouette du prénom).
Chaque élève poursuit le contour de son prénom en réalisant des points au coton-tige et à la peinture blanche. Il réalise ensuite un deuxième contour avec des pointillés d'une autre couleur et ainsi de suite jusqu'à atteindre le bord de la page (cf. Galerie photo Doc. 138).

La majuscule du prénom pourra être faite aussi bien en capitales d'imprimerie qu'en majuscule cursive, puisqu'ici, les élèves n'auront pas à l'écrire.

• Atelier 9 •

Titre en trois graphies

Mobiliser le langage dans toutes ses dimensions
→ **Reconnaitre les lettres de l'alphabet**
→ **Connaitre les correspondances entre les trois manières de les écrire : script, capitales d'imprimerie, cursive, et commencer à faire le lien avec le son qu'elles codent.**

30' Doc. 139 live!
Matériel
- Doc. 139 à imprimer
- Ciseaux, colle
- Alphabets individuels (Doc. 9)

Reconstituer le titre d'un album dans trois graphies différentes

Reconnaitre des mots écrits dans des graphies différentes est une étape importante dans l'apprentissage de la lecture et l'écriture. C'est une activité qui a déjà été proposée aux élèves sous différentes formes (ateliers avec les pinces à linge, mots croisés dans deux écritures, recherche de correspondance sur des planches mots), c'est pourquoi cet exercice peut être proposé en autonomie.

Imprimez le Doc. 139 présentant le titre et les étiquettes à reconstituer d'un album sur le thème de l'Australie que vous lirez surement cette semaine: *Yapa, le petit aborigène d'Australie* ou bien *Le Petit Sorcier de la pluie*. Bien sûr, vous pouvez choisir un autre album et adapter le document proposé.

Présentez le document en faisant anticiper la consigne par les élèves. Formulez-la clairement puis lisez le titre en pointant chaque mot.

Les élèves peuvent s'aider de leur alphabet individuel en trois graphies (Doc. 9) pour rechercher les correspondances d'écriture.

Vous pouvez faire remarquer que la longueur des étiquettes est adaptée à la taille du mot: court ou long. Faites alors le lien avec l'atelier 5 de la semaine précédente où les mots du titre étaient codés par de petites ou grandes étiquettes de papier.

• Atelier 10 •

Géoplans à reproduire

Acquérir les premiers outils mathématiques
→ **Reproduire un assemblage à partir d'un modèle**
→ **Reproduire, dessiner des formes planes**

30' Doc. 140 et 141 – Galerie photo live!
Matériel
- Planches géoplans et élastiques
- Fiche Géoplan vierge à imprimer (Doc. 140)
- Feutres effaçables, mouchoirs

Reproduire un agencement de formes sur différents plans

Reprenez les Géoplans que les élèves ont manipulés librement en atelier 4. Après la phase de découverte, de jeu et d'appropriation du matériel, il s'agira ici d'apprendre à travailler le repérage dans l'espace en reproduisant un agencement sur plusieurs plans: avec le matériel et la fiche papier.

1. Réaliser une production en double

Dans un premier temps, les élèves se placent par deux: l'un d'entre eux réalise une production libre sur son Géoplan et son camarade devra reproduire le même agencement sur sa planche. Après vérification en binôme, ils échangent les rôles.

2. Tracer sur une fiche Géoplan un agencement réalisé avec les élastiques

Dans un second temps, les binômes ne gardent qu'une seule planche et prennent chacun une fiche vierge de Géoplan (Doc. 140) placée sous pochette plastique.

Ils réalisent ensemble une figure avec le Géoplan et les élastiques, puis la reproduisent en la traçant sur la fiche. Lorsqu'ils ont terminé, ils comparent ensemble leurs tracés, vérifient sur la planche Géoplan, comptent les points avec ou sans élastiques pour valider l'espacement, etc.

Ils réalisent ensuite de nouvelles figures avec la planche et les tracent sur la fiche.

Si vous avez des planches Géoplans transparentes, les élèves pourront valider le dessin réalisé sur fiche, en le plaçant sous le Géoplan. La superposition en transparence des deux figures permettra de valider les tracés.

• Jour 1 •

Le relais d'horloge

Collaborer, coopérer, s'opposer

→ Coopérer, exercer des rôles différents complémentaires, élaborer des stratégies pour viser un but ou un effet commun

Matériel
4 ballons en mousse

1. Jeu de l'horloge

Reprenez le jeu de la semaine précédente en deux ou trois manches: quatre rondes d'élèves se passent la balle le plus rapidement possible. Lorsque le ballon fait un tour complet, on comptabilise 1 heure.

2. Le relais horloge

Changez la répartition des élèves dans les équipes et divisez la classe en deux groupes qui se diviseront encore en deux équipes adverses (équipes 1/2 et équipes 3 /4 jouant en parallèle).

L'équipe 1 forme une ronde et joue le jeu de l'horloge. L'équipe 2 se place en file indienne derrière un plot avec un bâton pour assurer une course de relais. Au signal, l'équipe 1 fait des passes avec le ballon et compte « 1 h » à chaque tour complet de l'horloge, pendant que les joueurs de l'équipe 2 courent le plus vite possible autour de cette ronde en se donnant le bâton en relais. (Dès qu'un élève a passé le relais, il s'assoit derrière la file indienne).

Lorsque l'équipe 2 a fini sa course de relais, l'horloge (l'équipe 1) s'arrête et on compte le nombre de tours de passes de l'équipe 1. (Ex.: 6 tours complets et 3 passes = 6 h 3 min).

Notez les points, inversez les rôles des équipes et assurez une rotation pour que tous les groupes jouent ensemble.

• Jour 2 •

Les rencontres: par 2 et 4

Communiquer avec les autres au travers d'actions à visée expressive ou artistique

→ Construire et conserver une séquence d'actions et de déplacements, en relation avec d'autres partenaires, avec ou sans support musical

→ Coordonner ses gestes et ses déplacements avec ceux des autres

Matériel
Musique au choix

1. Mise en danse: se saluer

Les élèves se déplacent sur une musique et doivent tous se rencontrer en cherchant différentes manières de se saluer. Laissez-les dans un premier temps agir, puis demandez-leur de lister les différentes possibilités: se saluer avec la main, du regard, avec un signe de tête, en faisant la révérence... Puis remettez la musique pour qu'ils intègrent ce qui a été proposé.

2. Danse par 2

Mettez la musique et placez les élèves par 2. Dans chaque binôme, un élève doit proposer un déplacement ou un mouvement. Il le répète plusieurs fois pour le faire apprendre à son camarade. Puis, les rôles sont inversés: c'est au deuxième élève de faire une nouvelle proposition. Pour finir, ils répètent ensemble les deux déplacements/mouvements en alternance plusieurs fois d'affilée pour les mémoriser.

3. Danse par 4

Les binômes rejoignent un autre groupe de deux élèves pour combiner les 2 x 2 enchainements trouvés. Ils se les montrent, les apprennent mutuellement et répètent les quatre à la suite plusieurs fois d'affilée.

4. Mise en scène devant des spectateurs

Chaque groupe de 4 élèves présente ses 4 déplacements/mouvements au reste de la classe. Les spectateurs observent et valident la coordination des danseurs.

• Jour 3 •

Ateliers de motricité (1)

Adapter ses équilibres et ses déplacements à des environnements ou des contraintes variés

→ Se déplacer avec aisance et en sécurité dans des environnements variés, naturels ou aménagés

Doc. 135 – Schéma live!

Reprenez la même organisation de parcours détaillés en semaine 1 et dans le schéma Doc. 135.

• Jour 4 •

Pistes d'agencement pour le parcours

Adapter ses équilibres et ses déplacements à des environnements ou des contraintes variés

→ Se déplacer avec aisance et en sécurité dans des environnements variés, naturels ou aménagés

Reprenez des pistes d'agencement du matériel proposées en semaines 1 ou 4.

20' par séance

• Jour 1 •

Découverte des animaux d'Australie

Mobiliser le langage dans toutes ses dimensions
→ **Pratiquer divers usages de la langue orale : raconter, expliquer, questionner**
→ **S'exprimer dans un langage oral syntaxiquement correct et précis**

Doc. 142 live!

Demandez à vos élèves de vous lister les animaux sauvages qui vivent en Australie. Le kangourou et le koala seront certainement cités, mais il y en a bien d'autres qui sont caractéristiques de cette grande ile !
Imprimez-le Doc. 142, découpez les cartes animaux et présentez-les au fur et à mesure. Laissez les élèves décrire, commenter, comparer, émettre des hypothèses sur le nom, le milieu de vie, etc. Vous pouvez noter en dictée à l'adulte les représentations initiales ou les hypothèses qui seront données à la vue de ces photos. Lisez le nom de l'animal, donné dans les trois graphies. La découverte plus approfondie de ces animaux se fera au fil de recherches, lectures et ateliers prévus.
Voici quelques lectures ou albums qui vous aideront dans cette démarche :
– Émilie Beaumont, *Les Animaux d'Australie*, Éditions Fleurus
– Jackie French, *Je mange, je dors, je me gratte, je suis un wombat*, Albin Michel
– Éric Carle, *Les kangourous ont-ils une maman ?*, Mijade Éditions
– Collectif, *Le Koala*, Mes premières découvertes
– Andrej Usatschow et Anke Faust, *Drôle de nez...*, Nord-Sud

• Jour 2 •

Fiche d'identité des animaux

Mobiliser le langage dans toutes ses dimensions
→ **Comprendre des textes écrits sans autre aide que le langage entendu**
→ **Participer verbalement à la production d'un écrit**

Doc. 142 live!

À partir de lectures et de recherches dans des livres documentaires, albums proposés en jour 1, d'affiches ou sur Internet, réalisez avec les élèves (en dictée à l'adulte) une fiche d'identité de quelques animaux d'Australie, en y insérant par exemple, les éléments suivants :
– Photo et nom de l'animal (Doc. 142).
– Caractéristiques.
– Milieu et mode de vie.
– Régime alimentaire.

• Jour 3 •

La couverture mystère

Mobiliser le langage dans toutes ses dimensions
→ **S'exprimer dans un langage oral syntaxiquement correct et précis**
→ **Pratiquer divers usages de la langue orale : raconter, expliquer**

Disposez devant les élèves les nouveaux livres choisis pour la période (contes, livres documentaires). Un élève en choisit un sans l'indiquer à ses camarades et décrit la couverture le plus précisément possible : nombre de mots dans le titre, place du nom de l'auteur ou de l'éditeur, couleurs dominantes et graphismes. En revanche, il ne pourra pas évoquer l'illustration qui permettrait une identification trop rapide du livre, mais s'attachera aux autres éléments de la couverture.
L'élève qui a identifié le livre en choisit un à son tour et décrit la couverture.

• Jour 4 •

Miró : retour sur atelier

Mobiliser le langage dans toutes ses dimensions
→ **S'exprimer dans un langage oral syntaxiquement correct et précis**
→ **Utiliser le langage d'évocation, dire ce qu'on a fait**

Doc. 131 – Galerie photo live!

En atelier 1, les élèves se sont approprié l'œuvre de Miró – *Constellations pour l'amour d'une femme* – en agençant librement les formes et graphismes présents dans l'œuvre originale. Demandez à certains de venir montrer leur réalisation et d'expliquer ce qu'ils ont fait : motifs choisis, couleurs, quelle histoire on pourrait imaginer à partir de là, etc. Ensuite, présentez des reproductions d'autres œuvres de Joan Miró : *Bleu II*, *Le Carnaval d'Arlequin*, *Constellations*. Laissez-les d'abord s'exprimer librement, puis comparer, repérer les formes, les couleurs et enfin imaginer autour des œuvres.

• Atelier 11 •

Animaux d'Australie : bataille des syllabes

Mobiliser le langage dans toutes ses dimensions
- → Manipuler les syllabes
- → Acquérir et développer la conscience phonologique
- → Enrichir le vocabulaire

30' Doc. 142 live!

Matériel

Cartes des animaux d'Australie en plusieurs exemplaires (Doc. 142)

Scander et comparer le nombre de syllabes des mots

1. Présentation du jeu

Imprimez et plastifiez les cartes-animaux du Doc. 142 en plusieurs séries. Présentez-les une à une, en demandant aux élèves de nommer l'animal afin qu'il n'y ait pas d'ambigüité sur l'illustration ou le nom des animaux nouveaux. Cette activité dirigée permettra par ailleurs, de faire découvrir un nouveau vocabulaire, qui sera réinvesti dans les séquences de langage/lecture sur les animaux d'Australie (lecture documentaire ou album, réalisation de fiche d'identité...).

Faites rappeler la règle du jeu de bataille classique : chaque joueur place une carte, celui qui a la valeur la plus élevée remporte le tas. Dans ce jeu, c'est le nom de l'animal qui comporte le plus de syllabes qui gagne.

Lorsque deux animaux comportent le même nombre de syllabes, il y a bataille : chaque élève place alors une nouvelle carte face cachée et une autre face visible sur son tas. On compare les cartes ; celle qui a le plus grand nombre de syllabes remporte le tas.

2. Mise en place

Placez les élèves par deux (ou trois si le nombre est impair) et donnez-leur une série de cartes animaux. Dans chaque équipe, un élève distribue équitablement les cartes face cachées. Les joueurs retournent simultanément une carte, nomment l'animal et indiquent le nombre de syllabes pour jouer. La partie s'arrête lorsque toutes les cartes ont été remportées par un joueur.

Vous accompagnez les élèves dans l'acquisition du vocabulaire en nommant les animaux, dans la segmentation des mots en syllabes (si nécessaire, frappez les mains pour détacher les syllabes).

• Atelier 12 •

Répertoire graphique aborigène

Agir, s'exprimer, comprendre à travers les activités artistiques
- → Réaliser une composition personnelle en reproduisant des graphismes
- → S'ouvrir à la diversité culturelle

30' Doc. 143 – Galerie photo live!

Matériel

- Signes aborigènes (Doc. 136)
- Grandes feuilles blanches avec un quadrillage tracé
- Feutres fins
- Ardoise, feutres effaçables

Reproduire des tracés aborigènes

Sur une feuille A3 ou une demi feuille de peinture, tracez au gros feutre noir un quadrillage de trois lignes et quatre colonnes.

Sur ce tableau, les élèves vont reproduire des signes graphiques pour se constituer un répertoire iconographique aborigène. Cette activité leur permettra de mémoriser quelques signes pour pouvoir « lire » et interpréter des œuvres aborigènes. Il s'agira également de développer l'observation pour la reproduction et d'affiner son geste dans les activités graphiques.

Disposez sur la table les cartes signes aborigènes découpées (Doc. 136) ; les élèves choisissent celles qu'ils souhaitent reproduire sur leur tableau. Dans chaque case, ils réalisent un tracé plusieurs fois en utilisant la même couleur. Puis, ils changent de couleur pour réaliser un autre signe aborigène dans une autre case. (cf. Galerie photo Doc. 143).

Vous donnez régulièrement la signification du signe aborigène tracé. Comme toute activité de graphisme, veillez à la posture et la souplesse du corps, la tenue du feutre, et le sens des tracés (cercles, traits horizontaux...). Si nécessaire, verbalisez les tracés et accompagnez la main dans la réalisation.

En cas de difficulté, n'hésitez pas à prendre les ardoises pour leur permettre de s'exercer plusieurs fois sur un tracé avec votre aide.

Pour certains élèves qui ont des difficultés en graphisme, réduisez le nombre de cases pour qu'ils se concentrent sur moins de tracés, mais les reproduisent correctement.

20' par séance

• Jour 1 •

Menu de la cantine

Mobiliser le langage dans toutes ses dimensions
→ **Commencer à réfléchir sur la langue**
→ **Découvrir la fonction de l'écrit**

Reprenez le déroulement détaillé en semaine 1 pour la lecture du menu.

L'activité se déroule en deux temps:

1. Les élèves disent ce qu'ils ont mangé à la cantine le midi.

2. Ils doivent retrouver les mots du menu écrits au tableau dans le désordre.

Pour cela, ils devront chercher des repères pour la lecture.

• Jour 2 •

Pistes de lecture

Mobiliser le langage dans toutes ses dimensions
→ **Comprendre des textes écrits sans autre aide que le langage entendu**
→ **Manifester de la curiosité par rapport à l'écrit**

Poursuivez la lecture d'un album choisi sur le thème de l'Australie avec les pistes d'exploitation proposées en semaine 1.

• Jour 3 •

Phonologie: syllabes initiales communes

Mobiliser le langage dans toutes ses dimensions
→ **Manipuler les syllabes**
→ **Acquérir et développer la conscience phonologique**

Énoncez un mot repère et faites identifier la syllabe initiale. Si certains élèves ont encore des difficultés à la trouver, faites scander et frapper les syllabes du mot, puis allongez la première. Exemple: pour *Maman*: 2 syllabes: *Maaaaaa/man*. (Dans les rituels de la période 2, plusieurs activités ont été proposées sur la syllabe initiale des prénoms).

Ensuite, donnez deux autres mots, les élèves devront identifier celui qui a la même syllabe initiale que le modèle:

maman: souris/**Ma**théo	**ra**tatouille: carotte/**ra**dis
papa: pirouette/**pa**rapluie	**sou**ris: **sou**pe/bac
kangourou: hibou/**can**tine	**ca**deau: **ca**méléon/courir
chapeau: samedi/**cha**let	**ju**ger: girafe/**ju**pon
chalet: chaud/**chat**	**che**val: Chine/**che**min
fourchette: **four**mi/famille	**Y**sra: **Y**von/Léa

Faites rechercher comment pourrait s'écrire la syllabe identifiée et notez-la au tableau.

• Jour 4 •

Atelier philo: « Y a-t-il des animaux méchants? »

Mobiliser le langage dans toutes ses dimensions
→ **Pratiquer divers usages de la langue orale: raconter, expliquer, questionner**
→ **Discuter un point de vue**

Référez-vous à la séquence de langage de la semaine précédente pour rappeler les enjeux et les règles de l'atelier philo. Cette semaine, voici une question qui fera écho aux activités de la classe, puisque les élèves découvrent petit à petit les animaux sauvages d'Australie: *Y a-t-il des animaux méchants?*

Ce sera l'occasion pour les élèves de s'interroger sur la définition du terme méchant, sur le rapprochement qu'on peut faire entre les comportements humains et ceux des animaux, sur le sens que l'on peut leur donner…

De la graine à la plante

• Séance 5 •

Les albums sur les graines et les plantations

Mobiliser le langage dans toutes ses dimensions
→ **Comprendre des textes écrits sans autre aide que le langage entendu**
→ **Manifester de la curiosité par rapport à l'écrit**

Voici une proposition de lecture qui viendra enrichir les activités de ces demi-journées et que vous pourrez exploiter de différentes manières: voir les pistes d'exploitation proposées en semaine 1.

- Éric Voltz, *Toujours rien ?*, Éditions du Rouergue
- Éric Carle, *Une si petite graine*, Mijade
- Anaïs Vaugelade, *L'Histoire du bonbon*, L'École des Loisirs
- Ruth Brown, *Dix petites graines*, Gallimard-Jeunesse
- François Malnuit, *1, 2, pois*, Grandir

• Séance 6 •

La graine : observation et conditions de germination (2)

Explorer le monde
→ **Connaitre les besoins essentiels de quelques végétaux**
→ **Reconnaitre les principales étapes du développement d'un végétal, dans une situation d'observation du réel**

Matériel
- Graines de haricots
- Couteaux, loupes
- Pots en verre, eau, terre
- Cahier d'expériences, crayons, gommes

Reprenez l'activité réalisée en séance 2 en assurant une rotation des groupes d'élèves.

• Séance 7 •

Classement des graines à la pince (2)

Explorer le monde
→ **Découvrir le monde du vivant**
→ **Identifier des caractéristiques susceptibles d'être catégorisées**

Matériel
- Diverses graines
- Pinces à cornichons, cuillères, bouteilles, bols...

Reprenez l'activité réalisée en séance 3 en assurant une rotation des groupes d'élèves.

• Séance 8 •

Enrichir les actions avec les cerceaux

Agir dans l'espace, dans la durée et sur les objets
→ **Agir dans des espaces et avec des matériels variés**

Faites asseoir les élèves dans le préau et demandez-leur de lister les différentes actions qu'ils ont trouvées lors de la manipulation libre avec les cerceaux en semaine 1.

Ici, il s'agira d'enrichir certaines actions proposées en adaptant ses gestes à la consigne et à l'espace. Organisez différentes actions sur un temps court et faites asseoir les élèves entre chacune d'elle pour une phase de verbalisation, relancer l'activité ou donner la consigne suivante.

Voici quelques propositions:

– faire rouler le cerceau droit dans des couloirs matérialisés avec des plots ou à la craie. *Variante :* faire rouler son cerceau dans le couloir en avançant;

– faire rouler le cerceau vers un camarade: en binôme, il faudra ajuster son geste à la cible;

– faire tourner le cerceau le plus longtemps possible sans le faire tomber;

– lancer son cerceau vers une cible matérialisée par des tapis.

Semaine 3

	Lundi	Mardi	Jeudi	Vendredi	Demi-journée thématique
8h20 Accueil	**Compter le nombre de lettres de son prénom et le classer sous le bon chiffre** **Activités autonomes et réinvestissement de matériel**				
8h40 Rituels	**Appel :** Syllabes initiales identiques **Découvrir les nombres :** Dénombrer les étiquettes classées à l'accueil **Repérage dans le temps :** Encadrer la date du jour (aujourd'hui, hier, demain)				
9h Univers sonores	**Chansons et comptines au choix**				
9h10 Ateliers Rotation des groupes sur les ateliers de la semaine	**Atelier 13 : Jeu de Yam** → Utiliser des procédures numériques dans un jeu de société **Atelier 14 : Peindre son rêve aborigène** → Illustrer une production d'écrit **Atelier 15 : Mini-géoplans à reproduire** → Reproduire des figures à une échelle différente **Atelier 16 : Bataille des syllabes** → Scander et comparer le nombre de syllabes des mots				**Séances de la graine à la plante** – La germination : observations et conclusions – De quoi une plante a-t-elle besoin pour se développer ? – Prénoms en graines
9h45	**Rangement et bilan des ateliers**				
10h L'activité physique	**Balle assise** → Jeu collectif avec ballon	**Le dessin imaginaire** → Expression corporelle, danse	**Ateliers de motricité (1)** → Rouler de différentes façons, s'équilibrer	**Parcours** → Pistes d'agencement du matériel	**En voiture !** → Jeux de cerceaux
10h30	**Récréation**				
11h Langage/Lecture	**Lecture suivie d'un album** → Pistes de lecture	**Fiche d'identité des animaux** → Produire des écrits sur les animaux d'Australie	**Les inférences de lieu et d'agent** → Renforcer la compréhension	**La lecture erronée** → Montrer sa compréhension d'un album	**Lecture plaisir**
11h30	**Sortie/déjeuner**				
13h30	**Écoute musicale, chant, lecture plaisir...**				
14h Ateliers Rotation des groupes sur les ateliers de la semaine	**Atelier 17 : Chat + pot = chapeau !** → Fusionner deux mots pour en former un autre **Atelier 18 : Mots croisés d'Australie** → Écrire dans une grille de mots croisés **Ateliers libres**				
14h50	**Récréation**				
15h20 Langage/Lecture	**Images séquentielles d'un album** → Chronologie	**Silhouette des mots** → Repérage dans l'écriture cursive et scripte	**Syllabes communes** → Phonologie	**Atelier philo** → C'est beau ou pas ?	
15h45	**Sortie**				

• Accueil •

Acquérir les premiers outils mathématiques
→ **Dénombrer des collections jusqu'à dix au moins**
→ **Lire les nombres écrits en chiffres jusqu'à dix**

Même organisation : compter le nombre de lettres et classer son étiquette de présence sous le chiffre représentant cette quantité.

Sur les tables : dessins libres, jeux autonomes, et réinvestissement du matériel des semaines précédentes (Géoplans à reproduire, bataille des syllabes).

• Rituels •

20'

Appel

Mobiliser le langage dans toutes ses dimensions
→ **Manipuler les syllabes**
→ **Acquérir et développer la conscience phonologique**

Même organisation que les semaines précédentes : rechercher des mots avec la même syllabe initiale que les prénoms de la classe. Voir détails en semaine 1.

Découvrir les nombres

Acquérir les premiers outils mathématiques
→ **Dire la suite des nombres jusqu'à trente**
→ **Lire les nombres écrits en chiffres jusqu'à dix**
→ **Dénombrer des collections jusqu'à dix au moins**

Un élève compte les présents, indique ce nombre sur la frise numérique et déduit le nombre d'absents (cf. détails période 2, semaine 1).

À l'accueil, les élèves ont classé leur étiquette de présence sous le chiffre correspondant à la quantité de lettres de leur prénom. Faites alors intervenir différents élèves pour compter le nombre d'étiquettes sous chaque chiffre : « Combien d'élèves ont 3 lettres ? » Chaque élève qui viendra compter écrira alors en chiffres la quantité totale en-dessous des étiquettes classées.

Repérage dans le temps

Explorer le monde
→ **Repérer les évènements dans la journée, la semaine et le mois**
→ **Stabiliser les premiers repères temporels**

Même organisation qu'en semaine 2 : se repérer sur le calendrier mensuel.
Faites ensuite rechercher l'encadrement du jour précédent et du jour suivant en utilisant les marqueurs temporels et les temps appropriés :
« *Aujourd'hui, nous sommes lundi 16. Hier, nous étions dimanche 15. Demain, nous serons mardi 17.* » Écrivez les trois phrases au tableau en verbalisant vos tracés.

• Univers sonores •

Agir, s'exprimer, comprendre à travers les activités artistiques
→ **Explorer des instruments**

10'

1. Découverte de chants et musiques aborigènes
L'écoute de musiques et chants aborigènes est un passage incontournable pour découvrir les sonorités des peuples accompagnés d'instruments traditionnels et plus particulièrement le didgeridoo.
Voici quelques albums que nous vous conseillons de faire écouter à vos élèves :
- Laiwanga Djoli et Blanasi David Gulpili, *Les Aborigènes : chants et danses de l'Australie du Nord*, Label Arion.
- *Australie, Traditional Didgeridoo, Autralian Aboriginal Music*, Label Warm Up.

> **Certains sites Internet vous permettent d'écouter des extraits de morceaux avant de les acheter en mp3 à l'unité. C'est un bon compromis si vous souhaitez acquérir des musiques de divers albums !**

2. Le didgeridoo
Appelé *mako* en aborigène, il est fabriqué à partir de branches d'eucalyptus, de bambou ou d'acacias et a été naturellement creusé à l'intérieur par les termites.
Inventé par les Aborigènes d'Australie il y a des dizaines de milliers d'années (entre 20 et 50 000 ans), le didgeridoo accompagne les chants et danses lors des cérémonies. Pour jouer de cet instrument, il faut pouvoir maitriser la respiration circulaire, technique assez complexe pour produire un son continu. Vous pouvez vous en procurer un pour une vingtaine d'euros si vous souhaitez vous y essayer avec vos élèves !

3. Reprise de la chanson de la semaine précédente
Continuez l'apprentissage de la chanson découverte en semaine 2 : « Saute, saute, gentil kangourou ».

• Atelier 13 •

Jeu de Yam

Acquérir les premiers outils mathématiques
→ **Associer l'écriture chiffrée aux constellations du dé**
→ **Recherche des stratégies**

30' Doc. 144 live!

Matériel
- 5 dés
- Crayons, Feuilles de scores (Doc. 144)
- Bandes numériques individuelles (Doc. 2)

Utiliser des procédures numériques dans un jeu de société

Le jeu de Yam est un jeu traditionnel qui peut facilement être adapté en Grande Section selon les objectifs que l'on souhaite atteindre. Ici, il s'agira de comprendre et respecter les règles d'un jeu mathématique, de reconnaitre les constellations des dés, de remplir une feuille de score et d'additionner des quantités.

1. Le but du jeu

Avec 5 dés et 3 lancers, obtenir le plus de dés identiques. A la fin du jeu, avoir le score le plus élevé.

2. Déroulement

Le premier joueur lance les 5 dés. Il a le droit à 3 lancers successifs pour obtenir le plus de dés identiques. Entre deux lancers, il met de côté les dés qu'il souhaite garder ou mettre de côté et rejoue les autres. Ensuite, il dessine sur sa feuille de scores (Doc. 144) les dés identiques et fait le total en écrivant le résultat en chiffres à l'aide de la bande numérique (Doc. 2). Il passe les dés au joueur suivant.

Exemple:

Un joueur obtient par exemple: 2, 4, 1, 2, 6. Il choisit de mettre de côté les 2 puis relance les autres dés. (Mais il pourrait aussi choisir de garder le 6 et tenter d'obtenir ce nombre aux autres lancers pour remporter plus de points). Au deuxième lancer, il obtient: 3, 4, 2; il garde le 2 et relance les autres dés. Au troisième lancer, il obtient 5, 2; il conserve alors le 2. Il a donc réussi à obtenir 4 fois le 2.

Ensuite, il remplit sa feuille de scores en dessinant les 4 dés avec les constellations du dé 2 et comptabilise le score total pour cette ligne (il ne pourra plus rejouer le 2). Le score sera écrit en chiffres avec l'aide de la bande numérique.

Vous accompagnez les élèves en faisant verbaliser régulièrement les règles du jeu, en aidant à la lecture des dés, au repérage sur la feuille de scores et à l'addition des quantités (pour cela, les élèves peuvent énoncer la suite numérique tout en pointant les constellations des dés dessinés).

À la fin du jeu, vous additionnez pour les élèves le score total de chaque fiche et l'écrivez. Celui qui obtient le plus grand score remporte le jeu.

3. Prolongement

Jouer avec des dés avec l'écriture chiffrée. Il faudra associer différentes représentations du nombre: chiffres sur les dés et constellations sur la feuille de scores.

• Atelier 14 •

Peindre son rêve aborigène

Agir, s'exprimer, comprendre à travers les activités artistiques
→ **Réaliser des compositions plastiques en réinvestissant des techniques et des procédés**
→ **Découvrir différentes formes d'expression artistique**

30' Doc. 145 – Galerie photo live!

Matériel
- Texte du rêve aborigène écrit par le groupe
- Grandes feuilles noires
- Peinture gouache : blanche et diverses couleurs
- Coton-tiges
- Répertoire de signes aborigènes découpé en cartes (Doc. 136)

Représenter un rêve aborigène à partir d'une production d'écrit

En atelier 7 de la semaine 2, les élèves ont réalisé par groupe une production d'écrit à partir des signes aborigènes. Reprenez le texte écrit en dictée à l'adulte par le groupe concerné, lisez-le une première fois et faites retrouver les cartes signes utilisées dans l'histoire (cf. Doc. 136).

Répartissez les rôles en lisant une nouvelle fois le texte produit: chacun choisit un signe aborigène présent dans le rêve, prend la carte signe correspondante (Doc. 136) et reproduit le modèle au centre de sa feuille, avec du coton-tige et de la peinture.

Pour poursuivre la réalisation, faites rappeler les différents éléments caractéristiques des œuvres aborigènes observées les semaines précédentes: pointillés pour encercler des formes, zones régulières, bandes de différentes couleurs.

***Consigne**: entourez l'élément de votre rêve avec des pointillés blancs, puis créez plusieurs zones sur votre feuille pour les remplir de différentes couleurs avec des pointillés. Cf. Doc. 145 Galerie photo.*

Lorsque les productions seront sèches, assemblez-les pour les afficher avec le rêve écrit.

Le groupe peut aussi utiliser une grande feuille commune et ainsi réaliser une fresque du rêve qu'il a écrit.

• Atelier 15 •

Mini-géoplans à reproduire

Explorer le monde
→ **Se repérer dans l'espace**
→ **Situer des objets par rapport à soi, entre eux, par rapport à des objets repères**

30' Doc. 146 live!
Matériel
- Planches Géoplans avec élastiques
- Fiches mini géoplans (Doc. 146)

Reproduire des figures à une échelle différente

Imprimez les grilles Géoplan du Doc. 146, plastifiez et découpez pour obtenir des cartes que les élèves pourront s'échanger. Des grilles vierges vous sont également proposées si vous souhaitez réaliser au feutre vos propres figures.

Les élèves choisissent une carte Géoplan et reproduisent avec les élastiques l'agencement des formes sur leur planche. Il s'agira ici de poursuivre le travail sur le repérage dans l'espace à une échelle différente. Pour cela, les élèves devront compter le nombre de picots/clous à partir du bord du Géoplan pour positionner l'élastique, repérer la longueur de celui-ci en comptant le nombre de points, définir l'espace entre deux élastiques, percevoir les différentes formes (nombre de côtés, sommets), etc.

Réalisez un tableau à double entrée avec les prénoms des élèves à la verticale et la photo des différentes fiches Géoplan à l'horizontal. Les enfants cocheront ainsi au fur et à mesure de leurs réussites. N'hésitez pas à rajouter d'autres figures.

• Atelier 16 •

Bataille des syllabes

Mobiliser le langage dans toutes ses dimensions
→ **Manipuler les syllabes**
→ **Acquérir et développer la conscience phonologique**
→ **Enrichir le vocabulaire**

30' Doc. 142 live!
Matériel
Cartes des animaux d'Australie en plusieurs exemplaires (Doc. 142)

Scander et comparer le nombre de syllabes des mots

Reprenez le jeu de bataille des syllabes des animaux d'Australie, introduit en atelier 11 dirigé la semaine précédente. Les enfants peuvent désormais reprendre le jeu en autonomie et ainsi consolider leurs apprentissages : travail sur les syllabes et acquisition du vocabulaire.

Rappel de la règle : les cartes sont réparties entre deux joueurs qui les placent en un tas faces cachées. Ils retournent simultanément une carte, nomment et scandent le nom de l'animal représenté et enfin comptent le nombre de syllabes. L'animal qui en a le plus remporte le tas.

Lorsque deux animaux comportent le même nombre de syllabes, il y a bataille : chaque élève place alors une nouvelle carte face cachée et une autre face visible sur son tas. On compare les cartes ; celle qui a le plus grand nombre de syllabes remporte le tas.

• Jour 1 •

Balle assise

Collaborer, coopérer, s'opposer
→ **Coopérer, exercer des rôles différents complémentaires, élaborer des stratégies pour viser un but ou un effet commun**

Matériel
- Ballons ou balles en mousse
- Repères visuels pour délimiter le terrain

1. Mise en route : passes à 2
Deux par deux, face à face, les élèves se font des passes :
– en attrapant le ballon au vol, en faisant des rebonds ;
– en se déplaçant de trois pas en avant ou en arrière avant de lancer.

2. Balle assise
Délimitez le terrain avec des repères visuels et lancez le ballon en l'air.
Le premier qui le rattrape obtient le rôle (provisoire) de chasseur. Il touche les autres joueurs avec le ballon (en lançant) pour en faire des prisonniers. Il ne peut pas faire plus de trois pas avec le ballon en main pour se déplacer.
Les autres joueurs doivent esquiver la balle pour ne pas être touchés et également tenter de l'attraper pour devenir le chasseur.
Les élèves touchés sont assis et ne peuvent bouger que les bras. Ils ne seront libérés et pourront se lever que lorsqu'ils intercepteront le ballon.
Le jeu s'arrête à la fin du temps imparti ou lorsque tous les joueurs sont prisonniers.

3. Phase de verbalisation
Après plusieurs phases de jeu, pendant laquelle vous observez les élèves, faites-les asseoir pour une phase de verbalisation et notamment pour leur rappeler que les rôles dans le jeu ne sont pas figés : *« Qui peut être chasseur ? Que font les autres joueurs ? Est-ce qu'ils doivent seulement s'échapper ? Lorsqu'on est assis, doit-on attendre et regarder le jeu ? »*

4. Reprise du jeu en prenant en compte les points soulevés précédemment.

• Jour 2 •

Le dessin imaginaire

Communiquer avec les autres au travers d'actions à visée expressive ou artistique
→ **Proposer des solutions dans des situations de création avec son corps**

Matériel
Musique au choix

1. Mise en danse : le regard
Mettez une musique de votre choix pour accompagner les mouvements. Les élèves se déplacent de différentes manières en se saluant comme la semaine précédente. Puis, ils se placent par deux et doivent évoluer dans la salle sans se quitter du regard.

2. Le dessin imaginaire au sol
Les élèves sont par 2 : sur un fond musical, l'un réalise un dessin imaginaire au sol en utilisant n'importe quelle partie du corps, sauf les doigts ou les mains. L'autre observe et complète par son dessin en variant également les parties du corps. Puis, ils choisissent un titre pour leur production commune.
Faites une phase de verbalisation pour énumérer les différentes parties du corps que les élèves ont sollicitées et relancer les thèmes qui pourraient être dessinés : personnages, contes…

3. Le dessin imaginaire au chevalet
Même consigne, cette fois à la verticale, comme si on avait un grand chevalet face à soi.

4. Mise en scène devant des spectateurs
À tour de rôle, les binômes annoncent le titre de leur œuvre et, dès que la musique commence, réalisent le dessin imaginaire face au reste de la classe. Lorsqu'ils ont terminé, ils choisissent une pose (de statues) pour marquer la fin. On peut aussi organiser un jeu de devinette : ils dessinent avec leur corps et les spectateurs doivent deviner ce que c'est.

• Jour 3 •

Ateliers de motricité (1)

Reprenez la même organisation avec les ateliers détaillés en semaine 1 et dans le schéma (Doc. 135).

• Jour 4 •

Pistes d'agencement pour le parcours

Reprenez des pistes d'agencement du matériel proposées en semaines 1 ou 4.

20' par séance

• Jour 1 •

Lecture suivie d'un album

Mobiliser le langage dans toutes ses dimensions
→ **Comprendre des textes écrits sans autre aide que le langage entendu**
→ **Manifester de la curiosité par rapport à l'écrit**

Poursuivez la lecture de votre album choisi sur le thème de l'Australie ou autre.

Voici de nouvelles pistes d'exploitation:
- **Feuilletez l'album** depuis le début et demandez aux enfants de vous raconter l'histoire page par page. Validez par la lecture.
- **Questionnez sur la compréhension** globale et fine du texte.
- N'hésitez pas **lire et relire** les mêmes histoires pour que les élèves s'imprègnent du récit.
- Enfin, ne négligez pas les temps de **lecture plaisir**, sans vous arrêter pour décortiquer le texte !

• Jour 2 •

Fiche d'identité des animaux

Mobiliser le langage dans toutes ses dimensions
→ **Comprendre des textes écrits sans autre aide que le langage entendu**
→ **Participer verbalement à la production d'un écrit**

Doc. 142 Nathan live!

En vous référant aux séquences détaillées en semaine 2 (jour 1 et 22), poursuivez la découverte et réalisation de fiche d'identité d'un nouvel animal d'Australie.

• Jour 3 •

Les inférences de lieu et d'agent

Mobiliser le langage dans toutes ses dimensions
→ **Comprendre des textes écrits sans autre aide que le langage entendu**
→ **Gérer l'implicite**

Doc. 147 Nathan live!

Pour permettre à vos élèves de comprendre les textes que vous lisez, la définition des mots de vocabulaire ne suffira pas toujours. En effet, il faudra également leur apprendre à élaborer des stratégies pour comprendre tout ce qui n'est pas dit de manière explicite. Il s'agit d'apprendre à inférer: utiliser les informations données pour gérer l'implicite et accéder à la compréhension fine.

Pour cette première séquence, nous vous proposons des phrases portant sur les inférences de lieu et d'agent. Imprimez le Doc. 147 et lisez les phrases deux fois. À chaque question, proposez également des réponses à choix multiples et demandez aux enfants de lister les indices, les mots qui ont permis de trouver la réponse et d'écarter les autres propositions.

Voici quelques exemples:

Inférences de lieu
- Maman est de retour avec des croissants bien chauds et du pain. *(Où était-elle ? À l'école, la boulangerie ou chez le dentiste ? Pourquoi ?)*
- Les élèves qui ont fini leur salade dégustent des pâtes à la sauce tomate. *(Où sont-ils ? Au dortoir, à la maison ou à la cantine ? Pourquoi ?)*

Inférences d'agent (De qui parle-t-on ?)

1. J'ai un nez crochu et j'adore transformer les princes en crapauds. *(Qui suis-je ? Une princesse, la maitresse ou une sorcière ?)*

2. Il prend ma température, vérifie mes oreilles et me demande de tousser fort. *(Qui est-ce ? Le dentiste, le médecin ou le boulanger ?)*

Selon Johnson & Johnson, il existe dix types d'inférences: lieu, agent, temps, action, instrument, catégorie, objet, cause-effet, problème-solution, sentiment-attitude.

• Jour 4 •

La lecture erronée

Mobiliser le langage dans toutes ses dimensions
→ Comprendre des textes écrits sans autre aide que le langage entendu
→ Manifester de la curiosité par rapport à l'écrit

Choisissez un album connu des élèves et lisez-le lentement en changeant des passages, en vous trompant intentionnellement sur les caractéristiques des personnages, des lieux, des faits, des mots, etc. Les élèves vous corrigeront spontanément et vous ferez mine d'avoir effectivement mal lu, de ne pas comprendre pourquoi votre version est fausse... Puis, demandez la version correcte et validez au fur et à mesure par la lecture sans fautes. Poursuivez ainsi, ils guetteront attentivement vos prochaines erreurs.

Exemple de lecture erronée à partir de l'album : Anne Langlois, ***La petite fille qui voulait voir le désert***, Flammarion. (Les mots transformés ici sont en italique.)

« Tinnkiri était *une vieille dame* (petite fille) pleine de vie, qui habitait dans un *océan* (village) du désert *africain* (australien).
Chaque jour, elle voyait la lune apparaitre derrière la colline et elle demandait à sa *tante* (mère) :
Maman, qu'y-a-t-il derrière cette *fontaine* (colline) ?
Et chaque jour sa *grand-mère* (mère) lui répondait :
– Derrière la colline, il y a le Grand *océan* (Désert), un endroit qui *est fait* (n'est pas fait) pour les *animaux* (petites filles). Seuls *les enfants* (adultes) peuvent s'y aventurer car c'est un monde *merveilleux* (dangereux) pour qui ne connait pas ses secrets. Un jour, tu pourras toi aussi aller *sous* (au-delà de) la colline. Mais avant, il te faut grandir et écouter les *Chinois* (Anciens) : ils ont beaucoup de choses à t'apprendre. [...]

• Atelier 17 •

Chat + pot = Chapeau !

Mobiliser le langage dans toutes ses dimensions
→ **Manipuler les syllabes**
→ **Acquérir et développer la conscience phonologique**

30' Doc. 148 Nathan live!

Matériel

Planches et cartes rébus syllabes à imprimer (Doc. 148)

Fusionner deux mots uni-syllabiques pour former un mot de deux syllabes

Imprimez, plastifiez les planches rébus du Doc. 148 et découpez les cartes réponses à la fin du document. Ces dernières correspondent aux réponses des planches rébus de la même couleur afin de permettre une identification rapide. Vous pouvez toutefois choisir de ne pas donner cet indice visuel si vous souhaitez que vos élèves recherchent dans l'ensemble des 24 cartes.

Distribuez à chaque élève une planche et placez les cartes réponses au centre de la table. Faites anticiper la consigne : *« Si je dis les deux mots de la première ligne, quel nouveau mot cela fait ? »* À tour de rôle, chaque élève nomme les deux premières images de sa planche, puis recherche la carte réponse correspondante.

Laissez-les continuer l'exercice individuellement et accompagnez ceux qui éprouvent des difficultés. Lorsqu'ils ont terminé une planche demandez-leur de vous dire à haute voix chaque mot pour vous assurer de la compréhension de l'exercice. Puis assurez une rotation du matériel.

Prolongement en atelier 21 : masquez avec des Post-it les deux premières images monosyllabiques et fixez avec de la Patafix la carte du mot bi-syllabique. Les élèves devront rechercher, scander le mot et retrouver les deux cartes syllabes pour le former.

Si votre groupe comporte plus de 6 élèves, imprimez une ou deux planches en double pour que chaque élève en ait une.

• Atelier 18 •

Mots croisés d'Australie

Mobiliser le langage dans toutes ses dimensions
→ **Reconnaitre les lettres de l'alphabet**
→ **Connaitre les correspondances en script, et en capitales d'imprimerie**

30' Doc. 149 Nathan live!

Matériel

- Fiche de mots croisés (Doc. 149)
- Crayons de papier, gommes
- Alphabet individuel (Doc. 9)

Écrire dans une grille de mots croisés

Nous avons proposé une progression de mots croisés dans les périodes précédentes avec différentes variantes : travail sur le sens de la lecture (de gauche à droite et de haut en bas), recherche de correspondance de différentes graphies.

Cette activité peut être reprise avec des mots d'Australie rencontrés ces semaines. Elle permettra aux élèves de consolider l'apprentissage du vocabulaire, de jouer avec les mots, de travailler le repérage dans l'espace et enfin de rechercher la correspondance des lettres dans deux graphies. En effet, comme pour les périodes précédentes, les mots sont présentés en script, mais devront être écrits en majuscules d'imprimerie (le script n'étant pas à utilisé en maternelle pour écrire, mais c'est un modèle qu'on rencontre dans les livres et autres écrits).

Vous accompagnez les élèves pour se repérer dans la grille (sens d'écriture des mots, une lettre par case), pour rechercher la correspondance des deux écritures à l'aide de leur alphabet individuel, pour lire les mots et enfin vous leur demandez de nommer certaines lettres.

Créez des mots croisés avec les prénoms de la classe ou des mots-clés d'albums étudiés. Listez les mots avec les lettres qui pourraient se croiser et tracez un tableau sur Word ou Excel où vous masquerez les cellules vides. Des sites Internet vous permettent également de créer vos grilles personnelles de mots-croisés (eduscol.net ou puzzlemaker).

20' par séance

• Jour 1 •

Images séquentielles d'un album

Explorer le monde
→ **Ordonner une suite d'images, pour rendre compte d'un récit fictif entendu**
→ **Utiliser des marqueurs temporels adaptés**

Choisissez un album que vous avez déjà lu à plusieurs reprises; photocopiez et affichez au tableau six ou sept illustrations marquant les différents temps forts de l'histoire.
Faites décrire ces illustrations et identifier l'album: «*D'où viennent ces illustrations? Qu'est-ce qui vous permet de le dire?*»
Ensuite, faites ranger les images dans l'ordre chronologique du récit: «Quelle image correspond au début de l'histoire et pourquoi? Que se passe-t-il ensuite? Etc.»
Enfin, demandez aux enfants de raconter l'histoire du début à la fin en s'appuyant sur les illustrations.

• Jour 2 •

Silhouette des mots

Mobiliser le langage dans toutes ses dimensions
→ **Reconnaitre des lettres de l'alphabet**
→ **Découvrir le principe alphabétique**

Préparez à l'avance des carrés de papier et des rectangles (placez des morceaux de Patafix pour les fixer au tableau). Ils seront utilisés pour coder la taille des lettres et repérer l'image globale du mot, sa silhouette: les carrés représenteront les lettres basses qui s'écrivent dans une interligne (elles ne montent pas, ne descendent pas), les rectangles coderont les lettres montantes ou descendantes.
Au tableau, tracez à la règle deux lignes parallèles (une interligne de la taille de vos carrés de papier) et écrivez en script le mot *aborigène* par exemple. Demandez à un élève de placer à côté, les carrés et rectangles pour représenter sa silhouette. La validation se fera ensuite en superposant les formes au modèle écrit. Poursuivez avec un autre exemple.
Écrivez ensuite trois mots et représentez la silhouette de l'un d'eux. Demandez aux élèves d'identifier lequel c'est, tout en justifiant leur propos. Poursuivez avec d'autres mots en lien avec la vie de la classe.

***Prolongement*:** en semaine 4, atelier de réinvestissement sur la silhouette des mots et reprise de la hauteur des lettres cursives en séquence de langage/lecture.

• Jour 3 •

Phonologie: syllabes communes

Mobiliser le langage dans toutes ses dimensions
→ **Manipuler les syllabes**
→ **Acquérir et développer la conscience phonologique**

La semaine précédente, les élèves devaient repérer la syllabe initiale commune parmi trois mots (dont un mot repère). Poursuivez l'exercice en proposant cette fois-ci de trouver des syllabes communes placées à divers endroits des mots.
Ex.: la**va**bo/**va**lise. «*Quelle syllabe entend-on dans les deux mots?*» Pour aider à l'identification, scandez par des frappés les syllabes orales de chacun des mots en les énonçant: LA/**VA**/BO et **VA**/LISE pour faire repérer celle qui est commune.

Voici une proposition de mots:

pan**ta**lon/**ta**pis	**ra**dis/pa**ra**pluie
ta**bou**ret/**bou**teille	**ci**seaux/mer**ci**
dro**ma**daire/**ma**man	di**no**saure/domi**no**
dinosaure/or**di**nateur	**pa**rapluie/**pa**pa
pin**ceau**/**sau**mon	aspi**ra**teur/**ra**deau
cham**pi**gnon/**pi**rouette	ca**ra**vane/**ra**dis

• Jour 4 •

Atelier philo: C'est beau ou pas?

Mobiliser le langage dans toutes ses dimensions
→ **Pratiquer divers usages de la langue orale: raconter, expliquer, questionner**
→ **Discuter un point de vue**

Régulièrement les élèves sont amenés à observer, comparer, commenter leurs productions ou des reproductions d'artistes. Mais on leur demande rarement s'ils trouvent ces œuvres belles ou pas. Mais au fait… «*Quand peut-on dire que quelque chose est beau ou pas?*»

De la graine à la plante

• Séance 9 •

La germination : observations et conclusions

Explorer le monde

→ **Connaitre les besoins essentiels de quelques végétaux**

→ **Reconnaitre les principales étapes du développement d'un végétal, dans une situation d'observation du réel**

Lisez les différentes représentations initiales des élèves que vous avez notées sur les conditions de germination des plantes. Reprenez un pot de chaque expérience et faites observer et décrire l'évolution des graines. Notez sur une affiche les résultats obtenus et faites conclure : pour germer, une graine a besoin uniquement d'eau et de chaleur.

Les élèves ont pu remarquer que la graine germait dans certaines conditions (eau + chaleur) et commençaient à donner une plante miniature. Mais pour continuer à se développer, de quoi a-t-elle besoin ?

Recueillez les propositions des élèves, notamment en faisant appel à leur vécu : *« Ont-ils par exemple des plantes chez eux ? Où sont-elles placées ? Qu'est-ce qui leur permet de grandir ? Pourquoi ? »* Vous pouvez également leur demander de faire le lien avec les albums lus sur les graines ou plantations pour déterminer les conditions de développement d'une plante.

Enfin, retenez quatre éléments en demandant s'ils sont nécessaires pour le développement de la plante : la terre, l'eau, la lumière et la chaleur. L'expérimentation se fera en atelier avec la réalisation de différents semis.

• Séance 10 •

De quoi a besoin une plante pour se développer ?

Explorer le monde

→ **Connaitre les besoins essentiels de quelques végétaux**

→ **Reconnaitre les principales étapes du développement d'un végétal, dans une situation d'observation du réel**

Matériel
- Graines de haricots
- Pots en verre, eau, terre
- Cahier d'expériences, crayons, gommes

Doc. 150 live!

Préparez cinq pots témoins qui permettront d'expérimenter les différents éléments évoqués pour permettre à la plante de se développer (cf. séance 9).

Imprimez les cinq bandes du Doc. 150 pour légender les pots avec les différents protocoles et laissez les élèves les préparer :
- Pot 1 : terre + eau + lumière + chaleur
- Pot 2 : terre + eau + lumière. Placé dans le réfrigérateur avec une lampe de poche allumée à l'intérieur.
- Pot 3 : terre + eau + chaleur. Placé dans le noir, dans une armoire.
- Pot 4 : terre + lumière + chaleur. Pas d'eau.
- Pot 5 : eau + lumière + chaleur. Pas de terre.

Sur son cahier d'expériences, chacun va ensuite dessiner les cinq protocoles utilisés et vous dicter une phrase à écrire. Expliquez aux élèves que les détails dans les dessins ne sont pas nécessaires, seuls les éléments essentiels (pot, graine, terre, etc.) doivent apparaitre !

Les jours suivants, à l'accueil, prenez le groupe concerné pour observer les différentes étapes de développement et notez en dictée à l'adulte les grandes évolutions remarquées avec la date. Prenez également des photos. Et bien sûr, continuez à faire arroser régulièrement les pots pour lesquels l'eau est prévue.

En en-tête de la page du cahier, tapez et collez le titre de la séquence.

• Séance 11 •

Prénoms en graines

Agir, s'exprimer, comprendre à travers les activités artistiques
→ Réaliser des compositions plastiques, seul ou en petit groupe, en choisissant et combinant des matériaux, en réinvestissant des techniques et des procédés

Matériel
- Graines diverses
- Feuilles A4 avec le prénom en cursive

Dans cet atelier, les élèves vont poursuivre la manipulation des diverses graines en décorant leur prénom.

Sur une feuille A4 cartonnée placée à l'horizontale (format paysage), préparez les prénoms des élèves en écriture cursive. Ils reproduisent et suivent le tracé de leur prénom en collant des graines dessus. Le prénom apparaitra ainsi en volume !

Rappelez toutefois aux enfants qu'ils ne doivent pas jouer avec les aliments à la maison !

• Séance 12 •

En voiture !

Adapter ses équilibres et ses déplacements à des environnements ou des contraintes variés.
→ Ajuster et enchainer ses actions et ses déplacements

Organisation

Les enfants sont par deux à l'intérieur d'un cerceau ; c'est leur voiture. Entre chaque phase d'activités, faites asseoir les élèves pour faire un bilan (verbalisez les difficultés rencontrées, les ajustements des déplacements, etc.) et donnez la consigne de la phase suivante.

Déroulement en plusieurs phases

1. Les voitures se déplacent librement dans toute la salle au rythme d'une musique rapide (ou du tambourin).

2. Chaque élève choisit un rôle dans sa voiture : conducteur ou passager. Le conducteur est celui qui tiendra le volant (le cerceau), le passager se laissera guider. Puis inverser les rôles.

3. Dans chaque cerceau (voiture), conducteur et passager sont dos à dos. Au signal (musique rapide ou frappés de tambourin), ils circulent dans la salle.

4. Courses de voitures : faites placer les voitures en deux rangées (les binômes sont toujours dos à dos) et matérialisez une ligne de départ et d'arrivée (à la craie ou avec des plots). À votre signal, les premières voitures, de chaque rangée, doivent rejoindre la ligne d'arrivée le plus vite possible.

Semaine 4

	Lundi	Mardi	Jeudi	Vendredi	Demi-journée thématique
8 h 20 **Accueil**	**Compter le nombre de lettres de son prénom et le classer sous le bon chiffre** **Activités autonomes et réinvestissement de matériel**				
8 h 40 **Rituels**	**Appel :** Les élèves font l'appel **Découvrir les nombres :** Compter de 2 en 2 **Repérage dans le temps :** Encadrer la date du jour (aujourd'hui, hier, demain)				
9 h **Univers sonores**	**Chansons et comptines au choix**				
9 h 10 **Ateliers** Rotation des groupes sur les ateliers de la semaine	**Atelier 19 : Dans mon panier neuf** → Réaliser et compléter des collections de 9 objets **Atelier 20 : Mains aborigènes aux épices** → Réaliser des traces avec des éléments naturels **Atelier 31 : Chapeau = Chat + pot** → Scander un mot en syllabes et retrouver les images permettant de le reconstituer **Atelier 22 : Des ponts pour m et n** → Réaliser les lettres M et N en cursive en volume				**Séances de la graine à la plante** – Albums sur les graines : pistes d'exploitation – De quoi a besoin une plante pour se développer ? (2) – Prénoms en graines (2)
9 h 45	**Rangement et bilan des ateliers**				
10 h **L'activité physique**	**Balle assise en équipes** → Jeu collectif avec ballon	**La danse du crayon** → Expression corporelle, danse	**Ateliers de motricité (2)** → Rouler, s'équilibrer	**Parcours** → Pistes d'agencement	**Prom'nons-nous dans les bois** → Jeux de cerceaux
10 h 30	**Récréation**				
11 h **Langage/Lecture**	**Pistes d'exploitation pour la lecture** → Propositions	**La lecture inachevée** → Montrer sa compréhension d'un récit	**Les inférences de temps et d'action** → Renforcer la compréhension	**Pistes pour la lecture** → Propositions d'exploitation	**Lecture plaisir**
11 h 30	**Sortie/déjeuner**				
13 h 30	**Écoute musicale, chant, lecture plaisir…**				
14 h **Ateliers** Rotation des groupes sur les ateliers de la semaine	**Atelier 23 : Géométrie avec les Géoplans** → Acquérir le vocabulaire géométrique **Atelier 24 : Silhouette des mots** → Repérer visuellement la silhouette des mots **Ateliers libres**				
14 h 50	**Récréation**				
15 h 20 **Langage/Lecture**	**La phrase du jour** → Prendre des repères pour la lecture	**L'animal déplacé** → Se repérer dans l'espace	**La hauteur des lettres** → Observer les lettres cursives sur interlignes	**Atelier philo** → « À quoi ça sert de lire ? »	
15 h 45	**Sortie**				

• Accueil •

Acquérir les premiers outils mathématiques
→ Lire les nombres écrits en chiffres jusqu'à dix
→ Dénombrer des collections jusqu'à dix au moins

Même organisation qu'en semaines 2 et 3 : compter le nombre de lettres dans son prénom et classer son étiquette de présence sous le chiffre représentant cette quantité. Vous validez avec eux pendant et à la fin de l'accueil.

• Rituels •

20'

Appel

Mobiliser le langage dans toutes ses dimensions
→ Découvrir le système alphabétique
→ Lire les prénoms des camarades

Cette semaine, ce sont les élèves qui feront l'appel à votre place en lisant les prénoms et en cochant les cases des présents.
Retranscrivez sur ordinateur la liste de vos élèves, classée par groupe (si vous avez quatre groupes, vous aurez 4 listes). Placez ces fiches sous pochette plastique pour écrire dessus avec un feutre effaçable et réécrire dessus par la suite.
Désignez des responsables pour faire l'appel dans chaque groupe. Ils liront les prénoms de leurs camarades et lorsque ceux-ci répondront « présent », ils cocheront la case située à côté du prénom. Vous les accompagnez dans la lecture pour prendre des repères dans l'écrit. L'ensemble des cases non cochées représentera le nombre total d'absents.

Découvrir les nombres

Acquérir les premiers outils mathématiques
→ Dire la suite des nombres jusqu'à trente
→ Lire les nombres écrits en chiffres jusqu'à dix
→ Dénombrer des collections jusqu'à dix au moins

Même organisation qu'en semaine 3 : d'abord compter les présents et déduire le nombre d'absents.
Ensuite, comptez devant les élèves, les étiquettes de présence classées à l'accueil par nombre de lettres. Les deux premiers jours, réalisez ce comptage de 2 en 2 en pointant les étiquettes une à une et en énonçant le chiffre impair en chuchotant. Ex. : pour compter le nombre d'étiquettes avec 4 lettres, pointez la 1re en chuchotant « 1 », puis la deuxième en énonçant fort « 2 ». (Lorsque le nombre d'étiquettes est impair, annoncez évidemment le dernier chiffre à haute voix : 2, 4, 6 et 7).
Le deuxième jour, comptez de 2 en 2, sans énoncer les chiffres impairs : « 2, 4, 6, 8 »
Les jours suivants, les élèves viennent compter à votre place.

Repérage dans le temps

Explorer le monde
→ Repérer les événements dans la journée, la semaine et le mois
→ Stabiliser les premiers repères temporels

Même organisation qu'en semaine 3.

• Univers sonores •

Agir, s'exprimer, comprendre à travers les activités artistiques
→ Explorer des instruments
→ Repérer et reproduire, corporellement ou avec des instruments, des formules rythmiques simples

10'

1. Écoute de chants et instruments aborigènes
Poursuivez l'écoute de pistes parmi les albums proposés en semaine 3. Laissez les enfants s'exprimer sur la musique, les chants, demandez quelle histoire ils pourraient imaginer autour.

2. Clap sticks
Instruments de percussion traditionnels chez les Aborigènes d'Australie, les clap sticks sont constitués d'une paire de bâtons taillés dans le bois. Pour en jouer, il suffit de les frapper l'un contre l'autre, à un rythme régulier. Le son produit est métallique.
Les clap sticks sont souvent utilisés, en complément du didgeridoo.

3. Jouer comme avec des clap sticks
Distribuez à chacun des élèves deux crayons de couleur/à papier pour les frapper l'un contre l'autre, de manière régulière comme les clap sticks. Bien sûr, le son produit sera très différent, mais vous pouvez ici travailler sur les jeux de rythme et d'écoute, comme proposé lors des périodes précédentes. Prenez deux crayons et frappez un rythme ; les élèves vous suivent en le reproduisant. Désignez ensuite un chef d'orchestre qui recherchera un autre rythme.

• Atelier 19 •

Dans mon panier neuf

Acquérir les premiers outils mathématiques
→ Quantifier des collections, les décomposer par manipulations effectives puis mentales
→ Dire combien il faut ajouter ou enlever pour obtenir des quantités ne dépassant pas dix, commencer à résoudre des problèmes d'ajout ou de retrait

30'
Matériel
- Bande numérique et 2 dés — Ardoise, feutre effaçable
- Boules de pâte à modeler aplaties — Crayons de couleur

Réaliser et compéter des collections de 9 objets

1. Représentations du chiffre 9

Récitez la comptine numérique suivante en pointant progressivement les chiffres sur une bande numérique: *« 1, 2, 3, nous irons au bois/4,5, 6 cueillir des cerises/7, 8, 9 dans mon panier neuf/10, 11, 12, elles seront toutes rouges ! »*

Demandez aux élèves de montrer le chiffre 9: *« À quel autre chiffre ressemble-t-il ? Comment faire pour ne pas les confondre ? (Ex. : le 9 a la tête en haut) »*, faites remarquer sa position (entre le 8 et le 10). Écrivez-le sur une ardoise en verbalisant votre tracé et invitez les enfants à en faire autant avec le doigt en l'air.

Présentez un dé classique pour faire rechercher le 9. Il n'apparait pas, car il s'arrête à 6; il faut un autre dé! Prenez un deuxième dé et demandez quelles sont les différentes façons d'avoir 9 (6 et 3/ 3 et 6, 4 et 5/ 5 et 4).

2. Réaliser des collections de 9

Donnez à chaque élève une grosse boule de pâte à modeler aplatie et demandez-leur d'y faire 9 trous: un par nombre cité.
Invitez ensuite les enfants à aller chercher 9 crayons qu'ils placeront dans les trous réalisés. Ils ne devront faire qu'un seul voyage !

Afin de valider la collection réalisée, ils placent ensuite les crayons dans les trous de leur pâte: il ne doit rester ni crayons, ni trous vides sur la pâte.

3. Compléter des collections de 9

Les élèves doivent fermer les yeux et, pendant ce temps, vous retirez des crayons de leur pâte à modeler. Demandez-leur combien ils ont de crayons sur leur pâte et combien il en manque. Faites verbaliser le résultat (ex.: *si j'ai 5 crayons, il m'en faut encore 4 pour faire 9*). La validation sera immédiate en regardant le nombre de trous vides sur la pâte.

Répétez l'exercice plusieurs fois, puis retournez les pâtes à modeler pour qu'il n'y ait plus de possibilité de prendre des repères avec les trous vides.
Vous pouvez aussi transférer les crayons retirés dans un autre lieu pour que les élèves retiennent la quantité avant de chercher ce qui manque, en ne faisant qu'un seul voyage !

À la place de la pâte à modeler et des crayons, vous pouvez aussi travailler sur les grilles nombres de 1 à 10 du Doc. 15 (barrez dans ce cas la dixième case pour n'en avoir que 9) et des jetons.

• Atelier 20 •

Mains aborigènes aux épices

Agir, s'exprimer, comprendre à travers les activités artistiques
→ Réaliser des compositions plastiques en réinvestissant des techniques et des procédés

30'
Matériel
- Feuilles blanches de grammage épais
- Épices en poudre : paprika, canelle, curry, cacao
- Peinture (blanc, noir, rouge, jaune) - Pinceaux
- Coton tige ou bâtonnets en bois

Réaliser des traces avec des éléments naturels à la manière des Aborigènes

Les empreintes des mains sont très présentes dans les œuvres aborigènes, aussi bien dans les peintures rupestres que dans les productions éphémères. Elles étaient essentiellement réalisées avec des pigments naturels issus de la terre ou sur le sable, avant que la peinture acrylique ne soit utilisée à partir des années 1970 pour conserver leur pérennité.
Lors de cet atelier, les élèves vont découvrir la peinture avec des matières naturelles (à la manière des Aborigènes) notamment en réalisant un fond qui ne manquera pas d'éveiller leur sens! Pour cela, préparez des bols avec des épices de cuisine aux couleurs habituellement utilisées dans les œuvres aborigènes (ocre, rouge, marron) et mélangez avec un peu d'eau pour obtenir une substance pâteuse.
D'abord, les élèves réalisent au centre de la feuille, le contour de leurs mains avec un feutre noir (la deuxième main sera tracée par un camarade). Puis, ils recouvrent le fond avec les différentes épices. Du jaune, rouge, marron clair apparaitra sans même avoir utilisé

de la peinture ! Enfin, pour compléter la production, faites rappeler les différents éléments présents dans les œuvres aborigènes observées les semaines précédentes : pointillés pour encercler des formes, zones de couleur, signes aborigènes racontant un rêve, etc. Avec de la peinture et des bâtons en bois (ou coton tiges), ils complètent ainsi librement leur production.

> Cette activité peut aussi être réalisée sur un grand drap blanc en fresque collective.

• Atelier 21 •

Chapeau = chat + pot !

Mobiliser le langage dans toutes ses dimensions

→ **Manipuler les syllabes**
→ **Acquérir et développer la conscience phonologique**

30' **Doc. 148** live!

Matériel
- Planches et cartes rébus syllabes en deux exemplaires (Doc. 148)
- Post-it
- Patafix

Scander un mot en syllabes et retrouver les images permettant de le reconstituer

La semaine précédente, à l'atelier 17, les élèves devaient nommer deux images monosyllabiques et retrouver un mot bi-syllabique : chat + pot = chapeau.
Cette fois-ci, ils doivent réaliser l'exercice inverse : à partir d'un mot de deux syllabes, ils retrouvent les deux cartes permettant de le former. Exemple : pompier = pont + pied. Préparez d'abord le matériel en masquant avec des Post-it les deux premières images monosyllabiques des planches et fixez avec de la Patafix la carte du mot bi-syllabique. Imprimez également un deuxième exemplaire des planches et découpez les cartes monosyllabiques. Placez-les au centre de la table. Les élèves devront rechercher et scander le mot de l'image fixée sur la planche et retrouver les deux cartes images permettant de le former. La validation se fera en soulevant le post-it. Lorsqu'ils ont terminé, ils échangent leur planche.

> Le code couleur des cartes associé aux planches permettra aux élèves de retrouver rapidement les combinaisons.

• Atelier 22 •

Des ponts pour m et n

Agir, s'exprimer, comprendre à travers les activités artistiques

→ **Utiliser différents outils en adaptant son geste**
→ **Réaliser des compositions plastiques, planes et en volume**

30'

Matériel
Par élève :
- 2 feuilles A4 de couleur différente avec des lignes
- Ciseaux
- Colle

Réaliser les lettres M et N en cursive en volume

Tracez sur toute la largeur d'une feuille des lignes au feutre noir en les espaçant d'environ 4 cm. Photocopiez en plusieurs exemplaires sur du papier de deux couleurs différentes.

En s'exerçant au découpage sur une ligne droite, les élèves vont obtenir des bandes de papier qu'ils vont devoir agencer en volume pour former deux lettres en cursive : le m et n.

Présentez les différentes étapes de l'activité en grand groupe :
- Découpez avec précision sur les lignes droites pour obtenir plusieurs bandes de papier.
- Demandez ensuite aux élèves comment vous pourriez réaliser en volume les lettres m et n (en cursive) avec ces bandes de papier. Laissez un élève réaliser l'assemblage et validez : *« Combien faut-il de ponts pour le « n »/pour le « m » ? Où faut-il coller les bandes pour que les ponts soient liés ? »*
- Pour le n, prenez deux bandes de papier, recourbez-les en arcs de cercle et collez-les entre elles pour qu'elles soient liées au centre. Enfin, collez les deux extrémités sur une grande feuille et comptez jusqu'à 10 pour que cela tienne. Même chose pour le M avec trois papiers d'une autre couleur.

> **Des ponts et non des cannes**
> Pour écrire les lettres M et N en cursive, on fait une succession de 3 ou 2 ponts en repassant sur le tracé quand on remonte, c'est-à-dire qu'on ne lève pas le crayon. Si vous réalisez une succesion de cannes (c'est-à-dire que vous levez le crayon pour revenir en haut et tracer), le geste d'écriture est ralenti et n'est plus du tout fluide.

• Jour 1 •

Balle assise en équipes

Activités qui comportent des règles
→ Identifier son camp
→ Tenir plusieurs rôles dans le jeu

Matériel
- 1 ballon ou balle en mousse
- Dossards de couleur

1. Rappel et reprise du jeu de la balle assise

Demandez aux élèves de vous rappeler la règle du jeu (cf. semaine 3) et reprenez-le en une ou deux manches. Faites-les ensuite asseoir pour expliquer la progression du jeu.

2. Balle assise en équipe

La classe est divisée en deux équipes, identifiées par des dossards de couleur.

La règle de base est celle de la balle assise classique, mais à cela s'ajoute deux éléments :

- Les deux équipes s'affrontent, donc le chasseur qui aura la balle devra cibler ses adversaires,
- Les prisonniers sont toujours libérés lorsqu'ils interceptent la balle, mais ils peuvent également libérer des camarades prisonniers en leur faisant une passe avant de se relever.

Le jeu s'arrête lorsque toute une équipe est assise ou bien lorsque vous vous donnez un signal (dans ce cas, l'équipe qui a le moins de joueurs assis, remporte la partie).

3. Phase de verbalisation

Rassemblez les élèves, écoutez leurs remarques et faites part de vos observations afin que chacun soit actif dans le rôle qu'il tient.

4. Reprise du jeu en prenant en compte les points soulevés.

5. Prolongement

Passe à 5 (cf. semaine 5).

Si vous n'avez pas assez de dossards pour chaque élève, distribuez des foulards. Et si, là encore, vous n'en avez pas assez, faites une équipe avec foulard et une sans (ou bien une équipe de filles et une de garçons).

La danse du crayon

Communiquer avec les autres au travers d'actions à visée expressive ou artistique
→ Construire et conserver une séquence d'actions et de déplacements, en relation avec d'autres partenaires, avec ou sans support musical
→ Coordonner ses gestes et ses déplacements avec ceux des autres

Matériel
Musique au choix

Mise en danse : se saluer et se regarder

Reprenez les mises en route des semaines 2 et 3.

1. Danser seul avec un crayon

Distribuez à chaque élève un crayon qu'il tiendra entre la paume des mains.

Choisissez une musique classique douce et donnez la consigne : *« Sans le faire tomber, déplacez-vous en dansant avec votre crayon, que vous tenez entre les paumes des mains. »*

2. Phase de verbalisation

Après un temps d'observation et de valorisation des actions, faites une mise en commun de ce qui a été fait pour enrichir les gestes et occuper tout l'espace : se déplacer dans tout le préau de différentes façons, faire danser son crayon en haut, sur les côtés, tourner sur soi, aller au sol, rouler, etc. Certains élèves peuvent montrer un déplacement ou un mouvement avec le crayon. Remettez la musique pour faire à nouveau danser les élèves après cette mutualisation.

3. Danser à 2 avec le crayon

Les élèves se placent par deux, face à face, et maintiennent ensemble un seul crayon en équilibre avec leur paume de main. Mettez la musique, ils font danser le crayon en sollicitant diverses parties du corps (ondulation des mains, bras, coudes épaules et bas du corps).

Il faudra prendre en compte l'accessoire, mais aussi garder le contact avec le deuxième danseur.

• Jour 2 •

• Jour 3 •

Ateliers de motricité 2

Adapter ses équilibres et ses déplacements à des environnements ou des contraintes variés
→ Ajuster et enchainer ses actions et ses déplacements en fonction d'obstacles à franchir ou de la trajectoire d'objets sur lesquels agir

Doc. 151 – Schéma live!

Organisation : classe divisée en 4 groupes (cf. détails en semaine 1). Les 2 premiers ateliers de roulade nécessitent la présence d'un adulte.

Atelier 1 : rouler en arrière sur un plan incliné

Matériel
Plan incliné, tapis

Organisation : un plan incliné et un tapis de réception.
1er passage : départ accroupi sur le plan incliné, rouler en arrière.
2e passage : arrivée dans une position stabilisée : accroupi puis debout.

Atelier 2 : enchainer des roulades avant

Matériel
Tapis, lattes ou plots

Organisation : trois tapis alignés
1er passage : départ accroupi, enchainer au moins trois roulades avant.
2e passage : enchainement d'au moins trois roulades en ligne droite (marquées à la craie).

Atelier 3 : s'équilibrer sur la poutre

Matériel
Poutre, haie avec des plots et bâtons, tapis

Organisation : une poutre et des tapis de protection au sol.
1er passage : marche sur la poutre, arrêt pour réaliser 2 poses de 5 secondes (accroupi puis un pied levé).
2e passage : marche à reculons sur la poutre.

Atelier 4 : Marcher avec des échasses

Matériel
5 à 6 paires d'échasses

Organisation : un espace délimité
1er passage : équilibre et marche en ligne droite avec des échasses.
2e passage : marche en levant haut les pieds

• Jour 4 •

Pistes d'agencement pour le parcours

Adapter ses équilibres et ses déplacements à des environnements ou des contraintes variés
→ Ajuster et enchainer ses actions et ses déplacements en fonction d'obstacles à franchir ou de la trajectoire d'objets sur lesquels agir.
→ Se déplacer avec aisance et en sécurité dans des environnements variés, naturels ou aménagés

Voici de nouvelles propositions d'agencement pour développer les actions motrices dans un parcours.

1. Avec des souricières

– 2 souricières face à face et un banc entre les deux fixé avec des cordes : **monter** à l'échelle, **traverser** le banc en hauteur et redescendre à l'échelle.

Variables : la hauteur du banc, l'inclinaison et les modes de déplacements (avec un objet en équilibre sur la tête/avec des sacs de graines à enjamber…).

– Des bancs (ou planches lisses) inclinés à l'entrée ou la sortie de la souricière : **monter sur le banc incliné** sans l'aide des mains, glisser à la sortie ou descendre debout sur le banc en **gardant son équilibre** et **en contrôlant** son avancée.

Variables : inclinaison des bancs augmentant la prise de risques.

– 2 souricières face à face et une échelle fixée entre les deux : **se suspendre** à l'échelle et **traverser** avec la force des bras, sans poser les pieds au sol.
– 1 barre fixée entre deux souricières : **se hisser** sur la barre, effectuer **une roulade** autour.

2. Avec des tables

– 2 grosses tables alignées avec un petit espace vide : franchir l'espace vide pour sauter d'une table à l'autre.
– 1 table et 1 tapis de réception : **sauter haut** (pour toucher un foulard au plafond), **sauter loin** (zones définies) **et améliorer sa réception** : (**se stabiliser,** arriver accroupi, puis se lever).

3. Avec des plots et lattes en plastique (ou bâtons/cordes)

– Des haies, chacune constituée avec deux plots et une latte posée dessus : **sauter par dessus à pieds joints** en enchainant les sauts (varier la hauteur des lattes)/ **sauter à cloche-pied/ramper sous** les haies sans les faire tomber (hauteur variable).

Veillez à sécuriser les zones sensibles avec des tapis. Testez la solidité des installations.

20' par séance

• Jour 1 •

Pistes d'exploitation pour la lecture

Mobiliser le langage dans toutes ses dimensions
→ Comprendre des textes écrits sans autre aide que le langage entendu
→ Manifester de la curiosité par rapport à l'écrit

1. Avant la lecture

– Faire des hypothèses sur le contenu du livre en lisant le titre, en décrivant la couverture.
– Présenter les personnages, l'auteur.
– Faire raconter l'histoire avec les illustrations.

2. Pendant et après la lecture

– S'appuyer sur le vécu des enfants pour comprendre la situation, s'assurer de la compréhension future des situations proposées.
– Situer le pays de l'histoire sur une carte.
– Établir une carte d'identité des personnages.
– Faire une recherche documentaire sur les animaux évoqués.
– Établir des liens entre les albums (thèmes communs, types de récit…).
– Observer dans les albums les graphismes, les couleurs et faire le lien avec les ateliers réalisés en classe.

• Jour 2 •

La lecture inachevée

Mobiliser le langage dans toutes ses dimensions
→ Comprendre des textes écrits sans autre aide que le langage entendu
→ Manifester de la curiosité par rapport à l'écrit

Choisissez un album que les élèves connaissent bien (par exemple un conte sur l'Australie) et lisez-le en remplaçant certains mots avec des « *hum* » ou « *hum hum* » (en fonction du nombre de syllabes) ou par des blancs. Le but est de retrouver les mots cachés pour reconstituer l'histoire et ainsi s'assurer de la compréhension.
Exemple de lecture inachevée avec *Le Petit Sorcier de pluie* de A.-C. De Boel :
« Quand il vint au monde, ce *hum hum* (bébé) était si petit et si remuant que Kuyu-ma, sa *hum hum* (maman), pensa l'appeler Fleur-qui- *hum hum* (danse). Son papa, l'homme-*hum hum* (médecine), le cueillit dans les bras de maman et dit :
– Ce joli garçon a des yeux de *hum hum* (rêveur), des yeux en forme de *hum hum* croissant), brillants comme l'astre de la nuit. Si on le nommait plutôt Rêve-de- *hum* (lune) ? » […]

• Jour 3 •

Les inférences de temps et d'action

Mobiliser le langage dans toutes ses dimensions
→ Comprendre des textes écrits sans autre aide que le langage entendu
→ Gérer l'implicite

Doc. 147 Nathan live!

Continuez le travail sur les inférences introduit en semaine 3, pour aider les élèves à élaborer des stratégies visant à la compréhension du texte et à la gestion de l'implicite.
Cette semaine, nous proposerons des inférences portant sur le temps et l'action.
Lisez les phrases plusieurs fois et demandez aux enfants de lister les indices, les mots qui leur ont permis de trouver la réponse.
Pour une meilleure lisibilité, imprimez le Doc. 147 ; voici quelques exemples :

Inférences de temps

Accompagnés de leurs parents, les enfants découvrent la liste de leurs camarades et le nom de leur maitresse pour cette année. Quel jour sommes-nous ?

Inférences d'action

Elle casse les œufs dans le saladier, ajoute deux verres de farine, du sucre, du beurre et enfin de la levure. Que fait-elle ?

• Jour 4 •

Pistes pour la lecture

Mobiliser le langage dans toutes ses dimensions
→ Comprendre des textes écrits sans autre aide que le langage entendu
→ Manifester de la curiosité par rapport à l'écrit

Poursuivez avec une piste d'exploitation proposée en lecture (cf. jour 1 ou semaine 1).

• Atelier 23 •

Géométrie avec les Géoplans

Acquérir les premiers outils mathématiques
→ Savoir nommer quelques formes planes
→ Reproduire, dessiner des formes planes

30'
Matériel
- Dans un sac opaque une douzaine de formes géométriques
- Planches Géoplans et élastiques

Acquérir le vocabulaire géométrique

1. Formes géométriques à toucher

Découpez des formes géométriques dans du papier rigide ou des chemises en plastique et placez-les dans un sac opaque : carré, triangle, rectangle, cercle (formes géométriques de base étudiées en maternelle), afin de travailler le vocabulaire géométrique et les comparer puis définir les propriétés de chacune d'elles.
Un élève tâte une forme dans le sac et la décrit sans la nommer. Les camarades tentent de l'identifier. Validez en montrant l'objet et faites rechercher le vocabulaire géométrique : nom de la forme, pointez les sommets et comptez-les, côtés (longueur et nombre), droites parallèles (imaginez que l'on prolonge les droites comme des rails de chemin de fer, elles ne se toucheront jamais).
Poursuivez avec un autre élève et une autre forme à tâter. Lorsque toutes les formes sont sorties sur la table, faites verbaliser les propriétés des figures en utilisant le vocabulaire géométrique : celles qui ont 4 côtés, des droites parallèles, des longueurs identiques... Comparez les formes et verbalisez les propriétés communes lorsqu'il y en a.

2. Formes géométriques à agencer

Les élèves ont leurs planches Géoplans avec les élastiques et suivent des consignes données oralement. « Exemple : *Réalisez une figure avec 3 sommets/Une figure avec 4 sommets/Une figure avec 4 côtés de la même longueur/Réalisez 2 triangles avec 2 côtés qui se touchent/2 carrés avec 2 côtés qui se touchent, etc.* »
À la fin de chaque consigne donnée, les élèves montrent leur production sur Géoplans, les comparent (les orientations et agencement peuvent être différents).
Validez en faisant nommer la figure ou les figures possibles et en rappelant le vocabulaire géométrique (*Que veut dire sommet ? Et même longueur ?*). Faites commenter certaines figures : « *Qu'obtient-on si on met deux carrés côte à côte ? Est-ce que les côtés de vos triangles sont de la même taille ? Il existe différents types de triangle.* »
Pour finir, demandez quelle figure géométrique de base ne peut être réalisée avec les Géoplans et pourquoi (le cercle n'est pas composé de droites, il n'a ni côté, ni sommet).

Prolongement : tracer des formes géométriques (cf. semaine 5).

• Atelier 24 •

Silhouette des mots

Mobiliser le langage dans toutes ses dimensions
→ Reconnaitre les lettres de l'alphabet
→ Connaitre les correspondances entre les trois écritures : cursive, script, capitales d'imprimerie

30' Doc. 152 live!
Matériel
- Doc. 152 à imprimer
- Ciseaux, colle
- Crayons de papier, gommes

Repérer visuellement la silhouette des mots

Rappelez l'activité sur la silhouette de mots découverte en regroupement la semaine précédente. On représentait la silhouette en script par un alignement de carrés ou rectangles de différentes tailles : des petits carrés pour les lettres sur l'interligne d'écriture (a, c, e, i, m, n, o, r, s, u, v, w, x, et z), de grands rectangles pour les lettres montantes (b, d, h, k, l, t), puis pour les descendantes (g, j, p, q et y) et enfin pour les lettres à la fois descendantes et montantes (f).

Distribuez le Doc. 152 présentant des silhouettes dans différentes cases et des mots (en script et cursive) en lien avec l'Australie. Faites anticiper la consigne puis lisez-la.

Consigne : *« Pour chaque silhouette, retrouve et colle les bons mots en script et en cursive. »*

Lisez les mots ; ils ont la même silhouette en script et en cursive. Pour accompagner et valider l'exercice, les élèves peuvent tracer au crayon les boites autour de chaque lettre (carré ou rectangle), puis comparent avec la silhouette de référence.

Seuls les mots contenant les lettres f et z auront des silhouettes différentes entre l'écriture scripte et la cursive.

20' par séance

• Jour 1 •

La phrase du jour

Mobiliser le langage dans toutes ses dimensions
→ Commencer à réfléchir sur la langue
→ Acquérir et développer la conscience phonologique

Prenez une grande feuille blanche sur laquelle vous écrivez une phrase du jour, en lien avec la vie de la classe. Utilisez l'écriture scripte (celle utilisée pour la lecture) pour qu'il n'y ait pas d'obstacles à la reconnaissance des lettres et des mots et prévoyez, si vous le souhaitez, une autre feuille pour donner sa retranscription en cursive. Exemple de phrase :

Le mardi, nous allons à la bibliothèque.

Sans rien lire, demandez aux enfants ce que vous avez écrit : *« Pourquoi pourrait-on dire que c'est une phrase ? »* (Faites repérer la majuscule, la ponctuation et demandez de compter le nombre de mots.) *« Est-ce qu'il y a des petits mots que vous connaissez, que vous pouvez déjà lire ? »* (Au besoin, faites référence aux affichages : date, étiquettes mots des animaux d'Australie avec des articles...)

Demandez aux enfants de venir entourer avec des feutres de couleur les indices repérés pour la lecture (la majuscule et le point d'une couleur, les mots reconnus globalement d'une autre couleur).

Lisez les mots qui ont été repérés et demandez aux élèves de rechercher d'autres indices pour lire les mots restants en recherchant syllabes/sons connus (*est-ce qu'il y a des sons qu'on retrouve dans vos prénoms ?* Exemple : la syllabe *ou* comme dans Lou ou le *on* de Simon). Entourez les syllabes ou les sons identifiés d'une autre couleur de feutre. Faites rechercher aussi le sens (par exemple, *que se passe-t-il de particulier le mardi ? Quel mot cela pourrait bien être ici ?*).

Relisez la phrase obtenue avec les interactions et recherches des élèves, donnez les mots manquants si nécessaire.

Gardez cette feuille affichée au tableau pour qu'elle constitue un repère, comme vos autres écrits.

• Jour 2 •

L'animal déplacé

Explorer le monde
→ Situer des objets par rapport à soi, entre eux, par rapport à des objets repères

Doc. 142 Nathan live!

Reprenez les cartes des animaux d'Australie du Doc. 142 et affichez-en cinq au tableau sans les aligner. Demandez aux élèves de vous nommer les animaux représentés et d'indiquer la position de chacun d'eux par rapport aux autres en utilisant le vocabulaire topologique. Tout en travaillant sur le repérage de l'espace, les élèves pourront consolider le vocabulaire des animaux découverts.

Exemple : *L'émeu est entre le kangourou et le cacatoès. L'ornithorynque est au-dessus du wombat.*

Au signal, les enfants cachent leurs yeux et pendant ce temps vous déplacez une image : *« Ouvrez les yeux. Quel animal a changé de place, pourquoi ? »*

Les enfants doivent nommer l'image déplacée puis indiquer sa position actuelle ou précédente en utilisant le vocabulaire spatial approprié : *à côté de*, *au-dessous*, *au-dessus de*, *à gauche*, etc.

Renouvelez l'expérience en variant les positions et le choix des images.

• Jour 3 •

La hauteur des lettres

Mobiliser le langage dans toutes ses dimensions
→ Reconnaitre des lettres de l'alphabet
→ Découvrir le principe alphabétique

Doc. 153 Nathan live!

Il n'est pas nécessaire d'attendre d'avoir réalisé tous les tracés des lettres en cursive pour copier des mots ; l'entrainement se poursuivra en parallèle. Les élèves ont d'ailleurs commencé à écrire leur prénom sur des bandes de papier vierge ; ils vont continuer sur des lignes avec des lettres et des petits mots qui auront du sens : lien avec le thème ou un album, date, messages, etc.

Affichez votre page d'écriture agrandie au format A3 et plastifiée (Doc. 153) afin d'écrire au feutre effaçable et ainsi de l'utiliser plusieurs fois. Pour les élèves, vous imprimerez ultérieurement la page du Doc. 154 avec la double ligne d'écriture écrite en gras (1 cm), la ligne pour les lettres montantes et celle pour les lettres descendantes (2 cm). Il est en effet nécessaire de donner, dès le début, des repères pour le tracé des lettres et pour la gestion du geste et de l'espace. La taille des interlignes sera progressivement réduite selon l'évolution des élèves.

En faisant rechercher sur l'alphabet collectif (Doc. 8), faites repérer au tableau et sur la feuille d'écriture, les deux lignes en gras et faites nommer les lettres qui peuvent y être écrites en cursive. Ce sont les lettres qui s'écrivent entre deux lignes, qui ne montent pas et ne descendent pas : a, c, e, i, m, n, o, r, s, u, v, w, x. Écrivez-les au tableau au fur et à mesure que les élèves les nomment. Faites de même pour les lettres qui montent jusqu'à la ligne du haut : b, h, k, l (et expliquez que les lettres t et d s'arrêtent avant la ligne du haut, au milieu. Poursuivez avec les lettres qui descendent jusqu'à la ligne du bas : g, j, p, q, y, z, et enfin les lettres à la fois montantes et descendantes : f).

La semaine suivante, les élèves commenceront l'écriture cursive sur des lignes (atelier 25).

• Jour 4 •

Atelier philo : À quoi ça sert de lire ?

Mobiliser le langage dans toutes ses dimensions
→ Pratiquer divers usages de la langue orale : raconter, expliquer, questionner
→ Discuter un point de vue

Dès la maternelle, les élèves se préparent à entrer dans la lecture, avant d'aborder un apprentissage plus systématique de la combinatoire au CP. Pourquoi apprend-on à lire ? Quel sens chacun donne-t-il à la lecture ? Et quels en sont les enjeux ? Le débat philosophique sera posé sous cette question : *À quoi ça sert de lire ?*

Les enjeux et les objectifs de l'atelier philo vous sont rappelés en semaine 1.

De la graine à la plante

• Séance 13 •

Albums sur les graines : pistes d'exploitation

Mobiliser le langage dans toutes ses dimensions
→ **Comprendre des textes écrits sans autre aide que le langage entendu**
→ **Manifester de la curiosité par rapport à l'écrit**

Poursuivez la lecture d'albums proposés la semaine précédente.
Voici une proposition de pistes d'exploitation :
– Raconter l'album en s'appuyant sur les illustrations.
– Émettre des hypothèses sur la suite du récit.
– Faire le lien entre l'album et les situations vécues en classe (semis réalisés, hypothèses émises, protocoles utilisés, conclusions).
– Lister les informations importantes qui pourraient être exploitées dans les expérimentations faites en classe.
– Faire des comparaisons entre les différents albums.

En parallèle, continuez à faire observer l'évolution des semis expérimentaux par groupe et prenez des photos des différentes étapes.

• Séance 14 •

De quoi a besoin une plante pour se développer ? (2)

Explorer le monde
→ **Connaitre les besoins essentiels de quelques végétaux**
→ **Reconnaitre les principales étapes du développement d'un végétal, dans une situation d'observation du réel**

Matériel
– Graines de haricots
– Pots en verre, eau, terre
– Cahier d'expériences, crayons, gommes

Doc. 150 live

Reprenez l'activité réalisée en séance 10 en assurant une rotation des groupes d'élèves.

• Séance 15 •

Prénoms en graines (2)

Agir, s'exprimer, comprendre à travers les activités artistiques
→ **Réaliser des compositions plastiques, seul ou en petits groupes, en choisissant et combinant des matériaux, en réinvestissant des techniques et des procédés**

Matériel
– Graines diverses
– Feuilles A4 avec le prénom en cursive

Reprenez l'activité réalisée en séance 11 en assurant une rotation des groupes d'élèves.

• Séance 16 •

Prom'nons-nous dans les bois

Collaborer, coopérer, s'opposer
→ **Coopérer, exercer des rôles différents complémentaires, élaborer des stratégies pour viser un but ou un effet commun**

1. Organisation

Des cerceaux sont éparpillés dans la salle et représentent des maisons dans lesquelles les enfants pourront se cacher pendant le jeu.
Un élève, identifié par un dossard, jouera le rôle du loup.

2. Déroulement

a. Dans un premier temps, il y a un cerceau pour abriter chaque enfant.
Les enfants se promènent dans la salle en chantant « Promenons-nous dans les bois » et s'arrêtent pour poser des questions au loup... Lorsque celui-ci répond « je sors », tout le monde doit se réfugier dans un cerceau. On doit s'abriter seul dans un cerceau.

b. À chaque reprise de la chanson, retirez deux ou trois cerceaux, ce qui conduira les enfants à courir plus vite. S'il n'y a plus de maisons libres lorsque le loup sort, ils sont automatiquement prisonniers.

c. Augmentez le nombre de loups (identifiés par des dossards) et continuez à diminuer le nombre de cerceaux.

d. Retour au calme. Les enfants s'allongent au sol écoutent une musique douce. Ils se lèvent un par un quand vous touchez leurs pieds pour aller se ranger.

Semaine 5

	Lundi	Mardi	Jeudi	Vendredi	Demi-journée thématique
8 h 20 **Accueil**	Pyramide des prénoms Activités autonomes et réinvestissement de matériel				
8 h 40 **Rituels**	**Appel :** Les élèves font l'appel **Découvrir les nombres :** Valider la pyramide avec la suite numérique **Repérage dans le temps :** Calendrier et semaine. Écriture de la date en cursive				
9 h **Univers sonores**	Chansons et comptines au choix				
9 h 10 **Ateliers** Rotation des groupes sur les ateliers de la semaine	**Atelier 25 : Écriture guidée sur lignes** → Écrire en cursive en se repérant sur des lignes **Atelier 26 : Boites à compter** → Dénombrer et réaliser des collections, lire les informations des dés **Atelier 27 : Mots croisés des jours** → Agencer des mots dans une grille de mots croisés **Atelier 28 : 9 boomerangs** → Compléter ou retirer des collections pour faire 9				**Séances de la graine à la plante** – Les besoins d'une plante : résultats d'expériences – Étapes du développement de la graine – Semis individuels
9 h 45	Rangement et bilan des ateliers				
10 h **L'activité physique**	**Passe à 5** → Jeu collectif avec ballon	**Le crayon invisible** → Expression corporelle, danse	**Ateliers de motricité (2)** → Rouler, s'équilibrer	**Parcours** → Pistes d'agencement	**La chaine des cerceaux** → Jeux de cerceaux
10 h 30	Récréation				
11 h **Langage/Lecture**	**La phrase du jour** → Prendre des repères dans l'écrit	**Séances autour d'un album** → Pistes d'exploitation	**Le boomerang** → Découvrir un objet technique	**Écoutez cette histoire !** → Montrez sa compréhension	**Lecture plaisir**
11 h 30	Sortie/déjeuner				
13 h 30	Écoute musicale, chant, lecture plaisir...				
14 h **Ateliers** Rotation des groupes sur les ateliers de la semaine	**Atelier 29 : Jeu du crocodile** → Comparer des chiffres et des quantités **Atelier 30 : Petites formes dans des grandes** → Tracer des formes géométriques **Ateliers libres**				
14 h 50	Récréation				
15 h 20 **Langage/Lecture**	**Écrire le résumé un album** → Produire des écrits	**Menu de la cantine** → Prendre des repères dans l'écrit	**Charades (1)** → Fusionner des syllabes	**Charades (2)** → Définir les mots	
15 h 45	Sortie				

• Accueil •

Acquérir les premiers outils mathématiques
→ Évaluer et comparer des collections d'objets avec des procédures numériques ou non numériques (perception immédiate, correspondance terme à terme, etc.)

Cette semaine, les élèves disposent leur étiquette de présence au tableau sous forme de pyramide: le prénom avec le moins de lettres en haut du tableau et celui avec le plus grand nombre en bas. Les ajustements se feront au fil des arrivées des élèves: le premier place son étiquette, le suivant compare le nombre de lettres avec son étiquette pour savoir s'il la dépose au-dessus ou en dessous de la première étiquette, et ainsi de suite pour les suivants.
La validation de la pyramide se fera dans la matinée.

• Rituels •

20'

Appel

Mobiliser le langage dans toutes ses dimensions
→ Découvrir le système alphabétique
→ Lire les prénoms des camarades

Même organisation qu'en semaine 4: des élèves font l'appel en lisant les listes des prénoms en script (1 par groupe) et cochent les présents.

Découvrir les nombres

Acquérir les premiers outils mathématiques
→ Évaluer et comparer des collections d'objets avec des procédures numériques ou non numériques (perception immédiate, correspondance terme à terme, etc.)
→ Dire la suite des nombres jusqu'à trente

Pour valider la pyramide des prénoms réalisée à l'accueil, chaque élève vient au tableau, note le nombre de lettres à côté de son étiquette prénom, à droite. Les chiffres écrits doivent faire apparaitre la progression de la pyramide et donc être dans l'ordre croissant: du plus petit nombre (en haut de la pyramide) au plus grand (en bas).

Repérage dans le temps

Explorer le monde
→ Repérer les événements dans la journée, la semaine et le mois
→ Stabiliser les premiers repères temporels

Poursuivez le repérage dans le calendrier mensuel et dans la semaine. Faites écrire la date du jour en cursive par un élève.

• Univers sonores •

Agir, s'exprimer, comprendre à travers les activités artistiques
→ Avoir mémorisé un répertoire varié de comptines et de chansons et les interpréter
→ S'éveiller à la diversité linguistique

10'

Chanter en anglais
La langue officielle en Australie est l'anglais, même si certaines communautés aborigènes continuent de parler leur propre langue. Pour un éveil à la diversité linguistique, proposez d'apprendre de nouvelles chansons en anglais.
La première, «*Head, shoulders, knees and toes*», permettra d'acquérir le vocabulaire corporel. La seconde, «*Wind the bobbin up*», est une version anglaise de la comptine «Enroulez le fil». Vous la trouverez sur le livre CD *Mes premières comptines anglaises* aux éditions Didier Jeunesse.

«Head, shoulders, knees and toes»

Head, shoulders, knees and toes, knees and toes
Head, shoulders, knees and toes, knees and toes
Eyes, ears, mouth and nose
(Reprise plusieurs fois)

«Wind the bobbin up»

Wind the bobbin up *(x 2)*
Pull, pull and clap, clap, clap
Wind your bobbin up *(x 2)*
Pull, pull, clap, clap, clap

Point to the ceiling, point to the floor
Point to the window, point to the door

With your hands clap, one two three
Put your hands upon your knee

«Enroulez le fil» (version française)

Enrouler le fil,
dérouler le fil,
et tire et tire
et tape tape tape.

• Atelier 25 •

Écriture guidée sur lignes

Mobiliser le langage dans toutes ses dimensions
→ **Écrire son prénom en écriture cursive**
→ **Découvrir le principe alphabétique**

30' **Doc. 153 et 154** Nathan live!

Matériel
- Feuilles individuelles (Doc. 154)
- Crayons de papier, gommes

Écrire en cursive en se repérant sur des lignes

La semaine précédente, en jour 4, les élèves ont découvert les lignes d'écriture avec le repérage de la hauteur des différentes lettres écrites en cursive. Ils vont ici se repérer sur des feuilles individuelles et écrire avec votre accompagnement. En effet, la présence de l'enseignant pour l'écriture est indispensable : correction de la tenue du crayon, position du corps... Placez des tables face au tableau et installez-y vos élèves en vous assurant que droitiers et gauchers ne se gêneront pas pendant l'écriture. Faites repérer les différentes lignes découvertes en grand groupe : les lignes en gras pour les lettres à hauteur fixe (a, c, e...), la ligne du haut pour les lettres montantes (b, l...) et celle du bas pour les lettres descendantes (p, q...).

1. Se repérer sur les lignes

D'abord, les élèves tracent au crayon de papier des ronds entre les deux lignes en gras. Indiquez le point de départ en rouge sur leur feuille et rappelez le sens du tracé : on commence en haut et on tourne vers la gauche. Puis ils réalisent une boucle en s'arrêtant précisément à la ligne du haut.
Enfin, sur la troisième ligne, un trait qui descend (de la ligne d'écriture à la ligne du bas).

2. Écriture de petits mots ou du prénom

Poursuivez en distribuant une deuxième feuille d'écriture sur laquelle vous écrivez, devant chacun, le prénom tout en verbalisant le tracé ou un petit mot simple selon le niveau de chacun (placez le modèle à droite pour les gauchers afin qu'ils puissent le voir, mais rappelez le sens de l'écriture). Reprenez individuellement les lettres que les élèves ont du mal à écrire. Réalisez un accompagnement individuel et avancez au rythme de chaque élève.

> **Rassemblez les feuilles d'écriture dans un cahier ou bien reliez-les en mettant une couverture avec des feuilles cartonnées, afin d'éviter de coller du papier sur du papier !**

• Atelier 26 •

Boites à compter

Acquérir les premiers outils mathématiques
→ **Réaliser une collection dont le cardinal est compris entre un et dix**
→ **Construire le nombre pour exprimer les quantités**

30' **Doc 155 – Galerie photo et Doc 156** Nathan live!

Matériel
- Boites à compter Nathan ou à fabriquer (Doc. 155)
- Planches à imprimer (Doc. 156 a et b)
- Jetons

Dénombrer et réaliser des collections, lire les informations des dés

Les boites à compter sont un excellent outil pour travailler en mathématiques diverses compétences : lecture des chiffres et constellations avec association des quantités, dénombrement, partage de collections, résolution de problèmes...
Utilisez les boites à compter présentes dans le commerce (matériel Nathan) ou fabriquez les vôtres en suivant la fiche du Doc. 155. Deux types de planches sont proposées : constellations apparaissant sur deux dés (il faudra faire la somme) et collections d'images en lien avec l'Australie (cf. Doc. 156 a et b).
Distribuez à chaque élève une boite à compter avec une certaine quantité de jetons et laissez quelques minutes pour la découverte et l'appropriation du matériel.

Donnez la consigne : *« Choisissez une planche et mettez dans chaque compartiment la quantité de jetons indiquée. »*

Accompagnez les enfants dans la correspondance des quantités en les aidant à se repérer dans la boite à compter, à dénombrer les collections ou les constellations de dés. Vous assurez ici une aide individuelle et différenciez l'activité selon le niveau de chacun, en adaptant les quantités aux planches que vous proposez. Lorsqu'un enfant a terminé, validez et proposez une nouvelle réglette.

> **Laissez ce jeu en découverte libre à l'accueil afin que les enfants s'approprient le matériel et s'entrainent.**

• Atelier 27 •

Mots croisés des jours

Mobiliser le langage dans toutes ses dimensions
→ Reconnaitre les lettres de l'alphabet
→ Découvrir le principe alphabétique

30' Doc. 157 live!

Matériel
- Grilles de mots croisés (Doc. 157)
- Feutres effaçables
- Crayons de papier, gommes

Agencer des mots dans une grille de mots croisés

En atelier 18 et dans les périodes précédentes, les élèves ont travaillé sur des grilles de mots croisés, en repérant des mots en lecture horizontale (de gauche à droite) ou verticale (de haut en bas). Pour apporter une progressivité dans les apprentissages, ils devront remplir une grille de mots croisés avec les jours de la semaine, en recherchant seuls où les placer dans la grille. Le premier mot est donné: dimanche.

Il s'agira de rechercher les lettres communes aux différents mots pour pouvoir les croiser, mais avec une contrainte importante à l'écrit: il y a toujours un espace (ici une case vide au moins) entre deux mots; les lettres ne peuvent pas être posées côte à côte si elles n'appartiennent pas au même mot! Faites rappeler les règles des mots croisés: on croise les mots en recherchant des lettres communes, on écrit une lettre par case, on peut lire le mot à l'horizontal (de gauche à droite) ou à la verticale (de haut en bas)

Imprimez le Doc. 157 et placez-le sous pochette plastique pour que les élèves fassent plusieurs essais pour réussir à caser les six mots imposés. Une fois qu'ils ont réussi à caser le maximum de mots, ils retirent la pochette plastique pour écrire les mots au crayon *à* papier et ainsi coller la feuille dans le cahier.

Prolongement: donnez une grille vierge (effacez le mot « dimanche » de la fiche) et demandez aux élèves de créer leurs propres mots croisés: avec les prénoms de la classe, avec les mots d'un album...

Plusieurs réponses sont possibles, quelques-unes vous sont données dans le Doc. 157b.

• Atelier 28 •

9 boomerangs

Acquérir les premiers outils mathématiques
→ Quantifier des collections jusqu'à dix au moins ; les composer et les décomposer par manipulations effectives puis mentales
→ Dire combien il faut ajouter ou enlever pour obtenir des quantités ne dépassant pas dix, commencer à résoudre des problèmes d'ajout ou de retrait

30' Doc. 158 live!

Matériel
- Doc. 158
- Crayons de papier, gomme
- Jetons

Compléter ou retirer des collections pour faire 9

Après l'activité de manipulation réalisée en atelier 19, proposez la fiche du Doc. 158.

Vous pouvez expliquer la consigne en donnant un exemple au tableau. Dessinez au tableau 9 boomerangs et comptez-les avec les élèves. Demandez-leur de fermer les yeux et effacez-en 5 par exemple. « *Combien il y a-t-il de boomerangs dessinés? Que dois-je faire pour en avoir 9 en tout?* » Puis faites-la même chose en en dessinant 10.

Distribuez le doc. 158, faites anticiper la consigne puis lisez-la:

« *Dans chaque ligne, il doit y avoir 9 boomerangs. Dessine quand il en manque ou barre ceux qui sont en trop.* »

L'entête avec la suite numérique jusqu'à 9 et les boomerangs servira de repère pour l'activité.

En regroupement, corrigez l'exercice en faisant nommer les différents compléments à 9.
Exemple: si on a 6 boomerangs, il faut en rajouter 3 pour arriver à 9 (6 et 3 font 9); si j'en ai 8, il faut encore en rajouter 1. Demandez aussi aux enfants quelles procédures ils ont utilisées (suite numérique, surcomptage...).

• Jour 1 •

Passe à cinq

Collaborer, coopérer, s'opposer
→ **Coopérer, exercer des rôles différents complémentaires, élaborer des stratégies pour viser un but ou un effet commun**

Matériel
- 2 ballons ou balles en mousse
- Plots pour délimiter les zones
- Dossards de couleur pour les équipes

1. Mise en route : passes au prénom

Divisez la classe en 4 rondes. Au sein de chacune d'elle, les élèves se déplacent en faisant des passes au prénom : un élève nomme un camarade et lui lance la balle avec un rebond, celui-ci la rattrape et nomme un autre camarade pour lui lancer, etc.

2. Cinq passes réussies

Organisation : délimitez deux zones avec des plots. La classe est divisée en 2 x 2 équipes : 2 jouent en parallèle, les 2 autres sont assises et arbitrent en comptant les passes d'une équipe attitrée.

But du jeu : réussir cinq passes successives sans que la balle ne touche le sol.

Déroulement : les joueurs se déplacent dans le terrain en se faisant des passes. En revanche, ils ne peuvent pas se déplacer avec la balle en main. Lorsque cinq passes successives sont réussies, ils remportent un point et reprennent le jeu.

Les arbitres veillent au respect des règles.

Assurez une rotation des groupes joueurs/arbitres.

3. Passe à cinq avec gêneurs

Organisation : dans chaque zone, deux équipes s'opposent.

But du jeu : réussir cinq passes sans que l'équipe adverse ne l'intercepte.

Déroulement : en se déplaçant librement dans sa zone définie, une équipe tente de se faire cinq passes successives pendant que l'autre la gêne. À chaque fois que la balle est interceptée, on recommence à compter les passes.

Assurez une rotation des passeurs et gêneurs.

• Jour 2 •

Le crayon invisible

Communiquer avec les autres au travers d'actions à visée expressive ou artistique
→ **Coordonner ses gestes et ses déplacements avec ceux des autres**

Matériel
Musique au choix

1. Mise en danse : le chef de file

Divisez la classe en 4 groupes disposés en files indiennes. Les élèves en tête de file sont les meneurs : ils évoluent librement dans le préau en enchainant différents mouvements, types de déplacement, poses, que les autres devront imiter en restant toujours derrière.
Ensuite, changez les meneurs et imposez des mouvements très lents et amples.

2. La danse du crayon à deux

Reprenez cette danse réalisée la semaine précédente, avec un fond musical.
Demandez ensuite aux couples de danseurs de réaliser au moins trois déplacements avec leur crayon.

3. Le crayon invisible

Faites disparaitre les crayons : chaque couple reprend ses trois déplacements deux fois d'affilée, en imaginant que le crayon est toujours entre leur main.

4. Mise en scène devant des spectateurs

Sur un fond musical, chaque binôme présente sa création ; les spectateurs devront observer que trois déplacements différents ont été mis en œuvre (deux fois d'affilée) et que le crayon (invisible) semble toujours entre les mains des danseurs.

• Jour 3 •

Ateliers de motricité 2

Doc. 151 – Schéma Nathan live!

Même organisation qu'en semaine 4.

• Jour 4 •

Pistes d'agencement pour le parcours

Reprenez des pistes d'agencement du matériel proposées en semaines 1 ou 4.

20' par séance

• Jour 1 •

La phrase du jour

Mobiliser le langage dans toutes ses dimensions
→ Commencer à réfléchir sur la langue
→ Acquérir et développer la conscience phonologique

Reprenez le déroulement développé en semaine 4, jour 1 pour la lecture de la phrase du jour. Sur la même affiche que la semaine précédente (pour que la première phrase constitue aussi un repère), proposez une nouvelle phrase à la lecture.
Les Aborigènes vivent en Australie.
Amenez les élèves à utiliser les différents écrits de la classe pour la lecture de la phrase.

• Jour 2 •

Séances autour d'un album

Mobiliser le langage dans toutes ses dimensions
→ Comprendre des textes écrits sans autre aide que le langage entendu
→ Manifester de la curiosité par rapport à l'écrit

Voici de nouvelles pistes d'exploitation :

– **Découverte de l'album :** 1re et 4e de couverture, titre, auteur, illustrations, émissions d'hypothèses sur le thème de l'album, échanges.

– **Première lecture par épisodes** en prenant appui sur les illustrations : quelles informations donnent les illustrations, le texte ? Anticiper la suite de l'histoire.

– **Travail sur le vocabulaire spécifique :** l'école, le matériel, l'emploi du temps, les règles de vie.

– **Mise en réseau :** lire d'autres albums et faire le lien entre les différentes lectures sur le même thème.

– **Mise en scène du récit** dans la salle de motricité. Pendant que l'enseignant lit, un groupe d'élèves jouent les scènes, les autres sont spectateurs

• Jour 3 •

Le boomerang

Explorer le monde
→ Découvrir, manipuler des objets

Le boomerang est un objet volant qu'on lance à la main et qui revient à son expéditeur.

Les Aborigènes utilisaient le boomerang pour le jeu, la compétition. Ils s'en servaient également pour la chasse afin de disperser les oiseaux pour ensuite les tuer avec un bâton : le *killing-stick* (le boomerang n'était pas une arme de chasse).

Voici une légende qui raconte la naissance du boomerang, rapportée par des lanceurs, Arthur et les Janetski :

« Aux premiers jours du Temps des Rêves, les hommes vivaient à genoux, sous un ciel si bas qu'il touchait presque le sol. Un jour, un vieux chef, venu se désaltérer à une mare aperçut dans l'eau un magnifique bâton.
Il s'exclama alors : "Avec ce bâton, je repousserai le ciel et nous vivrons enfin debout !"
Après l'avoir fait, et ayant ainsi libéré les hommes de leurs oppressions, il constata que son bâton, tout courbé, ne lui serait plus utile. Il le jeta au loin… mais le bâton revint vers lui !

Il recommença, et trouva cela amusant… il le garda et le baptisa BOOMERANG. »

Lisez la légende aux élèves, laissez-les réagir et bien sûr, présentez un boomerang.
Faites décrire l'objet : il existe des modèles avec 2 pales, 3, voire 4 ; elles ressemblent à des ailes d'avion et c'est ce qui permet de faire voler l'objet. Il était à l'origine taillé dans un morceau de bois d'eucalyptus ou d'acacias.

Si vous n'arrivez pas à vous procurer de boomerang, fabriquez le modèle proposé en atelier 32 et récoltez sur Internet plusieurs photos.

• Jour 4 •

Écoutez cette histoire !

Mobiliser le langage dans toutes ses dimensions
→ Comprendre des textes écrits sans autre aide que le langage entendu

Empruntez à la bibliothèque ou la médiathèque municipale un CD d'une histoire.

D'abord, faites écouter l'histoire en entier sans intervenir. Si un album accompagne ce CD, montrez les illustrations au fur et à mesure de l'écoute.

Interrogez les enfants sur la compréhension globale.

Ensuite, proposez une deuxième écoute et arrêtez à certains moments-clés pour poser des questions.

• Atelier 29 •

Jeu du crocodile

Acquérir les premiers outils mathématiques
→ Quantifier des collections jusqu'à dix au moins
→ Évaluer et comparer des collections d'objets avec des procédures numériques ou non numériques (perception immédiate, correspondance terme à terme, etc.)

30' Doc. 159 live!

Matériel
Par élève :
- Lego ou cubes qui s'empilent
- Cartes avec écriture chiffrée (Doc. 5)
- Bande numérique individuelle (Doc. 2)
- 2 cartes crocodiles («plus petit que» et «plus grand que») - Doc. 159

Comparer des chiffres et des quantités

Placez au centre de la table, faces cachées trois séries de cartes de 1 à 10.

Retournez une carte, placez-la à votre gauche et lisez le chiffre, par exemple 3. Prenez une deuxième carte, lisez et placez-la à côté de la première à droite, par exemple, 5. En suivant le sens de la lecture pour lire les cartes posées (de la gauche vers la droite), interrogez : *« 3 est-il plus grand ou plus petit que 5 ? Comment pourrait-on vérifier ? »*
- Montrez l'emplacement sur la frise numérique : le 3 est avant le 5 donc il est plus petit.
- Réalisez les deux collections avec des Lego ou cubes que vous empilerez sur les cartes : la tour du 3 est plus petite que celle du 5 ; donc 3 est bien plus petit que 5.

Présentez enfin vos deux cartes crocodiles du Doc. 159 (que vous collerez sur des fiches cartonnées repliées afin de les maintenir à la verticale) et placez celle représentant le signe « plus petit que » entre le 3 et le 5. Expliquez que le côté le plus petit (la pointe de la bouche) est à côté du nombre le plus petit (le 3) et que la bouche est grande ouverte devant le plus grand nombre (montrez que l'espace entre les deux lignes est grand). Le crocodile a toujours très faim et il mange toujours la plus grande quantité !

Distribuez le matériel aux élèves, puis invitez-les à réaliser l'exercice, soit individuellement (vous validerez pour chacun d'eux), soit à tour de rôle avec observation et verbalisation de l'ensemble du groupe. Chaque élève pioche donc deux cartes, effectue la comparaison en plaçant le crocodile approprié et vérifie avec les tours de cubes. Vous validez en apportant un accompagnement individuel (aide au dénombrement, à l'énonciation de la suite numérique, rappel du sens du crocodile...), puis les élèves reprennent le jeu avec d'autres cartes.

> **Lorsque l'on pioche deux chiffres identiques, aucun n'est plus grand, ni plus petit, donc, on ne place pas de cartes crocodile ! On continue en prenant de nouvelles cartes.**

• Atelier 30 •

Petites formes dans des grandes

Acquérir les premiers outils mathématiques
→ Savoir nommer quelques formes planes (carré, triangle, cercle ou disque, rectangle)
→ Reproduire, dessiner des formes planes

30' Doc. 160 – Galerie photo live!

Matériel
- Gabarits de formes géométriques
- Règle, crayons de papier, gomme
- Feutres fins

Tracer des formes géométriques

En regroupement, faites rappeler aux élèves les propriétés des formes géométriques de base : rond, carré, triangle, rectangle. Demandez comment vous pourriez les tracer au tableau et basez-vous sur les explications données pour le faire (le vocabulaire géométrique exact doit être employé). *Quel est le sens du tracé du cercle ? Combien de côtés a le triangle ? Comment sont les sommets des figures (pointus et non arrondis). Comment différencier le carré et rectangle ?*

Distribuez des gabarits de formes géométriques, puis placez les élèves en atelier en donnant la consigne : *« Tracez au crayon les 4 grandes formes géométriques qui se chevauchent et repassez les contours au feutre et à la règle (sauf pour le cercle). À l'intérieur du grand cercle, tracez des petits cercles, du carré, des petits carrés, du triangle, des petits triangles, etc. »* (Voir Doc. 160 Galerie photo.)

> **Pour accompagner la consigne orale, commencez à réaliser un modèle sur une feuille affichée au tableau.**

20' par séance

• Jour 1 •

Écrire le résumé d'un album

Mobiliser le langage dans toutes ses dimensions
→ **Comprendre des textes écrits sans autre aide que le langage entendu**
→ **Participer verbalement à la production d'un écrit**

Pour garder une trace dans les cahiers ou en affichage d'un album lu, réalisez un résumé en dictée à l'adulte. Demandez aux élèves de vous raconter l'histoire, mais ne commencez pas à écrire. En effet, lorsqu'ils ont fini de s'exprimer librement, rappelez que l'ordre et les étapes-clés du récit doivent être respectés (on ne peut pas commencer l'histoire par la fin et ajouter à tour de rôle des éléments qui ont lieu à divers temps de l'histoire). Rappelez donc la structure du récit abordée en petit groupe lors de l'écriture du rêve aborigène (atelier 7):
– Situation initiale: où se déroule l'histoire? Quand? Qui sont les personnages? Que font-ils, que se passe-t-il (Quoi?)
– Élément perturbateur et des péripéties: que va-t-il se passer?
– Situation finale: dénouement et fin de l'histoire.

Vous accompagnez les élèves en rappelant les règles du passage de l'oral à l'écrit, en assurant la cohésion de l'énoncé (n'hésitez pas à relire ce qu'ils vous ont dicté et à montrer les illustrations de l'album), en relançant par le questionnement. Rappelez également qu'il est nécessaire d'ajouter des «petits mots» pour lier les phrases (ex.: *ensuite, c'est pourquoi, tout à coup enfin, etc.*).

• Jour 2 •

Menu de la cantine

Mobiliser le langage dans toutes ses dimensions
→ **Commencer à réfléchir sur la langue**
→ **Acquérir et développer la conscience phonologique**

Reprenez le déroulement détaillé en semaine 1 pour la lecture du menu. L'activité se déroule en deux temps:

1. Les élèves énoncent ce qu'ils ont mangé à la cantine le midi.

2. Ils doivent retrouver les mots du menu écrits en script au tableau dans le désordre. Pour cela, ils devront chercher des repères pour la lecture.

• Jour 3 •

Charades (1)

Mobiliser le langage dans toutes ses dimensions
→ **Manipuler les syllabes**
→ **Acquérir et développer la conscience phonologique**

Doc. 148 live!

En ateliers 17 et 21, les élèves ont joué avec les syllabes: fusionner deux mots uni-syllabiques pour en former un nouveau (chat + pot = chapeau) et l'exercice inverse: fractionner un mot bi-syllabique en deux mots (pompier = pont + pied). Ce type de jeu phonologique s'appuie sur la polyphonie des mots. Cette semaine, proposez de découvrir le principe des charades.

Placez au tableau une planche du jeu de rébus et les 4 cartes réponses associées (Doc. 148). Par exemple: la série bleue: chapeau, citron, rideau et pinceau. Faites nommer les illustrations. Énoncez ces phrases et demandez aux élèves de répondre aux devinettes avec l'aide des illustrations au tableau:
Mon 1er est un aliment qu'on mange beaucoup en Chine. (riz)
Mon 2nd est une partie du corps, sur laquelle on porte les sacs. (dos)
Mon tout sert à décorer une fenêtre. (rideau)

Énoncez une deuxième charade et demandez aux élèves d'expliquer la structure, de repérer les mots qui se répètent. *Mon 1er sert à couper du bois. (scie)*
Mon 2nd abrite des animaux sauvages. (zoo)
Mon tout sert à couper. (ciseaux)

Poursuivez avec une autre série de mots, cette fois-ci sans support images. À la séquence suivante, vous demanderez aux élèves de créer des charades.

• Jour 4 •

Charades (2)

Mobiliser le langage dans toutes ses dimensions
→ **Manipuler les syllabes**
→ **Acquérir et développer la conscience phonologique**

Doc. 148 live!

Rappelez la structure de la charade découverte en jour 3, redonnez un exemple et affichez une nouvelle série d'illustrations du Doc. 148. Cette fois-ci, demandez à un élève de créer la charade (il s'agira ici de définir les mots illustrés), les camarades devront y répondre.

De la graine à la plante

• Séance 17 •

Les besoins d'une plante : résultats d'expériences

Explorer le monde

→ **Reconnaitre les principales étapes du développement d'un végétal, dans une situation d'observation du réel**

Les élèves ont émis des hypothèses sur les besoins de la plante pour évoluer correctement. En petits groupes, ils ont ensuite réalisé un protocole d'expérimentation avec différents paramètres. À présent, ils vont observer les résultats de leurs expériences avant de conclure.

Reprenez les pots de chaque groupe un à un en rappelant la légende illustrée dessus. Constatez l'état de chaque plante, remarquez son évolution. Amenez les élèves à faire des comparaisons entre les différents pots. Dans certains pots, la plante n'a pas évolué ou semble en mauvais état. Dans d'autres pots, les premières pousses, les tiges et les feuilles peuvent être visibles. Notez en dictée à l'adulte les conclusions des expérimentations (vous retaperez le texte pour le coller dans les cahiers d'expériences des élèves) : *Pour se développer, une plante a besoin de terre, d'eau, de chaleur et de lumière.*

• Séance 18 •

Étapes du développement de la graine

Explorer le monde

→ **Ordonner une suite d'images, pour rendre compte d'une situation vécue**

→ **Reconnaitre les principales étapes du développement d'un végétal**

Matériel
- Photos prises du développement de la graine
- Doc à imprimer, ciseaux, colle

Doc. 161 Nathan live!

Imprimez et présentez dans le désordre les photos du développement complet de la graine de haricot, que vous aurez prises au fils des jours.

Faites-les d'abord décrire, puis identifier les différentes étapes. Sur une affiche, les élèves viennent coller les photos dans l'ordre et vous dictent une phrase pour les légender. Distribuez le Doc. 161 afin de garder une trace dans le cahier d'expériences.

• Séance 19 •

Semis individuels

Explorer le monde

→ **Connaitre les besoins essentiels de quelques végétaux**

→ **Reconnaitre les principales étapes du développement d'un végétal**

Matériel
- Graines de haricots, pots, eau, terre
- Cahier d'expériences, crayons, gommes

Réalisez à présent des semis individuels afin que chacun prenne soin de sa plante et puisse observer le cycle complet de la graine de haricot. Distribuez des pots, des graines et faites rappeler les quatre facteurs nécessaires au développement de la plante.

Ensuite, les élèves dessinent sur leur cahier d'expériences ce qu'ils ont fait, en mettant la date avec le tampon. Par une petite phrase qu'ils vous dicteront, vous pourrez légender leur dessin.

Au fil des jours, faites observer l'évolution des semis. Chacun pourra dessiner une nouvelle étape du développement dans son cahier d'expériences (avec une phrase dictée à l'adulte) et mettre la date.

> Pour les semis individuels, utilisez des pots de yaourt en plastique et percez le fond.

• Séance 20 •

La chaine des cerceaux

Collaborer, coopérer, s'opposer

→ **Coopérer, exercer des rôles différents complémentaires, élaborer des stratégies pour viser un but ou un effet commun**

Organisation en équipes

Divisez la classe en deux équipes placées face à face. Dans chaque équipe, les élèves écartent les bras au maximum pour former une longue chaine, puis se lâchent les mains.Le premier élève de chaque équipe a un cerceau dans lequel il fait passer son voisin jusqu'à ce qu'il touche le sol. Le voisin remonte le cerceau le long de son corps et le passe au camarade suivant, etc. L'équipe qui mène son cerceau au bout de la chaine la première, remporte la manche.

Semaine 6

	Lundi	Mardi	Jeudi	Vendredi	Demi-journée thématique
8 h 20 **Accueil**	**Pyramide des prénoms** **Activités autonomes et réinvestissement de matériel**				
8 h 40 **Rituels**	**Appel :** Les élèves font l'appel **Découvrir les nombres :** Valider la pyramide avec la suite numérique **Repérage dans le temps :** Calendrier et semaine. Écriture de la date en cursive sur interlignes				
9 h **Univers sonores**	**Chansons et comptines au choix**				
9 h 10 **Ateliers** Rotation des groupes sur les ateliers de la semaine	**Atelier 31 : Écriture guidée** → Ecrire en cursive la date, des mots avec l'accompagnement de l'adulte **Atelier 32 : Fabriquer un boomerang** → Réaliser un objet technique **Atelier 33 : Crocodile à grande bouche** → Comparer des chiffres et des quantités **Atelier 34 : Boites à compter** → Dénombrer et réaliser des collections, lire les informations des dés				**Séances de la graine à la plante** – Le cycle de vie de la graine – Étapes du développement de la graine (2) – Semis individuels (2)
9 h 45	**Rangement et bilan des ateliers**				
10 h **L'activité physique**	**La balle au capitaine** → Jeu collectif avec ballon	**L'envol du foulard** → Expression corporelle, danse	**Ateliers de motricité (2)** → Rouler, s'équilibrer	**Parcours** → Pistes d'agencement du matériel	**Ateliers de motricité avec des cerceaux**
10 h 30	**Récréation**				
11 h **Langage/Lecture**	**La phrase du jour** → Prendre des repères dans l'écrit	**Un passage pour une illustration** → Comprendre un récit	**Les inférences probème-solution** → Renforcer la compréhension	**Les charades (3)** → Fusionner les syllabes	**Lecture plaisir**
11 h 30	**Sortie/déjeuner**				
13 h 30	**Écoute musicale, chant, lecture plaisir…**				
14 h **Ateliers** Rotation des groupes sur les ateliers de la semaine	**Atelier 35 : Sur l'ordinateur** → Découvrir l'ordinateur et utiliser des fonctions du traitement de texte **Atelier 36 : Mots mêlés d'Australie** → Repérer des mots dans une grille **Ateliers libres**				
14 h 50	**Récréation**				
15 h 20 **Langage/Lecture**	**Le bon résumé** → Montrer sa compréhension du récit	**Raconter son album préféré** → Restituer oralement un récit	**Les activités de la période** → Bilan	**Atelier philo** → Est-ce qu'on peut ne pas aimer ce que (presque) tout le monde aime ?	
15 h 45	**Sortie**				

• Accueil •

Construire les premiers outils pour structurer sa pensée
→ **Évaluer et comparer des collections d'objets avec des procédures numériques ou non numériques (perception immédiate, correspondance terme à terme, etc.)**

Même organisation qu'en semaine 5 : pyramide des prénoms de toute la classe, en comptant et comparant le nombre de lettres.

Sur les tables : puzzles dessins libres, jeux autonomes, et réinvestissement du matériel des semaines précédentes (boites à compter, jeu du crocodile).

• Rituels •

20'

Appel

Mobiliser le langage dans toutes ses dimensions
→ **Découvrir le système alphabétique**
→ **Lire les prénoms des camarades**

Même organisation qu'en semaine 4 : des élèves font l'appel en lisant les listes des prénoms en script et cochent les présents.

Numération

Acquérir les premiers outils mathématiques
→ **Évaluer et comparer des collections d'objets avec des procédures numériques ou non numériques (perception immédiate, correspondance terme à terme, etc.)**
→ **Dire la suite des nombres jusqu'à trente**

Même organisation qu'en semaine 5 : valider la pyramide des prénoms de la classe, en marquant le nombre de lettres à côté de son prénom et en vérifiant ainsi l'ordre de la suite numérique.

Repérage dans le temps

Explorer le monde
→ **Repérer les évènements dans la journée, la semaine et le mois**
→ **Stabiliser les premiers repères temporels**

Doc. 97 live!

Poursuivez le repérage dans le calendrier mensuel et l'encadrement de la date (aujourd'hui, nous sommes..., hier, nous étions..., demain...).

Cette semaine, un élève écrit la date du jour sur la page d'écriture avec interlignes, pour tableau (Doc. 154 agrandi).

• Univers sonores •

Agir, s'exprimer, comprendre à travers les activités artistiques
→ **Avoir mémorisé un répertoire varié de comptines et de chansons et les interpréter de manière expressive**
→ **Développer l'écoute et l'attention**

10'

L'apprentissage des chansons se fait par écoute, répétition régulière et imprégnation. Chaque semaine, nous vous proposons de nouvelles chansons au choix, mais continuez de chanter les précédentes !

1. Jeu d'écoute : jeu du tambourin

Un élève tape sur un tambourin un nombre de coups compris entre 1 et 10, les camarades écoutent et, à votre signal, montrent avec les doigts le nombre de frappés.

Validez puis assurez une rotation des élèves.

2. Jeu d'attention : chant en playback

Invitez tous les élèves à observer attentivement le mouvement de vos lèvres car vous chanterez en playback ; ils devront identifier la comptine ou la chanson en question. Articulez silencieusement les textes sans les mimer. Répétez plusieurs fois pour que chaque élève puisse lire sur vos lèvres.

Reprenez des chants connus ou ceux découverts lors de cette période.

• Atelier 30 •

Écriture guidée

Mobiliser le langage dans toutes ses dimensions : l'écrit

→ **Découvrir le principe alphabétique**
→ **Commencer à écrire tout seul**

30' Doc. 153 et 154 live!

Matériel
- Lignes d'écriture pour le tableau (Doc. 153)
- Feuilles d'écriture pour les élèves (Doc. 154) à relier ou coller dans un cahier

Écrire en cursive la date, des mots avec l'accompagnement de l'adulte

Reprenez les lignes du Doc. 153 pour poursuivre l'entrainement à l'écriture. Comme à la séquence de l'atelier 25, installez des tables pour l'écriture face au tableau, veillez à ce que droitiers et gauchers ne se gênent pas et rappelez la position du corps : se tenir bien droit, les pieds au sol, les épaules relâchées sans crispation, la main est posée à plat sur la table et glissera de gauche à droite dans le sens de l'écriture, les doigts sur le crayon sont correctement positionnés.

Reprenez votre affiche d'écriture pour le tableau (Doc. 153) et écrivez la date sur les lignes en verbalisant chacun de vos mouvements avec la main et tracés. Pour cette première étape, vous montrez un modèle collectivement, mais passez ensuite sur un autre plan (feuille d'écriture individuelle) pour que les élèves aient le modèle sous les yeux, sans avoir à lever la tête pour regarder au tableau et ainsi gêner la fluidité de l'écriture.

Pendant cette phase, corrigez les postures, suivez les conseils donnés dans les précédentes séquences d'écriture et poursuivez avec un accompagnement individuel selon les capacités et besoins de chacun :

- Reprise de l'écriture de certaines lettres sur de nouvelles lignes avec verbalisation des graphismes nécessaires (coupes, ponts, boucles...).
- Passage par le graphisme : tracer une ligne de ronds en respectant le sens, de petites boucles, de cannes... Puis reprise des lettres et enfin du mot.
- Suite de l'écriture de la date en entier (quantième, mois, année).
- Écriture de petits mots en lien avec le thème, un album (écrire le titre ou noms des personnages).

Pour chaque étape, veillez à donner le modèle à gauche pour les droitier et à droite pour les gauchers afin que leur main ne cache pas le modèle (en rappelant toutefois le sens de l'écriture).

N'hésitez pas à diviser votre groupe en deux : certains pourront aller à la bibliothèque de la classe pour que vous puissiez bien cibler le travail avec les autres. Puis, vous assurez une rotation des élèves sur ces 30 ou 40 min. d'atelier.

• Atelier 32 •

Fabriquer un boomerang

Agir, s'exprimer, comprendre à travers les activités artistiques

→ **Réaliser des compositions plastiques, en choisissant et combinant des matériaux, en réinvestissant des techniques et des procédés**

30' Doc. 162 live!

Matériel
- Gabarit de boomerang (Doc. 162)
- Papier calque et crayons de papier
- Carton épais et ciseaux
- Peinture acrylique, pinceaux, coton-tige

Réaliser un objet technique

Proposez à vos élèves la confection individuelle d'un boomerang – objet incontournable de la culture aborigène – qu'ils pourront s'essayer à faire voler. Vous aurez déjà présenté en regroupement cet objet et évoqué son utilisation chez les Aborigènes d'Australie (cf. langage semaine 5).

Pour la réalisation de l'objet, les élèves suivront ces différentes étapes après l'impression du gabarit du boomerang (Doc. 162) :
- découper le gabarit et reproduire les contours sur du papier carton ;
- découper le carton ;
- avec de la peinture acrylique, peindre en utilisant les couleurs et techniques des peintures aborigènes : fond avec des tons rouge, jaune, orange, noir, puis pointillés, signes aborigènes.

Lorsque les productions seront sèches, repliez légèrement les bords de toutes les pales (environ 0,5 cm). Il ne reste plus qu'à s'exercer au lancer à l'extérieur, en tenant le boomerang entre le pouce et l'index et parallèle au sol.

Vous pouvez utiliser le carton de boites de céréales, à chaussures ou du papier Bristol.

• Atelier 33 •

Crocodile à grande bouche

Acquérir les premiers outils mathématiques
→ **Quantifier des collections jusqu'à dix au moins**
→ **Évaluer et comparer des collections d'objets avec des procédures numériques ou non numériques (perception immédiate, correspondance terme à terme, etc.)**

30' Doc. 163 Nathan live!

Matériel
- Fiche du Doc. 163
- Crayons de papier
- Cubes ou lego

Comparer des chiffres et des quantités

La semaine précédente, vous aurez réalisé en atelier 29 une activité de manipulation pour comparer les chiffres et chercher différentes procédures de validation.

Cette semaine, les élèves peuvent continuer encore à s'exercer en autonomie avec le même matériel, afin de consolider leur connaissance. Aussi, vous pouvez proposer l'exercice du Doc. 163 sur fiche pour garder une trace de l'activité.

Imprimez le document et faites anticiper la consigne. Rappelez le sens des différents crocodiles avec la bouche grande ouverte vers le plus grand nombre.

La validation de l'exercice se fera en autonomie: les élèves représentent les animaux par des quantités de cubes (comme dans l'atelier 29) et comparent la hauteur des tours.

Si vous le souhaitez, préparez également une fiche avec l'écriture des chiffres pour la validation avec le matériel de manipulation.

• Atelier 34 •

Boites à compter

Acquérir les premiers outils mathématiques
→ **Réaliser une collection dont le cardinal est compris entre un et dix**
→ **Construire le nombre pour exprimer les quantités**

30'

Matériel
- Boites à compter Nathan ou à fabriquer (Doc. 155)
- Planches à imprimer (Doc. 156)
- Jetons

Dénombrer et réaliser des collections, lire les informations des dés

Reprenez le matériel découvert la semaine précédente en atelier dirigé 26: boites à compter avec des planches de deux dés et des images de deux collections différentes à ajouter. Cette reprise en autonomie permettra aux enfants de continuer à s'exercer et ainsi de consolider leur apprentissage.

La phase de validation est toutefois nécessaire.
Elle peut se faire en deux temps:
- validation en binôme avec un camarade avant l'échange de planches;
- valiadation auprès de l'Atsem qui peut être disponible en parallèle de l'atelier de confection de boomerang.

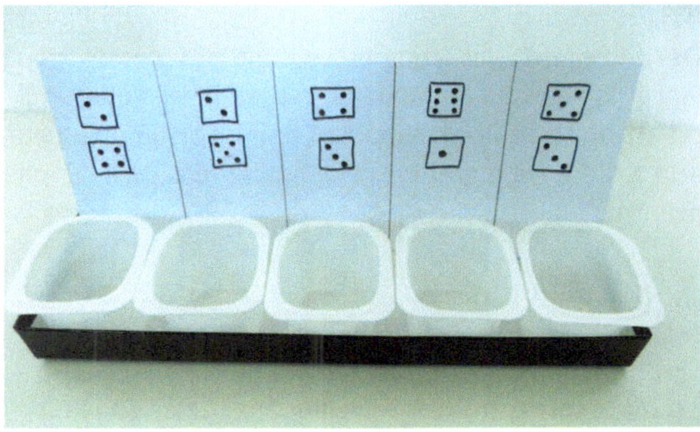

• Jour 1 •

La balle au capitaine

Collaborer, coopérer, s'opposer
→ **Coopérer, exercer des rôles différents complémentaires, élaborer des stratégies pour viser un but ou un effet commun**

Matériel
- Pour matérialiser les terrains, les zones : plots, tapis ou craie
- Des dossards de couleur pour une équipe au moins sur chaque terrain
- 3 balles en mousse

1. Mise en route : cinq passes réussies

Reprenez le jeu de la semaine précédente (sans les gêneurs) : divisez la classe en quatre groupes qui devront se lancer la balle en tentant d'enchainer cinq passes réussies (cf. semaine 5).

2. La balle au capitaine

Organisation : divisez la classe en 6 groupes et délimitez trois terrains de jeu : 1 pour deux équipes qui vont s'affronter.

Chaque terrain est divisé en 3 zones distinctes :
- au centre, la plus grande est celle où les 2 équipes évoluent,
- de part et d'autre, une petite zone où se situe le capitaine de chaque équipe.

But du jeu : lancer la balle à son capitaine pour marquer des points.

Déroulement : les équipes se font des passes pour lancer la balle à leur capitaine respectif. Dès que celui-ci l'attrape, l'équipe remporte 1 point. Lorsqu'un joueur a la balle en main, il ne peut pas faire plus de 3 pas avant de lancer.

Si vous n'avez pas la place pour matérialiser trois terrains, répartissez un groupe d'élèves pour tenir le rôle d'arbitres et veiller aux règles du jeu. Assurez une rotation des groupes par la suite.

• Jour 2 •

L'envol du foulard

Communiquer avec les autres au travers d'actions à visée expressive ou artistique
→ **Construire et conserver une séquence d'actions et de déplacements, en relation avec d'autres partenaires, avec ou sans support musical**
→ **Coordonner ses gestes et ses déplacements avec ceux des autres, lors de rondes et jeux chantés**

Matériel
- Une musique rapide, entrainante
- Une musique classique lente

1. Mise en danse : suivre son ombre

La semaine précédente, les élèves étaient répartis en 4 groupes et suivaient chacun un chef de file en imitant ses déplacements et ses mouvements. Cette fois, ils se déplacent deux par deux : un meneur et un élève qui suit et l'imite en se plaçant derrière lui ; il sera son ombre. Puis assurez une rotation des groupes.

2. La danse du foulard

Les élèves sont en ronde ; au centre, des foulards sont rassemblés au sol. Le vent va se lever et la musique marquer l'impulsion : pour une musique calme, on imagine une brise légère, douce ; pour une musique rapide, il s'agira d'un vent violent, fort, voire d'une tempête.

Choisissez un extrait musical proposant une alternance des deux rythmes. Dès que la musique démarre, les élèves se déplacent ensemble vers le centre pour prendre un foulard et le faire voler.

3. Phase de verbalisation et relance

À la fin du premier extrait musical, mutualisez les réalisations pour enrichir le vocabulaire corporel et les actions : *« Qu'avez-vous fait avec les foulards ? (lancer, tourner, poser, jeter, ralentir, balancer…) Quelles parties du corps avez-vous bougées ? Comment vous êtes-vous déplacés ? (En tournant, à pas chassés, en reculant…). Des foulards se sont-ils rencontrés, touchés ? »*

Faites rechercher également des indications spatiales : *« Où pourrait voler votre foulard ?* (vers le haut, bas, sur les côtés, derrière, devant nous…). *Est-ce qu'on pourrait faire des dessins ou graphismes ? »* Enfin, les élèves dansent en mettant en œuvre ce qui vient d'être évoqué.

3. Mise en scène

Voici une proposition de mise en scène : les danseurs se placent en ronde, les foulards sont au centre. Lorsque la musique démarre, la ronde tourne. Lorsque vous annoncez « vole », ils prennent un foulard et le font voler en se dispersant. Lorsque vous annoncez une couleur, les foulards de cette couleur se rejoignent au centre, se touchent, se croisent, dansent ensemble. Puis à « vole », ils se dispersent. Annoncez une autre couleur, etc.

Terminez en baissant la musique et demandez aux élèves de trouver une fin (se retrouver au centre, faire une pose avec le foulard…).

Divisez la classe en deux groupes (danseurs et spectateurs) pour reprendre la danse.

> **Si les élèves ne prennent pas en compte les rythmes musicaux, énoncez « vent calme » ou « tempête » pour donner une impulsion aux déplacements.**

• Jour 3 •

Ateliers de motricité 2

Adapter ses équilibres et ses déplacements à des environnements ou des contraintes variés

- → **Ajuster et enchainer ses actions et ses déplacements en fonction d'obstacles à franchir ou de la trajectoire d'objets sur lesquels agir**
- → **Se déplacer avec aisance et en sécurité dans des environnements variés, naturels ou aménagés**

Doc. 151 – Schéma live!

Reprenez la même organisation avec les ateliers détaillés en semaine 1 et dans le schéma Doc. 151.

• Jour 4 •

Pistes d'agencement pour le parcours

Adapter ses équilibres et ses déplacements à des environnements ou des contraintes variés

- → **Ajuster et enchainer ses actions et ses déplacements en fonction d'obstacles à franchir ou de la trajectoire d'objets sur lesquels agir**
- → **Se déplacer avec aisance et en sécurité dans des environnements variés, naturels ou aménagés**

Reprenez des pistes d'agencement du matériel proposées en semaines 1 ou 4.

20' par séance

• Jour 1 •

La phrase du jour

Mobiliser le langage dans toutes ses dimensions
→ **Commencer à réfléchir sur la langue**
→ **Acquérir et développer la conscience phonologique**

Reprenez le déroulement développé en semaine 4, jour 1 pour la lecture de la phrase du jour. Sur la même affiche que la semaine précédente (pour que les premières phrases constituent aussi un repère), proposez une nouvelle phrase à la lecture. Veillez à ce qu'elle ait un lien avec la vie de la classe et que les mots soient simples. Amenez les élèves à utiliser les différents écrits pour la lecture de la phrase (titres d'albums, affichage, étiquettes prénoms).

• Jour 2 •

Un passage pour une illustration

Mobiliser le langage dans toutes ses dimensions
→ **Comprendre des textes écrits sans autre aide que le langage entendu**
→ **Manifester de la curiosité par rapport à l'écrit**

Photocopiez au moins six illustrations d'un album que vous avez déjà lu et placez-les au tableau dans le désordre du récit.
Recopiez les passages correspondant à ces illustrations (ou découpez le texte photocopié), lisez-les un à un et demandez aux enfants à quelle illustration correspond le passage. Faites justifier les réponses apportées et validez par la lecture de l'album original.
Enfin, demandez-leur de remettre les images dans l'ordre et de reformuler à nouveau le récit.

Variante : mettre des illustrations intruses ou lire un passage ne correspondant pas à l'album choisi.

• Jour 3 •

Les inférences problème-solution

Mobiliser le langage dans toutes ses dimensions
→ **Comprendre des textes écrits sans autre aide que le langage entendu**
→ **Gérer l'implicite**

Doc. 147 live!

Poursuivez le travail sur la compréhension et les inférences détaillé en semaine 3, jour 3. Pour cette séquence, proposez des inférences de problème-solution : soit on doit trouver la solution au problème posé, soit on recherche le problème. Imprimez le Doc. 147 et lisez les phrases deux fois. À chaque question, proposez également des réponses à choix multiples et demandez aux enfants de lister les indices, les mots qui ont permis de trouver la réponse et d'écarter les autres propositions.

Voici un exemple :
Il pose son pinceau et regarde fièrmement son travail terminé. Ses mains sont toutes tâchées. *(Que va-t-il faire ? Se coucher, se laver les mains, peindre ?)*

• Jour 4 •

Les charades (3)

Mobiliser le langage dans toutes ses dimensions
→ **Manipuler les syllabes**
→ **Acquérir et développer la conscience phonologique**

Proposez une nouvelle série de charades (sans illustrations) où, les élèves devront d'abord trouver la solution de chaque définition (validez à chaque étape), puis fusionner les syllabes pour identifier le tout :

Mon 1er est une partie du corps (dos)
Mon 2nd est le contraire de épais (fin)
Mon tout est animal marin (dauphin)

Mon 1er animal est un animal qui vit dans les égouts (rat)
Mon 2nd est la deuxième syllabe de mardi (di)
Mon tout est un légume croquant (radis)

Mon 1er est le contraire de haut (bas)
Mon 2nd est le contraire de tard (tôt)
Mon tout navigue sur l'eau (bateau)

Mon 1er est un oiseau noir voleur (pie)
Mon 2nd est la 11e lettre de l'alphabet (k)
Mon 3e sert à transporter de l'eau (seau)
Mon tout est un peintre célèbre (Picasso)

Mon 1er est une note de musique (la)
Mon 2nd s'achète chez le boulanger (pain)
Mon tout est un animal aux grandes oreilles (lapin)

• Atelier 35 •

Sur l'ordinateur

Explorer le monde
→ Utiliser des objets numériques : l'ordinateur.
→ Copier à l'aide d'un clavier

30'
Matériel
- Ordinateurs de classe
- Étiquettes prénoms et noms

Découvrir l'ordinateur et utiliser des fonctions du traitement de textes

Le domaine numérique tient une place importante dans les programmes 2015 et la refondation de l'école, c'est pourquoi, les classes de Grande Section commencent à être petit à petit équipées d'ordinateurs. Si ce n'est pas encore votre cas, n'hésitez pas à solliciter des parents d'élèves pour obtenir du matériel, vous permettant au moins de réaliser des traitements de textes avec votre classe. Contrairement aux tablettes ou autres supports d'écrans tactiles que les élèves peuvent rencontrer en dehors de l'école, ils sont amenés, avec un ordinateur, à passer du plan horizontal (clavier, souris, feuille sur laquelle sont écrits des modèles à retranscrire) au plan vertical (l'écran).

1. Découvrir et nommer les différentes parties de l'ordinateur

Allumez l'ordinateur et votre logiciel de traitement de textes (Word, Wordpad...) placé en raccourci sur le bureau. Ouvrez un nouveau document avec une police de type Arial, taille 30 au moins.

Faites observer et nommer les éléments et la fonction de chaque partie : l'écran, la souris, le clavier et l'unité centrale. C'est cet ensemble que l'on nomme *ordinateur*. Montrez que tous les éléments sont reliés par des fils et que l'unité centrale est raccordée à une prise murale.

Faites ensuite repérer les touches sur le clavier : lettres en capitales d'imprimerie, ordre, chiffres, signes et plus particulièrement les touches « Maj », « supprimer » et « entrée », sur lesquelles vous placez des gommettes. Tapez un mot en majuscules et faites repérer la lumière du clavier sur la touche « Maj », utilisez la touche « supprimer » et « entrée » pour montrer leur fonction.

2. Écrire son prénom en capitales d'imprimerie et en script

Consigne : écris ton prénom en capitales d'imprimerie. Va à la ligne et écris-le en script. Continue en alternant les deux écritures.

Enregistrez et imprimez le document et assurez une rotation des élèves.

Si vous n'avez qu'un seul ordinateur, placez les élèves en binômes pour l'écriture (l'un peut dicter les lettres et l'autre taper sur le clavier). Placez pendant ce temps les autres élèves du groupe dans un atelier de manipulation autonome et assurez une rotation au bout de 15 minutes. L'activité pourra être poursuivie à l'accueil.

• Atelier 36 •

Mots mêlés d'Australie

Mobiliser le langage dans toutes ses dimensions
→ Reconnaitre les lettres de l'alphabet
→ Découvrir le principe alphabétique

30' Doc. 164 Nathan live!
Matériel
- Grilles de mots mêlés (Doc. 164)
- Grilles corrigées imprimées sur calque (Doc. 164b)
- Crayons de papier, gommes
- Crayons de couleur

Repérer des mots dans une grille

Après avoir travaillé pendant plusieurs séquences sur les mots croisés, les élèves sont capables d'identifier des mots en lecture verticale (de haut en bas) et horizontale (de gauche à droite).

Imprimez la grille de mots mêlés sur l'Australie (Doc. 164) et faites anticiper la consigne.

Lisez les mots en en-tête, les élèves pourront par la suite les identifier grâce à l'illustration placée à côté. Ils les recherchent et les entourent au crayon de papier sur la grille de mots mêlés. (Vous pouvez aussi proposer de placer la fiche dans une pochette en plastique pour s'exercer au feutre effaçable.)

Enfin, pour une production plus soignée, ils colorient ensuite chaque mot trouvé d'une couleur différente.

Pour une validation autonome, imprimez des exemplaires de la fiche de correction sur du papier calque (Doc. 164b). Après l'exercice, les élèves pourront poser le calque sur leur grille de mots mêlés et vérifier par transparence leur exercice.

L'impression de corrections sur du papier calque peut être utilisée pour différentes fiches d'activités. La transparence permettra une validation rapide et autonome des élèves !

20' par séance

• Jour 1 •

Le bon résumé

Mobiliser le langage dans toutes ses dimensions
→ Comprendre des textes écrits sans autre aide que le langage entendu
→ Manifester de la curiosité par rapport à l'écrit

Au centre du coin regroupement, placez une dizaine d'albums que vous aurez lus au cours de l'année (albums de cette période et des précédentes) et donnez, dans le désordre, un résumé de chacun d'eux (vous pouvez aussi recopier sur une feuille les éléments de la 4e de couverture et les lire).
À la fin de chaque résumé, les élèves devront identifier l'album résumé en justifiant leur propos.

Pour ne pas apporter trop d'indices, ne donnez pas les noms des personnages !

• Jour 2 •

Raconter son album préféré

Mobiliser le langage dans toutes ses dimensions
→ Pratiquer divers usages de la langue orale : raconter, expliquer

Demandez aux enfants de raconter leur histoire préférée, parmi celles qui ont été lues sur l'Australie et les Aborigènes.
Ils devront justifier et discuter leur choix : *« Pourquoi est-ce ton histoire préférée ? Qui a aimé cette histoire pour d'autres raisons ? »*

• Jour 3 •

Les activités de la période

Mobiliser le langage dans toutes ses dimensions
→ Pratiquer divers usages de la langue orale : raconter, expliquer

Pour garder une trace des différentes activités qui ont été réalisées au cours de cette période, faites écrire les élèves sur ce qu'ils ont appris. Ici, ils devront respecter les exigences de la dictée à l'adulte, utiliser le passé (puisqu'il s'agit d'une évocation) et ne pas s'arrêter à une liste des activités, mais expliquer leurs objectifs. Ex : *on a écrit le menu du jour pour apprendre à… On a appris des signes aborigènes pour… On a joué avec des Géoplans pour…*

Pendant cette dictée à l'adulte où vous serez « le secrétaire », le passage de l'oral vers l'écrit impose quelques règles pour les élèves :
- il faut parler plus lentement pendant la dictée pour que vous ayez le temps d'écrire ;
- il faut rechercher comment améliorer l'écrit (il y a des choses qu'on peut dire, mais qu'on ne peut pas écrire) ; c'est donc à ce moment que vous rechercherez avec les enfants comment améliorer la syntaxe ;
- on peut se relire pour se rappeler ce qui a été écrit et ne pas se répéter.

• Jour 4 •

Atelier philo : Est-ce qu'on peut ne pas aimer ce que (presque) tout le monde aime ?

Mobiliser le langage dans toutes ses dimensions
→ Pratiquer divers usages de la langue orale : raconter, expliquer, questionner
→ Discuter un point de vue

En faisant le bilan de la période et de ce qui a été appris (cf. jour 3), demandez à vos élèves ce qu'ils ont aimé ou pas en expliquant pourquoi.

Poursuivez par la lecture d'un album déclencheur pour l'atelier philo de cette semaine : « Est-ce qu'on peut ne pas aimer ce que (presque) tout le monde aime ? »
- Orianne Lallemand, *Le Loup qui n'aimait pas Noël*, Auzou
- Christine Naumann, *Élinor n'aime pas l'école*, Villemain-Ricochet

Cet échange vous permettra sans doute d'évoquer la différence, les gouts, le jugement personnel et la liberté !
Pour les enjeux et les objectifs de l'atelier philo, référez-vous aux explications données en semaine 1.

De la graine à la plante

• Séance 21 •

Le cycle de vie de la graine

Explorer le monde
→ **Découvrir le monde du vivant**
→ **Reconnaitre les principales étapes du développement d'un végétal, dans une situation d'observation du réel**

Au fil des jours, les élèves ont observé les premières pousses de leur semis, vu la graine de haricot se développer en une plante, une fleur, puis un nouveau haricot. Ils ont continué à apporter des soins aux plantes.
Apportez le vocabulaire nécessaire pour nommer les éléments de la plante. Demandez aux élèves de les décrire, les comparer (on pourra par exemple les mesurer). En deux semaines, des fleurs sont en général apparues avant de donner naissance à une gousse de haricot (imprimez les photos que vous avez régulièrement prises). Expliquez que celle-ci contient des graines qui vont à nouveau germer pour donner naissance à d'autres plantes.

• Séance 22 •

Étapes du développement de la graine (2)

Explorer le monde
→ **Ordonner une suite d'images, pour rendre compte d'une situation vécue**
→ **Reconnaitre les principales étapes du développement d'un végétal, dans une situation d'observation du réel ou sur une image**

Doc. 161 Nathan live!

Matériel
- Photos prises du développement de la graine
- Doc. à imprimer, ciseaux, colle

Reprenez l'activité réalisée en séance 18 en assurant une rotation des groupes d'élèves.

• Séance 23 •

Semis individuels (2)

Explorer le monde
→ **Connaitre les besoins essentiels de quelques végétaux**
→ **Reconnaitre les principales étapes du développement d'un végétal, dans une situation d'observation du réel**

Matériel
- Graines de haricots, pots, eau, terre
- Cahier d'expériences, crayons, gommes

Reprenez l'activité réalisée en séance 19 en assurant une rotation des groupes d'élèves.

• Séance 24 •

Ateliers de motricité avec des cerceaux

Agir dans l'espace, dans la durée et sur les objets
→ **Agir dans des espaces et avec des matériels variés**

Matériel
Cerceaux, plots, sacs de graines, cordes, perches

Divisez la classe en quatre groupes et assurez une rotation dans les ateliers toutes les 7 minutes.

Atelier 1 : sauter à pieds joints et à cloche pieds dans les cerceaux
Organisation : formez un chemin avec une dizaine de cerceaux posés au sol.
Actions motrices : au premier tour, sauter à pieds joints dans chaque cerceau. Au second tour, sauter à cloche pieds.

Atelier 2 : passer à travers les cerceaux
Organisation : installez une série de plots (ou cubes) par paires, sur lesquels vous pouvez poser des cerceaux à la verticale (comme ceux des dompteurs au cirque).
Actions motrices : enjamber et passer à travers les cerceaux sans les faire tomber.

Atelier 3 : enjamber les cerceaux
Organisation : installez une série de plots (ou cubes) par paires, sur lesquels vous placerez des cerceaux à l'horizontale.
Actions motrices : enjamber un cerceau pour y entrer et en sortir pour aller au suivant sans les faire tomber.

Atelier 4 : lancer en hauteur dans les cerceaux
Organisation : fixez des cerceaux entre deux perches ou avec des cordes au plafond.
Actions motrices : lancer haut, à l'intérieur des cerceaux.

Semaine 7 • Pistes d'exploitation

Pour la dernière semaine de la période, nous vous proposons une organisation plus souple afin de vous permettre de finaliser vos projets, productions individuelles, rangement de la classe, etc.

Voici quelques pistes d'activités si vous souhaitez poursuivre notre progression.

Graphisme, écriture	**Lecture/Écriture** – Créer ses propres mots croisés – Poursuivre régulièrement l'écriture : titres des albums lus, phrases en lien avec la vie de la classe
Découvrir les nombres, explorer le monde	**Reprise des jeux mathématiques de la période** – Boite à compter – Géoplans **Sciences** Comparer la taille des plantes, les mesurer
Activités artistiques	– **Faire une exposition** des productions sur l'Australie – **Fabriquer un bâton de pluie**, un totem – **Décorer un pot** pour y planter son haricot ou autre plante/fleur
L'activité physique	– Reprise d'un jeu collectif de la période – Filmer une séquence de danse ou représentation devant les familles, une autre classe – Faire voler les boomerangs, organisez une compétition
Langage/Lecture	– Poursuivre le travail sur les sons, jouer avec les syllabes, créer des rébus, charades, reprendre le matériel utilisé – Un nouveau débat philo – Cartes d'identité d'autres animaux – Faire un bilan de la période : ce qu'on a appris, aimé

Période 5

Semaines 1 à 8 : Le continent américain

➤ Paysages, cultures et traditions

Demi-journées thématiques : L'eau dans tous ses états

Sommaire des activités en regroupement

	Accueil	Rituels	Activités de langage / Lecture	Univers sonores	Activités de langage / Lecture
Semaine 1	– Écriture guidée du prénom en cursive – Réinvestissement du matériel	**Appel :** Appel réalisé par les enfants ; prénoms écrits en cursive **Découvrir les nombres :** Qui compte le plus loin ? **Responsabilités :** Poursuite du roulement entre les élèves	– Amérique ? – Qui a découvert l'Amérique ? – L'objet mystère : attrapeur de rêves – Lecture d'albums sur le thème de l'Amérique	« Ani couni chaouani »	– Dictionnaire de l'Amérique – Saveurs américaines – Attrapeur de rêves : légende et fabrication – Chasse aux mots
Semaine 2	– Écriture guidée du prénom en cursive – Réinvestissement du matériel	**Appel** : Appel réalisé par les enfants (prénoms écrits en cursive) **Découvrir les nombres** : Qui compte le plus loin ? **Repérage dans le temps :** repérage sur calendrier et écriture de la date en cursive	– Portrait de chef indien – Phrase du jour – Lecture d'un album autour de l'Amérique – Petit quiz sur les Indiens	– Marquer la pulsation avec son corps – Marquer la pulsation avec un instrument amérindien – Reprise « Ani couni »	– Dictionnaire de l'Amérique – Dans mon panier du [OU] – Atelier philo : « Pourquoi se dispute-t-on ? » – Pictogrammes indiens
Semaine 3	– Écriture guidée du prénom en cursive – Réinvestissement du matériel	**Appel :** Domino des prénoms **Découvrir les nombres :** Compter à rebours **Repérage dans le temps :** *Même organisation*	– Découverte d'un tipi – Lecture erronée – Lecture d'un album sur l'Amérique – Phrase du jour	– Marquer la pulsation avec un instrument indien – « Trois petits chats » – Propositions de chansons	– Dictionnaire de l'Amérique – Découverte de totems – Paysages d'Amérique – L'objet tactile
Semaine 4	– Écriture guidée du prénom en cursive – Réinvestissement du matériel	**Appel :** Domino des prénoms **Découvrir les nombres :** Compter à rebours **Repérage dans le temps :** *Même organisation*	– Fiche d'identité du *road runner* – Phrase du jour – L'Ouest américain et ses cowboys – Les syllabes en désordre	– Réveil corporel et préparation au chant – Reprise des chansons des semaines précédentes et nouvelles propositions	– Dictionnaire de l'Amérique – Contes traditionnels amérindiens – Dans mon panier du [ON] – *Totems* de Gaston Chaissac
Semaine 5	– Écriture guidée du prénom en cursive – Réinvestissement du matériel	**Appel :** Prénoms valises **Découvrir les nombres :** Dénombrer filles et garçons et comparer les deux collections **Repérage dans le temps :** *Même organisation*	– Fiche d'identité du tatou – Phrase du jour – D'autres albums autour de l'Amérique – Syllabes communes	– « *Are you sleeping ?* » – « *Lego Diego* » – « *Frei Tiago* »	– Dictionnaire de l'Amérique – Métamorphoses – Atelier philo : « Pourquoi faut-il préserver la nature ? » – Raconter son album préféré
Semaine 6	– Écriture guidée du prénom en cursive – Réinvestissement du matériel	**Appel :** Prénoms valises **Découvrir les nombres** : Dénombrer filles et garçons et comparer les deux collections **Repérage dans le temps :** *Même organisation*	– Fiche d'identité de l'ours blanc – Phrase du jour – Images séquentielles d'un album – Écoutez cette histoire !	– « *Happy birthday to you* » – « *Cumpleaños feliz* » – « *Parabéns a você* »	– Dictionnaire de l'Amérique – Jouons avec les rimes – Le bon résumé – Les activités de la période
Semaine 7			**Pistes d'exploitation**		

Sommaire des ateliers

	Ateliers du matin				Ateliers de l'après-midi	
Semaine 1	Atelier 1 : Acquérir les premiers outils mathématiques **Jeu de bataille** → Jouer à un jeu de cartes traditionnel	Atelier 2 : Mobiliser le langage dans toutes ses dimensions **Petites interlignes** → Écrire en cursive entre deux lignes de plus en plus petites	Atelier 3 : Acquérir les premiers outils mathématiques **Je découvre l'Amérique** → Reconstituer un puzzle numérique	Atelier 4 : Mobiliser le langage dans toutes ses dimensions **Loto des lettres** → Travailler la correspondance entre écritures cursive et scripte	Atelier 5 : Explorer le monde **La symétrie** → Découvrir les propriétés de la symétrie	Atelier 6 : Mobiliser le langage dans toutes ses dimensions **Memory du continent américain** → Découvrir à travers un memory certains éléments du continent américain
Semaine 2	Atelier 7 : Acquérir les premiers outils mathématiques **Comment compter tous ces objets ?** → Mettre en œuvre des stratégies pour résoudre un problème	Atelier 8 : Agir, s'exprimer, comprendre à travers les activités artistiques **Mon attrapeur de rêves** → Retrouver un mot parmi des graphies proches	Atelier 9 : Mobiliser le langage dans toutes ses dimensions **Chasse aux mots** → Confection d'un attrapeur de rêves	Atelier 10 : Acquérir les premiers outils mathématiques **Jeu de bataille : bilan** → Rechercher le plus grand nombre	Atelier 11 : Explorer le monde **Symétrie et Géoplans** → Travailler la symétrie à l'aide des Géoplans	Atelier 12 : Agir, s'exprimer, comprendre à travers les activités artistiques **Moi petit Indien** → Réaliser une composition plastique à partir de son portrait
Semaine 3	Atelier 13 : Acquérir les premiers outils mathématiques **Drôles d'Indiens** → Reconstituer un puzzle numérique en jouant avec deux dés	Atelier 14 : Mobiliser le langage dans toutes ses dimensions **Domino des mots** → Identifier les syllabes finales et initiales des mots pour les assembler phonétiquement	Atelier 15 : Acquérir les premiers outils mathématiques **Algorithme** → Poursuivre un algo-rithme et développer des compétences logiques	Atelier 16 : Mobiliser le langage dans toutes ses dimensions **Pictogrammes indiens** → Prendre des repères pour retrouver des paires	Atelier 17 : Mobiliser le langage dans toutes ses dimensions **Je crée des phrases** → Création individuelle de phrases	Atelier 18 : Agir, s'exprimer, comprendre à travers les activités artistiques **Le tipi de la classe** → Réaliser une composition collective
Semaine 4	Atelier 19 : Mobiliser le langage dans toutes ses dimensions **Mon nom d'Indien** → Choisir et écrire en cursive son nom d'Indien	Atelier 20 : Acquérir les premiers outils mathématiques **Double bataille** → Additionner deux cartes et rechercher le plus grand nombre	Atelier 21 : Agir, s'exprimer, comprendre à travers les activités artistiques **Paysage désertique** → Réaliser une composition plastique avec différentes matières	Atelier 22 : Acquérir les premiers outils mathématiques **Boites à compter** → Dénombrer et réaliser des collections, associer une quantité à un nombre	Atelier 23 : Explorer le monde **Tableau à double entrée** → Se repérer sur un tableau à double entrée	Atelier 24 : Agir, s'exprimer, comprendre à travers les activités artistiques **Le totem de la classe** → Réaliser une production collective en volume
Semaine 5	Atelier 25 : Acquérir les premiers outils mathématiques **Solides géométriques** → Découvrir et nommer des solides	Atelier 26 : Mobiliser le langage dans toutes ses dimensions **Loto des animaux d'Amazonie** → Faire correspondre écritures cursive et scripte	Atelier 27 : Mobiliser le langage dans toutes ses dimensions **Mots croisés d'Amérique** → Écrire dans une grille de mots croisés	Atelier 28 : Explorer le monde **Images séquentielles** → Retrouver la chronologie d'un récit connu	Atelier 29 : Mobiliser le langage dans toutes ses dimensions **Petit message tendre** → Écriture dirigée d'un petit message tendre pour la fête des parents	Atelier 30 : Agir, s'exprimer, comprendre à travers les activités artistiques **Fête des parents** → Réaliser une production à offrir
Semaine 6	Atelier 31 : Mobiliser le langage dans toutes ses dimensions **Première de couverture** → Reconstituer la première de couverture d'un album	Atelier 32 : Acquérir les premiers outils mathématiques **La courte paille** → Comparer et ordonner des objets selon leur taille	Atelier 33 : Mobiliser le langage dans toutes ses dimensions **Mots mêlés d'Amérique** → Repérer des mots dans une grille	Atelier 34 : Mobiliser le langage dans toutes ses dimensions **Écrire à l'ordinateur** → Utiliser les fonctions du traitement de texte pour écrire des mots connus	Atelier 35 : Acquérir les premiers outils mathématiques **Autant que** → Distribuer une collection identique à une autre	Atelier 36 : Agir, s'exprimer, comprendre à travers les activités artistiques **Sand Art** → Utiliser différents matériaux pour réaliser une composition plastique
Semaine 7	Pistes d'exploitation					

Sommaire de l'activité physique

	Jour 1	Jour 2	Jour 3	Jour 4
Semaine 1	**« Le fermier dans son pré »** → Rondes dansées traditionnelles	**Dans mon panier (1)** → Respecter les règles d'un jeu mathématique	**Course de vélos** → Adapter ses déplacements	**Ateliers de saut** → Adapter son saut aux contraintes matérielles
Semaine 2	**« Et quand serons-nous sages ? »** → Rondes dansées traditionnelles	**Dans mon panier (2)**Respecter les règles d'un jeu mathématique	**Course de vélos avec obstacles** → Adapter ses déplacements aux contraintes matérielles	**Ateliers de saut** → Adapter son saut aux contraintes matérielles
Semaine 3	**« Et quand serons-nous sages ? »** **Variante :** → Rondes dansées traditionnelles	**Dix par tipi** → Utiliser des procédures numériques dans un jeu collectif	**Course de vélos en relais** → Course d'équipe	**Ateliers de saut en parcours** → Enchainer différents types de sauts
Semaine 4	**« Enfilons les aiguilles de bois »** → Rondes dansées traditionnelles	**Les cowboys et les Indiens** → Jeu collectif : courir pour ne pas se faire attraper	**Jeu de glisse** → Se déplacer sur un engin instable : patins à roulettes	**Ateliers de motricité** → Enchainer différents types de sauts
Semaine 5	**« Bonjour ma cousine »** → Rondes dansées traditionnelles	**Les cowboys et les Indiens** → Jeu collectif : courir pour ne pas se faire attraper	**Les planches à roulettes** → S'équilibrer et se déplacer sur un engin instable	**Ateliers de motricité** → Enchainer différents types de sauts
Semaine 6	**« Enroulez le fil »** → Rondes dansées traditionnelles	**Le Grand Canyon** → Coopérer avec ses camarades dans un jeu collectif	**Ça roule** → S'équilibrer et se déplacer sur divers engins instables	**Parcours de motricité** → Enchainer différents types de sauts
Semaine 7	**Reprise des activités de la période**			

Semaine 1

	Lundi	Mardi	Jeudi	Vendredi	Demi-journée thématique
8 h 20 **Accueil**	Échanges individualisés. Jeux autonomes Étiquettes de présence en cursive				
8 h 40 **Rituels**	**Appel :** Appel réalisé par les enfants : prénoms écrits en cursive **Découvrir les nombres :** Qui compte le plus loin ? **Responsabilités :** Poursuite du roulement entre les élèves				
9 h **Univers sonores**	Chansons et comptines au choix				
9 h 10 **Ateliers** Rotation des groupes sur les ateliers de la semaine	**Atelier 1 : Jeu de bataille** → Jouer à un jeu de cartes traditionnel **Atelier 2 : Petites interlignes** → Écrire en cursive entre deux lignes de plus en plus petites **Atelier 3 : Je découvre l'Amérique** → Reconstituer un puzzle numérique **Atelier 4 : Loto des lettres** → Travailler la correspondance entre écriture cursive et scripte				**L'eau dans tous ses états** – Eau : où es-tu ? À quoi sers-tu ? – Transvaser de l'eau – Comment transporter l'eau ?
9 h 45	Rangement et bilan des ateliers				
10 h **L'activité physique**	**« Le fermier dans son pré »** → Rondes dansées traditionnelles	**Dans mon panier (1)** → Respecter les règles d'un jeu mathématique	**Course de vélos** → Adapter ses déplacements	**Ateliers de saut** → Adapter son saut aux contraintes matérielles	**Jeu d'eau** → Coopérer et s'opposer collectivement
10 h 30	Récréation				
11 h **Langage/Lecture**	**Amérique** → Découvrir un nouveau continent	**Qui a découvert l'Amérique ?** → Connaitre un fait historique	**L'objet mystère : attrapeur de rêves** → Découverte d'un objet typique	**Lectures d'albums sur l'Amérique** → Liste et pistes d'exploitation	**Lecture plaisir**
11 h 30	Sortie/déjeuner				
13 h 30	Écoute musicale, chant, lecture plaisir…				
14 h **Ateliers** Rotation des groupes sur les ateliers de la semaine	**Atelier 5 : La symétrie** → Découvrir les propriétés de la symétrie **Atelier 6 : Memory du continent américain** → Découvrir à travers un Memory certains éléments du continent américain **Ateliers libres**				
14 h 50	Récréation				
15 h 20 **Langage/Lecture**	**Dictionnaire de l'Amérique** → Découvrir, définir et écrire collectivement de nouveaux mots	**Saveurs américaines** → Découvrir de nouvelles saveurs	**Attrapeur de rêves : légende et fabrication** → Découvrir les autres et leur mode de vie	**Chasse aux mots** → Lecture/écriture collective de mots	
15 h 45	Sortie				

• Accueil •

Mobiliser le langage dans toutes ses dimensions
→ Communiquer avec les adultes et avec les autres enfants par le langage, en se faisant comprendre

Après le retour des vacances, privilégiez les échanges individualisés avec les élèves en leur demandant ce qu'ils ont fait, en les invitant à prendre place pour une activité autonome et en les laissant reprendre peu à peu leur marque.

• Rituels •

20'

Appel

Mobiliser le langage dans toutes ses dimensions
→ Lire les prénoms en cursive

Au préalable, préparez les différentes listes de vos élèves classés par groupe en écriture cursive.
Ce sont les élèves qui feront l'appel à votre place en lisant les prénoms écrits et en cochant les cases des présents. Placez ces fiches sous pochette plastique pour écrire dessus avec un feutre effaçable et les réutiliser par la suite. Désignez des responsables pour faire l'appel pour chaque groupe. Ils liront les prénoms des élèves, et lorsque ceux-ci répondront « présent », ils cocheront la case située à côté du prénom. Vous les accompagnez dans la lecture pour prendre des repères dans l'écrit. L'ensemble des cases non cochées représentera le nombre total d'absents.

Découvrir les nombres

Acquérir les premiers outils mathématiques
→ Dire la suite des nombres jusqu'à trente

Évaluez de nouveau la progression de l'acquisition de la suite numérique.
Chaque jour, deux ou trois élèves réaliseront un défi à tour de rôle, en comptant les présents, c'est-à-dire en récitant la suite numérique en même temps qu'ils pointent un camarade. Vous les arrêtez lorsqu'ils se trompent et faites rechercher sur la bande numérique le dernier nombre juste. Rappelez que le dernier nombre cité représente la quantité globale.
L'élève qui compte le plus loin sans se tromper, remporte le défi comptage du jour.

Responsabilités

Mobiliser le langage dans toutes ses dimensions
→ Prendre des repères dans l'écrit
→ Assumer des rôles divers

Doc. 22 Nathan live!

Tout au long de cette période, poursuivez chaque semaine, la rotation des rôles attribués aux élèves. Remplacez les étiquettes autocollantes posées sur les pinces à linge par des nouvelles : avec le prénom en cursive.

• Univers sonores •

Agir, s'exprimer, comprendre à travers les activités artistiques
→ Avoir mémorisé un répertoire varié de comptines et de chansons

10'

Cette période étant consacrée à la découverte de l'Amérique, voici une berceuse qui emmènera vos élèves dans les sonorités du monde iroquois.

« Ani couni chaouani »
(Berceuse traditionnelle iroquoise)

Ani couni chaouani
Ani couni chaouani
Awawa bikana caïna
Awawa bikana caïna
E aouni bissini
E aouni bissini

75 comptines et jeux de doigts, Enfance et Musique.

Traduction :

Quand le soir descend au village indien
Quand le soir descend au village indien
Le sorcier apparait dans la vallée
Le sorcier apparait dans la vallée
Et le voilà qui arrive !
Et le voilà qui arrive !

• Atelier 1 •

Jeu de bataille

Acquérir les premiers outils mathématiques
→ Évaluer et comparer des collections d'objets avec des procédures numériques ou non numériques (perception immédiate, correspondance terme à terme, etc.)
→ Lire les nombres écrits en chiffres
→ Commencer à comparer deux nombres inférieurs ou égaux à dix écrits en chiffres

30'
Matériel
- Jeux de cartes traditionnelles avec les nombres de 1 à 10 (sans les têtes).
- Bandes numériques individuelles (Doc. 2)

Participer à un jeu mathématique : rechercher le plus grand nombre

Lors de la période 3, les enfants ont joué au jeu de bataille en binômes.

Lors de cet atelier, ils joueront en grand groupe et seront amenés à comparer non plus deux quantités mais plusieurs, pour déterminer la plus grande carte.

Règle du jeu

Distribuez équitablement toutes les cartes. Le premier joueur met sur la table la première carte de son paquet, le second fait la même chose et ainsi de suite. Celui qui pose la carte avec le plus grand chiffre remporte le tas.

On dit « bataille » quand 2 cartes sont identiques. Dans ce cas, chaque enfant rajoute une carte face cachée, puis une face visible et compare ces dernières. La carte la plus forte emporte alors toute la levée.

But du jeu

Ramasser le plus possible de cartes à ses adversaires. La partie s'arrête par épuisement des cartes des joueurs.

Prolongement

Les joueurs déposent deux cartes au centre de la table. Après addition des quantités, ils comparent le résultat le plus élevé.

Plusieurs procédures s'offrent aux élèves : dénombrement, lecture et comparaison des chiffres, estimation globale...

• Atelier 2 •

Petites interlignes

Mobiliser le langage dans toutes ses dimensions
→ Reconnaitre les lettres de l'alphabet en cursive
→ Écrire son prénom en cursive sans modèle

30' Doc. 165 et 166 Nathan live!
Matériel
- Étiquettes lettres en cursive (boite à lettres) : Doc. 165
- Planches individuelles *« Je m'appelle »*
- Fiche d'écriture avec espacement 5 mm (Doc. 166)
- Crayons de papier, gomme

Écrire en cursive entre des lignes de plus en plus petites

Préparation du matériel

Renouvelez vos boites à lettres de la période 1 (cf. Doc. 19 Galerie photo) en imprimant cette fois-ci les lettres cursives du Doc. 165. Elles permettront aux élèves de reconstituer leur prénom et une phrase de manière autonome, pendant que vous prendrez un élève à la fois pour l'accompagner dans l'écriture sur cahier ou feuille.
Nous vous proposons donc deux étapes parallèles pour cet atelier :

1. Reconstituer une phrase avec les lettres mobiles

Distribuez aux élèves des planches individuelles indiquant « Je m'appelle... » et faites compter le nombre de mots. Avec les lettres mobiles, ils vont reconstituer cette phrase en ajoutant leur prénom en cursive qu'ils doivent désormais savoir retranscrire sans modèle.
Cette activité peut se faire en autonomie car il s'agit de discrimination visuelle : il faut poser les étiquettes sous les lettres correspondantes, tout en assurant un espacement entre chaque mot.
Pendant ce temps, prenez individuellement les élèves pour l'exercice suivant.

2. Écriture individuelle en cursive

Lors de la période 4, vous avez introduit l'écriture cursive entre deux lignes (ateliers 25 et 31 - Doc. 154). Lors de cette séance, nous vous proposons de réduire l'interligne pour les enfants que vous pensez prêts, en passant de 10 mm à 5 mm (Doc. 166). L'accompagnement à l'écriture est individuel : correction de la tenue du crayon, position du corps, gestion de l'espace graphique, sens et verbalisation des tracés, fluidité du geste, gestion de l'hétérogénéité. Vous ne travaillerez donc qu'avec un élève à la fois pendant que les autres reconstituent la phrase avec des lettres mobiles.

Commencez par faire écrire le prénom en cursive sans modèle et, si l'enfant est prêt, reprenez à la ligne suivante la phrase complète « *Je m'appelle...* ».

Vous pouvez également réaliser la première activité autonome avec des pinces à linge sur lesquelles vous écrirez les lettres en cursive.

• Atelier 3 •

Je découvre l'Amérique

Acquérir les premiers outils mathématiques
→ **Reproduire un assemblage**
→ **Ordonner les nombres de 2 en 2**

30' Doc. 167 live!

Matériel
Par élève :
– Un puzzle numérique : Doc. 167
– Une réglette nombre (Doc. 3)

Associer différentes représentations des nombres dans un puzzle numérique

Pour introduire le thème de cette dernière période, nous vous proposons de faire découvrir aux enfants le continent américain à travers un puzzle numérique illustrant les principales caractéristiques de chaque région : ours polaire pour l'Alaska, Grand-Canyon, Statue de la Liberté pour l'Amérique du Nord, temples mayas pour l'Amérique centrale, les animaux de la forêt amazonienne pour l'Amérique du Sud.

Pour chaque élève, imprimez le Doc. 167 : puzzle avec des constellations et des planches chiffres à associer.
Les enfants choisissent une couleur de gommette qu'ils colleront au dos des différents morceaux (ou juste un rond au feutre) pour une identification rapide des pièces au cas où elles se mélangeraient, puis ils découpent en suivant les traits.

Faites ensuite anticiper la consigne : additionner les constellations des deux dés situées au bas des pièces et les ranger par ordre croissant de 2 en 2 : 2, 4, 6, 8, 10, 12.
Ils pourront, une fois de plus, utiliser leur réglette nombres (Doc. 3) afin de vérifier leur agencement.

Si vous ne souhaitez pas, pour des raisons matérielles, que chaque enfant de la classe ait un puzzle en couleurs dans son dossier, imprimez uniquement le nombre nécessaire pour un groupe. Vous les plastifierez afin qu'ils ne soient pas abimés lors des différentes manipulations.

• Atelier 4 •

Loto des lettres

Mobiliser le langage dans toutes ses dimensions
→ **Reconnaitre les lettres de l'alphabet**
→ **Connaitre l'écriture script et cursive et commencer à faire le lien avec le son que les lettres codent.**

30' Doc. 120 live!

Matériel
Par élève : une planche jeu avec ses cartes (Doc. 120)

Faire correspondre l'écriture cursive des lettres avec leur écriture en script

1. Préparation du matériel

Reprenez le jeu de loto des lettres proposé en période 3, atelier 26.
Cette activité permettra de retravailler la correspondance entre deux écritures, de développer l'attention et la mémoire visuelle, la lecture des lettres.
Rappelez le code gommette couleur pour l'identification planches/cartes.

2. Déroulement du jeu

Donnez une planche de loto à chaque élève.
Placez au centre de la table, dans un panier, toutes les étiquettes lettres en cursive.
À tour de rôle, chaque élève pioche une étiquette lettre qu'il nomme (les camarades peuvent l'aider si besoin).
Si la lettre apparait sur sa planche de loto, il la pose sur le modèle en script ; sinon, il la remet dans le panier au centre de la table.
Le premier qui remplit sa planche gagne le jeu.

Créez d'autres jeux de loto pour développer la discrimination visuelle et l'enrichissement du vocabulaire :
– Loto des prénoms avec différentes écritures.
– Loto des idéogrammes indiens.

• Jour 1 •

« Le fermier dans son pré »

Communiquer avec les autres au travers d'actions à visée expressive ou artistique.
→ **Coordonner ses gestes et ses déplacements avec ceux des autres**

De manière générale, les enfants aiment associer les gestes aux chansons qu'ils découvrent. C'est pourquoi nous vous proposons (en jour 1) une progression autour des rondes dansées traditionnelles qui associent le plaisir du chant à celui du mouvement, en concordance avec la musique.
Chaque séquence s'articulera autour de deux temps : une mise en danse puis une ronde codifiée.

1. Mise en danse

Pour « s'échauffer », initiez cette séance par une ronde : « Jean petit qui danse ». Sollicitez la participation active des enfants dans la recherche de nouvelles propositions, le but étant qu'ils trouvent de nouvelles parties du corps.

« Jean petit qui danse »

Jean petit qui danse
Jean petit qui danse
Avec le doigt, il danse
Avec le doigt, il danse
Avec le doigt, doigt, doigt,
Ainsi danse Jean petit

Jean petit qui danse
Jean petit qui danse
Avec la main, il danse...

Demandez aux enfants de proposer une partie du corps à chaque fois (pied, tête, etc.)

2. Ronde à choisir : « Le fermier dans son pré »

Faites une grande ronde collective et proposez à un enfant de se placer au centre *: ce sera « l'enfant fermier »*.
Pendant que tout le monde chante, la ronde tourne toujours dans le même sens, seul l'enfant au milieu tourne en sens inverse : il choisit un partenaire qui le suit en lui donnant la main pour le 2e couplet et ainsi de suite avec d'autres enfants. Sept élèves seront ainsi choisis.
Au « fromage est battu » tous les enfants au centre miment la scène en tapotant doucement sur le dos de *« l'enfant-fromage »*.

Renouvelez afin que d'autres enfants rentrent au centre de la ronde.

« Le fermier dans son pré »

Le fermier dans son pré, le fermier dans son pré
Ohé, Ohé, Ohé le fermier dans son pré

(L'enfant au centre choisit un camarade qui le retrouve au milieu de la ronde.)

Le fermier prend sa femme
Ohé, Ohé, Ohé, le fermer prend sa femme
La femme prend son enfant...

*(La « femme » choisit un camarade,
ils sont alors 3 enfants au centre de la ronde)*

L'enfant prend sa nourrice

La nourrice prend le chat

Le chat prend la souris

La souris prend le fromage

Le fromage est battu, le fromage est battu
Tout cru, lustucru, chapeau pointu

• Jour 2 •

Dans mon panier (1)

Collaborer, coopérer, s'opposer
→ **Coopérer, exercer des rôles différents complémentaires**
→ **Élaborer des stratégies pour viser un but ou un effet commun**
→ **Associer l'écriture chiffrée d'un nombre à sa constellation et à sa quantité**

Matériel
- De grands cerceaux
- Petit matériel : sacs de graines, anneaux, foulards, petites balles...
- Un jeu d'étiquettes : chiffres de 1 à 6 par équipe
- Un grand dé en mousse (ou à fabriquer avec un carton) avec les constellations de 1 à 6

1. Organisation

Les enfants se mettent par équipes de 3. Dans la salle de motricité, placez des cerceaux avec un grand nombre de petits objets au centre.
Invitez les élèves à former une grande ronde (même équipe côte à côte) au son d'une petite chanson connue. Donnez ensuite à chaque équipe des étiquettes chiffres de 1 à 6. Faites nommer ces nombres.

2. Déroulement

Placez-vous au centre de la ronde puis lancez un dé avec les constellations de 1 à 6.
Les élèves doivent choisir l'étiquette correspondant à la constellation puis, après validation, ils sortent chercher dans les cerceaux le nombre d'objets indiqué par le dé.
Validez auprès de chaque équipe.
Renouvelez le jeu en relançant le dé.

• Jour 3 •

Course de vélos

Adapter ses équilibres et ses déplacements à des environnements ou des contraintes variés
→ **Ajuster et enchainer ses actions et ses déplacements en fonction d'obstacles à franchir**
→ **Se déplacer avec aisance et en sécurité dans des environnements aménagés**

Matériel
Vélos et tricycles

1. Organisation
Dans la cour, tracez à la craie quatre couloirs de courses ; matérialisez le départ et l'arrivée par des plots.

2. Déroulement

a. Les élèves circulent librement avec les vélos et les tricycles.

b. Divisez la classe en quatre groupes. Placez les élèves en file indienne devant chaque couloir. À votre signal (coup de sifflet), le premier élève de chaque couloir roule le plus rapidement possible jusqu'à l'arrivée.
Le premier arrivé a gagné. Les élèves de la file suivante partent à votre signal et ainsi de suite.

3. Prolongement
Course de relais à vélo.

• Jour 4 •

Ateliers de saut

Adapter ses équilibres et ses déplacements à des environnements ou des contraintes variés
→ **Ajuster et enchainer ses actions et ses déplacements en fonction d'obstacles à franchir**
→ **Se déplacer avec aisance et en sécurité dans des environnements aménagés**

Doc. 168 – Schéma Nathan live!

Organisation

Divisez la classe en quatre groupes pour évoluer au sein de quatre ateliers de motricité. Vous réduisez le temps d'attente pour les passages (7 à 10 minutes d'activités dans chaque atelier) et permettez aux enfants de s'exercer plusieurs fois avant d'enchainer ultérieurement ces actions sous forme de parcours.
Faites anticiper les consignes avec le matériel installé : *Que faut-il faire ?* Validez les propositions, puis un enfant réalise les ateliers et verbalise ses actions.

Atelier 1 : Sauter par-dessus des briques

Matériel
10 briques

Organisation : alignez une dizaine de petites briques au sol en les espaçant de 30 cm environ.
Actions motrices : sauter à pieds joints par-dessus les briques.

Atelier 2 : sauter par-dessus des haies de différentes hauteurs

Matériel
- Plots
- Lattes en plastique

Organisation : disposez une série de haies plus ou moins hautes avec des plots et des lattes en plastique posées dessus.
Actions motrices : sauter avec élan par-dessus les haies.

Atelier 3 : sauter dans des cerceaux

Matériel
Cerceaux de tailles différentes

Organisation : placez au sol, « en zigzag », une dizaine de cerceaux de tailles différentes.
Actions motrices : se déplacer en sautant à l'intérieur des cerceaux.

Atelier 4 : sauter comme un rat-kangourou (à pieds joints)

Matériel
- 3 tapis
- Craie

Organisation : placer trois tapis au sol et tracez à la craie des zones de saut.
Actions motrices : sauter de zone en zone pieds joints.

Prenez en photos les ateliers et imprimez-les en format A4 pour réaliser une séance de langage.

20' par séance

• Jour 1 •

Amérique ?

Mobiliser le langage dans toutes ses dimensions

→ **Communiquer par le langage, en se faisant comprendre**

→ **Pratiquer divers usages de la langue orale : raconter, expliquer, questionner, proposer des solutions, discuter un point de vue**

Faire exprimer aux enfants leurs différentes représentations du continent américain

Débutez votre séance en demandant aux enfants : *« Quand je dis Amérique, à quoi pensez-vous ? »*

Cette simple question leur permettra de vous faire part de toutes leurs représentations initiales.

Notez au fur et à mesure les différentes propositions/idées. Certains vous parleront de la Statue de la Liberté, des buildings, d'autres d'un voyage qu'ils auront peut-être fait avec leurs parents... Ce seront certainement des références à l'Amérique moderne.

Situez alors le continent américain sur une mappemonde puis expliquez la différence entre le continent et les États-Unis qui ne sont qu'un pays parmi tant d'autres.

De fait ce continent compte 35 pays : montrez sur la mappemonde, quelques pays tels que le Canada, les USA, le Mexique, la Colombie, le Brésil...

Les langues les plus parlées sont l'anglais, l'espagnol, le portugais et le français mais on peut y entendre de nombreuses langues amérindiennes. Chantez alors la petite berceuse iroquoise *« Ani couni »*. Cela vous permettra de faire la transition vers l'Amérique au temps des Indiens et de relever de nouveau toutes leurs représentations lors d'une prochaine séance.

• Jour 2 •

Qui a découvert l'Amérique ?

Mobiliser le langage dans toutes ses dimensions

→ **Communiquer par le langage, en se faisant comprendre**

→ **Pratiquer divers usages de la langue orale : raconter, expliquer, questionner, proposer des solutions, discuter un point de vue**

→ **S'ouvrir à la diversité culturelle**

1. Découverte du portrait de Christophe Colomb

Affichez un portrait de Christophe Colomb que vous trouverez facilement sur un moteur de recherche. Demandez aux enfants de le décrire : la tenue vestimentaire de l'époque attirera certainement leur attention. *« Pensez-vous que ce monsieur vit à notre époque ? Pourquoi ? »*

Nommez alors le personnage puis expliquez aux enfants les grandes lignes de son aventure et de sa découverte. Au départ, il partait pour l'Inde ; voilà pourquoi on a nommé les peuples locaux : les Indiens.

2. Un peu d'histoire

Christophe Colomb est né en 1451, en Italie (situez le pays sur la mappemonde).

Il sait que la Terre est ronde (expliquez que pendant longtemps, les hommes pensaient qu'elle était plate et que si l'on arrivait au bout, on tombait dans le vide).

Il est persuadé qu'on peut arriver aux Indes par l'ouest (montrez sur la mappemonde le trajet qu'il souhaitait faire), en traversant l'océan Atlantique.

Cette nouvelle route pouvait lui apporter la fortune grâce au commerce des fameuses épices. Mais pour cela il a besoin de beaucoup d'argent pour financer son voyage. Ce sont le roi et la reine d'Espagne qui l'aideront à lancer son expédition.

La première expédition comporte trois navires que l'on appelle des caravelles (présentez alors une photo de la Pinta, la Niña, la Santa Maria).

Le premier voyage sur l'océan Atlantique de Christophe Colomb a duré 35 jours. C'est le chef indien Guacanagari qui accueille Christophe Colomb et ses hommes sur l'île de Guanahani. Les Indiens croient que les Espagnols sont venus du ciel parce qu'ils n'ont jamais vu d'hommes habillés, ni de pareils navires.

Cinquante ans plus tard (en 1509), les Européens appellent le nouveau continent Amérique du nom du navigateur Amérigo Vespucci. De fait, il est considéré comme le premier Européen à comprendre que les terres découvertes par Christophe Colomb faisaient partie d'un nouveau continent.

3. Album de jeunesse

Afin de clore cette séance et d'apporter aux enfants un peu plus de détails ludiques, nous vous conseillons la lecture et/ou écoute de l'album suivant (ce livre est accompagné d'un CD) :

Marion Augustin, Clémence Mathieu, *Christophe Colomb découvre l'Amérique*, éditions Milan.

• Jour 3 •

L'objet mystère d'Amérique : un attrapeur de rêves

Mobiliser le langage dans toutes ses dimensions
→ Questionner et proposer des solutions
→ S'exprimer dans un langage oral syntaxiquement correct et précis

Placez dans un sac opaque un attrapeur de rêves.

Dans un premier temps, les élèves doivent poser des questions sur sa couleur, sa taille, sa forme… sans donner le nom d'un objet mais en utilisant la formule suivante : « *Est-ce que l'objet mystère est rouge, bleu, rond, lourd…* »

Guidez les enfants dans leur questionnement et rappelez les indices trouvés, exemple : « *L'objet mystère est rond…* »

N'hésitez pas à leur donner des indices pour les mettre sur la piste.

Laissez-les ensuite faire des propositions : « *Est-ce que l'objet mystère est…* »

Terminez la séance en nommant cet objet et en donnant sa signification : selon les croyances des Indiens, il empêche les mauvais rêves d'envahir le sommeil, ne laissant passer ainsi que les belles pensées/les beaux rêves.

Lors de la séance de langage de l'après-midi, vous reviendrez sur cet objet et expliquerez en détail ce qu'il représente pour les Indiens.

• Jour 4 •

Lecture d'albums sur le thème de l'Amérique

Mobiliser le langage dans toutes ses dimensions
→ Comprendre des textes écrits sans autre aide que le langage entendu.
→ Manifester de la curiosité par rapport à l'écrit

Voici une proposition de liste d'albums que vous pourrez exploiter de diverses manières :

• lecture sans montrer les illustrations, afin de laisser les enfants construire des images mentales. Échanges entre pairs puis relecture en montrant les illustrations de l'album ;

• lecture dans un premier temps par émission d'hypothèses grâce au titre, à la couverture ou les illustrations de l'album ;

• lecture avec émission d'hypothèses sur la suite du récit, sur la fin ;

• questionnements sur le thème général, sur des points précis du récit ;

• identification des personnages de l'histoire ;

• remise en ordre de l'histoire avec au minimum six images séquentielles.

Liste d'albums :

– Martine Perrin, *Méli-Mélo chez les Indiens*, Milan Jeunesse.

– Valérie Latour-Burney, *Aujourd'hui aux États-Unis*, Gallimard Jeunesse.

– Thibaud Guyon, Irène Schwartz, *Cap sur San Francisco au temps des chercheurs d'or*, L'École des Loisirs.

– Françoise Bagot, *Aquino, un petit Indien du Mexique*, Père Castor.

– Pascale de Bourgoing, *Bill le Petit Cow-boy*, Calligram

– Céline Lamour, *Le Crocus des prairies*, Coprin Éditions.

• Atelier 5 •

La symétrie

Explorer le monde
→ Situer des objets par rapport à soi, entre eux, par rapport à des objets repères
→ Découvrir les propriétés de la symétrie

30'
Matériel
- Formes géométriques aimantées (ou avec Patafix)
- Papier calque

Découvrir les propriétés de la symétrie

1. Phase de découverte collective

Au tableau, tracez un axe de symétrie vertical à la craie rouge.

À gauche de cet axe et collé à celui-ci, placez une forme géométrique, par exemple un triangle.

Invitez alors un élève à piocher la même forme et à la positionner exactement de la même façon mais de l'autre côté de l'axe de symétrie, à droite du *« trait »*.

Renouvelez avec différentes formes géométriques de manière à créer une maison, un animal... Veillez à ce que chaque élève place au moins une forme.

Demandez ensuite aux enfants de décrire le résultat ; ils vous diront certainement que *« c'est pareil des deux côtés du trait »*. Donnez alors le vocabulaire adéquat : les deux figures sont symétriques par rapport à un axe.

Renouvelez avec une autre figure (vous pouvez vous servir des modèles des tangrams).

2. Recherche individuelle

Distribuez à chaque enfant une feuille de papier calque sur laquelle vous aurez tracé au feutre, au préalable, un axe de symétrie ainsi que la moitié d'une forme simple collée à l'axe : un demi-papillon, demi-cœur, demi-sapin...

Interrogez-les : *« Comment faire pour reproduire l'autre moitié du dessin en respectant sa forme, sa taille et sa position sur la feuille ? »*

Laissez les enfants mettre en œuvre leurs propositions : certains essaieront certainement de dessiner, d'autres auront peut-être l'idée de plier leur feuille. Validez ou non les différentes propositions puis montrez la procédure à suivre.

Invitez les enfants à plier leur feuille le long de l'axe de symétrie puis à repasser par-dessus la forme en décalquant.

Vous pouvez également utiliser la technique de la peinture qui consiste à peindre la moitié de la forme, à plier aussitôt le long de l'axe de symétrie, à frotter fortement avec la main sur la feuille puis à déplier pour observer une symétrie parfaite !

• Atelier 6 •

Memory du continent américain

Mobiliser le langage dans toutes ses dimensions
→ Acquérir du vocabulaire

30' Doc. 169 Nathan live!
Matériel
Memory du continent américain (Doc. 169) à imprimer en 2 exemplaires

Découvrir à travers un memory certains éléments du continent américain

Ce jeu sera l'occasion de faire découvrir de manière ludique aux enfants les multiples richesses que l'on peut trouver sur le continent américain et de s'approprier du vocabulaire nouveau.

1. Déroulement

Placez les élèves en binômes (ou par 3 si le nombre est impair) et imprimez le Doc. 169 pour chaque groupe.

Nommez chaque objet, animal... représenté sur les cartes avant de les mélanger et de les placer sur la table, face cachée. La légende sous l'illustration permettra à votre Atsem de rappeler l'élément représenté et de le faire répéter aux élèves.

2. La règle du memory classique

Rappelez la règle du memory ou faites-la formuler par les élèves qui la connaissent : des cartes en double sont placées sur la table faces cachées ; on en retourne deux, lorsqu'elles sont identiques, on les gagne. Lorsqu'elles sont différentes, on les replace au même endroit en tentant de mémoriser leur position. Veillez à ce que les élèves nomment les cartes retournées.
Celui qui remporte le plus de cartes gagne la partie.

20' par séance

• Jour 1 •

Dictionnaire de l'Amérique

Mobiliser le langage dans toutes ses dimensions
→ **Découvrir le principe alphabétique**
→ **S'exprimer dans un langage oral syntaxiquement correct et précis**
→ **Prendre des repères dans l'écrit**

– Reprenez le grand répertoire alphabétique réalisé en période 3 (Dictionnaire de la Chine).

– Chaque semaine, choisissez deux mots faisant référence à l'Amérique rencontrés lors des ateliers, à travers vos lectures, objets rapportés par les enfants...

– Demandez aux élèves de définir chaque mot en apportant le maximum de précisions. Vous pourrez ainsi alimenter le grand dictionnaire de la classe, avec des définitions notées à partir des propos des enfants ; par exemple : *« Amérique : grand continent découvert par Christophe Colomb et où vivaient de nombreuses tribus indiennes. »*

Propositions de la semaine : Amérique et Statue de la Liberté.

– Enfin, demandez aux enfants : *« Comment pourrait-on écrire ces mots ? Quel(le)s syllabes/ sons entendez-vous ? »* Recherchez ainsi au tableau avec eux comment les écrire.

Ces mots seront ensuite classés par ordre alphabétique dans le grand dictionnaire. Pour cela, les enfants se référeront à l'alphabet collectif. Enfin, ils illustreront les différents mots lors de l'accueil.

Le dictionnaire restera en libre accès et servira de référent tout au long de cette dernière période.

• Jour 2 •

Saveurs américaines

Mobiliser le langage dans toutes ses dimensions
→ **Échanger avec les autres**
→ **Découvrir et décrire de nouvelles sensations gustatives**
→ **S'ouvrir à la diversité culturelle**

1. Demandez aux enfants s'ils connaissent des spécialités culinaires américaines. Laissez-les s'exprimer librement : certains vous feront peut-être part d'une sortie au restaurant, de leurs repas lors d'un voyage sur ce continent, d'un diner chez des amis ou dans un fast-food...

2. Placez ensuite sur une petite table 5 ou 6 aliments tels que des bagels, des pancakes, guacamole, mais aussi des aliments que nous consommons grâce à la découverte de ce continent (ce sont les Indiens qui nous les ont fait découvrir) : de la pomme de terre, du maïs, de la courge et des haricots. Enfin, des produits plus récents, tels que le coca-cola, le ketchup, muffins, donuts...

Ne les nommez pas, laissez les élèves les découvrir puis les gouter (assurez-vous avant qu'il n'y ait pas d'allergiques dans la classe).

Demandez-leur de verbaliser les sensations éprouvées, de décrire la texture des aliments, les perceptions et le gout laissé en bouche : *« Est-ce que vous aimez ? Pourquoi ? Qu'est-ce que ça fait en bouche ? Quel gout ça a ?... »*

Montrez ensuite des images des aliments cités ci-dessus qu'ils n'auront pas goutés (peut-être pourriez-vous organiser une autre séance de dégustation plus tard...).

3. Terminez en expliquant que le continent est tellement vaste que chaque région et chaque pays à ses propres spécialités : hamburgers et viandes grillées au Nord, chile con carne, guacamole, tacos, tortillas... au centre, *churrascos* (grillades épicées), *feijoada* (à base d'haricots noirs)... au Sud.

• Jour 3 •

Attrapeur de rêves : légende et fabrication

Mobiliser le langage dans toutes ses dimensions
→ **Décrire un objet en utilisant un vocabulaire adapté**
→ **S'ouvrir à la diversité culturelle**

Doc. 170 live!

1. Fiche de fabrication

Cette séquence a pour objectif d'analyser un objet typique de la culture amérindienne avant sa fabrication en atelier.

Reprenez l'attrapeur de rêves découvert le matin en séance de langage (l'objet mystère), renommez-le et rappelez que selon les croyances des Indiens, il empêche les mauvais rêves d'envahir le sommeil, ne laissant passer ainsi que les belles pensées/les beaux rêves.

Demandez ensuite aux enfants : *« Comment pourrait-on fabriquer un attrapeur de rêves en classe ? Quel matériel utiliser ?... »*

Présentez alors la fiche de fabrication illustrée (Doc.170) que vous aurez agrandie au format A3.

Puis, laissez-les vous expliquer les étapes de fabrication en suivant les différentes photos de la fiche.

2. Légende indienne

La légende raconte qu'une araignée nommée « Asibikaashi » protégeait les enfants d'une tribu en tissant une toile au-dessus de l'endroit où ils dormaient. Mais comme la tribu grandissait au fur et à mesure des années, elle demanda aux mamans des enfants de l'aider. C'est ainsi que sont nés les attrapeurs de rêves que les femmes confectionnaient avec un cerceau de bois et des fibres végétales ou animales.

Tissé comme une toile d'araignée, cet objet avait donc pour but de filtrer les rêves. Les mauvais étaient emprisonnés au centre et les bons rêves se dirigeaient vers les plumes et ressortaient pour rester dans la pièce. Les cauchemars retenus toute la nuit dans la toile étaient ensuite détruits pas les premiers rayons du soleil.

• Jour 4 •

Chasse aux mots

Mobiliser le langage dans toutes ses dimensions
→ **Prendre des repères dans l'écrit**
→ **Commencer à réfléchir sur la langue**

Lecture/écriture collective de mots

Afin de préparer l'atelier 9, « La chasse aux mots », de la semaine 2, nous vous proposons de travailler collectivement sur la lecture et l'écriture des mots « modèles » de la fiche : *Amérique*, *plume*, *tipi* et *rêve*. Bien entendu, vous pouvez en choisir d'autres.

Partagez cette séance en deux temps :

• Dans un premier temps, demandez aux enfants d'essayer de lire deux des mots : écrivez un mot à la fois au tableau.
Pour cela, ils devront trouver des repères dans l'écrit en faisant référence à leurs connaissances : en établissant un rapprochement avec des sons ou des syllabes de certains prénoms, des jours de la semaine, des mots référents, correspondance graphème/phonème... Terminez en lisant les mots.

• Lisez les deux mots suivants et demandez aux élèves comment ils pourraient s'écrire ; ils feront des propositions pour les retranscrire phonétiquement en s'appuyant une fois de plus sur leurs connaissances. Écrivez au fur et à mesure au tableau leurs propositions tout en relisant régulièrement afin de valider ou non leurs suggestions. Terminez en donnant la bonne orthographe.

L'eau dans tous ses états

Organisation

– Séances 2 et 3 en ateliers dirigés + 2 ateliers libres, avec rotation sur la matinée de 2 groupes.

– Séances 1 et 4 en grand groupe.

• Séance 1 •

Eau, où es-tu ? À quoi sers-tu ?

Mobiliser le langage dans toutes ses dimensions
→S'interroger sur l'importance de l'eau
→Pratiquer divers usages de la langue orale

L'objectif sera de recueillir les représentations initiales des élèves sur la présence de l'eau et son utilisation au quotidien. Vous mènerez cette séquence avec différentes questions en cherchant à enrichir l'éventail des réponses.

– ***Où trouve-t-on de l'eau ?***
Dans la nature : rivière, mer, pluie, etc.
À la maison, à l'école : aux toilettes, à la cantine, dans la cour les jours de pluie, dans la cuisine, en bouteille, dans la machine à laver, dans la douche, etc.

– ***Comment peut-on l'utiliser ?***
Avec des appareils électroménagers, les robinets, les bouteilles…

– ***À quoi sert-elle ?***
Boire, vivre, se laver, arroser les plantes, éteindre des feux, naviguer, faire vivre les animaux marins, etc.

Il s'agira également d'amener les enfants à comprendre que l'eau est essentielle à la vie :

– Elle est indispensable pour notre corps : nous pouvons vivre quelques semaines sans nourriture mais que quelques jours sans eau.

– Tous les êtres vivants ont besoin d'eau pour vivre : les hommes, les animaux, les plantes…

Sollicitez les enfants dans l'évocation de situations vécues.
Annoncez que le thème de ces demi-journées sera celui de l'eau : à cette occasion, ils réaliseront diverses expériences scientifiques, poursuivront leur travail sur leur cahier d'expériences mis en place en période 4 et confectionneront un objet technologique.

• Séance 2 •

Transvaser de l'eau

Explorer le monde
→Explorer la matière
→Choisir, utiliser et savoir désigner des outils et des matériaux adaptés

Matériel
- Tabliers
- 2 bassines
- Plusieurs petites bouteilles, pipettes, pailles, entonnoirs, carafe, verres, tasses, cuillères
- Cahier d'expériences

Lors de cet atelier (avec l'Atsem), les enfants vont manipuler de l'eau, afin de découvrir les propriétés physiques de la matière et de l'ensemble des liquides.

Préparez deux grandes bassines d'eau sur la table, des petites bouteilles vides et des ustensiles.

Consigne : *« Remplissez les petites bouteilles avec de l'eau en utilisant obligatoirement le matériel proposé (interdiction d'immerger les bouteilles). »*

À la fin de la séance, faites un retour sur atelier. Les élèves dessineront ensuite le lendemain, lors de l'accueil, ce qu'ils ont fait dans leur cahier d'expériences (le même que celui utilisé en période 4), puis définissez avec eux les propriétés de l'eau : elle coule, mouille, se renverse, peut être transvasée, etc. Convenez d'une phrase bilan en dictée à l'adulte qui figurera au bas de leur dessin.

Prenez en photos les différentes expériences ! Vous pourrez, par la suite, les regrouper dans un document à coller dans le cahier d'expériences ou sur une affiche.

• Séance 3 •

Comment transporter l'eau ?

Explorer le monde
→ **Explorer la matière**
→ **Choisir, utiliser et savoir désigner des outils et des matériaux adaptés**
→ **Rechercher et expérimenter des procédés**

Matériel
- 2 bassines
- Fourchettes, bouteilles, verres, cuillères, passoires, tasses, louches, écumoire
- Cahier d'expériences

Lors de cet atelier, les enfants seront amenés à réaliser une démarche d'investigation.

1. Préparez deux grandes bassines sur la table : une pleine d'eau et une autre vide. Sans aucun matériel et sans rien déplacer, demandez aux enfants de transporter de l'eau vers la bassine vide. Laissez-les faire des propositions et expérimenter le seul matériel qu'ils ont à disposition : les mains.

2. Présentez le reste du matériel et nommez-le. Demandez aux enfants quels sont les objets qui permettraient de transporter l'eau. Lister les propositions. *« À votre avis, comment pourrait-on vérifier ce que vous avez dit ? »*
Chaque élève expérimente les objets pour savoir lesquels sont efficaces pour transporter l'eau d'une bassine à une autre. À chaque essai, ils disent quel objet « marche » ou « ne marche pas » pour l'expérience.

Faites justifier les raisons des réussites ou des échecs : *« Les objets avec des trous (passoires, écumoirs, fourchettes...) ne permettent pas de transporter l'eau car elle passe à travers.*
Les objets sans trous, avec un fond plein (verre, cuillères...), permettent de transporter l'eau. »

3. En bilan, sur leur cahier d'expériences, ils dessineront ces différents objets : d'un côté ceux qui permettent de transporter l'eau, de l'autre, ceux qui ne le permettent pas. Convenez d'une conclusion en dictée à l'adulte qui figurera sur leur cahier (que vous taperez à l'ordinateur).

• Séance 4 •

Jeu d'eau

Collaborer, coopérer, s'opposer
→ **Coopérer, exercer des rôles différents complémentaires, élaborer des stratégies pour viser un but ou un effet commun**

Matériel
- 4 bassines d'eau et 4 vides
- Plots
- Objets pour transporter de l'eau : verres, cuillères à soupe, bouteilles, éponges...

1. Organisation

Dans la cour, divisez la classe en quatre équipes rangées en file indienne et matérialisez au sol quatre couloirs avec des plots. Placez une bassine pleine d'eau à l'entrée de chaque couloir et une vide à l'autre bout.

2. But du jeu

Transporter le plus d'eau possible d'une bassine à l'autre.

3. Déroulement

Au signal, un élève de chaque équipe remplit un contenant disponible (verres, bouteilles, cuillères, etc.) avec de l'eau, puis court à l'autre bout de son couloir pour la transvaser dans la bassine vide. Chaque enfant passe à tour de rôle comme dans un relais.

Lorsque tout le monde est passé, comparez les quantités transférées dans les quatre bassines : l'équipe gagnante sera celle qui aura la bassine d'arrivée la plus remplie.

Semaine 2

	Lundi	Mardi	Jeudi	Vendredi	Demi-journée thématique
8h20 **Accueil**	**Manipulation autonome :** **Jeu de bataille, loto des lettres, memory du continent américain** **Étiquettes de présence en cursive**				
8h40 **Rituels**	**Appel :** Appel réalisé par les enfants : prénoms écrits en cursive **Découvrir les nombres :** Compter les présents et déduire les absents **Responsabilités :** Poursuite du roulement entre les élèves				
9h **Univers sonores**	**Chansons et comptines au choix**				
9h10 **Ateliers** Rotation des groupes sur les ateliers de la semaine	Atelier 7 : **Comment compter tous ces objets ?** → Mettre en œuvre des stratégies pour résoudre un problème Atelier 8 : **Mon attrapeur de rêves** → Fabriquer un objet typique de la culture amérindienne Atelier 9 : **Chasse aux mots** → Lire un mot et le retrouver parmi des graphies proches Atelier 10 : **Jeu de bataille : bilan** → Rechercher le plus grand nombre				**L'eau dans tous ses états** – Le gaspillage de l'eau – Transvaser de l'eau (2) – Comment transporter l'eau ? (2)
9h45	**Rangement et bilan des ateliers**				
10h **L'activité physique**	**« Et quand serons-nous sages ? »** → Rondes dansées traditionnelles	**Dans mon panier (2)** → Respecter les règles d'un jeu mathématique	**Course de vélos avec obstacles** → Adapter ses déplacements aux contraintes matérielles	**Ateliers de sauts** → Adapter son saut aux contraintes matérielles	**La chaine de l'eau** → Coopérer et s'opposer collectivement
10h30	**Récréation**				
11h **Langage/Lecture**	**Portrait de chef indien** → Décrire ce que l'on voit et émettre des hypothèses	**Phrase du jour** → Prendre des repères dans l'écrit pour lire des mots	**Lectures d'albums sur l'Amérique** → Découvrir de nouveaux albums de littérature de jeunesse	**Petit quiz sur les Indiens** → Découvrir une autre culture	**Lecture plaisir**
11h30	**Sortie/déjeuner**				
13h30	**Écoute musicale, chant, lecture plaisir…**				
14h **Ateliers** Rotation des groupes sur les ateliers de la semaine	Atelier 11 : **Symétrie et Géoplans** → Travailler la symétrie à l'aide des Géoplans Atelier 12 : **Moi petit Indien** → Réaliser une composition plastique à partir de son portrait **Ateliers libres**				
14h 50	**Récréation**				
15h20 **Langage/Lecture**	**Dictionnaire de l'Amérique** → Découvrir, définir et écrire collectivement deux nouveaux mots	**Dans mon panier du [OU]** → Identifier un phonème dans un mot	**Atelier philo :** → « Pourquoi se dispute-t-on ? »	**Pictogrammes indiens** → Découvrir un autre type d'écriture	
15h45	**Sortie**				

• Accueil •

Mobiliser le langage dans toutes ses dimensions
→ **Reconnaitre les lettres de l'alphabet écrites en cursive, script et capitales**

Au tableau, écrivez en ligne toutes les lettres de l'alphabet dans l'ordre. Les enfants classent ensuite leur étiquette de présence sous la lettre correspondant à leur initiale.
Sur les tables : réinvestissement en autonomie du matériel de la semaine précédente : memory de l'Amérique, loto des lettres...

• Rituels •

20' par séance

Appel

Mobiliser le langage dans toutes ses dimensions
→ **Lire les prénoms en cursive**

Tout comme la semaine précédente, ce sont les élèves qui feront l'appel à votre place en lisant les prénoms écrits en cursive et en cochant les cases des présents.
Chaque jour, désignez de nouveaux responsables pour faire l'appel au sein de chaque groupe.

Découvrir les nombres

Acquérir les premiers outils mathématiques
→ **Dire la suite des nombres jusqu'à trente**
→ **Quantifié des collections**

Sur la bande numérique, placez un aimant pour marquer le nombre total d'enfants inscrits dans la classe.
Désignez un enfant pour compter un à un le nombre de présents et pour rechercher cette quantité sur la bande numérique (il déplace un curseur jusqu'au nombre de présents, en même temps qu'il énonce la suite numérique). Enfin, il devra déduire le nombre d'absents en comptant le nombre de cases entre le curseur « présents du jour » et le repère « nombre total d'enfants inscrits dans la classe ». La validation se fera en comptant le nombre des étiquettes des absents.

Repérage dans le temps

Explorer le monde
→ **Situer des événements vécus les uns par rapport aux autres**
→ **Repérer les événements dans la journée, la semaine et le mois**

Pendant toute la période, poursuivez le repérage sur le calendrier du mois, introduit en période 3, semaine 2. Chaque jour, un élève responsable entoure la date puis l'écrit en cursive au tableau sur les lignes : verbalisez et accompagnez dans le tracé de chaque lettre.

• Univers sonores •

Agir, s'exprimer, comprendre à travers les activités artistiques
→ **Repérer et reproduire, corporellement ou avec des instruments, des formules rythmiques simples**
→ **Avoir mémorisé un répertoire varié de comptines et de chansons**

10'

1. Marquer la pulsation avec le corps
Mettez un CD de musiques indiennes avec un rythme régulier, tels que :
– *Le Petit Lièvre et l'Étranger*, Musicontes, Nathan.
– *La Musique sud-américaine* : Pierre-Marie Beaude, *Cayetano et la Baleine*, Gallimard Jeunesse.
Frappez le rythme avec les mains sur différentes parties du corps : les cuisses, la tête, les pieds, les mains...
Les enfants suivront instinctivement ; invitez ceux qui ne le font pas à entrer en action. Aidez à suivre le rythme en guidant certains. Prenez leurs mains si nécessaire et frappez avec eux en même temps que le rythme de la musique.
Nommez ensuite les instruments typiques de la culture indienne qui se seront détachés lors de l'écoute musicale : le tambour, les maracas, la flute (à bec ou andines), charango, congas, guitare... Montrez l'instrument et, si vous n'en avez pas, présentez une photo afin qu'ils visualisent son aspect.

2. Marquer la pulsation avec un instrument amérindien
Distribuez un instrument à chaque enfant : maracas, tambourins (si vous n'en avez pas, des crayons de couleur et des objets du coin cuisine serviront à accompagner le rythme). Remettez le CD et marquez le rythme avec l'instrument. Accompagnez les gestes de certains enfants si nécessaire.

3. Chanter la chanson de la semaine précédente

• Atelier 7 •

Comment compter tous ces objets ?

Acquérir les premiers outils mathématiques
- → **Évaluer et comparer des collections d'objets avec des procédures numériques ou non numériques (perception immédiate, correspondance terme à terme, etc.)**
- → **Quantifier des collections jusqu'à dix**
- → **Utiliser le nombre pour comparer**
- → **Commencer à résoudre des problèmes de composition de deux collections**

30'
Matériel
- Un grand nombre de crayons de couleurs (+ 50)
- Une grande quantité de feutres
- Des élastiques pour faire des paquets de 10

Mettre en œuvre des stratégies pour résoudre un problème

1. Situation problème

Disposez en vrac sur la table une grande quantité de feutres et de crayons de couleurs de la classe. Posez cette question aux enfants : « *Y a-t-il plus de feutres ou de crayons de couleurs ?* » (Laissez-les répondre et notez les propositions sur une feuille). « *Comment pourrait-on vérifier et être sûrs de notre réponse ?* »

2. Recherche et mise en œuvre des propositions

Écoutez les propositions des élèves et laissez-les les mettre en œuvre avec tout le groupe. Relevez les différents problèmes des procédures.

Quelques propositions possibles des élèves :

- *Compter tous les crayons et les feutres.* Problème : le nombre étant trop important, les élèves se rendront compte qu'ils ne maitrisent pas tous la suite numérique/ne trouvent pas le même résultat, etc.
- *Ranger d'un côté les feutres et les compter ; ranger d'un autre côté les crayons et les compter.* Cette procédure peut s'avérer efficace car elle implique une organisation des éléments. Problème : le dénombrement et la comparaison de grands nombres sera difficile : tous les élèves ne trouveront surement pas le même résultat.
- *Mettre un feutre avec un crayon* (correspondance terme à terme). Cette procédure sera longue mais leur permettra de trouver la solution. Etc.

3. Organisation des quantités : des paquets de 10

Avec les différentes procédures mises en place, relevez qu'une organisation des quantités sera nécessaire pour résoudre le problème.

Consigne : « *Pour vous aider à comparer le nombre de feutres et de crayons, rangez-les par paquets de 10 avec les élastiques.* »
Vous accompagnerez les élèves dans le dénombrement et la réalisation des collections.

4. Réponse au problème initial

Lorsque tous les paquets sont faits, demandez aux élèves de rechercher les procédures pour comparer le nombre de feutres et de crayons et de répondre à la question initiale (faire une correspondance terme à terme : un paquet de 10 feutres avec un paquet de 10 crayons ou bien compter et comparer le nombre de paquets de chaque collection…).

• Atelier 8 •

Mon attrapeur de rêves

Agir, s'exprimer, comprendre à travers les activités artistiques
- → **Réaliser des compositions plastiques en volume**
- → **Choisir et combiner des matériaux, des techniques et des procédés**

30' **Doc. 170 – Galerie photo** live!
Matériel
- Du fil de fer rigide
- De la laine ou ruban (pour enrober le cercle de fil de fer)
- De la laine ou du fil épais (pour le tissage)
- Des perles
- Des plumes

Fabriquer un objet typique de la culture amérindienne

Demandez aux enfants de vous rappeler la légende de l'attrapeur de rêves découverte la semaine précédente lors des ateliers de langage de l'après-midi.

1. Présentez le Doc. 170 et demandez d'énumérer tout le matériel nécessaire à la conception de l'attrapeur de rêves.
Suivez ensuite les différentes étapes illustrées sur la fiche de fabrication.

2. Fabriquez un cercle à l'aide du fil de fer rigide, notamment en utilisant le contour d'une bouteille. Utilisez une pince pour finaliser le cercle et aplatir les extrémités du fil de fer. S'il est trop fin, regrouper/scotcher deux ou trois cercles entre eux pour plus d'épaisseur (étape réalisée par un adulte).

3. Entourez le(s) cercle(s) avec de la laine ou du ruban pour le cacher complètement. Il faut bien nouer/serrer la laine/le ruban tout le long du cercle pour que l'ensemble tienne. Terminez en collant l'extrémité du ruban avec de la pâte à colle (ou colle blanche que vous laissez durcir à l'air).

4. Tissez la toile d'araignée avec de la laine ou un joli fil épais. Faites un nœud autour du cercle puis, en travaillant dans le sens des aiguilles d'une montre, tirez la laine/le fil de quelques centimètres (2 à 3 cm) sur le long du cercle et faites un tour autour de celui-ci (ou un nœud). Tirez de nouveau la corde de quelques centimètres vers la droite et refaites un tour autour du cerceau. Continuez à faire des tours régulièrement espacés, jusqu'à parvenir au nœud initial. Recommencez la même procédure à l'intérieur de ce premier tissage. Glissez quelques perles dans le tissage au fur et à mesure pour décorer. N'oubliez pas de faire des nœuds régulièrement pour que cela tienne.

5. Nouez deux ou trois morceaux de fil épais (ou laine) au cercle en fer. Enfilez-y trois ou quatre perles. Nouez à l'extrémité pour que les perles ne tombent pas. Glissez une plume à l'intérieur de chaque perle du bas. Voilà, il ne reste plus qu'à fixer l'attrapeur de-rêves au-dessus du lit et fini les cauchemars !

Afin de montrer aux enfants combien cet objet est important pour les tribus indiennes, nous vous conseillons la lecture de l'album : *Misha et le Capteur de rêves*, de François Beiger, Belin.

• Atelier 9 •

Chasse aux mots

Mobiliser le langage dans toutes ses dimensions

→ **Découvrir le principe alphabétique**
→ **Reconnaitre les lettres de l'alphabet**
→ **Prendre des repères dans l'écrit**

30' Doc. 171 live!

Matériel

Par élève :
- **Fiche (Doc. 171)**
- **Crayons à papier**
- **Gomme**

Lire un mot et le retrouver parmi des graphies proches

Les élèves sont déjà familiarisés avec ces mots car ils les ont découverts, lus et écrits la semaine précédente en séance de langage. Cet atelier sera donc l'occasion de réinvestir cet apprentissage.

En regroupement, présentez le Doc. 171 et demandez aux enfants d'essayer d'identifier les mots « modèles ».

Faites ensuite anticiper la consigne : ils devront comparer le mot à retrouver avec ceux de la liste : longueur, silhouette du mot, correspondance lettre par lettre... puis entourer ceux identiques au modèle.
À la fin de l'atelier, lisez avec les élèves les mots identifiés et validez l'activité.

• Atelier 10 •

Jeu de bataille : bilan

Acquérir les premiers outils mathématiques

→ **Évaluer et comparer des collections d'objets avec des procédures numériques ou non numériques (perception immédiate, correspondance terme à terme, etc.)**
→ **Lire les nombres écrits en chiffres**

30' Doc. 172 et Doc. 3 live!

Matériel
- **Doc. 172**
- **Réglettes : Doc. 3**
- **Feutres noirs**

Évaluation : comparer des nombres

La semaine précédente les enfants ont joué au jeu de bataille en comparant des cartes afin de retrouver le plus grand nombre. Cet atelier sera l'occasion de vérifier leurs connaissances, leurs acquis sur la comparaison et l'ordre des nombres.

Présentez la fiche : Doc. 172.
Ce travail se fera en deux temps :
1. Pour chaque paire, entourer la carte représentant le plus grand nombre.
2. Compléter les paires de manière à ce que la carte colorée soit celle contenant la plus grande quantité.
Les enfants pourront utiliser leur réglette nombres pour comparer la position des nombres.

N'hésitez pas à rejouer (lors de l'accueil ou en atelier dirigé) au jeu de bataille avec les enfants rencontrant des difficultés lors de ce bilan.

• Jour 1 •

« Et quand serons-nous sages ? »

Communiquer avec les autres au travers d'actions à visée expressive ou artistique
→ Coordonner ses gestes et ses déplacements avec ceux des autres

Matériel
- Des rubans ou foulards
- Musique de votre choix

1. Mise en danse
Donnez à chaque enfant un ruban ou un foulard et laissez-les manipuler librement, d'abord sans musique, puis avec un support musical de votre choix.

2. Ronde à choisir : « Et quand serons-nous sages ? »
Formez une grande ronde collective. Un enfant reste à l'extérieur de la ronde puis suivez les indications ci-dessous :

« Et quand serons-nous sages ? »

Et quand serons-nous sages ? *(en ronde, pas marchés vers la gauche)*

Jamais, jamais, jamais *(s'arrêter et faire signe « non, non, non » du doigt droit)*

Et quand serons-nous sages ? *(la ronde reprend en sens inverse)*

Jamais, jamais, jamais *(s'arrêter et faire « non, non, non » du doigt gauche)*

Refrain
(Les enfants évoluent en pas chassés latéraux et effectuent un changement de sens à la reprise.)

La terre nourrit tout
La terre nourrit tout
Les sages, les sages
La terre nourrit tout, la terre nourrit tout
Les sages et les fous

Mam'zelle entrez en danse
Faites ici votre choix
Fait'nous la révérence
Et embrassez en trois

(La ronde s'arrête, les enfants lèvent les bras pour laisser entrer l'enfant qui était à l'extérieur. Celui-ci fait une révérence devant trois danseurs du cercle et les embrasse sur la joue. Le dernier embrassé sort de la danse pour la reprise de la ronde.)

• Jour 2 •

Dans mon panier

Collaborer, coopérer, s'opposer
→ Coopérer, exercer des rôles différents complémentaires

Matériel
- Des grands cerceaux, sacs de graines, anneaux, foulards, petites balles...
- Un jeu d'étiquettes nombres de 1 à 10 par binôme
- Un panier par binôme
- Deux grands dés en mousse (ou à fabriquer avec un carton) avec les constellations de 1 à 5

Voir semaine 1.

Même organisation que la semaine précédente : les enfants se mettent par binôme.

Lors de cette séquence, jouez avec deux dés avec les constellations de 1 à 5 ; les élèves devront ainsi faire la somme de ceux-ci pour jouer.

• Jour 3 •

Course de vélos avec obstacles

Même organisation que la semaine précédente en ajoutant des obstacles dans chaque couloir.

Les élèves adaptent leur trajectoire à leur position.

• Jour 4 •

Ateliers de saut

Reprenez la même organisation avec les ateliers détaillés en semaine 1 et en Doc. 168.

20' par séance

• Jour 1 •

Portrait de chef indien

Mobiliser le langage dans toutes ses dimensions
→ **Communiquer par le langage, en se faisant comprendre**
→ **Pratiquer divers usages de la langue orale : raconter, expliquer, questionner, proposer des solutions, discuter un point de vue**

1. Découverte d'un portrait

Imprimez et agrandissez un portrait d'un grand chef indien. Posez du papier affiche dessus et préparez des fenêtres à caches en découpant à des endroits stratégiques.

Les élèves ouvrent au fur et à mesure les fenêtres et découvrent quelques éléments qu'ils décrivent, puis émettent des hypothèses sur le document global.

Lorsque toutes les fenêtres sont découvertes, retirez le papier affiche pour valider les hypothèses et présentez l'image.

Laissez les enfants s'exprimer librement.

Expliquez ensuite qu'il s'agit d'un portrait d'un chef indien puis demandez aux enfants : *« D'après vous, quel était le rôle des chefs indiens ? »*

2. Un peu d'histoire

Les chefs indiens ont toujours joué un rôle important. Guides spirituels de leur peuple, ils aident tous les membres de la tribu par leurs sages conseils.

Seuls les grands chefs portent des panaches de plumes d'aigles. Pour les Amérindiens, les plumes sont un langage. On utilise essentiellement des plumes d'aigles et de faucon, car ces oiseaux sont considérés comme un lien entre le ciel et la terre et sont un symbole de puissance et de sagesse. Chaque plume d'aigle portée par un guerrier symbolise un acte de bravoure.

• Jour 2 •

La phrase du jour

Mobiliser le langage dans toutes ses dimensions
→ **Commencer à réfléchir sur la langue**
→ **Acquérir et développer la conscience phonologique**

Reprenez le déroulement développé en période 4 pour la lecture de la phrase du jour et proposez-en une nouvelle. Veillez à ce qu'elle ait un lien avec la vie de la classe et que les mots soient simples. Ex. : *Léo est un petit Indien qui vit en Amérique.*

Amenez les élèves à utiliser les différents référents écrits pour la lecture de la phrase (titres d'albums, affichage, étiquettes prénoms...).

Invitez-les à venir entourer avec des feutres de couleur les indices repérés pour la lecture (la majuscule et le point d'une couleur, les mots reconnus globalement d'une autre couleur, les syllabes/sons d'une autre couleur).

Relisez la phrase obtenue avec les interactions et recherches des élèves, donnez les mots manquants si nécessaire.

Gardez cette feuille affichée au tableau pour qu'elle constitue un repère pour les prochaines phrases du jour. Vous pouvez également faire des étiquettes des mots des phrases du jour et ainsi avoir un répertoire complémentaire.

• Jour 3 •

Lecture d'albums autour de l'Amérique

Mobiliser le langage dans toutes ses dimensions
→ **Comprendre des textes écrits sans autre aide que le langage entendu**
→ **Manifester de la curiosité par rapport à l'écrit**

Choisissez un album parmi la liste proposée la semaine précédente ainsi qu'une des pistes d'exploitation.

• Jour 4 •

Petit quiz sur les Indiens

Mobiliser le langage dans toutes ses dimensions
→ Communiquer par le langage, en se faisant comprendre
→ Pratiquer divers usages de la langue orale : raconter, expliquer, questionner, proposer des solutions, discuter un point de vue

1. Mise en scène

Pour cette séance, nous vous proposons de sortir rapidement de la classe (ou demandez aux élèves de fermer les yeux !) et de mettre une coiffe d'Indien sur la tête, un attrapeur de rêve autour du cou, deux traits de peinture sur chaque joue et de porter un carquois avec des flèches en bandoulière.

Cette mise en scène suscitera certainement bien des réactions. Laissez les enfants s'exprimer et vous faire part de leurs représentations sur les Indiens.

Proposez-leur ensuite de jouer à un petit jeu de questions/réponses.

2. Petit quizz

Pour chaque question, proposez une réponse à choix multiples (2 propositions)

– Comment s'appelle la sculpture représentant les esprits chez les Indiens ? (totem/obélisque)
– Comment se nomme la maison des Indiens ? (tipi/cabane)
– Qu'utilisent les Indiens pour décorer leurs coiffes ? (plumes/paillettes)
– Connaissez-vous le nom d'une indienne célèbre ? (Pocahontas/Anastasia)
– Pour faire la paix, autour de quoi se rassemblaient les tribus ? (calumet/pipe)
– Qu'utilisaient les Indiens pour communiquer à distance ? (des nuages de fumée/un sifflet)
– Pourquoi les Indiens étaient-ils surnommés « Peaux rouges » ? (ils se peignaient le corps avec de la poudre rouge)

3. Lecture d'albums

Terminez par la lecture de témoignages d'enfants indiens qui expliquent leur vie quotidienne : leurs jeux, la vie dans le village avec les copains, l'école, la cuisine, les traditions... dont voici une sélection :
– Patrice Olivier, Kayodé : *Une communauté amérindienne en Guyane*, Terra incognita coll. Solidarité Jeunesse.
– Daniela Cytryn, *Mes Images du Brésil*, Éditions du Sorbier

• Atelier 11 •

Symétrie et Géoplans

Explorer le monde
→ **Situer des objets par rapport à soi, entre eux, par rapport à des objets repères**
→ **Reproduire une figure de manière symétrique**

30' **Matériel**
Géoplans/élastiques

Travailler la symétrie à l'aide des Géoplans

Afin de poursuivre le travail sur la symétrie, reprenez un matériel déjà exploité lors de la période 4 : les Géoplans.

Le travail sur ces planches permet aux enfants d'explorer différentes solutions, autorisant ainsi de nombreux essais avant de parvenir au résultat attendu.

1. Manipulation en binôme

Les enfants se mettent deux par deux. Chaque enfant à une planche.

Objectif : construire une figure (imposée ou non) sur une des planches, puis construire la figure symétrique sur le second Géoplan. Les enfants pourront ainsi superposer après retournement d'un des Géoplans et valider ainsi ou non leur construction.

2. Manipulation individuelle

À l'aide d'élastiques, divisez chaque planche Géoplan en deux parties égales : vous obtenez ainsi un axe de symétrie.

D'un côté de cet axe, représentez une figure de votre choix, pas trop complexe dans un premier temps (un triangle, une maison...). Les enfants devront la reproduire de l'autre côté, symétriquement. Pour cela, ils devront compter les clous, s'orienter sur le quadrillage...

3. Proposez ensuite des figures de plus en plus complexes

Pour l'accueil, préparez des fiches de symétrie sur Géoplan que vous imprimerez sur calque. Glissez-les dans des pochettes en plastique. Les élèves pourront ainsi s'entrainer à la symétrie avec un feutre ardoise, plier pour vérifier la superposition des figures, effacer puis recommencer !

• Atelier 12 •

Moi, petit Indien

Agir, s'exprimer, comprendre à travers les activités artistiques
→ **Pratiquer le dessin pour représenter**
→ **Choisir et combiner des matériaux, des techniques et des procédés**

30' **Doc. 173 – Galerie photo** live!
Matériel
- Portraits grand format
- Feuilles A3 de couleur
- Feutres
- Peinture
- Plumes, rubans, laine, chutes de tissus...

Réaliser une composition plastique à partir de son portrait

1. Au préalable, prenez les enfants en photo (portrait uniquement), imprimez, agrandissez au format souhaité puis collez sur une feuille A3.

2. Affichez les portraits des chefs indiens découverts lors de la première séance de langage du matin. Demandez aux enfants d'énumérer les différents éléments représentatifs de la culture indienne : une coiffe en plumes, bijoux et accessoires avec des perles, tunique avec des franges, peinture sur le visage...

3. Invitez les élèves à transformer leur portrait en Indien (cf. Doc. 173 Galerie photo).

Pour cela, mettez à leur disposition différentes matières : peinture, feutres, plumes, rubans (pour la coiffe notamment), chutes de tissus (la tunique pourra être découpée dans du tissu ou tout simplement peinte), laine...

Prolongement : Atelier 15, réaliser un algorithme pour encadrer sa production.

20' par séance

• Jour 1 •

Dictionnaire d'Amérique

Mobiliser le langage dans toutes ses dimensions
→ Découvrir le principe alphabétique
→ S'exprimer dans un langage oral syntaxiquement correct et précis

Reprenez le grand dictionnaire présenté lors de la semaine précédente. Relisez les deux premiers mots que vous avez définis avec les élèves.
Choisissez-en deux nouveaux que les enfants tenteront d'écrire puis définiront avec leurs propres mots.
Proposition de la semaine : coiffe et indien.
Voir déroulement détaillé en semaine 1.

• Jour 2 •

Dans mon panier du [OU]

Mobiliser le langage dans toutes ses dimensions
→ Discriminer des sons dans des mots ou dans des syllabes
→ Développer la conscience phonologique

Nous vous proposons de poursuivre les jeux sur les sonorités de la langue, initiés dans les périodes précédentes aussi bien lors de séances de langage que pendant les rituels autour des prénoms.

1. J'entends le son [OU]

« Dans mon panier, je mets des choses où l'on entend le son [OU] (montrez le mouvement des lèvres en ouvrant grandement la bouche et en allongeant le son) : *pooooouuuule, booooouuuule, booooouuuuche. Je vais dire d'autres mots, vous levez le doigt quand je peux les mettre dans mon panier des [OU] : maman, bouder, récréation, pouce, histoire, papa, roulotte, etc. »*

2. J'écris le son [OU]

Avec les enfants, choisissez trois mots référents où l'on entend le son [OU].
Pour chaque mot, faites dénombrer le nombre de syllabes en les scandant par des frappés de mains : POU/LET (2 syllabes). Placez au tableau deux aimants pour représenter ces syllabes (au fur et à mesure que vous les énoncez) ; les élèves devront identifier dans laquelle se trouve le son [OU] et entourer le bon aimant à la craie.

Ensuite, interrogez les enfants pour écrire ces mots. Pour cela, amenez-les à utiliser les différents écrits affichés dans la classe (titres, prénoms…).

• Jour 3 •

Atelier philo : Pourquoi se dispute-t-on ?

Mobiliser le langage dans toutes ses dimensions
→ Pratiquer divers usages de la langue orale : raconter, expliquer, questionner
→ Discuter un point de vue

Les enfants sont déjà familiarisés avec cette activité dont les détails sont précisés en période 1, semaine 2. Cette semaine, demandez aux élèves de réfléchir à cette question : *« Pourquoi se dispute-t-on ? »*
Terminer par la lecture d'une bande dessinée qui illustre parfaitement ce thème : Sophie Dieuaide et Cate, *Les Papooses, du rififi dans la prairie*, mini BD Casterman.

• Jour 4 •

Les pictogrammes indiens

Mobiliser le langage dans toutes ses dimensions
→ Manifester de la curiosité par rapport à l'écrit

Doc. 174 Nathan live!

Reproduisez ou affichez le pictogramme « homme avec son calumet de la paix » (voir Doc. 174) sans émettre de quelconque commentaire.
Reproduisez ensuite celui de l'« homme faisant de la médecine ». Laissez les enfants comparer ces deux pictogrammes puis donnez leur signification.
Expliquez alors que ces « dessins » se nomment des pictogrammes et qu'ils servaient d'écriture aux Indiens. Il en existe plus d'une centaine regroupés en 19 thèmes (animaux / éléments / action /…) qui permettaient aux tribus amérindiennes de créer une histoire.
Traditionnellement, l'histoire est racontée en spirale. L'auteur part du centre et tourne vers la gauche (sens de la course du Soleil). Certains pictogrammes symbolisent plusieurs « mots », par exemple : « cœur » peut signifier aimer, bon ou bien encore généreux. Un pictogramme peut représenter un mot, un groupe de mots ou une phrase entière à lui seul.

L'eau dans tous ses états

Organisation

– Séances 6 et 7 en ateliers dirigés + 2 ateliers libres de votre choix, avec rotation sur la matinée de 2 groupes.

– Séances 5 et 8 en grand groupe.

• Séance 5 •

Le gaspillage de l'eau

Mobiliser le langage dans toutes ses dimensions
→ **S'interroger sur l'importance de l'eau**
→ **Réaliser des « éco-gestes »**
→ **Pratiquer divers usages de la langue orale**

Matériel
Photos de paysages dévastés par la sécheresse

Afin d'introduire cette séquence, apportez des photos de paysages (régions désertiques, Sahara) et villages dévastés par la sécheresse ; laissez les enfants décrire puis s'exprimer librement. Cet échange permettra de mettre en avant le fait que l'eau est précieuse et qu'il faut la préserver. Pour cela, demandez aux enfants : « *Comment faire pour diminuer la consommation d'eau à l'école et à la maison ?* »
Notez au fur et à mesure sur une grande affiche les différentes propositions : ce sera l'occasion d'instaurer un « éco code » que les enfants illustreront avec des dessins lors de l'accueil sur leur cahier d'expériences (ou colorieront des illustrations apportées par vos soins).

Voici quelques exemples « d'éco gestes » :
– Ne pas tirer plusieurs fois la chasse d'eau.
– Ne pas ouvrir trop longtemps le robinet.
– Prendre un verre quand on se lave les dents et ne pas laisser l'eau couler.
– Prendre une douche plutôt qu'un bain.
– Dans la douche, fermer l'eau quand on se savonne.

• Séance 6 •

Transvaser de l'eau (2)

Explorer le monde
→ **Explorer la matière**
→ **Choisir, utiliser et savoir désigner des outils et des matériaux adaptés**

Matériel
Voir séance 2, semaine 1

Reprenez l'activité réalisée en séance 2 en assurant une rotation des groupes d'élèves.

• Séance 7 •

Comment transporter l'eau ? (2)

Explorer le monde
→ **Explorer la matière**
→ **Choisir, utiliser et savoir désigner des outils et des matériaux adaptés**
→ **Rechercher et expérimenter des procédés**

Matériel
Voir séance 2, semaine 1

Reprenez l'activité réalisée en séance 2 en assurant une rotation des groupes d'élèves.

• Séance 8 •

La chaine de l'eau

Collaborer, coopérer, s'opposer
→ **Coopérer, exercer des rôles différents complémentaires, élaborer des stratégies pour viser un but ou un effet commun**

Matériel
– 8 bassines ou seaux – 4 grands verres

1. Organisation
Diviser la classe en quatre groupes et matérialisez quatre couloirs dans la cour. Tout comme la semaine précédente, placez une bassine pleine d'eau à l'entrée de chaque couloir et une vide à l'autre extrémité. Les enfants se placent de façon à former une chaine qui relie les deux bassines.

2. But du jeu
Transvaser toute l'eau d'une bassine à l'autre à l'aide d'un seul grand verre.

3. Déroulement
Le premier enfant remplit le verre d'eau, le passe au second qui le passe à son tour et ainsi de suite. Le dernier enfant transvase l'eau restante dans le verre dans la bassine puis le fait repasser en sens inverse afin que le premier enfant de la file puisse le remplir à nouveau. À la fin du jeu, comparez les quantités transférées dans les quatre bassines : l'équipe gagnante sera celle qui aura transporté le plus d'eau en en renversant le moins possible.

Semaine 3

	Lundi	Mardi	Jeudi	Vendredi	Demi-journée thématique
8 h 20 **Accueil**	**Jeu de bataille, fiche prénom en cursive avec interligne 0,5 cm, loto des lettres, memory du continent américain, Géoplans Étiquettes de présence en cursive**				
8 h 40 **Rituels**	**Appel :** Domino des prénoms **Découvrir les nombres :** Compter à rebours **Responsabilités :** Poursuite du roulement entre les élèves				
9 h **Univers sonores**	**Chansons et comptines au choix**				
9 h 10 **Ateliers** Rotation des groupes sur les ateliers de la semaine	**Atelier 13 : Drôles d'Indiens** → Reconstituer un puzzle numérique en jouant avec deux dés **Atelier 14 : Domino des mots** → Identifier les syllabes finales et initiales des mots pour les assembler phonétiquement **Atelier 15 : Algorithme** → Poursuivre un algorithme et développer des compétences logiques **Atelier 16 : Pictogrammes indiens** → Prendre des repères pour retrouver des paires				**L'eau dans tous ses états** – La pollution de l'eau – De quelle couleur est l'eau ? – Flotte / coule
9 h 45	**Rangement et bilan des ateliers**				
10 h **L'activité physique**	**« Et quand serons-nous sages ? »** → Rondes dansées traditionnelles	**Dix par tipi** → Utiliser des procédures numériques dans un jeu collectif	**Course de vélos en relais** → Course d'équipe	**Ateliers de sauts en parcours** → Enchainer différents types de sauts	**Parcours d'eau** → Adapter ses déplacements aux contraintes matérielles
10 h 30	**Récréation**				
11 h **Langage/Lecture**	**Découverte d'un tipi** → Décrire ce que l'on voit et émettre des hypothèses	**Lecture erronée** → Repérer les incohérences d'un récit	**Lectures d'albums sur l'Amérique** → Découvrir de nouveaux albums de littérature de jeunesse	**Phrase du jour** → Prendre des repères dans l'écrit pour lire des mots	**Lecture plaisir**
11 h 30	**Sortie/déjeuner**				
13 h 30	**Écoute musicale, chant, lecture plaisir…**				
14 h **Ateliers** Rotation des groupes sur les ateliers de la semaine	**Atelier 17 : Je crée des phrases** → Création individuelle de phrases **Atelier 18 : Le tipi de la classe** → Réaliser une composition collective **Ateliers libres**				
14 h 50	**Récréation**				
15 h 20 **Langage/Lecture**	**Dictionnaire de l'Amérique** → Découvrir, définir et écrire collectivement deux nouveaux mots	**Découverte de totems** → Décrire ce que l'on voit et émettre des hypothèses	**Paysages d'Amérique** → Découvrir la diversité des paysages d'un continent	**L'objet tactile** → Reconnaitre un objet tactilement	
15 h 45	**Sortie**				

• Accueil •

Mobiliser le langage dans toutes ses dimensions
→ Découvrir le principe alphabétique
→ Reconnaitre les lettres de l'alphabet écrites en cursive, script et capitales

Cette semaine, les enfants classeront de nouveau leurs prénoms par ordre alphabétique mais sur un autre support : le grand dictionnaire de la classe.

Pour cela, collez un petit bout de pâte à fixe à l'arrière des cartes de présence. Les enfants devront la placer sur la page correspondant à leur initiale.

Validez lors de l'appel.

Sur les tables, réinvestissement en autonomie du matériel de la semaine précédente : jeu de bataille, loto des lettres, memory du continent américain, Géoplans…

• Rituels •

20'

Appel

Mobiliser le langage dans toutes ses dimensions
→ Manipuler les syllabes
→ Acquérir et développer la conscience phonologique

Lors des périodes précédentes, nous vous proposions, entre autres, un travail sur la syllabe initiale. Cette semaine, il s'agira d'isoler la syllabe finale des prénoms et de rechercher un autre mot qui commencerait par cette même syllabe, par exemple : Yacine/ cinéma. Quentin/ tintement…

Ce travail sera poursuivi en atelier 14 avec le domino des mots.

N.B. : vous pouvez introduire ce petit jeu en chantant la chanson « Trois petits chats » (cf. Univers sonores).

Pour les élèves qui rencontrent encore des difficultés à isoler la dernière syllabe d'un mot, n'hésitez pas à reprendre les conseils et exercices donnés : frapper et compter les syllabes du prénom, allonger la syllabe finale (exemple : Paloma : Pa/lo/mmmaaaa), la doubler (Adam : A/ dam/dam), la rendre muette (Marine : Ma/…).

Découvrir les nombres

Acquérir les premiers outils mathématiques
→ Quantifier des collections jusqu'à dix au moins
→ Compter à rebours

Demandez à un élève de faire un paquet de dix copains. Validez la quantité puis demandez-lui de compter à rebours : au fur et à mesure les enfants se rasseyent.

Pour compléter cet exercice, nous vous proposons deux petites comptines à décompter :

« Les 5 frères indiens »

Ils étaient 5 dans le tipi
Et le tout petit dit : « sortez frères, sortez frères »
Et le pouce est sorti
Ils étaient 4 dans le tipi
Et le tout petit dit : « sortez frères, sortez frères »
Et l'index est sorti
Ils étaient 3 dans le tipi
Et le tout petit dit : « sortez frères, sortez frères »
Et le majeur est sorti
Ils étaient 2 dans le tipi
Et le tout petit dit : « sortez frères, sortez frères »
Et l'annulaire est sorti
Et le tout petit se dit : « Qu'on est bien tout seul dans le tipi »

« Dix petits oiseaux, sur un fil de fer »

Dix petits oiseaux, sur un fil de fer
Qui se balançaient, la tête à l'envers
Une feuille morte vient à tomber
Un petit oiseau s'est envolé.

Neuf petits oiseaux…
Huit petits oiseaux…

Repérage dans le temps

Explorer le monde

→ **Situer des événements vécus les uns par rapport aux autres**

→ **Repérer les événements dans la journée, la semaine et le mois**

Poursuivez le repérage sur le calendrier du mois.
Écriture guidée de la date en cursive sur les lignes.

• Univers sonores •

Agir, s'exprimer, comprendre à travers les activités artistiques

→ **Repérer et reproduire, corporellement ou avec des instruments, des formules rythmiques simples**

→ **Avoir mémorisé un répertoire varié de comptines et de chansons et les interpréter de manière expressive**

10'

1. Marquer la pulsation avec un instrument amérindien

Même organisation que la semaine précédente avec, dans la mesure du possible, de nouveaux instruments amérindiens. N'hésitez pas à solliciter les parents, vos collègues, le conservatoire de votre ville… afin de vous procurer des instruments.

2. « Trois petits chats »

(comptine traditionnelle en lien avec l'atelier 14; permet de travailler sur les mots valises)

3. Chant

Voici une proposition de chansons autour du thème des Amérindiens que vous trouverez facilement sur un moteur de recherche :
– Ann Rocard, *Un petit Indien.*
– Pierre Chêne, *Nagawika, le Petit Indien.*

Trois p'tits chats

Trois p'tits chats, trois p'tits chats,
trois p'tits chats chats, chats
Chapeau d'paille, chapeau d'paille,
chapeau d'paille, paille, paille
Paillasson, paillasson,
paillasson, sson, sson
Somnambule, somnambule,
somnambule, bule, bule
Bulletin, bulletin, bulletin, tin, tin
Tintamare Tintamare
Tintamare, mare mare
Marabout (ter), bout bout
Bout d'ficelle (ter) celle, celle
Selle de ch'val (ter) ch'val, ch'val
Ch'val de course (ter), course, course
Course à pied (ter), pied, pied
Pied à terre (ter), terre, terre

Terrassier (ter), ssier, ssier
Scier du bois (ter), bois, bois
Boissons chaude (ter), chaude, chaude
Chaudière (ter), ière, ière
Hier au soir (ter), soir, soir
Soir d'hiver (ter), ver, ver
Vermifuge (ter), fuge, fuge
Fugitif (ter), tif, tif
Typhoïde (ter), ïde, ïde
Identique (ter), tique, tique
Tic nerveux (ter), veux, veux
Veuve de guerre (ter), guerre, guerre
Guerre de Troie (ter), Troie, Troie
Trois p'tits chats (ter), chats, chats

• Atelier 13 •

Drôles d'Indiens

Acquérir les premiers outils mathématiques
→ **Lire les nombres écrits en chiffres**
→ **Dénombrer les constellations de dés**
→ **Associer à une quantité son écriture chiffrée**

30' Doc. 175 live!

Matériel
- Doc. 175
- Deux dés avec les constellations de 1 à 4

Reconstituer le puzzle d'un petit indien à l'aide de dés

1. Préparation matérielle

Imprimez le Doc. 175, plastifiez puis découpez chaque Indien en 8 pièces (le long des traits).

Présentez les différentes pièces / parties du corps qui permettront de reconstituer les personnages ainsi que les deux dés représentant les constellations de 1 à 4 (collez des gommettes sur les faces 5 et 6 et inscrivez les constellations 1 et 2 par exemple).

Au centre de la table, placez toutes les pièces (mélangées ou regroupées par numéro).

2. But du jeu

Reconstituer le premier un petit Indien. Pour cela, les enfants devront lancer les dés, additionner les constellations, et rechercher la pièce de puzzle correspondante à cette quantité (elle est inscrite en chiffres).

3. Déroulement

Chaque joueur, à tour de rôle, lance les dés et récupère un morceau portant la valeur de cette addition. S'il tombe sur une quantité déjà piochée, il passe son tour.

Les enfants assembleront ainsi, au fur et à mesure, les différentes parties d'un petit Indien de manière ludique et originale car ils pourront mélanger les tenues vestimentaires...

Pour chaque nouvelle partie, ils pourront ainsi reconstituer un Indien différent.

Vous pouvez également prévoir une planche support numérotée comme les pièces des puzzles de 1 à 8 (et de même taille que les pièces). Les enfants poseront ainsi leurs pièces par-dessus et pourront dire quels numéros il leur manque .

• Atelier 14 •

Domino des mots

Mobiliser le langage dans toutes ses dimensions
→ **Manipuler les syllabes**
→ **Acquérir et développer la conscience phonologique**

30' Doc. 176 live!

Matériel
- Domino des mots (Doc. 176)
- Un domino classique avec des constellations

Identifier les syllabes initiales et finales des mots pour les assembler phonétiquement

1. Présentation du matériel

Imprimez le Doc. 176, plastifiez les cartes et présentez le jeu aux enfants. Ils reconnaitront certainement ce format et feront référence aux jeux de dominos auxquels ils jouent dans la classe.

Pour apporter un élément de comparaison, reprenez un jeu de domino classique avec les constellations et demandez aux enfants de verbaliser les règles : poser un domino ayant le même nombre de points sur au moins un côté du domino déjà en place.

2. Règles du jeu

Avec le nouveau jeu de domino, ils devront non plus faire correspondre des constellations mais des syllabes : la syllabe finale de l'un doit être identique à la syllabe initiale de l'autre.

Exemples : vé**lo** → **lo**tus ; hi**bou** → **bou**che.

Rappeler la chanson « 3 ptits chats » : avec la syllabe finale d'un mot, on débute un autre mot. Distribuez les dominos et, à tour de rôle, chacun nomme ses éléments. Le premier joueur pose un domino, le nomme, le scande, et isole la syllabe finale, exemple : vé/LO (il peut même la répéter 3 fois comme la chanson pour l'isoler). N'importe quel joueur peut alors poser un domino si la syllabe de son mot reprend la syllabe finale du dernier posé.

3. Proposez aux enfants d'inventer d'autres cartes qu'ils rajouteraient au jeu initial.

Vous pouvez également imprimer un autre jeu de cartes afin que chaque enfant ait plus de dominos.

• Atelier 15 •

Algorithme

Acquérir les premiers outils mathématiques
→ Identifier une organisation régulière et poursuivre son application

30' Doc. 177 et 173 – Galerie photo live!

Matériel
- Gommettes ou images variées (trois formes/couleurs différentes par élève) : Doc. 177
- Peinture « Moi petit Indien » réalisée lors de l'atelier 12

Poursuivre un algorithme et développer les compétences logiques

Les élèves sont déjà capables de poursuivre un algorithme binaire (alternance de deux éléments : bleu, rouge, bleu, rouge, etc.), il s'agira ici de travailler sur les suites logiques ternaires.

Proposez-leur d'encadrer les productions réalisées la semaine précédente (atelier 12) « Moi petit Indien » à l'aide d'un algorithme ternaire.

Pour cela, demandez à chaque enfant de choisir trois formes (gommettes ou images, par exemple Doc. 177).

Constituez alors le début d'une suite avec ces 3 formes : rond/carré/triangle, tipi/indien/totem, etc. et faites remarquer l'enchainement logique. Laissez les élèves poursuivre l'algorithme.

Pour les aider à percevoir l'enchainement : classer les images, former 3 tas et compter 1, 2, 3 ou chanter le rythme (tipi, indien, totem), faire référence au modèle initial, l'isoler.

En fonction du niveau des élèves, augmentez la difficulté de ce travail en répétant une des formes, exemple : tipi/indien/indien/totem.

Vous pouvez de la même façon encadrer différentes productions. Pour cela, imprimez sur du papier de couleur les éléments de votre choix en petit format, une couleur de papier différente par élément (créez un tableau 6 x 4 cases sur Word et insérez-y les images choisies comme sur le Doc. 177).

• Atelier 16 •

Pictogrammes indiens

Mobiliser le langage dans toutes ses dimensions
→ Découvrir de nouveaux graphismes et écrits
→ S'ouvrir à la diversité culturelle

30' Doc. 174 live!

Matériel
Une planche de loto par enfant avec ses cartes (Doc. 174)

Prendre des repères pour retrouver des pictogrammes identiques

Imprimez le loto des pictogrammes indiens (Doc. 174) en deux exemplaires : un qui servira de planche modèle et un autre que vous découperez en cartes/étiquettes.

Déjà introduit lors des autres périodes, ce type de jeu permettra ici de jouer avec des pictogrammes indiens (découverts en partie lors des séances de langage de la semaine précédente) tout en développant la discrimination visuelle.

En regroupement, présentez le matériel en nommant les différents pictogrammes tout en donnant leur signification (écrite sous chaque pictogramme).

Au centre de la table, placez toutes les cartes pictogrammes découpées.

Chaque enfant dispose d'une planche. À tour de rôle, les élèves piochent une étiquette et la placent sur l'image identique de leur planche de loto. Pour cela ils devront prendre des indices, comparer...

Une fois qu'ils ont complété leur planche, ils demandent à un camarade du groupe de vérifier leur travail puis s'échangent le matériel.

Prolongement : agrandir le document des pictogrammes pour constituer un répertoire graphique de signes à afficher.

Collez des gommettes de couleur sur chaque planche modèle et leurs images associées. Ainsi, lorsqu'elles se mélangeront sur la table, il sera facile de retrouver à quelle planche chacune correspond.

• Jour 1 •

« Et quand serons-nous sages ? »

Communiquer avec les autres au travers d'actions à visée expressive ou artistique
→ **Coordonner ses gestes et ses déplacements avec ceux des autres**

Matériel
- Support musical
- Une plume par enfant

1. Mise en danse

Tout comme la semaine précédente, les enfants devront danser et se déplacer au rythme de la musique de votre choix, mais cette fois-ci en faisant danser dans les airs une plume d'Indien.

Faites ensuite asseoir les élèves pour une mise en commun et une phase de verbalisation des différentes actions réalisées avec les plumes, le corps et la gestion de l'espace. À tour de rôle, ceux qui le souhaitent montrent quelques-unes de leurs prestations.

Demandez ensuite aux enfants de comparer leur danse avec une plume et celle réalisée en semaine 2 avec un ruban ou un foulard : les déplacements sont plus lents…

2. Ronde à choisir : « Et quand serons-nous sages ? »

Reprenez le déroulement de la semaine précédente en faisant non pas une mais deux rondes concentriques. Il y aura donc deux enfants à l'extérieur de celles-ci.

• Jour 2 •

Dix par tipi

Collaborer, coopérer, s'opposer
→ **Coopérer, exercer des rôles différents complémentaires**
→ **Elaborer des stratégies pour viser un but ou un effet commun**
→ **Découvrir les décompositions du 10**

Matériel
- Un grand nombre de foulards et/ou plumes
- 1 tapis pour 2 élèves
- Une craie
- Un tambourin

1. Organisation

Divisez la classe en deux groupes : un groupe spectateur qui validera les quantités déposées sur les tapis par le second groupe.

Répartissez au sol des tapis (1 pour 2 élèves) et tracez à la craie, dix croix sur chacun d'eux. Placez les élèves en binôme, attribuez-leur un tipi (tapis) et donnez-leur six petits objets chacun (foulards et/ou plumes).

2. Déroulement

a. Chaque élève a six foulards (ou petits sacs) et se déplace avec son binôme dans la salle au rythme du tambourin. *« Faites danser vos foulards/ lancez vos petits sacs. Lorsque j'arrête de jouer du tambourin, posez-les sur votre tapis. Attention, il y a seulement dix places par tapis. »* Faites remarquer que vous les avez matérialisées par des croix. Il s'agira ici de réaliser des collections de dix éléments en se partageant les tapis. Il faudra donc décomposer la quantité 10 : 5 et 5 foulards (il restera un objet par binôme non déposé sur le tapis) ou 6 et 4.

b. À la fin de la première phase du jeu, demandez aux enfants spectateurs de valider la quantité dans chaque tipi. Inversez ensuite les rôles.

c. Effacez les marquages sur les tapis (les places disponibles pour les objets ne sont désormais plus matérialisées) et déposez un foulard sur chacun d'eux. Variez ensuite la quantité de foulards : deux, puis trois… jusqu'à 10.

Relancez le jeu : *« Jouez avec vos objets ; lorsque j'arrêterai de jouer du tambourin, vous remplirez les tipis pour qu'il y en ait 10 en tout. »* Validez avec les enfants à la fin du jeu en comptant le nombre d'objet sur chaque tapis et faites rechercher les différentes décompositions du 10 : *« Il y avait un objet, combien fallait-il en rajouter pour en avoir 10 ? »*

À la fin de la séance, rappelez les différentes décompositions du 10 trouvées.

• Jour 3 •

Course de vélos en relais

Adapter ses équilibres et ses déplacements à des environnements ou des contraintes variés

→ **Ajuster et enchainer ses actions et ses déplacements en fonction d'obstacles à franchir**

→ **Se déplacer avec aisance et en sécurité dans des environnements aménagés**

Matériel

- Vélos et tricycles
- 1 sifflet
- Pour chaque couloir : 2 plots et 3 obstacles (cerceaux, briquettes…)

1. Organisation

Même organisation matérielle que la semaine précédente.

2. Déroulement

Les élèves n'évoluent plus de manière individuelle mais en équipe.

Le premier membre de chaque équipe roule le plus vite possible dans son couloir en évitant les obstacles, contourne le plot situé au bout du couloir puis revient au point de départ. Le second de la file peut alors partir et ainsi de suite.

La première équipe qui parvient à faire tous les allers/retours le plus rapidement gagne la course.

• Jour 4 •

Ateliers de saut en un parcours

Adapter ses équilibres et ses déplacements à des environnements ou des contraintes variés

→ **Ajuster et enchainer ses actions et ses déplacements en fonction d'obstacles à franchir**

→ **Se déplacer avec aisance et en sécurité dans des environnements aménagés**

Doc. 168 Nathan live!

Reprenez la même organisation avec les ateliers détaillés en semaine 1 et en Doc. 168.

Vous pouvez cette fois-ci, les organiser en un seul parcours où les enfants enchainent les actions.

0' par séance

• Jour 1 •

Découverte d'un tipi

Mobiliser le langage dans toutes ses dimensions
→ Pratiquer divers usages de la langue orale : raconter, expliquer, questionner, proposer des solutions, discuter un point de vue

1. Découverte d'un tipi
Imprimez et agrandissez une photo/image de tipi (que vous trouverez facilement sur internet). Posez du papier affiche dessus et préparez des fenêtres à caches : même déroulement que la séquence sur le portrait indien en semaine 2.

2. Un peu d'histoire
Tipi signifie : « lieu pour habiter ». Les tipis sont frais en été, chaud en hiver. Autrefois les Indiens utilisaient les peaux de bisons : il fallait 8 à 10 peaux pour fabriquer un petit tipi. Certains utilisaient jusqu'à 50 peaux de bisons ! Mais au fur et à mesure, avec la disparition des bisons (trop chassés), les Indiens ont utilisé des toiles de coton.
Sa forme circulaire est symbolique car les Indiens donnent une forme ronde à toute chose. Ils pensent que la vie est un cercle. À l'intérieur des tipis, il existe des règles strictes : chacun sa place pour s'asseoir, chacun sa place pour se coucher. Les dessins ornant les tipis représentent le plus souvent des animaux, des scènes de chasse avec des couleurs symboliques : le bleu représente le nord, le rouge l'aube du soleil levant et le jaune le crépuscule. La partie du bas du tipi représente souvent la Terre. La partie centrale du tipi est illustrée par les événements importants de la vie des Indiens.
Terminez en proposant aux enfants de peindre un grand tipi que vous accrocherez à l'entrée de la classe : atelier 18.

• Jour 2 •

La lecture erronée

Mobiliser le langage dans toutes ses dimensions
→ Comprendre des textes écrits sans autre aide que le langage entendu

Choisissez un album connu des élèves et lisez-le lentement en changeant des passages, en vous trompant intentionnellement sur les caractéristiques des personnages, des lieux, des faits, des mots, etc. Les élèves vous corrigeront spontanément et vous ferez mine d'avoir effectivement mal lu, de ne pas comprendre pourquoi votre version est fausse... Puis, demandez la version correcte et validez au fur et à mesure par la lecture sans fautes. Poursuivez ainsi, ils guetteront attentivement vos prochaines erreurs.
Exemple de lecture erronée à partir de l'album de Céline Lamour, *Le Crocus des prairies*, Coprin Éditions :
« Wappee, le *père* (fils) du chef de la tribu des pieds noirs, vient d'avoir *cinquante ans* (douze ans). À cet âge, les Indiens subissent *une opération* (une quête initiatique). Le *vieil Indien* (jeune Indien) va devoir partir *avec ses camarades* (seul) pendant cinq nuits *sur la plage* (dans la montagne)... »

• Jour 3 •

Lecture d'un album sur l'Amérique

Mobiliser le langage dans toutes ses dimensions
→ Comprendre des textes écrits sans autre aide que le langage entendu
→ Manifester de la curiosité par rapport à l'écrit

Choisissez parmi la liste proposée lors de la première semaine un album ainsi qu'une des pistes d'exploitation.

• Jour 4 •

Phrase du jour

Mobiliser le langage dans toutes ses dimensions
→ Commencer à réfléchir sur la langue
→ Acquérir et développer la conscience phonologique

Reprenez la fiche sur laquelle vous avez écrit la phrase du jour de la semaine précédente et proposez-en une nouvelle à lire. Exemple : *Anna joue avec son attrapeur de rêves.* Amenez les élèves à utiliser les différents écrits pour la lecture de la phrase (titres d'albums, affichage, étiquettes prénoms, les autres phrases du jour...).
Invitez-les à venir entourer avec des feutres de couleur les indices trouvés pour la lecture. Lisez les mots qui ont été repérés et demandez aux élèves de rechercher d'autres indices pour lire les mots restants en recherchant syllabes/sons connus. Entourez les syllabes ou sons identifiés d'une autre couleur de feutre. Faites rechercher aussi le sens.
Relisez la phrase obtenue avec les interactions et recherches des élèves ; donnez les mots manquants si nécessaire.

• Atelier 17 •

Je crée des phrases

Mobiliser le langage dans toutes ses dimensions
→ Écrire seul un mot en utilisant des lettres ou groupes de lettres empruntés aux mots connus

30'
Matériel
Crayon à papier /feuille (cahier d'écriture)

Création individuelle de phrases

Commencez cet atelier en demandant aux enfants de rappeler la définition d'une phrase; notion travaillée depuis la période 3.

Choisissez une phrase courte (en lien avec vos albums ou votre thème de la période) et écrivez-la au tableau. Exemple : *Marine est une petite Indienne*.
Demandez d'abord aux enfants de compter le nombre de mots, puis de rechercher des indices dans la lecture (entièrement ou partiellement) grâce aux prénoms, aux affichages de la classe... Exemple : *ça commence comme maman, c'est MA ; le R fait le son rrr, comme Rémi, etc.*
Enfin, validez en lisant. Rappelez qu'une phrase commence toujours par une majuscule (faites remarquer que les noms propres ont toujours une majuscule, qu'ils soient en début, milieu ou fin de phrase) et se termine par un point.
De plus, à l'écrit, les mots d'une phrase doivent être séparés par un petit espace.

À cette période de l'année, les enfants commencent à avoir les ressources nécessaires pour s'essayer à écrire seuls en utilisant tout ce qui est à leur portée.
Proposez aux enfants d'inventer une petite phrase de manière individuelle et de faire des essais d'écriture en s'appuyant sur leurs acquis : « capital-mots » établit tout au long de l'année dans les différents affichages, le dictionnaire illustré, les mots des lotos/des phrases du jour... et en faisant des correspondances entre unités sonores et graphèmes...
Si les mots choisis sont trop complexes, proposez alors aux élèves un synonyme dont l'orthographe sera plus facile.
Bien entendu l'orthographe ne sera certainement pas parfaite, mais il s'agit ici de valoriser et d'encourager les essais.

• Atelier 18 •

Le tipi de la classe

Agir, s'exprimer, comprendre à travers les activités artistiques
→ Réaliser des compositions plastiques, seul ou en petit groupe
→ Choisir et combiner des matériaux, des techniques et des procédés

30' Doc. 178 – Galerie photo Nathan live!
Matériel
- Un grand drap blanc ou marron clair
- Peinture pour tissu ou acrylique
- Gros pinceaux

Réaliser un tipi en guise de porte de la classe.

1. Organisation matérielle
Sur un grand drap blanc ou marron clair pour un côté plus authentique, dessinez la forme d'un grand tipi (de la hauteur de la porte de votre classe).
Délimitez plusieurs bandes horizontales : les élèves y peindront, à tour de rôle, différents motifs, pictogrammes indiens, formes géométriques...
La décoration de ce grand tipi collectif se déroulera tout au long de la semaine : un groupe de travail par jour.

2. Décoration du tipi
Invitez les enfants à peindre des formes géométriques, des pictogrammes indiens, des motifs graphiques décoratifs sur ce grand tipi avec de la peinture (de préférence acrylique ou pour tissu afin qu'elle ne craque pas avec le temps). Les élèves peuvent également utiliser des tampons en mousse.
Afin de les orienter dans leurs choix graphiques, rappelez la séance de langage du matin où ils ont découvert que les motifs représentés sur un tipi ne sont pas choisis au hasard par les Indiens :
- la partie inférieure du tipi représente souvent la Terre ;
- la partie centrale illustre tout ce qui est lié à la vie humaine, les événements importants ;
- la partie supérieure exprime le ciel, la vie spirituelle et les esprits.

Enfin, autour du tipi, ils pourront représenter le sol avec de l'herbe, le ciel avec des nuages...
Il ne vous reste plus qu'à l'accrocher au-dessus de votre porte de classe (pour être sûr qu'il tienne bien, utilisez une agrafeuse murale) et à découper de bas en haut une grande fente au centre du tipi afin que les enfants puissent l'ouvrir pour entrer dans la classe !

20' par séance

• Jour 1 •

Dictionnaire d'Amérique

Mobiliser le langage dans toutes ses dimensions
→ **Découvrir le principe alphabétique**
→ **S'exprimer dans un langage oral syntaxiquement correct et précis**

Reprenez le grand dictionnaire présenté en semaine 1. Choisissez deux nouveaux mots que les enfants tenteront d'écrire puis de définir avec leurs propres mots. Proposition de la semaine : cactus et tipi.

• Jour 2 •

Découverte de totems

Mobiliser le langage dans toutes ses dimensions
→ **Pratiquer divers usages de la langue orale : raconter, expliquer, questionner, proposer des solutions, discuter un point de vue**

1. Découverte d'une « image-puzzle »

Imprimez et agrandissez une photo de totem amérindien (que vous trouverez sur Internet).
Découpez-la en huit grands morceaux. Dans le désordre, présentez une à une les différentes pièces-puzzle du totem : laissez les enfants décrire ce qu'ils voient et émettre des hypothèses quant à la nature de l'image. Lorsque les huit morceaux seront affichés au tableau, demandez aux enfants d'essayer de reconstituer le puzzle puis laissez-les faire leurs propositions sur ce que cela peut être. Terminez en nommant l'objet.

2. À quoi sert un totem ?

Interrogez les enfants puis complétez en expliquant la signification des totems. Ces larges poteaux en bois sculpté, plantés par les Indiens devant leurs maisons servaient à représenter un groupe, à le protéger. De fait, ce sont des emblèmes destinés à rappeler les origines du chef de la famille et à perpétuer la mémoire des ancêtres. La plupart du temps, ils représentent des animaux.

3. Comment fabrique-t-on un totem ?

Il est fait en bois, c'est très grand, on y voit généralement des têtes d'animaux, il y a beaucoup de couleurs cernées de noir.
Enfin, annoncez aux élèves qu'ils fabriqueront la semaine suivante un totem pour « le groupe classe » !

• Jour 3 •

Paysages d'Amérique

Mobiliser le langage dans toutes ses dimensions
→ **Pratiquer divers usages de la langue orale : raconter, expliquer, questionner, proposer des solutions, discuter un point de vue**

Affichez au coin regroupement des affiches/photos représentant les différents types des paysages que l'on peut rencontrer sur le continent américain :
– un paysage désertique et le Grand Canyon;
– la banquise;
– la forêt amazonienne;
– une grande ville avec ses buildings.
Pour chaque image, indiquez sur la mappe monde sa situation géographique en Amérique.
Présentez ensuite diverses photos d'animaux vivant sur le continent : les enfants devront alors associer un paysage à chaque animal. Exemples :
– désert : serpent à sonnette, busard-dindon (grand rapace noir au-dessous des ailes gris), coyotes, lynx, rat-kangourou;
– Amazonie : toucan, perroquet, tatou, hurleur roux, singe-araignée, anaconda;
– banquise : ours blanc, albatros, bœuf musqué, renne, otarie, morse, phoque, lapin arctique, renard polaire, loup arctique;
– grande ville : pigeons, rats.

• Jour 4 •

L'objet tactile

Mobiliser le langage dans toutes ses dimensions
→ **Décrire et proposer des solutions**
→ **S'exprimer dans un langage oral syntaxiquement correct et précis**

Apportez un sac rempli d'objets surprises (ou illustrations) et présentez le contenu aux enfants en les sortant et en les faisant nommer un à un : une coiffe d'Indien, un arc et ses flèches, un animal de la forêt amazonienne en peluche (tatoo, perroquet…), une représentation de la Statue de la Liberté, un billet d'un dollar, un instrument amérindien (maracas, flute…)…
Laissez les élèves s'exprimer librement sur chacun des objets. Désignez un enfant qui a peu l'habitude de s'exprimer, faites lui bander les yeux avec un foulard et rangez un des objets dans le sac. Il devra y plonger la main pour tâtonner, toucher l'objet et enfin le décrire le plus précisément possible. Faites passer ensuite d'autres enfants.

L'eau dans tous ses états

• Séance 9 •

La pollution de l'eau

Mobiliser le langage dans toutes ses dimensions
→ Communiquer par le langage, en se faisant comprendre
→ Pratiquer divers usages de la langue orale : raconter, expliquer, questionner, proposer des solutions, discuter un point de vue

Matériel
Photo de déchets dans la mer, d'un pétrolier échoué

1. Affichez au tableau une photo d'un sac plastique dans la mer (ou autre déchet).

Laissez les enfants s'exprimer librement puis amenez-les à s'interroger sur les conséquences de ces actes humains :
– danger pour les poissons et les tortues qui les avalent et meurent ;
– les déchets ne sont pas biodégradables, ils seront donc toujours présents dans la nature et la dégradent, etc.

Cette séquence sera donc l'occasion de sensibiliser les élèves aux gestes éco-citoyens : *« Que faut-il faire pour préserver la nature ? »*

– Ne pas jeter de papiers ou autres déchets dans les rivières/ mer…

– Ramasser les bouteilles vides sur la plage, etc.

2. Présentez ensuite une photo d'un pétrolier échoué ou qui fuit : autre forme de pollution. Amenez les élèves à s'interroger sur les éventuelles conséquences (marée noire qui a tué des bancs entiers de poissons et de très nombreux oiseaux ; le littoral a été saccagé et interdiction de se baigner au risque d'attraper de graves maladies…).

3. Enfin, faites le lien avec les précédentes séquences de langage (À quoi sert l'eau ? Le gaspillage de l'eau.).

De fait, c'est parce que l'eau est précieuse et que notre vie en dépend que nous devons être attentifs et ne pas la polluer.

Terminez avec la lecture de l'album *Camille écoute la baleine*, Jacques Duquennoy, Albin Michel Jeunesse. Cet album illustre parfaitement la pollution de la mer par un pétrolier et les conséquences que cela a sur une baleine (les enfants pourront en plus écouter le chant des baleines grâce au CD qui l'accompagne !)

• Séance 10 •

De quelle couleur est l'eau ?

Explorer le monde
→ Explorer la matière
→ Choisir, utiliser et savoir désigner des outils et des matériaux adaptés
→ Expérimenter, vérifier et valider des hypothèses

Matériel
– Verres transparents de différentes couleurs – Verres transparents incolores – Eau, lait, café, thé, diverses couleurs de peinture et d'encre – Perles – Cahier d'expériences

Apportez des verres en plastique transparents de différentes couleurs, d'autres incolores.

Commencez cette séquence en demandant aux enfants : *« De quelle couleur est l'eau ? »* Laissez-les s'exprimer puis proposez-leur de vérifier leurs réponses par la suite.

1. L'eau est incolore

Distribuez à chaque enfant un verre de chaque couleur ainsi qu'une petite bouteille d'eau.

Invitez-les à verser de l'eau dans le verre transparent rouge puis interrogez : *« De quelle couleur est-elle ? »* Même organisation avec des verres de différentes couleurs.
Enfin, dans le verre transparent incolore : les enfants vous diront très certainement que l'eau est blanche.
Versez alors un peu d'encre blanche (ou du lait) dans un verre transparent incolore et demandez-leurs de comparer la couleur de l'encre et celle de l'eau : c'est différent ! L'eau n'est donc pas blanche comme le lait !
D'autres vous diront peut-être bleue (représentation dans les dessins, peintures…). Versez alors un peu d'encre bleue dans un verre transparent incolore et faites les comparer : l'eau n'est pas bleue comme l'encre !

Demandez alors aux enfants : *« Mais finalement, l'eau a-t-elle une couleur ? »*
Concluez : *« L'eau n'a pas de couleur, on dit qu'elle est incolore. »*

2. L'eau est translucide

Dans des verres transparents incolores, les enfants versent : du lait, du café, diverses couleurs de peinture, de l'eau, du thé, diverses couleurs d'encres diluées.
Dans chaque gobelet, mettre une petite perle puis demandez : *« Pouvez-vous voir les perles ? »*

Les liquides transparents (eau, encres diluées, thé) laissent voir les perles alors que les liquides opaques (lait, peinture, café) ne laissent rien deviner. *« Pourquoi ne voit-on pas les perles dans tous les verres ? »*

Vous pouvez enfin clore cette séance en affirmant que : *« L'eau n'a pas de couleur, elle est incolore et translucide (on voit au travers). »*

Une fois de plus, les enfants dessineront dans leur cahier d'expériences et colleront la conclusion retranscrite par l'adulte.

> **Certaines circonscriptions disposent de matériel pour la classe avec des malettes pédagogiques vous permettant de mener à bien vos projets en sciences. Renseignez-vous auprès de la vôtre pour le prêt de matériel !**

• Séance 11 •

Flotte/coule

Explorer le monde
→ Explorer la matière
→ Choisir, utiliser et savoir désigner des outils et des matériaux adaptés

Matériel
- Bassines d'eau
- Divers objets : un bouchon en liège, un dé, une planche de polystyrène, une règle, une gomme, un bouchon en plastique, une bouteille vide,
 une pleine, des billes, des cuillères…
- Cahier d'expériences

1. Flotte ou coule ?

Présentez et faites nommer les différents objets que vous aurez sélectionnés pour cet atelier.

Recueillez les représentations initiales des enfants en leur demandant de dessiner, dans leur cahier d'expériences d'un côté les objets qui, selon eux, coulent et de l'autre ceux qui flottent. Ils obtiendront ainsi un premier classement.

2. Expériences

Chaque élève valide ou non ses différentes représentations initiales en expérimentant les objets dans l'eau.

Ils établissent alors un nouveau classement dans leur cahier d'expériences. Dessinez à main levée une grande bassine avec de l'eau : au fond ils y dessineront (ou colleront des images) les objets qui coulent et à la surface de l'eau ceux qui flottent.

• Séance 12 •

Parcours d'eau

Adapter ses équilibres et ses déplacements à des environnements ou des contraintes variés
→ Ajuster et enchainer ses actions et ses déplacements en fonction d'obstacles à franchir ou de la trajectoire d'objets sur lesquels agir

Matériel
- 6 plots
- 8 briques
- Une poutre
- Un gobelet rempli d'eau par enfant (prévoir une bassine)

1. Organisation

Dans la cour de récréation, organisez un petit parcours sur lequel les enfants évolueront de manière individuelle en transportant un gobelet plein d'eau.

2. Déroulement

Remplir un verre d'eau puis enchainer les actions motrices suivantes :
- marcher sur des briques sans toucher le sol ;
- slalomer entre des plots ;
- marcher sur une poutre.

3. But du jeu

Arriver au bout du parcours avec le plus d'eau possible dans son verre.

Semaine 4

	Lundi	Mardi	Jeudi	Vendredi	Demi-journée thématique
8 h 20 **Accueil**	**Réinvestissement du matériel** **Dominos des mots et pictogrammes indiens** **Étiquettes de présence en cursive**				
8 h 40 **Rituels**	**Appel :** Domino des prénoms **Découvrir les nombres :** Compter à rebours **Responsabilités :** Poursuite du roulement entre les élèves				
9 h **Univers sonores**	**Chansons et comptines au choix**				
9 h 10 **Ateliers** Rotation des groupes sur les ateliers de la semaine	**Atelier 19 : Mon nom d'Indien** → Choisir et écrire en cursive son nom d'Indien **Atelier 20 : Double bataille** → Additionner deux cartes et rechercher le plus grand nombre **Atelier 21 : Paysage désertique** → Réaliser une composition plastique avec différentes matières **Atelier 22 : Boites à compter** → Dénombrer et réaliser des collections, associer une quantité à un nombre				**L'eau dans tous ses états** – Le cycle de l'eau – De quelle couleur est l'eau ? (2) – Flotte / Coule (2)
9 h 45	**Rangement et bilan des ateliers**				
10 h **L'activité physique**	**« Enfilons les aiguilles de bois »** → Rondes dansées traditionnelles	**Les cowboys et les Indiens** → Jeu collectif : courir pour ne pas se faire attraper	**Jeu de glisse** → Se déplacer sur un engin instable : patins à roulettes	**Ateliers de motricité** → Enchainer différents types de sauts	**La queue et les nageoires** → Se déplacer et esquiver pour protéger un objet
10 h 30	**Récréation**				
11 h **Langage/Lecture**	**Fiche d'identité du *road runner*** → Faire des recherches documentaires pour réaliser la carte d'identité d'un animal	**Phrase du jour** → Prendre des repères dans l'écrit pour lire des mots	**L'Ouest américain et ses cowboys** → Découvrir une autre culture	**Les syllabes en désordre** → Jouer avec les syllabes	**Lecture plaisir**
11 h 30	**Sortie/déjeuner**				
13 h 30	**Écoute musicale, chant, lecture plaisir…**				
14 h **Ateliers** Rotation des groupes sur les ateliers de la semaine	**Atelier 23 : Tableau à double entrée** → Se repérer sur un tableau à double entrée **Atelier 24 : Le totem de la classe** → Réaliser une composition collective en volume **Ateliers libres**				
14 h 50	**Récréation**				
15 h 20 **Langage/Lecture**	**Dictionnaire de l'Amérique** → Découvrir, définir et écrire collectivement deux nouveaux mots	**Contes traditionnels amérindiens** → Découvrir des textes du patrimoine américain	**Dans mon panier du [ON]** → Identifier un phonème dans un mot	**Totems de Gaston Chaissac** → S'exprimer sur une œuvre d'art	
15 h 45	**Sortie**				

• Accueil •

Mobiliser le langage dans toutes ses dimensions
→ **Découvrir le principe alphabétique**
→ **Reconnaitre les lettres de l'alphabet écrites en cursive, script et capitales**

Même organisation que la semaine précédente : les enfants classent leurs étiquettes par ordre alphabétique dans le grand dictionnaire de la classe (classement par initiale).

Sur les tables réinvestissement en autonomie du matériel des semaines précédentes : domino des mots, Géoplans, pictogrammes indiens...

• Rituels •

20'

Appel

Mobiliser le langage dans toutes ses dimensions
→ **Manipuler les syllabes**
→ **Acquérir et développer la conscience phonologique**

Même organisation que la semaine précédente : isoler la syllabe finale des prénoms et rechercher un autre mot qui commencerait par cette même syllabe.

Découvrir les nombres

Acquérir les premiers outils mathématiques
→ **Quantifier des collections jusqu'à dix au moins**
→ **Compter à rebours**

Même organisation que la semaine précédente : faire des paquets de dix enfants/copains puis compter à rebours. Reprise des comptines à décompter.

Repérage dans le temps

Explorer le monde
→ **Situer des événements vécus les uns par rapport aux autres**
→ **Repérer les événements dans la journée, la semaine et le mois**

Poursuivez le repérage sur le calendrier du mois. Chaque jour, un élève entoure la date sur le calendrier puis l'écrit en cursive au tableau.

• Univers sonores •

Agir, s'exprimer, comprendre à travers les activités artistiques
→ **Repérer et reproduire, corporellement ou avec des instruments, des formules rythmiques simples**
→ **Avoir mémorisé un répertoire varié de comptines et de chansons et les interpréter de manière expressive**

10'

L'apprentissage des chansons se fait par écoute, répétition régulière et imprégnation. Chaque semaine, nous vous en proposons des nouvelles au choix, mais continuez de chanter les précédentes !

1. Préparation au chant

Réveil corporel
– Masser doucement puis énergiquement différentes parties du corps.
– S'étirer vers le haut et imiter l'arbre en levant les bras vers le ciel. Les jambes sont les racines et les bras les branches. Le vent se lève. Se balancer d'un côté puis de l'autre.
– Sortir un chewing-gum magique de sa poche, le mâcher.

Réveil du souffle
– Bailler, souffler sur ses doigts pour se réchauffer.

Réveil de la voix
Dire des mots sur des hauteurs différentes.

2. Chant

Poursuivez l'apprentissage des chansons découvertes les semaines précédentes.

Voici deux autres propositions que vous pourrez faire découvrir aux élèves en simple écoute :
– Michel Agneray, *Le Cowboy et l'Indien*.
– Michel Agneray, *La Danse du petit Indien*.

• Atelier 19 •

Mon nom d'Indien

Mobiliser le langage dans toutes ses dimensions
→ Écrire en écriture cursive
→ Découvrir le principe alphabétique
→ Écrire entre des lignes

30' Doc. 166 et 179 Nathan live!

Matériel
- Une fiche écriture avec interligne de 5 mm (Doc. 166)
- Noms d'Indien en sioux (Doc. 179)
- Pochettes en plastique
- Feutres ardoise
- Production « Moi petit Indien »

Choisir et écrire en cursive son nom d'Indien

1. Choix du prénom

Proposez aux enfants de choisir un nom d'Indien, exemple « Petit tonnerre », « Loup bleu », « Jolie fleur »...

Vous pouvez également leur donner la traduction en sioux ou cherokee (que vous trouvez facilement sur internet) et dont nous vous proposons une première sélection (Doc. 179).

2. Écriture

Lisez aux enfants les différentes propositions de noms indiens.

De manière individuelle, chaque élève nomme les lettres de son nom d'Indien : reprenez les conseils d'accompagnement à l'écriture guidée, détaillés en période 4 pour l'écriture de la date du jour. Accompagnez les enfants dans le sens du tracé des différentes lettres et vérifiez la tenue du crayon.

Pendant que vous aidez un enfant à écrire la phrase : « Chez les Sioux, je me prénomme... (nom d'Indien en français ou en sioux) », les autres s'entrainent sur pochette plastique : glissez-y leur nom d'Indien écrit en cursive sous lequel il y aura les lignes d'écriture (voir Doc. 166). Ils pourront ainsi repasser par-dessus, écrire entre les lignes, effacer et recommencer à leur guise.

Enfin, collez les noms d'Indiens sous leurs portraits « Moi petit Indien », réalisés en semaine 2 (atelier 12).

• Atelier 20 •

Double bataille

Acquérir les premiers outils mathématiques
→ Évaluer et comparer des collections d'objets avec des procédures numériques ou non numériques (perception immédiate, correspondance terme à terme, etc.)
→ Additionner des quantités

30'

Matériel
Un jeu de cartes traditionnel avec les nombres de 1 à 6 par binôme

Additionner deux cartes et rechercher le plus grand nombre

Lors de la première semaine, les enfants ont joué au jeu de bataille en grand groupe.

Cette fois-ci, nous vous proposons une organisation par binôme où ils devront poser non pas une, mais deux cartes à chaque fois.

Cet exercice a pour but de leur faire additionner les deux nombres avant de comparer avec le résultat de leur adversaire.

1. Règle du jeu

Distribuer toutes les cartes équitablement. Chaque joueur fait un tas sans les ordonner et sans les regarder. Le premier joueur met sur la table les deux premières cartes de son paquet, le second fait la même chose. Les enfants doivent alors additionner leurs deux cartes, puis annoncer le résultat. Celui qui aura fait le plus grand nombre remporte le tas.

On dit « bataille » quand les résultats sont identiques. Dans ce cas, on rejoue chacun deux autres cartes (une face cachée puis une face visible). Le résultat le plus grand emporte alors toute la levée.

2. But du jeu

Ramasser le plus possible de cartes à son adversaire. La partie s'arrête par épuisement des cartes d'un des deux joueurs.

• Atelier 21 •

Paysage désertique

Agir, s'exprimer, comprendre à travers les activités artistiques

→ Pratiquer le dessin pour représenter ou illustrer, en étant fidèle au réel ou à un modèle, ou en inventant

→ Choisir et combiner des matériaux, des techniques et des procédés

30' Doc. 180 et 181 – Galerie photo live!

Matériel

- Gabarit de cactus (Doc. 180)
- Feuilles blanches
- Crayons de papier
- Pastels secs rouges, orange, jaunes et mouchoirs
- Pinceaux larges et fins
- Peinture gouache noire

Réaliser une composition avec différents outils

Rappelez la séance de langage où les enfants ont découvert la diversité des paysages du continent américain (cf. semaine 3).

Présentez de nouveau les photos du désert puis proposez aux enfants d'en peindre un à la lueur d'un coucher de soleil. Énumérez avec eux les éléments indispensables : les cactus, appelés «*saguaros*» (en espagnol), ainsi que les différentes couleurs et dégradés du ciel lors d'un coucher de soleil : rouge, orange, jaune.

Voici une proposition pour la réalisation de leur tableau :

1. Réaliser le fond en frottant le pastel à plat sur la feuille : rouge en haut, orange au milieu, jaune en bas et tout en bas de la feuille du marron pour la terre. Passez un mouchoir pour uniformiser et retirer l'excédent de pastel.

2. Faire le contour au crayon de papier d'un ou plusieurs gabarits de cactus (Doc. 180). Le gabarit ne doit pas bouger pour réussir le tracé.

3. Peindre le ou les cactus à la gouache noire, tout en veillant à utiliser un pinceau plus fin pour délimiter les contours.

Autre technique : faire un fond en collant du papier de soie rouge, orange, jaune, marron puis peindre des cactus à la peinture noire (en s'aidant des gabarits).

• Atelier 22 •

Boites à compter

Acquérir les premiers outils mathématiques

→ Réaliser une collection dont le cardinal est compris entre un et dix

→ Construire le nombre pour exprimer les quantités

30' Doc. 182A et 182B live!

Matériel

- Boites à compter Nathan ou à fabriquer (cf. Doc. 155)
- Planches à imprimer (Doc. 182A et 182B)
- Jetons
- Planches / réglettes nombres individuelles (Doc. 3)

Dénombrer et réaliser des collections, associer une quantité à un nombre

Reprenez les boites à compter utilisées lors de la période 4 : boites présentes dans le commerce (matériel Nathan) ou fabriquées par vos soins (Doc. 155).

Lors de cette séance, proposez deux types de planches : collections d'images en lien avec l'Amérique et écriture chiffrée des nombres.

Distribuez à chaque élève, une boite à compter avec une certaine quantité de jetons.

Passez la consigne : « *Choisissez une planche et mettez dans chaque compartiment la quantité de jetons indiquée.* »

Lorsqu'un enfant a terminé, il va voir l'Atsem présente à l'atelier 20, « Double bataille », afin qu'elle vérifie et valide la quantité de jetons.

Il choisit ensuite une autre planche nombre ou collections.

• Jour 1 •

« Enfilons les aiguilles de bois »

Communiquer avec les autres au travers d'actions à visée expressive ou artistique
→ **Coordonner ses gestes et ses déplacements avec ceux des autres**

Matériel
Musique de votre choix

1. Mise en danse

Invitez les élèves à danser par deux sur la musique de votre choix. Lorsque vous l'arrêtez, ils se figent dans la position où ils se trouvent puis repartent au son de la musique.

Renouvelez plusieurs fois les temps d'arrêt : ils devront tenir des postures variées.

Vous pouvez également imposer des contraintes d'enchainements et de postures : bouger toutes les parties du corps tout en restant dans un espace proche, danser en faisant des passages au sol : s'asseoir puis se relever, toucher le sol avec sa main, son épaule…

2. Ronde en tresse : « Enfilons les aiguilles de bois »

Les enfants forment une grande farandole.

Le premier élève de la farandole constitue une arche avec son bras libre en s'appuyant contre un mur.

> **« Enfilons les aiguilles de bois »**
>
> **A.** Enfilons les aiguilles de bois,
> les aiguilles sont enfilées,
> mais le fil n'est pas cassé.
>
> **B.** Scions, scions du bois pour la
> mère Nicolas. »

A. Tout en chantant, la farandole passe sous l'arche jusqu'au dernier enfant (répétez le couplet jusqu'à ce que tous les élèves soient passés).

B. Lorsque tous les enfants sont passés sous l'arche, la farandole se met alors en ronde avec les bras croisés devant, puis finit sur un mouvement de « scie » collectif (en faisant de petites torsions de gauche à droite et de droite à gauche).

Puis, reprenez la farandole en changeant « l'enfant arche ».

• Jour 2 •

Les cowboys et les Indiens

Collaborer, coopérer, s'opposer
→ **Coopérer, exercer des rôles différents complémentaires**
→ **Élaborer des stratégies pour viser un but ou un effet commun**
→ **Dénombrer des quantités**

Matériel
- Dossards, cerceaux - Tapis, cordes, plots - Dé géant (matériel éducatif ou à fabriquer)

Et si on jouait aux cow-boys et aux Indiens ?

1. Organisation

Délimitez un grand « désert » matérialisé par des plots ou des cordes posées au sol. À l'extrémité gauche du désert, il y a les ranchs des cow-boys (des cerceaux) ; à l'extrémité droite, les tipis des Indiens matérialisés par des tapis.

Donnez un dossard à deux élèves qui joueront le rôle d'Indiens.

Pour la deuxième partie du jeu, préparez un dé géant (écritures chiffrées ou constellations que vous tracez au feutre sur un grand carton recouvert de papier).

2. Déroulement

• **Première phase**

Pendant que les Indiens se reposent dans leur tipi, les cow-boys se promènent dans le Far West en simulant le trot des chevaux. Encouragez les enfants à occuper tout l'espace.

À votre signal « *Je vais vous attraper !* », les Indiens sortent de leur tipi pour attraper les cow-boys qui tentent de rejoindre les ranchs (les cowboys peuvent se mettre à plusieurs dans un cerceau). Ceux qui sont touchés sont prisonniers des Indiens et vont dans les tipis. Ils pourront en ressortir si un valeureux cow-boy vient leur taper dans la main.

• **Seconde phase**

De nouveau, les cow-boys se promènent en attendant le signal des Indiens.

Pendant ce temps, lancez le dé : le résultat annoncera le nombre maximum de cow-boys qui pourront se mettre ensemble dans un même ranch. Retirez alors des cerceaux de façon à ce qu'il ne reste que la quantité nécessaire pour tous les vachers. Attention à ne pas dépasser la quantité imposée par le dé !

Exemple : s'il y a 26 cow-boys et que le dé annonce « 3 », il n'y aura sur le terrain que 9 cerceaux (8 cerceaux avec 3 vachers chacun et un cerceau avec 2).

Dénombrez avec les élèves le nombre de cow-boys présents dans chaque cerceau : ceux qui en contiendront plus que le résultat imposé par le dé seront éliminés.

• Jour 3 •

Jeu de glisse

Adapter ses équilibres et ses déplacements à des environnements ou des contraintes variés

→ **Ajuster et enchainer ses actions et ses déplacements en fonction d'obstacles à franchir**

→ **Se déplacer avec aisance et en sécurité dans des environnements aménagés**

Matériel
Patins à roulettes

Après les vélos, place aux patins à roulettes !

1. Organisation

Placez les élèves par groupe de deux : le premier est sur les patins, le second aide son camarade à maintenir son équilibre.

Si vous n'avez pas assez de patins, constituez des groupes de trois.

2. Déroulement

Laissez les enfants découvrir le matériel librement et assurez une rotation au sein des groupes.

• Jour 4 •

Ateliers de motricité

Adapter ses équilibres et ses déplacements à des environnements ou des contraintes variés

→ **Ajuster et enchainer ses actions et ses déplacements en fonction d'obstacles à franchir**

→ **Se déplacer avec aisance et en sécurité dans des environnements aménagés**

Doc. 183 – Schéma Nathan live!

Divisez la classe en quatre groupes et installez les quatre ateliers comme décrit ci-dessous. Ceux-ci seront organisés en parcours les semaines suivantes. Assurez des rotations toutes les 5 à 10 minutes dans les ateliers.

Atelier 1

Matériel
2 poutres, sacs de graines, caissettes

Organisation : alignez deux grandes poutres sur lesquelles vous placerez des petits obstacles (sacs de graines et caissettes). Sécurisez la zone avec des tapis.
Actions motrices : avancer en s'équilibrant sur les poutres et enjamber les obstacles.

Atelier 2

Matériel
Une échelle à cordes, un toboggan, une souricière

Organisation : placez de part et d'autre d'une souricière, une échelle à cordes puis un toboggan.
Actions motrices : grimper sur l'échelle puis glisser sur le toboggan.

Atelier 3

Matériel
Deux grands bancs, un tunnel à toile souple

Organisation : placez deux grands bancs recouverts d'un tapis, suivis d'un tunnel en toile souple.
Actions motrices : ramper sous les bancs et dans le tunnel sur le dos.

Atelier 4

Matériel
Une table haute, un gros tapis

Organisation : installez plusieurs chaises, une table haute et un gros tapis de réception.
Actions motrices : enjamber les chaises, monter sur la table et sauter sur le tapis.

20' par séance

• Jour 1 •

Fiche d'identité des animaux d'Amérique : le *road runner* ou « Bip Bip » !

Mobiliser le langage dans toutes ses dimensions
→ **Comprendre des textes écrits sans autre aide que le langage entendu**
→ **Participer verbalement à la production d'un écrit**

Afin de poursuivre le travail initié la semaine précédente avec les différents paysages d'Amérique, nous vous proposons de choisir avec vos élèves un ou plusieurs animaux pour chaque paysage/région puis d'en établir une fiche d'identité. La découverte plus approfondie de ces animaux se fera au fil de recherches et lectures documentaires, lecture de contes amérindiens et ateliers prévus.

1. Documentaires/albums

Au préalable, si vous n'en avez pas en classe, procurez-vous en bibliothèque divers documentaires sur les animaux de l'ouest américain, puis laissez-les en libre accès afin que les enfants puissent les feuilleter à leur guise.

Proposez-leur de commencer par les animaux du désert américain : resituez avec eux son emplacement géographique sur le continent.

Voici une proposition d'ouvrages :
– Gaëtan Dorémus, *Western*, Autrement.
– Thomas Bauduret, *Bip Bip et Coyote*, Panini France.
– Cornette, *Coyote mauve*, Pastel.
– Evelyne Boyard, *L'Ouest américain*, Éditions Belize.

2. Carte d'identité

À partir d'un questionnement et de recherches dans les livres documentaires, affiches, ou sur Internet si vous disposez d'un ordinateur, réalisez avec les élèves (en dictée à l'adulte) une carte d'identité du *road runner*, en y insérant les éléments suivants :

– Photo et nom de l'animal.

– Description physique : il appartient à la catégorie des coucous. Il préfère courir au lieu de voler. À cause de ses couleurs et de son allure, les populations le surnomment « le clown du désert »

– Milieux de vie : dans le désert = États du Sud-Ouest des États-Unis et au Nord du Mexique

– Régime alimentaire : sauterelles, escargots, mille-pattes et il débusque les lézards ou les serpents.

Autres animaux vivant dans le désert américain : le serpent à sonnette, le coyote, rat-kangourou...

• Jour 2 •

Phrase du jour

Mobiliser le langage dans toutes ses dimensions
→ **Commencer à réfléchir sur la langue**
→ **Acquérir et développer la conscience phonologique**

Reprenez le déroulement développé en semaine 2, pour la lecture de la phrase du jour.

Sur la même affiche que les semaines précédentes (pour que les premières phrases constituent aussi un repère), proposez une nouvelle phrase à la lecture.

Veillez à ce qu'elle ait un lien avec la vie de la classe et que les mots soient simples.

Proposition : « *Le coyote vit dans le désert.* »

Amenez les élèves à utiliser les différents écrits pour la lecture de la phrase (titres d'albums, affichage, étiquettes prénoms).

• Jour 3 •

L'Ouest américain et ses cowboys

Mobiliser le langage dans toutes ses dimensions
→ **Communiquer par le langage, en se faisant comprendre**
→ **Pratiquer divers usages de la langue orale : raconter, expliquer, questionner, proposer des solutions, discuter un point de vue**

1. Mise en scène

Qui n'a jamais joué au cow-boy et à l'Indien ?

Tout comme en semaine 2, nous vous proposons de sortir rapidement de la classe et de mettre un chapeau de cow-boy sur la tête, un bandana autour du coup et un révolver (en plastique bien sûr !) à la taille.

Cette mise en scène suscitera certainement bien des réactions. Laissez les enfants s'exprimer et vous faire part de leurs représentations sur les cow-boys.

2. Petit quiz

Proposez des réponses à choix multiples en demandant aux élèves de justifier.

– Comment nomme-t-on la corde qui sert à attraper le bétail ? (lasso ou lacet ?)

– Quel est le nom du chef de la police chez les cow-boys ? (le sheriff ou commissaire ?) Quel signe porte-t-il ? (une étoile ou un soleil ?)

– Quel est le nom du chariot tiré par des chevaux qui permettait aux cow-boys de se déplacer à plusieurs ? (la diligence ou le carrosse ?)

– Quel est le surnom des cow-boys ? (visages pâles ou peaux rouges ?)

– Les cow-boys s'occupaient de quel type de troupeaux ? (vaches ou moutons ?)

– Quel loisir/sport pratiquaient les cow-boys ? (rodéo ou corrida ?)

– Que trouve-t-on sur les bottes des cow-boys ? À quoi cela servait-il ? (des éperons ou des épées ?)

3. Un peu d'histoire

Sur la mappemonde, remontrez aux enfants où se situent les territoires arides, désertiques du continent américain. Ces terres de l'Ouest ont été surnommées le « Far West » avec ses grands canyons de roches rouges et ses cactus. C'était d'abord la terre des Indiens, puis celle des cow-boys.

Cow-boy signifie « vachers » (celui qui s'occupe des troupeaux de vaches) autour de fermes que l'on appelle « des ranchs ». Ils portent un bandana pour se protéger de la poussière, un chapeau pour se protéger du soleil, et un tablier en cuir sur leurs jambes pour se protéger des épines. Ils ont pour mission de conduire les bêtes à travers les grandes plaines.

4. Lecture d'album

Terminez par la lecture d'un album de jeunesse sur ce thème dont voici une sélection :
– Lucie Texas, Maggie Mustang, *Si j'étais un cow-boy*, Circonflexe.
– Thierry Lenain, *Jim le cow-boy et Cochise l'Indien*, Nathan.

• Jour 4 •

Les syllabes en désordre

Mobiliser le langage dans toutes ses dimensions
→ Découvrir le principe alphabétique
→ Discriminer des sons dans des mots ou dans des syllabes
→ Manipuler les syllabes

Au préalable, choisissez différents mots en lien avec le continent américain (2 syllabes), par exemple : Indien, banquise, forêt, désert, tipi...

Écrivez chaque mot en grand sur une fiche cartonnée, découpez-les en syllabes puis mélangez-les.

Les enfants lisent ces syllabes avec votre aide, en faisant référence à celles déjà rencontrées, aux graphèmes/phonèmes connus, en établissant un rapprochement avec des sons ou des syllabes de certains prénoms, des jours de la semaine, des mots référents...

Enfin, ils recherchent comment les assembler pour reformer un mot connu.

Exemples : pi + ti = tipi ; rêt + fo = forêt...

• Atelier 23 •

Tableau à double entrée

Explorer le monde
→ **Situer des objets par rapport à soi, entre eux, par rapport à des objets repères**

30' Doc. 184 live!
Matériel
- Craies ou feutres ardoise de couleur
- Tableau double entrée (Doc. 184)
- Ciseaux, colle

Se repérer sur un tableau à double entrée

1. Découverte collective

Au coin regroupement, tracez à la craie ou ou feutre ardoise un tableau à double entrée de 6 cases (3 x 3).
Sur la première ligne, dessinez dans la 2e case un triangle et dans la 3e un cercle.
Sur la première colonne, coloriez une case en rouge et une autre en bleu (2e et 3e cases).

Consigne : *« À votre avis, comment pourrait-on compléter ce tableau ? »*

Laissez les élèves s'exprimer, émettre des hypothèses, puis expliquez le principe du tableau : *« Il faut dessiner au bon endroit un triangle bleu et un rouge, puis la même chose pour le cercle. »*
Aidez à rechercher et à mettre en place une stratégie pour se repérer et compléter le tableau. Exemple : pour dessiner un rond bleu, poser un doigt sur le rond, un autre sur la case bleue ; faire glisser ses doigts le long de la ligne « bleu » et de la colonne « rond » jusqu'à ce qu'ils se touchent.
Donnez ensuite d'autres exemples en dessinant plus de cases et de nouvelles formes avec de nouvelles couleurs, pour que chaque élève puisse mettre en pratique.

2. Recherche individuelle

Distribuez ensuite aux élèves le Doc. 184.
Laissez-les décrire et anticiper la consigne.
De manière individuelle, ils devront compléter le tableau à double entrée à l'aide des étiquettes. En cas d'erreur, reprenez individuellement et accompagnez le cheminement des doigts pour aider au repérage.

Fabriquez différents tableaux à double entrée (avec une fiche réponse pour l'autocorrection) que vous proposerez régulièrement aux enfants à l'accueil ou lors des ateliers :
– animaux /couleurs ;
– nœuds papillons /graphismes ;
– vêtements /couleurs.

• Atelier 24 •

Totem de la classe

Agir, s'exprimer, comprendre à travers les activités artistiques
→ **Réaliser une composition plastique en volume**
→ **Choisir et combiner des matériaux, des techniques et des procédés**

30' Doc. 185 – Galerie photo live!
Matériel
- Quatre cartons carrés ou rectangulaires
- Un grand carton plat : pour les ailes
- Peintures

Réaliser un totem collectif

1. Rappeler la séance de langage de la semaine précédente où les enfants ont découvert les totems.

Ces structures sont donc de larges poteaux en bois sculptés, plantés par les Indiens devant leurs maisons. Ils sont destinés à rappeler les origines du chef de la famille et à perpétuer la mémoire des ancêtres. Ce sont des emblèmes qui unissent un « groupe » d'Indiens. La plupart du temps, ces totems représentent des animaux : chaque animal a un pouvoir spécifique.

2. Proposez aux enfants de réaliser un grand totem collectif qui représentera l'emblème du « groupe classe » : voir modèle Doc. 185 Galerie photo.

Voici les différentes étapes à suivre pour chaque groupe. À la fin de la semaine, le dernier groupe assemble les éléments et finalise la production :

– Peindre quatre cartons (ou plus) d'une couleur unie (un par groupe de travail) et laisser sécher.

– Sur chaque carton, peindre des visages d'animaux (condor, renard, serpent...) ou tout simplement des yeux, un nez et une bouche « imaginaires ». Décorer avec diverses formes puis faire le contour de chacune d'elles à la peinture noire.

Pour chaque carton, décorer les quatre faces.

– Empiler les différents cartons.

– Dessiner et découper une paire d'ailes dans du carton. La peindre, la décorer de motifs indiens puis la coller au dos des deux cartons les plus hauts.

Voilà un beau totem qui fera bien des envieux !

20' par séance

• Jour 1 •

Dictionnaire de l'Amérique

Mobiliser le langage dans toutes ses dimensions
→ **Découvrir le principe alphabétique**
→ **S'exprimer dans un langage oral syntaxiquement correct et précis**
→ **Prendre des repères dans l'écrit**

Même organisation que les semaines précédentes les enfants devront s'appuyer sur leurs connaissances pour écrire deux nouveaux mots. Proposition de la semaine : ours (blanc/polaire) et banquise.

• Jour 2 •

Contes traditionnels d'Amérique

Mobiliser le langage dans toutes ses dimensions
→ **Comprendre des textes écrits sans autre aide que le langage entendu**
→ **Manifester de la curiosité par rapport à l'écrit**
→ **S'ouvrir à la diversité culturelle**

En Amérique, comme sur les autres continents, les enfants sont bercés par des contes traditionnels que l'on raconte de génération en génération. Ces contes sont notamment réunis dans les ouvrages :
– Collectif illustré par Bertrand Dubois, *Contes d'Amérique*, Rue des enfants.
– Collectif illustré par Pascal Goudet, *Contes des Amériques*, Rue des enfants.
Lors de cette séance, nous vous proposons d'en choisir un et de le raconter à vos élèves.
À la fin de votre lecture, assurez-vous de la compréhension en les questionnant et en leur demandant de relater les grandes lignes de l'histoire.
Enfin, expliquez aux enfants, que ces contes ont pour but de passer un message de moralité, d'amour...
Terminez donc cette séance en mettant en avant le message du conte choisi.

Quelques idées de contes traditionnels :
– *Celui qui n'en faisait qu'à sa tête*
– *Les Papillons*
– *Le Visage sur le mur*
– *Les Mouettes du lac Salé*

• Jour 3 •

Dans mon panier du [ON]

Mobiliser le langage dans toutes ses dimensions
→ **Découvrir le principe alphabétique**
→ **Discriminer des sons**

1. J'entends le son [ON]

« Dans mon panier, je mets des choses où l'on entend le son [ON] (montrez le mouvement des lèvres en allongeant le son) : *Booonnnbooonnn, Manooooonnn. Je vais dire d'autres mots, vous levez le doigt quand je peux les mettre dans mon panier des [ON] : bondir, bouder, récréation, donjon, histoire, fondre, etc. »*

2. J'écris le son [ON]

Avec les enfants, choisissez trois mots référents où l'on entend le son [ON] (proposition : ronde, bonbon, dragon). Pour chaque mot, faites dénombrer le nombre de syllabes en les scandant par des frappés de mains : MA/NON (2 syllabes). Placez au tableau deux aimants pour représenter ces syllabes (au fur et à mesure que vous les énoncez) ; les élèves devront identifier dans laquelle se trouve le son [ON] et entourer le ou les bons aimants à la craie. Ensuite, interrogez les enfants pour écrire ces mots.

• Jour 4 •

Totems de Gaston Chaissac

Mobiliser le langage dans toutes ses dimensions
→ **S'exprimer dans un langage oral syntaxiquement correct et précis**
→ **S'exprimer sur une œuvre d'art**

1. Présenter une reproduction de l'œuvre

Imprimez et agrandissez une reproduction de l'œuvre *Totems* (1964) de Gaston Chaissac (il y a plusieurs versions). Laissez les enfants observer, puis invitez-les à s'exprimer. Amenez-les à décrire ce qu'ils voient en utilisant le vocabulaire relatif aux formes, couleurs...
Puis interrogez-les : *« Est-ce que cette œuvre vous rappelle un élément des tribus amérindiennes ?... »*
Faites ensuite raconter l'œuvre : *« À quoi cela vous fait-il penser ? Y a-t-il des symboles qui vous sont familiers ? »*
Gaston Chaissac a réalisé une quarantaine de totems : montrez d'autres productions, puis affichez une image de totem indien en laissant les enfants les comparer.

2. Présenter l'artiste

Gaston Chaissac est à la fois un poète, peintre, sculpteur et dessinateur moderne du XXIe siècle. Il manipule les formes comme les mots ; il invente des formes et des techniques nouvelles. Il est considéré comme l'un des plus originaux de son époque.

L'eau dans tous ses états

Organisation :

– Séances 14 et15 en ateliers dirigés (voir détail en semaine 3) + 2 ateliers libres.

– Séances 13 et 16 en grand groupe.

• Séance 13 •

Le cycle de l'eau

Mobiliser le langage dans toutes ses dimensions
→Pratiquer divers usages de la langue orale : raconter, expliquer, questionner, proposer des solutions, discuter un point de vue
→Prendre conscience du cycle naturel de l'eau

Afin de sensibiliser les enfants au cycle de l'eau, nous vous proposons de choisir un album dans la liste ci-dessous. À travers ces histoires, vous aborderez le cycle naturel de l'eau de manière ludique. Les enfants prendront peu à peu conscience de l'aspect perpétuel de ce cycle et visualiseront le chemin parcouru par la petite goutte d'eau.

– Marie Colmont, *Perlette goutte d'eau*, Les mini Castors, Flammarion.

– Anne Crausaz, *Bon voyage petite goutte*, éditions MeMo.

– Régine Joséphine, *Le Grand Voyage*, Les éditions du Pas de l'échelle.

– Eric Carle, Petit nuage, Mijade.

• Séance 14 •

De quelle couleur est l'eau ? (2)

Explorer le monde
→Explorer la matière
→Choisir, utiliser et savoir désigner des outils et des matériaux adaptés
→Expérimenter, vérifier et valider des hypothèses

Matériel
Voir séance 10

Même organisation que la semaine précédente (cf. détail séance 10) en assurant une rotation des groupes.

• Séance 15 •

Flotte/coule (2)

Explorer le monde
→Explorer la matière
→Choisir, utiliser et savoir désigner des outils et des matériaux adaptés

Matériel
Voir séance 11

Même organisation que la semaine précédente (cf. détail séance 11) en assurant une rotation des groupes. Vous pouvez annoncer aux enfants qu'à partir de la semaine suivante, ils fabriqueront un petit bateau qui flotte !

• Séance 16 •

La queue et les nageoires

Collaborer, coopérer, s'opposer
→Coopérer, exercer des rôles différents complémentaires, élaborer des stratégies pour viser un but ou un effet commun

Matériel
– 3 foulards par enfant
– 7 à 8 tapis

1. Organisation

Répartissez des tapis au sol, la moitié de la classe joue à tour de rôle (si vous avez suffisamment de tapis, tous les enfants peuvent jouer en même temps). Les autres élèves se positionnent dans chaque groupe en tant qu'arbitres pour le respect des règles du jeu.
Chaque enfant joue le rôle de poisson et accroche trois foulards sur son pantalon; un à gauche et un à droite pour représenter les nageoires, un au dos pour représenter la queue.

2. But du jeu

Attraper les foulards du camarade en préservant les siens dans un espace restreint : le tapis.

3. Déroulement

Cette activité fait partie des jeux de lutte où les élèves s'affrontent en binôme.
Pour cela, ils se mettent à deux par tapis, à genoux. Au signal, ils doivent respectivement attraper la queue et les nageoires de l'autre poisson.
À la fin de chaque manche, faites verbaliser par les binômes les stratégies pour réussir à prendre des foulards et/ou ne pas se les faire prendre. Reprenez le jeu avec un changement de rôle dans les groupes.

Semaine 5

	Lundi	Mardi	Jeudi	Vendredi	Demi-journée thématique
8 h 20 **Accueil**	**Réinvestissement du matériel** **Bataille, boites à compter, tableaux à double entrée** **Étiquettes de présence en cursive**				
8 h 40 **Rituels**	**Appel :** Prénoms valises **Découvrir les nombres :** Dénombrer filles et garçons et comparer les deux collections **Responsabilités :** Poursuite du roulement entre les élèves				
9 h **Univers sonores**	**Chansons et comptines au choix**				
9 h 10 **Ateliers** Rotation des groupes sur les ateliers de la semaine	**Atelier 25 : Solides géométriques** → Découvrir et nommer des solides **Atelier 26 : Loto des animaux d'Amazonie** → Faire correspondre écriture cursive et scripte **Atelier 27 : Mots croisés d'Amérique** → Écrire dans une grille de mots croisés **Atelier 28 : Images séquentielles** → Retrouver la chronologie d'un récit connu				**L'eau dans tous ses états** – Les états de l'eau – L'eau se mélange-t-elle avec d'autres matières ? – Fabrication d'un petit bateau
9 h 45	**Rangement et bilan des ateliers**				
10 h **L'activité physique**	**« Bonjour ma cousine »** → Rondes dansées traditionnelles	**Les cowboys et les Indiens** → Jeu collectif : courir pour ne pas se faire attraper	**Les planches à roulettes** → S'équilibrer et se déplacer sur un engin instable	**Ateliers de motricité** → Enchainer différents types de sauts	**La rivière aux piranhas** → Courir sans se faire attraper ou courir pour attraper
10 h 30	**Récréation**				
11 h **Langage/Lecture**	**Fiche d'identité du tatou** → Faire des recherches documentaires pour réaliser la carte d'identité d'un animal	**Phrase du jour** → Prendre des repères dans l'écrit pour lire des mots	**D'autres albums autour de l'Amérique** → Découvrir une autre culture	**Syllabes communes** → Jouer avec les syllabes	**Lecture plaisir**
11 h 30	**Sortie/déjeuner**				
13 h 30	**Écoute musicale, chant, lecture plaisir…**				
14 h **Ateliers** Rotation des groupes sur les ateliers de la semaine	**Atelier 29 : Petit message tendre** → Écriture dirigée d'un petit message tendre pour la fête des parents **Atelier 30 : Fête des parents** → Réaliser une production à offrir **Ateliers libres**				
14 h 50	**Récréation**				
15 h 20 **Langage/Lecture**	**Dictionnaire de l'Amérique** → Découvrir, définir et écrire collectivement deux nouveaux mots	**Métamorphoses** → Découvrir une légende amazonienne	**Atelier philo : « Pourquoi faut-il préserver la nature ? »** → Participer à un débat collectif	**Raconter son album préféré** → Reformuler la trame narrative d'un récit	
15 h 45	**Sortie**				

• Accueil •

Mobiliser le langage dans toutes ses dimensions
→ Découvrir le principe alphabétique

Au préalable, créez les silhouettes de prénoms de la classe en faisant disparaitre les lettres sous un surlignage noir.
Lors de l'accueil, les enfants devront reconnaitre puis placer leur étiquette de présence sous la silhouette correspondante.
Demandez ensuite aux enfants de classez les différentes silhouettes selon qu'elles s'écrivent avec des lettres montantes (exemple: Quentin), lettres descendantes (exemple: Agnès) ou qu'entre deux interlignes (exemple: Marine).
N.B.: pour ce classement, on ne tiendra pas compte de la majuscule qui sera en grande majorité montante.
Sur les tables réinvestissement en autonomie du matériel de la semaine précédente.

• Rituels •

20'

Appel

Mobiliser le langage dans toutes ses dimensions
→ Manipuler les syllabes
→ Acquérir et développer la conscience phonologique

Voici une nouvelle proposition pour l'appel: « les prénoms valises ». À tour de rôle, chaque enfant choisit le prénom d'un camarade et crée un nouveau prénom en associant la première syllabe de son prénom avec la dernière de celui de son camarade, par exemple: MA-RINE et QUEN-TIN = MA-TIN.

Découvrir les nombres

Acquérir les premiers outils mathématiques
→ Dire la suite des nombres jusqu'à trente
→ Utiliser le dénombrement pour comparer deux quantités

Placez une table au centre du coin regroupement et procurez-vous des cubes de deux couleurs; distribuez une couleur aux filles et une autre aux garçons.
Reprenez le jeu de la chaine numérique (voir période 2), en ajoutant l'utilisation des cubes pour comparer le nombre de filles et de garçons.
Enfin, rapprochez la tour des filles et celle des garçons; faites comparer. Concluez, par exemple par: *« Il y a 15 filles, 13 garçons, il y a donc plus de filles présentes que de garçons. 15 est plus grand que 13. »*

Repérage dans le temps

Explorer le monde
→ Repérer les événements dans la journée, la semaine et le mois

Poursuivez le repérage sur le calendrier du mois.

• Univers sonores •

Agir, s'exprimer, comprendre à travers les activités artistiques
→ S'éveiller à la diversité linguistique

10'

Faites remarquer aux enfants que certaines chansons et mélodies ont un caractère universel et sont présentes dans le monde dans diverses langues.
Cette semaine, nous vous proposons une comptine traditionnelle courte et simple, « Frère Jacques », que vous pouvez faire apprendre en français (Canada), en anglais (Amérique du Nord), en espagnol (Mexique, Argentine...) et en portugais (Brésil).
La mélodie reste la même (vous pourrez retrouver les chants sur Internet pour être sûr de la prononciation); voici les textes:

« Frère Jacques »

Frère Jacques, frère Jacques
Dormez-vous, dormez-vous ?
Sonnez-les matines, sonnez-les matines
Dig, ding, dong, dig, ding, dong

« Are you sleeping ? » *(anglais)*

Are you sleeping, are you sleeping ?
brother John, brother John ?
Morning bells are ringing, morning bells are ringing
ding ding dong, ding ding dong

« Lego Diego » *(espagnol)*

Lego Diego, Lego Diego,
¿ Duermes ya ? ¿ Duermes ya ?
¡ Suena las campanas ! ¡ Suena las campanas !
¡ Ding dong dang ! ¡ Ding dong dang !

« Frei Tiago » *(portugais)*

Frei Tiago, Frei Tiago,
Dormes tu ? Dormes tu ?
Vai tocar o sino ! Vai tocar o sino !
Dlim dlim dlão ! Dlim dlim dlão !

• Atelier 25 •

Solides géométriques

Acquérir les premiers outils mathématiques
→ Reconnaitre quelques solides

30' Doc. 186 – Galerie photo et Doc. 187 Nathan live!

Matériel
- Un sac opaque
- Un prisme, un cube, une pyramide, un cylindre
- Photos et représentations en perspective : Doc. 186
- Patrons des solides : Doc. 187
- Matériel Polydron

Découvrir et nommer des solides

1. Découverte tactile

Dans un sac opaque, placez un premier solide : un cube par exemple.
À tour de rôle, les enfants plongent leur main dans le sac et tentent de le décrire par le toucher. Sortez ensuite l'objet du sac ; ils approfondiront leur description :
– compter le nombre de faces : 6 ;
– nommer chaque face : carré ;
– comparer les faces entre elles : même taille ;
– préciser que les arrêtes se touchent en formant un sommet et non pas « une pointe » ou un « pic ».
Renouvelez en faisant toucher un prisme, une pyramide et un cylindre.
Pour chaque solide, donnez le vocabulaire géométrique approprié.

2. Association solides/photos

Imprimez le Doc. 186. Demandez aux enfants d'associer les solides géométriques avec les photos et les représentations en perspective correspondantes.

3. Construction de solides

– Présentez le patron d'un cube réalisé avec des formes géométriques à plat. Pour cela, utilisez, si vous en avez, le matériel Polydron (formes géométriques emboitables) ou imprimez sur du papier cartonné le Doc. 187.
– À partir de ce patron, demandez aux enfants de nommer le solide qui sera construit.
Laissez-les ensuite manipuler puis reformer les différents solides à l'aide des patrons du doc 187 que vous imprimerez de préférence sur du papier cartonné.
– Enfin, si vous avez du matériel polydron, proposez aux enfants de se mettre par binôme et de tenter de construire un solide. Rappelez que, pour cela, ils doivent repérer la forme, le nombre des faces et assembler des faces en contact par des arêtes de même longueur.

• Atelier 26 •

Loto des animaux d'Amazonie

Mobiliser le langage dans toutes ses dimensions
→ Découvrir le principe alphabétique
→ Connaitre les correspondances entre les différentes écritures : script et cursive

30' Doc. 188 Nathan live!

Matériel
Par élève : une planche jeu avec ses cartes (Doc. 188)

Faire correspondre l'écriture cursive des animaux avec leur écriture en script

1. Préparation du matériel

Ce jeu de loto permettra de travailler la correspondance entre deux écritures, de développer l'attention et la mémoire visuelle, la lecture et enfin de découvrir les différents animaux présents sur le continent américain.
Imprimez et plastifiez les planches du loto en script (Doc. 188) et posez une couleur de gommettes sur chacune d'elle. Imprimez également les étiquettes avec les noms des animaux en écriture cursive et placez au dos de chacune la gommette de couleur correspondant à sa planche. Ainsi, l'identification cartes-lettres et planches associées sera rapide, même si tout se mélange sur la table.

Présentez-les d'abord : « *Qu'y a-t-il sur ces planches ?* »

Montrez ensuite les cartes : « *Que remarquez-vous ? Est-ce la même écriture ? D'après vous que faut-il faire ?* » Faites remarquer le code gommette couleur pour l'identification planches/cartes. Lisez le nom des animaux représentés.

2. Déroulement du jeu

Donnez une planche de loto à chaque élève.
Placez au centre de la table, dans un panier, toutes les étiquettes en écriture cursive.
À tour de rôle, chaque élève pioche une étiquette qu'il nomme (s'il reconnait l'élément représenté, sinon l'Atsem lira le nom inscrit sur la carte). Si elle apparait sur sa planche de loto, il la pose sous le modèle en script ; sinon, il la remet dans le panier au centre de la table.
Le premier qui remplit sa planche gagne le jeu.

Les séquences de langage permettront aux élèves de découvrir plus en détails ces animaux du continent américain !

• Atelier 27 •

Mots croisés d'Amérique

Mobiliser le langage dans toutes ses dimensions
→ Reconnaitre les lettres de l'alphabet
→ Découvrir le principe alphabétique

30' Doc. 189

Matériel
- Fiche de mots croisés : Doc. 189
- Crayons de papier, gomme
- Alphabet individuel (Doc. 9)

Écrire dans une grille de mots croisés

Lors de cet atelier, nous vous proposons de poursuivre le travail sur la progression de mots croisés initié dans les périodes précédentes avec, cette fois-ci, des mots d'Amérique rencontrés ces dernières semaines.

Cette activité permettra aux élèves de consolider l'apprentissage du vocabulaire, de jouer avec les mots, de travailler le repérage dans l'espace et enfin de rechercher la correspondance des lettres dans deux graphies. En effet, comme pour les périodes précédentes, les mots sont présentés en script, mais devront être écrits en majuscules d'imprimerie.

Rappelez comment se repérer dans la grille (sens d'écriture des mots, une lettre par cases), comment rechercher la correspondance des deux écritures à l'aide de leur alphabet individuel puis laissez les enfants travailler en autonomie.

• Atelier 28 •

Images séquentielles

Explorer le monde
→ Ordonner une suite d'images, pour rendre compte d'un récit fictif entendu

30'

Matériel
- Six à huit images tirées d'un album connu des enfants
- Ciseaux/colle
- Feuilles A3

Retrouver la chronologie d'un récit connu

Choisissez six à huit illustrations (en fonction du niveau des élèves) marquant les temps forts d'un album sur l'Amérique, découvert les semaines précédentes lors des ateliers de langage, et réduisez-les à la photocopieuse.

Faites décrire les illustrations et identifier l'album : *« D'où viennent ces illustrations ? Que voyez-vous ? »*

Invitez ensuite les enfants à ranger les images dans l'ordre chronologique du récit : *« Quelle image correspond au début de l'histoire, que se passe-t-il ensuite ? »*

Laissez-les réaliser cette activité en autonomie.
Ils pourront valider en regardant l'album puis colorier les illustrations.

• Jour 1 •

« Bonjour ma cousine »

Communiquer avec les autres au travers d'actions à visée expressive ou artistique
→ Coordonner ses gestes et ses déplacements avec ceux des autres

Matériel
Musique de votre choix

1. Mise en danse

Même organisation que la semaine précédente. Les élèves dansent en binôme sur la musique de votre choix. Lorsque vous l'arrêtez, ils se figent dans la position où ils se trouvent puis repartent au son de la musique.

Renouvelez plusieurs fois les temps d'arrêt : ils devront tenir des postures variées et imposez des contraintes d'enchainements et de postures.

2. Ronde à figures : « Bonjour ma cousine »

Les enfants choisissent un partenaire (fille/garçon si possible), forment une ronde et se placent face à face.

« Bonjour ma cousine »

Bonjour, ma cousine *(Les enfants se serrent la main droite.)*

Bonjour mon cousin germain *(Puis la main gauche.)*

On m'a dit que vous m'aimiez, *(Faire « non » avec index main droite.)*

Est-ce bien la vérité ? *(Faire « non » avec index main gauche.)*

Je ne m'en soucie guère *(Négation de la main droite.)*

Je ne m'en soucie guère *(Négation main gauche.)*

Passez par ici et moi par-là *(Montrer vers la droite avec son index droit puis montrer vers la gauche avec son index gauche.)*

Au revoir ma cousine on s'reverra *(Au revoir de la main et se déplacer vers la droite en marchant pour rencontrer le partenaire suivant.)*

Reprendre la chanson jusqu'à ce que tous les enfants se soient rencontrés et retrouvent leur partenaire de départ.

• Jour 2 •

Les cowboys et les Indiens

Même organisation que la semaine précédente.

Variables : augmenter le nombre d'Indiens, la taille du terrain puis réduire le nombre de cerceaux.

• Jour 3 •

Les planches à roulettes

Adapter ses équilibres et ses déplacements à des environnements ou des contraintes variés
→ Ajuster et enchainer ses actions et ses déplacements en fonction d'obstacles à franchir
→ Se déplacer avec aisance et en sécurité dans des environnements aménagés

Matériel
Une planche à roulettes par binôme

Pour continuer sur les activités assimilables à la glisse, faites évoluer les enfants sur des planches à roulettes. (Si vous n'en avez pas, faites une deuxième séance avec les patins à roulettes).

1. Organisation

Les enfants se placent en binôme.
Au sol, matérialisez quatre couloirs à la craie.

2. Déroulement

a. Les enfants évoluent librement sur les planches, de préférence assis ou sur les genoux pour éviter les chutes trop brutales.

b. Par groupe de deux : un élève est assis sur la planche, le second le tire ou le pousse comme si c'était une diligence. Assurez une rotation des élèves.

c. Rangez les élèves en quatre files indiennes et délimitez quatre couloirs et une ligne d'arrivée. À votre signal, les quatre diligences en tête de file démarrent et devront atteindre la ligne d'arrivée le plus rapidement possible. L'équipe qui arrive la première gagne. Continuez avec les élèves suivants.
Au deuxième passage, chacun change de rôle.

• Jour 4 •

Ateliers de motricité

Doc. 183 Nathan live!

Même organisation qu'en semaine 4.

20' par séance

• Jour 1 •

Fiche d'identité des animaux d'Amérique : le tatou

Mobiliser le langage dans toutes ses dimensions
→ Comprendre des textes écrits sans autre aide que le langage entendu
→ Participer verbalement à la production d'un écrit

Poursuivez le travail de réalisation de fiches d'identité des animaux d'Amérique en fonction de leur environnement ; aujourd'hui : la forêt amazonienne.

1. Documentaires/albums
Au préalable, procurez-vous divers documentaires/albums sur les tatous, puis laissez-les en libre accès afin que les enfants puissent les feuilleter à leur guise.
Voici une proposition d'ouvrages :
– Moira Butterfield, *Ici tout est vert, où suis-je ?*, Bilboquet.
– Rudyard Kipling, *Le Début des tatous*, Sorbier.
– Rudyard Kipling, *L'Origine des tatous*, Nord-Sud.
– Jan Fearnley, *Titou le Tatou*, Gründ.

2. Carte d'identité
À partir d'un questionnement et de recherches dans les livres documentaires, affiches..., réalisez avec les élèves (en dictée à l'adulte) une carte d'identité du tatou, en y insérant les éléments suivants :
– Photo et nom de l'animal.
– Description physique : il ressemble à un animal préhistorique. Il a une carapace sur le dos formée de plaques osseuses articulées qui recouvrent la totalité de son dos, du front jusqu'à la queue. Il a de longues griffes recourbées.
– Milieux de vie : il vit dans les zones marécageuses en Amérique du Sud. Il vit seul.
– Régime alimentaire : insectes, vers en tout genre, baies et champignons.
C'est un animal qui est devenu très rare car la population locale le chasse pour se nourrir. Son nom en espagnol est *armadillo* = « celui qui a une armure ».
Le tatou est un animal-totem de la spiritualité amérindienne. Selon les Indiens, il pose les barrières nécessaires à notre équilibre personnel.
D'autres animaux pour d'autres fiches d'identité : le ara, l'anaconda, le condor, l'iguane, le jaguar, la mygale...

• Jour 2 •

La phrase du jour

Mobiliser le langage dans toutes ses dimensions
→ Commencer à réfléchir sur la langue
→ Acquérir et développer la conscience phonologique

Reprenez le déroulement développé en semaine 2, pour la lecture de la phrase du jour.
Sur la même affiche que les semaines précédentes proposez une nouvelle phrase à la lecture.
Proposition : « *Le tatou vit dans la forêt.* »

• Jour 3 •

D'autres albums autour de l'Amérique

Mobiliser le langage dans toutes ses dimensions
→ Comprendre des textes écrits sans autre aide que le langage entendu

Choisissez une piste d'exploitation dans la liste proposée les semaines précédentes.

Voici une nouvelle liste d'albums :
– Patricia Geis, *Petite Maya*, Mango Jeunesse.
– Capucine Boidin, *Fleur d'Yrupé*, L'Harmattan.
– Olivier Copin, *Gros Bec et ses Amis*, Ibis Rouge Jeunesse.
– Béatrice Alemagna, *Le Trésor de Clara*, Autrement Jeunesse.
– David Wisniewski, *Joueur de pluie*, École des Loisirs.

• Jour 4 •

Syllabes communes

Mobiliser le langage dans toutes ses dimensions
→ Discriminer des sons dans des mots ou dans des syllabes
→ Distinguer et manipuler des syllabes

Lors de l'atelier « Domino des mots » réalisé en semaine 3, les élèves devaient identifier les syllabes initiales et finales des mots pour les assembler phonétiquement.

Reprenez cet exercice à l'oral : énoncez le nom d'un objet ou d'un animal en distinguant bien les différentes syllabes. Les enfants devront trouver un mot qui commencera par la syllabe finale du mot énoncé.

Ex. : vé**lo** → **lo**comotive/**lo**to/**lo**tus/**lo**cal/**lo**rie...

• Atelier 29 •

Petit message tendre

Mobiliser le langage dans toutes ses dimensions
→ Participer verbalement à la production d'un écrit
→ Écrire en cursive

30' Doc. 166 live!

Matériel
Par élève :
- **Fiche d'écriture avec interlignes 5 mm (Doc. 166)**
- **½ feuille canson de couleur**
- **1 crayon à papier, gomme**
- **Feutres pour dessiner (pendant l'écriture individuelle)**

Écriture dirigée d'un petit message tendre sur une carte

Au cours de cette période, les préparatifs dans les écoles pour la fête des mères/des pères débutent. Parfois, dans certaines familles à compositions diverses, la réalisation du cadeau vous semble difficile. C'est pourquoi, vous pourrez choisir de réaliser une fête des parents ou un présent tout simplement pour quelqu'un qu'on aime. Dans cet atelier, les élèves réaliseront une carte avec une production d'écrit personnelle.

De manière individuelle, sur une feuille d'écriture (Doc. 166), aidez les enfants à écrire en cursive, un message personnalisé à la ou les personnes de leur choix en débutant leur phrase par : « Je t'aime parce que... » ou « Je vous aime parce que... ».

En fonction du niveau des élèves, ce message peut être plus ou moins long, par exemple : *« Je vous aime parce que vous êtes les parents les plus gentils de la terre. »* ou : *« Je vous aime parce que vous êtes les parents les plus gentils de la terre. Dans vos bras je me sens si bien. »*

Pour cela, nommez et montrez le tracé de chaque lettre sur l'ardoise tout en expliquant les différents gestes. Les enfants écrivent ainsi au fur et à mesure en respectant le sens du tracé lettre par lettre.

Pendant que vous les accompagnez individuellement dans l'écriture, les autres décorent une demi-feuille de dessin cartonnée, pliée en deux (de manière à former une carte à double volet). Mettez à leur disposition : feutres, crayons, gommette et paillettes.

• Atelier 30 •

Fête des parents

Agir, s'exprimer, comprendre à travers les activités artistiques
→ Réaliser des compositions plastiques
→ Choisir et combiner des matériaux, des techniques et des procédés

30' Doc. 190 – Galerie photo live!

Matériel
Matériel selon la production

Réaliser une production à offrir

Voici des suggestions de petits cadeaux à réaliser avec les enfants pour la fête des parents ou pour quelqu'un qu'on aime.

➤ Vide-poches

Acheter un petit plateau en bois pour chaque enfant. Recouvrir le fond de mosaïque puis peindre à l'acrylique le reste du plateau : voir modèle Doc. 190 Galerie photo.

➤ Tasse à café

Acheter pour chaque enfant une ou deux petites tasses à café qu'ils décoreront avec des feutres pour porcelaine ou Posca : voir modèle Doc. 190 Galerie photo.

➤ Porte-clés en plastique fou

Faire un dessin (sa famille par exemple) sur la partie rugueuse du plastique fou, dessiner une forme de nuage (ou autre) tout autour. Découper le contour de cette forme et le colorier en appuyant fort pour que les couleurs soient bien vives. Perforer, faire cuire et ajouter un porte-clefs.

➤ Pot de confiture

Récolter des pots de confiture ou petits pots pour bébé, demander aux parents d'apporter des fruits puis faire de la confiture avec les enfants.

➤ Marque-page

Découper des bandes de papier Canson, faire un fond en choississant une technique plastique (encre/gros sel, craie grasse/encre, monotype, empreintes de gouache avec du papier bulle, dessiner à la bougie et recouvrir d'encre, etc.). Les élèves font un dessin sur une face et écrivent un petit message ou leur prénom sur l'autre face. Enfin, plastifier.

20' par séance

• Jour 1 •

Dictionnaire illustré de l'Amérique

Mobiliser le langage dans toutes ses dimensions
→ **Découvrir le principe alphabétique**
→ **S'exprimer dans un langage oral syntaxiquement correct et précis.**
→ **Prendre des repères dans l'écrit**

Même organisation que les semaines précédentes: les enfants devront s'appuyer sur leurs connaissances pour écrire deux nouveaux mots.
Propositions de la semaine: **tatou** et **ara**.

• Jour 2 •

Métamorphoses

Mobiliser le langage dans toutes ses dimensions
→ **S'exprimer dans un langage oral syntaxiquement correct et précis**
→ **Découvrir une légende amazonienne**

1. La légende du tatou

Débutez cette séance par la lecture d'un album sur la métamorphose du tatou dont voici une proposition:
– Rudyard Kipling, *Le Début des tatous*, Sorbier.
– Pascale Bougeault, *Tatou tatou*, École des Loisirs.
– Rudyard Kipling, *L'Origine des tatous*, Nord-Sud.
Ces trois ouvrages ont un thème commun: la légende de la transformation du tatou.
Il y a de cela très longtemps, sur les bords de l'Amazone, vivaient un hérisson et une tortue. Un jour, un jaguar leur demanda lequel des deux était le hérisson et lequel la tortue, afin de les manger suivant les instructions de sa maman.
Le hérisson et la tortue décident alors de s'unir contre ce danger: nait alors une nouvelle créature mi-tortue, mi-hérisson, le tatou!

2. D'autres métamorphoses

Rapprochez cette métamorphose imaginaire du hérisson et de la tortue en tatou de celle, tout aussi imaginaire, du poulet qui devient un ornithorynque dans l'album: Vassilissa, *Le jamais-content*, Flammarion.
Demandez ensuite aux enfants s'ils connaissent des métamorphoses réelles d'animaux:
– le têtard en grenouille et la chenille en papillon.

• Jour 3 •

Atelier philo: « Pourquoi faut-il préserver la nature? »

Mobiliser le langage dans toutes ses dimensions
→ **Pratiquer divers usages de la langue orale: raconter, expliquer, questionner**
→ **Discuter un point de vue**

Animez le débat en faisant respecter les règles, en sollicitant les prises de paroles, en reformulant la question, mais n'intervenez pas en donnant votre point de vue, en cherchant une réponse précise ou en voulant améliorer la syntaxe.

Cette semaine demandez aux élèves de réfléchir à cette question: *« Pourquoi faut-il préserver la nature? »* Relancez le débat en demandant: *« D'après vous, quelles sont les conséquences lorsque l'on coupe les arbres de la forêt amazonienne?... »*

Vous pourrez terminer cette séance par la lecture d'une bande dessinée adaptée à l'âge des enfants et qui s'engage pour la défense de la planète, contre le réchauffement climatique, la pollution et le déboisement sauvage:
– Batem et Colman, *Paradis vert en danger, le marsupilami voit rouge*, Marsu Productions.

• Jour 4 •

Raconter son album préféré

Mobiliser le langage dans toutes ses dimensions
→ **Pratiquer divers usages de la langue orale: raconter, expliquer**

Demandez aux enfants de raconter l'histoire qu'ils ont préférée sur le thème de l'Amérique.

Apportez quelques repères pour le récit: présentation des personnages *(C'est l'histoire de...)*, repères spatio-temporels *(Cela se passe...)* avec enchainement des actions à l'aide de connecteur *(d'abord, ensuite...)*, etc.

L'eau dans tous ses états

• Séance 16 •

Les états de l'eau

Mobiliser le langage dans toutes ses dimensions
→ **Communiquer par le langage, en se faisant comprendre**
→ **Pratiquer divers usages de la langue orale : raconter, expliquer, questionner, proposer des solutions, discuter un point de vue**
→ **Prendre conscience du changement d'état de l'eau : état liquide à l'état solide**

Matériel
- Album : *Le pèlerinage de la pauvre fourmiguette*, Père Castor
- Petits récipients : pots de yaourt…

Initiez cette séquence en lisant l'album de jeunesse : *Le pèlerinage de la pauvre Fourmiguette* paru au Père Castor

Résumé : Fourmiguette, lors d'un pèlerinage, doit traverser un ruisseau. Mais le ruisseau gèle et sa patte est prise dans la glace…

À la suite de cette histoire, demandez aux enfants pourquoi Fourmiguette s'est retrouvée coincée.
« Est-il possible de fabriquer de la glace ? Comment ? Qu'est-ce qu'un glaçon ? »
Notez alors les hypothèses des élèves que vous testez avec eux à la suite.
« Où fait-il assez froid pour que l'eau se transforme en glace ? » Si les élèves évoquent le réfrigérateur et d'autres, le congélateur, placez un contenant à chaque endroit avec les enfants. À la fin de la matinée, observer ce qui se passe : l'eau placée dans le congélateur durcit petit à petit, alors que celle qui se trouve dans le réfrigérateur reste liquide.

Proposez aux enfants de faire des glaces pour le gouter ! Pour cela, remplissez d'eau des sachets à glaçons (que vous trouverez en grande surface), puis ajoutez quelques gouttes de sirop. Mettez au congélateur quelques heures. Découpez les cubes et faites une entaille dans le plastique pour la dégustation : voilà comment réaliser des Mister Frizz !

• Séance 17 •

L'eau se mélange-t-elle avec d'autres matières ?

Explorer le monde
→ **Explorer la matière**
→ **Choisir, utiliser et savoir désigner des outils et des matériaux adaptés**
→ **Expérimenter, vérifier et valider des hypothèses**

Matériel
Par élève ou binôme :
- 6 verres en plastique transparents
- eau
- une cuillère
- sucre, huile, bonbon, sable, sirop, encre…
- cahier d'expériences

1. Émission d'hypothèses

Afin d'introduire cette séance, partez du vécu des élèves et demandez-leur s'ils ont déjà mis/mélangé des produits dans de l'eau : sirop, bain moussant…
Présentez ensuite différentes matières qu'ils devront verser dans l'eau : du sucre, de l'huile, des bonbons, du sable, du sirop, de l'encre.
Consigne : *« Que va-t-il se passer si je verse tel produit dans l'eau ? »*
Laissez les enfants s'exprimer librement et émettre leurs hypothèses.

2. Expérimentation

Il s'agit ensuite de mettre en œuvre différentes petites expériences afin de valider ou non leurs hypothèses. Pour cela, chaque enfant dispose de six verres en plastique transparents contenant de l'eau.
Consigne : *« Pour chaque verre, choisissez un seul produit, versez-le dans l'eau et mélangez avec votre cuillère. Que se passe-t-il ? »*
Questionnez les élèves afin de les guider et de les accompagner dans leur réflexion et verbalisation : tel produit se mélange, tel autre ne se mélange pas…

3. Conclusion

Terminez simplement en expliquant que certaines matières se mélangent à l'eau et se dissolvent : sucre (sauf si quantité trop importante = saturation de l'eau), sirop, encre… D'autres restent intactes et ne se mélangent pas : huile, sable et bonbon.
Vous pouvez relancer l'activité en proposant d'autres produits de votre choix : peinture, farine, gâteau, craie, terre, herbe…

4. Trace écrite

Dessins dans le cahier d'expériences : les enfants dessinent les différents récipients + conclusion en dictée à l'adulte.

• Séance 18 •

Fabrication d'un petit bateau

Explorer le monde
→ **Explorer la matière**
→ **Choisir, utiliser et savoir désigner des outils et des matériaux adaptés**
→ **Fabriquer un objet technologique**

Doc. 191 live

Matériel
- Bassine d'eau
- Divers matériaux (barquette à œufs, bâtonnet en bois, carton ou feuille, pâte à modeler)

Par élève :
- 1 boite à œufs en plastique (6)
- pique à brochette/paille
- pâte à modeler
- fiche de fabrication (Doc. 191)

Présentez aux élèves la fiche de fabrication d'un bateau. (Doc. 191) et listez les matériaux nécessaires :
– Partie coque : une barquette à 6 œufs en plastique.
– Partie mât : un bâtonnet en bois 20 cm ou une paille.
– Partie voile : carton prédécoupé ou feuille de papier.
– Pâte à modeler durcissante.

Puis lisez les différentes étapes.

Les élèves assemblent leur bateau :
– Ils décorent au feutre la voile avec différents motifs graphiques.
– Puis, ils collent la voile sur le mât.
– Aidez-les à assembler le mât sur la coque en le fixant avec de la pâte à modeler durcissante.

Il ne reste plus qu'à tester la flottaison !

• Séance 19 •

La rivière aux piranhas

Collaborer, coopérer, s'opposer
→ **Coopérer, exercer des rôles différents complémentaires, élaborer des stratégies pour viser un but ou un effet commun**

Matériel
- Tambourin
- 2 cordes
- Plots
- 1 foulard

1. Organisation

Matérialisez une rivière avec deux cordes face à face au sol. Marquez les rives avec des plots.
Un élève portant un foulard, joue le rôle du piranha dans la rivière.
Les autres élèves, des animaux, sont placés du même côté de la rive.

2. But du jeu

Traverser la rivière sans se faire attraper par le piranha.

3. Déroulement

a. Au signal donné avec le tambourin, les animaux traversent la rivière pour rejoindre l'autre rive sans se faire attraper.

b. Reprenez le jeu plusieurs fois. Lorsque des animaux sont attrapés par le piranha, ils doivent s'asseoir sur le banc. Assurez une rotation des rôles, et augmentez le nombre de piranhas.

Semaine 6

	Lundi	Mardi	Jeudi	Vendredi	Demi-journée thématique
8h20 Accueil	**Réinvestissement du matériel** **Solides géométriques, loto des animaux d'Amazonie** **Étiquettes de présence en cursive**				
8h40 Rituels	**Appel :** Prénoms valises **Découvrir les nombres :** Dénombrer filles et garçons et comparer les deux collections **Responsabilités :** Poursuite du roulement entre les élèves				
9h Univers sonores	**Chansons et comptines au choix**				
9h10 Ateliers Rotation des groupes sur les ateliers de la semaine	**Atelier 31 : Première de couverture** → Reconstituer la première de couverture d'un album **Atelier 32 : La courte paille** → Comparer et ordonner des objets selon leur taille **Atelier 33 : Mots mêlés d'Amérique** → Repérer des mots dans une grille **Atelier 34 : Écriture sur ordinateur** → Utiliser les fonctions du traitement de texte pour écrire des mots connus				**L'eau dans tous ses états** – Quelle est la forme de l'eau ? – L'eau se mélange-t-elle avec d'autres matières ? (2) – Fabrication d'un petit bateau (2)
9h45	**Rangement et bilan des ateliers**				
10h L'activité physique	**« Enroulez le fil »** → Rondes dansées traditionnelles	**Le Grand Canyon** → Coopérer avec ses camarades dans un jeu collectif	**Ça roule** → S'équilibrer et se déplacer sur divers engins instables	**Parcours de motricité** → Enchainer différents types de sauts	**Pistolets à eau** → Viser sur un objet pour le faire tomber
10h30	**Récréation**				
11h Langage/Lecture	**Fiche d'identité de l'ours blanc** → Faire des recherches documentaires pour réaliser la carte d'identité d'un animal	**Phrase du jour** → Prendre des repères dans l'écrit pour lire des mots	**Images séquentielles d'un album** → Repérer la chronologie d'un récit	**Écoutez cette histoire !** → Répondre à quelques questions sur le texte écouté	**Lecture plaisir**
11h30	**Sortie/déjeuner**				
13h30	**Écoute musicale, chant, lecture plaisir…**				
14h Ateliers Rotation des groupes sur les ateliers de la semaine	**Atelier 35 : Autant que** → Distribuer une collection identique à une autre **Atelier 36 : Sand Art** → Utiliser différents matériaux pour réaliser une composition plastique **Ateliers libres**				
14h50	**Récréation**				
15h20 Langage/Lecture	**Dictionnaire de l'Amérique** → Définir deux nouveaux mots	**Jouons avec les rimes** → Identifier la rime commune	**Le bon résumé** → Montrer sa compréhension d'un récit	**Les activités de la période** → Dire ce que l'on a fait, découvert	
15h45	**Sortie**				

L'accueil et les rituels

• Accueil •

Mobiliser le langage dans toutes ses dimensions
→ **Découvrir le principe alphabétique**
→ **Reconnaitre les lettres de l'alphabet écrites en cursive, script et capitales**

Même organisation que la semaine précédente : classer les étiquettes par silhouettes de lettres.

Sur les tables réinvestissement en autonomie du matériel de la semaine précédente : jeu de bataille, boites à compter, tableaux à double entrée…

• Rituels •

20'

Appel

Mobiliser le langage dans toutes ses dimensions
→ **Manipuler les syllabes**
→ **Acquérir et développer la conscience phonologique**

Même organisation que la semaine précédente : « les prénoms valises ».

Découvrir les nombres

Acquérir les premiers outils mathématiques
→ **Dire la suite des nombres jusqu'à trente**
→ **Utiliser le dénombrement pour comparer deux quantités**

Même organisation que la semaine précédente : compter le nombre de filles et de garçons, associer des cubes à chacune des quantités. Comparez les 2 tours puis comparer les 2 quantités en se référant à la frise numérique.

Repérage dans le temps

Explorer le monde
→ **Situer des événements vécus les uns par rapport aux autres**
→ **Repérer les évènements dans la journée, la semaine et le mois**

Poursuivez le repérage sur le calendrier du mois. Chaque jour, un élève entoure la date sur le calendrier puis l'écrit en cursive au tableau.

• Univers sonores •

Agir, s'exprimer, comprendre à travers les activités artistiques
→ **Avoir mémorisé un répertoire varié de comptines et de chansons et les interpréter de manière expressive**
→ **S'éveiller à la diversité linguistique**

10'

Tout comme la semaine précédente, nous vous proposons un apprentissage dans différentes langues d'une petite chanson connue afin de compléter le répertoire linguistique, sonore et culturel des élèves.

C'est donc l'occasion d'apprendre à vos élèves à chanter « Joyeux anniversaire » en anglais, espagnol et portugais.

La mélodie reste la même (vous pourrez retrouver les chants sur Internet pour être sûr de la prononciation) voici les textes :

En anglais :
Happy birthday to you
Happy birthday to you
Happy birthday dear (nom de la personne fêtée)
Happy birthday to you

En espagnol :
Cumpleaños feliz
Cumpleaños feliz
Te deseamos todos
Cumpleaños feliz

En portugais :
Parabéns a você
Nesta data querida
Muitas felicidades
Muitos anos de vida
Hoje é dia de festa
Cantam as nossas almas
Para o menino/menina (nom de la personne fêtée)
Uma salva de palmas

• Atelier 31 •

Première de couverture

Mobiliser le langage dans toutes ses dimensions
→ Découvrir le principe alphabétique
→ Connaitre les correspondances entre les différentes écritures : script et cursive
→ Reproduire un assemblage à partir d'un modèle

30'

Matériel
- Album de votre choix
- Fiche d'écriture avec interlignes 5 mm (Doc. 166)
- Crayon à papier/gomme
- Étiquettes avec nom de l'auteur et éditeur
- Crayon ou feutres
- Feuilles blanches A4

Reconstituer la première de couverture d'un album

1. Écriture du titre en cursive

Choisissez un album sur le thème de l'Amérique (par exemple celui sélectionné pour l'atelier « Images séquentielles » de la semaine précédente).

De manière individuelle, les enfants écrivent le titre sur une fiche avec interlignes (Doc. 166).

Pendant que vous accompagnez un enfant dans l'écriture en vérifiant la tenue du crayon, le sens du tracé…, les autres finalisent leur première de couverture comme explicité ci-dessous.

Ils découpent ensuite le titre puis le collent sur une feuille blanche au même emplacement que sur la première de couverture de l'album.

2. Illustration de la couverture

Les enfants collent, en respectant les différentes positions spatiales, les étiquettes avec le nom de l'auteur, la collection, l'éditeur et illustrent en s'inspirant de la véritable couverture de l'album.

Au lieu de coller des étiquettes avec le nom de l'auteur, de l'éditeur… les enfants peuvent également les écrire en cursive avec votre aide ou en capitales d'imprimerie (seuls).

• Atelier 32 •

La courte paille

Acquérir les premiers outils mathématiques
→ Classer ou ranger des objets selon un critère de longueur

30'

Matériel
Par enfant :
- 8 crayons
- Une boule de pâte à modeler
- Huit à dix bandes de papier de taille différentes
- Une feuille pour le collage des bandes

Comparer et ordonner des objets selon leur taille : du plus petit au plus grand

1. Ordonner des longueurs

Chaque enfant prend au hasard 8 crayons de couleur de la classe (à cette période de l'année, ils auront très certainement des tailles différentes).

Ils les ordonnent du plus petit au plus grand, sur une boule aplatie de pâte à modeler ou en les alignant à plat au-dessus d'une règle. Pour valider leur classement, ils pourront se mettre par binôme et vérifier si la disposition des crayons monte comme un escalier.

Ils peuvent faire plusieurs alignements de crayons.

2. Jeu de la courte paille

Deux par deux, les enfants jouent ensemble : chacun prend un crayon au hasard, le compare avec son binôme. Celui qui a le plus grand crayon gagne celui de son binôme.

3. L'escalier

Donnez à chaque enfant huit à dix bandes de papiers de tailles différentes que vous aurez découpées au préalable au massicot.

Les élèves devront les coller de la plus grande à la plus petite, formant ainsi un escalier qu'ils pourront décorer de différents graphismes.

Vous pouvez également remplacer les crayons par des pailles : un coup de ciseaux permettra d'obtenir différentes tailles.

• Atelier 33 •

Mots mêlés d'Amérique

Mobiliser le langage dans toutes ses dimensions
→ **Reconnaitre les lettres de l'alphabet**
→ **Découvrir le principe alphabétique**

30' Doc. 192 A et B live!

Matériel
- Grilles de mots mêlés (Doc. 192A)
- Grilles corrigées imprimées sur calque (Doc. 192 B)
- Crayons de papier, gommes
- Crayons de couleur

Repérer des mots dans une grille

Lors de la période précédente, les enfants ont déjà découvert cette activité.

Imprimez la grille de mots mêlés sur l'Amérique (Doc. 192A) et faites anticiper la consigne.
Lisez les mots en en-tête, les élèves pourront par la suite les identifier grâce à l'illustration placée à côté.
Ils les recherchent et les entourent au crayon de papier sur la grille de mots mêlés. (Vous pouvez aussi proposer de placer la fiche dans une pochette en plastique pour s'exercer au feutre effaçable.)
Enfin, pour une production plus soignée, ils colorient ensuite chaque mot trouvé de différentes couleurs.

Pour une validation autonome, imprimez des exemplaires de la fiche de correction (Doc. 192 B) sur du papier calque. Après l'exercice, les élèves pourront poser le calque sur leur grille de mots mêlés et vérifier par transparence leur exercice.

Vous pouvez également créer une fiche de mots mêlés avec les prénoms des enfants.

• Atelier 34 •

Écriture sur ordinateur

Explorer le monde
→ **Utiliser des objets numériques : l'ordinateur**
→ **Copier à l'aide d'un clavier**

30' Doc. 193 live!

Matériel
- Ordinateurs de classe
- Étiquettes mots d'Amérique (Doc. 193)

Utiliser des fonctions du traitement de texte pour écrire des mots connus

Les enfants ont découvert l'écriture sur ordinateur lors de la période précédente.

1. Rappel des différentes fonctions

Rappelez rapidement la fonction des différentes touches sur le clavier, lettres en capitales d'imprimerie, ordre, chiffres, signes et plus particulièrement les touches « Maj », « supprimer » et « entrée » identifiées par des gommettes de couleur.

2. Écrire des mots en capitales d'imprimerie et en script

Consigne : *« Écris un des mots de la fiche (Doc. 193) en capitales d'imprimerie. Va à la ligne et écris-le en script. Continue en alternant les deux écritures. »*

Enregistrez et imprimez le document et assurez une rotation des élèves.

Si vous n'avez qu'un seul ordinateur, placez les élèves en binômes pour l'écriture (l'un peut dicter les lettres et l'autre taper sur le clavier). Placez pendant ce temps les autres élèves du groupe dans un atelier de manipulation autonome et assurez une rotation au bout de 15 min. L'activité pourra être poursuivie à l'accueil.

• Jour 1 •

« Enroulez le fil »

Communiquer avec les autres au travers d'actions à visée expressive ou artistique
→ Coordonner ses gestes et ses déplacements avec ceux des autres

1. Mise en danse

Reprenez une mise en condition au choix des semaines précédentes.

2. Ronde à figures : « Enroulez le fil »

Les enfants se mettent par deux, fille/garçon si possible. Formez deux lignes, les couples se placent face à face et se déplacent en avançant (= enroulez) et en reculant. (= déroulez) :

Enroulez le fil
Déroulez le fil
Et tire tire
(Simuler que l'on tire sur une corde)
Et tape, tape, tape
(Taper les poings l'un sur l'autre)
Enroulez le fil
Déroulez le fil
Et tire tire
(Simuler que l'on tire sur une corde)
Et tape, tape, tape
(Taper les poings l'un sur l'autre)
Le cordonnier a fini
Il s'endort sur l'établi.
(Les couples se donnent les mains, bras croisés, et se déplacent vers la droite en pas chassés).

Reprendre cette chanson traditionnelle mais cette fois-ci, les couples se placent en cercle, face à face, pour former une ronde. À la fin de la chanson, les binômes ne se déplacent plus en pas chassés mais tournent en se tenant les mains bras croisés.

• Jour 2 •

Le Grand Canyon

Collaborer, coopérer, s'opposer
→ Coopérer, exercer des rôles différents complémentaires
→ Élaborer des stratégies pour viser un but ou un effet commun

Matériel
- Des tapis
- Trois grandes caisses
- Vingt à trente ballons

1. Organisation

Délimitez la salle de motricité en trois zones : celle du milieu, le Grand Canyon, sera recouverte de tapis. Placez une grande caisse de part et d'autre de cette zone de grand Canyon, dont une, en zone 1, pleine de ballons.

Divisez la classe en trois équipes.

2. But du jeu

Envoyer les ballons de la zone 1 à la zone 3 sans qu'ils soient interceptés par les coyotes du Grand Canyon = zone 2.

3. Déroulement

– L'équipe de la zone 1 : envoie les ballons bien haut aux camarades en zone 3 en les faisant passer par-dessus le Grand Canyon.

– L'équipe de la zone 3 : récupère les ballons lancés par les partenaires de la zone 1 et les range dans la caisse de leur camp.

– L'équipe de la zone 2, les coyotes : tente d'intercepter des ballons et les place dans sa caisse.

Lorsque l'équipe de la zone 1 n'a plus de ballons, le jeu s'arrête et on compte le nombre de ballons des camps 2 et 3.

Assurez une rotation des équipes.

• Jour 3 •

Ça roule !

Adapter ses équilibres et ses déplacements à des environnements ou des contraintes variés

→ **Ajuster et enchainer ses actions et ses déplacements en fonction d'obstacles à franchir**

→ **Se déplacer avec aisance et en sécurité dans des environnements aménagés**

Matériel

Vélos, tricycles, patins et planches à roulettes

1. Organisation

Matérialisez au sol trois grands couloirs bien larges (n'hésitez pas à occuper un grand espace dans la cour).

Divisez la classe en trois groupes.

2. Déroulement

Dans chaque couloir, les enfants évolueront respectivement sur des vélos, des patins puis sur des planches à roulettes : voir déroulement des semaines précédentes.

Assurez une rotation des groupes.

• Jour 4 •

Parcours de motricité

Adapter ses équilibres et ses déplacements à des environnements ou des contraintes variés

→ **Ajuster et enchainer ses actions et ses déplacements en fonction d'obstacles à franchir**

→ **Se déplacer avec aisance et en sécurité dans des environnements aménagés**

Doc. 183 live!

Reprenez la même organisation avec les ateliers détaillés en semaine 4et en Doc. 183.

Vous pouvez, cette fois-ci, les organiser en un seul parcours où les enfants enchainent les actions.

20' par séance

• Jour 1 •

Fiche d'identité des animaux d'Amérique : l'ours blanc

Mobiliser le langage dans toutes ses dimensions
→ **Participer verbalement à la production d'un écrit**

Poursuivez le travail de réalisation de fiches d'identité des animaux d'Amérique en fonction de leur environnement ; aujourd'hui : la banquise.

1. Documentaires/albums

Au préalable, procurez-vous divers documentaires/albums sur les ours blancs, puis laissez-les en libre accès afin que les enfants puissent les feuilleter à leur guise.

Voici une proposition d'ouvrages :
– Laura Bour et collectif, *L'Ours blanc*, Gallimard.
– Valérie Tracqui, *L'Ours blanc : seigneur de la banquise*, Milan Jeunesse.
– Didier Pizzi, *Zazoom et l'Ours blanc*, Play Bac.
– Rémy Marion, *Petit Ours polaire*, Pôles d'images.
– Anne Archambault, *Askelaad et l'Ours blanc aux yeux bleus*, RMN.

2. Carte d'identité

À partir d'un questionnement et de recherches dans les livres documentaires, affiches ou sur Internet si vous disposez d'un ordinateur, réalisez avec les élèves (en dictée à l'adulte) une carte d'identité de l'ours blanc, en y insérant les éléments suivants :
– Photo et nom de l'animal.
– Description physique : fourrure blanche (= jeune) qui lui sert de camouflage, jaune crème (= âgé). Un mâle pèse environ 500 kg, la femelle est deux fois plus petite. Lorsqu'ils se dressent sur leurs pattes arrière, ils mesurent plus de 3 mètres de haut.
– Milieux de vie : la banquise polaire.
– Régime alimentaire : essentiellement des phoques. C'est le plus grand carnivore terrestre.

D'autres animaux de la banquise : albatros, bœuf musqué, renne, otarie, morse, phoque, lapin arctique, renard polaire, loup arctique…

• Jour 2 •

La phrase du jour

Mobiliser le langage dans toutes ses dimensions
→ **Commencer à réfléchir sur la langue**
→ **Acquérir et développer la conscience phonologique**

Reprenez le déroulement développé en semaine 2, pour la lecture de la phrase du jour. Veillez à ce qu'elle ait un lien avec la vie de la classe et que les mots soient simples.

Proposition : « *L'ours vit sur la banquise.* »

Amenez les élèves à utiliser les différents écrits pour la lecture de la phrase.

• Jour 3 •

Images séquentielles d'un album

Explorer le monde
→ **Ordonner une suite d'images pour rendre compte d'un récit fictif entendu**

Choisissez un album que vous avez déjà lu à plusieurs reprises (voir proposition d'albums en semaine 1) ; photocopiez en couleurs cinq ou six illustrations marquant les différents temps forts de l'histoire.
Faites décrire les illustrations et identifier l'album : « *D'où viennent ces illustrations ? Pourquoi ?* »
Ensuite, faites ranger les images dans l'ordre chronologique du récit : « *Quelle image correspond au début de l'histoire et pourquoi ? Que se passe-t-il ensuite ? Etc.* »
Enfin, demandez aux enfants de raconter l'histoire, du début à la fin, en s'appuyant sur les illustrations affichées.

• Jour 4 •

Écoutez cette histoire !

Mobiliser le langage dans toutes ses dimensions
→ **Répondre à quelques questions très simples sur le texte écouté**

Empruntez à la bibliothèque ou la médiathèque municipale un CD d'une histoire.
D'abord, faites écouter l'histoire en entier sans intervenir. Si un album accompagne ce CD, montrez les illustrations au fur et à mesure de l'écoute.
Interrogez les enfants sur la compréhension globale.
Proposez une deuxième écoute et arrêtez à certains moments-clés pour poser des questions aux enfants : « *Quels sont les personnages de cette histoire ? Que font-ils ?…* »

• Atelier 35 •

Autant que

Acquérir les premiers outils mathématiques
→ Réaliser une collection dont le cardinal est compris entre un et dix
→ Construire le nombre pour exprimer les quantités

30' Doc. 194 live!

Matériel
Par élève :
- fiche (Doc. 194)
- une réglette nombre (Doc. 3)
- bouchons (et éventuellement des feutres)
- assiettes de 2 couleurs

Distribuer une collection identique à une autre collection

1. Comparer des collections

Dans une petite assiette bleue du coin cuisine, placez 6 bouchons identiques (ou jetons, cubes...).
Dans une petite assiette rouge, placez 4 bouchons. *« Que voyez-vous ? »* Laissez les enfants s'exprimer : certains remarqueront la différence de couleur des assiettes, d'autres la différence de quantité. Faites dénombrer, concluez : *« Il y a plus de bouchons dans l'assiette bleue que dans l'assiette rouge. À l'inverse, il y a moins de bouchons dans l'assiette rouge que dans l'assiette bleue. »* (Comment vérifier ? On peut prendre des feutres et des bouchons, pour permettre la validation des quantités. À un feutre est associé un bouchon, s'il reste des bouchons, c'est qu'il y a plus de feutres que de bouchons).
Renouvelez avec différentes quantités.
Placez ensuite la même quantité de bouchons dans les deux assiettes : *« Que remarquez-vous ? »* Les enfants vous diront certainement : *« C'est pareil, c'est la même chose... »* Introduisez alors le vocabulaire adéquat : *« Il y en a autant. »*
Renouveler l'exercice en alternant : *plus que, moins que, autant que.*

2. Autant que

Distribuez à chaque élève le Doc. 194.
Pour chaque case, les enfants collent autant de « buildings » que de « Statues de la Liberté » représentées sur la planche. Faites verbaliser les procédures : correspondance terme à terme, dénombrement.

3. Prolongement

Au verso de la planche jeu, remplacez les statues par des constellations ou bien encore par leur écriture chiffrée. Une fois de plus, les enfants devront placer la quantité de buildings indiquée par le chiffre ou la constellation.

• Atelier 36 •

Sand Art

Agir, s'exprimer, comprendre à travers les activités artistiques
→ Réaliser des compositions plastiques
→ Choisir et combiner des matériaux, des techniques et des procédés

30' Doc. 195 – Galerie photo live!

Matériel
- Petites branches (20 à 40 cm de long)
- Cartons : boites à chaussures, cartons de livraisons...
- Gabarits des animaux de la forêt amazonienne de votre choix
- Bobine de ficelle, perforeuse, colle
- Sable

Utiliser différents matériaux pour réaliser une composition plastique

1. Préparation matérielle

– Au préalable, demandez aux élèves d'apporter des petites branches (20 à 40 cm de long) ou organisez une sortie en forêt ou dans un parc pour en ramasser.
– De même, sollicitez les parents afin de récupérer des cartons (boites à chaussures, cartons de livraison...).
– Sur du papier cartonné, préparez des gabarits de certains animaux de la forêt amazonienne : colibri, tapir, perroquet, lézard, jaguar, tortue, toucan, tatou, iguane... (Vous pouvez vous appuyer sur le Doc. 188 « loto » en agrandissant les illustrations).
– Si vous avez un bac à sable dans la cour, demandez la permission d'en prendre un petit sceau, sinon vous pourrez en acheter dans un magasin de bricolage ou encore dans une jardinerie.

2. Réalisation plastique

Voici les différentes étapes à suivre pour la confection d'un tableau « Sand Art » (cf. Doc. 195 Galerie photo) :
– Sur un morceau de carton découpé grossièrement, dessiner le contour d'un animal au choix.
– Faire des trous avec une perforeuse le long des bords du carton (tous les 10 centimètres environ).
– Recouvrir la forme choisie de colle blanche puis verser du sable par-dessus. Appuyer fort pour qu'il adhère à la colle.
– Former un cadre avec quatre branches en les attachant avec des petits morceaux de ficelle.
– Attacher le carton aux branches à l'aide d'un grand morceau de ficelle en passant par les petits trous perforés dans le carton comme sur le modèle du Doc. 195.

20' par séance

• Jour 1 •

Dictionnaire illustré de l'Amérique

Mobiliser le langage dans toutes ses dimensions
→ **Découvrir le principe alphabétique**
→ **S'exprimer dans un langage oral syntaxiquement correct et précis.**
→ **Prendre des repères dans l'écrit**

Même organisation que les semaines précédentes: les enfants devront s'appuyer sur leurs connaissances pour écrire deux nouveaux mots.

Propositions de la semaine: **albatros** et **otarie**.

• Jour 2 •

Jouons avec les rimes

Mobiliser le langage dans toutes ses dimensions
→ **Découvrir le principe alphabétique**
→ **Discriminer des sons dans des mots ou dans des syllabes**
→ **Repérer et produire des rimes, des assonances**

1. Poursuivez le travail sur les sonorités de la langue en jouant avec les rimes. Vous pouvez faire ce petit jeu en énonçant oralement les objets, ou avec support visuel. En cas de support visuel:
– Préparez une série de 5 cartes/images d'éléments se terminant par le même son, par exemple: colibri, ouistiti, souris, bougie, tapis.
– Faites nommer les différents objets représentés sur les cartes, puis demandez aux enfants s'ils entendent un son commun.
« Ces cinq mots se terminent par le son -i, ils riment. »
– Renouvelez avec différents jeux d'images: *« Quelle est la rime / le son commun de ces images ? »*

2. Reprenez les différents jeux d'images.
Sur une table ou au sol, placez, face visible, deux séries complètes de cinq images qui riment. Un élève en choisit une, la nomme. Les camarades doivent trouver les quatre autres images qui riment avec l'image choisie. Renouvelez avec d'autres séries d'images.

• Jour 3 •

Le bon résumé

Mobiliser le langage dans toutes ses dimensions
→ **Comprendre des textes écrits sans autre aide que le langage entendu**
→ **Manifester de la curiosité par rapport à l'écrit**

Au centre du coin regroupement, placez cinq ou six albums que vous aurez lus au cours de cette période et donnez dans le désordre un résumé de chacun d'eux (vous pouvez aussi recopier sur une feuille les éléments de la quatrième de couverture et les lire).
À la fin de chaque résumé, les élèves devront identifier l'album résumé en justifiant leur propos.

> Pour ne pas apporter trop d'indices, ne donnez pas les noms des personnages !

• Jour 4 •

Les activités de la période

Mobiliser le langage dans toutes ses dimensions: l'oral
→ **Pratiquer divers usages de la langue orale : raconter, expliquer**

Tout comme la période précédente, pour garder une trace des différentes activités qui ont été réalisées, faites écrire les élèves sur ce qu'ils ont appris. Ici, ils devront respecter les exigences de la dictée à l'adulte, utiliser le passé (puisqu'il s'agit d'une évocation) et ne pas s'arrêter à une liste des activités, mais expliquer leurs objectifs. Exemple: *« On a joué avec des solides géométriques pour..., on a écrit entre deux lignes pour apprendre à... On a découvert des idéogrammes amérindiens pour... On a joué avec des Géoplans pour... »*
Pendant cette dictée à l'adulte où vous serez « le secrétaire », rappelez que le passage de l'oral vers l'écrit impose quelques règles:
– il faut parler plus lentement pendant la dictée pour que vous ayez le temps d'écrire;
– il faut rechercher comment améliorer l'écrit (il y a des choses qu'on peut dire, mais qu'on ne peut pas écrire); c'est donc à ce moment que vous rechercherez avec les enfants comment améliorer la syntaxe;
– on peut se relire pour se rappeler ce qui a été écrit et ne pas se répéter.

L'eau dans tous ses états

• Séance 20 •

Quelle est la forme de l'eau ?

Explorer le monde
→ Explorer la matière
→ Choisir, utiliser et savoir désigner des outils et des matériaux adaptés
→ Expérimenter, vérifier et valider des hypothèses

Matériel
- Récipients de formes différentes
- De l'eau
- Cahier d'expériences

Demandez aux enfants : *« Quelle est la forme de l'eau ? »* Laissez-les s'exprimer et émettre des hypothèses que vous noterez au tableau au fur et à mesure.
Afin de valider ou non les différentes propositions des élèves, proposez quelques petites expériences. Présentez alors des récipients de formes différentes : carrés, ronds, rectangulaires, en forme de cœur/papillon/fleur (objets utilisés avec la pâte à modeler)... Remplissez un des récipients d'eau, posez de nouveau la question puis laissez les enfants observer et s'exprimer. Transvasez ensuite l'eau dans un autre récipient : observation et commentaires. Renouvelez ainsi pour chaque récipient puis concluez : *« L'eau prend la forme du récipient qui la contient et sa surface (le dessus) est toujours plate. »*
N'oubliez pas la trace écrite et les schémas dans le cahier d'expériences.

• Séance 21 •

L'eau se mélange-t-elle avec d'autres matières ? (2)

Explorer le monde
→ Explorer la matière
→ Choisir, utiliser et savoir désigner des outils et des matériaux adaptés
→ Expérimenter, vérifier et valider des hypothèses

Matériel
Par élève ou binôme :
- 6 verres en plastique transparents
- eau
- une cuillère
- sucre, huile, bonbon, sable, sirop, encre...
- cahier d'expériences

Reprenez l'activité réalisée en séance 17 en assurant une rotation des groupes d'élèves.

• Séance 22 •

Fabrication d'un petit bateau (2)

Explorer le monde
→ Explorer la matière
→ Choisir, utiliser et savoir désigner des outils et des matériaux adaptés
→ Fabriquer un objet technologique

Doc. 191 Nathan live!

Matériel
- Bassine d'eau
- Divers matériaux (barquette à œufs, bâtonnet en bois, carton ou feuille, pâte à modeler)

Par élève :
- 1 boite à œufs en plastique (6)
- pique à brochette/paille
- pâte à modeler
- fiche de fabrication (Doc. 191)

Reprenez l'activité réalisée en séance 18 en assurant une rotation des groupes d'élèves.

• Séance 23 •

Pistolets à eau

Agir dans l'espace, dans la durée et les objets
→ Lancer/tirer de différentes façons, dans des espaces et avec des matériels variés, dans un but précis

Matériel
- Cordes ou bancs

Par enfant :
- un pistolet à eau
- une balle de ping-pong
- une bouteille en plastique

1. Organisation
Au préalable, demandez aux parents d'apporter un pistolet à eau. Placez des balles de ping-pong sur les goulots de bouteilles en plastique alignées les unes à côté des autres (espacées d'un mètre environ).
Matérialisez à l'aide de cordes ou de bancs une ligne parallèle à celle des bouteilles (environ 2 mètres entre les deux). Les enfants se placent à l'arrière de cette ligne.

2. Déroulement
Au signal donné, les enfants tirent sur les balles avec leur pistolet à eau.
Le premier qui fait tomber la balle a gagné.
Assurez une rotation des élèves.

Semaines 7 et 8 • Pistes d'exploitation

Pour terminer les deux dernières semaines de l'année (ou plus selon le découpage académique), nous vous proposons une organisation plus souple, afin de vous permettre de finaliser vos projets, productions individuelles, rangement de la classe, fête de l'école, spectacle, etc.

Voici quelques pistes d'activités si vous souhaitez poursuivre notre progression.

Graphisme, écriture	**Lecture/Écriture** - Produire des petites phrases en dictée à l'adulte puis les écrire en cursive entre des lignes - Poursuivre l'écriture sur ordinateur - Poursuivre l'écriture de phrases ou de mots à l'aide des référentiels mots de l'année
Découvrir les nombres	**Reprise des jeux mathématiques de la période en autonomie** - Bataille, courte paille, boites à compter… - Jeux avec les solides géométriques ; jeu du portrait… - Poursuite du travail sur la symétrie avec et sans les Géoplans
Activités artistiques	**Organiser une exposition** - Faire une exposition des productions sur l'Amérique. - Confectionner des costumes d'Indiens et/ou de cowboy. - Réaliser une grande fresque collective autour de la banquise et/ou de la forêt amazonienne
L'activité physique	- Reprise des jeux collectifs et des rondes traditionnelles dansées - Poursuivre avec les engins qui roulent : vélos, patinettes, patins, planches à roulettes
Langage/lecture	- Découvrir quelques monuments du continent américain : temples aztèques et mayas, le Christ roi de Rio de Janeiro… - Poursuivre le travail sur les sons, jouer avec les syllabes, les rimes… - De nouveaux débats philos. - Cartes d'identité d'autres animaux du continent américain. - Faire un bilan de la période : ce qu'on a appris, aimé. - Faire un bilan de l'année, de notre tour du monde !

Maquette intérieure et couverture : Nicolas Piroux
Composition et mise en pages : Facompo
Illustrations et infographies des ressources numériques : Hugo Map
Illustrations du fichier : © FOTOLIA, AdobeStock
Édition : Charlotte Davreu, Stéphanie Dizel Doumenge

IMPRIM'VERT®

Achevé d'imprimer par ISIPRINT en juillet 2024
N° éditeur : 373896 - N° de projet : 10303372
N° d'impression : 202407.0170
Dépôt légal : août 2023
Imprimé en France